JURISTISCHE SCHRIFTENREIHE BAND 53

DR. ARMIN BAMMER
RECHTSANWALT
A-1080 WIEN, ALSER STRASSE 21
TEL. (43-1) 406 0551, FAX 406 9601
KTO.-NR. 12 011 904 RBW (BLZ 32900)

BUNDESTHEATER UND VERFASSUNG

Eine historisch-systematische Untersuchung der (verfassungs)rechtlichen Stellung der Bundestheater unter besonderer Berücksichtigung der Kunstfreiheit und der Kompetenzverteilung

von

Armin Bammer

Wien 1992
Verlag der Österreichischen Staatsdruckerei

ISBN 3-7046-0335-X

Vorwort

Die Beurteilung der Rechtsstellung der BTh war jahrzehntelang eine exklusive Domäne der Verwaltungspraxis. Zwar untersuchte eine Vielzahl theaterwissenschaftlicher Arbeiten eingehend das Wirken nahezu sämtlicher ThDir und Künstler, für die Rechtswissenschaften schienen die BTh aber kein Thema zu sein. Juristische Lehrbücher begnügten sich zumeist mit dem Hinweis, daß die BTh dem BMU unterstünden und pflegten implizit anzudeuten, daß die Rechtslage unklar sei. Die Errichtung des ÖBThV im Jahre 1971 verdunkelte die Rechtsstellung der einzelnen Theater und ihrer Verwaltung vollends. In maßgeblichen Lehrbüchern wurden in der Folge zT unterschiedliche, nicht weiter präzisierte Auffassungen vertreten, wie zB: „Nach wie vor als eine Art Regiebetrieb wird die BThVw geführt", oder: „Die ÖBTh sind Eigenunternehmen des Bundes". Zahlreiche Lehrbücher nehmen dazu überhaupt nicht Stellung.

1970 — im letzten Jahr des Bestehens der als „klassische" Ministerialabteilung organisierten BThVw — untersuchte *Märkle* in seiner staatswissenschaftlichen Dissertation über die „Verwaltung von STh" erstmals die Rechtsstellung der BTh und ihrer Verwaltung. 1981 erschien *Hodik*s theaterwissenschaftliche Dissertation über „die Rechtsstellung der ÖBTh und ihrer Mitglieder von 1918 bis heute". Beide Arbeiten leisteten vielfach Pionierarbeit und setzten unterschiedliche Schwerpunkte: Während *Märkle* insb die (innere) Organisation der BThVw analysiert, liegt der Schwerpunkt der Arbeit *Hodik*s in einer Darstellung zahlreicher (insb auch zivilrechtlicher) Einzelprobleme und ihrer historischen Entwicklung.

Die vorliegende Arbeit unternimmt es erstmals, die **Rechtsstellung der BTh im Lichte des österreichischen Bundesverfassungsrechts** zu untersuchen. Schwerpunkte der Untersuchung sind somit die **kompetenzrechtliche Stellung der BTh** (einschließlich der bislang dogmatisch vernachlässigten **ThPol)** sowie die Frage der verfassungsrechtlich gebotenen **Organisation** dieser — bis heute — unselbständigen Anstalten des Bundes. Ein weiterer Schwerpunkt der Untersuchung ist die Frage der **Weisungs(un)gebundenheit der** im Bereich der BTh künstlerisch tätigen öffentlichen Bediensteten, insb der **BThDir.**

Diese Zielsetzung machte unerwartet umfangreiche rechtshistorische Untersuchungen notwendig. Da die Theaterwissenschaft bislang eine Publikation der zahlreichen internen Organisationsnormen aus der Ersten Republik nicht vorgenommen hat, mußten diese erst aus den verschiedenen Archiven des ÖStA in mühevoller Kleinarbeit besorgt werden; ebenso die Akten über die der Erlassung der BTh-Kompetenztatbestände 1925/1926 vorangegangenen Kompetenzkonflikte zwischen dem Bund und dem Land Wien, weiters die Akten über den historischen Ursprung der nahezu siebzig

Jahre gesetzlos und verfassungswidrig vom StAfHGIB (BMHV, BMBT, BMwA) ausgeübten Bundestheater(feuer)polizei. Leider blieb die Entstehung der für das Verständnis von Kompetenztatbeständen äußerst bedeutsamen B-VGN 1925 — trotz umfangreicher Nachforschungen im Parlaments- und Staatsarchiv — weiterhin weitgehend im Dunklen.

Zu betonen ist aber, daß die Untersuchung trotz der durch den Untersuchungsgegenstand bedingten historischen Ausführungen **rechtsdogmatisch** orientiert ist. Soweit Aktenstücke ausführlich wiedergegeben werden, geschah dies aus der Überlegung heraus, daß der Zugang zu staatlichen Archiven seit einigen Jahren ausgesprochen restriktiv gehandhabt wird; weiters stand die Archivverwaltung (insb das HHStA) auf dem — juristisch fragwürdigen — Standpunkt, daß der „Datenschutz" die lückenlose Sichtung von Geschäftsstücken aus den zwanziger Jahren verbiete[1]. Diese Erfahrungen zeigen die Notwendigkeit der Publikation der maßgeblichen (noch auffindbaren) Aktenstücke auf: denn diese sind meist die einzigen Fundstellen für (rechts)historisch und organisationsrechtlich ausgesprochen bedeutsame „VwVO".

Die verfassungsrechtlichen Bedenken gegen zahlreiche Organisationsmodelle der Verwaltung der BTh konnten eigenartigerweise noch nie die **Wirksamkeit** dieser Normen beseitigen. Eine Untersuchung der wirksamen Normen ist notwendig, sofern nicht a priori nur in einer bestimmten Form kundgemachte Normen als relevant angesehen werden sollen.

Im ersten Abschnitt der Arbeit (A.) werden die bislang zumeist nur kursorisch untersuchten Rechtsgrundlagen der HTh, STh und BTh und die rechtlichen Voraussetzungen für ihren Betrieb in ihrer historischen Abfolge dargestellt. In Kapitel A.I. werden die historische Entwicklung von für Veranstaltungen und für Theater maßgeblichen Normen sowie die bereits in der Monarchie unklare Rechtsstellung der k.k. HTh untersucht. In Kapitel A.II. werden die Übernahme der HTh in die staatliche Verwaltung und die für ihre Organisation und für ihren Betrieb maßgeblichen Rechtsgrundlagen dargestellt; untersucht wird aber auch die — der verfassungs- und einfachgesetzlichen Rechtslage vielfach widersprechende — Verwaltungspraxis und die sich daraus ergebenden Konflikte mit den zuständigen Behörden. In den Kapiteln A.III., A.IV. und A.VI. wird die Entwicklung der — im Detail zT ausgesprochen komplizierten — kompetenzrechtlichen Stellung der BTh erörtert, in den Kapiteln A.V. und A.VII. die

1 Der VfGH hat mittlerweile erfreulicherweise die Verweigerung der Genehmigung zur Benützung von Archivalien durch den BK als Bescheid und die „Benützungsrichtlinien" (BKA 17.2.1988, 123610/3-I/2/88) als mangels gesetzlicher Grundlage und mangels erforderlicher Kundmachung verfassungswidrige VO qualifiziert und daher zur Gänze aufgehoben (VfGH 7.12.1990, V 171/90).

Weiterentwicklung der unterverfassungsrechtlichen Rechtslage. An die Darstellung der Normenentwicklung, die für das Verständnis des geltenden Rechts unerläßlich ist, schließt im zweiten Abschnitt (B.) eine Untersuchung der aktuellen öffentlich-rechtlichen Probleme der BTh und ihrer (fehlenden) Rechtsgrundlagen an.

Methodisch ist dazu anzumerken, daß trotz des rechtsdogmatischen Charakters dieser Untersuchung weder auf die **Untersuchung tatsächlicher Vorgänge** noch auf das **Herausarbeiten historischer Zusammenhänge** verzichtet werden konnte. Die Untersuchung tatsächlicher Vorgänge ist notwendig, da nur auf diese Weise die Schaffung zahlreicher Bestimmungen mit „Antwortcharakter" und einige noch heute aktuelle rechtliche Kuriosa verständlich werden; das Herausarbeiten historischer Zusammenhänge ist einerseits für die historische Interpretation vieler Rechtsvorschriften unentbehrlich und andererseits bei traditionsbelasteten Institutionen geradezu zwingend.

In Kapitel A.II. wird auch gezeigt, daß die Weiterführung des Betriebes der ehemaligen HTh durch den Staat (Bund) nach 1918/1920 mit zahlreichen juristischen Problemen verbunden war. Diese entstanden einerseits durch die Übernahme dieser Hofanstalten in direkte staatliche Verwaltung, andererseits durch die Vorstellung, daß der Staat als Unternehmer in diesem Bereich offenbar nicht an die Kompetenzverteilung und an Allgemeinregelungen gebunden sei. Der ausgeprägte politische Wille zur Erhaltung und Fortführung der Theater wurde jedoch nicht unbedingt in bestmögliche Organisationsstrukturen und Rechtsgrundlagen umgesetzt. Grundsatzentscheidungen — wie zB die Führung der Theater in unmittelbarer Ministerialverwaltung, die zwangsläufig die Ausbildung eines nur für die Verwaltung der BTh zuständigen Verwaltungsapparates nach sich zog — scheinen nicht mit naheliegenden Alternativen — etwa Teilrechtsfähigkeit oder Selbstverwaltung — abgewogen worden zu sein. Die Quadratur des Kreises — optimale künstlerische Leistungen bei niedrigen Kosten und sozialer Absicherung der Beschäftigten — gelang ebensowenig im juristischen Bereich: Die zur Erzielung akzeptabler Ergebnisse notwendige künstlerische Autonomie konnte in einem grundsätzlich auf Weisungsbindung angelegten System bloß **faktisch** bestehen, Konflikte wurden regelmäßig durch Rücktritte von BThDir gelöst. Mit diesen strukturellen Problemen haben Verwaltung und Betrieb der BTh noch heute zu kämpfen. Der Versuch der Bundesorgane, die zuvor faktisch quasi „extraterritoriale" Stellung der ehemaligen HTh in das republikanische System zu übertragen, ist von mehr als bloß historischem Interesse, da zahlreiche dadurch bedingte Strukturentscheidungen aus den ersten Jahren der Republik bis in die heutige Zeit wirksam sind: So wurde erst 1989 die auf den tönernen Füßen eines nahezu siebzigjährigen Verwaltungsbrauches stehende Zuständigkeit des „Bautenamtes" als ThPol-Behörde dergestalt kodifiziert, daß dieses

Produkt zeitgenössischer Gesetzgebungskunst nunmehr erst recht verfassungswidrig ist[2].

Es wäre erfreulich, würde die vorliegende Arbeit zum Anlaß genommen, zahlreiche bloß angedeutete Probleme im Bereich der BTh näher zu untersuchen. Zu hoffen ist weiters, daß die in dieser Arbeit nachgewiesene Verfassungswidrigkeit der Konstruktion des ÖBThV den Diskussionsprozeß über die Schaffung einer sowohl verfassungskonformen als auch dem Betrieb des „größten Theaterkonzerns der Welt" angemessenen Rechtsgrundlage wieder in Gang setzt. Eine realistische Betrachtung der „Reformversuche" der letzten siebzig Jahre läßt an der Umsetzung dieses Wunsches aber wohl nicht ganz unberechtigte Zweifel aufkommen[3].

Diese Arbeit stellt die überarbeitete Fassung einer im Juni 1990 an der Rechtswissenschaftlichen Fakultät der Universität approbierten Dissertation dar. Die Rechtsentwicklung und das Schrifttum wurden — soweit möglich — bis 1. Jänner 1992 berücksichtigt.

Es ist mir auch hier ein besonderes Bedürfnis, all jenen zu danken, die zum Zustandekommen dieser Arbeit in fachlicher und menschlicher Hinsicht beigetragen haben: Besonderen Dank schulde ich den Universitätsprofessoren Dr. *Bernhard Raschauer* und Dr. DDr. h.c. *Günther Winkler* für die Betreuung und Begutachtung der Dissertation, sowie meinen Lehrern am Institut für Staats- und Verwaltungsrecht der Rechtswissenschaftlichen Fakultät der Universität Wien, den Universitätsprofessoren Dr. DDr. h.c. *Felix Ermacora* und DDr. *Heinz Mayer*, die mein wissenschaftliches Arbeiten geprägt und gefördert haben. Dr. *Georg Springer*, Generalsekretär des ÖBThV, Mag. *Othmar Stoss*, Hauptabteilungsleiter des ÖBThV und DDr. *Kurt Hodik*, ehem. Leiter der Rechtsabteilung des ÖBThV, haben durch ihre Auskunfts- und Diskussionsbereitschaft maßgeblichen Anteil am Zustandekommen dieser Arbeit. Für vielfältige Unterstützung danke ich zahlreichen Kollegen am Institut für Staats- und Verwaltungsrecht, insb Dr. *Gerhard Strejcek*, Univ.-Doz. Dr. *Rudolf Thienel* und Dr. *Hannes Tretter*, sowie den Herren des ÖStA. Ganz besonders zu danken habe ich schließlich meinen Eltern, ohne deren Unterstützung weder mein Studium noch die Publikation der vorliegenden Arbeit möglich gewesen wären.

Armin Bammer

2 BThSG, BGBl 1989/204; dazu ausführlich *Bammer*, BThSG.

3 Diese Zweifel werden durch die Erklärung der BReg vor dem NR vom 18.12.1990 bestätigt, in der nicht einmal mehr die seit zwanzig Jahren traditionell unerfüllte Absicht erklärt wird, den Entwurf eines BThG zu erarbeiten.

Inhaltsverzeichnis

Abkürzungsverzeichnis

AB	Ausschußbericht
AdR	Archiv der Republik
AF	alte Fassung; alte Folge
AGB	Allgemeine Geschäftsbedingungen
AH	Abgeordnetenhaus
AhE	Allerhöchste Entschließung
AHStG	Allgemeines HochschulstudienG, BGBl 1966/177 idgF
AngG	AngestelltenG, BGBl 1921/291 idgF
ao	außerordentlich
ArbVG	ArbeitsverfassungsG, BGBl 1974/22 idgF
aSiPol	allgemeine Sicherheitspolizei
ASVG	Allgemeines SozialversicherungsG, BGBl 1955/189 idgF
AusG	AuschreibungsG 1989, BGBl 85
AusG 1974	AuschreibungsG 1974, BGBl 700
AuslBG	AusländerbeschäftigungsG, BGBl 1975/218 idgF
AVA	Allgemeines Verwaltungsarchiv
AVG	Allgemeines Verwaltungsverfahrensgesetz, BGBl 1991/51
aWB	allgemeiner Wirkungsbereich
BauO	Bauordnung
BauPol	Baupolizei
baupol	baupolizeilich (-e, ...)
BDG	Beamten-DienstrechtsG, BGBl 1979/333 idgF
BehÜG	Behörden-ÜberleitungsG, StGBl 1945/94 idgF
BgA	Betrieb gewerblicher Art (§ 2 KStG)
BG	Bundesgesetz
BGBl	Bundesgesetzblatt
BGBlG	BG über das Bundesgesetzblatt, BGBl 1985/200
Bgm	Bürgermeister
BGV	Bundesgebäudeverwaltung
BH	Bezirkshauptmannschaft
BHG	BundeshaushaltsG, BGBl 1986/213 idgF
BHV	Bundeshaushaltsverordnung, BGBl 1926/118
BK	Bundeskanzler
BKA-VD	Bundeskanzleramt-Verfassungsdienst
Blg	Beilage
BlgAH	Beilagen zu den Stenographischen Protokollen des Abgeordnetenhauses
BlgNR	Beilagen zu den Stenographischen Protokollen des Nationalrats
BlgKNV	Beilagen zu den Stenographischen Protokollen der Konstituierenden Nationalversammlung
BM	Bundesminister(ium, -ien)
BMBT	Bundesminister(ium) für Bauten und Technik
BM(f)HV	Bundesminister(ium) für Handel und Gewerbe, Industrie und Bauten
BMG	BundesministerienG 1986, BGBl 76 idgF (Wvb des BMG 1973)
BMG 1973	BundesministerienG 1973, BGBl 389
BMHW	Bundesminister(ium) für Handel und Wiederaufbau
BMI	Bundesminister(ium) für Inneres
BMIU	Bundesministerium für Inneres und Unterricht (§ 26 ÜG 1920)
BMU	Bundesminister(ium) für Unterricht (BGBl 1923/199)

BMUK	Bundesminister(ium) für Unterricht und Kunst (BMG 1973; sowie BMG 1986 idF der Nov BGBl 1991/45)
BMUKS	Bundesminister(ium) für Unterricht, Kunst und Sport (BGBl 1983/617)
BMwA	Bundesminister(ium) für wirtschaftliche Angelegenheiten
BPolDion	Bundespolizeidirektion
BProvNV	Beschluß der Provisorischen Nationalversammlung
BReg	Bundesregierung
BTh	Bundestheater
BThDion	Bundestheaterdirektion
BThDir	Bundestheaterdirektor
BThG	Bundestheatergesetz
BThK	Bundestheater-Kommissär
BThPG	BundestheaterpensionsG, BGBl 1958/159 idgF
BThPVO	Bundestheaterpensionsverordnung, BGBl 1922/440
BThSG	BundestheatersicherheitsG, BGBl 1989/204
BThVw	Bundestheaterverwaltung
BThV	(vor Aktenzahlen im Original:) Bundestheaterverwaltung
BV	Bundesverfassung
BVA	Bundesvoranschlag
BVB	Bezirksverwaltungsbehörde(n)
BVerfG(E)	Bundesverfassungsgericht (Entscheidungen)
BVG	Bundesverfassungsgesetz
B-VG 1920	Bundes-Verfassungsgesetz 1920, BGBl 1
B-VG	Bundes-Verfassungsgesetz in der Fassung von 1929 [im Original gelegentlich: B.V.G.]
B-VGN	Bundes-Verfassungsgesetz-Novelle
B-VGN 1925	Bundes-Verfassungsgesetz-Novelle 1925, BGBl 268
B-VGN 1926	Bundes-Verfassungsgesetz-Novelle 1926, BGBl 191
B-VGN 1929	Bundes-Verfassungsgesetz-Novelle 1929, BGBl 392
B-VGN 1962	Bundes-Verfassungsgesetz-Novelle 1962, BGBl 205
B-VGN 1974	Bundes-Verfassungsgesetz-Novelle 1974, BGBl 444
B-VGN 1983	Bundes-Verfassungsgesetz-Novelle 1983, BGBl 175
B-VGN 1984	Bundes-Verfassungsgesetz-Novelle 1984, BGBl 490
B-VGN 1988	Bundes-Verfassungsgesetz-Novelle 1988, BGBl 685
B-VGN 1991	Bundes-Verfassungsgesetz-Novelle 1991, BGBl 565
bWB	besonderer Wirkungsbereich
chrsoz	christlichsozial
chrsozPK	christlichsozialer Parlamentsklub
d	deutsch (-e, ...)
DI	Dienstinstruktion
DI 1971	Dienstinstruktion vom 10.5.1971, VOBl 43
DI 1976	Dienstinstruktion vom 19.3.1976, VOBl 47
di	das ist
Dir	Direktor
Dion	Direktion
DO	Dienstordnung
d.ö.	(im Original:) deutschösterreichisch (-e, ...)
DSG	DatenschutzG, BGBl 1978/565 idgF
DV	Dienstvorschrift
DVG	DienstrechtsverfahrensG, BGBl 1984/29
DVO	Durchführungsverordnung
EA	Einigungsamt

EGVG	EinführungsG zu den Verwaltungsverfahrensgesetzen, BGBl 1991/50
ER	Richtlinien für die Tätigkeit der Organe des Ensembles des Burgtheaters, VOBl 1983/62
Erk	Erkenntnis
EV	Ensemblevertretung des Burgtheaters, VOBl 1983/62
FAZ	Frankfurter Allgemeine Zeitung
FinProk	Finanzprokuratur
FN	Fußnote
FOG	ForschungsorganisationsG, BGBl 1981/341 idF BGBl 1989/246
FPol	Feuerpolizei
fpol	feuerpolizeilich (-e, ...)
FPolO	Feuerpolizeiordnung für Wien, LGVOBl 1892/18
FrPolG	FremdenpolizeiG, BGBl 1954/75 idgF
G	Gesetz (-e, ...)
GE	Geschäftseinteilung
gem	gemäß
GeO	Geschäftsordnung
GewO	Gewerbeordnung 1973, BGBl 1974/50
GewO 1859	Gewerbeordnung 1859, RGBl 227
GDion[Ö]BTh	Generaldirektion der [Österreichischen] Bundestheater (Beschluß des MR 15.7.1926)
GDir[Ö]BTh	Generaldirektor der [Österreichischen] Bundestheater (Beschluß des MR 15.7.1926)
GS	Generalsekretär (-sekretariat) des Österreichischen Bundestheaterverbandes
GG	Grundgesetz für die Bundesrepublik Deutschland, dBGBl 1949, 1
GGRV	Grundgesetz über die Reichsvertretung, RGBl 1867/141
GI	Generalintendanz
HD	Hofdekret
HHStA	Haus-, Hof- und Staatsarchiv
HKD	Hofkanzleidekret
HKVO	Hofkanzleiverordnung
HO(en)	Hausordnung(en)
ho	hierorts
HTh	(k.k.) Hoftheater
IA	Initiativantrag; Innenamt
idF	in der Fassung
idgF	in der geltenden Fassung
ieS	im engeren Sinne
insb	insbesondere
iS	im Sinne
iwS	im weiteren Sinne
JH	Jahrhundert
JM	Justizminister(ium)
Jud	Judikatur
KEG	Kriegswirtschaftliches ErmächtigungsG, RGBl 1917/307
KGF	Kriegsgeschädigtenfonds
KGFG	KriegsgeschädigtenfondsG, StGBl 1919/573
KHSchOrgG	Kunsthochschul-OrganisationsG, BGBl 1970/54 idgF
KMFB	[Gewerkschaft] Kunst, Medien, freie Berufe
KNV	Konstituierende Nationalversammlung
KP	Kabinettsprotokoll
KR	Kabinettsrat

KStG	KörperschaftssteuerG 1988, BGBl 401
KV	Kollektivvertrag
LG	Landesgesetz
LGBl	Landesgesetzblatt
LGVOBl	Landes-Gesetz- und Verordnungsblatt für das Erzherzogtum Österreich unter der Enns
LH	Landeshauptmann
Lit	Literatur
LO(en)	Landesordnung(en)
LReg(en)	Landesregierung(en)
lS	letzter Satz
Mat	Materialien
MAbt	Magistratsabteilung
mBV	mittelbare Bundesverwaltung
M.D.	Magistratsdirektion
MdI	k.k. Ministerium des Inneren
MdÖStA	Mitteilungen des Österreichischen Staatsarchivs
mE	meines Erachtens
MedienG	MedienG, BGBl 1981/314 idgF
MG	MietenG, BGBl 1922/872
Min	Minister(ium)
MinRat	Ministerialrat
MinföA	Ministerium für öffentliche Arbeiten
MR	Ministerrat
MRG	MietrechtsG, BGBl 1981/520 idgF
MRP	Ministerratsprotokoll
m(w)N	mit (weiteren) Nachweisen
nF	Neue Fassung
NFP	Neue Freie Presse
Nov	Novelle (Novellierung)
NÖ	Niederösterreich
nö	niederösterreichisch
NöThBG	Nö LG betreffend die bauliche Anlage, die innere Einrichtung und den Betrieb von Theatern, Rauchtheatern (Singspielhallen, Varietés), Zirkussen und Saaltheatern, LGVOBl 1911/57
Nr	Nummer
NR	Nationalrat
NV	Nationalversammlung
O(en)	Ordnung(en)
ÖBTh	Österreichische Bundestheater
OMeA	Obersthofmeisteramt
öBaupol	örtliche Baupolizei
ÖBThV	Österreichischer Bundestheaterverband
öFPol	örtliche Feuerpolizei
ÖNB	Österreichische Nationalbibliothek
öSipol	örtliche Sicherheitspolizei
ÖStA	Österreichisches Staatsarchiv
ÖSTh	Österreichische Staatstheater [im Original gelegentlich öSTh]
öVPol	örtliche Veranstaltungspolizei
PBest	Provisorische Bestimmungen für den Betrieb der Staatstheater, StAfIuU, UA, 9.11.1920, 21487-IV-Abt 11/1920
PG (1921)	PensionsG 1921, BGBl 735

PGS	Politische Gesetzessammlung
PK	Parlamentsklub
Pkt	Punkt
Pr	(im Original gelegentlich für:) Präsidium
Präs	Präsidium, Präsident
Präs[B]SThVw	Präsident der Staats[Bundes]theaterverwaltung
PräsNV	Präsident der Nationalversammlung
PrivatschulG	PrivatschulG, BGBl 1962/244 idgF
Prot	Protokoll
ProtUAVerfA	Protokoll(e) der Sitzung(en) des Verfassungsunterausschusses
ProvNV	Provisorische Nationalversammlung
ProvStReg	Provisorische Staatsregierung
Reg	Regierung
RG	Reichsgesetz
RGBl	Reichsgesetzblatt
RGG 1862	Gesetz womit die grundsätzlichen Bestimmungen zur Regelung des Gemeindewesens vorgezeichnet werden, RGBl 1862/18
RH	Rechnungshof
R-ÜG	VG über die Wiederherstellung des Rechtslebens in Österreich, StGBl 1945/6
RVO	Rechtsverordnung
SchauspielerG	SchauspielerG, BGBl 1922/441 idgF
SchUG	SchulunterrichtsG, BGBl 1966/472 idgF
SchOG	SchulorganisationsG, BGBl 1962/242 idgF
SD	Sicherheitsdirektion
sd	sozialdemokratisch
sdPK	sozialdemokratischer Parlamentsklub
sog	sogenannt (-e, ...)
SiPol	Sicherheitspolizei
sipol	sicherheitspolizeilich
SPG	SicherheitspolizeiG, BGBl 1991/566
StA	Staatsamt
Staatsgründungsbeschluß	BProvNV vom 30.10.1918, StGBl 1
StAfHGIB	Staatsamt für Handel und Gewerbe, Industrie und Bauten, StGBl 1919/180
StAfIuU	Staatsamt für Inneres und Unterricht
StAföA	Staatsamt für öffentliche Arbeiten
StG	Strafgesetz
StGBl	Staatsgesetzblatt
STh	Staatstheater
SThVw	Staatstheaterverwaltung
StN	Staatsnotar
StReg	Staatsregierung
StVvStG	Staatsvertrag von Saint Germain, StGBl 1920/303
TB	Tätigkeitsbericht
ThBG	Theaterbaugesetz
ThBauPol	Theaterbaupolizei
ThBO	Theaterbetriebsordnung
T[h]D	Theaterdepartement [der Verwaltung des Hofärars]
ThG	Theatergesetz
ThDir	Theaterdirektor

ThDion	Theaterdirektion
ThFPol	Theaterfeuerpolizei
ThGE	Theatergesetzentwurf (-entwürfe)
ThPol	Theaterpolizei
thpol	theaterpolizeilich
ThO (1850)	Theaterordnung, RGBl 1850/454
ua	unter anderem
UA	Unterrichtsamt
UAVerfA	Unterausschuß des Verfassungsausschusses
ÜG 1920	Übergangsgesetz, BGBl 1920/2
ÜG 1929	BVG betreffend Übergangsbestimmungen zur B-VGN 1929, BGBl 1929/393
ÜG-Nov 1925	Nov des ÜG 1920, BVG BGBl 1925/269
UStG	UmsatzsteuerG 1972, BGBl 223 idF BGBl 1988/410
UVS	Unabhängige(r) Verwaltungssenat(e)
VA	Vollzugsanweisung
VASTh	Vollzugsanweisung der StReg vom 21.5.1920, betreffend die Verwaltung der ehemals hofärarischen Theater, StGBl 1920/229
VBG	Vertragsbedienstetengesetz, BGBl 1948/86 idgF
VEG	VerwaltungsentlastungsG, BGBl 1925/277
VerfA	Verfassungsausschuß
VereinsG	VereinsG, BGBl 1951/233 idgF
VersammlungsG	VersammlungsG, BGBl 1953/98 idgF
VG	Verfassungsgesetz
vgl	vergleiche
VO	Verordnung(en)
VOBl	Verordnungsblatt für die Dienstbereiche des BMUKS bzw des BMWF
VwHÄ	Verwaltung (Verwalter) des Hofärars
VwVO	Verwaltungsverordnung
VV	Vorläufige Verfassung, StGBl 1945/5
WB	Wirkungsbereich
WEG	WohnungseigentumsG 1975, BGBl 417 idgF
Wr	Wiener
WrThG	Wiener TheaterG, LGBl 1929/1
Wvb	Wiederverlautbarung
WZ	Wiener Zeitung
Z	Ziffer, Zahl
zB	zum Beispiel
Zensurbeschluß	BProvNV vom 30.10.1918, StGBl 3
zit	zitiert (-e, ...)

A. Die Entwicklung der für die Organisation, den Betrieb und die (verfassungs)rechtliche Stellung der Bundestheater maßgeblichen Rechtsgrundlagen

I. Die Entwicklung des Theater- und Veranstaltungsrechts bis zum Ende der Monarchie

1. Allgemeine theaterpolizeiliche und veranstaltungsrechtliche Vorschriften

Der Normenbestand der vorrepublikanischen Zeit war in einer Vielzahl unterschiedlichster Rechtsquellen verstreut: Neben zahlreichen HKD aus dem späten 18. und frühen 19. Jahrhundert ist insb die ThO von 1850 hervorzuheben. Ende des 19. und Anfang des 20. Jahrhunderts wurde seitens des Reichsrates der erfolglose Versuch unternommen, ein allgemein geltendes ThG zu schaffen, das Regelungen über Theaterkonzession, -zensur und -verträge enthalten sollte. So erwiesen sich manche der vorkonstitutionellen Normen als ausgesprochen langlebig: ZB wurde das HKD aus dem Jahre 1827 „betreffend Vorschriften zur Sicherung der genauen Beobachtung der hinsichtlich der Tanzmusiken kundgemachten höchsten Entschließung" für den Bereich des Bundesveranstaltungsrechts erst 1989 durch Art III BThSG aufgehoben. Der Normenbestand der Monarchie braucht hier nicht ausführlich dargestellt zu werden[1]; vielmehr soll nach einem kurzen Überblick versucht werden, in Kapitel A.I.2.b) die Frage zu beantworten, ob bzw welche dieser Normen auf die k.k. HTh anwendbar waren bzw in der Verwaltungspraxis der Monarchie tatsächlich (analog) angewendet wurden.

---

1 S zum Normenbestand ausführlich *Bammer,* Theater 5 ff, 13 ff, 17 mwN (HD vom 12.6.1795 [Herumziehen mit wilden Tieren], Hofkanzley-VO vom 29.5.1821 [Bettel-Musik-Licenzen], HKD vom 5.8.1824 [Herumziehen mit wilden Tieren]), HKD vom 12.5.1827 [Tanzmusiken], HKD vom 6.1.1836 [Öffentliche Productionen und Schauausstellungen herumziehender Individuen], VO RGBl 1868/71 [Verbot von Theatervorstellungen an bestimmten Tagen]). Vgl näher *Mayerhofer/Pace* IV[5] 1335 ff, 1348 ff.

a) Verordnung vom 25.11.1850 (Theaterordnung)

Gemäß Pkt V lit o des Kundmachungspatentes zur GewO 1859 fand diese auf „die Unternehmungen öffentlicher Belustigungen und Schaustellungen aller Art" keine Anwendung. Das Theaterwesen wurde — und wird noch heute — somit nicht nach der GewO, sondern nach den besonderen dafür bestehenden Vorschriften behandelt[2]. Diese Ausnahmeanordnung findet ihre Begründung wohl auch in der erst wenige Jahre zuvor erlassenen ThO 1850, die **neben** die zit HKD getreten war und die Materie ebenso umfassend wie restriktiv regelte[3], sodaß kein Grund mehr bestand, Theaterunternehmungen (kumulativ) weiteren Behörden zu unterstellen.

Nach der Überleitung der ThO in die konstitutionelle Ära ergingen zahlreiche Erlässe und DVO, aber auch Erk des VwGH[4]; hervorzuheben sind jene Erk des VwGH, wonach auch nach der Überleitung der ThO die Erteilung der Erlaubnis zu Theatervorstellungen in Theatergebäuden oder besonderen Räumlichkeiten nur den staatlichen Behörden zustehe[5]. Diese Jud entsprach den Bestimmungen der LOen von 1861, die Theaterangelegenheiten nicht zur „Landesangelegenheit" erklärten[6]. Offenbar wurde die ThO von Lehre, Jud und Praxis als auf Gesetzesstufe stehend angesehen[7].

b) Verordnung vom 19.1.1853 (Einrichtung und Amtswirksamkeit der Statthaltereien)

Der Schlußsatz des § 14 dieser VO[8] lautete: „Zur Errichtung eines stehenden Theaters muß die höchste Bewilligung eingeholt werden." Zur Erteilung der Bewilligung der Errichtung eines stehenden Theaters war mithin nicht die — sonst regelmäßig zuständige — Statthalterei, sondern der Kaiser selbst zuständig. Diese Bestimmung wirft mehrere bereits im Staatsrecht der Monarchie umstrittene Fragen auf, denen hier nicht nachgegangen werden kann[9]. Inhaltlich handelt es sich bei der in Frage stehenden Allerhöchsten Bewilligungspflicht ursprünglich um **keine Zuständigkeitsbestimmung,** da der Kaiser 1853 mangels ihm übergeordneter Verfassung **kein** Staats**organ** im eigentlichen Sinn war. Vielmehr war neben allfälligen sonstigen Bewilligungspflichten — nunmehr jedoch kraft ausdrücklicher Anordnung — ein „Maje-

---

2 Vgl *Mayerhofer/Pace* IV[5] 1335.
3 Vgl dazu A.I.2. S zum Regelungssystem der ThO näher *Bammer,* Theater 10 ff.
4 Vgl die Zusammenstellung bei *Mayerhofer/Pace* IV[5] 1335 ff.
5 Vgl die bei *Mayerhofer/Pace* IV[5] 1336 bei FN 1 zit Jud; weiters VwSlgAF 4650/1889. Eine Einordnung der ThO als LG wurde offenbar nicht in Betracht gezogen.
6 Vgl zB §§ 18 und 19 der nö LO, abgedruckt bei *Kelsen/Froehlich/Merkl* 322 f.
7 Vgl ***Jellinek***, Gesetz 372 f; ***Zolger***, Verordnungsrecht 75 ff. S zur Überleitung A.III.4.c).
8 VO der Min des Inneren, der Justiz und der Finanzen vom 19.1.1853, ... über die Einrichtung und Amtswirksamkeit ... der Statthaltereien, RGBl 10; vgl *Mayerhofer/Pace* IV[5] 1342.
9 Vgl ausführlich *Bammer,* Theater 17 ff mwN.

stätsgesuch" erforderlich[10]. Es handelte sich dabei um eine inhaltlich typisch verwaltungsbehördliche Kompetenz, die — im Vergleich mit den sonstigen Befugnissen der Krone — insofern untypisch war, als sie keinen verfassungsrechtlichen Bezug aufwies. Aufgrund der Sensibilität der Materie verblieb die Ausübung des freien Ermessens, dh die Bewilligung nach Gutdünken, bei der „höchsten Instanz": Autorität der Person wurde hier nicht durch Autorität durch Sachverstand ersetzt. Da diese „Kompetenz" — als untypische Prärogative — jedoch **ausdrücklich positiviert** war, kann ihr Weiterbestehen zwar als untypisch qualifiziert werden, nicht jedoch als mit Einführung des Konstitutionalismus untergegangen[11]. Probleme bereitet aber jedenfalls die Frage, **ob bzw wie diese Befugnis in die Republik übergeleitet wurde:** Gem § 1 Staatsgründungsbeschluß wurde mit der Regierungs- und Vollzugsgewalt der aus der Mitte der ProvNV bestellte „deutsch-österreichische Staatsrat" betraut. Nach Art 3 des G über die Staats- und Regierungsform, StGBl 1918/5, gingen „alle Rechte, welche nach der **Verfassung** der im Reichsrate vertretenen Königreiche und Länder dem Kaiser zustanden, ... einstweilen ... auf den deutsch-österreichischen Staatsrat über." Erfaßt wurden von dieser Bestimmung jedoch nur die dem Kaiser nach der alten **Verfassung** zustehenden Staatsakte, wie zB das Begnadigungs- und Abolitionsrecht, Kriegserklärung, Friedensschluß, Abschluß von Staatsverträgen etc[12]. Dem Kaiser nicht nach der Verfassung zustehende, jedoch von ihm in der Praxis oder nach einfachgesetzlichen Vorschriften ausgeübte Rechte sind somit nicht auf den Staatsrat übergegangen, sondern durch § 1 Staatsgründungsbeschluß und Art 1 des G über die Staats- und Regierungsform (Beseitigung der Monarchie) ersatzlos aufgehoben worden. Infolge Art 6 des G über die StReg, StGBl 1919/180, gingen

„die Geschäfte des Staatsrates ... auf die StReg über, soweit gesetzlich nicht anderes bestimmt ist." Gem § 7 Abs 1 ÜG 1920 gingen die „gesetzlich den bisherigen Organen des Staates und der Länder übertragenen Befugnisse ... auf die mit einem gleichartigen WB betrauten Organe des Bundes und der Länder über, soweit nicht die Zuständigkeiten dieser Organe durch das B-VG anders geregelt sind. Demnach treten namentlich ... an die Stelle des PräsNV, soweit er mit Regierungsgeschäften betraut war, der BPräs, an die Stelle der StReg die BReg ...".

Dem PräsNV kamen nach der Verfassungsrechtslage vor 1920 einige wenige, taxativ aufgezählte Kompetenzen zu, die üblicherweise einem

---

10 Vgl die Darstellung der historischen Praxis bei *Hadamowsky* 755 ff.

11 Es muß aber darauf hingewiesen werden, daß nur das Weiterbestehen der Bewilligungskompetenz des Kaisers fragwürdig sein könnte, nicht jedoch das den Verwaltungsbehörden in konstitutionller Zeit zugestandene freie Ermessen, dessen Überprüfung auch von der Zuständigkeit des VwGH ausgeschlossen war (vgl *Kelsen*, Staatsrecht 67).

12 *Kelsen*, VG I 34.

Staatsoberhaupt zustehen[13]. An die KNV selbst war hingegen das Recht übergegangen, „Krieg zu erklären und Friedensverträge zu genehmigen“[14]. Da an den BPräs des B-VG 1920 gem § 7 ÜG lediglich die **Regierungs**geschäfte des PräsNV, nicht jedoch dessen Vollzugskompetenzen übergegangen waren, und das B-VG keine einschlägige Kompetenz des BPräs hinsichtlich der Bewilligung der Errichtung von Theatern traf, konnte diese Befugnis, sofern man ihre Überleitung bejaht, nur an die BReg übergegangen sein[15]. ME dürfte es sich jedoch bei der dem Kaiser vorbehaltenen Bewilligungserteilung um **keine an republikanische Organe überleitbare Kompetenz** gehandelt haben, sondern um eine dem Monarchen aus der absolutistischen Ära, nicht jedoch kraft konstitutioneller Verfassung zustehende Befugnis[16]. Die vielfach vertretene Meinung, das Bewilligungsrecht zur Errichtung von Theatern — seit Inkrafttreten des Art 10 (Abs 1) Z 13 B-VG: zur Bewilligung der Errichtung von BTh — sei nunmehr auf die BReg übergegangen[17], ist daher verfehlt; eine solche Kompetenz existierte seit der Beseitigung der Monarchie — mangels Überleitung — überhaupt nicht mehr.

c) Theaterbauvorschriften und theaterfeuerpolizeiliche Normen

Nach der Verfassung von 1867 (GGRV) fiel die Erlassung von FPol-[Feuerwehr-, Feuerlösch-]Oen in den Wirkungskreis der Landtage[18]; die Handhabung der FPol „stand in der Regel den Gemeinden im selbständigen Wirkungskreise zu“[19]. Das Verhältnis dieser Normen zur ThO 1850 war bereits in der Verwaltungspraxis der Monarchie unklar[20]; insb wurden die politischen Behörden zur Erlassung fpol Vorschriften für Theater sowie zur unmittelbaren Aufsicht über die Durchführung dieser Anordnungen dann für berufen angesehen, „insoweit die Vorkehrungen der autonomen Lokalbehörden sich als nicht genügend erweisen“ sollten[21]. Nicht zuletzt infolge der katastrophalen Theaterbrände in Wien und Nizza ergingen Erlässe des MdI, infolge derer „die Länderstellen im Einvernehmen mit den autonomen

---

13 So *Brauneder/Lachmayer*[5] 201. Vgl zB § 9 des G über die GeO der KNV (StGBl 1919/162), sowie Art 8 des G über die StReg (StGBl 1919/180).

14 Art 1 des G über die Volksvertretung, StGBl 1919/179. Vgl nunmehr die Kompetenz der Bundesversammlung zur „Beschlußfassung über die Kriegserklärung“ (Art 38 B-VG).

15 So auch *Dehmal/Dressler* Rz 616, die ohne weitere Begründung aus der Kompetenz des Kaisers zur Bewilligung der Errichtung eines neuen stehenden Theaters die „Zuständigkeit der BReg“ ableiten; ebenso *Adamovich*, Verwaltungsrecht (1924) II 32; *Lichem* 125.

16 Vgl zur Begründung im einzelnen *Bammer*, Theater 17 ff.

17 So aber *Dehmal/Dressler* II/1 Rz 616; *Adamovich*, Verwaltungsrecht (1924) II, 32; *Lichem* 125.

18 Vgl zur Rechtslage vor 1867 und zur Entwicklung der Bau- aus den FPolOen *Krzizek* I 26 ff.

19 Vgl *Mayerhofer/Pace* III[5] 872.

20 Vgl bloß die bei *Mayerhofer/Pace* III[5] 913 bei FN 1 zit Jud.

21 *Mayerhofer/Pace* III[5] 912 f.

Behörden die nach den lokalen Verhältnissen nötigen Sicherheitsvorkehrungen" trafen; diese wurden „teils im Wege der Landesgesetzgebung, teils im Verordnungswege" erlassen[22]. Aus diesem Normenmaterial, dessen verfassungsgemäße Erlassung zT fraglich ist, seien die für Österreich unter der Enns maßgeblichen Vorschriften, soweit sie im Zeitpunkt des Untergangs der Monarchie noch in Geltung standen, hervorgehoben[23].

(1) Gesetz vom 17.1.1883 (Bauordnung für Wien)

Art I dieser BauO setzte die LG, die die alten Baunormen enthielten, außer Kraft[24]. Sie enthielt in 11 Abschnitten 110 Paragraphen, deren Inhalt und Regelungstechnik oft nur geringe Unterschiede zu modernen BauOen aufweisen. Für Neu-, Zu- und Umbauten war eine Bewilligung der Baubehörde, somit des Magistrats erforderlich (§§ 14, 96 f). Jedoch waren daneben „bei Erbauung von Gebäuden, in welchen ihrer Bestimmung nach größere Ansammlungen von Menschen stattfinden ... nebst den Vorschriften dieser BauO auch die diesfalls erlassenen besonderen gesetzlichen Bestimmungen und pol Anordnungen zu beobachten" (§ 70)[25]. Weiters ist hinzuweisen auf § 106 der BauO, der „besondere Bestimmungen für Hof-, Staats- und öffentliche Fondsbauten" normierte. Demnach kam der Gemeinde Wien lediglich „rücksichtlich der Bestimmung der Baulinie und des Niveaus" eine Kompetenz zu, während zur Bewilligung der genannten Bauten die Statthalterei zuständig war. Die Bestimmungen hinsichtlich der Hofbauten wurden erst durch die BauO-Nov 1920[26] aufgehoben.

(2) Gesetz vom 19.3.1892 (Feuerpolizeiordnung für Wien)

Der erste Versuch einer einheitlichen Regelung der FPol erfolgte in Österreich durch die beiden Josefinischen FeuerOen vom 7.9.1782, von denen die eine für Landstädte und Märkte, die andere für das offene Land

---

22 *Mayerhofer/Pace* III^5 914.

23 S zur StatthaltereiVO vom 1.7.1882, LGVOBl 54 (betreffend die Veranstaltung theatralischer Vorstellungen in neuen Theatergebäuden und Einrichtung und Betrieb der Theater), und zum G vom 15.12.1882, LGVOBl 68 (betreffend die Bauanlage bei neuen Theatern, die Einrichtung und den Betrieb der Theater überhaupt und den behördlichen Inspectionsdienst, sowie die Controle der Sicherheitsvorkehrungen in denselben) *Bammer,* Theater 23 ff.

24 G vom 17.1.1883, womit eine BauO für die k.k. Reichshaupt- und Residenzstadt Wien erlassen wird, LGVOBl 35. LGBl 1868/24; 1870/1, 3.

25 Damit war für Theater hinsichtlich ihrer bautechnischen Seite das Kumulationsprinzip statuiert, da nicht nur eine Baubewilligung notwendig war, sondern auch der Konsens der Statthalterei, die sich auf die Ergebnisse der Untersuchungen der Theaterlokalkommissionen zu stützen hatte (§§ 109 ff der VO vom 1.7.1882, LGVOBl 54).

26 LGVOBl 1920/547; vgl dazu auch A.III.4.e)(3).

erlassen wurde[27]. In den folgenden Jahrzehnten waren die FeuerOen Gegenstand zahlreicher Erlässe und „Erinnerungen". Wie bereits erwähnt, stand nach dem konstitutionellen Verfassungs- und Gemeinderecht die Legislative in fpol Angelegenheiten den Ländern, die Handhabung der FPol idR den Gemeinden im selbständigen Wirkungskreise zu[28]. Art II der FPolO von 1892[29] ordnete an, daß „die durch das G und durch VO vorgeschriebenen Vorsichtsmaßregeln über den Bau und den Betrieb von Theatern und ähnlichen Unternehmungen" durch dieses G unberührt zu bleiben hätten. Gem § 27 leg cit galten für die Privattheater zwar besondere präventive feuerbaupol Bestimmungen, hinsichtlich der **Brandbekämpfung** unterlagen sie jedoch den für alle Gebäude geltenden Bestimmungen der FPolO[30].

(3) Gesetz vom 14.3.1911 (Bauliche Anlage, innere Einrichtung und Betrieb von Theatern)

Das ThBG von 1882 galt zwar auch für theaterähnliche Bauten[31], die Vervielfältigung der Ausdrucksformen und ihre Vermischung machte es jedoch den Behörden immer schwerer, ihren Aufgaben nachzukommen[32]. Die Bestimmungen der VO vom 1.7.1882[33] sollten für den Fall, daß in einzelnen Lokalitäten ähnliche Einrichtungen wie bei Theatern bestanden, sinngemäße Anwendung finden[34]. Diese Rechtslage wurde allgemein als unbefriedigend empfunden, sodaß es 1911 zur Erlassung eines für Theater sowie sonstige Veranstaltungsstätten gültigen G kam[35].

---

27 *Mayerhofer/Pace* III[5] 871. Vgl auch *Krzizek* I 26 f.

28 *Mayerhofer/Pace* III[5] 872. Vgl das RGG 1862, Art 5 lit 9.

29 G vom 19.3.1892, womit eine FPolO für die k.k. Reichshaupt- und Residenzstadt Wien erlassen wird, LGVOBl 18.

30 Zur Sonderbehandlung der Hofgebäude und HTh (§§ 26, 27 FPolO) A.I.2.b).

31 LGVOBl 1882/68. Vgl näher *Bammer,* Theater 24 ff.

32 *Hadamovsky* 596 ff.

33 LGVOBl 1882/54; vgl *Bammer,* Theater 23 f.

34 Erlaß des StatthaltereiPräs vom 23.3.1883, 4077/Pr/1882, Erlaß der Wr PolDion vom 29.3.1883, 15541, zit in *Mayerhofer/Pace* IV[5] 1361 bei FN 3.

35 G vom 14.3.1911, betreffend die bauliche Anlage, die innere Einrichtung und den Betrieb von Theatern, Rauchtheatern (Singspielhallen, Varietés), Zirkussen und Saaltheatern, LGVOBl 57. Durch Art II NöThBG wurde das ThBG aus 1882, durch eine eigene VO die StatthaltereiVO aus 1882, LGVOBl 1911/58, aufgehoben.

2. Die Rechtsstellung der k.k. Hoftheater

a) Die Entwicklungsgeschichte der Privattheater und der Hoftheater

Die getrennt voneinander verlaufende Entwicklungsgeschichte der Privat- und Hoftheater kann hier im einzelnen nicht dargestellt werden[36]; zusammenfassend kann folgendes gesagt werden: Angelegenheiten der Theater, der öffentlichen Belustigungen etc waren seit jeher eine „sensible Materie“[37]; soweit die damit zusammenhängenden Tätigkeiten nicht ohnedies verboten waren, unterlagen sie vielfachen, zum Teil „allerhöchsten“ Bewilligungspflichten. Weder die Josefinische Schauspielfreiheit, die nur eine kurz dauernde und bloß teilweise Liberalisierung mit sich brachte, noch die ThO von 1850, die bereits zum Zeitpunkt ihrer Erlassung nicht zeitgemäß war, brachten eine substantielle Änderung: Theaterleute aller Art waren und blieben der Obrigkeit suspekt. Die Bedeutung und Brisanz des Theaters äußert sich einerseits in der Vielzahl von polizeistaatlichen Bestimmungen, andererseits in weitreichenden Zuständigkeiten des Kaisers, die er erst 1852/53 im wesentlichen an die Landesinstanz (Statthalterei) abtrat.

Während jahrhundertelang gegenüber privaten Theatertreibenden eine restriktive Politik verfolgt wurde, kam den **„Lustbarkeiten bei Hofe“** eine ganz andere Bedeutung zu: Sie dienten einerseits **Repräsentations-** und andererseits **Unterhaltungs**bedürfnissen des Kaisers und seines Hofstaates. Diesen beiden Funktionen wurde im Lauf der jahrhundertelangen Entwicklung unterschiedliche Bedeutung beigemessen: Der frühneuzeitliche Schalksnarr diente primär der Unterhaltung, der weitgehend exklusiven Pflege der Oper und des Balletts kam jedoch die Aufgabe zu, Macht, Reichtum und Bedeutung des Hofes zu unterstreichen. Während Private anfänglich primär Seichtes (Hanswurstiaden, Volksstücke etc) darboten, die der Unterhaltung des Volkes dienen sollten, der Hof hingegen ursprünglich protzige und sündteuere Spektakel abhielt, näherten sich Hof- und Privattheater gegen Ende des 19. Jahrhunderts hinsichtlich des Schauspiels immer mehr an. Die Aufführung von „großen“ Opern und Balletten blieb — primär aus finanziellen Gründen — den HTh vorbehalten.

Die **inhaltliche Überschneidung des Dargebotenen** an Hof- und Privattheatern **findet jedoch keine Entsprechung in der Rechtsstellung** dieser Bühnen. Bis zur endgültigen Durchsetzung des Konstitutionalismus war es sinnvollerweise auch gar nicht möglich, von einer „Anwendbarkeit“ von für Private geltenden Normen des absoluten Monarchen auf dessen höfische Lustbarkeiten zu sprechen; der Monarch war alleiniger Träger der

36 Vgl ausführlich *Bammer,* Theater 29 ff; *Hadamowsky* 1, 50, 97 ff.

37 Vgl bloß die als Anhang zur ThO erlassene „Instruction betreffend die Handhabung der ThO“, RGBl 1850/454.

Staatsgewalt, dem Gesetzgebung, Vollziehung und Gerichtsbarkeit zukamen und der „außer aller Verantwortung vor den Menschen" stand[38]. Die Entscheidungsgewalt wurde vom absoluten Monarchen an seine Behörden auch lediglich delegiert[39]. Der sachliche Geltungsbereich präkonstitutioneller Rechtsnormen konnte daher schon begrifflich nicht Einrichtungen des kaiserlichen Hofes umfassen, da diese durch — idR interne — Hoforganisationsnormen geregelt waren, nicht jedoch durch Allgemeinregelungen. Probleme konnten daher erst zu der Zeit auftreten, wo dem Kaiser — und somit auch seinem Hofstaat — die Funktion eines **Staatsorgans** zukam; erst zu diesem Zeitpunkt kann sich überhaupt die Frage stellen, inwieweit der Kaiser — bzw die ihm unterstehenden Einrichtungen — staatlichen G unterworfen sein können. Es ist daher zu untersuchen, ob der sachliche Geltungsbereich der zit theater- und veranstaltungsrechtlichen Normen in der konstitutionellen Monarchie (1867 — 1918) auch die HTh umfaßte und inwieweit diese Normen tatsächlich angewandt werden.

b) Die Hoftheater und allgemeine staatliche Theaternormen

Tezner lehrt, daß „aus der Unbeschränktheit des Umfanges, aus der Bedeutung der konstitutionellen Gesetzgebung (hervorgehe), daß sich diese Gesetzgebung wirksam auch auf das Hofwesen erstrecken (könne)"[40]. So war zB auch der Reichsrat zur Bemessung und jährlichen Votierung der Zivilliste zuständig, sein Kontroll- und Interpellationsrecht war unbeschränkt[41]. Eine entscheidende Einschränkung der staatlichen Gesetzgebungsgewalt ergab sich durch die „Prärogativen der Krone": *Tezner* bezeichnet diesen Begriff als „durchaus unklar", geht aber auch davon aus, daß die **Prärogativen dem Kaiser nicht durch die Dezemberverfassung verliehen,** sondern vielmehr eine „Restgröße" der durch diese weitgehend beschränkten absoluten Befugnisse waren, da „der Monarch ... auch im konstitutionellen Staate die aus der vorkonstitutionellen Epoche stammenden Befugnisse (besitzt), soweit sie mit der konstitutionellen Verfassung vereinbar und auch sonst durch nachfolgende G nicht aufgehoben worden sind."[42]

Prärogativenähnliche „Restgrößen" monarchischer Machtvollkommenheit waren ua auch die Befugnisse des Kaisers zur **Organisation des Hofstaates** und der Ausübung exklusiver **hoheitlicher Gewalt auf dem Hofterritorium:** Diese umfänglich und inhaltlich im einzelnen nicht unumstrittene Gewalt fand im Laufe der Zeit auch in positivrechtlichen

38 Vgl *Brauneder/Lachmayer*[5] 91 f.

39 *Brauneder/Lachmayer*[5] 92.

40 *Tezner*, Kaiser 54 f.

41 *Tezner*, Kaiser 54; einschränkend *Zolger*, Verordnungsrecht 98 f, *Zolger*, Hofstaat 226.

42 *Tezner*, Kaiser 11, 22 f.

Vorschriften ihren Niederschlag: So waren Hofgebäude und -liegenschaften von der obrigkeitlichen Gemeindegewalt ausgenommen (Art I RGG 1862). Akte der ordentlichen Gerichte gegen die dieser Gerichtsbarkeit unterstehenden Personen durften in den kaiserlichen Hofgebäuden nach § 32 Abs 4 JN, RGBl 1895/111, nur durch Vermittlung des Obersthofmarschallamtes, erforderlichenfalls durch jene des Min des kaiserlichen Hauses vorgenommen werden, Exekutionshandlungen gegen solche Personen durften nach § 31 EO, RGBl 1896/79, in den kaiserlichen Hofgebäuden nur durch das Obersthofmarschallamt vorgenommen werden, die Erlassung pol VO und die Handhabung des Sicherheitsdienstes im Hofgebiet war der Hofgewalt vorbehalten[43]. *Tezner* meint dazu, daß „sich die obrigkeitliche Verwaltungsbefugnis des Kaisers innerhalb des Hofgebietes auf das den Gemeinden vorbehaltene Gebiet der Ortspolizei erstreckt, die er nach seinem Ermessen organisieren darf. Dagegen erstreckt sich, da es an einer Ausnahme in dieser Richtung fehlt, die Verwaltungsbefugnis der staatlichen Behörden auch auf das Hofgebiet, nur daß der Zutritt staatsbehördlicher Organe und die Vornahme von Amtshandlungen im Hofgebiete nur mit Zustimmung der zuständigen Hofbehörde erfolgen darf“[44]. Die vielfach fehlenden positivrechtlichen Grundlagen und die Unklarheit über den Inhalt und den Umfang einzelner Prärogativen und prärogativenähnlicher Befugnisse machen verständlich, daß *Tezner* das Hofwesen zu Recht als „in einem staatsrechtlich zwitterhaften Übergangsstadium“ befindlich bezeichnet[45].

Mit der Anführung dieser Beispiele soll verdeutlicht werden, daß auch bei positivrechtlich nicht ausdrücklich angeordneter Exemtion von Hofgebäuden und -einrichtungen **nicht zwingend auf die Anwendbarkeit von Allgemeinregelungen geschlossen werden kann:** So ergeben sich besondere Schwierigkeiten aus der Weitergeltung präkonstitutioneller Normen, die verständlicherweise keine Ausnahmeregelungen zugunsten der HTh beinhalteten, wie zB die **ThO aus 1850. Ihr bloßer — formell nicht abgeänderter — Wortlaut** erlaubt keine Differenzierung zwischen Privat- und HTh. Aus der Entstehungsgeschichte dieser Norm[46] ergibt sich jedoch, daß sie zum Zeitpunkt ihrer Erlassung lediglich auf Privattheater Anwendung finden sollte. In der Praxis wurden bis zum Zusammenbruch der Monarchie weder Bewilligungen zur Errichtung der neuen HTh-Gebäude noch Aufführungsbewilligungen des Statthalters eingeholt (§ 3 ThO), noch besaß der Hof die Befugnis zu Theaterunternehmungen (§ 2 ThO). Wähend die vom Kaiser nach wie vor in Anspruch genommene Kompetenz zur Bewilligung der Errichtung neuer Theatergebäude wohl auch implizit die Errichtung neuer HTh-Ge-

43 *Tezner*, Kaiser 55 f; *Zolger*, Hofstaat 226.
44 *Tezner*, Kaiser 56.
45 *Tezner*, Kaiser 57.
46 Vgl A.I.1.a) und A.I.2.a), sowie *Bammer*, Theater 10 ff, 29 ff.

bäude decken konnte[47], wäre bei bloßer Wortlautinterpretation der ThO davon auszugehen gewesen, daß der Betrieb der HTh konzessionspflichtig gewesen wäre und auch ihre Produktionen einer Aufführungsbewilligung des Statthalters bedurft hätten. **Gegen eine bloße Verbalinterpretation spricht jedoch folgendes:** Zum Zeitpunkt ihrer Erlassung stellte die ThO tatsächlich eine Machtentäußerung des Kaisers dar; die weitgehende Zurückdrängung privater Theater wurde gelockert, Behördenzuständigkeiten wurden geschaffen. HTh waren jedoch entwicklungsgeschichtlich von Privattheatern streng zu unterscheiden. **Als Teil des Hofstaates unterlagen HTh ursprünglich der Hoforganisationsgewalt des Kaisers, nicht jedoch staatlichen Allgemeinregelungen.** Konsequenterweise wurde nie eine Aufführungsbewilligung erteilt, auch die Zensur wurde von Hof- (und nicht von Staats-)behörden ausgeübt[48].

Fraglich ist, ob die zwischen 1850 und 1867 zu Recht nicht der Einflußnahme staatlicher Behörden unterliegenden **HTh diese Sonderstellung auch nach 1867** zu Recht beanspruchten. Nachgewiesen ist, daß zB die Zensur an den HTh seit 1867 von der neugeschaffenen GI, der Polizeiabteilung des MR-Präs und dem literarischen Büro des Min des Äußeren ausgeübt wurde, wobei eine unklare Willensäußerung des Kaisers dazu führte, daß bis zum Zusammenbruch der Monarchie — faktisch aber auch danach — die Zensurkompetenz fraglich blieb[49]; in der Praxis war lediglich unumstritten, daß die HTh keiner Aufführungsbewilligung (Zensur) durch die nach der ThO zuständigen Behörden bedurften. Bei der hier gebotenen **juristischen** Betrachtungsweise dürfte wohl davon auszugehen sein, daß die **ThO seit 1867 grundsätzlich auch für die HTh Anwendung zu finden gehabt hätte:** Höfische Einrichtungen waren **positivrechtlich** lediglich von der Gemeindegewalt ausgenommen, der räumliche Wirkungskreis staatlicher Behörden erstreckte sich jedoch grundsätzlich auch auf das Hofgebiet; dies ergibt sich aus den zit Sonderbestimmungen in der JN und in der EO, deren Existenz nur dann sinnvoll ist, wenn zuvor grundsätzlich die staatliche Kompetenz bejaht wird. Diesen Befund unterstützt auch der seit 1901 mehrfach dem AH vorgelegte ThGE[50]. § 8 des 1903 eingebrachten ThGE bestimmte: „Der Staat, ein Land oder eine Stadtgemeinde bedürfen zum Betriebe einer Theaterunternehmung keiner Konzession, doch haben sie den Betrieb der Landesstelle anzuzeigen ...“

---

47 § 14 lS der VO RGBl 1853/10; vgl A.I.1.b). Obwohl weithin anerkannt war, daß der Kaiser als Staatsorgan anzusehen war, wurde in der Dogmatik offensichtlich die Frage nicht erörtert, ob der Kaiser als Staatsorgan dem Kaiser als Hoforgan eine formelle Bewilligung zu erteilen gehabt hätte.

48 Vgl *Dirnberger*, Theaterzensur 238.

49 Vgl mwN *Dirnberger*, Theaterzensur 239; Konflikte 261 f; s auch UA 21487/1920, 6 ff, „Äußerung betreffend Kompetenz in Theaterangelegenheiten“.

50 628 BlgAH XVII. Session 1901; 1790 BlgAH XVII. Session 1903; 141 BlgAH XXI. Session 1911; 489 BlgAH XXII. Session 1917. S näher *Bammer,* Theater 40.

Hingegen bestimmte § 44: „Die Abschnitte I und II dieses G finden auf die HTh keine Anwendung." Die Abschnitte I (Theaterkonzession) und II (Theaterzensur) sollten somit im Gegensatz zu Abschnitt III (Theaterverträge) auf die HTh keine Anwendung finden; begründet wurde deren Sonderstellung gegenüber den anderen „öffentlichen Theatern"[51] folgendermaßen:

„Die bestehende Gepflogenheit, daß die HTh nicht der staatlichen Zensurbehörde unterstellt sind, sondern daß die Wahrnehmung der Zensur für sie einem eigenen ad personam bestellten Funktionär übertragen ist, entspricht wohl kaum dem G, doch besteht kein Bedenken, dieser Übung gesetzliche Sanktion zu verleihen (§ 44), da ja die besondere Zensur immer fortbestehen wird, weil die Dir in der Annahme von Stücken ihren vorgesetzten Hofbehörden unterstehen, somit die Unterstellung der HTh unter die allgemeine Zensur nicht zur Folge hätte, daß die Zensur hinsichtlich ihrer beschränkt, sondern nur daß sie verdoppelt würde."[52]

Offensichtlich ging man davon aus, daß die HTh den staatlichen Theaterbehörden grundsätzlich unterstellt waren bzw unterstellt werden konnten; allein schon daraus ergibt sich, daß das Hofwesen (der Hofstaat) nicht allgemein als quasi „extraterritorial" angesehen wurde. Grundsätzlich anders war die Situation jedoch hinsichtlich der Allgemeinregelungen, deren Vollzug in den WB der Gemeinden fielen, da Hofgebäude und -liegenschaften nicht der obrigkeitlichen Gemeindegewalt unterstanden. Art V des RGG 1862 übertrug „die Bau- und die FPol, die Handhabung der BauO und die Erteilung der pol Baubewilligungen" in den selbständigen Wirkungskreis der Gemeinden, gem Art I stellte das Hofgebiet jedoch einen vom Liegenschaftsverband der Gemeinde **nicht** erfaßten Bereich dar. Dieser Sonderregelung trugen die zit allgemeinen fpol und baupol, aber auch die speziellen thbau- und thfpol Regelungen idR Rechnung.

So normierte **§ 106 der Wiener BauO**[53] „besondere Bestimmungen für Hof-, Staats- und öffentliche Fondsbauten". Die **FPolO für Wien aus 1892**, LGVOBl 1892/18, enthielt ua **„§ 26.** ... Bei einem Brande in den Hofgebäuden, für welche eigene Löschanstalten bestehen, untersteht der Commandirende der Feuerwehr dem mit der Leitung dieser Löschanstalten betrauten Hofbeamten. ... **§ 27.** Bei Bränden in den Theatern, mit Ausnahme der HTh, gelten die allgemeinen Bestimmungen."

Hingegen enthielten weder das NöThBG von 1911 noch seine Vorläufer[54] ausdrückliche Sondervorschriften für die HTh; es darf dabei jedoch nicht übersehen werden, daß regelmäßig angeordnet wurde, daß die „allgemeinen Bestimmungen der Bau- und FPolOen sowie der GemeindeG unberührt" zu bleiben hatten. Da die zuletzt zit G Spezialvorschriften zu

51 Staats-, Landes- und Gemeindetheater.
52 1790 BlgAH XVII. Session 1903, 27. Vgl auch *Dirnberger*, Konflikte 261.
53 LGVOBl 1883/35 (Stammfassung).
54 ThBG LGVOBl 1882/68; StatthaltereiVO LGVOBl 1882/54.

den bau- und fpol Allgemeinregelungen darstellten, deren räumlicher Geltungsbereich sich zufolge des RGG 1862 regelmäßig nicht auf Hofgebäude im allgemeinen und HTh im speziellen erstrecken konnte, wurden die HTh **zu Recht** nicht vom nach den zit Vorschriften zuständigen Wr Magistrat behördlich überwacht[55].

Zusammenfassend ist daher festzuhalten: **Positivrechtliche Ansatzpunkte für eine Sonderbehandlung von Hofgebäuden im allgemeinen und HTh-Gebäuden im besonderen finden sich im RGG 1862 und (darauf aufbauend) in zahlreichen Bau- und FPolO. Auch bestand die prärogativenähnliche Kompetenz des Kaisers zur Erteilung der Bewilligung zur Errichtung neuer Theater auch nach 1867 weiter: „Allerhöchste Hoftheatererrichtungsakte" können somit als positivrechtlich gedeckt angesehen werden.** Hingegen wurden die HTh zwischen 1867 und 1918 von der Verwaltungspraxis **zu Unrecht** der Zuständigkeit der staatlichen Theater(polizei)behörden nach der ThO 1850 hinsichtlich Konzession und Aufführungsbewilligung (Zensur) entzogen. Jedoch war die (Rechts)Stellung des Kaisers und seines Hofstaates in Lehre und Praxis nicht eindeutig geklärt. Die Lösung dieser grundsätzlichen Probleme wurde ebenso wie die Erlassung eines neuen ThG immer wieder aufgeschoben. Die damit verdeckten Probleme wurden jedoch zu dem Zeitpunkt augenfällig, als die HTh in das republikanische System übernommen werden sollten und in dieses eingeordnet werden mußten; nach Errichtung der Republik war die Frage zu beantworten, welche Rechtsqualität den überzuleitenden Einrichtungen zukam, um feststellen zu können, welche übergeleiteten Normen auf sie nunmehr Anwendung zu finden gehabt hätten[56].

c) Die Hoftheater als „hofärarische" Theater

Der sog **„Theatralstaat"** war ursprünglich in das OMeA integriert und gelangte unter Josef II. an das Oberstkämmereramt. Seit 1868 gehörte das Hoftheaterwesen wieder zum Wirkungskreis des OMeA, in dessen Rahmen die **„GI der k.k. HTh"** bestand[57]. Der Aufgabenkreis des OMeA war umfassend, ihm unterstanden zahlreiche „Ämter", wie zB die Hofadministrationen, die Hofbauverwaltungen[58] und die GI und die Dionen der k.k. HTh[59]. 1875 wurde mit „Allerhöchstem Handschreiben" eine **Generalin-**

55 S auch die „Äußerung betreffend Kompetenz in Theaterangelegenheiten", UA 21487/1920, 4. Zur Verwaltungspraxis der Monarchie s *Dirnberger*, Konflikte 264 ff. Vgl auch *Mayerhofer/Pace* III[5] 965, betreffend Hofbauten.

56 Vgl zu den sich daraus ergebenden Problemen insb A.II.13.

57 *Zolger*, Hofstaat 77. Zum Verhältnis der GI zum OMeA *Wagner*, Zensur 394 ff.

58 Neben der k. u. k. Burghauptmannschaft in Wien und zahlreichen anderen Gebäudeverwaltungen bestanden eigene Verwaltungen des Hofopern-, des Hofburgtheatergebäudes und des HTh-Depots (*Zolger*, Hofstaat 78 bei FN 20).

59 *Zolger*, Hofstaat 77 f.

ventur „sämtlicher, dem Allerhöchsten Haus eigentümlich zugehörigen Sammlungen und Wertobjekte" veranlaßt, um „deren Zugehörigkeit zum Allerhöchsten Patrimonialvermögen in authentischer und gerichtlicher Weise festzustellen"[60]. Diese Inventur konnte jedoch hinsichtlich einiger Gegenstände nicht endgültig klären, ob sie seitens des Regentenhauses **privatrechtlich** erworben worden oder ob sie als **hofärarisches** — dh **staatliches** — Eigentum anzusehen waren[61]; auch zweifellos privatrechtlich erworbenes Vermögen wurde oft dem Hofärar zugewiesen[62].

Die juristische **Trennung zwischen Staats- und fürstlichem Privatvermögen** war bereits im westgalizischen und im allgemeinen bürgerlichen Gesetzbuch positiviert worden; nur jenes Vermögen, das der Fürst nicht als Oberhaupt des Staates besaß, war dessen Privatgut[63]. Seit Einführung des konstitutionellen Systems wurde der zur „fürstlichen Unterhaltung" notwendige Sach- und Geldbedarf aus dem Staatsvermögen beigestellt; neben der weiteren Nutzung der schon bislang vom Fürsten für Zwecke des Hofhaltes genutzten Bestandteile des Staatseigentums kam die jährliche Leistung eines Geldbetrages, der „Zivilliste" oder „Hofstaatsdotation", hinzu; der Anspruch auf „fürstliche Unterhaltung" stellte einen (uU klagbaren) Anspruch des Herrscherhauses gegen den Staat dar[64]. Hinsichtlich der Verwendung der Hofstaatsauslagen wurden „nach der Natur der Sache und nach dem analogen Vorgang in anderen Staaten" drei Rubriken unterschieden: a) „zur persönlichen Verfügung des Monarchen" bestimmte; b) „zur Bestreitung der Bedürfnisse des Hofhaushaltes ieS und des Hofstaates, dh jener Einrichtungen, welche den Glanz und die Hoheit der Krone zu manifestieren bestimmt sind", und c) die „uneigentlichen Hofstaatsauslagen"[65]. Während die Hofmusikkapellen der Gruppe b) zugezählt wurden, ressortierten die **HTh** zu den **„uneigentlichen Hofstaatsauslagen":** diese waren solche,

„welche mit dem eigentlichen Hofstaat in keinem notwendigen Zusammenhang stehen und in den meisten Staaten nicht aus der Zivilliste des Regenten bestritten werden, welche aber in dem österreichischen Hofstaate deshalb erscheinen, weil die Administration der in diese Rubrik gehörenden Institutionen einzelnen Hofstäben von jeher zugewiesen war, oder wie bei den Orden, als mit dem Hoheitsrechte

60 *Zolger*, Hofstaat 126.

61 Vgl die Aufzählung bei *Zolger*, Hofstaat 127 ff; besonders schwierig war die Eigentumsfrage zB hinsichtlich der Bestände der **Hofbibliothek,** die zwar privaten Ursprungs war, jedoch mehrheitlich bereits aus **Pflicht**exemplaren bestand. Die meisten **Kunstsammlungen** waren hingegen fideikommissarisches, nach Primogenitur vererbliches Privateigentum.

62 *Zolger*, Hofstaat 215.

63 § 289 ABGB; vgl auch § 20 ABGB. S näher *Zolger*, Hofstaat 207 bei FN 13, sowie 209 ff.

64 *Zolger*, Hofstaat 243, 246.

65 Resolution des Finanzausschusses des AH, Sitzung vom 6.5.1862, StenProt 2617; zit nach *Zolger*, Hofstaat 248 ff. Aufgrund des Widerstandes des Herrenhauses wurden jedoch nicht **drei,** sondern **eine** Summe vom AH votiert (*Zolger*, aaO 250).

des absoluten Monarchen in notwendigem Zusammenhang betrachtet wurden. Diese Gruppe zerfalle in sechs Unterabteilungen: 1. Orden; 2. **Hofburgtheater;** 3. **Hofoperntheater;** 4. Bibliotheken; 5. Kabinette, Sammlungen, Galerien; 6. Menagerie in Schönbrunn."[66]

Eine Ergänzung zur Hofdotation bildeten die erwähnten Nutz- und Gebrauchsrechte an jenen unverbrauchbaren Bestandteilen des Staatsvermögens, die beim Übergang der Verwaltung des Staatsvermögens an das zuständige Min[67] in der Nutzung und Verwaltung des Hofes verblieben oder auch erst später dem Hofgebrauch gewidmet wurden. Zu diesen nicht **im Privateigentum des Fürsten oder des Herrscherhauses stehenden (Hof)Gebäuden** sollten ua neben den Hofburgen in Wien und Budapest und dem Prater auch **„die HTh-Gebäude"** gehören[68]. Die Nutz- und Gebrauchsrechte waren eine in natura geleistete Zivilliste; Gebrauch, Nutzung und Verwaltung ein subjektives Recht des Herrscherhauses. Die Verfügung über die Substanz war der Hofverwaltung jedoch entzogen[69].

Mit dem Begriff **„hofärarisch"** wurde das Vermögen bezeichnet, welches für die Zwecke der Hofhaltung bestimmt war. **Entscheidend war die Widmung des Vermögens, belanglos das Eigentum an dem Vermögensobjekt**[70]. Dem „Hofärar" kam zwar keine Rechtssubjektivität zu, jedoch wurden für diese Vermögenschaft in der Praxis Rechtsgeschäfte abgeschlossen und Klagen gegen sie von den Gerichten entgegengenommen[71]. Der OGH vertrat in diesem Zusammenhang die von *Zolger* kritisierte Auffassung, das „Hofärar" sei „das für Hofhaltungszwecke bestimmte Staatsvermögen"; diese Auffassung übersah nach *Zolger* jedoch, daß die Hofverwaltung kein Zweig der Staatsverwaltung war und „daß Hof und Staat dem Rechtssubjekte nach getrennt" waren[72].

---

66 *Zolger*, Hofstaat 249 f.

67 Vgl *Zolger*, Hofstaat 240 mwN.

68 *Zolger*, Hofstaat 257 f mwN.

69 *Zolger*, Hofstaat 258 f mwN. Unklar *Hadamowsky* 12, 415.

70 Vgl *Zolger*, Hofstaat 260, der darauf hinweist, daß verfehlterweise von der Existenz eines dem k.k. Ärar (dh dem „Fiskus") hinsichtlich seiner juristischen Funktion gleichgehaltenen „k.k. Hofärar" ausgegangen werde. Dieser Begriff stelle jedoch eine **Zweckkategorie** dar, die sich nicht zur Bezeichnung eines bestimmten Eigentumssubjekts eigne. Insofern sei die Frage des Eigentümers für den Begriff Hofärar ebenso irrelevant wie für den Begriff des „öffentlichen Gutes" (aaO 263).

71 *Zolger*, Hofstaat 263 mwN.

72 *Zolger*, Hofstaat 265 mNd Jud. Auf Details der Verwaltung der HTh durch das OMeA bzw durch die mehrfach aufgelassene und wieder eingerichtete GI soll in diesem Rahmen nicht näher eingegangen werden (vgl dazu *Hadamowsky* 259 ff, 304 ff, 372 ff; *Lothar* 59, 66, 168, 250 f, 396 ff etc). S zum Unterschied zwischen „Hofdienst" und „Privatdienst Sr Majestät" und insb zur Rechtsnatur von Dienstverhältnissen an den HTh ausführlich *Bammer,* Theater 47 f mwN.

II. Die Rechtsgrundlagen der ehemaligen Hoftheater von den Anfängen der Ersten Republik bis zur B-VG-Novelle 1925

1. Die Rechtsgrundlagen der ehemaligen Hoftheater während des Entstehens der Republik 1918/19

Am 30.10.1918 faßte die am 21.10.1918 konstituierte „ProvNV für Deutschösterreich" den Staatsgründungsbeschluß. Damit wurde ein neuer Staat gebildet, der jedoch weitgehend Rechtsordnung und Institutionen der Monarchie übernahm. § 16 leg cit ordnete an: „Insoweit G und Einrichtungen, die in den im Reichsrate vertretenen Königreichen und Ländern in Kraft stehen, durch diesen Beschluß nicht aufgehoben oder abgeändert sind, bleiben sie bis auf weiteres in vorläufiger Geltung."[1] Gem § 3 leg cit wurde mit der „Regierungs- und Vollzugsgewalt" ein Vollzugsausschuß der ProvNV („Staatsrat") betraut. Am 12.11.1918 wurde das G über die Staats- und Regierungsform, StGBl 5, erlassen, dessen § 3 anordnete, daß **die dem Kaiser nach der Verfassung von 1867 zukommenden Rechte auf den Staatsrat überzugehen** hätten; § 7 leg cit bestimmte: **„Die Übernahme der Krongüter wird durch ein G durchgeführt."**

Interpretationsbedürftig sind die Rechtsbegriffe „Übernahme" und „Krongüter". *Kelsen* vertritt zutreffenderweise die Ansicht, daß es „Krongüter im eigentlichen Sinn auf deutschösterreichischem Gebiete nicht (gab)"[2]. Das „hofärarische Vermögen" stellte hingegen, wie bereits gezeigt wurde, jenen Teil des Staatsvermögens dar, der für Zwecke der Hofhaltung bestimmt war[3]. Eine „Übernahme" von Privatrechten und Vermögenswerten des „alten Staates" war erforderlich, da sich die neue Republik weder als Rechtsnachfolgerin des Staates Österreich noch der österreichisch-ungarischen Monarchie betrachtete[4]. Gem § 4 des G über die Staats- und Regierungsform übernahmen die deutschösterreichischen Staatsämter die von den früheren Zentralstellen verwalteten Vermögenswerte, Gebäude etc in Besitz und Verwaltung[5]. Die Bedeutung des Begriffs „Krongüter" ist somit unklar, sofern er bloß grammatikalisch interpretiert wird. Bei subjektiv-historischer Auslegung ergibt sich jedoch ein anderes Bild: Der Staatsrat beauftragte am 16.11.1918 „den StN, die Krongüter ... zu verwal-

---

1 *Kelsen*, VG I 28, merkt an, daß es aufgrund des revolutionären Staatsgründungsaktes richtiger gewesen wäre, „die Normen der alten Ordnung ... ‚in Geltung zu setzen'".

2 VG I 36. S zu den „Kron- und Tafelgütern" *Zolger*, Hofstaat 227 ff, sowie *Tezner*, Kaiser 52.

3 Vgl A.I.2.c); *Zolger*, Hofstaat 260 ff. Vgl auch *Kelsen*, VG I 36.

4 Art 4 des G StGBl 1918/5. Vgl *Kelsen*, VG I 37 ff; *Brauneder/Lachmayer*[5] 187 ff.

5 *Kelsen*, VG I 35.

ten und für Aufsicht zu sorgen"[6]. Dem Prot dieser Staatsratssitzung kann eindeutig entnommen werden, daß der Staatsrat unter „Krongütern" die „hofärarischen Güter" verstand. Da er zudem ein Ausschuß der ProvNV war, muß wohl von einer „falsa demonstratio" des Gesetzgebers ausgegangen werden. Dessen Wille dürfte in einem solchen Fall dem Wortlaut vorgehen: Bei grammatikalischer Interpretation ergäbe sich nämlich kein (einigermaßen sinnvoller) Anwendungsbereich der interpretierten Norm[7]. Allerdings entbehrte die vorläufige Verwaltung der „Krongüter" durch den StN jeder gesetzlichen Deckung; eine solche bestand nur für **„Aufträge und Vollmachten"** der **k. u. k. Min** bzw für das von diesen verwaltete Staatsvermögen.

Am 19.11.1918 teilte „HofzentralDir und Sektionschef" *Keller* in einem Schreiben, das offenbar an ihm untergeordnete Dienststellen gerichtet war, mit, daß der StN namens des Staatsrates das gesamte bewegliche und unbewegliche hofärarische Vermögen in Besitz und Verwaltung übernommen hatte und ihn *(Keller)* provisorisch mit der Leitung der Verwaltungsagenden betraut habe[8]. Am 22.11.1918 erteilte der StN die Weisung, „die vier bestandenen Hofstäbe als solche" aufzulassen und ihren „Verwaltungsapparat in jenen der VwHÄ" einzufügen; **aus dem OMeA wurde infolgedessen die „Verwaltung des Hofärars Abteilung I"**[9]. In Erledigung einer Eingabe des „Ausschusses des Künstlerpersonales des Burgtheaters" vom 19.11.1918 erging ein Antwortschreiben des StN, in dem dieser ua die **Erhaltung der ehemaligen HTh und ihre Übernahme durch den Staat** in Aussicht stellte[10]. Am 5.12.1918 erging eine „Verfügung" über die Neubezeichnung zahlreicher „Theaterdienststellen"[11].

Durch das G vom 19.12.1918 wurden einige Bestimmungen des Staatsgründungsbeschlusses abgeändert; Staatskanzler und StN wurden „Beauftragte" des Staatsrates und unterlagen nunmehr der Ministerverantwortlichkeit, dem StN wurde das Staatssiegelamt unterstellt[12]. Durch Art 11 Abs 2 des G über die StReg vom 14.3.1919 wurde **„das Amt des StN** und

6 35. Sitzung des Staatsrates vom 16.11.1918, Beschluß IV. Der Fragenkreis der „Dynastie, des Hofstaates und alles, was staatsrechtlich dazugehört" wurde vom Vollzugsausschuß der ProvNV bereits im Oktober 1918 zu den Angelegenheiten gezählt, die Deutschösterreich mit den anderen neuentstandenen Nationen „gemeinsam" waren (vgl näher *Auer* 179).

7 **Krongüter bestanden nur außerhalb des Staatsgebietes** der neugegründeten Republik; vgl *Zolger*, Hofstaat 228 ff, 232. Vgl auch *Kelsen*, VG II 149, wonach der StN „die ehemals hofärarischen Güter, die ungenau als Krongüter bezeichnet werden", verwaltete.

8 GI 4972/1918.

9 GI 5115/1918.

10 GI 5027/1918 (= OMeA r 19/57/1918), Schreiben Nr 11 des StN vom 20.11.1918.

11 OMeA r 19/57/1918: „Verwaltung der hofärarischen Theater; Dion des Burgtheaters, des Operntheaters; Verwaltung des Burgtheater-Gebäudes, des Operntheater-Gebäudes, des hofärarischen Theater-Depots."

12 StGBl 1918/139, §§ 3 Abs 2, 13. Vgl dazu auch *Kelsen*, VG II 138 ff.

das ihm bisher unterstellte Staatssiegelamt ... **aufgehoben**"[13]. Zur Verwaltung des hofärarischen Vermögens war gem Art 6 des G über die StReg nunmehr wieder die StReg selbst berufen, an die die Geschäfte des Staatsrates und des Staatsratsdirektoriums übertragen worden waren. Durch Kabinettsbeschluß vom 17.3.1919 wurden die bisherigen Agenden des StN hinsichtlich der Verwaltung des hofärarischen Vermögens dem „Obersten VwHÄ" übertragen[14]; dieser war organisatorisch keinem anderen StA eingegliedert und unterstand somit unmittelbar der StReg[15]. Es ist fraglich, ob diese Konstruktion mit Art 9 und 10 des G über die StReg, StGBl 1919/180, zu vereinbaren war: Denn „zur Durchführung der Aufgaben der obersten Staatsverwaltung" waren die Staatsämter unter der Leitung von Staatssekretären eingerichtet; sonstige oberste Verwaltungsbehörden waren nicht vorgesehen, als eine Art Hilfsorgan der StReg fungierte hingegen die Staatskanzlei.

2. Das Habsburgergesetz 1919

Am 3.4.1919 beschloß die KNV das „G betreffend die Landesverweisung und die Übernahme des Vermögens des Hauses Habsburg-Lothringen"[16]. Neben der Aufhebung „aller Herrscherrechte und sonstigen Vorrechte des Hauses Habsburg-Lothringen" und der (zT bedingten) Landesverweisung seiner Mitglieder durch Bestimmungen des I. Abschnitts wurde durch jene des II. Abschnitts die „Republik Deutschösterreich" zur „Eigentümerin des gesamten in ihrem Staatsgebiete befindlichen beweglichen und unbeweglichen hofärarischen sowie des für das früher regierende Haus oder für eine Zweiglinie desselben gebundenen Vermögens" (§ 5). Begründet wurde die **Legalkonfiskation des Vermögens,** „in dessen Genuß die Mitglieder des Hauses Habsburg-Lothringen standen", mit dem „öffentlichen Charakter desselben oder wegen der spezifischen Provenienz"; hingegen sollte das „freie und persönliche Privatvermögen des ehemaligen

---

13 StGBl 1919/180, dessen Art 1 Abs 1 mit der Regierungs- und Vollzugsgewalt „Volksbeauftragte, und zwar den Staatskanzler und die Staatssekretäre" betraut. *Kelsen*, VG II 157, bezeichnet das **Amt des StN als „von Anfang an überflüssig"**.

14 KP 17.3.1919, Nr 50, Pkt 7. Vgl zum Wirken des Obersten VwHÄ näher *Auer* 193 ff. In der 74. Staatsratssitzung vom 20.2.1919 war mittlerweile der Beschluß gefaßt worden, die beiden **Hofmuseen,** den habsburg-lothringischen Hausschatz und die Hofbibliothek „provisorisch und vorbehaltlich der endgültigen Regelung auf Grund des zu erlassenden G über die Krongüter an das deutschösterreichische StAfU zu überantworten." (Vgl dazu näher *Dirnberger*, Konflikte 246 f; *Auer* 192, 196, jeweils mwN.)

15 Vgl auch den Nö Amtskalender 1921, 30 ff, der den „Obersten VwHÄ" im III. Abschnitt („Oberste Bundesverwaltung") **neben** — und nicht **unter** — dem BKA anführt (ebenso Nö Amtskalender 1920, 29 ff — Oberste Staatsverwaltung).

16 StGBl 1919/209; Text und Kommentar bei *Kelsen*, VG III 161 ff.

Kaisers und der Mitglieder des kaiserlichen Hauses unangetastet (bleiben)“[17]. Das G unterschied drei Vermögensarten: hofärarisches, gebundenes und freies. Die **HTh wurden dem hofärarischen Vermögen zugezählt,** da sie offenkundig unter die Legaldefinition des § 6 leg cit fielen:

„Als hofärarisches Vermögen gilt das bisher von den Hofstäben und deren Ämtern verwaltete Vermögen, soweit es nicht ein für das früher regierende Haus oder für eine Zweiglinie desselben gebundenes Vermögen oder aber nachweisbar freies persönliches Privatvermögen ist.“[18]

Eine Legaldefinition war notwendig, da der **Begriff „Hofärar“** in der positiven Rechtsordnung bislang zwar gelegentlich verwendet, jedoch nicht näher definiert worden war[19]. Die Überführung des „hofärarischen Vermögens“ in das Eigentum „der Republik“ war mit nicht geringen Problemen verbunden, da **„hofärarisch“** nur die **spezifische Widmung eines Vermögensobjektes kennzeichnete, jedoch nichts über die Eigentumsverhältnisse aussagte**[20]. Soweit hofärarisches Staatsvermögen in das Eigentum der Republik überführt wurde, entstand das Problem, daß auch die anderen Nachfolgestaaten Rechtsansprüche daran behaupteten[21]. **Soweit es sich um die Konfiskation von Privatvermögen handelte, lag entschädigungslose Legalenteignung vor**[22]. Schon kurze Zeit später führten zahlreiche Auslegungsprobleme hinsichtlich der Begriffe „hofärarisches“ (und) „gebundenes Vermögen“ zu einer Nov des HabsburgerG, StGBl 1919/501: Unter die Legaldefinition des § 6 fiel nunmehr auch jenes Vermögen, „dessen Anschaffung aus den Mitteln der Zivilliste erfolgt ist.“

---

17 83 BlgKNV, 4.

18 S dazu die Abänderung der Vorlage durch den VA, 110 BlgKNV, 1, wodurch die „Legaldefinition ... schärfer präzisiert“ wird.

19 *Kelsen*, VG III 167, vertritt die Meinung, daß es sich beim hofärarischen Vermögen „nicht um einen in der positiven Rechtsordnung begründeten Begriff (handelt).“ Daran ist sicher zwar richtig, daß eine ausdrückliche positivrechtliche Begriffsbestimmung fehlt; jedoch war der (vorausgesetzte) **Begriff „Hofärar“ in der positiven Rechtsordnung** durchaus verwendet worden (zB VO des JMin vom 19.10.1897, 23089, VO des JMin vom 2.12.1902, VOBl 41).

20 Vgl A.I.2.c). S zur Problematik der Eigentumsfrage hinsichtlich der Bundesmuseen *Neisser*, Forschungsorganisation 947.

21 Anläßlich der Erlassung des HabsburgerG wurde von den anderen „Nachfolgestaaten“ gegen diese Vermögenskonfiskation formeller Protest eingelegt (vgl *Kelsen*, VG III 167), da es ja keinen „Rechtsnachfolger“ für dieses Vermögen gab. Die Übernahme des Vermögens des untergegangenen Staates wurde implizit erst durch den StVvStG geregelt.

22 *Kelsen*, VG III 167, bezeichnet es demzufolge als „AusnahmeG“. Die damit erfolgte entschädigungslose Enteignung von Privatvermögen ist heute noch nicht bedeutungslos, da einige Mitglieder des Hauses *Habsburg-Lothringen* weder Verzichtserklärungen gem § 2 HabsburgerG abgegeben noch auf privatrechtliche Ansprüche verzichtet haben (vgl bloß die — allerdings bislang zurückgewiesenen — Individualanträge auf Aufhebung insb von Bestimmungen des HabsburgerG, StGBl 1919/501: VfSlg 11150, 11888).

Welche Bedeutung hatte nun das HabsburgerG für die Rechtsstellung der ehemaligen HTh? Eigentümer jenes hofärarischen Vermögens, das nicht nachweisbar freies Privatvermögen oder „gebundenes" Vermögen war, wurde **„die Republik** Deutschösterreich", nicht jedoch der **„Staat"** oder ein bzw mehrere **„Länder"**. Mit dem Begriff „Republik" wird in der Staatstheorie üblicherweise eine bestimmte **Staatsform** bezeichnet, die von der Monarchie durch eine bestimmte Rechtsstellung des Staatsoberhauptes negativ abgegrenzt wird[23]. ZB bestimmte Art 1 des G über die Staats- und Regierungsform, StGBl 1918/5: „Deutschösterreich ist eine demokratische Republik. ..." Mit der Qualifikation als Republik wird noch nichts darüber ausgesagt, ob es sich um einen Einheits- oder einen Bundesstaat handelt. Bis zum Inkrafttreten des B-VG 1920 bildete **Deutschösterreich rechtlich** einen mehr oder weniger dezentralisierten **Einheitsstaat mit bundesstaatlichen Tendenzen**[24]; **faktisch** war die letztlich verwirklichte Tendenz zum Bundesstaat jedoch unübersehbar. Mit der Übertragung des gegenständlichen Vermögens an „die Republik" könnte somit zweierlei gemeint sein: Entweder sollte die Entscheidung, ob der (Ober)Staat oder die Länder (definitiver) neuer Eigentümer werden sollten, noch bis zur Schaffung einer endgültigen Verfassung aufgeschoben werden. Oder der Ausdruck **„Republik"** wurde — terminologisch unscharf — als **Metapher bzw Synektdoche für den (Einheits)Staat Deutschösterreich** verwendet, um den gerade bei diesem G wesentlichen **Gegensatz zur monarchischen Staatsform zu betonen**[25]. Dieses Auslegungsproblem kann durch systematische Interpretation gelöst werden: Denn § 7 HabsburgerG bestimmte in seiner Stammfassung, daß „das Reinerträgnis des auf Grund dieses G in das Eigentum der Republik Deutschösterreich gelangenden Vermögens nach Abzug der dem *Staate* mit der Übernahme dieses Vermögens verbundenen Lasten zur Fürsorge für die durch den Weltkrieg in ihrer Gesundheit geschädigten oder ihres Ernährers beraubten Staatsbürger zu verwenden (ist)"[26,27]. Diese Wendung dürfte — im Hinblick auf den grundsätzlich

---

23 Vgl bloß *Ermacora*, Staatslehre 61.

24 Vgl die Darstellung des umstrittenen Meinungsstandes bei *Brauneder/Lachmayer*[5] 193 mwN. Zur umstrittenen Bedeutung der sog „Beitrittserklärungen" der Länder s *Kelsen*, VG I 69 ff; *Adamovich/Funk*, Verfassungsrecht[3] 69, 129.

25 Vgl die auffällige Häufung der Wendungen „Republik" bzw „Republik Deutschösterreich" im HabsburgerG (§§ 1, 2, 4, 5 und 7).

26 Nov StGBl 1919/501: „Das Reinerträgnis ... der Republik Österreich gelangenden Vermögens ... nach Abzug der mit der Übernahme verbundenen oder dem Staate durch diese Übernahme erwachsenden Lasten ..." Vgl auch die klar in diese Richtung deutenden Mat der HabsburgerG-Nov, 448 BlgKNV, 2.

27 Es handelt sich um eine dem **traditionellen Zweck einer Stiftung** (§ 646 ABGB) entsprechende Bestimmung, jedoch fehlt diesem Vermögen die Rechtspersönlichkeit (s *Antoniolli* 139), die Übertragung des Vermögens an einen Fonds (KGF) erscheint infolge der gesetzlichen **Gemeinnützigkeitswidmung** systemfremd.

einheitsstaatlichen Aufbau — ein wesentliches Indiz dafür sein, daß mit „**Republik** Deutschösterreich“ ausschließlich der **Staat** im Gegensatz zu den damals in seinem Gebiet bestehenden **Ländern** gemeint war[28].

Die HTh waren somit in das Eigentum der Republik, sohin des Staates Deutschösterreich übergegangen. Verwaltet wurde das Vermögen weiterhin von der VwHÄ[29]. Mehrfach war die Auffassung zutage getreten, daß die hofärarischen Objekte „herrenloses Gut“ geworden seien[30]; ebenso vertraten die Staatsämter die Ansicht, daß ihnen die hofärarischen Objekte nunmehr frei zur Verfügung stünden; Invalide behaupteten, daß sie aufgrund des § 7 HabsburgerG „ein Recht auf die Objekte selbst, zumindest aber einen Einfluß auf die Verwaltung behufs Erzielung eines möglichst großen Reinerträgnisses“ hätten[31]. Jedoch ergibt sich schon allein aus dem Text des § 7 (arg: „Reinerträgnis“) die Unrichtigkeit dieser Auffassungen[32].

Bis zur Verwirklichung der Promesse des § 7 HabsburgerG durch Erlassung des G vom 18.12.1919 über den KGF hatte sich die Verwaltung des hofärarischen Vermögens auch mit den Ansprüchen der sog „Nachfolgestaaten“ auf dieses auseinanderzusetzen[33]. Erst durch den StVvStG wurden die Verhältnisse völkerrechtlich endgültig geklärt: Österreich wurde — im Gegensatz zu anderen Nachfolgestaaten — als Rechtsnachfolger des Staates Österreich **und** der österreichisch-ungarischen Monarchie behandelt[34]; der StVvStG regelte auch in einer Vielzahl von Bestimmungen insb die Ansprüche der Nachfolgestaaten auf bestimmte hofärarische Objekte, wobei bei unbeweglichen Objekten regelmäßig die Lage desselben innerhalb der neuentstandenen Staaten entscheidend war.

---

28 Kritisch *Stolzlechner*, Vermögensaufteilung 39 f.

29 S zum KR-Beschluß vom 18.4.1919, Nr 63, 8 f, *Bammer,* Theater 56 f.

30 Schlußbericht des Obersten VwHÄ vom 30.11.1921 über seine Tätigkeit, 5.

31 Zit nach *Auer* 197.

32 Dies hinderte die StReg jedoch offenbar nicht, durch bloße Kabinettsbeschlüsse (ohne weitere gesetzliche Deckung) mehrere hofärarische Objekte für Zwecke der Kriegsgeschädigtenfürsorge zur Verfügung zu stellen (KP Nr 61 und 84; vgl dazu näher *Auer* 197 f).

33 Schlußbericht des Obersten VwHÄ vom 30.11.1921 über seine Tätigkeit, 5 ff. Vgl auch *Auer* 198.

34 Daraus erklärt sich auch, warum zur Übernahme des im Territorium des nunmehrigen Staates Österreich liegenden Eigentums des ehemaligen Staates Österreich und der österreichisch-ungarischen Monarchie **kein besonderer Übertragungsakt** mehr gesetzt wurde. Vgl zu zahlreichen Problemen des Verhältnisses der Republik Österreich zur österreichisch-ungarischen Monarchie im Lichte der Rechtsprechung der Höchstgerichte *Seidl-Hohenveldern* 14 ff (Staatsbürgerschaft, Rechtskontinuität, Universalsukzession, Privatrechtsverhältnisse). S auch *Stolzlechner*, Vermögensaufteilung 21 ff.

3. Das Kriegsgeschädigtenfondsgesetz 1919

Nach der Ratifizierung des StVvStG am 10.9.1919 stand in der Sitzung der StReg vom 23.9.1919 die Frage der weiteren Verwaltung des ehemals hofärarischen Vermögens auf der Tagesordnung[35]. Bereits kurze Zeit später legte die StReg den Entwurf eines „G über den KGF" vor, der vom VerfA nur unwesentlich verändert und am 18.12.1919 von der KNV beschlossen wurde. Die Erläuterungen führen aus, daß jetzt der

„Zeitpunkt gekommen (sei), das Vermögen, welches nach § 7 [HabsburgerG] von vorneherein als Zweckvermögen gedacht war, auch als solches zu konstituieren"[36].
§ 1 KGFG bestimmte: „(1) Zur Durchführung der in § 7 des G vom 3.4.1919, StGBl Nr 209, betreffend die Landesverweisung und die Übernahme des Vermögens des Hauses Habsburg-Lothringen, festgesetzten Zweckbestimmung wird ein selbständiger Stiftungsfonds, der ‚KGF' mit dem Sitze in Wien gebildet. (2) Mit Ausnahme der gem § 2 des gegenwärtigen G auszuscheidenden Teile sind die sonstigen in den §§ 5 und 6 des G vom 3.4.1919, StGBl Nr 209, aufgezählten Vermögenschaften Eigentum des KGF." § 2 KGFG lautete: **„Die StReg wird ermächtigt, aus den in den §§ 5 und 6 des G vom 3.4.1919, StGBl Nr 209 aufgezählten Vermögenschaften bewegliche und unbewegliche Güter** aus dem Grunde, weil sie öffentlichen Verwaltungszwecken dienen oder zugeführt werden sollen, oder **aus Gründen der staatlichen Kunstpflege auszuscheiden."** Gem § 4 KGFG war das Reinerträgnis des dem KGF gehörigen Vermögens nach Abzug aller Lasten „zur ausschließlichen Fürsorge für die durch den Weltkrieg in ihrer Gesundheit Geschädigten oder ihres Ernährers beraubten Staatsbürger zu verwenden, soweit diese Fürsorge über jene Leistungen hinausgeht, auf welche die Kriegsgeschädigten aufgrund gesetzlicher Bestimmungen einen Anspruch gegen den Staat besitzen." Die Verwaltung des KGF erfolgte durch das Präs, das diesem beigegebene Kuratorium und den GDir (§§ 5 — 12). § 13 KGFG lautete: „Über die Verwendung des Fondsvermögens bei Aufhören der dem Fonds gesetzten Zwecke oder die Verwendung von Teilen des Fondsvermögens, welche für diese Zwecke nicht mehr benötigt werden, entscheidet die NV über Antrag der StReg." § 15 KGFG bestimmte: **„Die für die Verwaltung der in diesem G bezeichneten Vermögenschaften erforderlichen Übergangsbestimmungen trifft die StReg."**[37]

Die Bestimmungen der §§ 1 Abs 2, 2 und 13 KGFG zeigen deutlich, daß das **KGFG nicht bloß § 7 HabsburgerG durchführte, sondern auch selbständige Zielsetzungen verfolgte;** denn bei strikter Beachtung der Anordnung des § 7 HabsburgerG wäre keine Möglichkeit gegeben gewesen, bestimmte Vermögensbestandteile nicht zur Ermittlung ihres Reinerträgnisses heranzuziehen. Eine Verminderung dieses Vermögens durch die

35 KP 23.9.1919, Nr 108, Pkt 13: „Verwaltung der hofärarischen und der kaiserlichen Fondsgüter", 30 ff.

36 547 BlgKNV, 7.

37 Hervorhebungen von mir. S zu den verfassungsrechtlichen Merkmalen des „öffentlichen Fonds" (insb Widmung für Zwecke der öffentlichen Verwaltung) *Stolzlechner*, Fonds 14 f. S zum KGF auch *Adamovich*, Verwaltungsrecht (1924) II 322 f.

in § 2 KGFG normierte Ausscheidungsmöglichkeit war **durch § 7 HabsburgerG nicht gedeckt.** Zur Zeit der Erlassung des HabsburgerG (3.4.1919) und des KGFG (18.12.1919) gab es zwar bereits VG im formellen Sinn[38], jedoch keine besonderen Normen über die Auflösung eines derartigen Widerspruchs von Rechtsvorschriften[39]. Das HabsburgerG war zum Zeitpunkt seiner Erlassung **kein VG im formellen Sinn.** Es stellt sich daher die Frage, ob bzw wie dieser Widerspruch zur Zeit seines erstmaligen Auftretens (Inkrafttreten des KGFG) aufzulösen war. Es ist wohl von der Anwendbarkeit der tradierten Regeln der „lex posterior" und der „lex specialis" auszugehen[40]; demnach hätte das **KGFG dem § 7 HabsburgerG** insofern **derogiert,** als nunmehr nicht mehr das gesamte von der Republik übernommene Vermögen zur Bildung bzw Berechnung eines Reinerträgnisses heranzuziehen gewesen wäre[41]. **Problematisch wurde das Verhältnis der zit Rechtsnormen erst durch die Erlassung des B-VG 1920**[42]. § 2 KGFG normierte eine Ermächtigung der StReg, bestimmte Vermögenschaften aus bestimmten Gründen „auszuscheiden". Weder der Normtext noch die Erläuterungen geben Aufschluß darüber, welcher **Rechtsform** sich die StReg bei dieser Ausscheidung zu bedienen gehabt hätte; grundsätzlich in Frage kamen somit interne generelle Akte (bloße Beschlüsse der StReg ohne Publikation im StGBl, die als „VwVO" deutbar gewesen wären), individuelle Akte (Bescheide [Verfügungen], individuelle Weisungen), sowie publizierte generelle Normen (VA[43]). Während die ehemals hofärarischen Theater am 21.5.1920 durch VA der StReg ausgeschieden wurden, wurde in der Kabinettsitzung vom 29.9.1920, einem Antrag „der Staatskanzlei" folgend, beschlossen, weitere „Ausscheidungen unter Abstandnahme von der Erlassung einer VA vermittelst eines Amtsbescheides durchzuführen"[44]. Die Staatskanzlei führte dazu aus: „Was die Form anbelangt, in der sich die in Rede stehende Ausscheidung von Vermögensobjekten zu vollziehen hätte, ... so glaubte diese Kommission[45] ... von der Vorlage eines Entwurfes einer VA absehen zu sollen, da eine solche in Anbetracht

38 § 7 Abs 2 des G vom 5.3.1919 über die GeO der KNV, StGBl 162; vgl dazu *Kelsen*, VG III 111 f.

39 Durch Art 140 B-VG 1920 wurde der VfGH — anders als seine Vorgänger — erstmals zuständig, über die Verfassungswidrigkeit von BG zu entscheiden.

40 Vgl *Walter*, Widerspruch; *Bydlinski* 572 ff.

41 In der Debatte über die „Durchführung des G über den KGF", KP 29.9.1920, Nr 222, 17, vertrat der Präs des KGF, *Harpner*, in anderem Zusammenhang die Auffassung, daß das KGFG dem § 7 des HabsburgerG derogiert habe.

42 Dazu näher A.II.6.

43 Die Kompetenz des Staatsrates zur Erlassung der „nötigen VA" gem § 7 des Staatsgründungsbeschlusses war durch § 4 Abs 7 StGBl 1918/139 aufgehoben worden. Es war somit zur Erlassung von VA jeweils eine ausdrückliche gesetzliche Ermächtigung notwendig.

44 KP 29.9.1920, Nr 222, 17.

45 Gemeint ist die von der StReg zur Vorbereitung der Durchführung des KGFG gebildete Kommission (vgl dazu den Schlußbericht des Obersten VwHÄ vom 30.11.1921, 10 f).

der Bestimmung des zweiten Satzes des ersten Absatzes des § 3 des [KGFG] im G selbst offenbar nicht in Aussicht genommen ist und die trotz Beschränkung auf die bloße Ausscheidung vielfach unumgängliche Aufzählung von Einzelheiten in eine ins StGBl aufzunehmende Verlautbarung nicht zu passen schien."[46]

Bis auf wenige Ausnahmen[47] wurden die **Ausscheidungen gem § 2 KGFG durch bloßen Beschluß der StReg** verfügt[48]. Die Richtigkeit der von der Staatskanzlei vertretenen Rechtsansicht — und somit die Rechtmäßigkeit der Ausscheidungen durch bloßen Kabinettsbeschluß — muß bezweifelt werden: Zum **gesetzlichen Eigentümer** der im HabsburgerG genannten Vermögenschaften wurde der KGF (§ 1 Abs 2 KGFG). Eine Einschränkung dieser publizierten Anordnung hätte entweder durch eine **publizierte gegenläufige Anordnung** (G, VA [VO]) oder aber durch einen **rechtskraftfähigen Hoheitsakt** ausgesprochen werden müssen. Die von der Staatskanzlei zur Begründung ihrer Auffassung herangezogene Bestimmung des § 3 KGFG handelt hingegen lediglich von der Einverleibung des Eigentumsrechts, sohin von einer **Rechtsfolge** der erfolgten Ausscheidung. Eine in formeller Hinsicht fehlerhafte Ausscheidung hätte wohl mangels Fehlerkalküls die Konsequenz nach sich zu ziehen gehabt, daß der KGF nach wie vor als gesetzlicher Eigentümer anzusehen gewesen wäre. Bei den **Ausscheidungsbeschlüssen der StReg** handelte es sich um **hoheitliche Akte,** da heteronome Normsetzung eines durch G hiezu ermächtigten Staatsorgans vorlag. Diese Akte weisen eine deutliche Ähnlichkeit mit entschädigungslosen Enteignungen auf: Eigentum wurde ohne Vermögensausgleich[49] „zum allgemeinen Besten" entzogen. Bei der VASTh handelte es sich hinsichtlich des Vermögensentzugs um eine Form der **Legalenteignung,** da der eigentumsentziehende Akt in Form einer VA erging.

Die weitere Entwicklung des KGF bzw des KGFG wird in Kapitel A.V.2. dargestellt; von juristischer Relevanz ist insb die Frage, welche Auswirkung die endgültige Aufhebung des KGFG im Ständestaat auf die Geltung der VASTh hatte[50].

46 KP 22.9.1920, Nr 221, Blg 11 a (= 27/77-StK-1920).

47 Vgl zB auch die durch VA verfügte Ausscheidung des ehemaligen Hofstallgebäudes für Zwecke der Wr Messe (StGBl 1920/410).

48 KP 22.9.1920, Nr 221, und 29.9.1920, Nr 222.

49 S jedoch § 365 ABGB; s zur umstrittenen Zulässigkeit entschädigungsloser Enteignungen bloß *Walter/Mayer*, BVR^6 Rz 1375.

50 S dazu A.V.3.

4. Die Vollzugsanweisung der Staatsregierung betreffend die Verwaltung der ehemals hofärarischen Theater 1920

Mit VA der StReg vom 21.5.1920, StGBl 229, wurden die ehemals hofärarischen Theater aus den im HabsburgerG aufgezählten Vermögenschaften ausgeschieden und ins Staatseigentum übertragen. Die ehemaligen HTh hatten bereits zuvor in der VwHÄ eine gewisse — faktische — Sonderstellung inne: Direktionskrisen waren zu bewältigen, das um seine Zukunft bangende Theaterpersonal brachte immer wieder Petitionen ein, und nicht zuletzt herrschte keine (politische) Einigkeit darüber, in welcher (Organisations)Form die Theater weitergeführt werden sollten[51]. In der Sitzung der StReg vom 31.10.1919 wurde, offenbar zur Beruhigung des Theaterpersonals, folgender Beschluß gefaßt:

„Da infolge der Bestimmungen des Friedensvertrages die hofärarischen Theater formell in das unbestrittene Staatseigentum übergegangen sind, **beschließt die Reg, die beiden ehemaligen HTh als Nationaltheater fortzuführen.** Sie wird hiebei das künstlerische Niveau dieser Theater, entsprechend ihren bisherigen künstlerischen Traditionen und ihrer bedeutsamen Stellung als Pflegestätten deutscher Kunst, erhalten sowie die Verpflichtungen des Hofärars gegenüber den Angestellten der Theater, insb auch hinsichtlich ihrer Versorgung, voll erfüllen."[52]

Eine „besondere Kommission für Fragen der HTh" tagte mehrmals[53]. In der Kabinettssitzung vom 7.5.1920 wurde vom UA **erstmals ein Entwurf einer VA** vorgelegt[54]. In der Debatte konnte jedoch keine Einigung über zahlreiche Pkte erzielt werden, sodaß die Abstimmung auf die nächste Sitzung verschoben wurde. In der folgenden Kabinettssitzung wurde die Verhandlung über diesen Gegenstand neuerlich vertagt[55]. Zu erwähnen ist hier, daß **zwei Bestimmungen des KGFG in einem unklaren Verhältnis zueinander standen:** Gem **§ 1 Abs 2** waren alle in §§ 5 und 6 HabsburgerG aufgezählten Vermögenschaften Eigentum des KGF, mit Ausnahme der „gem § 2 des gegenwärtigen G auszuscheidenden Teile"; **§ 2** ermächtigte die StReg, aus den im HabsburgerG aufgezählten Vermögenschaften bestimmte „auszuscheiden". Sinnvollerweise konnte jedoch von einer „Ausscheidung" nur dann gesprochen werden, wenn ein Eigentumsübergang zum KGF bereits stattgefunden hatte; „auszuscheidende Teile" der Vermögenschaften sollten jedoch gem § 1 Abs 2 KGFG gar nicht ins Eigentum des KGF übergehen. Die StReg ging offenbar davon aus, daß erst die Frage

51 Vgl näher *Dirnberger*, Konflikte 247 ff, sowie *Auer* 185 ff, jeweils mwN.

52 KP Nr 119, veröffentlicht in der WZ vom 1.11.1919, 4 (nicht-amtlicher Teil, Hervorhebungen von mir); vgl auch *Dirnberger*, Konflikte 250 f.

53 KP 18.4.1919, Nr 63; vgl *Auer* 197. S zur Tätigkeit dieser Kommission *Märkle* 6, 8.

54 KP 7.5.1920, Nr 179, Pkt 7.

55 KP 11.5.1920, Nr 180, Pkt 2.

der auszuscheidenden Vermögenschaften geklärt werden müsse, bevor an eine Übergabe der nicht auszuscheidenden Objekte an den KGF gedacht werden könne[56]. Im KR vom 21.5.1920 konnte schließlich der Staatskanzler mitteilen, „daß über die Fassung der ... VA ... nunmehr eine Einigung erzielt worden“ sei. Nach Darstellung der Änderungen erteilte „der KR dem Leiter des UA die Ermächtigung zur Erlassung der VA mit den vorbezeichneten Abänderungen.“[57] Die im StGBl publizierte endgültige Fassung der VASTh hatte auszugsweise folgenden Wortlaut:

„Aufgrund der §§ 2 und 15 des [KGFG] verordnet die StReg:
§ 1. Die ehemals hofärarischen, vom Staate betriebenen Theater (Burgtheater, Operntheater, Schönbrunner Schloßtheater) werden samt Nebengebäuden und allem erforderlichen Zubehör gem § 2 [KGFG] aus den in den §§ 5 und 6 [HabsburgerG idF StGBl 1919/501] aufgezählten Vermögenschaften ausgeschieden und gehen ins Staatseigentum über. Diese sowie alle in Hinkunft vom Staate errichteten oder betriebenen Theater werden als ‚ÖSTh‘ dem StAfIuU, UA, unterstellt.
§ 2. Die Verpflichtungen des Hofärars gegenüber den im Betriebe der genannten Theater angestellten Personen werden vom Staate übernommen.
§ 3. Vom PräsNV wird über Vorschlag der StReg ein PräsSThVw ernannt, welcher unmittelbar dem Leiter des UA untersteht.
§ 4. (1) Dieser Präs besorgt die Geschäfte der SThVw im Rahmen des vom Leiter des UA festzusetzenden Wirkungskreises. Es wird ihm ein Kuratorium beigegeben. (2) Es obliegt ihm der Vorsitz in diesem Kuratorium, mit welchem das Einvernehmen in allen Angelegenheiten von größerer Tragweite und grundsätzlicher Bedeutung zu pflegen ist, ebenso die Durchführung der nach § 6, Abs 1, gefaßten Beschlüsse. (3) Die künstlerische Leitung der STh wird von den Dir der Theater ausgeübt.
§ 5. Das Kuratorium besteht aus dem PräsSThVw, den jeweiligen Dir der STh, zwei Mitgliedern des Kunstbeirates für Musik, Literatur und dramatische Kunst beim StAfIuU, UA, je einem Vertreter des StAfIuU, UA, und des StA für Finanzen, sowie aus fünf Fachmännern aus dem Gebiet der Literatur, bildenden Kunst und Musik. ...
§ 7. Die in den Statuten der Versorgungsinstitute der ehemaligen HTh dem ehemaligen OMeA übertragenen Agenden stehen dem UA, die der bestandenen GI der HTh oder dem Chef dieser Behörde übertragenen Agenden stehen dem PräsSThVw zu.
§ 8. Diese VA tritt mit dem Tage der Kundmachung in Wirksamkeit.“[58]

Die VASTh war gegenüber der ursprünglich beantragten Fassung vom 7.5.1920 inhaltlich nicht entscheidend abgeändert worden: Statt des Titels „Intendant der öSTh“ wurde die Bezeichnung „PräsSThVw“ gewählt. Seine **Kompetenzen** waren gegenüber jenen des „Intendanten“ eingeschränkt worden: Gem § 4 Abs 2 VASTh hatte er mit dem Kuratorium „das

56 „Erst nach vollzogener Ausscheidung könne das Kuratorium (des KGF) zur Verwaltung der hienach dem KGF erübrigenden Vermögenschaften herangezogen werden.“ (Stellungnahme des Staatskanzlers *Renner*, KP Nr 180, 8)

57 KP 21.5.1920, Nr 185, Pkt 12, 25 f.

58 Der Wortlaut des **ursprünglichen Entwurfs der VA** vom 7.5.1920 findet sich im KP 7.5.1920, Nr 179, Pkt 7, 17 ff (abgedruckt bei *Bammer*, Theater 65 f).

Einvernehmen ... zu pflegen"; zuvor hatte das Kuratorium lediglich beratende Funktion besessen. In § 1 wurde nunmehr ausdrücklich der Übergang der „ausgeschiedenen" Theater ins Staatseigentum normiert. Fraglich ist aber, ob angesichts der Formulierung des § 1 Abs 2 KGFG überhaupt ein zweimaliger Vermögensübergang stattgefunden hat. Weggelassen wurde der letzte Satz des ursprünglichen Entwurfs des § 1, wonach die Gebäudeverwaltung von der allgemeinen Staatsgebäudeverwaltung zu besorgen gewesen wäre[59]; dies hatte jedoch keine weitere normative Bedeutung, da die Theater- und Nebengebäude auch ohne diese Anordnung unter die Zuständigkeit der vom StAfHGIB zu besorgenden Staatsgebäudeverwaltung fielen[60]. Dieses StA übte die Gebäudeverwaltung seit der Übernahme der STh durch das UA auch tatsächlich aus[61]. Nur stilistisch abgeändert wurde die Kompetenz der Dir zur „künstlerischen Leitung der STh".

Bis auf die Anordnung der „Ausscheidung" gingen die Bestimmungen der VASTh inhaltlich über die Ermächtigungen des KGFG hinaus; denn dieses enthielt keine Grundlage zur Erlassung detaillierter Organisationsbestimmungen zur Verwaltung der „ausgeschiedenen" Objekte. Mehr als fraglich ist, ob die von der VASTh-Präambel zit Bestimmung des **§ 15 KGFG** eine derartige gesetzliche Grundlage abgibt: Einerseits bezieht sie sich nach ihrem Wortlaut nicht auf **ausgeschiedene** Vermögen; andererseits besteht keine nähere gesetzliche Determinierung für „Übergangsbestimmungen", sodaß eine verfassungswidrige **formalgesetzliche Delegation** vorliegt. Darüberhinaus verlieren ursprünglich gesetzlich gedeckte Übergangsbestimmungen in Verordnungsform wohl im Laufe der Jahrzehnte ihre gesetzliche Grundlage, da ihnen eine gewisse zeitliche Befristung immanent ist[62]. Somit waren die **organisatorischen Bestimmungen der VASTh** als prima facie **gesetzlos erlassen** zu qualifizieren. Die Gesetzlosigkeit von VA war aber bloß von den Gerichten im und für den konkreten Einzelfall zu entscheiden[63], da erst durch das B-VG 1920 die Kompetenz

59 In den Akten des HHStA konnte dazu nichts Näheres aufgefunden werden; vgl zu dieser Bestimmung auch *Dirnberger*, Konflikte 251.

60 Da den STh durch kein G Rechtspersönlichkeit oder organisatorische Selbständigkeit zuerkannt wurde, waren (und sind) sie Teil des StAfIuU, UA (heute: BMUK). Die durch die VASTh angeordnete „Unterstellung" kann das für eine außenwirksame Verselbständigung erforderliche G nicht ersetzen und hat bloß die Bedeutung einer Kompetenzzuweisung an dieses StA (BM) (vgl dazu A.II.9.c)). Ob die STh durch innerorganisatorische Akte des Leiters des UA (des BM) unmittelbar der Zentralstelle eingegliedert oder nachgeordnet wurden, ist bloß von innerorganisatorischer Bedeutung (vgl zur Problematik ausführlich B.II.).

61 Vgl zB UA 21487/1920, „Verhandlungsschrift vom 22.9.1920"; s auch A.II.12.b).

62 Die VASTh wurde nicht aufgrund des vielfach zur Erlassung von VA herangezogenen KEG erlassen. Vgl auch ÖBThV, Bericht 1971/72, 17 f; s auch A.II.12.b).

63 § 10 des GG über die richterliche Gewalt, StGBl 1918/38; dazu *Kelsen*, VG I 94.

zur allgemein verbindlichen Aufhebung von VO durch den VfGH geschaffen wurde.

Am 16.6.1920 wurde vom PräsNV der erste PräsSThVw ernannt[64]. Am 25.6.1920 erließ das UA **„Organisatorische Bestimmungen für die SThVw und den Wirkungskreis des Präs derselben“**[65]. Das im Theaterdepartement der Obersten Hofverwaltung in Verwendung gestandene Personal wurde „einstweilen, unbeschadet der seinerzeitigen Regelung der Rechtsverhältnisse, der SThVw zur vorübergehenden Dienstleistung zur Verfügung“ gestellt[66]. Mit der Erlassung der VASTh waren die ehemaligen HTh nunmehr formell zu Theatern des republikanischen Staates und somit auch zu **Nationaltheatern**[67] geworden. Vergleicht man Aufgaben und Personalstand der „k. u. k. GI der k.k. HTh“, der „Verwaltung der hofärarischen Theater“, des „Theaterdepartements der VwHÄ“ und der „SThVw“, so läßt sich eine weitgehende **inhaltlich-organisatorische Kontinuität** — insb auch hinsichtlich des Verhältnisses zu den einzelnen Theatern — feststellen[68].

Das von der VASTh normierte Verwaltungssystem bewährte sich nicht sonderlich; das Kuratorium dürfte nie bestellt worden sein[69]. Mehrfach wurde aus wirtschaftlichen, aber auch künstlerischen Gründen die **Auflösung der SThVw** gefordert[70]: Eine sog „Ersparungskommission“, die sich ausführlich mit Fragen der STh (BTh) befaßt hatte, setzte sich kritisch mit **Person und Funktion des PräsSThVw** auseinander und kam zu dem klaren Schluß: „Die Dir der beiden Kunstinstitute sind mit der vollen künstlerischen und wirtschaftlichen Verantwortung zu betrauen. ... Der gesamte Dienst der BThVw ist ehestens aufzulassen.“[71] Diese Anregungen

64 *Adolf Vetter* war Sektionschef im StAfHGIB. Vgl *Dirnberger*, Konflikte 251; VwHÄ, TD 2308 (= BThV 1-1/22-2/1920).

65 UA 1140/U/1920 (= BThV 1-2/13-1/1920); Text bei *Bammer*, Theater 68.

66 UA 1150/U/1920 (= BThV 1-1/22-1/1920).

67 Dies ergibt sich aus der Überlegung, daß die **Aufgaben und Zielsetzungen der STh** durch die VASTh nicht ausdrücklich bestimmt wurden und daher davon auszugehen ist, daß die bisherigen traditionellen Zielsetzungen dieser Anstalten auch in der Republik fortbestanden, sofern sie nicht ausdrücklich (uU stillschweigend) geändert wurden. Ausdrückliche Änderungen ergeben sich insb durch die Beseitigung der Monarchie und durch die (primär politische) Erklärung zu **„Nationaltheatern“:** Dienten die HTh zuvor dem Zweck, Ansehen, Macht und Reichtum des Kaisers und seines Hofes zu veranschaulichen, dürfte ihrer Erklärung zu „Nationaltheatern“ und ihrer Übernahme und Fortführung durch die Republik (den Staat) die Bedeutung zukommen, die **kulturelle Potenz (und somit das Ansehen und die Bedeutung) des Staates zu unterstreichen.**

68 Vgl *Dirnberger*, Konflikte 251 f, insb FN 48; Nö Amtskalender für das Jahr 1917, 45 („k. u. k. GI“), Österreichischer Amtskalender für das Jahr 1922, 254 („BThVw“). Vgl weiters das „Amtliche Jahrbuch der k.k. HTh in Wien für die Spielzeit 1915 — 16 und 1916 — 17“ (oJ) 5 ff und das „Amtliche Jahrbuch der STh“ (1920) 5 ff.

69 Vgl *Dirnberger*, Konflikte 251 f.

70 Vgl *Märkle* 13; *Taubes* 19 ff mwN.

71 Zit nach *Wildgans* 71 ff.

der Ersparungskommission gingen zu einem nicht unbeträchtlichen Teil auf den Konflikt des damaligen BurgtheaterDir *Wildgans* mit dem PräsSThVw *Vetter* zurück. Gefördert wurde dieser persönliche Konflikt durch die **unklare Formulierung des § 4 Abs 3 VASTh,** die zu Auffassungsunterschieden hinsichtlich der Reichweite der „künstlerischen Leitung" führte[72]. Der von *Wildgans* ausgearbeitete Entwurf einer neuen DI für den BurgtheaterDir[73] wurde jedoch ebensowenig verwirklicht wie die Vorschläge der Ersparungskommission. Im Lauf der folgenden Entwicklung kam es zwar zu immer präziseren Kompetenzabgrenzungen zwischen BThVw und den BThDir[74], aber nie zur Auflassung der sog „Zwischeninstanz"[75] zwischen dem UA und den einzelnen Theatern.

5. Exkurs: Der „Zensurbeschluß" der Provisorischen Nationalversammlung 1918

Am 30.10.1918 faßte die ProvNV neben dem Staatsgründungsbeschluß auch den sog „Zensurbeschluß", dessen noch heute geltende Z 1 lautete: „Jede Zensur ist als dem Grundrecht der Staatsbürger widersprechend als rechtsungültig aufgehoben."[76] Unter „Grundrecht der Staatsbürger" dürfte das durch Art 13 StGG gewährleistete Grundrecht auf freie Meinungsäußerung verstanden worden sein[77]. Die Frage, ob — angesichts des Wortlautes („jede Zensur") — auch die **„Theaterzensur" aufgehoben** worden war, wurde vom neuerrichteten VfGH in einem seiner ersten Erk **verneint**[78].

„Theaterzensur" war allerdings kein Rechtsbegriff[79]. Die ThO 1850 kannte bloß eine „Aufführungsbewilligung", für die sich jedoch umgangssprachlich — und sachlich wohl auch zutreffend — die Bezeichnung „Theaterzensur" eingebürgert hatte. Auch die verschiedenen ThGE verwendeten die in der Praxis übliche Terminologie[80]. Die ThO galt seit dem Umsturz als StG und war durch die staatlichen (politischen) Behörden

72 Vgl dazu *Wildgans* 41 ff; *Taubes* 19 ff.

73 Abgedruckt bei *Wildgans* 45 ff.

74 Vgl bloß die geltende DI 1976: §§ 5 (Dir), § 16 (GS).

75 Die geltende DI 1976 normiert den **GS als gleichrangiges Leitungsorgan neben den Dir** (vgl A.V.8.d)).

76 StGBl 1918/3. Durch Z 2 und 3 dieses Beschlusses wurden Einschränkungen der Pressefreiheit und des Vereins- und Versammlungsrechtes beseitigt.

77 So *Kelsen*, VG I 82.

78 VfGH 16.12.1919, Z 329/1919. Vgl zur Vorgeschichte des Erk *Bammer*, Theater 71 f; *Dirnberger*, Theaterzensur 244 f.

79 Vgl jedoch die KinematographenVO, RGBl 1912/191, deren Abschnitt II (§§ 15 — 21) mit **„Zensur"** übertitelt war. S auch Art 13 Abs 2 StGG: „Die **Presse** darf weder unter **Zensur** gestellt, noch durch das Konzessionssystem eingeschränkt werden. ..."

80 Anträge an das AH auf Erlassung eines G betreffend „die Regelung der Theaterkonzession, der **Theaterzensur** und der Theaterverträge" (628 BlgAH XVII. Session uam; vgl A.I.2.b)).

zu vollziehen; zuständige staatliche Behörde in der Mittelinstanz war die „LReg“[81]. Die Frage, ob die Theaterzensur vom Zensurbeschluß umfaßt werden sollte, ist je nach angewandter Auslegungsmethode verschieden zu beantworten[82]. Auch gesellschaftlich und politisch bestand keine Übereinstimmung: Während die Theaterzensur seitens der Künstler und ThDir einhellig abgelehnt wurde, waren maßgebliche Bevölkerungskreise und auch die zensurausübenden staatlichen Instanzen von ihrer Notwendigkeit überzeugt[83]. Auch der öffentlich-rechtliche Teil eines ThGE sah noch 1921 eine Befugnis der politischen Landesbehörde zur Untersagung von Aufführungen vor, „wenn die Annahme gerechtfertigt ist, daß die Aufführung, sei es durch den Inhalt des Bühnenwerkes an sich oder durch besondere, zeitlich oder örtlich gegebene Umstände, die öffentliche Ruhe und Ordnung oder die öffentliche Wohlfahrt gefährden würde“[84].

Die Frage der **Zensurpflichtigkeit von an den ehemaligen HTh zur Aufführung gelangenden Stücken war umstritten**[85]. Bis zum Ende der Monarchie existierte — ohne publizierte rechtliche Grundlage — bei den HTh die Einrichtung der „Zensur“; sie wurde ohne erkennbares System teils von der GI, teils von der PolAbteilung des MR-Präs, teils von „ad personam bestellten Funktionären“ ausgeübt[86]. Die Untersuchung der Zensur an den HTh bis 1918 ist juristisch unergiebig, da die Verwaltungspraxis davon ausging, daß die ThO auf die HTh nicht anwendbar sei, was seit Einführung der konstitutionellen Monarchie juristisch äußerst fragwürdig war[87]. Wie bei der Frage der Konzessionspflichtigkeit und der Zuständigkeit in fpol Angelegenheiten war seit dem Umsturz umstritten, ob die bestandene **faktische Sonderstellung der HTh** auch in Zensurangelegenheiten beibehalten werden könnte[88]. Wäre man — zu Recht — von der Geltung der ThO für die ehemals hofärarischen Theater ausgegangen, wären die von der ThO zur Erteilung der Aufführungsbewilligung berufenen Behörden auch für die S(B)Th zuständig gewesen. Hätte man hingegen mit der Praxis — zu Unrecht — die Anwendbarkeit der ThO auf die ehemals hofärarischen Theater verneint, hätte keine wie immer geartete rechtliche Grundlage zur Ausübung behördlicher Zensurmaßnahmen be-

81 G betreffend die Übernahme der Staatsgewalt in den Ländern, StGBl 1918/24, § 4.
82 Es kann nicht weiter verwundern, daß diese Frage auch von den Richtern des VfGH 1919 und 1926 unterschiedlich beantwortet wurde (s zu den Abstimmungsverhältnissen *Bammer*, Theater 71 f, 258 ff, mwN).
83 Vgl auch *Dirnberger*, Theaterzensur 241 ff.
84 562 BlgNR I. GP, § 36 lit 2. Die EB vertraten dazu die Auffassung, daß „das Wesen der alten Zensur beseitigt“ würde. Vgl näher *Dirnberger*, Theaterzensur 250 mwN, sowie *Bammer*, Theater 98 f.
85 Vgl A.II.13.
86 Vgl näher *Wagner*, Zensur 394 ff; *Dirnberger*, Theaterzensur 238 ff; *Hadamowsky* 388.
87 Vgl A.I.2.b).
88 Vgl A.II.13.

standen; eine allfällige „Zensur“ hätte sich entweder der Rechtsform der Weisung bedienen müssen[89] oder wäre als zuvor zwischen Autor und S(B)ThDir vereinbartes vertragliches Gestaltungsrecht — somit auf privatautonomer Basis beruhend — auszuüben gewesen[90].

Interministeriell umstritten war auch die Frage, ob das UA oder das IA zur Ausübung der Zensur berufen gewesen wären[91]. Bereits ein Jahr zuvor hatte der PräsSThVw versucht, die Zensurkompetenz an sich zu ziehen[92]. Anfänglich hielten sich die Dir an seine „Anordnung“; so wurde *Shaws* Stück *Haus Herzenstod* vorgelegt, ebenso die drei *Puccini*-Einakter *Der Mantel, Schwester Angelika* und *Gianni Schicchi*[93]. Es dürfte in der Praxis allerdings kaum zu weiteren Zensurmaßnahmen gekommen sein[94].

Geht man zusammenfassend daher richtigerweise von der Geltung der ThO für die BTh aus, unterlagen diese ebenso wie die Privattheater der präventiven Bewilligungspflicht für beabsichtigte Aufführungen; eine solche konnte von den nach der ThO zuständigen staatlichen Behörden nach freiem Ermessen erteilt oder verweigert werden. Das positive Recht bot keine Möglichkeit, Sonderbehörden für die Erteilung von Aufführungsbewilligungen an ehemaligen HTh einzurichten. Durch das Inkrafttreten des B-VG 1920 änderte sich die Rechtslage jedoch insofern, als nunmehr die Gesetzgebung in Theaterangelegenheiten zur Landessache geworden war, die Vollziehung jedoch in mBV zu erfolgen hatte; eine Umgehung des LH wäre nunmehr verfassungswidrig gewesen. Die Praxis an den nunmehrigen BTh entsprach jedoch keineswegs der Rechtslage: Die wenigen eingeholten „Aufführungsbewilligungen“ wurden von dazu nicht ermächtigten Organen erteilt[95]. Erst 1926 erging ein weiteres Erk des VfGH, wonach der Zensurbeschluß der ProvNV nunmehr doch die Theaterzensur erfasse und diese daher aufgehoben sei[96].

---

89 S zum **Problem der „künstlerischen“ Weisung** im Lichte des Art 17 a StGG B.III.3.e)(2).

90 Vgl auch die „Äußerung betreffend Kompetenz in Theaterangelegenheiten“ (Blg zu UA 21487/1920; teilweise abgedruckt bei *Bammer,* Theater 73 f).

91 S die „Verhandlungsschrift“ vom 29.10.1921, UA Z 21487/1920; vgl dazu *Dirnberger*, Theaterzensur 247 f; *Dirnberger*, Konflikte 275.

92 BThV 35-3/2-1/1920 (= 3160/1920). Vgl auch *Dirnberger*, Theaterzensur 247.

93 BThV 35-3/3-1/1920 (Text bei *Bammer,* Theater 74 f).

94 Hinzuweisen ist allerdings auf den gelungenen Versuch des damaligen BurgtheaterDir *Wildgans*, die Aufführung der *Kornfeld*-Tragödie *Himmel und Hölle* zu verhindern, zu der das Burgtheater vertraglich verpflichtet war, indem eine **negative Zensurentscheidung des BMI** provoziert wurde, deren rechtliche Begründung jedoch mehr als fraglich war. S zum Ganzen näher *Dirnberger*, Kornfeld.

95 Die S(B)ThVw besaß auch damals keine — eigene — abstrakte Kompetenz zu (ieS) hoheitlichem Handeln (Bescheid- oder VO-Erlassungskompetenz).

96 Zu diesem Erk (VfSlg 552) A.IV.3.

6. Das Bundes-Verfassungsgesetz 1920

Aufgabe der am 4.3.1919 erstmals zusammengetretenen KNV war es, eine endgültige Verfassung für die neugebildete Republik zu schaffen. Bis zum endgültigen Beschluß dieser Verfassung vergingen mehr als eineinhalb Jahre; die Gründe hiefür waren mannigfaltig[97]. Einzugehen ist im Rahmen dieser Untersuchung kurz auf jene Regelungen des B-VG und des ÜG 1920, die für die Rechtsstellung der ehemaligen HTh von Bedeutung waren.

a) Bundesstaat

Das B-VG 1920 hatte den deutlichen politischen Forderungen der der neugeschaffenen Republik „beigetretenen" Länder Rechnung getragen und den bisherigen Einheitsstaat mit mehr oder weniger starken bundesstaatlichen Tendenzen zu einem Bundesstaat umgewandelt. Eines der wesentlichsten Kennzeichen eines Bundesstaates, die Aufteilung der Gesetzgebungs- und Vollziehungskompetenzen zwischen den Gliedstaaten und dem Oberstaat konnte infolge politischer Differenzen noch nicht in Kraft gesetzt werden[98]; für die Abgrenzung der **Gesetz**gebungskompetenzen des Bundes und der Länder sollten weiterhin die §§ 11 und 12 GGRV gelten, für die Aufteilung der **Vollziehung**skompetenzen die Bestimmungen der LOen von 1861[99]. Ein für den österreichischen Bundesstaat von Anfang an signifikantes Merkmal — der ausgeprägte **Vollzugsföderalismus** in Form der mBV — trat aber mit nahezu allen sonstigen Bestimmungen des B-VG bereits 1920 in Kraft.

b) Legalitätsprinzip

Eine weitere für die Rechtsstellung der BTh überaus bedeutsame Bestimmung des B-VG 1920 stellt das durch Art 18 normierte Legalitätsprinzip dar. Die strikte Gesetzesbindung der Verwaltung ist einerseits kennzeichnend für einen **Rechtsstaat,** andererseits aber auch eine Form der Verwirklichung des Demokratiegedankens, der in den ersten Jahren der Republik durch eine besondere Betonung der Kompetenzen der gesetzgebenden Gewalt sehr stark unterstrichen wurde.

Das **Verordnungsrecht** wurde vom B-VG folgendermaßen gestaltet: Art 18 Abs 1 normierte eine allgemeine strikte Gesetzesbindung der Verwaltung, Abs 2 beschränkte das Verordnungsrecht der Verwaltungsbehör-

97 Vgl dazu näher *Ermacora* I — IV; *Walter*, Entstehung.

98 § 42 ÜG 1920; dazu *Kelsen/Froehlich/Merkl* 320 ff.

99 ZB §§ 18 und 19 der Nö LO; dazu *Kelsen/Froehlich/Merkl* 322 f.

den auf den **„Rahmen der Gesetze“**. Art 18 B-VG wurde jedoch durch § 7 Abs 2 ÜG 1920 weitgehend unterlaufen, da durch diese Bestimmung iVm dem KEG sowohl die BReg als auch die BM ermächtigt wurden, „aus Anlaß der durch den Kriegszustand verursachten außerordentlichen Verhältnisse die notwendigen Verfügungen auf wirtschaftlichem Gebiet zu treffen“. Grundlegend umgestaltet wurde weiters das Verfahren zur Beseitigung gesetzwidriger VO: Nunmehr war das Verordnungsprüfungsrecht beim VfGH konzentriert, der diese im Falle ihrer Gesetzwidrigkeit mit allgemeiner Wirkung aufzuheben hatte.

c) *Weisungsprinzip*

Art 20 B-VG normierte, daß die die Bundes- oder die Landesverwaltung führenden Organe „an die Weisungen ihrer vorgesetzten Volksbeauftragten gebunden und diesen für ihre amtliche Tätigkeit verantwortlich“ waren. „Damit ist eine allgemeine Gehorsamspflicht für den Bereich der gesamten Verwaltung statuiert.“[100] Fraglich war, welche Ausnahmen Art 20 trotz seines eindeutigen Wortlautes zuließ: Durch die B-VGN 1925 wurden daher zwei ausdrückliche Ablehnungstatbestände angefügt; fraglich blieb dennoch, welche (verfassungs)gesetzlichen Normen diese „allgemeine Gehorsamspflicht“ durchbrechen und ob sich das Weisungsprinzip tatsächlich auf **alle** Bereiche der Verwaltung erstreckt; diese Probleme werden in Kapitel B.III. untersucht.

d) *Organisation der Bundesministerien*

Art 77 Abs 2 B-VG ordnet — bis heute unverändert — an: „Die Zahl der Bundesministerien, ihr WB und ihre Einrichtung werden durch BG bestimmt.“ Damit wurde ein in der Republik neuerprobtes Prinzip — die Festlegung der Zahl und der Kompetenz der Staatsämter durch VG — modifiziert weitergeführt[101]. Zahl und Kompetenz der BM waren nach dem B-VG nunmehr bloß **einfachgesetzlich** zu regeln; ebenso ihre (innere) „Einrichtung“ — für letztere Bestimmung findet sich keine Vorläuferbestimmung aus der Zeit der Monarchie oder der Republik bis 1920.

e) *Wirkungsbereich der Gemeinden*

Gem Art 120 Abs 3 Z 8 B-VG 1920 wurde „den Ortsgemeinden ein WB in erster Instanz“ ua in der Angelegenheit „Bau- und FPol“ gewährlei-

---

100 *Kelsen/Froehlich/Merkl* 87 f.

101 Vgl Art 9 ff StGBl 1919/180; dazu *Kelsen*, VG III 156 f.

stet; mit der Aufzählung dieser und zahlreicher anderer Agenden knüpfte das B-VG an den sog selbständigen Wirkungskreis der Gemeinde gem Art V RGG 1862 an[102]. Hingegen legte diese Bestimmung nicht fest, ob bzw inwieweit die Theaterbau- oder -feuerPol in den WB der Gemeinden zu fallen gehabt hätte(n)[103].

f) Rezeption älterer Vorschriften

Durch Art 149 Abs 1 B-VG 1920 wurden auch einige frühere G in Verfassungsrang gehoben; so zB das StGG über die allgemeinen Rechte der Staatsbürger, da über eine Neukodifikation der Grund- und Freiheitsrechte keine Einigung erzielt werden konnte. Ua wurde auch angeordnet, daß „unter Berücksichtigung der durch dieses G bedingten Änderungen als VG zu gelten (haben): ... G vom 3.4.1919, StGBl Nr 209, betreffend die Landesverweisung und die Übernahme des Vermögens des Hauses Habsburg-Lothringen“. Es handelt sich somit um eine „Verleihung der Qualifikation als VG iSd neuen BV an gewisse ältere G“[104], insb an jene mit Grundrechtsverbürgungen. Eine Rangerhöhung des HabsburgerG war jedenfalls notwendig, da es als einfaches G in einem unklaren Verhältnis insb zu Art 7 Abs 1 B-VG gestanden wäre; seine Aufnahme in Art 149 B-VG legt sohin eine Deutung als lex specialis zu allgemein gewährleisteten Grundrechten nahe[105], aber auch als eine **das republikanische Prinzip konkretisierende Verfassungsnorm.**

Die das HabsburgerG betreffende Bestimmung des Art 149 B-VG wirft mehrere grundlegende dogmatische Probleme hinsichtlich des Fortbestandes der Rechtsgrundlagen der ehemaligen HTh auf. Denn **in Verfassungsrang wurde ausdrücklich bloß die Stammfassung des HabsburgerG erhoben;** ausgesprochen unklar ist daher die Bedeutung der HabsburgerG-Nov StGBl 1919/501 und des § 2 KGFG, der das HabsburgerG materiell abänderte. Ein Gutachten des BKA-VD zur „Frage der Verfassungsmäßigkeit des ÖBThV“, vertritt in diesem Zusammenhang die Rechtsansicht, daß es

> „iS einer verfassungskonformen Auslegung naheliegend (sei), die in Art 149 Abs 1 B-VG enthaltene Anordnung ... ausschließlich auf die am 10.11.1920 geltende Fassung dieses G zu beziehen, da dem Verfassungsgesetzgeber des Jahres 1920 keinesfalls die durch nichts zu begründende Absicht unterstellt werden kann, daß sich die in Art 149 Abs 1 B-VG getroffene Anordnung ausschließlich auf die

---

102 Vgl näher *Kelsen/Froehlich/Merkl* 232.

103 Vgl dazu A.III.4.e).

104 *Kelsen/Froehlich/Merkl* 284, die das HabsburgerG aaO nicht weiter kommentieren. Vgl zur Stammfassung *Kelsen*, VG III 161 ff.

105 In Frage kommen insb der Gleichheitssatz (Art 7 B-VG) und die Rechte auf Unverletzlichkeit der Eigentums und auf Freiheit des Aufenthalts (Art 5, 6 StGG).

Stammfassung des HabsburgerG beziehen sollte. Daraus folgt, daß das HabsburgerG nicht nur in der durch das G StGBl Nr 501/1919 formell geänderten, sondern auch in der durch das KGFG materiell geänderten, den Geltungsbereich seines § 7 einschränkenden Fassung ... in Verfassungsrang gehoben wurde."[106]

Dagegen ist zunächst einzuwenden, daß der Wortlaut der entscheidenden Passage des Art 149 Abs 1 B-VG („G vom 3.4.1919, StGBl Nr 209") eindeutig ist: Davon abzugehen könnte wohl nur dann ernsthaft in Erwägung gezogen werden, wenn ein (Redaktions)Versehen des Verfassungsgesetzgebers (uU schlüssig) nachzuweisen wäre. Das siebente Hauptstück des B-VG („Schlußbestimmungen") wurde erst in einer relativ späten Phase der Beratungen des UAVerfA der KNV näher erörtert; die ursprüngliche Formulierung der Vorläuferbestimmung des Art 149 (Art 158) ging auf einen Entwurf des Gesetzgebungsdienstes der Staatskanzlei zurück[107], der in der 18. Sitzung des UAVerfA erstmals erörtert wurde. Auf Anregung *Kelsens* wurde dem Art 158 zunächst ein Abs 3 angefügt. Weiters wurde vom Vorsitzenden die Frage gestellt, „ob Lücken im Katalog der rezipierten VG ausgeschlossen seien. MinRat Dr *Froehlich* übernimmt es, das Verzeichnis nochmals zu sichten und allfällige Streichungen und Ergänzungen in der Sitzung des VerfA anzuregen."[108] Die endgültige Fassung des B-VG enthielt jedoch keine Modifikation hinsichtlich des HabsburgerG. Auch der mehrfach modifizierten Einleitungsformel des Art 149 Abs 1 („Berücksichtigung der durch dieses G bedingten Änderungen") dürfte in diesem Zusammenhang keine Bedeutung zukommen.

Somit bieten sich folgende Deutungsmöglichkeiten an: Die Formulierung des Art 149 Abs 1 B-VG ist **„übervollständig"**: Unterstellt man dem Verfassungsgesetzgeber die — allerdings nicht belegbare — Absicht, nur den **I. Abschnitt des HabsburgerG** in Verfassungsrang erhoben haben zu wollen, wären die Bestimmungen des II. Abschnitts (über den Eigentumsübergang des durch das G näher bestimmten Vermögens an die Republik) nur als einfachgesetzliche Bestimmungen anzusehen. Diese Auffassung hätte aber zur Folge, daß der II. Abschnitt des HabsburgerG verfassungsrechtlich bedenklich wäre[109]. Mangels jedweder Indizien, die auf eine solche Absicht des historischen Verfassungsgesetzgebers deuten, verbietet sich eine solche Auslegung angesichts des klaren Wortlautes. Als andere Auslegungsalternative könnte die Anordnung des **Art 149 Abs 1 B-VG als „unvollständig"**, dh als durch ein Redaktionsversehen entstanden, ver-

---

106 BKA-VD 8.7.1982, 600371/1-V/6/81, 2 f.

107 Text bei *Ermacora*, Quellen 498; *Walter*, Entstehung 282.

108 18. Sitzung des UAVerfA (Text bei *Ermacora*, Quellen 499).

109 Die umstrittene Jud des VfGH lehnt es allerdings ab, entschädigungslose Enteignungen als verfassungswidrig zu qualifizieren; vgl bloß *Walter/Mayer*, BVR^6 Rz 1375. Enteignung im eigentlichen Sinn könnte in diesem Fall aber nur bei **Privat**eigentum, nicht jedoch bei — Zwecken der Hofhaltung gewidmetem — **Staats**vermögen vorliegen.

standen werden, indem man dem historischen Verfassungsgesetzgeber zB unterstellte, er hätte verabsäumt, die ausdrückliche Formel „idgF“ einzufügen. **Für ein Redaktionsversehen** spricht, daß das Siebente Hauptstück des B-VG in verhältnismäßig kurzer Zeit entstand und das Hauptaugenmerk auf der Rezeption des Grundrechtskataloges gelegen sein dürfte. **Gegen ein Redaktionsversehen** spricht, daß *Kelsen*, aber auch *Froehlich* diese Formulierung unbeanstandet ließen. Die Indizien für das Vorliegen eines schlichten Redaktionsversehens sind somit eher dünn gesät. Es sprechen somit nur wenige Gründe für die von BKA-VD vertretene Rechtsansicht[110]. Das Gutachten räumt selbst ein, daß „ein extrem advokatorischer Rechtsstandpunkt vertreten“ worden sei, „der sich auf eine zwar durchaus vertretbare, jedoch keinesfalls unbestreitbare Auslegung dieser Rechtsvorschriften stützt“[111].

Folgt man — mit guten Gründen — nicht der Rechtsauffassung des BKA-VD, stellt sich die **Frage der Verfassungskonformität der aufgrund bzw infolge des HabsburgerG ergangenen Normen.** Denn § 7 HabsburgerG ordnet an, daß das Reinerträgnis des aufgrund dieses G ins Eigentum der Republik gelangten Vermögens nach Abzug der damit verbundenen Lasten zur Fürsorge für Kriegsgeschädigte zu verwenden sei; diese Bestimmung läßt keine Ausnahmen zu. § 2 KGFG sieht hingegen die Möglichkeit der Ausscheidung bestimmter Vermögensbestandteile vor und wäre daher mit Inkrafttreten des B-VG infolge des offensichtlichen Widerspruchs zur verfassungsrechtlichen Bestimmung des § 7 HabsburgerG verfassungswidrig geworden, falls dem § 2 KGFG nicht überhaupt durch § 1 ÜG 1920 derogiert wurde. Diese Bestimmung stellt eine „positiv ausgedrückte Derogationsklausel“ dar[112]. Fraglich könnte aber sein, ob das HabsburgerG durch seine Erwähnung in Art 149 Abs 1 B-VG zu einer „Bestimmung“ des B-VG iSd § 1 ÜG 1920 geworden ist; denn wie *Kelsen/Froehlich/Merkl* bemerken, handelt es sich bei § 1 ÜG 1920 um eine „überflüssige“ Bestimmung, „weil es sich ... von selbst versteht, daß das B-VG als lex posterior allen ihm inhaltlich widersprechenden Rechtsnormen derogiert“[113]. Eine Rangerhöhung eines G durch Art 149 B-VG hatte zur Folge, daß es als VG erstmals normiert wurde; dieser Akt stellt jedenfalls eine **Neuerlassung** dar. Jedoch stellt das HabsburgerG keine „Bestimmung“ des B-VG dar, die derogatorische Wirkung iSd § 1 ÜG 1920 entfalten könnte: Art 149 Abs 1 B-VG normiert ausdrücklich die Geltung

110 Ob aus dem österreichischen Vorbehalt zu Art 3 des 4. ZPMRK oder aus Art II des BVG BGBl 1973/390 die verfassungsrechtlich relevante Berücksichtigung der Nov StGBl 1919/501 abgeleitet werden kann, ist fraglich (s auch *Brande* 198). Die Berücksichtigung dieser Normen trüge aber jedenfalls nichts zur Lösung des Problems der fraglichen Berücksichtigung der materiellen Abänderung durch § 2 KGFG bei.

111 BKA-VD 8.7.1982, 600371/1-V/6/81, 8.

112 *Kelsen/Froehlich/Merkl* 309.

113 Gemeint ist offenbar der letzte Halbsatz des § 1 ÜG 1920; *Kelsen/Froehlich/Merkl* 309.

der aufgezählten G als VG **„neben** diesem G" [B-VG]. Die Eigengesetzlichkeit des HabsburgerG blieb daher — wie die der anderen von Art 149 B-VG aufgezählten G — bestehen; § 1 letzter Halbsatz ÜG 1920 ist somit unanwendbar.

Es ist daher die Frage zu untersuchen, ob ein jüngeres allgemeineres (V)G (HabsburgerG als VG) einem älteren speziellen (einfachen) G (§ 2 KGFG) derogiert, wobei aber auch zu beachten ist, daß das jüngere VG lediglich als solches jünger ist, als einfaches G jedoch älter. Es ist nicht geklärt, ob der Satz „lex posterior generalis derogat legi priori speciali" allgemeine Geltung beanspruchen kann[114]. Da es sich beim jüngeren allgemeineren G jedoch um ein VG handelt, ist es naheliegend, **Art 140 B-VG zur Auflösung dieses Widerspruchs heranzuziehen:** Demnach steht auch ein verfassungswidriges G solange in Geltung, bis es vom VfGH wegen Verfassungswidrigkeit aufgehoben wird. Mit Inkrafttreten des B-VG 1920 wurde **§ 2 KGFG** insofern **verfassungswidrig** — sofern nicht überhaupt die Überleitung verfassungswidriger Normen (und somit auch des § 2 KGFG) ausgeschlossen wird —, als er die „Ausscheidung" bestimmter Vermögensbestandteile aus dem im HabsburgerG genannten Vermögen ermöglicht. Die Verfassungskonformität des KGFG könnte darüberhinaus insofern in Frage gestellt werden, als die bis 1.10.1925 geltende Kompetenzverteilung im Gegensatz zu jener des B-VG[115] keine Kompetenz des Bundes zur Regelung der Fürsorge für Kriegsgeschädigte vorsah. Jedoch sprechen zwei Gründe für ein kompetenzverteilungskonformes Erlassen (Weiterbestehen) des KGFG bis zur B-VGN 1925: Einerseits könnte die Kriegsgeschädigtenfürsorge als **„Annexmaterie"** zur früheren Kompetenz des Reichsrates in militärischen Angelegenheiten verstanden werden, andererseits könnte aber auch **§ 8 HabsburgerG als Sonderkompetenztatbestand** angesehen werden, der die Gebietskörperschaft, an die das im HabsburgerG genannte Vermögen übergegangen war, auch zur Gesetzgebung und Vollziehung hinsichtlich der durch § 7 gebotenen Verwendung dieser Vermögenschaften ermächtigte. **Die Kompetenzkonformität des KGFG kann somit nicht ernsthaft bezweifelt werden.**

114 Dagegen *Walter*, System 90 bei FN 73. Vgl näher *Bydlinski* 572 ff. Üblicherweise wird diese Wirkung nur einer jüngeren „Kodifikation" beigemessen, dh einer auf möglichste Vollständigkeit angelegten Regelung; gerade dies ist aber beim seit jeher „ruinenhaften" Charakter des B-VG fraglich.

115 Art 10 Abs 1 Z 15 B-VG 1920: „Kriegsschadenangelegenheiten und Fürsorge für Kriegsteilnehmer und deren Hinterbliebene".

7. Das Schauspielergesetz

Die gegen Ende der Monarchie erfolglos eingebrachten ThGE hatten die Regelung dreier Teilgebiete des „Theaterwesens" zum Ziel: Theaterkonzession, -zensur und -verträge[116]. Die Beschlußfassung eines ThG scheiterte in der Monarchie jedoch immer wieder. Im Gegensatz zu den öffentlich-rechtlichen Bestimmungen herrschte aber zumindest weitgehender Konsens über die Notwendigkeit einer gesetzlichen Regelung des Dienstverhältnisses der Schauspieler. Legistisch wurde daher ein neuer Weg beschritten: Der in der Monarchie gescheiterte Versuch, ein **einheitliches G für alle mit dem Theater zusammenhängenden** Fragen zu schaffen, wurde endgültig aufgegeben; entscheidender Gesichtspunkt war nunmehr der **Schutz der Schauspieler**[117].

Hinzuweisen ist hier auf die die **BTh betreffenden Sonderbestimmungen:** So bestimmt § 1 Abs 2: „Theaterunternehmer im Sinne dieses G ist, wer gewerbemäßig Bühnenwerke aufführt. **Bundes-**, Landes- und Stadt**theater gelten als Theaterunternehmungen im Sinne dieses G, auch wenn sie nicht gewerbemäßig betrieben werden."** § 53 Abs 3 2. Satz lautet: „Die in den §§ 5, 11 und 23 genannten Beträge können nach Anhörung der **Bundes-**, Landes- und Stadt**theaterverwaltungen** ... durch VO erhöht oder herabgesetzt werden ..."[118]

Die Bestimmung des § 1 Abs 2 SchauspielerG war notwendig, da lediglich die **gewerbemäßige Aufführung von Bühnenstücken die Theaterunternehmereigenschaft begründete**. Eines der entscheidenden Merkmale einer „gewerblichen Tätigkeit" war jedoch bereits nach der GewO 1859 der sog **„Erwerbszweck"**[119]. Es ist — und war — jedoch mehr als **fraglich, ob Gebietskörperschaften Theater zur Erzielung eines Ertrages betreiben oder ob es sich nicht vielmehr um „kulturelle Darseinsvorsorge" (Bereitstellung von Bildungseinrichtungen) handelt,** die bestenfalls hohe Kostendeckung erreichen kann[120]. Offenbar erschien auch den Autoren des SchauspielerG die Erwerbsorientierung der „öffentlichen Theater" fraglich zu sein, sodaß bei diesen das Merkmal der Gewerbsmäßigkeit nicht entscheidend sein sollte. Diese **Begriffsbestimmung** hat jedoch **keine über das SchauspielerG hinausgehende Bedeutung,** da nach dem klaren Wortlaut des G BTh lediglich als „Theaterunter-

116 Vgl A.I.2.b).

117 Zur Entstehungsgeschichte s näher *Bammer*, Theater 84 f. Nach dem AB 1006 BlgNR I. GP, 1 f, wurden „ganz besonders ... die Verhältnisse auch der beiden STh berücksichtigt".

118 Hingegen hatte der IA, 49 BlgNR I. GP, noch keine wie immer gearteten Sonderbestimmungen für von Gebietskörperschaften betriebene Theater enthalten.

119 Erwerbszweck, Regelmäßigkeit und Selbständigkeit der Tätigkeit waren zwar nur im Motivenbericht zur GewO 1859 enthalten, jedoch hat die „jahrzehntelange Spruchpraxis des VwGH an dieser Definition festgehalten" (*Mache/Kinscher* Anm 5 zu § 1 GewO, mwN).

120 Vgl dazu ausführlich B.V.3.; weiters A.II.9.a).

nehmungen im Sinne dieses G" zu gelten haben und zudem eine Erwerbsorientierung der „öffentlichen Theater" nicht ausgeschlossen wurde (arg: „auch wenn"). Es handelt sich vielmehr um einen legistischen Kunstgriff, der der einfachen und klaren Umschreibung des Geltungsbereiches des G dienen soll. Die **Qualifizierung von BTh als nicht zwingend erwerbsorientiert** entspricht aber der übrigen Rechtslage und hM der frühen zwanziger Jahre[121].

8. Die Bundestheaterpensionsverordnung 1922

Am 4.7.1922, BGBl 440, erließ die BReg eine VO „über die Regelung der Ruhe(Versorgungs)genüsse der Angestellten der ehemaligen k.k. HTh und der S(B)Th sowie der Hinterbliebenen dieser Angestellten, dann über Teuerungsmaßnahmen für Pensionisten der genannten Theater (BThPVO)". Bis zur Erlassung dieser VO war die Altersversorgung der Bediensteten der HTh, STh und BTh von sog „Pensionsvereinen" wahrgenommen worden; so bestand zB an der Hofoper bis 1873 ein privater Pensionsverein, dessen Aufgaben und Kapital in der Folge vom „Pensionsinstitut des Operntheaters" übernommen wurden[122]. Seine Mittel wurden durch Beiträge der Mitglieder, Zuschüsse des Hofärars und Erträgnisse von Vorstellungen aufgebracht. Die Vorstellungserträgnisse wurden später vom Hofärar mit der Leistung eines beträchtlichen fixen Beitrages „abgelöst", doch auch diese Maßnahme änderte nichts an der — immer dringlicher werdenden — Sanierungsbedürftigkeit des Pensionsinstitutes. Die „drei Pensionsvereine an den BTh" (Pensionsvereine des Burgtheaters und des Operntheaters, Pensionsinstitut des Operntheaters)[123] waren nach dem Zusammenbruch der Monarchie — nicht zuletzt infolge der Inflation — nicht mehr in der Lage, die notwendigen Unterstützungen und Rentenzahlungen zu leisten[124]. Obwohl die ehemaligen HTh nunmehr unmittelbar in die Staatsverwaltung übernommen worden waren, galten für ihre Bedienstete idR weder das BesoldungsG 1921 noch das PG 1921[125]. Durch § 67 PG wurde die BReg jedoch „ermächtigt, durch VO: 1. die normalmäßigen Ruhe(Versorgungs)genüsse ... der Angestellen und ihrer Hinterbliebenen, auf welche dieses G keine Anwendung findet, nach gleichen Grundsätzen zu regeln,

121 Vgl das in A.II.9.a) zit Erk des VwGH über die Qualifikation der **BTh als „Opferaufwand- und Defizitbetrieb"**; s ausführlich B.V.3. S zum Verhältnis des SchauspielerG zum BG, betreffend die Einführung einer DienstO und Errichtung eines Disziplinarausschusses bei den BTh, BGBl 1934 II/78, A.V.5. Zu Problemen der Geltung und der Anwendung des SchauspielerG im Bereich der BTh (des ÖBThV) B.IV.1.

122 Vgl § 31 BThPVO. S zum Folgenden näher *Fritz*, Oper 249.

123 So § 31 BThPVO.

124 Vgl dazu näher *Waneck* 63 f.

125 S näher *Bammer*, Theater 87.

hiebei jedoch Abweichungen zu bestimmen". Die BThPVO stützte sich ausdrücklich auf diese Bestimmung des PG. Der Inhalt der VO war insoweit determiniert, als die Regelung „nach gleichen Grundsätzen" des PG zu erfolgen hatte, nicht näher determinierte „Abweichungen" jedoch zulässig waren.

Für eine Qualifikation der BThPVO als gesetzergänzende oder -vertretende VO fehlte es an einer notwendigen verfassungsgesetzlichen Ermächtigung[126]. Auch das Vorliegen einer DVO könnte fraglich sein, da keine gesetzliche Regelung präzisiert, sondern vielmehr die Verwaltung ermächtigt wurde, eine bestimmte Angelegenheit durch VO zu regeln; nach hM wird eine solche — aufgrund einer formalgesetzlichen Delegation erlassene — VO zu den DVO gezählt[127], da sie sich immerhin **formell** auf eine gesetzliche Grundlage berufen kann. Die **BThPVO** war daher als **verfassungswidrige DVO** deutbar.

Die BThPVO war im Aufbau dem PG 1921 nachgebildet. Bemerkenswert ist, daß bereits 1922 das technische Personal in die Pensionsregelung einbezogen wurde, obwohl für die Berufsgruppe der Arbeiter eine allgemeine Pensionsversicherung erst 1938 eingeführt wurde[128]. 1938 wurde die BThPVO durch die deutsche ReichsversicherungsO[129] ersetzt; 1949 wurde durch § 11 Abs 2 PensionsÜG, BGBl 187, die BReg erneut zur Erlassung einer VO zur Regelung der Ruhegenüsse der nach wie vor nicht unter die Bestimmungen der einschlägigen G fallenden BTh-Bediensteten ermächtigt. Aufgrund dieser Bestimmung erging die VO der BReg über die Pensionsüberleitung bei den BTh-Bediensteten, die die BThPVO wieder in Geltung setzte[130]. Auf das 1958 erlassene BThPG wird in den Kapiteln A.V.4, A.VII.1. und B.IV.2. näher eingegangen.

---

126 *Walter/Mayer*, BVR[6] Rz 599 f.

127 Vgl bloß *Walter/Mayer*, BVR[6] Rz 598; *Antoniolli/Koja* 158.

128 *Waneck* 66.

129 DRGBl 1911 I, S 509; eingeführt durch GBlÖ 1938/703.

130 BGBl 1951/130. Sie wurde von VfSlg 3689 als VO iSd Art 139 und 89 B-VG qualifiziert, deren mittelbarer Inhalt die BThPVO sei. **Für die Annahme einer bloßen Vertragsschablone fehle jeder Anhaltspunkt;** die in der BThPVO umschriebenen Normen würden durch die BThPVO selbst existent.

9. Einzelvorschriften[131]

a) Das Bundesbetriebs-Abgabengesetz — Zur Qualifikation der Bundestheater als „öffentliche Unternehmung"

Gem § 2 des Bundesbetriebs-AbgabenG, BGBl 1922/126, verzichtete der Bund in bestimmten Fällen auf die ihm durch LG eingeräumte **Befreiung von sog „Fürsorgeabgaben"**[132]. Dieser Verzicht bezog sich gem § 2 Abs 2 Z 1 leg cit „auf Abgaben von Gehalts- und Lohnbezügen, die an Angestellte (Arbeiter) in **Bundesbetrieben erwerbswirtschaftlicher Natur** ausbezahlt (wurden). Als solche Betriebe iSdG gelten: ... **Die ehemals hofärarischen Wirtschaftszweige"**[133].

Mit Bescheid des Wr Magistrats vom 19.9.1922 wurden „die BTh als ehemals hofärarische Wirtschaftszweige" gem § 2 BGBl 1922/126 iVm Art I LGBl 1922/62 als fürsorgeabgabepflichtig erklärt, die von der BThVw gegen diese Entscheidung angerufene Wr Abgabenbeschwerdekommission bestätigte die Entscheidung des Magistrats. Daraufhin erhob die FinProk „namens des Bundesschatzes (BTh)" Beschwerde an den VwGH, der diesen Bescheid 1923 „als gesetzlich nicht begründet" aufhob:

„Es geht aus dieser Aufzählung[134] mit aller Deutlichkeit hervor, daß der Verzicht sich nur auf solche Betriebe bezieht, die wenn auch nicht auf Erzielung eines Gewinnes, so doch auf den Erwerb von Einnahmen gerichtet sind, die sich für die **Deckung** der Betriebskosten ausreichend erweisen, die somit die unterste Grenze eines **erwerbswirtschaftlichen** Betriebes bilden. Unentscheidend dagegen ist es, ob die Beziehung des Staates zu den von ihm betriebenen Unternehmungen eine nur privatrechtliche oder ‚fiskalische' in diesem Sinne des Wortes ist, wie zum forstwirtschaftlichen Domänenbetrieb, oder ob sie mit einem hoheitlichen Element durchsetzt ist, wie dies von den der Ausbeutung eines Staatsmonopols gewidmeten Unternehmungen gilt. Wird dieser Gesichtspunkt festgehalten, so ergibt sich, daß die HTh-Betriebe ihrer Bestimmung und ihrer geschichtlichen Entwicklung nach nicht auf dem Grundsatze der **Erwerbswirtschaft**, sondern wegen des **augenfälligen Mißverhältnisses zwischen Einnahmen und Betriebskosten** auf dem Grundsatze der **Opferaufwand-** und Defizitwirtschaft, der mäzenatischen Subvention oder Zuschüsse beruhten und daß sie diesen Charakter offenkundig und unbestrittenermaßen auch beibehalten haben, nachdem sie in das Eigentum der Republik Österreich übergegangen sind. Sie stehen in dieser Hinsicht vollkommen anderen **unmittelbar der Geisteskultur dienenden, des Unternehmenscharakters** ent-

---

131 S zum BG betreffend Durchführung baulicher Maßnahmen in den BTh, BGBl 1922/374, und zu verschiedenen Entschließungen (1010 BlgNR I. GP, 1 f; 1428 BlgNR I. GP, Gruppe XX, Betriebe, 29, Titel 12., BTh, 15) näher *Bammer*, Theater 92 ff.

132 Diese Abgaben der Länder und Gemeinden wurden mit einem Hundertsatz von ausgezahlten Gehalts- und Lohnsummen bemessen (§ 1 Abs 2 leg cit).

133 Als weitere Betriebe iSdG galten zB „die Industriewerke des Bundes", die Bundesbahnen, die WZ und das Hauptmünzamt.

134 Des § 2 Abs 2 Z 1 BGBl 1922/126.

behrenden Hofanstalten, wie zB den Museen, den Bibliotheken, gleich, deren Einbeziehung in die **erwerbs**wirtschaftlichen Betriebe der Vertreter der belangten Behörde selbst ... als nicht angängig erklärt hat. ... Nur der Mangel jedes **erwerbswirtschaftlichen** Elementes, kraft dessen diese Hofbetriebe der landesfürstlichen Finanzverwaltung als fressendes Gut galten, hat es möglich **gemacht**, daß die deutschen HTh, allen voran die beiden Wiener HTh, sich zu **idealen, den Erwerbszweck vollständig in den Hintergrund drängenden Kunststätten allerersten Ranges** entwickelten ..."[135]

Dieses Erk ist aus mehreren Gründen für die Rechtsstellung der BTh bedeutsam: Es handelt sich — soweit ersichtlich — um die einzige höchstgerichtliche Entscheidung aus der Zeit zwischen 1918 und 1925, die Rechtsfragen der BTh zum Gegenstand hat[136]. Weiters enthält es maßgebliche Aussagen zur Abgrenzung von **Unternehmen mit „Erwerbszweck"** einerseits und solchen der **„Opferaufwand- und Defizitwirtschaft"** andererseits. Es hat hingegen zu der in der Beschwerdeschrift vorgebrachten Behauptung — „Die Erfüllung kultureller Aufgaben bildet aber eine hoheitliche Funktion des Staates"[137] — nicht Stellung genommen: Somit wurde auch nicht klargestellt, ob „Opferaufwand- und Defizitwirtschaft" auch zwingend „Hoheitsverwaltung" darstellen soll[138]. Auf die Bedeutung des Erk für den verfassungsrechtlichen BTh-Begriff wird in Kapitel A.III.4.h) eingegangen; die Problemkreise „Ausgabendeckung/Erwerbszweck" sowie „Privatwirtschaftsverwaltung/Hoheitsbetrieb" werden in den Kapiteln B.I. und B.V. untersucht.

b) Das Wiederaufbaugesetz

Das WiederaufbauG erging „in Durchführung der einschlägigen Bestimmung der Genfer Protokolle vom 4.10.1922"[139]. Durch den StV von Genf verpflichtete sich Österreich im wesentlichen, einen Sanierungsplan durchzuführen, um dadurch seinen Staatshaushalt wieder ins Gleichgewicht zu bringen, was zur wirtschaftlichen und finanziellen Wiederaufrichtung Österreichs dringend notwendig war. Verfassungsrechtlich bedeutsam war die völkerrechtliche Verpflichtung, durch ein G für die nächsten zwei

135 VwSlgAF 13407 A; Hervorhebungen im Original.

136 Auch die Jud ist bei der Ermittlung des unterverfassungsgesetzlichen Rechtsbestandes insofern von Bedeutung, als durch sie die maßgebliche Interpretation auslegungsbedürftiger Rechtsbegriffe insb dann festgestellt werden kann, wenn literarische Äußerungen fehlen.

137 FinProk 17997/Präs/1923 (= VwGH A 142/1/1923).

138 Vgl hingegen VwSlg 4804 A, wonach „**die BThVw** ... als sog Wohlfahrtsverwaltung **einen Teil der staatlichen Hoheitsverwaltung**" darstellt. Dieses Erk wird in A.V.6.b) erörtert; die Problematik wird in B.V.4. näher untersucht.

139 Abschnitt E, § 1 Abs 1 BGBl 1922/843. Vgl zum StV von Genf vom 4.10.1922, BGBl 167, *Kelsen*, Staatsrecht 223 ff; *Wenger*, Ansätze.

Jahre die BReg zu bevollmächtigen, innerhalb der Grenzen des Sanierungsprogramms „alle Maßnahmen zu ergreifen, die nach ihrer Meinung notwendig sind, um bis zum Ende dieses Zeitabschnittes das budgetäre Gleichgewicht wiederherzustellen", somit eine Ermächtigung zur Erlassung gesetzabändernder VO[140]. Abschnitt E, § 1 Abs 3 WiederaufbauG ermächtigte jedoch nur zur Durchführung der „in diesem G enthaltenen materiellrechtlichen Bestimmungen", sohin zur Erlassung von DVO. Da die Opposition der — völkerrechtlich gebotenen — Ausschaltung des Parlaments nicht zustimmen wollte, wurde ein eigenes BVG über die Ausübung der ao Vollmachten beschlossen, die der BReg gem dem Genfer Protokoll Nr III eingeräumt werden mußten[141]: Durch Art I dieses BVG wurde ein „ao KR" eingesetzt, der „besondere Regierungsbeschlüsse" zu fassen hatte; diese waren notwendige Grundlage für die Erlassung gesetzändernder VO durch die BReg, die verordnungserlassende Behörde blieb und der dazu auch die alleinige Initiative zustand[142].

Welche Auswirkungen hatte diese Rechtslage auf die immer wieder geforderte **Reform der BTh? Die BTh galten nicht als „Betriebsverwaltungszweige des Bundes"** iSd Abschnitt A, § 2 des WiederaufbauG[143], vielmehr wurde die „Reform der Verwaltung der BTh" vom „Reform- und Finanzprogramm" als „Reform auf dem **Gebiete der Hoheitsverwaltung"** qualifiziert[144]. Die vom WiederaufbauG für die Hoheitsverwaltung vorgesehenen Reformmaßnahmen (§§ 3 — 9) waren jedoch für eine strukturelle Reform der BTh weitgehend bedeutungslos[145]. Maßnahmen zur Reform der BTh bedurften somit, soweit sie nicht durch „interne" organisatorische Akte (zB VwVO) geregelt werden konnten, formell eines G, einer aufgrund eines G ergehenden DVO oder einer aufgrund eines Beschlusses des „ao

140 *Kelsen*, Staatsrecht 224 f.

141 BGBl 1922/844; vgl dazu *Kelsen*, Staatsrecht 226 f.

142 Vgl *Kelsen*, Staatsrecht 227.

143 „Betriebsverwaltungszweige des Bundes" waren „getrennt von der Hoheitsverwaltung zu führen, ... in eigene Wirtschaftskörper umzuwandeln und auch im Budget des Bundes gegenüber der Hoheitsverwaltung gesondert zu behandeln". Ausdrücklich genannt waren zB „die Monopolbetriebe des Bundes, die Forst- und Domänenverwaltung des Bundes, die Montanbetriebe des Bundes, die Bundesdruckerei, das Kartographische Institut, ... die Bundesbahnen, das Postwesen sowie das Telegraphen-, Fernsprech- und Rohrpostwesen ... endlich unter Umständen auch noch andere **Verwaltungszweige, bei denen der wirtschaftliche Charakter vorherrscht."** Somit waren auch heute als sog „Hoheitsbetriebe" qualifizierte Einrichtungen (Post-, Fernmeldeverwaltung) unter den „Betrieben" eingeordnet (vgl dazu B.V.4.).

144 „Blg" zum WiederaufbauG; dessen Grundsätze hatten den verbindlichen Rahmen der zur Durchführung des WiederaufbauG ergehenden VO der BReg zu bilden (Abschnitt E, § 1 Abs 2). Vgl zur Problematik A.II.9.a) und B.V.4.; weiters *Bammer*, BThSG 460 bei FN 98.

145 ZB Reform des Verwaltungsverfahrens, Reform des staatlichen Kassendienstes, Einschränkung der Zahl der BM etc; vgl B.V.4.

KR“ erlassenen VO der BReg[146]. Wesentlich für das Zustandekommen eines „besonderen Regierungsbeschlusses“ war gem Art III Abs 3 BVG BGBl 1922/844 die Kundmachung **„mit Berufung auf dieses BVG und den nach Abs 2 erforderlichen Beschluß des ao KR“**; statuiert wird somit eine **ausdrückliche Bezeichnungspflicht** ohne jeden **Fehlerkalkül.** Zu betonen ist, daß die VASTh 1923 unbestreitbar durch „reguläre“ VO der BReg gem §§ 2 und 15 KGFG abgeändert wurde[147].

c) *Die Ministerialkompetenz zur Verwaltung der Bundestheater*

Am 9.4.1923 erließ die BReg eine „VO über die Besorgung der Geschäfte der obersten Bundesverwaltung“, BGBl 199, die sich auf das BVG BGBl 1922/844 und einen besonderen Regierungsbeschluß des ao KR vom selben Tag stützte. Durch § 1 dieser VO wurden sieben BM eingerichtet, gem § 2 Abs 1 wurden „mit dem **BKA**“ ua „die Geschäfte des bisherigen BMfIuU, soweit sie nicht nach [§ 2] Abs 2 ausgeschieden werden, ... vereinigt.“ § 2 Abs 2 der VO bestimmte: **„Das BMU übernimmt aus dem Geschäftskreis des bisherigen BMfIuU die Geschäfte, die vor der Vereinigung des StA des Inneren mit dem StA für Unterricht von letzterem besorgt worden sind.“** Die Staatsämter des Inneren und für Unterricht waren durch Art 9 Abs 1 Z 1 des G vom 14.3.1919, StGBl 180, vereinigt worden. Fraglich ist, ob die Besorgung des Geschäfts „(Verwaltung der) BTh“ gem § 2 Abs 1 der zit VO dem BKA[148] oder gem § 2 Abs 2 dem BMU übertragen wurde. Die Durchsicht der Amtskalender zeigt, daß die BThVw und die BTh dem neuerrichteten BMU eingegliedert waren[149]. Somit ist nur der Schluß möglich, daß § 2 Abs 1 bzw Abs 2 der zit VO von der Verwaltungspraxis als Bestimmung verstanden wurde, die sich nur auf die sog **„früheren Zuständigkeiten“** bezog, dh nur auf jene, **die nicht durch „besondere“ KompetenzG** — wie eben § 1 VASTh — **dem UA nach der Vereinigung der Staatsämter für Inneres und Unterricht zugewiesen worden waren.** Die Anordnung des § 1 VASTh war daher als weitergeltende lex specialis gegenüber den (allgemeinen) Bestimmungen des § 2 der VO BGBl 1923/199 anzusehen. **Das BMU war somit das für die Verwal-**

146 Gem Art III des BVG BGBl 1922/844 war die BReg „bevollmächtigt“, gesetzändernde VO zur Durchführung des Reform- und Finanzprogramms zu erlassen; vgl *Kelsen*, Staatsrecht 227.

147 Weder weisen die Mat auf einen Beschluß des ao KR hin, noch wurde ein Hinweis auf einen solchen publiziert (vgl näher A.II.10.).

148 So ohne nähere Begründung BKA-VD 8.7.1982, 600371/1-V/6/81, 3.

149 Der Amtskalender für das Jahr 1924, 36 ff, verzeichnet die Existenz des nunmehr selbständigen BMU, dem die BTh unmittelbar eingegliedert waren (ebenso 1925, 39 ff; 1926, 38 ff; der Amtskalender für 1927 enthält im Bereich des BMU bereits — im Range einer Sektion — die „GDionBTh“).

tung der BTh zuständige BM[150]. Diese **Qualifikation des § 1 VASTh als „besondere" — dh vollzugsklauselartige — Kompetenznorm** ist bei der Überleitung der Ministerialkompetenzen in den Jahren 1945/1946 und bei der Frage der Derogation der VASTh durch das BMG 1973 von Bedeutung.

10. Die Teilaufhebung der Vollzugsanweisung der Staatsregierung 1923

Am 29.5.1923 erließ die BReg eine VO, BGBl 475, „betreffend die Verwaltung der BTh: Aufgrund der §§ 2 und 15 des [KGFG] wird angeordnet: Die §§ 3 — 7 der [VASTh] werden aufgehoben."

a) Zur Entstehungsgeschichte der Teilaufhebung

Die durch die VASTh normierte Verwaltungs- und Organisationsstruktur der BTh hatte sich nach allgemeiner Auffassung nicht bewährt[151]. Die im „Reform- und Finanzprogramm"[152] vorgesehene Sanierung der BTh war offenbar mit der von der VASTh vorgesehenen Verwaltungsstruktur nicht zu erreichen. Daher brachte BM *Schneider* am 29.5.1923 einen „Antrag betreffend die Reorganisation der Verwaltung der BTh" im MR ein:

„... die Sanierung der BTh wenigstens auf das im Bundesvoranschlag vorgesehene Defizit erfordere die **Vereinigung der gesamten Verwaltung der BTh in der Hand einer geeigneten Persönlichkeit, die es verstehe, die künstlerischen Bedürfnisse der Institute mit den zwingenden Interessen der Staatsverwaltung in Einklang zu bringen.** Unter den gegebenen Verhältnissen könne mit diesen Agenden nur ein staatlicher Verwaltungsfunktionär betraut werden, den besondere Vollmachten in die Lage versetzen, unmittelbar in alle Einzelheiten der Betriebsführung einzugreifen. Um die dermalige nicht zweckentsprechende Organisation der BThVw nach den gegebenen Bedürfnissen umgestalten zu können, wären zunächst die bezüglichen Bestimmungen der VASTh aufzuheben. Für die weitere Führung der Verwaltung der BTh müsse sodann der BMU aufgrund des § 2 der genannten VA im Erlaßwege Vorsorge treffen. Dazu solle die im Entwurfe vorliegende DV über die Organisation der Verwaltung der BTh dienen, deren grundsätzliche Genehmigung Redner durch den MR erbitte. ... Der sprechende Min bittet demnach, der MR wolle beschließen: 1. Die §§ 3 — 7 der VASTh werden im Wege einer nach dem vorliegenden Entwurfe zu erlassenden VO aufgehoben. 2. Der

150 Anders BKA-VD 8.7.1982, 600371/1-V/6/81, 3. Diese bei bloß grammatikalischer Interpretation der zit VO durchaus plausible Einschätzung gerät mit der Verwaltungspraxis der zwanziger Jahre in Widerspruch und wirft bei der unklaren Überleitung der Ministerialkompetenzen 1945/46 zusätzliche Probleme auf.

151 Vgl A.II.4.

152 Vgl A.II.9.b).

BMU wird ermächtigt, aufgrund des § 2 obgenannter VA im Erlaßwege nach dem vorgelegten Entwurfe die weitere Verwaltung der BTh zu regeln. 3. Zum obersten Verwalter der BTh im Sinne dieser neuen DV wird der bisherige Leiter der BThVw, MinRat Dr *Renkin* als besonders bevollmächtigter Kommissär der BReg bestellt. Der MR unterzieht die DV einer eingehenden Erörterung, gelegentlich welcher sich BM Dr *Schneider* mit einzelnen ... textlichen Abänderungen sowie insb mit der vom BMF gewünschten Streichung der Bestimmung über die Möglichkeit der Beiziehung eines Theaterfachmannes als Berater des Kommissärs der BReg einverstanden erklärt. Der MR erhebt sohin die Anträge des BM Dr *Schneider* mit den in der Debatte hervorgekommenen textlichen Abänderungen in der DV zum Beschlusse, wobei die endgültige Festsetzung der Fassung der DV wie auch der Bezeichnung des mit der obersten Theaterverwaltung betrauten Beamten dem Einvernehmen zwischen dem BMU und dem BKA vorbehalten bleibt."[153]

b) Die Rechtsqualität der Vollzugsanweisung der Staatsregierung und die Rechtmäßigkeit ihrer Aufhebung durch Verordnung

Durch das B-VG 1920 wurde das Verordnungssrecht der Verwaltung insb hinsichtlich der Gesetzesbindung teilweise neu gestaltet. Die **Überleitung** und **Einordnung** älterer VO (VA) wurde folgendermaßen geregelt:

Gem § 1 ÜG 1920 hatten alle VA und VO des Staates sowie alle VA und VO der Länder weiterzugelten, soweit sie nicht mit den Bestimmungen des B-VG in Widerspruch standen. Gem § 5 ÜG 1920 galten die Bestimmungen der §§ 2 — 4 über G sinngemäß auch für die aufgrund dieser G ergangenen VA (VO). Gem § 6 ÜG 1920 galten die in § 1 bezeichneten VA (VO), insoweit sie mit den organisatorischen Bestimmungen des B-VG in Widerspruch standen, als sinngemäß abgeändert. Gem § 7 ÜG 1920 gingen die gesetzlich den bisherigen Organen des Staates übertragenen Befugnisse auf die mit einem gleichartigen Wirkungskreis betrauten Organe des Bundes über, insoweit nicht die Zuständigkeiten dieser Organe durch das B-VG anders geregelt wurden; insb traten an die Stelle der StReg die BReg und an die Stelle der Staatssekretäre die BM.

Gerade die Überleitung von VO warf eine Vielzahl noch heute aktueller und umstrittener Probleme auf: Sind VO mit zu unbestimmter oder gar fehlender gesetzlicher Grundlage überzuleiten? Wie sind sie bejahendenfalls in das Rechtsquellensystem des B-VG einzuordnen? Die Beantwortung dieser Fragen ist — infolge zT willkürlicher Methodenwahl — umstritten, seit **nach 1945** die — durch bloß formale Kriterien offenbar nicht mehr bewältigbare — Einordnung deutscher Vorschriften vorzunehmen war. Für die Überleitungs- und Einordnungsproblematik der Jahre 1918, 1920 und 1925 können jedoch eindeutige Aussagen getroffen werden:

---

153 MRP 29.5.1923, Nr 281, Pkt 3. (Hervorhebung von mir). Die im BeschlußProt genannte DV wird unter A.II.10.c) näher dargestellt.

Grundsätzlich sind übergeleitete **generelle Verwaltungsakte in zweifacher Hinsicht einordnungsbedürftig:** Einerseits sind sie in formeller (G — VO), andererseits in bundesstaatlicher (Bundes- oder Landesnorm) Hinsicht in das Rechtsquellensystem des B-VG einzuordnen. Der VfGH und die hL gingen hinsichtlich der erstgenannten Einordnung übereinstimmend davon aus, daß **VA bzw VO 1920 bei ihrer Überleitung in das System des B-VG keine Veränderung ihrer Rechtsqualität erfahren haben.** Zur Begründung wird auf den diesbezüglich klaren Wortlaut des **§ 1 ÜG 1920** verwiesen, der die **Weitergeltung von VA (VO) als VO iSd B-VG anordnet**[154]. Für eine materielle Einordnung bestanden 1920 weder gesetzliche Grundlagen noch Sachzwänge[155]. Dieses Ergebnis könnte nur hinsichtlich jener VO angezweifelt werden, die zum Zeitpunkt ihrer Überleitung einer gesetzlichen Grundlage entbehrten bzw aufgrund einer formalgesetzlichen Delegation erlassen worden waren. *Ermacora* führt dazu aus, daß es „keine gesetzwidrigen VO aus der Herrschaft einer anderen Rechtsordnung als der des B-VG" gebe; demnach sollen gesetzlose VO in die österreichische bundesstaatliche Rechtsordnung **formell transformiert** worden sein, hinsichtlich ihrer Abänderbarkeit auf Gesetzesstufe stehen („QuasiG") und somit durch VO nicht mehr abänderbar sein[156]. Der VfGH hat dagegen ausgesprochen, daß **aufgrund formalgesetzlicher Delegationen erlassene VO keine Wandlung ihres rechtlichen Wesens durchgemacht hätten**[157]. Der gelegentlich vertretenen Auffassung der BReg, infolge des Wegfalls der sie tragenden G seien diese VO mit der Folge verselbständigt worden, daß sie hinfort nur noch durch G abgeändert oder aufgehoben werden könnten — somit in ihrer Geltung einem G gleichkämen — vermochte der VfGH in Slg 2632 „nicht beizupflichten". Eine differenzierte Betrachtungsweise dürfte lediglich bei den vom Reichsrat genehmigten kaiserlichen VO nach § 14 GGRV angebracht sein, da diese nach hM bereits in der Monarchie als RG betrachtet wurden[158].

Diese Überlegungen zeigen, daß für eine **materielle Einordnung** von VO in das Rechtsquellensystem des B-VG keine Veranlassung bestand.

154 So ausdrücklich VfSlg 2632, 5408; implizit bereits VfSlg 74, 133. *Brande* 213, 216 f.

155 Zustimmend zur vom VfGH angewandten formellen Einordnungsmethode bei der „Einordnung von Rechtsvorschriften **österreichischer** Provenienz, gleichgültig ob sie aus der Monarchie, der Provisorischen Verfassung, der 1. Republik, der Verfassung 1934 oder der Vorläufigen Verfassung herrühren", auch *Aichlreiter* 1182 f. Allenfalls könnte im Hinblick auf Art 77 Abs 2 B-VG die Auffassung vertreten werden, diese Bestimmung im speziellen fordere für die Feststellung des WB eines BM ein BG; somit seien alle WB-Normen entweder als BG oder überhaupt nicht übergeleitet worden. Diese Auffassung dürfte von der herrschenden Staatspraxis nicht vertreten worden sein, die regelmäßig lediglich die „vormaligen" — vielfach nicht einmal positivierten — Kompetenzen der BM überleitete (vgl zB § 26 ÜG 1920).

156 VfGH 189 f. Vgl auch *Brande* 217, 222.

157 VfSlg 2632. Diesen VO wurde am 10.11.1920 durch Art 18 B-VG derogiert.

158 Vgl die bei *Brande* 214 bei FN 114 zit Lit. S auch *Walter*, System 40 bei FN 57.

Das Problem der Einordnung in das bundesstaatliche Rechtsquellensystem (Bundes- oder LandesVO) stellte sich jedoch erst anläßlich des Inkrafttretens der B-VGN 1925. Bis dahin war mangels Anwendbarkeit der §§ 2 — 6 ÜG 1920 davon auszugehen, daß VA (VO) des Staates als VO des Bundes, VA (VO) der Länder als solche der Länder weiterzugelten hatten[159]. Die **VASTh hat daher zweifellos durch das Inkrafttreten des B-VG keine Änderung ihrer Rechtsqualität** — als genereller Akt der Verwaltung — erfahren; für eine Einordnung als (B)G bestand keine Rechtsgrundlage[160]. Probleme wirft jedoch die Frage auf, ob jene Bestimmungen der VASTh, die über die — als einzige eindeutig gesetzlich gedeckte — Anordnung der Ausscheidung der STh aus dem Vermögen des KGF hinausgingen, überhaupt übergeleitet wurden, bzw wie sie bejahendenfalls einzuordnen gewesen wären. Es dürfte bedeutungslos sein, daß die **gesamte** VA auf Bestimmungen des KGFG gestützt wurde, da es ausschließlich auf die Existenz einer VO-Ermächtigung ankommen kann, nicht jedoch auf die (uU sogar unrichtige) Berufung auf eine solche; eine sich bloß zum Schein auf ein G stützende VO kann somit nicht anders behandelt werden als eine sich nicht einmal zum Schein auf ein G berufende VO.

Hier ist auch die Frage zu beantworten, ob die **Organisation ausgeschiedener Vermögenschaften** durch VA (VO) erfolgen mußte oder konnte. Vor Geltung des B-VG bestand keine ausdrückliche (verfassungs)gesetzliche Vorschrift, die zur Regelung der inneren Verwaltungsorganisation eine bestimmte Rechtsform vorgeschrieben hätte; dieser Bereich durfte im Rahmen der sog **„Organisationsgewalt“** durch interne Verwaltungsakte (Weisungen) geregelt werden[161]. Durch Art 77 Abs 2 B-VG wurde jedoch angeordnet, daß die **„innere Einrichtung“** der BM durch BG zu regeln sei. Da die BTh und ihre Verwaltung als Teil des nunmehrigen BMU (vor 1923: BMIuU, UA) zu qualifizieren waren (arg: „unterstellt“[162]), wäre ihre Organisation nunmehr durch BG zu regeln gewesen[163]. Während die VASTh

159 § 1 ÜG 1920; so schon VfSlg 74. Fraglich ist jedoch die Einordnung von präkonstitutionellen Normen, die offenbar **entgegen der Kompetenzverteilung der Verfassung 1867 als RG galten:** Sollte 1920 die — verfassungswidrige — **Praxis** fortgeführt werden oder die rezipierte Kompetenzverteilung beim **Wort(laut)** genommen werden?

160 Anders offenbar das BKA-VD 8.7.1982, 600371/1-V/6/81, wobei jedoch unklar bleibt, anläßlich welcher Überleitung (1920, 1945) diese Neueinordnung zu erfolgen gehabt hätte.

161 „Unleugbares, wenn auch verfassungswidriges Gewohnheitsrecht“ (*Ermacora*, Organisationsgewalt 204). Vgl bereits *Tezner*, Kaiser 24 f.

162 Für eine **rechtlich** relevante Ausgliederung bzw organisatorische Trennung von der Zentralstelle (dh: Verselbständigung) wäre ein BG im formellen Sinn notwendig gewesen. Unselbständige Anstalten (nachgeordnete Dienststellen) sind im Lichte des B-VG organisatorisch als Teil des Hilfsapparates BM zu qualifizieren.

163 Dies hat auch für jedwede nachgeordnete Dienststelle, Sonderverwaltung, unselbständige Anstalt etc zu gelten, da sich der BM nicht der dem **Bundesgesetzgeber** verfassungsrechtlich zugewiesenen Organisationsgewalt durch (internen) Verwaltungsakt beliebig entziehen können darf.

vor Inkrafttreten des B-VG als „überschießende" Regelung" erschien, erfüllte sie **seit Inkrafttreten des B-VG nicht mehr die von Art 77 Abs 2 B-VG geforderten formellen Voraussetzungen**[164].

Es wäre somit davon auszugehen gewesen, daß die organisatorischen Normen der VASTh nach dem 10.11.1920 verfassungskonform nur noch vom Bundesgesetzgeber erlassen hätten werden können; bei Anwendung des von *Ermacora* vertretenen „materiellen Transformationsprinzips" wäre daher davon auszugehen gewesen, daß die organisatorischen Bestimmungen der VASTh nunmehr als „QuasiG" gegolten hätten, die nur noch durch den Gesetzgeber abänderbar und nicht mehr nach **Art 139 B-VG** überprüfbar gewesen wären[165]. Der VfGH hat hingegen derartige gesetzlose Allgemeinregelungen der Verwaltung — zB aus der Zeit der Monarchie — in Verfahren gem Art 139 B-VG geprüft und gegebenenfalls wegen des Fehlens der (bereits ursprünglich erforderlichen) gesetzlichen Deckung aufgehoben[166]. Wären derartige gesetzlose generell-abstrakte Normen der Verwaltung nicht in das Rechtsquellensystem des B-VG übergeleitet worden, hätte der VfGH mangels Prüfungsobjektes derartige Normprüfungsverfahren einzustellen bzw etwaige Anträge zurückzuweisen gehabt; wären sie als „QuasiG" anzusehen gewesen, hätten Gesetzesprüfungsverfahren nach Art 140 B-VG durchgeführt werden müssen. Der VfGH hat § 1 ÜG 1920 mehrfach die Bedeutung einer positiv formulierten Derogationsklausel zugemessen, die bei ihrem Inkrafttreten dem B-VG **inhaltlich** widersprechende Normen beseitigte[167]. Im Gegensatz zu *Ermacora* ging der VfGH aber offenbar von der Möglichkeit der **Überleitung gesetzloser VO** aus[168]. Folgte man der Meinung *Ermacora*s, wäre davon auszugehen, daß die organisatorischen Bestimmungen der VASTh (§§ 3 — 7) als „QuasiG" in das Rechtsquellensystem des B-VG übergeleitet worden wären. Diese Bestimmungen der VASTh wären somit nur noch durch BG abänderbar gewesen. Die Aufhebung dieser Teile der VASTh hätte somit nicht durch VO der BReg, sondern durch BG erfolgen müssen, da durch VO ein G grundsätzlich nicht **aufgehoben,** sondern lediglich **„zurückgedrängt"** werden könnte[169]. Dies hätte zur Folge, daß die VASTh in ihrer Stammfassung als — allerdings durch die VO BGBl 1923/475 „zurückgedrängtes" — „QuasiG" in Geltung gestanden wäre[170]. Zwar hat die Argumentation *Ermacora*s vor allem im Lichte der Notwendigkeit der materiellen Einordnung deutscher Vorschriften nach 1945 gute Gründe für sich. *Erma-*

164 Vgl zu Art 77 Abs 2 B-VG und seiner Bedeutung für die Organisation der BTh B.II.

165 *Ermacora*, VfGH 173 ff, 188 ff.

166 VfSlg 2722. Vgl auch VfSlg 3364. Die **ursprüngliche** gesetzliche Deckung ist irrelevant — entscheidend ist die bestehende Rechtslage (vgl auch *Ermacora*, Handbuch 176 mwN).

167 VfSlg 3364. So schon *Kelsen/Froehlich/Merkl* 308 f. Vgl A.II.6.f).

168 VfSlg 2722, 3364. Vgl demgegenüber *Ermacora*, VfGH 190 f.

169 Vgl bloß *Walter*, Verordnungen 2.

170 Davon ist die Frage der Überleitung (Derogation) seit 1923 zu trennen (A.V.3.).

cora führt jedoch keine Begründung an, aufgrund welcher gesetzlichen Vorschrift bei Inkrafttreten des B-VG 1920 „gesetzlose VO" eine Erhöhung auf Gesetzesrang erfahren haben sollten. Aufgrund der klaren Anordnung des § 1 ÜG 1920 hat die Methode des VfGH — VO bleibt VO — die besseren Gründe für sich.

Problematisch ist jedoch, daß das KGFG nicht nur keine ausreichende Kompetenz der BReg zur Erlassung von Organisationsbestimmungen normierte[171], sondern aus naheliegenden Gründen auch keine zu ihrer Aufhebung. Das B-VG scheint keine allgemeine Ermächtigung an (Verwaltungs)Organe zu beinhalten, von ihnen unzuständigerweise erlassene Akte wieder zu beseitigen. Eine solche Ermächtigung dürfte sich jedoch aus dem verfassungsrechtlichen System der Verordnungsprüfung ergeben: Art 139 Abs 4 B-VG geht davon aus, daß eine VO „bereits außer Kraft getreten" sein kann; daraus läßt sich der Schluß ziehen, daß ein (unzuständiges) Organ, das eine vom Fehlerkalkül umfaßte gesetzlose VO erlassen hat, zumindest zu deren Beseitigung kompetent sein dürfte[172]. Somit standen nach der **rechtmäßigen Abänderung der VASTh** durch die VO BGBl 1923/475 nur noch die §§ 1 und 2 als VO in Geltung. Einzige mögliche gesetzliche Grundlage dieses Verordnungstorsos war § 2 (uU § 15) des als BG geltenden KGFG[173]. Die Konsequenzen der Aufhebung des KGFG auf die VASTh werden in Kapitel A.V.3 näher untersucht.

c) Die Organisation der Verwaltung der Bundestheater durch eine „Dienstvorschrift"

Mit (interner) Zuschrift vom 28.7.1923 an die BThVw wurde vom BMU die endgültige Fassung der „DV für die Verwaltung der BTh (erlassen aufgrund des Ministerratsbeschlusses vom 29.5.1923)" bekanntgegeben[174]. Zu den vorgenommenen Änderungen wurde ausgeführt:

---

171 § 15 KGFG stellt wohl keine ausreichende gesetzliche Grundlage dar (vgl A.II.3): Einerseits dürfte sich § 15 leg cit seinem klaren Wortlaut nach nur auf das Vermögen des KGF — und nicht auf ausgeschiedene Vermögenschaften — bezogen haben, andererseits ist „Übergangsbestimmungen" wohl eine gewisse zeitliche Begrenzung immanent (vgl auch ÖBThV, Bericht 1971/72, 17 f). Darüberhinaus handelt es sich um die Anordnung einer klassischen formalgesetzlichen Delegation, sodaß § 15 KGFG bereits durch das erstmalige Inkrafttreten des Art 18 Abs 1 B-VG derogiert worden sein dürfte.

172 *Aichlreiter* 658 f läßt diese Frage unerörtert. *Walter*, System 325, erörtert die Frage der **„Kompetenz zur Aufhebung kompetenzwidriger G"**: Kompetenzwidrig erlassene G könnten vom zuständigen Gesetzgeber aufgehoben werden, „eigenartigerweise" sei aber „unklar, ob ein kompetenzwidrig erlassenes G vom unzuständigen Gesetzgeber aufgehoben werden könne, da dieser dadurch abermals in ein ihm kompetenzmäßig verschlossenes Gebiet eingreift."

173 S zu den verfassungsrechtlichen Bedenken gegen § 2 KGFG A.II.6.f).

174 UA 4186/Präs/1923.

„Seither wurde der Entwurf der DV mit der Bundeskanzlei (MinRat *Froehlich* und MinRat *Mannlicher)* vom legistischen Standpunkt aus durchberaten und entsprechend textiert. Überdies hat das BMF der BThVw eine Neutextierung des Pktes 7 betreffend die Organisation der Finanzkontrolle für die BTh übermittelt. Im Zusammenhange mit der Direktionskrise des Burgtheaters, die bekanntlich zum Rücktritte des Dir *Paulsen* führte, wurde endlich auch mit letzterem das ganze Elaborat durchgesprochen und es hat sich als zweckmäßig erwiesen, gewisse Bestimmungen über die Kompetenzabgrenzung zwischen dem obersten staatlichen Verwaltungsfunktionär und den Dir der BTh neu zu fassen. Diese Bestimmungen sind indes lediglich vom Standpunkte des internen Theaterbetriebes von Interesse, ohne irgendwie öffentlich-rechtliche Verwaltungsmomente zu berühren."

Die am 28.7.1923 erlassene Fassung der DV lautete auszugsweise:

„**1.** Die oberste Leitung und Aufsicht der BTh fällt in den Wirkungskreis des BMU (§ 1 der VASTh). **2.** Mit der unmittelbaren Verwaltung der BTh wird von der BReg ein höherer Beamter des BMU als besonders bevollmächtigter Kommissär betraut, der unmittelbar dem BMU untersteht. Für die künstlerische Leitung der BTh werden vom BMU vertragsmäßig Dir bestellt. Ihnen ist das gesamte künstlerische Personal der BTh samt den Hilfsorganen, sowie das technische und Bühnenpersonal untergeordnet. **3.** Der BThK ist der Vertreter der BTh-Betriebe und gegenüber der BReg für die gesamte Betriebsführung der Theater verantwortlich. Er hat die gesamte Geschäftsführung der BTh so einzurichten, daß die Betriebsausgaben den Einnahmen angepaßt und daß die jeweils bereitgestellten Betriebszuschüsse nicht überschritten werden. Zur Erreichung dieses Zieles ist er befugt, alle erforderlichen Verfügungen für den gesamten Betrieb der BTh zu treffen; hierher gehört außer den Maßnahmen organisatorischer Natur insb auch die Einleitung von Aktionen wirtschaftlicher Art, die außerordentliche Einnahmen und damit die Möglichkeit eröffnen, ungeachtet der notwendigen Beschränkung der Ausgaben den an die BTh herantretenden künstlerischen Anforderungen Rechnung zu tragen. ... **4.** Unbeschadet der selbständigen künstlerischen Aufgaben der einzelnen BTh bilden dieselben in ihrer Gesamtheit eine wirtschaftliche Einheit. Diesem Grundsatze entsprechend hat der BThK den gesamten, auf die BTh bezüglichen administrativen Dienst, die Verwaltung der Sachgüter (Fundus) sowie die technischen Hilfsdienste einschließlich des Werkstätten- und Magazinsdienstes möglichst einheitlich und zusammenfassend einzurichten, um auf diese Art ohne Schädigung des einzelnen Theaterbetriebes die bestmögliche Ausnutzung der vorhandenen Arbeitskräfte und Materialbestände zu erreichen. Vor Erlassung der bezüglichen Verfügungen hat der BThK das Einvernehmen mit den Dir zu pflegen. **5.** Die Dir als künstlerische Leiter der BTh sind in ihrem Wirkungskreise grundsätzlich selbständig. Die künstlerische Leitung umfaßt die Summe aller Vorsorgen und Verfügungen, die sich unmittelbar auf die Darbietungen der BTh beziehen. Die Dir haben die aus zwingenden Gründen finanzieller Natur an sie ergehenden Weisungen des BThK zu befolgen und wichtigere, in ihrem WB in Aussicht genommene Verfügungen dem BThK zur Kenntnis zu bringen. **6.** Die endgültige Entscheidung über Neuinszenierungen, Neuausstattungen, über die Dienst- und Lohnverhältnisse einzelner oder mehrerer Gruppen von Theaterangestellten, sowie über die Versetzung von Theaterangestellten in den Ruhestand, ist dem BThK vorbehalten. ... Der BThK entscheidet ferner endgültig über individuelle Bühnendienstverträge im Sinne des § 1 des SchauspielerG. Die Verhandlungen zum Zwecke des Abschlusses, der Verlängerung, der Ergänzung oder der Auflösung solcher Verträge führt grundsätzlich der Dir, der sich des Einverständnisses des BThK rechtzeitig zu versichern hat. Das Ergebnis der Verhandlungen wird sohin vom Dir dem BThK zur Genehmigung vorgelegt. ... Die Annahme eines Werkes zur Aufführung fällt ausschließlich in den Wirkungskreis der künstlerischen Leitung. Der Abschluß des rechtsverbindlichen Vertrages hierüber bedarf der Genehmigung des BThK. **7.** Die Verwaltung der BTh unterliegt der finanziellen Kontrolle durch das BMF nach besonderen, von den BM für Unterricht und Finanzen festzusetzenden Bestimmungen. ... **9.** Der BThK hat dem BMU fortlaufend über seine Amtsführung, sowie über die administrative und künstlerische Führung der BTh zu berichten und empfängt unmittelbar vom BMU die in dieser Richtung etwa erforderlichen Weisungen. Insoweit Angelegenheiten der BTh nach Maßgabe der Bestimmungen dieser DV nicht in den Wirkungskreis des BThK oder der Dir fallen und daher aus dem Gesichtspunkte der obersten Leitung und Beaufsichtigung im BMU behandelt werden, hat hiebei die Mitwirkung des BThK platzzugreifen. Dies gilt insb von den auf das Budget der BTh bezüglichen Agenden, ferner hinsichtlich der Agenden legislativer Natur, die mit den BTh zusammenhängen. ...“[175]

Die DV schränkte die künstlerische Leitungsbefugnis der Dir stark ein, indem sie die Theaterverwaltung stark zentralisierte[176]. Tatsächlich hatte die VASTh keine nähere Regelung zur Kompetenzabgrenzung zwischen den Dir, denen die „künstlerische Leitung der STh“ oblag, und dem PräsSThVw getroffen. Auch der gem § 4 Abs 1 VASTh „festgesetzte Wirkungskreis“[177] hatte lediglich die Abgrenzung des Aufgabenkreises des PräsSThVw bzw dessen Stellung innerhalb des UA zum Gegenstand. Es lag auf der Hand, daß diese schwammige Abgrenzung der Aufgabenbereiche nahezu zwangsläufig zu unterschiedlichen Interpretationen der Reichweite der „künstlerischen Leitung“ führen mußte; bis Sommer 1923 dürfte sich **faktisch ein Kompetenzübergewicht der Dir** etabliert haben. Die in Aussicht gestellte neue DV rief offenbar keinen nennenswerten Widerstand der beiden OpernDir *Strauss* und *Schalk* hervor[178]; der Dir des Burgtheaters, *Paulsen*, weigerte sich jedoch, die neue — noch „provisorische“ — DV als **rechtsverbindlich** anzuerkennen, was prompt zu einer „Burgtheaterkrise“ und zum Rücktritt *Paulsen*s führte[179].

---

175 S zu den Änderungen gegenüber der dem MR Nr 281 am 29.5.1923 vorgelegten Fassung, zum Prot dieser Sitzung sowie zum vollständigen Text der DV *Bammer*, Theater 108 ff.

176 So auch die Einschätzung der BThVw: 27.6.1923, 1623/1923 (= BThV 1-1/21-3/1923). Vgl auch die zynisch-vernichtenden Kommentare des BurgtheaterDir *Paulsen* zu der den Dir zur Kenntnis gebrachten „Zwischenversion“ der „provisorischen DV“, abgedruckt in: *Weichselbaum* 174 ff.

177 UA 1140/U/1920 (= BThV 1-2/13-1/1920) vom 25.6.1920.

178 S *Grasberger* 86 ff, 94 ff.

179 S zum juristischen Hintergrund der „*Paulsen*-Krise“ A.II.10.d).

Die am 28.7.1923 erlassene DV leitete die **bis heute bestehende Praxis ein, die Verwaltung der BTh durch „interne" Akte zu organisieren;** erst 1971 und 1976 wurde erstmals eine DI im VOBl des BMU, nicht jedoch im BGBl publiziert. Es stellt sich somit die Frage der **rechtlichen Qualifikation der 1923 erlassenen DV:** Laut MRP vom 29.5.1923 war der BMU „ermächtigt (worden), aufgrund des § 2 VASTh im Erlaßwege nach dem vorgelegten Entwurfe die weitere Verwaltung der BTh zu regeln". § 2 VASTh normierte jedoch lediglich die Übernahme der Verpflichtungen des Hofärars gegenüber den Theaterangestellten durch den Staat; ein Zusammenhang mit der Regelung des organisatorischen Aufbaus der Verwaltung der BTh ist somit nicht feststellbar. Als Grundlage der Erlassung einer „DV" könnte jedoch § 1 lS VASTh herangezogen werden. Diese Bestimmung unterstellte die S(B)Th dem UA, ohne jedoch Näheres zu regeln. Die Aufhebung der §§ 3 — 7 VASTh bewirkte ein Regelungsdefizit, das durch „Erlaß" des BMU wiederum beseitigt werden sollte. Die „Ermächtigung" des BMU durch die BReg zur Regelung der Verwaltung der BTh im Erlaßwege kann allerdings ausschließlich als **politische Willensäußerung,** nicht jedoch als rechtlich notwendige Ermächtigung gedeutet werden; denn der bei Wegfall der §§ 3 — 7 VASTh verbleibende Regelungstorso unterstellte die Theater ausschließlich dem „StAfIuU, UA", sohin seit Inkrafttreten der VO BGBl 1923/199 dem BMU[180], der zur Erlassung interner organisatorischer Akte keiner weiteren Ermächtigung der BReg bedurfte. Die durch Pkt 7 der DV normierte Mitkompetenz des BMF stellte keinen konstitutiven Akt, sondern lediglich die nähere Regelung der diesem BM **allgemein** zustehenden Kompetenz in finanziellen Angelegenheiten dar[181]. Der BMU als Emittent der DV konnte sich somit auf keine ausdrückliche gesetzliche Grundlage stützen, sondern sich lediglich darauf berufen, daß ihm die BTh durch VO „unterstellt" seien und daß ihn die BReg zur Regelung im Erlaßwege politisch ermächtigt hatte.

Zu untersuchen ist nunmehr, wer **Adressat der DV** war: Die DV regelte prima facie ausschließlich Funktionen, Kompetenzen und Aufgaben von Organen, die mit der künstlerischen Leitung bzw der sonstigen Verwaltung der BTh betraut waren. Der Adressatenkreis war somit auf nachgeordnete Verwaltungsorgane beschränkt. Die getroffenen Anordnungen richteten sich primär an den BThK und an die Dir der BTh, jedoch auch an die diesen unterstellten Organe. Anordnungen an ein Organ, das durch individuelle

180 Vgl zur Problematik der Ministerialzuständigkeit A.II.9.c).

181 Es fehlte allerdings eine klare gesetzliche Grundlage über die Kompetenzen des BMF; seit seiner Gründung im Jahre 1848 als eines der fünf klassischen Min waren dem FinanzMin zwar zahlreiche zusätzliche Kompetenzen zugeordnet worden, sein ursprünglicher, in das System des B-VG übergeleiteter WB ergab sich jedoch lediglich aus seiner Bezeichnung (vgl *Barfuß*, Ressortzuständigkeit 70).

Merkmale bezeichnet ist, sind jedoch nicht zwangsläufig individuelle Normen[182]; vielmehr kommt es für eine derartige Qualifikation darauf an, ob eine Anordnung nur an den **derzeitigen,** individuell bestimmten Organwalter gerichtet ist. Soll nur jene Person gebunden sein, die zum Zeitpunkt der Normerlassung eine bestimmte Organfunktion ausübt, liegt eine **individuelle Norm** vor; sollen auch die **Nachfolger des angesprochenen Organwalters** gebunden sein, so ist der Personenkreis, der an die Norm gebunden sein wird, unbestimmt, sodaß eine **generelle Anordnung** vorliegt[183] — dies war nach der Formulierung der DV und der dargestellten Entstehungsgeschichte nicht weiter zweifelhaft.

Die DV war weiters ein **abstrakter** Akt, da sie die Vorgangsweise der Organe für eine **Vielzahl von beliebig wiederholbaren Fällen regelte**[184]; zum selben Ergebnis gelangt man, wenn man unter abstrakten Akten (Anordnungen) jene versteht, deren Inhalt noch einer näheren Präzisierung (durch weitere Konkretisierungsakte) zugänglich ist[185]. **Die DV stellte somit eine generell-abstrakte, an Organwalter gerichtete Norm dar; sie richtete sich nicht „nach außen", dh nicht an sog „Rechtsunterworfene".** Geregelt wurde der innerdienstliche Ablauf einer Verwaltungseinrichtung, betroffen war die Organstellung und der Aufgabenbereich von Organwaltern; hingegen wurde **nicht in subjektive Rechte von Rechtsunterworfenen eingegriffen.** Richtet sich eine generell-abstrakte Anordnung eines Staatsorganes nicht an Rechtsunterworfene, sondern ausschließlich an unterstellte Verwaltungsorgane, sprechen Lehre und Jud vielfach von einer „VwVO". Umstritten ist, ob derartige VwVO vom VO-Begriff des B-VG umfaßt sind oder ob sie als generelle Weisungen ihre Grundlage in Art 20 Abs 1 B-VG haben[186]. Dogmatisch und praktisch **bedeutsam ist letztlich, ob VwVO von der Prüfungskompetenz des VfGH gem Art 139 B-VG umfaßt sind.** Es spricht einiges für die Annahme, daß dem B-VG kein einheitlicher VO-Begriff zugrundeliegt[187]. Entscheidend ist in diesem Zusammenhang, ob das VO-Prüfungsrecht der Gerichte 1920 durch Art 139 B-VG bloß hinsichtlich des **Verfahrens** oder auch **inhaltlich** abgeändert werden sollte; denn die Gerichte waren zuvor durch § 10 des GG über die richterliche Gewalt, StGBl 1918/38, ermächtigt

182 Vgl zur — gelegentlich geleugneten — Normqualität „interner Anordnungen" bloß *Barfuß*, Weisung 13; *Mayer*, Staatsmonopole 40; *Antoniolli/Koja* 156 f.

183 *Barfuß*, Weisung 49; *Lengheimer*, Weisung 219; *Antoniolli/Koja* 318.

184 *Barfuß*, Weisung 65; *Antoniolli/Koja* 318; *Walter*, System 429.

185 *Funk*, Verwaltungshandeln 165.

186 Für Art 18 Abs 2 B-VG: *Barfuß*, Weisung 50; *Lengheimer*, Gehorsamspflicht 15; *Adamovich*, Handbuch[6] 362; *Ermacora*, VfGH 170 ff; VfSlg 313, 8602. Für Art 20 Abs 1 B-VG: *Walter*, VwVO 29; *Mayer*, Verordnung 27; VwSlg 2175 A.

187 So hat zB auch der Begriff „oberste Organe" (Art 19 Abs 1, Art 69 Abs 1 B-VG) keine einheitliche Bedeutung.

gewesen, „über die **Gültigkeit von VO jeder Art** im gesetzlichen Instanzenzuge zu entscheiden". Mit dem Ausdruck „jeder Art" sollte klargestellt werden, daß auch die sog „§ 14-VO" [des GGRV] vom richterlichen VO-Prüfungsrecht umfaßt sein sollten[188]. Diese Frage kann wegen der historisch bedingten terminologischen Verwirrung wohl kaum allgemeingültig beantwortet werden; betont man mit *Walter* primär systematische Argumente[189], ist wohl davon auszugehen, daß VwVO als generelle Weisungen unter Art 20 Abs 1 B-VG zu subsumieren sind; betont man mit *Ermacora* und dem VfGH primär den rechtsstaatlichen Aspekt — der auch Rechtsschutz und Rechtssicherheit beinhaltet[190] —, so ist ein weiterer und umfassenderer VO-Begriff in Art 139 B-VG gerechtfertigt[191]. Hinsichtlich der **Publikationsvorschriften** ist auf das BGBlG in seiner Stammfassung, BGBl 1920/33, hinzuweisen, das noch keine Differenzierung zwischen „VO" und „ausschließlich an unterstellte Verwaltungsbehörden ergehende allgemeine VO"[192] kannte.

Zusammenfassend ist daher festzuhalten, daß die 1923 erlassene **DV eine — nicht publizierte — VwVO** darstellte. An publizierten Rechtsgrundlagen existierten nunmehr lediglich §§ 1 und 2 VASTh, denen jedoch bloß VO-Rang zukam. Die Praxis, die Verwaltung der BTh durch DV bzw DI zu regeln, wurde bis heute beibehalten, seit 1971 werden DI (und gelegentlich sonstige Erlässe) auch im VOBl des BMUK publiziert[193]. Die **BTh verfügten nach wie vor über keine gesetzliche Grundlage;** ihre Stellung in der Bundesverwaltung war nur sehr allgemein durch **VO** festgelegt. Dieser Zustand widersprach — ebenso wie die innere Organisation der übrigen BM — Art 77 Abs 2 B-VG.

d) Die „Paulsen-Krise"

Am 16.6.1923 erhielt BurgtheaterDir *Paulsen*[194] die „provisorische DV für die Verwaltung der BTh"[195]. *Paulsen* weigerte sich hartnäckig, diese als verbindlich anzusehen; er stand auf dem Standpunkt, daß die

---

188 *Kelsen/Froehlich/Merkl* 184. Auch war unklar, ob Gerichte nach Art 7 GG über die richterliche Gewalt, RGBl 1867/144, zur Prüfung von nicht an Staatsbürger gerichteten VO kompetent waren; unklar zB *Ulbrich*, Staatsrecht 367. Allgemeine „rechtshistorische Erwägungen" bei *Walter*, VwVO 34 f.

189 VwVO 35 f.

190 „Der Rechtsstaat ist immer ein Rechtsschutzstaat." (*Walter*, VwVO 36).

191 *Ermacora*, VfGH 171, bezeichnet die Praxis des VwGH, die es für nicht erforderlich hält, VwVO beim VfGH anzufechten, als „einen Faktor der Rechtsunsicherheit ersten Ranges".

192 § 2 Abs 1 lit f BGBlG 1985, BGBl 200.

193 Zahlreiche Erlässe und DI sind darüberhinaus in den „Berichten des ÖBThV" seit 1971 wiedergegeben.

194 Zur Person *Max Paulsen* insb *Weichselbaum* (zur „*Paulsen*-Krise" insb 172 ff).

195 Diese Fassung enthält bereits die Bezeichnung BThK anstelle GI, entspricht aber sonst weitgehend der ursprünglichen Version; Text bei *Weichselbaum* 173 ff.

„Erlassung der DV und die dadurch bedingte Neuordnung der Verwaltungsverhältnisse an den BTh eine wesentliche Verschiebung der tatsächlichen Grundlagen bedeutet, unter denen er seinerzeit seinen unkündbaren Vertrag als Dir mit der Reg abschloß". Er sah in den neuen Bestimmungen eine „wesentliche Beschränkung des Wirkungskreises des Dir des Burgtheaters; insb die Bestimmung, laut welcher nicht mehr der Dir die Künstlerverträge abzuschließen habe, bedeute eine weitgehende Lähmung seiner Autorität, welche die künstlerische Führung des Institutes unmöglich mache".
Demgegenüber stand die BThVw auf dem Standpunkt, daß „a) die Reg ohne weiteres eine organisatorische DV erlassen kann, ohne die vertragsmäßigen Rechte des Dir zu verletzen, b) daß die DV in der in Aussicht genommenen Form nur die bisher fehlende Abgrenzung des Begriffes ‚künstlerische Leitung' versucht und dabei durchaus auf den althergebrachten Verhältnissen fußt, somit eigentlich im Wesen nur eine Erläuterung der im Zeitpunkte des Vertragsabschlusses mit *Paulsen* geltenden VASTh bedeutet, c) daß Dir *Paulsen* hienach, wenn er die bedingungslose Weiterführung der Geschäfte als Dir verweigert, vertragsbrüchig wird."[196]

Am 18.7.1923 wurde ein (außergerichtlicher) Vergleich abgeschlossen, worin sich die BReg verpflichtete, *Paulsen* bis zum Auslaufen seines Vertrages seine Bezüge als Dir weiterzuzahlen; der Vertrag wurde einverständlich gelöst[197]. Zu erörtern ist hier bloß das **problematische Verhältnis** der — nach dem Wortlaut des B-VG 1920 scheinbar völlig, seit 1925 weitgehend unbeschränkten — **Weisungsbefugnis nach Art 20 Abs 1 B-VG**[198] **zu (einzel)vertraglich zugesicherten Rechten ebendieser Organwalter, die der Ausübung dieses Weisungsrechtes entgegenstehen könnten.** Dieses Problem stellt sich freilich idR nur dann, wenn auf diesen Vertrag nicht staatliche SonderG, wie insb das VBG, anzuwenden sind, die eine vertragliche Zusicherung einer „Weisungsfreistellung" etc wohl nur in Ausnahmefällen zulassen (zB § 36 VBG). Schließt der Bund jedoch wie ein Privater einen dem SchauspielerG unterliegenden Vertrag ab, treffen ihn auch die jedem Theaterunternehmer allgemein obliegenden Verpflichtungen; trifft er Sondervereinbarungen (zB: **Zusicherung der „vollen künstlerischen Autonomie des Dir")**, ist er an diese Vereinbarungen wie ein Privater gebunden. Dies hätte zur Folge, daß **der Bund bei Ausübung des durch Vertrag grundsätzlich nicht „verwirkbaren" verfassungsrechtlichen Weisungsrechts gleichzeitig vertragsbrüchig werden könnte;** allenfalls wäre ein solcher Vertrag, der dem Bund die privatrechtliche Verpflichtung auferlegte, auf verfassungsrechtlich vorgesehene Anord-

196 BThV 1-1/21-3/1923 (= BThV 1623/1923).
197 Vgl den vollständigen Text des Prot (= BThV 1-1/21-3/1923) bei *Weichselbaum* 196 ff.
198 Die seit 1925 für bestimmte Fälle normierten Ablehnungstatbestände haben, sofern VwVO (auch) als generelle Weisungen qualifiziert werden, konsequenterweise nicht nur für individuell-konkrete, sondern auch für generell-abstrakte Weisungen zu gelten — somit auch für bestimmte Organisationsvorschriften.

nungsbefugnisse zu verzichten, als **nichtig gem § 879 Abs 1 ABGB** zu qualifizieren[199].

Zu betonen ist, daß die **Ausübung des verfassungsrechtlichen Weisungsrechts grundsätzlich nicht durch Verträge eingeschränkt werden kann**[200]; dies trägt jedoch nichts zur Lösung der Frage bei, ob der Bund bei Ausübung des Weisungsrechts — grundsätzlich — **vertragsbrüchig** werden kann. Denn Vertragsgegenstand ist dabei keineswegs eine „rechtlich unmögliche Leistung" iSd § 878 ABGB: Zugesagt wird vielmehr die **Nichtausübung einer grundsätzlich durch Vertrag nicht derogierbaren verfassungsrechtlichen Befugnis.** Dem damit aufgeworfenen Problem am Schnittpunkt des Verfassungs- und Zivilrechts dürfte primär durch die Annahme der **zivilrechtlichen Nichtigkeit** (Unzulässigkeit) solcher Absprachen auszuweichen sein, indem diese in den Bereich der **Gentlemen's Agreements** verwiesen werden[201]. Die „*Paulsen*-Krise" dürfte juristisch allerdings nicht primär von diesem Problem, sondern von der Frage des **Wegfalls der Geschäftsgrundlage** beherrscht gewesen sein, da keine ausdrückliche vertragliche Bestimmung ersichtlich war, derzufolge sich „der Staat" gegenüber *Paulsen* zur **Aufrechterhaltung bestimmter Organisationsstrukturen verpflichtet** hätte. Die Darstellung der „*Paulsen*-Krise" ist für den am positiven Recht orientierten Juristen aber auch heute insoferne lehrreich, als sie die weitgehende **praktische Inkompatibilität des staatlichen Gehorsamsanspruchs mit dem Freiheitsanspruch der Kunst** besonders deutlich aufzeigt.

e) Die „Reorganisation der BThVw" 1925

Durch Beschluß des MR vom 30.3.1925 wurde die BThVw „reorganisiert": BMU *Schneider* stellte

„den Antrag, der MR wolle der vorliegenden ‚Vorschrift über die Organisation der BThVw' seine Zustimmung erteilen":
„**I.** Die gesamte Leitung der ‚öBTh' (§ 1 VASTh) ist in der BThVw vereinigt. **II.** Die BThVw ist eine unmittelbar dem BMU unterstehende Dienststelle des BMU. Sie wird von einem Vorstande geleitet. Der Amtstitel des Vorstandes wird im Zuge der Neuregelung (§ 9 des G vom 18.7.1924, BGBl Nr 245) bestimmt werden. **III.** Die der BThVw obliegende Leitung schließt in sich sowohl die

199 Fraglich ist jedoch, ob der vertragliche Ausschluß der Ausübung des Weisungsrechtes gegen ein „gesetzliches Verbot" verstößt, da nach hL jeweils zu fragen ist, ob der Verbotszweck einer Norm die Ungültigkeit eines Rechtsgeschäftes verlangt (*Koziol/Welser* 136).

200 Nach einhelliger Meinung hat eine Unterbrechung des verfassungsrechtlichen Weisungszusammenhanges **zumindest** durch einfaches G, im Regelfall durch VG zu erfolgen. Einer privatautonom erzeugten Norm (Vertrag) kann eine (endgültige) **derogatorische** Wirkung keinesfalls zugebilligt werden.

201 S B.III.3.e)(2); vgl zu einer ähnlichen Problematik *Pernthaler/Purtscheller* 293.

künstlerische als auch die administrative und kaufmännische Leitung der BTh. Die administrative Leitung umfaßt auch alle Angelegenheiten des Budgets der BTh sowie die gesamte Verwaltung der ausschließlich dem Theaterbetriebe dienenden Gebäude sowie der ausschließlich Betriebszwecken dienenden Gebäude. **IV.** (1) Alle Obliegenheiten der künstlerischen Verwaltung werden durch die künstlerischen Leiter ausgeübt und zwar grundsätzlich von je einem künstlerischen Leiter für alle Prosabühnen und einem künstlerischen Leiter für alle Opernbühnen. (2) Die künstlerischen Leiter werden vom BMU vertragsmäßig bestellt. (3) Zur Besorgung der Geschäfte der kommerziellen und administrativen Leitung bestehen bei der BThVw zwei von je einem Leiter geführte Abteilungen und zwar eine administrative Abteilung und eine kaufmännische Abteilung. **V.** Das gesamte in einem öffentlich-rechtlichen Dienstverhältnis stehende Personal der BThVw gehört zum Personalstande des BMU. **VI.** Weitere Anordnungen über den Dienst bei der BThVw werden im Rahmen dieser Vorschrift vom BMU erlassen."[202]

Der „Vortrag des BM Dr *Schneider* an den MR" begründete die Notwendigkeit dieser Vorschrift:

„... Aufgrund der Unterstellung der BThVw unter das BMU (§ 1 [VASTh]) wurde mit dem Erlasse des BMU vom 28.7.1923, Präs 4186/U eine ‚DV für die Verwaltung der BTh' erlassen, die derzeit in Geltung ist. In dieser Vorschrift wird über die Organisation der BThVw keine nähere Anordnung getroffen. ... Der vorliegende Entwurf ... sieht einerseits die **Vereinigung der künstlerischen, administrativen und kommerziellen Leitung in der unter einem Vorstande stehenden BThVw, andererseits die interne Trennung der Verwaltung nach diesen Gesichtspunkten vor.** ... Die beabsichtigte interne Trennung der künstlerischen Leitung von der administrativen und kommerziellen Leitung soll vor allem zu einer **Entlastung der künstlerischen Leiter** führen, denen jedoch vermöge ihrer Stellung im Rahmen der BThVw die entsprechende Einflußnahme auf die letzteren Agenden gewahrt bleibt. ... Aus Anlaß dieser Neuregelung wären auch die bisher im Min besorgten **Agenden des Budgets für die BTh** und die bisher vom BMHV besorgten **Agenden der Verwaltung jener Theatergebäude,** welche ausschließlich dem Zwecke des Theaterbetriebes dienen, sowie die Verwaltung der anderen ausschließlich diesen Zwecken dienenden Betriebsgebäude **der BThVw zu übertragen.** ..."[203]

In der Debatte über den Antrag des BMU wandte sich BMHV *Schürff* gegen die Fassung des Pktes III der Vorschrift, da damit „offenbar auch gemeint (sei), daß die Instandhaltung der Gebäude eigenen technischen Organen des Unterrichtsressorts obliegen werde."[204] Die ablehnende Haltung des Handelsressorts wurde auszugsweise so begründet:

... Das Handelsressort ist in [Verhandlungen mit dem BMU und dem BMF] mit dem Vorschlage eingetreten, **unter Anerkennung des Betriebscharakters der BTh die Verwaltung der Theatergebäude und die budgetären Vorsorgen für ihre Erhaltung dem Unterrichtsressort zu überlassen, mit der Verfügung über die**

---

202 C des MRP 30.3.1925, Nr 371.
203 Blg B zu MRP 30.3.1925, Nr 371 (= BMU 207/Pr; Hervorhebungen von mir).
204 MRP 30.3.1925, Nr 371, Pkt 4.

Kredite und mit der Versehung des technischen Dienstes in diesem Gebäude aber nach wie vor das Handelsressort zu betrauen.
Für diesen Vorschlag wären folgende Erwägungen maßgeblich: 1. Dem Unterrichtsressort stehen keine technischen Beamten zur Verfügung, während im HandelsMin für diese Tätigkeit der vollständige Apparat besteht. **2.** Die technischen Beamten des Handelsressorts haben diese **Geschäfte schon bisher geführt** ... **3.** Auch nach Abtrennung der mit der Gebäudeverwaltung verbundenen technischen Angelegenheiten würde das Handelsressort nach seinem Wirkungskreise noch immer zur Überprüfung und Durchführung größerer Bauprojekte berufen sein. Wegen des engen Zusammenhanges zwischen der Erhaltung eines guten Bauzustandes und der Durchführung baulicher Änderungen wäre es insb bei Gebäuden von so hohem Wert angezeigt, den gesamten technischen Dienst bei einer Stelle zu vereinigen. **4. Gegenwärtig wird von den Beamten des Handelsressorts auch der fpol Inspektionsdienst versehen.** Diese Zusammenfassung des technischen Dienstes und der fpol Aufsicht hat sich durchaus bewährt, weil auch bei der baulichen Instandhaltung vielfach ein inniger Zusammenhang mit fpol Rücksichten besteht. Andererseits müssen die zum Inspektionsdienst verwendeten Beamten von der Theaterverwaltung unabhängig sein, weil sie in der Lage sein müssen, allfälligen Wünschen der Theaterverwaltung, welche vom fpol Standpunkte bedenklich erscheinen, entgegenzutreten. ... [Das BMHV] könnte sich daher mit dem Inhalte der neuen Vorschrift nur dann einverstanden erklären, wenn Pkt III zur Vermeidung jeder anderen Auslegung noch folgende Ergänzung erhält: ‚Bauliche Veränderungen und die technischen Angelegenheiten der Instandhaltung der Theatergebäude mit Ausnahme des bühnentechnischen Dienstes, werden einvernehmlich mit dem BMU vom BMHV besorgt, dem auch die Verwendung der für diese Zwecke von der BThVw beizustellenden Kredite zukommt. Die näheren Bestimmungen hierüber werden vom BMHV im Einvernehmen mit dem BMU getroffen. **Der fpol Inspektionsdienst in den BTh ist wie bisher von technischen Organen des BMHV zu besorgen.**‘“[205]
Das MRP (Pkt 4) hält weiters fest: „In der sich hierüber entwickelnden Debatte vertritt BM Dr *Schneider* die Auffassung, daß der BThVw in gebäudetechnischer Hinsicht, namentlich wenn es sich um die Herstellung geringfügiger Instandhaltungsarbeiten handle, eine gewisse Bewegungsfreiheit zugebilligt werden müsse. In Fällen größerer baulicher Herstellungen werde sich ohnedies auch in Hinkunft mangels des erforderlichen technischen Beamtenapparates an die BGV gewendet werden müssen. Er glaube jedoch, daß diese Frage zweckmäßigerweise im Zusammenhang mit der Reform der BGV gelöst werden sollte. ...“
Der Beschluß des MR hatte folgenden Wortlaut: „Genehmigt mit der Maßgabe, daß in Pkt 3 der Vorschrift die Worte von ‚sowie‘ bis zum Schluß zu entfallen haben. Stattdessen ist eine zwischen dem BMU sowie dem BMHV zu vereinbarende Formulierung in die anläßlich der Neuorganisation der BGV aufzustellenden Satzungen der BGV einzufügen. Weiters ist Pkt V der Vorschrift in dem Sinne zu ergänzen, daß dem Vorstande der BThVw die Führung der budgetären Agenden der BTh obliegt, der sich hiebei fortlaufend an die Weisungen des BMU zu halten haben

205 Blg D zu MRP 30.3.1925, Nr 371 („Information für den Herrn BM“); letztere Passage findet sich auch im MRP (Hervorhebungen von mir).

wird. Hiebei wird ausdrücklich festgestellt, daß dadurch die Kontrollbefugnis des BMF unberührt bleibt."[206]

Aber auch die vom MR im Herbst 1925 beschlossenen **„Grundsätze für die Einrichtung und Geschäftsführung der BGV"** konnten diesen Konflikt zwischen Handels- und Unterrichtsressort nicht beseitigen: Nach § 2 Abs 2 lit c dieser „Grundsätze" waren „die Gebäude, die ausschließend oder vorwiegend Zwecken der Monopol- oder sonstigen Bundesbetriebe dienen", von der Zuständigkeit der BGV ausgenommen[207]; die BThVw vertrat nunmehr die Auffassung, daß aufgrund dieser Bestimmung die Verwaltung der BTh-Gebäude aus der allgemeinen Gebäudeverwaltung auszuscheiden gewesen wäre[208]. Das BMHV trat dem insb mit dem Argument entgegen, daß durch § 10 Abs 2 der „Grundsätze" ua auch explizit die „bisherigen Verwaltungsstellen für das in Bundeseigentum übergegangene ehemalige hofärarische Vermögen", somit auch die Verwaltung des Burg- und des Operntheatergebäudes aufgelassen und ihre Geschäfte von der gem § 4 der „Grundsätze" errichteten BundesgebäudeDion übernommen worden waren[209]. Diese Meinungsverschiedenheiten dürften schließlich doch durch den **Abschluß einer „Vereinbarung" zwischen dem BMHV und dem BMU** beigelegt worden sein[210]. In den Akten ist keine endgültige Fassung dieser „Vereinbarung" auffindbar. Auf das geltende „Verwaltungsabkommen hinsichtlich der baulichen Betreuung der BTh-Gebäude" wird in Kapitel A.V.8.f) näher eingegangen.

11. Die Erlassung der Hausordnungen der Bundestheater

Mit Erlaß des BMU vom 27.6.1924 wurden die noch heute von der Praxis als in Geltung stehend angesehenen HOen genehmigt: jeweils eine HO für Opern-, Burg-, Schönbrunner Schloß- und Redoutensaaltheater[211]. Die „Genehmigungsklausel" spricht aber davon, daß die **HOen vom BMU „im Einvernehmen mit dem BMHV und dem BKA" genehmigt** worden

206 BeschlußProt der 371. Sitzung des MR vom 30.3.1925, Pkt 4.

207 „Grundsätze für die Einrichtung und Geschäftsführung der BGV", verlautbart in der WZ vom 3.9.1925, beruhend auf Beschlüssen des MR 24.8.1925, Nr 394, und 4.9.1925, Nr 395 (nachträgliche Genehmigung).

208 BThV 1-3/12-5/2/1925 (= BThV 2142/1925).

209 BMHV Präs 15665/1925 mit zahlreichen Entwürfen für „Vereinbarungen" hinsichtlich der BTh-Gebäude.

210 In den vorhandenen Akten war bloß ein Hinweis auf eine „Sitzung" vom 11.12.1925 auffindbar, wonach „die BTh, obwohl sie als Betrieb die Verwaltung ihrer Gebäude selbständig führen wollen, doch Wert darauf legen, in großen Gebäudeverwaltungsangelegenheiten im Einvernehmen mit dem BMHV vorzugehen" (BMHV Präs 15665/1925 [= BThV 2684/1925]).

211 Erlaß des BMU vom 27.6.1924, 1323. Die HOen sind abgedruckt in: BMHV, BMU und BKA (Hrsg) 53 ff (Operntheater), 59 ff (Burgtheater) und 65 ff (Redoutensaaltheater).

seien[212]. Aus der 1925 publizierten Fassung ergibt sich somit nicht, wer Emittent der HOen war[213]; es kommen die BThVw und die Dionen des Opern- bzw des Burgtheaters in Betracht. ME dürfte die BThVw die HOen erlassen haben: Andernfalls wäre die Existenz einer (gleichlautenden) HO für das Redoutensaaltheater nicht erklärbar, da dieses nur unselbständige Spielstätte (für Burg- und Operntheater) war, jedoch über keine eigene Dion verfügte. Auch wurden die HOen 1931 durch einen Erlaß der **GI der ÖBTh** teilweise neu gefaßt[214]. Für die Erlassung durch die BThVw spricht aber auch die 1924 in Geltung gestandene „DV für die Verwaltung der BTh"[215]. Die (im wesentlichen gleichlautenden) 22 Paragraphen der HOen enthalten Bestimmungen verschiedenster Art; im folgenden wird die **HO für das Operntheater in der 1925 publizierten Fassung** auszugsweise wiedergegeben[216]:

„**§ 1.** Nach Beendigung der fpol Begehung des Theaters wird das Zuschauerhaus für die Besucher geöffnet. In diesem Zeitpunkt müssen alle Räume bereits genügend erhellt sein; auch müssen alle Lampen der Notbeleuchtung brennen. Alle Ein- und Ausgänge sind während der Dauer der Vorstellung unversperrt zu halten. Die Beleuchtung mit Einschluß der Notbeleuchtung darf erst ausgeschaltet werden, sobald alle Besucher und das Theaterpersonal das Theater verlassen haben.
§ 2. Den Besuchern ist der Eintritt nur in den Zuschauerraum und in dessen für das Publikum bestimmte Nebenräume, und zwar nur gegen gültige Eintrittskarten, gestattet. Oberkleider, Schirme und Stöcke sind in den Kleiderablagen abzugeben. Das Belegen der Sitzgelegenheiten mit Oberkleidern ist verboten; diese dürfen nur in den Kleiderablagen aufbewahrt werden. Kopfbedeckungen sind im Zuschauerraum mit Ausnahme der Logen abzunehmen, Kopfputz dann, wenn durch das Tragen der Ausblick auf die Bühne verhindert oder erschwert wird. Das Mitnehmen von Hunden in das Theater ist verboten. Das Reservieren von Plätzen im Stehparterre sowie auf den Galerien und das sog Platzhalten für später eintreffende Besucher ist nicht gestattet.
§ 3. Das Theater ist außer der Zeit der Vorstellungen im allgemeinen mit Ausnahme der jeweils festgesetzten Besichtigungszeiten und mit Ausnahme der Kassaräume während der jeweils festgesetzten Kassastunden für die Besucher unzugänglich. Die Bühne und deren Nebenräume, wie Ankleideräume u. dgl., dürfen von niemand als den dort beschäftigten, zum Hause gehörigen Personen betreten werden.
§ 4. Während der Anwesenheit der Besucher im Theater dürfen belästigende Reinigungsarbeiten nicht vorgenommen werden.
§ 5. Alle störenden Beifalls- und Mißfallensbezeugungen (lautes Rufen von Namen u. dgl.) sind sowohl bei offenem als auch bei geschlossenem Vorhang verboten.[217]

212 BMHV, BMU und BKA (Hrsg) 53, 59, 65.
213 Im AVA konnte der zit Akt nicht aufgefunden werden.
214 Erlaß der GI der ÖBTh vom 2.4.1931, 3931/30.
215 BMU 28.7.1923, Pr 4186/U/1923. Text unter A.II.10.c).
216 Neben der Veröffentlichung durch die zit BM im Jahre 1925 existieren lediglich gekürzte Fassungen, die „an geeigneten Stellen des Hauses auszugsweise anzuschlagen" sind (§ 22 der HOen); Volltext der HO für das Operntheater bei *Bammer,* Theater 123 ff.
217 § 5 wurde durch Erlaß der GI der ÖBTh vom 2.4.1931, abgeändert (s A.V.7.).

§ 6. Der Publikumsdienst, nämlich Logenmeister, Platzanweiser (Billeteure) und Kleiderbewahrer haben eine Viertelstunde vor Eröffnung der Kassa anwesend zu sein. Sie dürfen das Theater erst dann verlassen, wenn sich die letzten Besucher entfernt haben. Für diese Bediensteten sowie für den Beleuchtungsdienst bestehen eigene Dienstanweisungen. Der Feuerschutzdienst wird durch eine besondere Vorschrift geregelt. ...
§ 7. Alle im Theater, insb im Bühnenraum oder in den Ankleideräumen Beschäftigten dürfen sich dort nur so lange aufhalten, als es ihr Dienst erheischt und haben dann das Theater zu verlassen ...
§ 8. Trunkenheit im Dienste gilt als Dienstesvergehen.
§ 9. Mahlzeiten im Theater einzunehmen ist nur bei sehr anstrengendem Dienst und wenn das Essen außerhalb des Theaters untunlich wäre, über Bewilligung der Abteilungsvorstände gestattet. Dabei ist zu vermeiden, daß Speisereste u. dgl. auf den Fußboden oder in Winkel geworfen werden, wodurch die Reinhaltung des Hauses erschwert und Ungeziefer gezüchtet wird.
§ 10. Das Anzünden von Zigarren, Zigaretten und Pfeifen sowie das Rauchen ist in den Räumen des Bühnen- und Zuschauerhauses verboten; nur auf offener Szene darf, insoweit es die Darstellung erfordert, bei Beobachtung der größten Vorsicht geraucht werden.
§ 11. Offenes Licht und Feuer dürfen im ganzen Theater nicht verwendet werden. ...
§ 12. Leicht entzündbare Stoffe, wie Petroleum, sonstige Mineralöle u. dgl., dürfen weder im Zuschauerraume noch im Bühnenraume verwendet oder aufbewahrt werden. ... Auch das Rauchen sowie die Verwendung offener Lichter, Fackeln u. dgl. auf offener Szene ist von der Feuerwehr strengstens zu überwachen. Zum Schießen dürfen nur Pfropfen aus Kälberhaaren verwendet werden. ...
§ 13. Das Theater muß in allen seinen Räumen fortwährend bewacht und beaufsichtigt werden. Die regelmäßigen Begehungen haben täglich, und zwar sowohl vor Beginn und nach Schluß der Vorstellung als auch untertags stattzufinden, worüber in den Vorschriften für den Feuerschutzdienst sowie in der Anweisung für den Beleuchtungsdienst die nötigen Anordnungen getroffen werden. Wenn während solcher Rundgänge oder auch sonst fremde Personen im Theater angetroffen werden, so sind sie anzuhalten und sofort der Gebäudeverwaltung vorzuführen. ...
§ 16. Alle Verkehrswege und Ein- und Ausgänge sind stets freizuhalten. Dies gilt sowohl für den Zuschauerraum als auch für den Bühnenraum. Im Zuschauerraum dürfen die Zugänge zu den Sitzen nicht als Stehplätze benützt, nirgends Stockerl oder sonstige den Verkehr hemmende Einrichtungsgegenstände angebracht, auch keinerlei Kleidungsstücke in den Gängen, auf oder unter den Sitzplätzen verwahrt werden. Im Bühnenraume dürfen die Verbindungsgänge und Türen, insb auch die Feuerwechsel nicht durch Dekorationsstücke, Praktikabel oder Requisiten u. dgl. verstellt werden. Die Dekorationen dürfen niemals so eingerichtet oder gebaut werden, daß dadurch der Verkehr verhindert oder auch nur erschwert wird. ...
§ 18. Der eiserne Vorhang ist, ausgenommen während der Vorstellungen oder außerhalb dieser bei großen Proben und Umbauten auf der Bühne, stets geschlossen zu halten. In der großen Pause jeder Vorstellung ist der eiserne Vorhang zu schließen. ...
§ 21. Das Feilbieten und der Verkauf von Eintrittskarten im Theatergebäude durch Privatpersonen ist nicht gestattet.

§ 22. Die HO ist an geeigneten Stellen des Hauses auszugsweise anzuschlagen. Die Nichteinhaltung der HO zieht unter Umständen eine pol Bestrafung und gegebenenfalls auch eine strafgerichtliche Verfolgung nach sich. Wenn Bedienstete die HO nicht einhalten, so kann dies auch nach dem Dienstrechte geahndet werden. Wenn die Besucher den Anordnungen der Bediensteten in bezug auf diese HO nicht Folge leisten, so sind die Bediensteten berechtigt, die Unterstützung der behördlichen Aufsichtsbeamten in Anspruch zu nehmen. ..."

§ 1 enthält eine **„generelle Weisung" an die Bediensteten** des Publikumsdienstes bzw an den diensthabenden technischen Beamten[218]; ebenso richten sich die §§ 4, 6 — 9, 12, 13, 15 und 17 — 20 ausschließlich an in den BTh Beschäftigte, wobei aber auch zahlreiche Spezialnormen bestanden[219]. Hingegen richten sich die §§ 10 — 12, 14, 16 und 22 sowohl an im Theater Beschäftigte als auch an Besucher, während sich die §§ 2, 3, 5 und 21 ausschließlich **an Theaterbesucher** richten. Dieser **inhomogene Adressatenkreis erschwert die rechtliche Qualifikation der HO(en) beträchtlich:** Denn Bestimmungen, die sich vorwiegend oder ausschließlich an Theaterbedienstete richten, können wohl schwerlich als bloße AGB qualifiziert werden[220], während dies für ausschließlich publikumsgerichtete Bestimmungen sehr wohl der Fall sein könnte[221].

12. Interne Normen

a) Dienstinstruktionen

Bereits in der Monarchie war es üblich, in die Verträge mit den Dir der HTh vorwiegend Bestimmungen über die Gage (den Jahresbezug), über Pensions- und Urlaubsansprüche und über Anwesenheitsverpflichtungen aufzunehmen; hingegen wurde die organisatorische Stellung des Dir, insb der **Umfang der „selbständigen künstlerischen Leitung"** — somit hauptsächlich die „Kompetenzabgrenzung" zur GI bzw zum OMeA —, in eige-

---

218 Vgl die „Vorschrift für den fpol und sicherheitstechnischen Dienst in den BTh", Erlaß des BMHV 20.6.1924, 73103-17/1924), abgedruckt in: BMHV, BMU und BKA (Hrsg) 1 ff.

219 Vgl zB die zit „Vorschrift für den fpol und sicherheitstechnischen Dienst in den BTh", aber auch die weiteren publizierten Vorschriften (in: BMHV, BMU und BKA [Hrsg]), zB die „Vorschrift für die PolInspektionsbeamten während der Vorstellungen in den BTh" (8 ff), die „Vorschrift für den ärztlichen Dienst während der Vorstellungen in den BTh" (14 ff), und die „Vorschriften für den Feuerschutzdienst" im Opern- (16 ff), Burg- (33 ff), Redoutensaal- (45 ff) und Schönbrunner Schloßtheater (49 ff).

220 Vgl bloß § 26 SchauspielerG („TheaterbetriebsO"), der allerdings für die BTh seit 1934 bis heute nicht in Geltung steht (vgl A.V.5.), sowie § 97 Abs 1 Z 1 ArbVG (Mitwirkung der Belegschaft[sorgane] bei Ordnungsvorschriften).

221 Zur Nov der HOen im Jahr 1931 A.V.7.; aaO auch aufschlußreiche zeitgenössische Überlegungen zu ihrer Rechtsnatur. Zur Problematik ihrer Geltung und Einordnung ins Rechtsquellensystem seit Erlassung des BThSG B.VII.

nen „(Dienstes)Instruktionen“ geregelt, die dem Dir anläßlich seiner Bestellung übergeben wurden. Der Inhalt dieser DI war nicht selten Verhandlungsgegenstand bei Vertragsabschluß, wobei je nach Prominenz des Dir weitgehende Autonomie zugestanden wurde. Hier soll die Struktur und der Inhalt jener DI dargestellt werden, die zum Zeitpunkt des Inkrafttretens des B-VG 1920 als „in Geltung stehend“ angesehen wurden. Es handelte sich dabei um die „DI für den artistischen Leiter des k.k. Hofburgtheaters Herrn Regisseur und Hofschauspieler *Albert Heine*“ und um die „DI für den Kapellmeister *Franz Schalk*“[222]. Hingegen erhielt *Schalk*s MitDir *Richard Strauss* keine eigene DI, es wurde mit ihm bloß ein Vertrag abgeschlossen, der jedoch einige Bestimmungen enthielt, die bislang nur in DI enthalten waren[223]. Die wesentlichen Bestimmungen dieses Vertrages lauteten:

„**§ 4** In den Wirkungskreis des Herrn Dr *Richard Strauss* fallen alle wichtigeren künstlerischen Fragen, insb die Annahme neuer sowie die Bestimmungen über die Neueinstudierung alter Werke, die Repertoirebildung, Engagements und Entlassungen von Mitgliedern. Seine Entscheidungen auf diesem Gebiete, die nur der Genehmigung des k.u.k. GI bedürfen, hat Dr *Richard Strauss*, soferne dieselbe nicht ohnehin im Einvernehmen mit Kapellmeister *Schalk* getroffen wurden, diesem jeweils bekanntzugeben. Die von Kapellmeister *Schalk* ausgehenden Verfügungen sind, soweit diese Maßnahmen die vorbezeichneten Angelegenheiten betreffen, jeweils von Herrn Dr *Richard Strauss* zu begutachten. **§ 5** Herr Dr *Richard Strauss* nimmt die Instruktion über den Wirkungskreis der Dion des k.k. Hofoperntheaters zur Kenntnis. ...“[224]

Die DI des BurgtheaterDir *Heine* war etwas restriktiver als jene des OpernDir *Schalk*; die wesentlichsten Bestimmungen lauteten:

„**§ 1:** Der Leiter des Hofburgtheaters untersteht in seiner Wirksamkeit der k.u.k. GI der k.k. HTh und hat die von letzterer im Sinne dieser Instruktion ausgehenden Anordnungen sowohl künstlerischer wie administrativer Natur zu befolgen. ... **§ 2:** Weiters fällt in seine Kompetenz: **1.** Die Bildung des Repertoires, **2.** die Besetzung der Rollen, **3.** die Auswahl der Novitäten und Reprisen, **4.** die Bestimmung und Leitung der Proben, **5.** die gesamte Inszenierung der Stücke. Wichtigere Fragen sind vor ihrer Entscheidung dem GI vorzulegen, der sich bei Vorhandensein zwingender Gründe vorbehält, die sich als notwendig darstellenden Abänderungen des Repertoires zu fordern. **§ 3:** Insb ist bei der Auswahl von Novitäten und Reprisen die Genehmigung des GI einzuholen. Die Verhandlung mit den Autoren oder deren Vertretern steht dem Leiter zu. ... **§ 5:** Alljährlich vor Eintritt der Ferien, das ist im Monat Juni jeden Jahres, hat der Leiter das Arbeitsprogramm für die nächste Saison dem GI zur Genehmigung zu unterbreiten. Dasselbe hat folgende Angaben zu enthalten: Die in Aussicht genommenen Novitäten und Reprisen, bezüglich deren Reihenfolge dem Leiter die Bestimmung überlassen bleibt, ... **§ 6:**

222 GI 4540/1918, genehmigt vom OMeA am 10.11.1918[!]; Text bei *Bammer*, Theater 130 f.
223 Der „Vertrag abgeschlossen zwischen der k.u.k. GI der k.k. HTh und dem GeneralmusikDir Dr *Richard* Strauss“ ist abgedruckt bei *Grasberger* 64 ff.
224 Zit nach *Grasberger* 65.

In allen die Schauspielgesellschaft, das Personal der DionsKanzlei, den technischen und den Bühnendienst betreffenden Personal-Angelegenheiten, als da sind: Die Engagements, die Erneuerung oder Auflösung von Verträgen, Pensionierungen, Entlassungen, Gage-Erhöhungen oder Reduzierungen, ... uam werden von der GI über Antrag des Leiters die erforderlichen Verfügungen getroffen. **§ 7:** Die Einleitung von Verhandlungen wegen neuer oder Verlängerung bestehender Engagementsverträge steht dem Leiter nach Ermächtigung durch den GI zu, doch bedarf derselbe zum Übergange in konkrete Verhandlungen, das ist zur Vereinbarung der wesentlichen Vertragsbestimmungen, der Zustimmung des GI. ..."[225]

Nach moderner Terminologie handelte es sich bei den genannten DI um (verwaltungsinterne) **individuell-abstrakte Normen,** die im System des B-VG als **Weisungen** zu qualifizieren gewesen wären[226]. Das ÜG 1920 enthält keine Bestimmungen, die sich auf die Überleitung „interner" bzw individueller Staatsakte oder von Privatrechtsakten beziehen; es muß wohl davon ausgegangen werden, daß sich die §§ 1 — 6 leg cit auf die Überleitung bzw Einordnung von generell-abstrakten Rechtsvorschriften in G- oder VO-Form beschränkten. Bei Überleitung einer Norm bzw einer Behörde kann wohl vom Weiterbestehen der aufgrund einer solchen Norm erlassenen individuellen Akte (der aufgrund dieser Norm abgeschlossenen Verträge) bzw der internen Organisationsakte (Weisungen) „übergeleiteter" Behörden ausgegangen werden[227]. Das B-VG (bzw ÜG) 1920 berührte daher Verträge bzw DI nur insofern, als es nach der lex-posterior-Regel älteren Normen inhaltlich klar derogierte[228]. Es darf jedoch nicht übersehen werden, daß durch die im Sommer 1920 erlassene VASTh erstmals eine **publizierte Organisationsstruktur** für die BTh geschaffen wurde, die auch vom ÜG 1920 erfaßt wurde und deren Inhalt für die Ermittlung des „vorgefundenen" unterverfassungsrechtlichen Rechtsbestandes primär maßgebend ist. Es ist fraglich, ob eine **VA derogatorische Kraft gegenüber einer DI** besaß: Qualifiziert man DI als Weisungen iSd Art 20 B-VG, so kann nur bei identem Emittenten — aber uU auch bei klarem Wider-

---

225 GI 4676/1918, genehmigt durch das OMeA am 10.11.1918 [!].

226 Diese **DI sind individuelle Normen,** da sie sich nur an einen namentlich bezeichneten Organwalter — unter Ausschluß des Nachfolgers — richten; sie sind **abstrakte Normen,** da sie eine Vielzahl möglicher Sachverhalte regeln.

227 Vgl hingegen zur von der 1920 bestehenden Rechtslage grundlegend verschiedenen Überleitungssituation 1945 (revolutionäre Neuingeltungsetzung) hinsichtlich individueller Rechtsakte und VwVO *Walter*, System 35.

228 Bei Verträgen (autonom erzeugten Normen) ist dies selbstverständlich auch möglich, da es dem (Verfassungs)Gesetzgeber grundsätzlich freisteht, bestimmte Rechtsgeschäfte (auch ex post) als nichtig, ungültig, sinngemäß abgeändert etc zu erklären; dies schon deshalb, da das Institut der **Privatautonomie unstreitig nicht als Baugesetz der Verfassung** verankert ist. Davon grundsätzlich zu trennen ist die Frage eines daraus ableitbaren Entschädigungsanspruchs.

spruch der Normen — Derogation angenommen werden[229]; für das nachgeordnete Organ wäre die DI andernfalls bis zur ausdrücklichen Aufhebung verbindlich. Es kann jedenfalls davon ausgegangen werden, daß jene Bestimmungen der DI, die durch die VASTh nicht berührt wurden, weiterzugelten hatten. Ausgesprochen fraglich ist aber, ob jene Bestimmungen der DI, die in Widerspruch zur durch § 4 Abs 3 VASTh den Dir **vorbehaltslos** übertragenen „künstlerischen Leitung der STh"[230] standen, als weitergeltend angesehen werden konnten[231]. Zu Recht muß jedenfalls der Vertrag mit *Strauss*, dessen mittelbarer Inhalt zT die DI für *Schalk* war, als weitergeltend betrachtet werden. Der **entscheidende Unterschied** liegt darin, daß *Strauss* einen **vertragsmäßigen Anspruch auf einen bestimmten autonomen WB** eingeräumt bekommen hatte, während die DI für die beiden anderen Dir **einseitig erzeugte Normen der Hofbehörden** waren.

Stellten die DI jemals endgültige (unwiderrufliche) Entäußerungen der Leitungskompetenz der Hofbehörden dar? Bei einer Gesamtwürdigung der Organisationsstruktur des Hofwesens ist diese Frage klar zu verneinen: das Recht des Kaisers, das Hofwesen nach Belieben zu organisieren, war durch derartige individuell-abstrakte Normen nicht beseitigt worden, diese konnten jederzeit durch andere ersetzt werden[232]. Eine solche Betrachtungsweise trifft aber bloß juristisch den Kern des Problems; denn damals wie heute dürften einigermaßen befriedigende künstlerische Leistungen nur bei entsprechender Autonomie der künstlerischen Entscheidungsträger gewährleistet gewesen sein[233] — die **Einräumung einer gewissen künstlerischen Autonomie war (und ist) unbestrittenerweise notwendig, um das durch den Betrieb von Theatern verfolgte Ziel überhaupt erreichen zu können**[234]. Dies ist eine verwaltungspolitische und keine rechtsdogmatische Problemsicht; verwaltungspolitische Erkenn-

---

229 Dem Gedanken *Antoniollis* (83), daß nur Normen desselben Gesetzgebers einander derogieren können, kommt hier wohl Berechtigung zu, da es um das Verhältnis einer generell-abstrakten Allgemeinregelung zu einer individuell-abstrakten internen Norm geht. Nach dem System des B-VG haben Verwaltungsorgane aber gesetzwidrige Weisungen und somit auch DI zu befolgen, sodaß bloß „Zurückdrängung" einer generell-abstrakten Norm für ein bestimmtes Organ vorliegt.

230 Fraglich ist, ob überhaupt an eine vorbehaltslose Übertragung der Leitungsbefugnisse seitens der Normschöpfer gedacht war; die Formulierung ist jedoch insofern eindeutig, als die Dir als künstlerische Leiter nur dem obersten Verwaltungsorgan (BMU) unterstanden, **nicht jedoch dem PräsSThVw** (so auch heute die Konstruktion des ÖBThV).

231 Die zit DI sind jedenfalls als maßgeblicher **Auslegungsmaßstab für den unbestimmten Rechtsbegriff „künstlerische Leitung"** anzusehen; dh deren Reichweite ist anhand des regelmäßigen Aufgabenkreises der Dir zu bestimmen.

232 Vgl bloß zB *Tezner*, Kaiser 53.

233 **Sachfremd** wäre zB ebenfalls weisungsgebundene Forschung an den Universitäten, Weisungsgebundenheit richterlicher Organe etc.

234 So scheiterte die durch die DI 1867 geschaffene „bürokratisch-diktatorische" Organisationsstruktur sehr rasch und führte zu einem deutlichen Abstieg des künstlerischen Niveaus des Burgtheaters (*Hadamowsky* 396 ff; *Lothar* 229 ff).

tisse ändern aber grundsätzlich nichts an der Rechtmäßigkeit von Organisations- und Entscheidungsstrukturen, mögen sie in manchen Teilbereichen der Verwaltung auch noch so unzweckmäßig sein.

Die DI für die Dir *Schalk* und *Heine* wurden durch die neuen Organisationsvorschriften der VASTh weitgehend unanwendbar; es erübrigt sich daher ein näheres Eingehen auf eine vom B-VG „vorgefundene und anerkannte Regelung“ einer **durch DI** eingerichteten „künstlerischen Selbstverwaltungsstruktur“[235]. **„Vorgefunden“ hat das B-VG 1920 vielmehr die durch die VASTh geregelte Organisationsstruktur;** ob der Bundesverfassungsgesetzgeber § 4 Abs 3 VASTh[236] als durch Weisung nicht determinierbare „künstlerische Selbstverwaltung“ vorgefunden und insb auch „anerkannt“ hat (VfSlg 8215) wird in Kapitel B.III.4.a) untersucht.

b) „Theaterpolizeiliche“ Vorschriften

Die mit der Verwaltung der ehemaligen HTh befaßten Stellen (VwHÄ; StAfIuU, UA; BMU) vertraten seit Errichtung der Republik mit den verschiedensten Begründungen den Standpunkt, daß die ihnen unterstellten Theater nicht unter allgemeine thpol Vorschriften zu fallen hätten. Diese ziemlich konsequent vertretene Auffassung führte zu sich über mehrere Jahre hinziehenden Kompetenzstreitigkeiten, die in einem Antrag des Wr Stadtsenates beim VfGH auf Entscheidung eines positiven Kompetenzkonfliktes gipfelten und erst durch die Einführung des Kompetenztatbestandes „alle Angelegenheiten der BTh“ durch die B-VGN 1925 beendet wurden; diese Kompetenzkonflikte werden in Kapitel A.II.13. näher dargestellt. Infolge der behaupteten Unanwendbarkeit der allgemeinen thpol Normen sah sich das UA veranlaßt, am 9.11.1920 **„Provisorische Bestimmungen für den Betrieb der STh“** (PBest) zu erlassen[237]:

„**I.** In den vom Staate geführten Theatern sind die für Privattheater geltenden, im Interesse der persönlichen Sicherheit erlassenen Bestimmungen sinngemäß anzuwenden. Bezüglich des Theaters der Staatsakademie für Musik und darstellende

235 Das B-VG hätte lediglich jederzeit widerrufliche individuell-abstrakte verwaltungsinterne Normen vorgefunden, jedoch keine gesetzlich eingerichtete „künstlerische Selbstverwaltung“; vgl dazu VfSlg 8215. Die juristische Hilfskonstruktion der „vorgefundenen Norm“ ist allerdings grundsätzlich fragwürdig, da der historische Verfassungsgesetzgeber vielfach auch die normlose oder -widrige **Praxis** vorgefunden und durch Nichtregelung anerkannt haben dürfte.

236 „Die künstlerische Leitung der STh wird von den Dir der Theater ausgeübt.“

237 UA 21487-IV-Abt 11/1920 (= SThVw 3951/1920; = 1-3/12-1/1920). Der Zeitpunkt der Erlassung — der Tag vor dem Inkrafttreten des B-VG 1920 — dürfte nicht zufällig gewählt worden sein, da man offenbar noch rasch dem neuen bundesstaatlichen System zuvorkommen wollte.

Kunst[238] haben diese Vorschriften jedoch — insoweit es sich nicht um ständig vorhandene Einrichtungen handelt — nur auf die dem Publikum zugänglichen Vorstellungen mit Bühnenausstattung Anwendung zu finden. **II.** Die Besorgung der die Bau- und FPol betreffenden Angelegenheiten ist für jedes STh vom StAfHGIB ausschließlich diesem StA untergeordneten technischen Beamten zu übertragen. Diese sind für die genaue Einhaltung aller diese Gebiete betreffenden Vorschriften persönlich verantwortlich. Die Stärke, Zusammensetzung und die Dienstobliegenheiten der Feuerwehr, sowie die Zahl und Obliegenheiten anderer Hilfskräfte für den bau- und fpol Aufsichtsdienst setzt das StAfHGIB fest. **III.** Die Handhabung des öffentlichen Sicherheitsdienstes in den STh durch Organe der Staatspolizei wird durch den PolPräs im Einvernehmen mit dem PräsSThVw, bzw für das Theater der Staatsakademie für Musik und darstellende Kunst — insoweit in diesem öffentliche Vorstellungen in Betracht kommen — im Einvernehmen mit der StaatsakademieDion geregelt. **IV.** Bei der Untersuchung des Bauzustandes, der Einrichtung und des Betriebes der STh bezüglich der Feuersicherheit und der Sicherheit der Personen, sowie bei Entwürfen über neue und bei der Änderung bestehender Anlagen sind nach Möglichkeit Gutachten der für die gleichen Belange bei den Privattheatern vorgesehenen Körperschaften einzuholen. **V.** Die für die STh geltenden Vorschriften haben auch in jenen Fällen Anwendung zu finden, in welchen seitens fremder Unternehmer Aufführungen in STh veranstaltet werden. Bei Veranstaltungen der STh in dritten Personen gehörenden Theatergebäuden gelten die für die bezüglichen Gebäude in Kraft stehenden Vorschriften. **VI.** Die näheren Bestimmungen hinsichtlich der Handhabung des Sicherheits- und Feuerwachdienstes für jedes STh enthalten die einzelnen, vom StAfIuU, UA, im Einvernehmen mit den beteiligten Stellen genehmigten TheaterHOen."

Emittent dieser Norm war das StAfIuU, UA, „im Einvernehmen mit dem StAfHGIB"; Adressat war die SThVw. Die PBest beriefen sich auf keine gesetzliche Bestimmung, die zu ihrer Erlassung ermächtigt hätte; eine solche bestand auch nicht — vielmehr wurde durch diesen „Erlaß" erst die „sinngemäße Anwendung" der „für die Privattheater geltenden Bestimmungen" angeordnet. Diese Vorgangsweise erklärt sich aus dem Versuch, die (in der Praxis offenbar unklare[239]) exemte Stellung der HTh in die republikanisch-bundesstaatliche Rechtsordnung zu übertragen. Für das — offensichtlich als erforderlich angesehene — Einvernehmen mit dem StAHGIB ist auch keine gesetzliche Grundlage auffindbar. Die Zuständigkeit des StAfHGIB, dem die VASTh keine Kompetenzen hinsichtlich der ehemals hofärarischen Theater eingeräumt hatte, wurde von einem Vertreter des StAHGIB 1920 wie folgt begründet[240]:

---

238 Dieses wurde in der Folge als Akademietheater zur ständigen Nebenbühne des Burgtheaters (vgl dazu näher *Lothar* 455 ff; *Hinker*).

239 Vgl dazu A.I.2.b).

240 „Verhandlungsschrift über die am 22.9.1920 im StAfHGIB abgehaltene Besprechung betreffend die Anwendung der ThG auf die STh" (UA 21487/1920; Hervorhebungen von mir). Vgl auch *Bammer*, BThSG 459 f bei FN 92 a.

„Im Hofburgtheater und in der Hofoper bestand eine eigene Feuerwehrwache aus Berufsfeuerwehrmännern, die sich meist aus der Wr Städtischen Feuerwehr ergänzte. Die Feuerwachen unterstanden den Gebäudeverwaltungen der beiden Theater. **Die Gebäudeverwalter hatten auch die Überwachung der technischen Einrichtungen der Theater über** ..., insoweit sie sich nicht auf den szenischen Betrieb bezogen, der den Bühneninspektoren unterstand (Bühnenbeleuchtung, Bühnenmaschinen mit ihren Aufzugsvorrichtungen usw). Der Feuerinspektionsdienst vor und während der Vorstellungen und Generalproben **(amtliche Begehung)** wurde von den Gebäudeinspektoren und von technischen Beamten des Hofbaudepartements besorgt; die pol Überwachung erfolgte in der gleichen Weise wie bei den Privattheatern durch Organe der Wr PolDion. **Nach dem Umsturze änderte sich an diesen Verhältnissen im allgemeinen nichts.** Nur hat die Theaterlokalkommission für Wien alle STh untersucht, worauf die Nö LReg bzw der Wr Magistrat Aufträge betreffend bauliche Herstellungen und den Betrieb in den STh erteilt haben[241]. Diese Aufträge sind noch nicht in Rechtskraft erwachsen ... Hinsichtlich des Feuerinspektionsdienstes wurde vom hiesigen StA im Einvernehmen mit dem StAfIuU, SThVw, unter den hiesigen Z 20151 und 23575-IVc-1920 die Verfügung getroffen, daß **in Hinkunft der fpol und der sicherheitstechnische Inspektionsdienst in den STh eine Angelegenheit der Gebäudeverwaltung zu bilden habe** und von den Gebäudeverwaltern der STh sowie von einzelnen hiezu eigens bestellten Beamten des hiesigen StA zu besorgen wäre, welche auch sonst mit dem Gebäudeverwaltungsdienst der STh zu tun haben. Gleichzeitig wurde auch ausgesprochen, daß der Feuerwehrdienst in den STh wie bisher zu handhaben, demnach auch weiterhin von dem vorhandenen eigenen Feuerwachpersonale der SThVw durchzuführen sei. ...
Aus sachlichen Gründen kann einzig und allein die Besorgung des fpol und sicherheitstechnischen Dienstes in der Weise wie bisher, dh durch die mit der Gebäudeverwaltung betrauten technischen Beamten erfolgen, da die sachgemäße Besorgung dieses überaus verantwortungsvollen Dienstes eine genaue Kenntnis der baulichen Verhältnisse der STh-Gebäude mit ihren sehr komplizierten, in vieler Hinsicht ganz veralteten Einrichtungen unter allen Umständen voraussetzt. Der Umstand, daß die STh in ihren Einrichtungen vielfach ganz veraltet sind, macht eine ständige, peinlichst genaue Überwachung der Theatergebäude unbedingt notwendig ... In gleicher Weise ist die **Beibehaltung der vorhandenen eigenen Feuerwachmannschaft unerläßlich,** die zu ihrem Dienste nur durch lange Übung und durch fortgesetzte Unterweisung und Überwachung durch die Gebäudeverwalter erzogen werden konnte. Eine Entlassung der jetzigen Mannschaft, die ihre Übernahme in den Dienst des Staates mit Sicherheit erwartet und ihre Ersetzung etwa durch städtische Feuerwehr, wäre daher gänzlich ausgeschlossen, umsomehr, als von Vertretern der Leitung der Wr städtischen Feuerwehr mitgeteilt worden ist, daß ein Ersatz durch städtische Feuerwehr, des Personalmangels wegen, nicht möglich ist. **Ebenso ist eine Unterstellung der staatlichen Feuerwache unter den Wr Magistrat ausgeschlossen. ...**"

Zweifelsohne war dem StAfHGIB die sog **„Dikasterialgebäudeverwaltung"** gesetzlich übertragen: Der „Wirkungskreis des MinföA" umfaß-

241 Vgl A.II.13. sowie *Dirnberger*, Konflikte 271 ff.

te als „administrative Bauangelegenheit" ua die „Dikasterialgebäudeverwaltung", mit Ausnahme der dem FinanzMin vorbehaltenen „Verfügung über die für dikasterielle Zwecke entbehrlich gewordenen Amtsgebäude und Lokalitäten"[242]. Der Ausdruck „Dikasterien" bezeichnete ursprünglich die altgriechischen Volksgerichte, besonders in Athen, in der katholischen Kirche wurde unter „kirchlichen Dikasterien" die zusammenfassende Bezeichnung für die Zentralbehörden der römischen Kurie verstanden[243]. Das MinföA wurde unter Beibehaltung seiner bisherigen Zuständigkeiten durch §§ 12 f Staatsgründungsbeschluß in die Republik übergeleitet. Durch Art 9 Abs 1 Z 5 des G über die StReg, StGBl 1919/180, wurden dem StAfHGIB die Zuständigkeiten des bisherigen StAföA, somit auch die „Dikasterialgebäudeverwaltung", übertragen[244]. Die unmittelbar dem StAfIuU, UA, unterstehenden **STh wurden offenbar als Dikasterialgebäude,** dh als von einer Zentralstelle benützte Gebäude angesehen, die daher vom StAfHGIB zu verwalten waren. Aus den Akten ergibt sich mittelbar, daß die Gebäudeverwalter der Zentralstellen in den Personalstand des StAfHGIB übernommen wurden.

Die zit **Argumentation zur Begründung der — hoheitlichen — Kompetenz des StAfHGIB in thpol Angelegenheiten ist unklar und in sich widersprüchlich:** Die Verwaltung von staatlichen Gebäuden erfolgte — und erfolgt — **ausschließlich in den Formen des Privatrechts,** da dem staatlichen Gebäudeverwalter die Ausübung der Rechte eines Gebäudeeigentümers zukommt[245]. Einem Gebäudeverwalter kommen ohne besondere gesetzliche Grundlage somit keinesfalls hoheitliche Funktionen zu. Daran konnte auch die Tatsache nichts ändern, daß in der Monarchie bestimmten Hofdienststellen zugleich sowohl die Hofgebäudeverwaltung als auch die bau- und fpol Agenden übertragen waren; diese Zuordnung erfolgte aufgrund der **Hoforganisationsgewalt des Kaisers** und nicht aufgrund von G. Infolge der Auflösung des gesamten Hofstaates durch die Gründung der Republik waren bisherige Hoforganisationsakte durch Akte der durch die neue **Verfassung** hiezu ermächtigten Organe zu ersetzen; jedenfalls unterlagen die bislang faktisch „extraterritorialen" Hofeinrichtungen[246] nunmehr uneingeschränkt staatlichen G. Die vereinzelt angedeu-

---

242 Anlage zur Kundmachung des GesamtMin vom 6.7.1908, RGBl 124, betreffend die Errichtung eines MinföA für die im Reichsrate vertretenen Königreiche und Länder (errichtet durch G vom 27.6.1908, RGBl 123). Details bei *Mischler/Ulbrich* II^2 33 f; III^2 640.

243 Brockhaus Enzyklopädie IV^{17} 743.

244 S auch *Dirnberger*, Konflikte 241; s im einzelnen auch *Bammer,* Theater 139.

245 Das von Teilen der deutschen Lehre dem öffentlichen Recht zugezählte **„Hausrecht der Verwaltungsbehörden an Sachen in Verwaltungsgebrauch",** das als „Annex zur Sachkompetenz des Hoheitsträgers" verstanden wird, stünde jedenfalls **nicht dem Gebäudeverwalter, sondern der im Gebäude tätigen Behörde zu;** vgl näher B.VII.2.a).

246 Vgl zur differenziert zu beurteilenden Rechtslage A.I.2.

tete Auffassung, daß die Hoforganisationsgewalt als vormalige Prärogative der Krone nunmehr auf die BReg übergegangen sei, ist verfehlt, da einerseits nur die nach der vormaligen Verfassung dem Kaiser zugestandenen Rechte übergeleitet wurden[247], andererseits aber auch kein Hof(staat) mehr existierte, der zu organisieren gewesen wäre; denn **höfische** Einrichtungen waren durch den Umsturz zu **staatlichen** geworden, für die nunmehr auch die staatlichen Organisationsvorschriften zu gelten hatten. Die Ausübung th- und fpol Funktionen bedurfte nunmehr zweifellos einer gesetzlichen Grundlage, die im NöThBG gelegen wäre, dessen Anwendbarkeit aber von der staatlichen Verwaltung zu Unrecht verneint wurde. Das StAfHGIB erachtete sich offensichtlich ausschließlich deshalb zur Ausübung der Th- und FPol zuständig, weil jene Gebäudeverwaltungsorganwalter, die zuvor als Hofbedienstete auch die Th- und FPol besorgt hatten, nunmehr seinem Personalstande angehörten. Diese Argumentation leitete somit **behördliche Kompetenzen gleichsam als Annexmaterie aus der Sachkunde des einer Dienststelle zugeteilten Personals ab;** sie verwirft auch die Möglichkeit der Trennung der organisatorischen und funktionellen Organstellung[248]. Das „Bautenamt" behauptete die Zuständigkeit als Theater(feuer)polizeibehörde jahrzehntelang erfolgreich ohne jede gesetzliche Grundlage. Erst 1987 weigerte sich BurgtheaterDir *Peymann* anläßlich der Neuinszenierung von *Shakespeare*s *Richard III.*, die vom BMwA erlassenen sog „sicherheitstechnischen Bewilligungen", die in Form von Feststellungsbescheiden ergangen waren, anzuerkennen[249]; die dadurch unübersehbar gewordene Gesetzlosigkeit der arrogierten „Zuständigkeit" wurde daraufhin durch Erlassung des BThSG beseitigt, wobei jedoch verabsäumt wurde, die der mBV und dem System des BMG widersprechende Zuständigkeit des BMwA als Behörde zu beseitigen[250].

Die PBest sind — soweit sie als nicht ordnungsgemäß kundgemachte VA (VO) zu qualifizieren sind — bereits wegen offenkundigen Wider-

---

247 Art 3 des G über die Staats- und Regierungsform, StGBl 1918/5; vgl A.I.1.b).

248 § 57 NöThBG bestimmte allerdings: „Der Theaterunternehmer ist verpflichtet, auf seine Kosten dafür zu sorgen, daß bei jeder Vorstellung und Generalprobe eine Feuerwache anwesend ist. Diese vorgeschriebene Feuerwache darf **nicht aus Angestellten des Theaters, sondern muß aus Organen der Ortsfeuerwehr** bestehen." Somit bestand ein **gesetzliches Verbot einer Theaterbetriebsfeuerwehr,** das seit Inkrafttreten des BTh-Kompetenztatbestandes am 1.10.1925 durch BG aufzuheben gewesen wäre; da dies — bis zur Erlassung des BThSG — nicht der Fall war, war die **Einrichtung der Betriebsfeuerwehr der BTh gesetzwidrig.** Da das BThSG dem NöThBG jedoch nur (zT) materiell derogierte und die Betriebsfeuerwehr unerwähnt läßt (nur § 11 Abs 2 lit i BThSG spricht von durch VO zu regelnden „Anforderungen an den Sicherheitsdienst der BTh"), gilt das gesetzliche Verbot der Theaterbetriebsfeuerwehr noch heute; Theaterfeuerpolizei**behörde** ist allerdings nunmehr der BMwA.

249 Vgl dazu und zur Vorgeschichte des BThSG ausführlich *Bammer*, BThSG 450 f.

250 Vgl *Bammer*, BThSG 450, sowie B.V.

spruchs zu Art 18 B-VG gem § 1 ÜG 1920 nicht übergeleitet worden und kann daher auch **nicht als durch die B-VGN 1925 kompetenzrechtlich „saniert"** angesehen werden[251]: Als VO wurden sie ab ovo nicht ins B-VG übernommen, als bloß intern geltende Weisungen an unterstellte Organe waren sie keiner Konvalidation als VO oder gar BG zugänglich. Gegen eine rechtmäßige Weitergeltung als VO nach 1925 spräche aber auch die nach wie vor bestehende Gesetzlosigkeit und nicht gehörige Kundmachung, insb aber auch ihre offenkundige Unvereinbarkeit mit den Bestimmungen des gem § 2 ÜG 1920 seit 1.10.1925 als BG geltenden NöThBG; Derogation von Bestimmungen, die als noch in Geltung stehend erachtet worden wären, war unausweichlich.

13. Die Kompetenzkonflikte um die Bundestheater

Bereits mehrfach wurde auf die in der Praxis seit 1920 strittige kompetenzrechtliche Stellung der ehemaligen HTh hingewiesen; im Kern ging es um die Frage, ob die ehemaligen HTh vom sachlichen Geltungsbereich der geltenden allgemeinen ThG (ThO, NöThBG etc) umfaßt waren. Während die Nö LReg und der Wr Magistrat die Auffassung vertraten, die nunmehrigen STh (BTh) seien grundsätzlich wie Privattheater zu behandeln, da ihr Betrieb durch den Staat (Bund) nicht bedeute, daß sie von Allgemeinregelungen ausgenommen seien und daß eine uU bestandene Sonderstellung der HTh durch die Beseitigung der Monarchie jedenfalls untergegangen sei, vertraten die mit der Verwaltung der ehemaligen HTh befaßten staatlichen Einrichtungen die Auffassung, daß aus der Zeit der Monarchie stammende Normen, die seinerzeit auf die HTh keine Anwendung gefunden hätten, auch in der Republik unanwendbar seien. Aus den Akten ergibt sich, daß sich die staatlichen Organe der juristischen Fragwürdigkeit ihrer Argumentation durchaus bewußt waren[252], diese jedoch offenkundig bloß vertraten, um ihre faktisch bestehende „Kompetenz" in thpol Angelegenheiten zu erhalten. Die verschiedenen Einflußnahmeversuche der Landesorgane wurden von *Dirnberger*[253] bereits ausführlich dargestellt, sodaß nur der **juristische Kern der Streitigkeiten** zusammenzufassen ist.

1. Vom Wr Magistrat wurden „der Dion des Operntheaters in Wien über Antrag der Theaterlokal-Kommission für Wien aufgrund des § 111 [NöThBG] folgende Aufträge erteilt: ..."[254]. Von der VwHÄ wurde gegen diese Entscheidung Rekurs

251 Pkte I, II, V, VI: Derogation. Pkte III, IV: Weitergeltung als nicht-heteronome Normen (s zur Begründung im einzelnen *Bammer*, Theater 141 ff).

252 ZB FinProk 29.4.1919, 21953/19/III; BKA 20/6, 93665-16/1925, Besprechung vom 17.6.1925 (Teilnehmer ua *Froehlich* und *Adamovich*).

253 Konflikte, insb 257 ff.

254 MAbt IV-1630/19 vom 15.5.1919.

erhoben, wobei die Kompetenz des Magistrats jedoch nicht grundsätzlich in Frage gestellt wurde[255]. Die von der Nö LReg erlassene Rekursentscheidung[256] wurde von der mit der Vertretung der VwHÄ betrauten FinProk mit Rekurs an das StAfIuU bekämpft, das eine Erledigung dieses Rechtsmittels — offenbar bewußt — unterließ[257].

2. Mit Schreiben vom 26.4.1919 wurde die VwHÄ von der Nö LReg aufgefordert, „um die Verleihung einer [Theater]Konzession einzuschreiten, bzw die Veranlassung zu treffen, daß seitens jener Person, welche den Behörden gegenüber als Unternehmer für den in Frage stehenden Theaterbetrieb zu gelten hätte, um diese Konzession eingeschritten werde. Gleichzeitig wird die geehrte VwHÄ verständigt, daß ... aufgrund des § 112 [NöThBG] ... durch die Theaterlandeskommission für NÖ eine Besichtigung des ‚Schönbrunner Schloßtheaters' stattfinden wird."[258] In einem ausführlichen Gutachten vertrat die FinProk die Auffassung, daß „zur Verwendung des bereits bestehenden Schloßtheaters in Schönbrunn zu öffentlichen Theateraufführungen eine Konzession (iSd § 1 ThO) erforderlich ist, die der Landeschef zu erteilen hätte. ... Auch der Staat als Unternehmer eines Theaters müßte um Bewilligung bei der Landesstelle einkommen, da ja grundsätzlich der behördlichen Gewalt und den bestehenden Verwaltungsnormen auch der Staat unterworfen ist, es wäre denn durch eine Sonderbestimmung der Staat ausgenommen. ... Da die ThO keine Ausnahme enthält, bedarf auch der Staat, der Theatervorstellungen veranstalten will, einer vom Landeschef zu erteilenden Befugnis (Bewilligung)." Als Betriebsleiter könne BurgtheaterDir *Heine* namhaft gemacht werden[259].

Die VwHÄ ersuchte daraufhin die Nö LReg, „die Bewilligung zur Veranstaltung öffentlicher Vorstellungen im Schloßtheater in Schönbrunn zu erteilen. ... Den Spielbetrieb im Schönbrunner Schloßtheater wird der Dir des Burgtheaters Herr *Albert Heine* leiten."[260] Mit Erlaß vom 20.5.1919 erteilte die Nö LReg der VwHÄ die Bewilligung, „während der diesjährigen Sommersaison ... im Schönbrunner Schloßtheater in Wien theatralische Vorstellungen aller Art in deutscher Sprache unter folgenden Bedingungen zu veranstalten: ..."[261] Von der BurgtheaterDion, aber auch von der VwHÄ wurden diese „Bedingungen" als unzumutbar empfunden und eine Abänderungen begehrende Eingabe eingebracht[262]. Diese Angelegenheit wurde offensichtlich nicht weiter verfolgt[263].

3. Mit Zuschriften vom 21.6. und 4.10.1919 richtete die Nö LReg an die VwHÄ die „Einladung, um die Erteilung einer Konzession für den Betrieb der ehemaligen

255 Rekurs der VwHÄ 10.6.1919, ThD 2719/1919.

256 VII 1851/1-19 vom 2.1.1920.

257 *Dirnberger*, Konflikte 273 führt aus, daß „die Staatsämter ... die Vereinbarung getroffen hatten, weder den Magistrat noch die LReg künftig in Aktion treten zu lassen"; der Akt wurde 1928 als unerledigt abgelegt (aaO bei FN 112).

258 Nö LReg VII A — 1280/1919 (= VwHÄ Abt I 19/29/1919).

259 FinProk 21953/19/III vom 29.4.1919 und Nachtrag vom 2.5.1919 (erliegt in: VwHÄ Abt I, 19/29/1919).

260 VwHÄ, Abt I, 19/29/1919, 3491 vom 4.5.1919.

261 Nö LReg 20.5.1919, Pr 892/1919 (erliegt in: VwHÄ, ThD 2234/1919).

262 Vgl dazu näher *Dirnberger*, Konflikte 269 f, mit Hinweis auf GI 2596/1919. Eingabe GI 2234/1919 vom 1.6.1919.

263 *Dirnberger*, Konflikte 270.

k.k. HTh einzuschreiten bzw ein solches Einschreiten seitens jener Stelle zu veranlassen, die den Behörden gegenüber als verantwortlicher Theaterunternehmer zu gelten hätte.“[264] In einem Antwortschreiben vom 14.10.1919 teilte der „Oberste VwHÄ“ der Nö LReg mit, daß er „aus gewichtigen grundsätzlichen Erwägungen“ nicht in der Lage sei, „dem Ansinnen der Nö LReg zu entsprechen“[265]: „Zur Errichtung eines stehenden Theaters war nach § 14 der VO RGBl 1853/10 eine Bewilligung des Kaisers erforderlich. Nun sind die vormaligen HTh aufgrund kaiserlicher Entschließung errichtet worden. In der Anordnung des Kaisers war zweifellos auch die Bewilligung für den ständigen Betrieb der Theater inbegriffen, sodaß die vorgeschriebene Genehmigung der Staatsgewalt vorlag und auch jetzt vorliegt, da sich in dieser rechtlichen Beziehung mit der Übernahme des Betriebes durch den Staat nichts geändert hat. Ein Einschreiten um Erteilung der Konzession, d.i. eine Bewilligung, die nach den geltenden Bestimmungen schon seinerzeit erteilt war, erscheint daher nicht erforderlich. Der Auffassung, es sei durch das ‚HabsburgerG‘, welches alle Vorrechte des Hauses *Habsburg-Lothringen* aufgehoben hat, auch die Sonderstellung der vormaligen HTh beseitigt, kann nicht ohne weiteres beigepflichtet werden. ... Diese staatlichen Kunstinstitute ganz eigener Art ohne weiteres den für andere Theater geltenden Anordnungen automatisch zu unterstellen, geht wohl nicht an. ...“
Die Nö LReg replizierte mit Schreiben vom 12.12.1919 an das StAfIuU, „daß die gegenständlichen Unternehmungen nach Wegfall ihrer Vorzugsstellungen sich nicht als außerhalb des G stehend ansehen und eine Sonderbegünstigung in Anspruch nehmen können, welche gesetzlich nirgends begründet ist. Wenn in der Zuschrift des Obersten VwHÄ zunächst angeführt wird, daß die beiden Theater seinerzeit aufgrund kaiserlicher Entschließungen errichtet wurden, so sei demgegenüber bemerkt, daß die LReg niemals daran gezweifelt hat, daß die Theater auf erlaubte Weise errichtet wurden. Es handelt sich aber im vorliegenden Falle nicht um die übrigens auch für die Errichtung aller anderen stehenden Theater erforderlich gewesene sog allerhöchste Errichtungsbewilligung, sondern um die Befolgung der in § 1 der ThO enthaltenen Bestimmung, daß Theatervorstellungen nur von mit persönlicher Befugnis (Theaterkonzession) versehenen Unternehmen zur Aufführung gebracht werden dürfen; eine solche Befugnis war in früheren Zeiten, in welchen die beiden ehemaligen HTh eine Art extraterritorialer Stellung eingenommen haben, zweifellos nicht erforderlich, ist aber gegenwärtig nach dem Wegfall dieses Privilegiums nach den nunmehr auch für diese Theater geltenden allgemeingesetzlichen Bestimmungen selbstverständlich zu erwirken ...“[266]. Über den weiteren Verlauf dieser konkreten Angelegenheit konnten keine Akten aufgefunden werden, offensichtlich wurde jedoch dem „Ansinnen“ der Nö LReg nicht entsprochen[267].

4. Weder durch das **Inkrafttreten des B-VG 1920** noch durch die Erlassung der in Kapitel A.II.12.b) dargestellten PBest wurde der schwelende Kompetenzkonflikt

---

264 Nö LReg Pr 1060 vom 21.6. und Pr 1060/1 vom 4.10.1919 (zit nach: VwHÄ, ThD 2491/1919 und *Dirnberger*, Konflikte 270).
265 Schreiben *Becks*, ThD 1276/1919, zit bei *Dirnberger*, Konflikte 271.
266 Nö LReg 12.12.1919, Pr 1060/2.
267 Vgl aber *Dirnberger*, Konflikte 271, der von einem „unerledigten Rekursverfahren der LReg“ spricht.

bereinigt; die schon mehrfach zit „Äußerung betreffend Kompetenz in Theaterangelegenheiten"[268] faßt die Meinung der staatlichen Verwaltung wie folgt zusammen: Der Frage betreffend die **Konzession** der HTh könne mit § 2 ThO[269] und mit Hinweis auf die kaiserlichen Willensakte, mit welchen die ehemaligen HTh als Unternehmungen des früheren Hofes ins Leben gerufen wurden, begegnet werden. Der Betrieb des Akademietheaters sei rechtlich lediglich als ein Teil des Schulbetriebes anzusehen. Die Bestimmungen des NöThBG hätten keine Geltung für die HTh gehabt, aber wohl auch nicht für die STh, da zahlreiche Bestimmungen dieses G (insb §§ 14, 57, 108, 110, 113) lediglich auf Privatunternehmer anwendbar seien; daher bestehe keine Zuständigkeit der Theater-Lokalkommission und der Theater-Landeskommission. Von „großem Einfluß für eine ablehnende Haltung in allen diesen Fragen" sei, daß die Gemeinden die sonst zu ihrem Wirkungskreis gehörenden Amtshandlungen nur im Einvernehmen und unter Zustimmung der Hofämter vornehmen konnten. Das Akademietheater sei kein Theater iSd § 1 NöThBG, da es nicht vorwiegend zur öffentlichen Aufführung von Bühnenwerken bestimmt sei. Hinsichtlich der **Handhabung der PolGewalt** hätten keine grundlegenden Bestimmungen aufgefunden werden können, im allgemeinen habe wohl die Auffassung bestanden, daß die PolGewalt in den HTh in letzter Linie dem OMeA zugestanden sei. In **baupol Hinsicht** bestimme § 106 Wr BauO, daß in baupol Hinsicht Staats- und früher Hofbauten den allgemeinen Normen unterworfen seien. Durch die **FPolO** seien zwar keine generellen Ausnahmebestimmungen betreffend Hof- oder Staatsgebäude normiert, §§ 12, 26 Abs 2 und 27 anerkennten jedoch eine Sonderstellung der HTh, nicht jedoch von Staatsgebäuden. Das B-VG 1920 erkläre in Art 10 Abs 1 Z 13 zur Bundessache in Gesetzgebung und Vollziehung die „Angelegenheiten der künstlerischen und wissenschaftlichen Sammlungen und Einrichtungen"; nach dem Wortlaut könne es leider nicht als sicher bezeichnet werden, ob Theateragenden unter „künstlerische Einrichtungen" subsumiert werden könnten. Dem Vernehmen nach sei seitens der Ländervertreter bei den Beratungen des B-VG gerade auf Angelegenheiten des Theaters als Landessache besonderer Wert gelegt worden. Auch Angelegenheiten der BTh seien sohin, sofern sie nicht als „künstlerische Einrichtungen" betrachtet werden könnten, dem selbständigen WB der Länder zuzurechnen. Jedoch sei der Bund zweifellos berechtigt, BTh zu besitzen und neue zu errichten, allerdings nur aufgrund einer vom Lande zu erteilenden Bewilligung und bei etwaigen Bauführungen unter Aufsicht des Landes, bzw in Wien unter Aufsicht des Stadtsenates.

5. Am 26.5.1921 richtete der Bgm der Stadt Wien eine „Beschwerde über das Verhalten der BM in Angelegenheiten der STh" an den BK, da man seitens des Bundes offenbar nicht daran dachte, für den neuerlich aufgenommenen Betrieb des Schönbrunner Schloßtheaters um eine Konzession beim Wr Magistrat anzusuchen oder dessen Zuständigkeit nach dem (nunmehr als Wr LG geltenden) NöThBG zu beachten[270]. Dieses Schreiben blieb unbeantwortet.

---

268 Blg zu UA 21487/1920.

269 „In Absicht auf Errichtung von Theatergebäuden und auf Erlangung von Befugnissen zu Theaterunternehmungen bleiben die bestehenden Vorschriften und die einzelnen Anstalten erteilten Privilegien in Kraft ..."

270 MAbt 26.5.1921, 52/1074/21. Inhaltlich ausführlich bei *Dirnberger*, Konflikte 273 f.

6. Immerhin kam es 1924 zu einem Schriftwechsel anläßlich der Übergehung des Wr Magistrats bei Baumaßnahmen im Schönbrunner Schloßtheater[271], der jedoch auch keine Annäherung der Standpunkte bewirkte. Ein kleiner Brand im Akademietheater am 2.2.1925, ein Konzessionsansuchen des Unternehmers, dem das Schönbrunner Schloßtheater 1925 erstmals verpachtet wurde[272] und die Publikation der „Vorschriften für den Sicherheitsdienst in den BTh" durch BMHV, BMU und BKA hatten zur Folge, daß der Wr Stadtsenat beschloß, beim VfGH einen „Antrag auf Entscheidung eines Kompetenzkonfliktes des Landes Wien mit dem Bunde betreffend die Handhabung der F- und SiPol im Schönbrunner Schloßtheater" einzubringen[273]. Gem Art 138 lit c B-VG 1920 war der VfGH berufen, über positive Kompetenzkonflikte zwischen einem Land und dem Bund zu erkennen[274]. Begründet wurde das Vorliegen eines „bejahenden Kompetenzkonflikts zwischen dem Land Wien und dem Bund" folgendermaßen[275]:
„Anläßlich der Übernahme des pachtweisen Betriebes des Schönbrunner Schloßtheaters durch Dir *Rainer Simons* hat der Magistrat die vor Aufnahme des Betriebes notwendigen f- und sipol Erhebungen teils selbst, teils durch die Theater-Lokal-Kommission vorgenommen. Bei diesen Amtshandlungen haben die Vertreter des Bundes die Erklärung abgegeben, daß nach Ansicht der Bundesbehörden diese Verwaltungsangelegenheit in die Kompetenz des Bundes falle. Schließlich wurde dieser Standpunkt in der Zuschrift des BMU (BThK) vom 29.5.1925, Z 1307/1925 dem ‚Bgm und LH' formell mitgeteilt. Hinach nimmt ‚die Bundesverwaltung auch für die Dauer des Pachtvertrages des Dir *Rainer Simons* in diesem Theater, dessen räumliche Zugehörigkeit zu den BTh durch die Verpachtung nicht berührt wird, die Handhabung der Th- und SiPol, insb die Beistellung der Feuerwache und des behördlichen Inspektionsdienstes' für sich in Anspruch." Im Antrag wurden weiters die PBest angeführt, die nach Auffassung des Wr Stadtsenates die BTh zu Unrecht von der Anwendung des NöThBG ausnahmen. Vorrechte der HTh, wenn sie überhaupt bestanden hätten, seien durch das HabsburgerG beseitigt worden, eine **„Autonomie der STh"** könne sich nicht auf die VASTh stützen, die lediglich die Stellung der STh als Betrieb des Bundes regle, sie aber keineswegs von den bestehenden G eximiere; schließlich falle nach § 80 der Verfassung der Bundeshauptstadt Wien vom 10.11.1920, LGBl 1, die **FPol** sowie die **öSiPol** ohne Einschränkung in den selbständigen WB der Gemeinde Wien. § 26 der FPolO sei durch die Aufhebung aller Vorrechte des Hauses Habsburg-Lothringen beseitigt worden, § 12 FPolO nehme nicht nur die HTh, sondern auch alle übrigen Theater von der allgemeinen Feuerbeschau aus, weil für sie besondere G einschlägige Vorschriften enthielten. Durch interne, die Verwaltung der STh betreffende Vorschriften könnten selbstverständlich bestehende gesetzliche Bestimmungen für ihre Überwachung ebensowenig geändert werden wie durch die interne Organisation der Verwaltung eines Privattheaters. Die eingangs erwähnte Amtshandlung im Schönbrunner Schloßtheater gebe nunmehr die Möglichkeit, den Kompetenzkonflikt vor dem VfGH zur Austragung zu bringen. Der Wr Stadtsenat als LReg sei jedoch keines-

271 *Dirnberger*, Konflikte 276 f mwN.
272 Vgl näher *Dirnberger*, Konflikte 277 f mwN.
273 Präs 1628/25; erliegt in: VfGH K 5/25.
274 Vgl *Kelsen/Froehlich/Merkl* 250 ff.
275 Wr Stadtsenat Präs 1628/25, in: VfGH K 5/25; Hervorhebungen von mir.

wegs bestrebt, auf diesem Gebiete seinen Wirkungskreis auszudehnen. Vielmehr könnten gesetzliche Verantwortlichkeiten nicht dadurch beseitigt werden, daß der Theatereigentümer sie für sich selbst in Anspruch nehme, derartige Verantwortlichkeiten im Falle eines Theaterbrandes seien eine sehr ernste Sache, wie sich im Falle des Ringtheaterbrandes gezeigt habe, nach dem sich der Bgm der Stadt Wien und die amtlichen Organe des Magistrats und der PolDion vor dem Strafgericht verantworten mußten.

§ 114 NöThBG ordne an, daß mangels abweichender Anordnungen des ThBG die allgemeinen Bestimmungen der BauO und FPolO sowie der GemeindeG unberührt zu bleiben hätten; dies gelte insb auch von den Vorschriften dieser G über das Verfahren und die Kompetenz der Behörden. Nach der **Wr BauO** sei idR die Kompetenz des Magistrates im selbständigen WB gegeben, die Ausnahmeanordnung des § 106 sei durch LG (Nö LGVOBl 1920/547, 808) dahingehend geändert worden, daß die bisher der Statthalterei vorbehaltenen Aufgaben nunmehr dem Wr Magistrat als politischer Landesbehörde übertragen worden seien. Hinsichtlich der in § 106 BauO angeführten Akte sei somit **nunmehr der Magistrat als politische Landesbehörde zuständig,** in allen sonstigen Angelegenheiten der Magistrat im selbständigen WB; da die ersteren Amtshandlungen bei weitem überwögen, spiele der selbständige WB hinsichtlich der BauPol bei den BTh eine untergeordnete Rolle. Die Handhabung der **FPol** falle sowohl nach der Gemeindeverfassung (§ 80) als auch nach der FPolO in den selbständigen WB der Gemeinde. Von der allgemeinen Feuerbeschau nach § 12 der FPolO seien alle Theater ausgenommen, weil für diese eben besondere Vorschriften des NöThBG (seinerzeit des ThBG von 1882, LGVOBl 68) Geltung hätten. Die Handhabung der **SiPol** obliege nach § 80 der Gemeindeverfassung dem Magistrat im selbständigen WB, soweit sie nicht ausdrücklich, insb nach den Bestimmungen des ThG [gemeint wohl: ThO 1850] der PolDion vorbehalten sei. „Der Stadtsenat beantragt sohin, der VfGH wolle entscheiden, daß die Handhabung der F- und SiPol im Schönbrunner Schloßtheater und zwar gleichgültig, ob dieses Theater vom Bunde unmittelbar oder durch einen Pächter betrieben wird, eine Angelegenheit des selbständigen WB des Landes Wien ist, hinsichtlich der SiPol mit der Einschränkung, daß der PolDion der ihr in dieser Richtung gesetzlich zukommende Wirkungskreis vorbehalten bleibt."

In einer daraufhin abgehaltenen **Besprechung im BKA**[276] vertrat *Froehlich* folgenden Standpunkt: **„Es sei zu unterscheiden 1. Spielerlaubnis, 2. BauPol, 3. FPol, 4. Zensur.** Zu Pkt 1. sei eine Ausnahmestellung für die Staatsoper und das Burgtheater ohne Zweifel dadurch begründet, daß seinerzeit deren Erteilung durch einen Willensakt des Monarchen möglich war, der unverändert auch derzeit noch fortwirkt. Das Schönbrunner Schloß- und das Akademietheater dagegen unterliegen den allgemeinen Vorschriften. Was die Pkte 2. und 3. anbetrifft, so gelten für die BTh die allgemein verbindlichen Vorschriften. Pkt 4. sei heute nicht weiter zu erörtern. **Bei dieser Sachlage müsse er anraten, den Magistrat klaglos zu stellen."** Dieser Auffassung war auch der Vertreter der FinProk, der aber meinte, daß „auch im Bezug auf die Spielerlaubnis die für Theater im allgemeinen geltenden Vorschriften Anwendung zu finden" hätten. Der Vertreter des BMHV vertrat die Ansicht, „daß die magistratische Kompetenz als Baubehörde immer anerkannt

276 BKA 20/6, 93665-16/1925. Vgl auch *Dirnberger*, Konflikte 278 f. Hervorhebungen von mir.

worden sei und nur hinsichtlich seiner Stellung als Theaterbehörde Zweifel bestanden hätten." *Froehlich* meinte, daß die VASTh „keine Grundlage für eine Sonderstellung der BTh" biete. *Adamovich* vertrat die Auffassung, „daß eine Ausschaltung des Magistrates als Theaterbehörde nur dann denkbar wäre, wenn das OMeA aufgrund einer nach dem Umsturz aufrecht erhaltenen Norm thpol Befugnisse ausgeübt hätte." *Froehlich* meinte, „daß solche Normen nicht bestanden hätten und außer einem kaiserlichen Handschreiben an den Intendanten der HTh, Baron *Plappart,* das aber auch keinen Hinweis auf eine behördliche oder pol Wirksamkeit enthalte, nichts vorfindig gewesen sei."

Die Stichhältigkeit der Argumentation des Wr Stadtsenates wurde somit auch von den Organen des Bundes — zumindest intern — zugegeben. Es sollte jedoch zu keinen weiteren Verfahrensschritten vor dem VfGH kommen: Völlig unabhängig vom Antrag des Wr Stadtsenates war die Beratung der B-VGN 1925 in eine entscheidende Phase getreten; Mitte Juli 1925 war man in den Parteiengesprächen übereingekommen, daß das „Theater- und Kinowesen" im Kompetenzverteilungssystem des B-VG Landessache in Gesetzgebung und Vollziehung bleiben sollte, daß aber „alle Angelegenheiten der BTh" von der Kompetenz der Länder ausgenommen werden sollten[277]. Die B-VGN wurde am 30.7.1925 beschlossen. Der Katalog der Bundeszuständigkeiten in Gesetzgebung und Vollziehung in Art 10 enthielt mit Wirkung vom 1.10.1925 den zit BTh-Kompetenztatbestand. Die Einführung dieser Bestimmung dürfte für die bislang an den dargestellten Kompetenzstreitigkeiten beteiligten Organe des Bundes und des Landes Wien überraschend gekommen sein[278]; es ist **in den Akten kein Anhaltspunkt dafür aufzufinden, daß diese Bestimmung eingeführt wurde, um einer Entscheidung des VfGH über den Antrag des Wr Stadtsenates zuvorzukommen.** Im Ergebnis stellte dieser juristische Kompetenzverzicht bloß eine **nachträgliche Anerkennung des de facto bestehenden Zustandes** dar und schien somit prima facie keinen tatsächlichen Kompetenzverlust darzustellen — auch diese Überlegung dürfte die Kompromißbereitschaft der Sozialdemokraten in den Parteiengesprächen erklären. Die B-VGN 1925 hatte zur Folge, daß das **Verfahren vor dem VfGH am 19.10.1925 „infolge Zurückziehung" eingestellt wurde**[279] und daß damit die Kompetenzkonflikte um die BTh bereinigt schienen. Doch schon wenige Monate später waren die BTh Gegenstand neuerlicher Kompetenzstreitigkeiten; diese werden in Kapitel A.IV.1. bei der Behandlung der B-VGN 1926 dargestellt.

277 Dazu ausführlich A.III.3.
278 Vgl *Dirnberger*, Konflikte 279.
279 VfGH K 5/25; vgl auch *Dirnberger*, Konflikte 279.

III. „Alle Angelegenheiten der Bundestheater" — Die B-VG-Novelle 1925

1. Überblick

Durch die **B-VGN 1925,** BGBl 268, wurde die bislang durch § 42 ÜG 1920 suspendierte Kompetenzverteilung des B-VG 1920 in Kraft gesetzt. Die Verfassungsreform des Jahres 1925 beschränkte sich allerdings nicht darauf, die Art 10 — 12 und 15 B-VG idF des B-VG 1920 in Kraft zu setzen, vielmehr wurden zahlreiche Kompetenztatbestände abgeändert oder neu geschaffen. Art I § 4 Z 6 der B-VGN 1925 ordnete an: „In Z 13 ist vor dem Worte: ‚Denkmalschutz' einzufügen: ‚alle Angelegenheiten der BTh;'" Das B-VG 1920 hatte bis dahin — als sachlich nahestehend — lediglich in Art 10 Z 13 den Kompetenztatbestand „Angelegenheiten der künstlerischen und wissenschaftlichen Sammlungen und Einrichtungen" enthalten[1]. Dieser Kompetenztatbestand wurde unverändert übernommen; die Formulierung „alle Angelegenheiten der BTh" stellt sohin eine völlige Neuschöpfung dar. Bereits durch die **B-VGN 1926,** BGBl 191, wurde der neu geschaffene Kompetenztatbestand abgeändert: Nach „alle Angelegenheiten der BTh" wurden die Worte „worin jedoch die Bestimmung der Baulinie und des Niveaus sowie die baubehördliche Behandlung von Herstellungen, die das äußere Ansehen der Theatergebäude betreffen, nicht inbegriffen sind;" eingeschaltet. Die unzutreffenderweise als „**Zweite** Bundes-Verfassungsnovelle" bezeichnete Abänderung des B-VG im Jahre 1929, BGBl 392, ordnete in Art I § 2 Z 5 neuerlich die Einschaltung der bereits durch die B-VGN 1926 in das B-VG eingefügten Wortfolge an. **1984** wurde der Kompetenztatbestand durch das BVG BGBl 490 zum bislang letzten Mal novelliert; er lautet in der nunmehr geltenden Fassung: „Angelegenheiten der BTh mit Ausnahme der Bauangelegenheiten".

Bedeutung, Reichweite und Inhalt dieses auf den ersten Blick präzisen und unproblematischen Kompetenztatbestandes sollen nunmehr näher untersucht werden. Dazu sollen die von Lehre und Jud zur Auslegung von Kompetenznormen entwickelten Interpretationsmethoden und Grundsätze herangezogen werden. Der Gang der Untersuchung trägt allerdings den **Besonderheiten des Kompetenztatbestandes** Rechnung: Einerseits wird von ihm keine bloße Rechtsmaterie angesprochen, es wird vielmehr auch die Regelung (aller) Angelegenheiten von — allerdings juristisch definierten — **Tatsachen**[2] in Gesetzgebung und Vollziehung dem Bund zugewiesen. Andererseits ist der Ausschnitt der Wirklichkeit, zu dessen normativer Erfassung der Kompetenz-

---

1 Vgl dazu A.III.6.a)(1).

2 Vgl *B. Davy,* Gefahrenabwehr 139 ff (152 ff), der von „Gefahrenquelle- und Schutzgut-Kompetenzen" spricht.

tatbestand den Bund ermächtigt, im Vergleich zu den übrigen vergleichbaren Tatbeständen der Art 10 — 12 verhältnismäßig präzise definiert; dem **geringen Abstraktionsgrad** entspricht aber auch der sehr **beschränkte Umfang des möglichen Regelungsgegenstandes**. Das zur Auslegung des Kompetenztatbestandes heranziehbare Rechtsmaterial weist idR einen geringen Abstraktionsgrad bzw zT auch einen individuellen Adressatenkreis auf. Zur Erhellung des Willens des historischen Verfassungsgesetzgebers ist mangels jedweder Ausführungen in den Erläuterungen der B-VGN 1925 darüberhinaus die Untersuchung der historischen politischen Situation im allgemeinen und der tatsächlichen Vorgänge im Bereich der BTh im besonderen angebracht.

2. Die Regierungsvorlage zur Verfassungsreform

Die in Kapitel A.II.13. dargestellten Kompetenzstreitigkeiten riefen in der Öffentlichkeit kaum Aufmerksamkeit hervor. Auch das parlamentarische und politische Leben wurde durch diese Vorgänge nicht weiter beeinflußt[3]. Allerdings enthielt der von der BReg eingebrachte Entwurf einer B-VGN[4] eine für eine mögliche Lösung dieser Kompetenzstreitigkeiten bedeutsame Bestimmung: Art I § 4 Z 5 der RV lautete: „In Z 13 ist vor dem Worte: ‚Denkmalschutz' einzufügen: ‚Theater- und Kinowesen;'"[5]. Noch am 11.3. und am 21.4.1925 hatte § 4 in internen Entwürfen des BKA bloß die Fassung: „Das erste Wort des Art 10, Z 11 und ebenso das erste Wort des Art 12, Z 5, hat ‚Arbeitsrecht' statt ‚Arbeiterrecht' zu lauten."[6] Die schließlich eingebrachte RV zur B-VGN enthielt bereits Abänderungen der Ziffern 7, 9, 10, 11 und 13 des Art 10 B-VG[7].

---

3 Es ist aus der Zeit bis 1925 kein parlamentarisches Dokument auffindbar, in dem der fpol bzw sipol Aspekt der BTh behandelt wird. Ebensowenig befaßte sich der Wr Landtag mit den Kompetenzstreitigkeiten.

4 RV 327 BlgNR II. GP.

5 Bereits der erste Verfassungentwurf der chrsoz Partei aus dem Jahre 1919 (231 BlgKNV) enthielt in Art 14 Abs 2 lit e einen Kompetenztatbestand „Regelung des Theaterwesens" zugunsten der „Bundesgewalt". Auch im legistischen Vorentwurf der Staatskanzlei aufgrund der Stellungnahme der Staatsämter war ein Kompetenztatbestand „Presse-, Theater- und Lichtspielwesen" enthalten, der nach Auffassung der Staatskanzlei jedoch „mit Rücksicht auf Art 121[?] der Verf. wegzulassen sei" (*Ermacora* III 117 ff [118 f]).

6 Staatskorrespondenz 11.3.1925, mit Berichten über eine an diesem Tag stattgefundene „Länderkonferenz" und über den Inhalt der geplanten B-VGN. Auch ein in den Akten des BKA ohne GZ liegender „Entwurf vom 21.4.1925" enthält lediglich in „§ IV" die Änderung des Art 10 Z 11 und Art 12 Z 5 B-VG von „Arbeiterrecht" in „Arbeitsrecht".

7 In der „Deutschen Zeit" vom 26.5.1925 erschien ein Art über „Die Verfassungsreform — Aus einem Gespräch mit dem Abg. *Clessin*", in dem dieser mit folgenden Worten zitiert wird: „Um **ein Vergessen bei der seinerzeitigen Ausarbeitung der Kompetenzartikel** gutzumachen, wurde ferner angeregt, die Gesetzgebung über das **Theater- und Kinowesen**, welche den Ländern zugefallen wäre, in die Kompetez des Bundes zu überweisen." (Hervorhebungen von mir.)

3. Das parlamentarische Verfahren

Der VerfA, dem die RV zugewiesen worden war, beschloß in seiner Sitzung vom 27.5.1925 die Einsetzung eines neungliedrigen Unterausschusses zur Beratung der Vorlage. Die erste Sitzung dieses UAVerfA fand am 5.6.1925 statt[8]. Vorweg wurde beschlossen, die Generaldebatte zunächst über die B-VGN und das RHG abzuführen[9]. Nach einer Grundsatzdebatte wurde auf die einzelnen Kompetenztatbestände der Vorlage eingegangen; das Prot der Debatte über das „Theater- und Kinowesen" hat folgenden Wortlaut:

„Präs *Seitz* wendet sich, auf Pkt 5 des § 4 übergehend, gegen die Kompetenz des Bundes im Theater- und Kinowesen. Dasselbe müsse Landessache bleiben, da die Zensur auf die Besonderheiten an Ort und Stelle Rücksicht nehmen müsse. NR *Austerlitz* pflichtet dieser Anschauung nicht bei; es bestehe die Gefahr, daß Österreich in Angelegenheiten der Literatur und Kunst vollständig den Landeshauptleuten überliefert werde, die durch ihre Verbote Österreich vor dem Auslande bloßstellen könnten. Präs *Seitz* bezweifelt, daß in den letzten Jahren Rekurse gegen Verbote der Landeshauptleute an das Min gegangen wären. Es bestehe jedoch kein Anstand, gegen erlassene Verbote einen weiteren Rekurs zuzulassen, doch könne Redner jedenfalls einem Weisungsrecht an die LRegen nicht zustimmen. Man müsse daher hier eine eigene Formel finden, die ausschließlich die Möglichkeit eröffnet, gegen Verbote der Landeshauptleute noch an eine weitere Instanz zu appellieren. NR *Austerlitz* hält es für notwendig, daß die Frage des Weisungsrechtes der BReg an die Landeshauptleute geklärt werde. Der Obmann stellt fest, daß sich die Mehrheit für die beantragte Fassung des § 4, Z 5 ausspricht."[10]

Die Sitzung des UAVerfA vom 9.6.1925 sollte die letzte für längere Zeit bleiben; es wurde kein weiterer Termin vereinbart, Verhandlungsmöglichkeiten bestanden nunmehr direkt zwischen den politischen Parteien. In der Zeit zwischen 9. 6. und 23.7.1925, der dritten und letzten Sitzung des UAVerfA, fanden, wie aus mehreren Quellen hervorgeht[11], derartige „Parteibesprechungen" statt. Aufgrund der sehr dürftigen Quellen läßt sich mit Sicherheit allerdings nur sagen, daß diese Besprechungen überhaupt stattgefunden haben. Prot der „Parteibesprechungen" konnten jedoch nicht aufgefunden werden; ebensowenig läßt sich den Tages- und Parteizeitungen dieser Tage Genaueres entnehmen[12].

8 ProtUAVerfA zur Beratung der Vorlagen 324 — 327 vom 5.6.1925, vormittags.

9 Zum Text des Prot der Generaldebatte des UAVerfA *Bammer*, Theater 156 ff. Über die „Parteigespräche" zwischen 9.6. und 23.7.1925 konnten trotz intensiver Recherchen weder im Parlamentsarchiv noch in den anderen Archiven Unterlagen aufgefunden werden.

10 ProtUAVerfA vom 5.6.1925, nachmittags, 6.

11 ProtUAVerfA vom 23.7.1925, 11.00 Uhr, 1 („... Dr *Gürtler* hebt die Unterschiede, die sich aufgrund der Parteibesprechungen ergeben haben, hervor ...").

12 AdR: ChrsozPK sdPK, sd Parteistellen; Parlamentsarchiv. Arbeiter-Zeitung, NFP, WZ, Reichspost.

Vereinzelte Hinweise auf den Verlauf der Parteigespräche lassen sich den Prot des chrsozPK und den Unterlagen des sdPK[13] entnehmen. Die Prot der Sitzungen des chrsozPK dieser Zeit sind bedauerlicherweise nur in Gablenzer Kurzschrift erhalten: Mitte Juli 1925 fanden beinahe täglich Klubsitzungen statt, in denen auch der Fortgang der „Parteigespräche" zur Sprache kam. Das Prot der Sitzung vom 16.7.1925 kann **mittelbar** über den Gang der Parteigespräche zum hier interessierenden Tatbestand Aufschluß geben[14]:

„BK *Ramek* berichtet über die Verhandlungen — ‚möglichst umfassende Darstellung der Verfassungsänderungen' — ‚grundsätzliche Einigung' — ‚bezüglich der Kompetenzartikel besteht doch eine Einigkeit oder wenigstens Lage geklärt' — **‚dann größten Wert, daß Theater und Kino Bundessache werden. Sozi zugestimmt, daß BTh ausgenommen werden'.“**

Diese Passage läßt folgenden Schluß zu: Die (chrsoz) BReg verfolgte mit dem beantragten Kompetenzartikel „Theater- und Kinowesen" das Ziel, primär dem „roten" Wien die Gesetzgebungs- und Vollziehungszuständigkeit in Veranstaltungsangelegenheiten zu entziehen. Die Sozialdemokraten widersetzten sich, wie bereits aus dem Prot vom 9.7.1925 hervorgeht, diesem Plan offenbar mit Erfolg; die Äußerung von BK *Ramek* zeigt, daß der Herausnahme der BTh aus der weiterbestehenden Länderkompetenz ein politischer Kompromißcharakter zukommt. **„Geopfert" wurde nicht die allgemeine Zuständigkeit für eine Materie, sondern nur jene für bestimmte Theater.**

In den Unterlagen des sdPK konnten mehrere — jeweils unterschiedlich abgeänderte — maschingeschriebene Fassungen der RV aus verschiedenen Diskussionsphasen aufgefunden werden[15]: Aus diesen ergibt sich eindeutig, daß am **1.7.1925 noch keine Einigung über die zukünftige Fassung des Art 10 Z 13 B-VG herrschte,** da noch die von den Sozialdemokraten abgelehnte Formulierung der RV unverändert enthalten war. Ein ebenfalls in der Mappe „Verfassungsreform" des sdPK erliegender undatierter und nicht registrierter Zettel enthält den einzigen auffindbaren Hinweis auf **alternative Formulierungen des BTh-Kompetenztatbestandes:** „Im § 4 der B-VGN hat Pkt 5 zu lauten: ‚in Z 13 ist vor dem Worte: ‚Denkmalschutz' einzufügen: **‚Angelegenheiten der BTh mit Ausnahme der bau-, feuer- und sicherheitspolizeilichen;'.“** Es kann nicht weiter verwundern, daß dieser Vorschlag nicht verwirklicht wurde: Denn demnach hätte der Bund lediglich keiner (neuen[16]) Konzession und keiner

13 AdR, sdPK, Karton 116, Mappe Verfassungsreform 1925; chrsozPK, Karton 93.

14 Aus dem Zusammenhalt mit Prot anderer Klubsitzungen ergibt sich, daß es sich um eine „Verhandlung" vom selben Tag gehandelt haben dürfte.

15 SdPK, Karton 116, Mappe Verfassungsreform 1925.

16 S zur umstrittenen Frage des Fortbestehens „mitgedachter" AhE hinsichtlich der HTh in der republikanischen Rechtsordnung A.II.13.

Aufführungsbewilligungen (dh: Zensur[17]) bedurft; beide Rechtsinstitute wären — in der Praxis — für die BTh bedeutungslos gewesen. Sonstige relevante Unterlagen konnten in Parteiarchiven oder in den Akten des BKA nicht aufgefunden werden[18]. Das ProtUAVerfA vom 23.7.1925 ist wieder parteipolitisch neutral gefaßt:

„Berichterstatter NR Prof Dr *Gürtler* hebt die Unterschiede, die sich auf Grund der Parteibesprechungen ergeben haben, hervor, soweit sie in den gedruckten Vorlagen noch nicht enthalten sind.

Bundes-Verfassungsnovelle (Nr 327)

Der UAVerfA einigte sich hinsichtlich folgender Änderungen:
... Die bisherige Zahl 4 als: ‚5. In Zahl 13 ist vor dem Worte Denkmalschutz einzufügen: ‚alle Angelegenheiten der BTh;'
Die NR *Austerlitz* und *Seitz* erwähnen Schwierigkeiten, die sich für **Wien** in künstlerischer (Zensur), bau- und fpol Hinsicht daraus ergeben werden, falls nach drei Jahren ein BG für die BTh, ein LG für die übrigen Theater zu gelten hätte. BK Dr *Ramek* hält eine besondere gesetzliche Regelung für notwendig. ...“[19]

Die weitere parlamentarische Behandlung des Kompetenztatbestandes war unproblematisch[20]: Auch der Debatte vom 30.7.1925 im Plenum des NR lassen sich keine Hinweise auf die Hintergründe der Änderung von „Theater- und Kinowesen“ in „alle Angelegenheiten der BTh“ entnehmen. Die B-VGN 1925 wurde am 12.8.1925 unter BGBl 269 verlautbart und trat zufolge ihres Art II hinsichtlich der Kompetenzartikel am 1.10.1925 in Kraft.

---

17 S A.II.5. Vgl zum Zusammenhang zwischen Zensur und Jugendschutz A.III.6.b)(3) und A.IV.3.

18 Vgl aber das im MR-Akt Nr 581 erliegende Prot einer „informellen Besprechung“ vom 20.9.1929, in der Vizekanzler *Schumy* folgende Auffassung vertrat: „... Im Jahre 1925 sei Wien bereit gewesen, diese Angelegenheiten in die Kompetenz des Bundes zu übergeben. Man sei aber dann wieder davon abgekommen zum Nachteil der öffentlichen Moral. ...“ (zit nach *Berchtold*, Verfassungsreform I 95 f [97]). Nach den auffindbaren Unterlagen läßt sich diese Behauptung nicht belegen.

19 ProtUAVerfA vom 23.7.1925, 11.00 Uhr, 1 f. Es ist nicht klar, welche Bedeutung die angesprochene Dreijahresfrist haben soll: Lediglich für „StG einschließlich früherer RG“, die zur Gänze Angelegenheiten des Art 12 B-VG regelten, galt gem § 3 Abs 2 ÜG 1920 idF der ÜG-Nov 1925 die Regelung, daß sie noch für drei Jahre als BG weitergelten konnten, sofern sie nicht durch ein Art-12-BG außer Kraft gesetzt wurden.

20 S näher *Bammer*, Theater 162.

4. Die unterverfassungsrechtliche Rechtslage bei Inkrafttreten der B-VG-Novelle 1925 (Das Versteinerungsmaterial)

a) Zur allgemeinen Überleitung und Einordnung der unterverfassungsrechtlichen Rechtsvorschriften

Durch das Inkrafttreten der Kompetenzbestimmungen des B-VG am 1.10.1925 waren die §§ 2 — 5 ÜG 1920 zur Gänze anwendbar geworden; diese Bestimmungen sollten „eine den Kategorien des B-VG entsprechende Qualifikation der geltenden Rechtsnormen hinsichtlich ihrer Träger — Bund oder Land" vornehmen[21]. Die Novellierung des ÜG 1920, die anläßlich der B-VGN 1925 erfolgte, änderte hinsichtlich der §§ 2 — 5 ÜG 1920 lediglich § 3 Abs 2 ab[22]. § 2 ÜG 1920 bestimmte unverändert, daß in den Angelegenheiten der Art 10 und 11 B-VG die StG, einschließlich früherer RG, sowie die LG — diese für das Land, in dem sie erlassen worden sind, — BG iSd B-VG zu werden hatten. Korrespondierend zu § 2 ÜG 1920 bestimmte § 4 leg cit, daß bestehende LG in Angelegenheiten des Art 15 Abs 1 B-VG LG iSd B-VG zu bleiben hätten, soweit solche Angelegenheiten jedoch bisher durch StG (frühere RG) geregelt worden waren, hätten diese in jedem Land als LG iSd B-VG zu gelten.

Aus diesen Bestimmungen ergibt sich somit folgende **Rechtslage zum Zeitpunkt 1.10.1925,** dem Tag des Inkrafttretens der B-VGN 1925: In einer Angelegenheit, die nunmehr nach Art 10 und 11 B-VG in die ausschließliche Gesetzgebungskompetenz des Bundes zu fallen hatte, erfuhren bisherige BG keine Änderung ihrer Qualität. Wurde eine Angelegenheit bislang durch LG geregelt, die nunmehr nach den Art 10 und 11 B-VG durch BG zu regeln war, galten diese LG in dem Land, in dem sie erlassen wurden, als „partikuläre" BG weiter, dh der örtliche Geltungsbereich der nunmehrigen BG war auf jenen der ehemaligen LG beschränkt. Frühere LG hatten in Angelegenheiten des Art 15 Abs 1 B-VG LG iSd B-VG zu werden; wurden Angelegenheiten des Art 15 Abs 1 B-VG früher durch RG, StG oder BG geregelt[23], so hatten diese als LG iSd B-VG in jedem Land weiterzugelten. Die Bestimmungen der §§ 2 — 4 hatten gem § 5 ÜG 1920 sinngemäß auch für die aufgrund dieser G ergangenen VO zu gelten.

Nunmehr ist zu untersuchen, wie die in Kapitel A.I. und II. dargestellten Normen anhand der §§ 2 ff ÜG 1920 einzuordnen waren[24].

---

21 *Kelsen/Froehlich/Merkl* 309.

22 Art I § 1 ÜG-Nov 1925.

23 1925 konnte nicht mehr von StG/RG gesprochen werden, da diese 1920 durch die insofern anwendbaren §§ 2 ff ÜG 1920 bereits zu BG geworden waren.

24 S zur Überleitung der KinematographenVO RGBl 912/191 sowie der VO RGBl 1868/81 *Bammer,* Theater 177 f.

b) Hof(kanzlei)dekrete

Im folgenden wird davon ausgegangen, daß präkonstitutionelle Normen seit Einführung des konstitutionellen Systems als G galten, soferne sie seit 1867 mit diesen Inhalten nur als G erlassen werden durften; dies dürfte der bis 1920 herrschenden Auffassung entsprechen. Durch § 1 ÜG 1920 wurden lediglich G und VO übergeleitet, jedoch keine sonstigen generell-abstrakten Allgemeinregelungen. Es wäre jedoch nicht einzusehen, warum eine vom absoluten Monarchen vor 1867 erlassene generell-abstrakte Norm bis 1918 als VO und nicht als G gelten hätte sollen[25]. Diese Normen wurden daher bereits **durch § 16 Staatsgründungsbeschluß als G rezipiert und wurden auch als solche in das System des B-VG 1920 eingeordnet.** Für ihre **Einordnung** war jedoch bis 1925 die Verfassung von 1867 maßgeblich, wobei wohl entgegen der Intention des historischen Verfassungsgesetzgebers die **positivierte Rechtslage** und nicht die — zT verfassungswidrige — Praxis ausschlaggebend war[26].

c) Verordnung vom 25.11.1850 (Theaterordnung)

Die ThO, die schon zur Zeit der Monarchie als in Gesetzesrang stehend angesehen wurde, wurde gem § 4 ÜG 1920 in jedem Bundesland als LG eingeordnet[27]. Die Verwaltungspraxis erachtete sie offenbar als zur Regelung von „Angelegenheiten der BTh" geeignete Norm, die als BG eingeordnet und ausdrücklich erst durch Art III Abs 1 Z 4 BThSG aufgehoben wurde. Gem § 1 ThO 1850 bedurften Theaterunternehmer einer persönlichen Befugnis, gem § 3 war für jede Bühnenproduktion eine Aufführungsbewilligung des Statthalters notwendig, gem § 6 oblag der „Staatssicherheitsbehörde" die Überwachung der Vorstellungen und gegebenenfalls deren Untersagung bzw die Räumung des Theatergebäudes. Zu prüfen ist nunmehr, **ob bzw wie diese nunmehr als BG geltenden Bestimmungen auf den Betrieb der BTh anzuwenden waren:** Zur Erteilung einer „Befugnis zu Schauspielen oder anderen öffentlichen Productionen" war gem § 14 der VO RGBl 1853/10 die Statthalterei zuständig; diese Befugnis ging gem § 6 Abs 1 ÜG 1920 beim Inkrafttreten der B-VGN 1925 somit für den

25 Dies umso mehr, als auch G nach 1867 nach wie vor vom Kaiser erlassen wurden („Mit Zustimmung ... finde Ich anzuordnen wie folgt ...").

26 So auch der VfGH, Slg 328, der feststellte, daß die gesamte seit dem Ende der achziger Jahre des 19. Jahrhunderts durch die zentrale Gesetzgebung erfolgte Regelung des Sozialversicherungswesens der verfassungsmäßigen Grundlage entbehrt hatte. Vgl dazu *Adamovich*, Reform 231. Zur Überleitung und Einordnung einzelner HKD *Bammer*, Theater 165 ff.

27 So ausdrücklich VfSlg 2721: „Die Norm (steht) daher gemäß § 4 [ÜG 1920] im Lande Vorarlberg als LG in Wirksamkeit"; dies setzt eine Geltung als StG, RG oder LG vor dem Wirksamwerden des B-VG 1920 voraus.

Bereich der Landesvollziehung auf die LRegen über, für den Bereich des Bundesveranstaltungsrechts auf den LH[28]. Es ist historisch nicht belegbar, daß der Bund als Theaterunternehmer seit 1925 je um Erteilung einer derartigen „Befugnis" bei irgendeiner Behörde angesucht hätte oder daß ihm eine solche erteilt worden wäre. Die Zuständigkeit des LH wurde offensichtlich nicht weiter beachtet, im Gegensatz zur Zeit vor dem Inkrafttreten der B-VGN 1925 aber auch nicht „eingefordert"; eine Bewilligungserteilung durch eine sonstige Bundesbehörde wurde offensichtlich für entbehrlich gehalten[29]. Da das BThSG die ThO ersatzlos beseitigte, jedoch keine dem § 1 ThO analoge Nachfolgebestimmung geschaffen hat, **bedarf der Bund als Unternehmer heute jedenfalls keiner konzessionsähnlichen „persönlichen Befugnis" mehr.**

§ 3 ThO umschrieb die **Zensurpflichtigkeit aller Bühnenproduktionen.** Zuständige Behörde war in der Monarchie der Statthalter; diese Befugnis ging gem § 6 ÜG 1920 für die einzelnen Bundesländer auf die LRegen über, für den Bereich der BTh auf den LH. Die Theaterzensur wurde vom VfGH 1926 als mit Z 3 des Beschlusses der ProvNV StGBl 1918/3 unvereinbar qualifiziert; diese Rechtsprechung wurde seither aufrechterhalten[30]. Zwar wurde **§ 3 ThO vom VfGH 1926 weder als LG noch als BG aufgehoben, ist jedoch seither wohl unanwendbar**[31] Gem § 6 ThO war die „Staatssicherheitsbehörde" zur Überwachung etc der Theater zuständig. Gem § 6 ÜG 1920 wurde diese Kompetenz für den selbständigen WB der Länder auf die BVB und BPol-Behörden übergeleitet; dies galt auch für den Bereich der Bundesvollziehung. Hinzuweisen ist auf § 10 ÜG 1920, wonach „die bestehenden staatlichen Pol-Behörden" Bundesbehörden wurden und „ihre bisherigen Geschäfte als Bundesgeschäfte" fortzuführen hatten. Für den Bereich der 1925 bestehenden BTh war somit gem § 6 ThO und gem den zur Präzisierung der „bisherigen Zuständigkeiten" heranzuziehenden Bestimmungen über den „Wirkungskreis der Pol-Behörden"[32] die BPolDion Wien zuständig. Diese Zuständigkeit wurde in der Folge durch verweisende VO der BReg inhaltlich aufrechterhalten[33]. Auch das BThSG normiert die BVB bzw BPol-Behörde als sipol Aufsichtsbehörde[34].

28 Dies ergibt sich einerseits aus Art 102 B-VG, andererseits aus der Überlegung, daß die Kompetenzen der Mittelinstanz der ehemaligen politischen Verwaltung nunmehr wohl auf die entsprechende Mittelinstanz der (m)BV überzugehen hatten.

29 Unklar ist, welcher BM iSd Art 103 Abs 4 B-VG „sachlich zuständig" gewesen wäre; in Betracht kamen wohl der BMU, in dessen Wirkungskreis die Verwaltung der BTh fiel, und der BMI, der gem § 2 AVG im Zweifel in III. Instanz zuständig war.

30 VfSlg 552; 620, 949, 1089, 1829, 1830, 1846, 2321, 3910, 6615, 8461.

31 Die ThO steht mangels Aufhebung noch im Burgenland, in der Steiermark und in Vorarlberg als LG in Geltung (vgl *Walter/Mayer*, Verwaltungsrecht^2 736).

32 LGBl 1851/39, § 17, abgedruckt bei *Dehmal/Dressler* Rz 395.

33 Zuletzt VO BGBl 1976/690 über den WB der BPolBehörden.

34 Art I § 1 Abs 3 Z 2. S zur Problematik der Zuständigkeit zur Errichtung „sipol Aufsichtsbehörden für BTh" B.VI.

d) Verordnung vom 19.1.1853 über die Einrichtung und Amtswirksamkeit der Statthaltereien

Die durch den Schlußsatz des § 14 dieser VO dem Kaiser vorbehaltene Bewilligung zur Errichtung eines stehenden Theaters stellte keine Befugnis dar, die diesem nach der (konstitutionellen) Verfassung zukam[35]. Nach Art 3 des G über die Staats- und Regierungsform gingen nur **jene Rechte, die dem Kaiser nach der Verfassung zustanden, einstweilen auf den deutschösterreichischen Staatsrat über**[36]. Diese schon seit 1867 unklare Zuständigkeit des Kaisers wurde somit **nicht in das Rechtssystem der Republik übergeleitet,** sodaß sich auch am 1.10.1925 keine Einordnungsproblematik eröffnete.

e) Theaterbauvorschriften und theaterfeuerpolizeiliche Normen

Die verschiedenen für Theater im allgemeinen geltenden LG mit bau- und fpol Inhalt wurden bereits in Kapitel A.I.1.c) erörtert. Nach der bis 1.10.1925 geltenden Kompetenzverteilung der Verfassung von 1867 kam die Gesetzgebung in Bau- und FPol-Angelegenheiten den Ländern zu. Ebenso kam die Vollziehungskompetenz regelmäßig den Ländern zu, jedoch war hinsichtlich bestimmter Gebäude gelegentlich auch der Bund zuständig[37]. Gem Art 120 Abs 3 Z 8 B-VG war darüberhinaus den „Ortsgemeinden ein WB in erster Instanz" gewährleistet. „Die Bau- und die FPol, die Handhabung der BauO und Erteilung der pol Baubewilligungen" wurde durch die ÜG-Nov 1925[38] ausdrücklich in den selbständigen WB der Gemeinden verwiesen; bis dahin galten die durch die entsprechenden LG geschaffenen bundesbehördlichen Zuständigkeiten offenbar verfassungskonform weiter.

Für Wien bestimmte die BauO von 1883[39], daß „zur Handhabung der BauO" grundsätzlich der Magistrat, gelegentlich aber der Gemeinderat oder der Stadtrat berufen war; Rekursbehörde war in allen diesen Fällen die „Bauoberbehörde"[40]. 1925 wurde das Bauwesen gänzlich in die Kompetenz der Länder verwiesen[41]. Da die Angelegenheiten der Bau- und FPol schon bislang durch LG geregelt worden waren, wurden diese gem § 4 Abs 1 ÜG 1920 LG iSd B-VG. § 2 ÜG 1920 ordnete an, daß in Angelegen-

35 Vgl A.I.1.b).
36 Art 3 StGBl 1918/5. Zur Problematik auch *Ermacora*, Organisationsgewalt 208 bei FN 83.
37 Vgl näher *Kelsen*, Staatsrecht 17, 45, 222; *Herrnritt* 291.
38 Durch Art I § 3 ÜG-Nov 1925 wurden zahlreiche Art des RGG 1862 als VG rezipiert (§ 8 Abs 5 lit f ÜG 1920 idF ÜG-Nov 1925).
39 LGVOBl 1883/35, abgeändert durch LGVOBl 1890/48, 1920/547, 808.
40 § 96 ff Wr BauO.
41 Art I § 6 B-VGN 1925 (zuvor Art 12 Abs 1 Z 9 B-VG 1920 — nicht in Kraft getreten).

heiten des Art 10 B-VG LG für das Land, in dem sie erlassen worden sind, BG iSd B-VG zu werden hatten. Gem § 6 ÜG 1920 galten Zuständigkeit, Zusammensetzung und „Eigenschaft als Bundes- oder Landesbehörden" als sinngemäß abgeändert. Für die unter Art 10 B-VG fallenden Angelegenheiten der BTh hatten diese verfassungsrechtlichen Anordnungen zur Folge, daß **jene LG, die bislang Angelegenheiten der BTh geregelt hatten, nunmehr zu „partikulären" BG wurden**[42].

Zur Vollziehungskompetenz ist anzumerken, daß bis zur B-VGN 1962 von der bis dahin hL und Jud die Auffassung vertreten wurde, daß die Gemeinden — als territoriale Untergliederungen der Länder — nur von diesen Agenden in den eigenen WB übertragen erhalten konnten[43]. Diese Auffassung wurde mit Art 102 Abs 1 B-VG begründet, der den Bestimmungen des RGG 1862 derogiert habe, mit welchen auch solche Agenden den Gemeinden zur Besorgung im eigenen WB übertragen worden waren, die seit dem 1.10.1925 in die Bundesvollziehung fielen[44]. Demnach konnten **bis zur B-VGN 1962 nach hL und Jud die Bau- und FPol-Angelegenheiten der BTh, soweit sie vom Bund zu vollziehen waren, nicht in den selbständigen WB der Gemeinde fallen**[45]. Diese bis 1962 herrschende Auffassung[46] hatte zur Folge, daß die — durch die nunmehr zu BG gewordenen LG — dem Wr Magistrat zur Besorgung im eigenen WB zugewiesenen Angelegenheiten der Bau- und FPol der BTh nunmehr im übertragenen WB in Unterordnung unter den Wr Bgm als LH zu führen waren[47]; die Zuordnung zum eigenen WB kam nicht mehr in Frage[48]. Schon allein an diesem Problem zeigt sich die Eigenart des neugeschaffenen BTh-Kompetenztatbestandes, da er in einer klassischen Landesmaterie — insb in der Vollziehung — einen offenbar nicht vorhergesehenen und auch dogmatisch nicht weiter beachteten Systembruch mit sich brachte.

Im folgenden erübrigt sich ein Eingehen auf die in den übrigen Ländern nunmehr als BG geltenden bau- und fpol LG: In allen Bundesländern außer

---

42 Anzumerken ist, daß bis zur B-VGN 1984 keine einzige Bestimmung eines dieser BundesbauG abgeändert wurde. Vgl zur (unklaren) Regelung des Instanzenzuges („Bauoberbehörde" oder Bgm als LH) näher *Bammer,* Theater 181.

43 Vgl *Walter,* System 626 bei FN 64 mwN. *Antoniolli* 176 mwN.

44 Vgl *Antoniolli* 176 bei FN 23. *Walter,* System 626 bei FN 64 mwN.

45 Vgl jedoch die durch die B-VGN 1926 deutlich eingeschränkte Kompetenz des Bundes in Bauangelegenheiten und den durch die B-VGN 1929 neu geschaffenen Art 15 Abs 5 B-VG.

46 „Beseitigt" durch die ausdrückliche Aussage in den EB zur RV 639 BlgNR IX. GP, 10.

47 Dritte Instanz war gem § 109 Wr BauO als BG (idF LGVOBL 1920/808) der zuständige BM, somit wohl der BMHV („Bautenamt").

48 Vgl dazu die nunmehrige Bestimmung des Art 118 Abs 3 Z 9 B-VG, wonach der Gemeinde die Besorgung der öBauPol im eigenen WB nur mit Ausnahme der bundeseigenen Gebäude, die öffentlichen Zwecken dienen, gewährleistet wird. Keine derartige Einschränkung besteht jedoch hinsichtlich der **öFPol**; sohin ist fraglich, ob die durch das BThSG ausschließlich dem BMwA zugewiesene Besorgung der FPol in den BTh auch unter dem Aspekt des Art 118 Abs 3 B-VG verfassungskonform ist (vgl B.VI.).

Wien bestanden keine BTh, sodaß diese Normen zwar grundsätzlich als BG in Geltung standen, jedoch — mangels Regelungsobjekt — keinen sachlichen Anwendungsbereich besaßen. Bis heute wurden in keinem anderen Bundesland BTh errichtet oder betrieben, die Frage ist zudem seit der B-VGN 1984 weitgehend bedeutungslos.

(1) Gesetz vom 14.3.1911 (Nö Theaterbaugesetz)

Gem § 2 ÜG 1920 hatte nunmehr für den Bereich des Bundeslandes Wien das NöThBG als partikuläres BG für den Bereich der BTh zu gelten. Die Verwaltungspraxis scheint diese verfassungsrechtliche Anordung verfehlterweise nicht weiter beachtet zu haben, sondern dürfte weiter nach den vor der B-VGN 1925 ausgearbeiteten internen Normen[49] vorgegangen sein: Dies läßt sich einerseits anhand des Aktenmaterials seit 1925 dokumentieren, wonach die Geltung des NöThBG als BG offenbar nicht in Betracht gezogen wurde[50]; andererseits ergibt sich dies zwingend aus Art III des 1989 erlassenen BThSG, wodurch zwar zwei HKD und die ThO 1850 außer Kraft gesetzt wurden, nicht jedoch das NöThBG[51]. Trotz der nicht erfolgten formellen Aufhebung wurde **dem NöThBG durch das BThSG jedenfalls weitgehend materiell derogiert.**

(2) Gesetz vom 19.3.1892 (Feuerpolizeiordnung für Wien)

§ 114 des NöThBG ordnete an, daß die allgemeinen Bestimmungen der BauO und FPolO sowie der GemeindeG unberührt zu bleiben hätten, soweit es keine abweichenden Anordnungen enthalte. § 27 der am 1.10.1925 als Wr LG geltenden und für Angelegenheiten der BTh als BG übergeleiteten FPolO von 1892[52] ordnete an, daß „bei Bränden in den Theatern, **mit Ausnahme der HTh,** ... die allgemeinen Bestimmungen (gelten).“ Für diesen Bereich — der Bekämpfung eines Brandes in einem Theater — verzichtete der Gesetzgeber, im Gegensatz zu den im ThBG bzw

---

49 Vgl dazu ausführlich A.II.12.b) (insb die „PBest“).

50 § 2 ÜG 1920 scheint schlichtweg nicht beachtet worden zu sein. Vgl aber die zutreffende Auffassung des BKA, das sich in dieser Frage aber nicht durchgesetzt haben dürfte: **„Nach den Verfassungsübergangsgesetzen finden auf die BTh diejenigen Vorschriften Anwendung, die in Wien bei Inkrafttreten der BV im Jahre 1925 in Geltung standen.“** (BKA, „Besprechung vom 20.1.1932“, 110589-GD 2). In diesem Sinn auch BKA 85561-1 (Antrag an den VfGH 25.1.1926, VfGH K 2/26/1).

51 Art III Abs 1 Z 2 — 4 BThSG. Vgl auch *Bammer*, BThSG 451 bei FN 21.

52 LGVOBl 1892/18; übergeleitet und eingeordnet als LG iSd B-VG durch § 4 Abs 1, **als BG durch § 2 Abs 1 ÜG 1920.** Vgl dazu auch A.IV.1.b) (Pkt 5 des „Prot“ vom 21.6.1926, BKA 152127-26) sowie B.VI. („Besprechung vom 20.1.1932“, BKA 110589-GD 2).

dessen Vorläufern getroffenen präventiven Maßnahmen, auf eine Spezialregelung für Theater; dies hatte zur Folge, daß Theaterbrände unter denselben juristischen Voraussetzungen wie alle anderen Brände zu bekämpfen waren.

Eigenartig war, daß die §§ 12, 26 und 27 FPolO, die eine Sonderstellung der Hofgebäude und der HTh normierten, seit 1918 nicht abgeändert worden waren[53]. Es bestanden allerdings seit dem Umsturz 1918, jedenfalls aber seit Erlassung des HabsburgerG, keine „Hofgebäude" mehr, auf die sich eine Ausnahmeanordnung in Gemeindeangelegenheiten hätte beziehen können. **§§ 12, 26 und 27 FPolO hatten somit seit 1918 bezüglich der Hofgebäude keinen sachlichen Geltungsbereich mehr.** Für die nunmehrigen „BTh" bedeutete dies, daß im Falle eines Theaterbrandes die allgemeinen Bestimmungen der FPolO zu gelten hatten, da sich die Ausnahmeanordnung der §§ 26 f nur auf **Hof-** („HTh"), nicht jedoch auf **Bundesgebäude** („BTh") bezog.

(3) Gesetz vom 17.1.1883 (Bauordnung für Wien)

Das unter (1) und (2) Ausgeführte gilt auch für die BauO aus 1883, die bis zum 1.10.1925 mehrfach novelliert worden war[54]. Sie wurde in ihrer am 1.10.1925 geltenden Fassung gem § 2 ÜG 1920 zu **partikulärem Bundesrecht für Angelegenheiten der BTh im Bereich des Bundeslandes Wien**[55]. Die §§ 106 f der Wr BauO hatten am 1.10.1925 auszugsweise folgenden Wortlaut:

> „Besondere Bestimmungen für Bundes- und öffentliche Fondsbauten.
> § 106. Bei Bauten, welche der Bund ... führt, bleibt die Prüfung und Genehmigung des Bauplanes, die Erteilung des Bewohnungs- und Benutzungskonsenses sowie die Vornahme der im § 21 bestimmten kommissionellen Verhandlung dem Wr Magistrate als [politischer Landesbehörde] vorbehalten. ... Der Wirkungskreis der Gemeinde Wien rücksichtlich der Bestimmung der Baulinie und des Niveau, bleibt auch bei allen diesen Bauten aufrecht.
> § 107. Wer sich durch eine vom Magistrate in Angelegenheiten dieser BauO getroffene Entscheidung beschwert erachtet, hat, wenn es nicht um eine Entscheidung aufgrund des § 106, Abs 1, oder um ein Straferkenntnis handelt, binnen 14 Tagen ... beim Magistrate den Rekurs an die Bauoberbehörde einzubringen. Rekurse gegen Straferkenntnisse ... in Bausachen gehen an den Bgm als LH."

Wie erwähnt, kam bis 1962 ein eigener WB der Gemeinde hinsichtlich der BTh-Baupolizei nicht in Frage. Fraglich war jedoch, wie die Bestimmung des § 106 letzter Satz der Wr BauO als BG mit dieser Auffassung zu

53 Die FPolO von 1892 wurde erst durch LG, LGBl 1935/47, novelliert (vgl *Adamovich*, Verwaltungsrecht II^5 163).

54 LGVOBl 1883/35; 1890/48, 1920/547, 1920/808. Vgl A.I.1.c)(1).

55 AA *Krzizek* I 93, und *Bernárd* 227, die ihre Auffassung jedoch damit begründen, daß bislang noch keine BG erlassen worden seien. § 2 ÜG 1920 wird dabei übersehen.

vereinbaren war; in Frage kam insb Derogation dieser Norm durch die durch die B-VGN 1925 geschaffene Kompetenz des LH zur Vollziehung der Bauangelegenheiten der BTh in mBV. Berufungsbehörde in Bauangelegenheiten der BTh war nunmehr infolge der ausdrücklichen Ausnahmeanordnung des § 107 Abs 1 Wr BauO als BG iVm Art 102 Abs 1 B-VG der Bgm als LH.

f) Die Rechtsstellung der Ballettschule

Seit Eröffnung des k.k. Hofoperntheaters 1869 bestand an dieser eine Ballettschule[56]. Organisatorische Grundlage dieser Einrichtung war ein **„Organisations-Statut für die Ballett-Tanzschule am k.k. Hofoperntheater“** aus dem Jahre 1870. 1917 erschien eine Neuauflage der „Satzungen der Ballett-Tanzschule des k.k. Hofoperntheaters“, die mit geringfügigen Änderungen bis in die späten dreißiger Jahre „galten“[57]. Auch heute noch existiert ein **„Statut“** der mittlerweile in das GS des ÖBThV eingegliederten **„Ballettschule der BTh“**[58]. Hier ist zunächst zu prüfen, ob der Betrieb einer Ballettschule als „Angelegenheit der BTh“ qualifiziert werden konnte; weiters, ob am 1.10.1925 überleitungsfähige Rechtsnormen in dieser „Angelegenheit“ galten. Eine in die Theaterorganisation eingegliederte Einrichtung zur Heranbildung des tänzerischen Nachwuchses dient nicht **unmittelbar** der Darbietung von Theateraufführungen und stellt sohin jedenfalls nicht „Theater“ im engeren Sinn dar[59]. Im Gegensatz zu Theaterproben, zur Anfertigung von Dekorationen etc ist auch **kein intensiver mittelbarer Bezug zu Theateraufführungen** feststellbar; vielmehr könnte die Ausbildung des Ballettnachwuchses ebensogut wie jene der Sänger, Orchestermusiker und Schauspieler durch Einrichtungen außerhalb der Theaterorganisation wahrgenommen werden. Hier wird die Auffassung vertreten, daß die **Ballettschule der Wr Staatsoper (der BTh) nicht nur bloße Fertigkeiten vermittelt**[60] **und daher nicht als Annex zur Hauptmaterie „BTh“ angesehen werden kann, sondern vielmehr kompetenzrechtlich als „Schule“ iSd Art 14 B-VG (§ 42 ÜG 1920) zu qualifizieren ist**[61]. Diese Qualifikation hat zur Folge, daß Überleitung und Einordnung des „BG vom 26.9.1923, betreffend die Tanzlehranstalten“,

---

56 Der Text folgt *Amort* 190 ff mwN.

57 S *Amort* 190 ff (mit Darstellung des Inhalts der „Satzungen“ von 1917).

58 S A.V.8.e)(6). Zur Beurteilung dieser Einrichtung im Lichte der geltenden Kompetenzverteilung B.IV.4.

59 S zum Begriff „Theater“ näher A.III.5.a).

60 S zur Begründung und zu den Konsequenzen dieser Auffassung B.IV.4.

61 Vgl § 19 des „Provisorischen G über den Privatunterricht“, RGBl 1850/309: „Die Errichtung von Lehranstalten für Zeichnen, Musik, Schönschreiben und ähnliche Gegenstände unterliegt den in den §§ 8 — 16 enthaltenen Bestimmungen. ...“ S dazu VfSlg 6407.

sowie der „VO des BKA im Einvernehmen mit dem BMU vom 23.7.1924, betreffend die Tanzlehranstalten"[62] als Bundesnorm in Angelegenheiten der BTh am 1.10.1925 a priori **nicht** in Betracht kommen: Diesen Vorschriften hat der VfGH in Slg 1505zu Recht **„rein pol Charakter"** zugesprochen, da „Tanzlehranstalten" iSd zit Vorschriften „weder pädagogische noch volkserzieherische Ziele verfolgen, sondern lediglich der Förderung des gesellschaftlichen Lebens dienen. Aus dieser Erwägung wurden die Regelung und die Überwachung des Betriebes solcher Anstalten auch in der Praxis seit jeher nicht unter dem Gesichtspunkt des Schul-, Erziehungs- und Volksbildungswesens, sondern vom rein pol Standpunkt aus verfügt. ..." Gegen die Anwendbarkeit — und somit Überleitung — dieser Vorschriften im Bereich der BTh sprechen aber auch sowohl § 1 des zit BG, wonach nur der **„erwerbsmäßige** Betrieb von öffentlichen Tanzschulen für **Gesellschaftstänze"** von seinem Geltungsbereich erfaßt ist, als auch § 1 der zit VO, wonach „Tänze für Zwecke der szenischen Darstellung" offenbar nicht von den gem § 1 des zit BG erteilten Bewilligungen umfaßt sind.

g) Interne Normen

Vielfach wird die Auffassung vertreten daß G VO aufheben können; hingegen kann eine Verwaltungsbehörde keine G aufheben[63]. Umstritten ist, ob Verwaltungsakte, insb DVO, durch Wegfall ihrer gesetzlichen Grundlage „automatisch" beseitigt werden[64] oder ob sie gesondert aufgehoben werden müssen. Der VfGH differenziert dabei insofern, als zwar DVO mit Aufhebung des ihnen zugrundeliegenden G untergehen, jedoch VO, die aufgrund einer formalgesetzlichen Delegation erlassen wurden, durch deren Wegfall „in ihrem Bestand nicht beeinträchtigt werden"[65]. In Widerspruch zur Meinung, daß Verwaltungsakte durch G aufgehoben werden können, steht jedoch das **Gewaltentrennungsprinzip**[66], das ua in der Bestimmung des Art 18 B-VG seinen Ausdruck findet, **wonach ausschließlich Verwaltungsbehörden VO erlassen** — und somit **wohl auch aufheben — können.**

Die von der überwiegenden Meinung zum Verhältnis G — VO getroffenen Aussagen dürften auch auf das Verhältnis G — Weisung übertragbar sein: **Generelle und individuelle Weisungen sind sowohl durch G als auch durch VO beseitigbar**[67]. Nach *Barfuß* endet die Verbindlichkeit einer abstrakten Weisung durch ihren ausdrücklichen oder konkludenten

62 BGBl 1923/537; VO BGBl 1924/300.

63 Vgl *Walter,* System 325 mwN; *Kriegner.*

64 „Herzog-Mantel-Theorie"; vgl *Antoniolli/Koja* 190 f.

65 Vgl die Darstellung der Jud bei *Antoniolli/Koja* 190 bei FN 210.

66 S auch *Mayer*, Verordnung 38.

67 *Barfuß,* Weisung 96. Problematisch wiederum im Lichte des Gewaltentrennungsprinzips.

Widerruf sowie durch den Untergang des individuell angewiesenen Organwalters oder des anweisenden Organs; hingegen hat der Wechsel des anweisenden Organwalters keinen Einfluß auf bereits erteilte Weisungen[68]. Grundsätzlich wurden daher durch das Inkrafttreten der durch die B-VGN 1925 iVm § 2 ÜG 1920 in Geltung gesetzten BG jenen (generellen oder individuellen) Weisungen, aber auch jenen VO derogiert, die den neu erlassenen BG inhaltlich widersprachen[69]. In der Folge soll untersucht werden, ob die von der Verwaltungspraxis zumeist offenbar weiter als relevant angesehenen internen Normen zu Recht als verbindlich angesehen werden konnten.

(1) Dienstinstruktion(en)

Soweit für die am 1.10.1925 amtierenden BThDir oder BThVw-Organe individuell-abstrakte DI bestanden, wurden diese in ihrem Bestand nicht weiter berührt, da die Kompetenz zur Regelung der (inneren) Organisation der BTh auch schon vor Inkrafttreten der B-VGN 1925 zweifellos dem Bund zustand[70]. Sofern nach den nunmehr für die BTh als BG geltenden Normen bestimmte Anforderungen an die interne Organisationsstruktur der BTh gestellt wurden, wären diese nunmehr vom **Bund als Unternehmer** zu erfüllen gewesen; denn der neu geschaffenen Kompetenztatbestand bewirkte nicht, daß die BTh seit 1.10.1925 aller bislang landesgesetzlichen Verpflichtungen ledig geworden wären, sondern lediglich einen Wechsel der Normqualität von LG zu BG, der zuständigen Gebietskörperschaft und der (funktionellen) Behördenzuständigkeiten.

Die **Verwaltungspraxis** dürfte hingegen der Auffassung gewesen sein, daß **für die BTh nunmehr ein weitgehend gesetzloser Zustand angebrochen sei.** Hier ist lediglich festzuhalten, daß eine Derogation oder Zurückdrängung von internen Normen (Weisungen) durch das Inkrafttreten der B-VGN 1925 nicht in Betracht kam, da diese lediglich die innere Organisation einer dem Bund bereits zuvor unstreitig zugekommenen Tätigkeit (kulturelle Daseinsvorsorge durch Betrieb von Theatern[71]) regelten; **diese Form der Regelung der Verwaltung der BTh widersprach allerdings** — ebenso wie jene der gesamten sonstigen Ministerialverwaltung — **weiterhin der klaren Anordnung des Art 77 Abs 2 B-VG.**

---

68 *Barfuß*, Weisung 96.

69 Vgl zum Problem „Derogation oder Invalidation" bloß *Antoniolli/Koja* 191 f.

70 Vgl dazu das Prot der 18. Sitzung des UAVerfA vom 23.9.1920, wonach **das Recht des Bundes, kulturelle Einrichtungen zu schaffen, unbestritten** sei; s auch den Bericht des VerfA 991 BlgKNV (*Ermacora*, Quellen 477, 553).

71 S dazu B.V.3.b)(2).

(2) Die Hausordnungen

Wurden die 1924 aufgrund der zit PBest[72] erlassenen HOen der BTh durch das Inkrafttreten der bisherigen LG als BG in ihrer Rechtsqualität beinträchtigt? Es wird in Kapitel B.VII. ausführlich begründet, daß die HOen der BTh auch zum Zeitpunkt ihrer Erlassung **nicht als VO deutbar** waren; dies ergibt sich insb aufgrund § 61 des seit 1.10.1925 für die Angelegenheiten der BTh als BG geltenden NöThBG. Auch eine Änderung der Rechtsnatur des Genehmigungsgegenstandes trat mangels inhaltlicher Änderung des § 61 leg cit nicht ein.

(3) Die „Provisorischen Bestimmungen für den Betrieb der Staatstheater"

Die Bestimmungen des NöThBG als BG derogierten jenen der PBest, sofern deren Geltung im Hinblick auf das Inkrafttreten des Art 18 B-VG im Jahre 1920 überhaupt noch angenommen werden konnte[73]. Die Verwaltungspraxis nahm diese Rechtslage aber — wie schon oft — nicht weiter zur Kenntnis.

h) Das „Versteinerungsmaterial" — Bemerkungen zum Verfassungsbegriff „Bundestheater"

Die bisherigen Ausführungen ließen die Frage unbeantwortet, **was unter einem „BTh" im verfassungsrechtlichen Sinn zu verstehen war.** Nach der ständigen Jud des VfGH, der die hL weitgehend gefolgt ist, muß ein verfassungsrechtlicher Begriff „in jener Bedeutung verstanden werden, die in der österreichischen Rechtsordnung zur Zeit der Schaffung des B-VG allgemein mit diesem rechtstechnischen Ausdruck verbunden wurde."[74] Während mehrere Rechtsvorschriften den Begriff BTh nicht näher definieren oder ohne weiteres voraussetzen[75], können einige wenige Rechtsvorschriften zur näheren Definition des nunmehrigen **Verfassungsbegriffes** herangezogen werden. Hinzuweisen ist hier allerdings auf die für einen Kompetenztatbestand — zumal in der damaligen Verfassungspraxis — ungewöhnlich detaillierte Darstellung der Absicht des historischen Verfassungsgesetzgebers in den **Mat zur B-VGN 1926,** die für bestimmte Aspekte der Kompetenzinterpretation als maßgebliche Auslegungshilfe angesehen werden muß[76]. Aufgrund des engen zeitlichen Zusammenhanges dieser

72 S A.II.12.b).
73 Vgl dazu A.II.12.b).
74 So bereits VfSlg 1327; vgl weiters zB VfSlg 1994, 2670, 2721, 3227, 3472 ua.
75 Vgl zB § 1 Abs 2 SchauspielerG; BGBl 1922/374 etc.
76 Vgl dazu A.IV.

beiden B-VGN, die zudem in derselben GP erfolgten, muß zu grundlegenden Interpretationsproblemen des österreichischen Verfassungsrecht klar Stellung genommen werden: Insb auch zur **Frage, ob es innerhalb der heranziehbaren Interpretationsmethoden Rangordnungen gibt.** Als „allgemeinste Auslegungsregel" des Verfassungsrechts wird üblicherweise jene des **„Vorrangs des Wortlautes"** angesehen[77]. So sollen nach der Jud des VfGH „bei unmittelbar einsichtigem Sinn historische und teleologische Überlegungen ausscheiden"[78]. Erst als zweite grundsätzliche Sinnermittlungsmethode wird vom VfGH die **„Versteinerungstheorie"** herangezogen; umstritten ist dabei, ob es sich um eine objektiv-entstehungszeitliche, sohin historische Interpretation handelt, oder ob sie eine „Verbalinterpretation mit systematischen Aspekten" darstellt[79].

Mit einer bloßen Wortlautinterpretation ist zur Sinnermittlung des verfassungsrechtlichen BTh-Begriffes nicht viel zu gewinnen[80], sodaß sich die Frage stellt, ob primär auf die **objektiv**-entstehungszeitliche Interpretation zum Zeitpunkt des Inkrafttretens der betreffenden Bestimmung abzustellen ist, oder ob es auf die subjektiven Vorstellungen des historischen Verfassungsgesetzgebers ankommt. Hier wird davon ausgegangen, daß primär von einer etwaigen **verfassungsgesetzlichen Begriffsbestimmung** eines Verfassungsbegriffs auszugehen ist; liegt eine solche nicht vor, ist der Schluß geboten, daß ein **Begriff in der in der unterverfassungsrechtlichen Rechtsordnung gebräuchlichen Bedeutung zu verstehen ist.** Diese Interpretationsdoktrin beruht auf der Annahme, daß der Verfassungsgesetzgeber ein bestimmtes Begriffsbild in der zum Zeitpunkt der Erlassung der Verfassungsvorschrift bestehenden Rechtsordnung vorgefunden und somit offenbar akzeptiert hat[81]. Will der Verfassungsgesetzgeber einem Verfassungsbegriff einen von der sonstigen Rechtsordnung abweichenden Begriffsinhalt zumessen, hat er dies ausdrücklich, dh durch VG zu tun. Als **grundsätzlich unzureichend zur Manifestierung eines derartigen gegenläufigen Willens müssen „Erläuternde Bemerkungen" angesehen werden,** da sich der Wille des Gesetzgebers ganz allgemein in G und nicht in Mat zu äußern hat. Ergibt somit die Verfassungsrechtslage im Zusammenhalt mit der unterverfassungsrechtlichen Rechtsordnung ein klares Bild vom Inhalt eines Verfassungsbegriffes, so ist eine etwa gegenläufige Auffassung in den Mat unmaßgeblich. Heranzuziehen ist sie jedoch zur Klärung von Zweifelsfällen, die mit der objektiv-entstehungszeitlichen Interpretationsmethode nicht mehr klar lösbar sind.

---

77 *Schäffer*, Interpretation 70 mwN.

78 *Schäffer*, Interpretation 57 (70 mNd Jud).

79 Vgl *Schäffer*, Interpretation 57 (71); dagegen *Walter*, System 93; jeweils mwN.

80 Vgl A.III.5.

81 Vgl *Schäffer*, Interpretation 71.

Hinzuweisen ist weiters auf die offenbar hM, daß als **maßgeblicher Zeitpunkt objektiv-historischer Verfassungsinterpretation das erstmalige Inkrafttreten der zu interpretierenden Bestimmung** als Bestandteil des formellen Verfassungsrechts aufzufassen sei[82]; **dies bedeutete für die Interpretation des Verfassungsbegriffes „BTh", daß ein Abgehen vom Begriffsbild zum Zeitpunkt 1.10.1925[83] ausdrücklich durch VG zu erfolgen hätte.** Somit ist zunächst das „Versteinerungsmaterial" — die unterverfassungsrechtliche Rechtslage — darzustellen, um Bedeutung und somit Reichweite des Kompetenztatbestandes „BTh" zu ermitteln. Zentrale Bestimmung ist dabei zweifelsohne § 1 VASTh, wonach unter den „ÖSTh ... die ehemals hofärarischen, vom Staate betriebenen Theater (Burgtheater, Operntheater, Schönbrunner Schloßtheater) ... samt Nebengebäuden und allem erforderlichen Zubehör" ebenso „wie die etwa in Hinkunft vom Staate errichteten oder betriebenen Theater" verstanden wurden. Durch die Einrichtung der Republik Österreich als Bundesstaat durch das B-VG 1920 wurden die STh zu BTh[84]. Unter dem **Begriff „BTh" iSd § 1 VASTh** war daher folgendes zu verstehen:

— **Zunächst jedenfalls die ehemals hofärarischen, vom Bund betriebenen Theater.** Fraglich ist aufgrund des Wortlautes der VASTh, ob auch jene ehemals hofärarischen Theater, die nicht mehr durch den Bund betrieben würden, unter den Begriff der „ÖSTh" fielen[85]. § 1 VASTh dürfte folgendermaßen zu verstehen gewesen sein: Der erste Satz ordnet hinsichtlich genau bestimmter Vermögenschaften die Ausscheidung aus dem Vermögen des KGF und den Übergang ins Staatseigentum an — **die Voraussetzungen „ehemals hofärarisch" und „vom Staate betrieben" hatten zum Zeitpunkt der Ausscheidung kumulativ vorzuliegen.** Hingegen könnte die Wendung „diese ... Theater" im zweiten Satz so zu verstehen sein, daß diese ausgeschiedenen Vermögenschaften jedenfalls als „ÖSTh" dem UA zu unterstellen gewesen wären, **ohne daß es auf einen (Weiter)Betrieb durch den Bund** anzukommen gehabt hätte. Diese Auslegung hätte allerdings klar gegen § 2 KGFG verstoßen, wonach Ausscheidungen aus dem Vermögen des KGF ua nur „aus Gründen der **staatlichen Kunstpflege**" vorgenommen werden konnten.

— Die Formulierung „sowie alle in Hinkunft vom Staate errichteten **oder** betriebenen Theater" spricht wiederum für eine Differenzierung zwi-

---

82 So *Schäffer*, Interpretation 72.

83 Gestützt wird die Meinung, daß die Versteinerungstheorie primär nicht subjektiv-historisch zu verstehen sei, durch die Auffassung des VfGH, daß maßgeblicher Zeitpunkt zur Begriffsbestimmung das **Inkrafttreten** und nicht die **Erlassung** einer Verfassungsvorschrift sei (vgl bloß VfSlg 2721).

84 Dies ergibt sich ausdrücklich aus § 11 Abs 2 ÜG 1920, wonach bis auf die in Abs 1 genannten Ausnahmen das **Staats**vermögen zu **Bundes**vermögen wurde.

85 Diese „Zweifelsfrage" führte in der RV des BThG, 1271 BlgNR XIII. GP, zur Normierung einer Verfassungsbestimmung zugunsten des Bundes (Art I).

schen Eigentumsverhältnissen am Theatergebäude (Inventar etc) und der Person des Unternehmers: **Jedes Theater, das vom Bund in Zukunft entweder errichtet oder betrieben wird, wäre demnach als BTh zu qualifizieren.** Somit dürften unter diesen zweiten STh-Begriff der VASTh **sowohl Theater fallen, die bloß im Eigentum des Bundes stehen, jedoch nicht von ihm betrieben werden, als auch Theater, die nicht im Eigentum des Bundes stehen, jedoch von ihm betrieben werden.** Unklar bleibt freilich, ob gegebenfalls auch **Miteigentum des Bundes an einem Theatergebäude** für dessen etwaige Qualifikation als BTh ausreichte; ebenso, ob zB die **Beteiligung des Bundes an einer Betreibergesellschaft oder das Auftreten der BTh als Koproduzent einer Aufführung als „Betreiben eines Theaters"** iSd § 1 VASTh verstanden werden könnte. Es zeigt sich, daß **auch die unterverfassungsrechtliche Rechtslage unklar** ist: Die Wendung der VASTh „vom Staate betriebenes Theater" läßt offen, ob jede wie immer konstruierte Betreibergemeinschaft (Koproduktion), an der der Bund Anteil hat, erfaßt sein soll[86].

Es zeigt sich somit, daß auch ein scheinbar klarer Kompetenztatbestand „erhebliche Schwierigkeiten" bereiten kann[87]. Eine seiner Eigenarten liegt in der Herausnahme sämtlicher Angelegenheiten bestimmter Theater aus der allgemeinen Länderkompetenz, wobei aber zT gerade unklar ist, welche Theater (-gebäude, -betriebe) von dieser Ausnahme umfaßt sind. Der BTh-Kompetenztatbestand weist weiters eine deutliche **strukturelle Parallelität zum Bundesstraßen-Kompetenztatbestand**[88] auf: Auch der BTh-Kompetenztatbestand beinhaltet eine **Kompetenz-Kompetenz des Bundes**[89], die allerdings nicht wie bei den Bundesstraßen dem einfachen Bundesgesetzgeber zukommt, sondern der (daseinsvorsorgenden) Bundesvollziehung, die durch (rechtsformungebunde) bloße Errichtung (bzw Betrieb) eines Theaters die Zuständigkeit des Bundes zur

86 Somit bleibt offen, ob bzw inwieweit nach dem „versteinerten" BTh-Begriff der VASTh auch **Koproduktionen der BTh** unter bestimmten Umständen als Tätigkeit der BTh iSd B-VG angesehen werden können (zB Bereitstellung des Chors, des Orchesters unter gleichzeitiger Einflußnahme auf das Gesamtergebnis, jedoch nicht bloßer Kostümverleih [kein Theater**betrieb**]). S aber auch die Präzisierung durch die Mat zur B-VGN 1926 (A.IV.1.b)). Auf die Bedeutung der Wendung „vom Staate ... betrieben" für die Ausgliederung bzw rechtliche Verselbständigung der bis heute als unselbständige Regiebetriebe des Bundes geführten BTh wird bei der Untersuchung des verfassungsrechtlichen BTh-Begriffes im Lichte der B-VGN 1926 näher eingegangen (A.IV.2.b)).

87 So *Krzizek* I 90.

88 Art 10 Abs 1 Z 9 B-VG: „... Angelegenheiten der wegen ihrer Bedeutung ... durch BG als Bundesstraßen erklärten Straßenzüge ..."

89 Unter Kompetenz-Kompetenz wird die Ermächtigung eines Rechtsträgers zur Verteilung der Kompetenzen im Bundesstaat verstanden; sie steht nach dem B-VG dem Bund zu, der sich dazu idR der Form von VG zu bedienen hat; diese bedürfen bei einer Schmälerung von Länderkompetenzen der Zustimmung des BR. Ausnahmsweise ist auch der einfache Gesetzgeber verfassungsgesetzlich ermächtigt, die Kompetenzverteilung zu ändern (zB Art 10 Abs 1 Z 9, Art 11 Abs 2 B-VG; s näher *Walter/Mayer*, BVR^{6} Rz 249 ff).

Regelung und Vollziehung seiner Angelegenheiten begründet: Es handelt sich daher um eine **administrative Kompetenz-Kompetenz.** Das Fehlen einer — dem Bundesstraßen-Kompetenztatbestand analogen — Pflicht zur **(gesetzes)förmlichen Erklärung** eines Theaters zum BTh wirft — wie gezeigt wurde — zahlreiche komplizierte (Abgrenzungs)Probleme auf. De lege ferenda wäre insb bei einer die BTh rechtlich verselbständigenden Ausgliederung eine dem Bundesstraßen-Kompetenztatbestand analoge Ermächtigung des Bundesgesetzgebers in Betracht zu ziehen.

Ist mit der Einführung des verfassungsrechtlichen Begriffes „BTh" auch eine **verfassungsrechtliche Festlegung auf einen bestimmten Unternehmens- bzw Anstaltsbegriff** getroffen worden? Hier interessiert insb die Frage, ob der am 1.10.1925 mit „außerwirtschaftlicher (nicht erwerbsorientierter) Zielsetzung" geführte Betrieb der BTh ohne Verfassungsänderung kaufmännisch, dh gewinnorientiert geführt werden dürfte. Die **BTh galten am 1.10.1925 nicht als „Bundesbetriebe erwerbswirtschaftlicher Natur"** bzw nicht als „ehemals hofärarische Wirtschaftszweige" iSd § 2 des Bundesbetriebs-AbgabenG; diese Auffassung der Bundesdienststellen war durch den VwGH bestätigt worden[90]. Versteht man den verfassungsrechtlichen BTh-Begriff in jener Bedeutung, die in der österreichischen Rechtsordnung am 1.10.1925 mit diesem Rechtsbegriff verbunden worden war, so zeigt sich, daß darunter keine „Bundesbetriebe erwerbswirtschaftlicher Natur" verstanden werden konnten. Es könnte somit die Auffassung vertreten werden, daß bei einer „Versteinerung" dieses BTh-Begriffes die Umwandlung der BTh von „gemeinnützigen, nicht erwerbsorientierten Zuschuß-Anstalten" in gewinnorientierte „öffentliche Unternehmungen" durch **VG** zu erfolgen hätte[91]. Es stellt sich jedoch die Frage, **ob Kompetenztatbeständen eine über die Abgrenzung von Zuständigkeiten zwischen Bund und Ländern hinausgehende normative Wirkung zukommt:** Verneint man dies, so könnte eine Änderung des „Anstaltszweckes" der BTh ohne weiteres durch einfaches BG erfolgen[92]. **Eine derartige Änderung des „versteinerten" Anstaltsbegriffs hätte jedoch jedenfalls den Übergang der Zuständigkeit zur Gesetzgebung und Vollziehung in Angelegenheiten der BTh auf die Länder zur Folge,** da der Bund nur hinsichtlich der Angelegenheiten nicht erwerbsorientierter Theater iSd „versteinerten" Begriffsbildes zuständig ist.

90 BGBl 1922/126. VwSlgAF 13407 A (s zum Ganzen A.II.9.a)).

91 S zur Qualifikation der BTh als „Zuschuß-Anstalten" B.V.2. und 3. Ein vergleichbares Problem stellt sich bei der Auslegung des Kompetenztatbestandes „Stiftungs- und Fondswesen, ..." (Art 10 Abs 1 Z 13 B-VG): Fraglich ist, ob der einfache Bundesgesetzgeber vom vorgefundenen **(gemeinnützigen)** Stiftungsbegriff des § 646 ABGB abgehen kann.

92 Fraglich ist, ob dies auch durch einen **nicht formgebundenen Akt der Theaterverwaltung** (zB Verfünffachung der Eintrittspreise) erfolgen dürfte (Formenmißbrauch).

Bejahte man eine erweiterte normative Wirkung von Kompetenztatbeständen, so wäre ein Abgehen vom zum Versteinerungszeitpunkt vorgefundenen Begriffsverständnis nur durch VG möglich[93]. Eine — wie immer geartete — Überbewertung des normativen Gehalts von Kompetenztatbeständen ist abzulehnen: Nach dem System des B-VG liegt ihr Zweck in einer Verteilung der Gesetzgebungs- und Vollziehungszuständigkeiten zwischen dem Bund und den Ländern, wobei die Zuständigkeiten der einen Gebietskörperschaft taxativ aufgezählt werden, während jene der anderen durch eine Generalklausel umschrieben sind[94]. Aus diesem System ergibt sich, daß aus der Anführung einer Materie — insb in den Art 10 — 12 B-VG — nur geschlossen werden kann, daß dem Bund eine Zuständigkeit in dieser Angelegenheit zukommt; darüber hinausgehende Wirkungen können einer solchen Anführung nicht zukommen, da nicht einzusehen wäre, wieso dies nicht auch in einer aufgrund der Generalklausel unter Art 15 Abs 1 B-VG fallenden Angelegenheit der Fall sein sollte. **Aus Kompetenztatbeständen können somit weder „Wertentscheidungen" des Verfassungsgesetzgebers abgeleitet werden**[95], noch kann ihnen ein generelles Verbot des Inhalts entnommen werden, daß ein Abgehen vom im Versteinerungszeitpunkt vorgefundenen Begriffsinhalt nur durch VG möglich wäre. Die zweitgenannte Wirkung ergibt sich allerdings indirekt, da der Bund zur Regelung dieser von Art 10 Abs 1 Z 13 B-VG nicht mehr umfaßten Angelegenheit nicht mehr zuständig wäre, sondern die Länder[96]. Zu betonen ist, daß **aus Kompetenztatbeständen weder eine institutionelle (Bestands)Garantie noch eine Institutsgarantie, weder eine Betriebspflicht noch eine Wertentscheidung abgeleitet werden kann**[97]: Nach der (allerdings umstrittenen) Jud des VfGH ergibt sich eine „institutionelle Garantie" nicht einmal aus Art 17 StGG[98], ebenso wohl keine wie immer geartete Betriebspflicht. Wird eine solche Wirkung nicht einmal einem verfassungsgesetzlich gewährleisteten Recht zuerkannt, braucht diese Frage für in einem Kompetenztatbestand genannte Einrichtungen wohl nicht näher untersucht werden[99].

---

93 Vgl *Schmidt* 137: Demnach sollen auch kompetenzrechtlich minder bedeutsame Verfassungsbegriffe wie „Anklageprozeß" (Art 90 Abs 2 B-VG) und „(Teilnahme von) Schöffen an der Rechtsprechung" (Art 91 Abs 3 B-VG) zu „versteinern" sein.

94 Vgl die bei *Klecatsky/Morscher* 212 ff zit Jud des VfGH.

95 Kritisch ebenfalls — jedoch in anderem Zusammenhang — *Holoubek*, Freiheit 8 bei FN 88 mwN.

96 ZB wäre auch fraglich, ob ein **grundlegender** Systemübergang vom Schuld- zum reinen Erfolgsstrafrecht noch vom Kompetenztatbestand „Strafrechtswesen" (Art 10 Abs 1 Z 6 B-VG) umfaßt wäre; gleiches hätte wohl zB für grundlegende Systemänderungen in „Angelegenheiten des Gewerbes" oder im „Sozialversicherungswesen" (Art 10 Abs 1 Z 8 und Z 11 B-VG) zu gelten.

5. Grammatikalische Interpretation

„Einem Gesetze darf in der Anwendung kein anderer Verstand beigelegt werden, als welcher aus der eigentümlichen Bedeutung der Worte in ihrem Zusammenhange und aus der klaren Absicht des Gesetzgebers hervorleuchtet" (§ 6 ABGB). Hier ist die „eigentümliche Bedeutung der Worte" der Rechtsvorschrift „Bundessache ist die Gesetzgebung und die Vollziehung in folgenden Angelegenheiten: ... alle Angelegenheiten der BTh" zu ermitteln. Mit der Wendung „eigentümliche Bedeutung der Worte" ist die sog **Verbal- oder Wortinterpretation** gemeint, während mit der Wendung „in ihrem Zusammenhang" sowohl die **grammatikalische** als auch die **logisch-systematische Auslegung** gemeint sind[100]; vielfach wird auch die „wörtliche (grammatische) Auslegung" der „systematisch-logischen Auslegung" gegenübergestellt[101].

---

97 Verfehlt ÖBThV, Bericht 1971/72, 20 f (Hervorhebungen von mir): „Nach *Adamovich* (sen) sind die **Bestimmungen des B-VG über die Verteilung der Zuständigkeiten** in Gesetzgebung und Vollziehung offensichtlich von der Tendenz getragen, daß die darin dem Bund und den Ländern übertragenen **Kompetenzen nicht bloß Rechte, sondern auch Pflichten beinhalten!** (Grundriß des österr Verfassungsrechts[4], Wien 1947, 93.) Nach dieser Auffassung hat der Verfassungsgesetzgeber einerseits dem einfachen Bundesgesetzgeber die Aufgabe übertragen, die für die ‚BTh' nötigen G hoheitlichen und privatwirtschaftlichen Charakters zu erlassen, damit diese ihrer Aufgabe, der staatlichen Kunstpflege, nachkommen können. **Andererseits besteht für die Bundesvollziehung die Verpflichtung, im Rahmen der Möglichkeiten, die BTh als staatliche Kunstpflege zu betreiben. Die BTh sind daher ebenso eine Verpflichtung des Bundes** wie die übrigen in Art 10 Abs 1 Z 13 genannten Aufgaben (Archive, Bibliotheken, künstlerische und wissenschaftliche Sammlungen und Einrichtungen sowie der Denkmalschutz). Gemeinsam ist diesen Aufgaben — unbeschadet ihrer jeweiligen Bedeutung —, daß es sich hiebei um eine **verfassungsgesetzlich verankerte staatliche Verpflichtung zu kulturpolitischer Aktivität** handelt, die nicht nur der reinen Kunstpflege, sondern auch der Vermittlung wichtiger Bildungs- und Erziehungswerte dient und darüber hinaus — insb bei den BTh — noch mit erheblichen positiven Auswirkungen auf sozialem und wirtschaftlichem Gebiet verbunden ist." **Dieser Versuch einer Ableitung einer Betriebspflicht aus Kompetenzbestimmungen ist verfehlt:** Die zit Ausführungen *Adamovichs* beziehen sich auf das Problem, ob Bund oder Länder auf eingeräumte Kompetenzen zugunsten der anderen Gebietskörperschaft verzichten können („Delegierung und Devolvierung von Zuständigkeiten"). **Kompetenztatbestände stellen zudem stets bloße Ermächtigungen an den Gesetzgeber** dar; dies ergibt sich auch zwingend aus dem System der Kompetenzverteilung des B-VG (Enumeration [Art 10 — 12]) — Generalklausel [Art 15 B-VG]), da die Generalklausel zugunsten der Länder schon begrifflich keine Aufzählung beinhalten kann. Das in den zit Ausführungen zum Ausdruck kommende Bedürfnis mancher BTh-Bediensteten nach einer verfassungsrechtlichen „**Bestandsgarantie**" für die BTh ist daher als Wunsch an den Verfassungsgesetzgeber zu qualifizieren.

98 So VfSlg 8136: „Keinerlei institutioneller Bezug".

99 Vgl zum institutionellen Gehalt des Art 17 a StGG B.III.3.d).

100 Vgl *Walter*, System 88.

101 Vgl *Bydlinski* 436 ff, der als weitere Auslegungsmethoden die „objektiv-teleologische" und die „historische" Auslegung nennt (449 ff).

a) „Bundestheater"

Der Begriff „BTh" ist ein zusammengesetzes Substantiv, das bei rein sprachlicher Betrachtung auch durch die Wortfolge „Theater des Bundes" ersetzt werden könnte[102]. Vom Begriff „BTh", der vom Kompetenztatbestand im Plural verwendet wird, wären bei bloßer Wortinterpretation somit „die Theater des Bundes" erfaßt, wobei offen bliebe, welches (organisatorisches bzw rechtliches) Verhältnis die Gebietskörperschaft Bund zu einem solchen Theater aufzuweisen hätte. Interpretationsbedürftig ist hier primär der Begriff **„Theater":** Die gängige lexikalische Definition versteht darunter „die Gesamtheit der darstellenden Künste (Schauspiel, Oper, Operette, Ballett) sowie das Gebäude für die Vorführung. In romanischen Ländern versteht man unter Theater auch die Werke der dramatischen Dichter."[103] Mit dieser Definition sind die drei wichtigsten Bedeutungen des Wortes angesprochen, wobei die letztgenannte im Zusammenhang mit dem Präfix „Bundes-" offenkundig keinen Sinn ergibt, sodaß der zu untersuchende Ausdruck sich sowohl auf **Theatergebäude** als auch auf das **szenisch Dargestellte** beziehen kann. **Mögliche Bedeutungen des Begriffes „BTh"** wären somit[104]:

In Eigentum/Besitz des Bundes stehendes Theatergebäude; ein vom Bund angemietetes/ausgeliehendes/präkaristisch innegehabtes/gepachtetes/faktisch benutztes Theatergebäude. Weiters eine vom Bund in irgendeiner Weise organisierte (organisatorisch beeinflußte) Infrastruktur (Bestand an persönlichen und sachlichen Mitteln) zur Aufführung von Werken der darstellenden Kunst, somit die Schaffung von Voraussetzungen für einen „künstlerischen Betrieb" (zB „Betrieb" eines Orchesters, eines Ballettcorps, eines Schauspiel- oder Gesangsensembles, eines Chors etc) und der Betrieb selbst.

Durch Wortinterpretation des Begriffs „Theater" ist nicht ermittelbar, ob **sämtliche** Komponenten des künstlerischen Betriebes „eigenverantwortlich" vom Bund organisiert werden müssen, oder ob es ausreicht, daß der Bund zB bloß Orchester und Kostüme zur Verfügung stellt; weiters läßt sich auch keine Aussage über die notwendige Intensität der organisatorischen Bindung treffen. Durch Wortinterpretation ist weiters nicht ermittelbar, ob bzw inwieweit auch die nicht mehr unmittelbar im Theater bzw für Aufführungen benötigte Infrastruktur erfaßt wird (zB Dekorations- und Kostümwerkstätten, Schulen für den künstlerischen oder technischen Nachwuchs etc); ebenso die Zugehörigkeit von Nebengebäuden (Depots,

102 Wortsinnverfälschend wären Begriffe wie zB „bündische(s) Theater".

103 Brockhaus Enzyklopädie, XVIII[17] 610. Es wird hier nicht verkannt, daß grundsätzlich das übliche **Begriffsverständnis in der ersten Hälfte der zwanziger Jahre heranzuziehen wäre.** Die Brockhaus-Definition der siebziger Jahre dürfte jedoch die in den zwanziger Jahren wie heute üblichen Theaterformen abdecken (vgl näher *Brauneck*).

104 Vereinfachend wird von **einem** Theater ausgegangen.

Dekorationswerkstätten etc) und diversem Mobiliar (zB Transportfahrzeuge). **Bloße Wortinterpretation** deutet somit eher auf die Zugehörigkeit aller bislang angeführten Sachen und Organisationseinheiten zum Begriff „(B)Th" hin: Notwendig ist die (uU sehr lose) Zugehörigkeit zu einem Theatergebäude oder -betrieb, mit welchen der Bund in organisatorischem oder privatrechtlichem Zusammenhang stehen muß; diese Voraussetzungen müssen jedoch nicht kumulativ vorliegen[105].

Abzugrenzen ist der Wortsinn des Begriffs „Theater" auch von bloßen „Belustigungen" und „Schaustellungen": zB vom Maibaumklettern; von Seiltänzern oder Kunstreitern. Bei bloßer Wortinterpretation fallen bloße „öffentliche Lustbarkeiten", bei denen keine ausübenden Künstler tätig werden, jedenfalls nicht unter den Theaterbegriff (zB Schießbuden, Ringelspiele). Ebenso scheint die Darbietung von — durchaus als künstlerische Tätigkeit qualifizierbaren — **bloßen Fertigkeiten ohne darstellerische Facette nicht vom Theaterbegriff umfaßt** zu sein (zB Zirkusse[106], Drehorgelspieler). Die Abgrenzung kann im Einzelfall schwierig sein. Entscheidend dürfte das Kriterium der „Darstellung" einer Handlung etc sein, sodaß zB Marionetten- oder Puppentheater vom Theaterbegriff umfaßt sind.

b) „Angelegenheiten"

Das Wort „Angelegenheit" wird üblicherweise mit den Begriffen „Sache, Fall, Affaire" gleichgesetzt[107]; nach dem „Deutschen Wörterbuch" der Gebrüder Grimm ist „Angelegenheit eigentlich eine wichtige, anliegende, dann überhaupt uns angehende Sache"[108]. Zu beachten ist, daß der Text des gesamten Kompetenztatbestandes idFd B-VGN 1925 den **Ausdruck „Angelegenheiten" zweimal verwendet:** Die in den Z 1 — 17 des Art 10 genannten Materien ergeben erst mit dem ersten Satz des Art 10 B-VG („Bundessache ist die Gesetzgebung und die Vollziehung in folgenden Angelegenheiten:") einen normativen Sinn; daraus erhellt aber auch, daß **jeder Kompetenztatbestand eine „Angelegenheit"** betrifft.

---

105 ZB ist es nicht notwendig, daß der Bund als Mieter eines Theatergebäudes auch Teile des oder gar den gesamten Theaterbetrieb organisiert.

106 Die vielfach im Rahmen von Zirkussen auftretenden **Clowns** sind hingegen regelmäßig **darstellende Künstler.** Im Einzelfall scheint somit eine inhaltliche Abgrenzung zwischen einem **Clownzirkus** mit Trapezeinlagen und einem **Theater** mit zahlreichen bloß artistischen Einlagen kaum möglich zu sein. Zu betonen ist, daß es dabei um eine Abgrenzung zwischen verschiedenen **Formen künstlerischer Tätigkeiten** geht.

107 Brockhaus Enzyklopädie XXIV[17] 36.

108 *Jakob* und *Wilhelm Grimm*, Deutsches Wörterbuch I (1854), Spalte 346 (zit nach *Ermacora*, VfGH 152).

Der Ausdruck „Angelegenheiten“ wird im Zusammenhang mit zahlreichen Art-10-Kompetenztatbeständen des B-VG idgF doppelt verwendet[109]. Ob die zweifache Verwendung dieses Ausdruckes von Bedeutung ist, läßt sich nicht mehr durch bloße Wortinterpretation, sondern nur durch logisch-systematische Interpretation ermitteln; erst durch Analyse des Verhältnisses zu anderen Kompetenztatbeständen läßt sich ermitteln, ob die Doppelverwendung ein bloßes Redaktionsversehen, ein Stilmittel oder eine normative Aussage sein soll. **Formulierungsgeschichtlich** ist dazu folgendes anzumerken: Der Kompetenzkatalog des B-VG 1920 entwickelte sich aus dem „legistischen Vorentwurf einer Kompetenzverteilung aufgrund der Stellungnahmen der Staatsämter samt Analysen“, der offenbar als Grundlage für die Kompetenzgliederung im Verfassungsentwurf *Mayr* diente, der wiederum Beratungsgrundlage der Salzburger und der Linzer Länderkonferenz war[110]. Der sog „Linzer Entwurf“[111] enthielt in Art 10 ursprünglich die einleitende Formulierung: „Die Länder übertragen der Gesetzgebung und Vollziehung des Bundes: ...“[112]. Erst in der ersten Sitzung des Subkomités des VerfA vom 11.7.1920 wurde diese Formulierung auf „Bundessache ist die Gesetzgebung und Vollziehung in folgenden Angelegenheiten“ abgeändert[113]. Diese im Hinblick auf den einzurichtenden Bundesstaat „indifferente Formulierung“ dürfte als politischer Kompromiß auf Betreiben der Sozialdemokraten zustande gekommen sein[114]. Die Neuformulierung des Einleitungssatzes des Art 10 B-VG blieb aber ohne Auswirkung auf die in Z 1 — 16 genannten Kompetenztatbestände. Aus alldem kann der Schluß gezogen werden, daß **der doppelten Verwendung des Begriffes „Angelegenheiten“ keine besondere normative Bedeutung zukommt.** Daraus ergibt sich aber auch die Fragwürdigkeit der vom VfGH im Erk Slg 2733 im Zusammenhang mit dem Kompetenztatbestand „Angelegenheiten des Gewerbes“ vertretenen Auffassung, „daß von einem mit ‚Angelegenheiten‘ umschriebenen Kompetenztatbestand nur solche Verhältnisse und Vorgänge erfaßt werden, die begrifflich zu der betreffenden

109 ZB „Äußere Angelegenheiten (Z 2); Angelegenheiten der Notare, der Rechtsanwälte und verwandter Berufe (Z 6); Angelegenheiten der ... durch BG als Bundesstraßen erklärten Straßenzüge außer der StraßenPol (Z 9); Angelegenheiten der künstlerischen und wissenschaftlichen Sammlungen und Einrichtungen des Bundes; Angelegenheiten des Kultus (Z 13);“.

110 *Ermacora* III 117 ff, 166 ff, 181 ff, 212 ff.

111 *Ermacora* III 212 ff („Den Beratungen des UAVerfA der KNV zugrundeliegende Fassung“), 181 ff („Fassung der für die Linzer Länderkonferenz bestimmten Kompetenzverteilungsbestimmungen“).

112 Korrespondierende Bestimmungen enthielten die Art 11 Abs 1, 12 Abs 1 B-VG.

113 *Ermacora* III 216.

114 Die Sozialdemokraten befürworteten in der damaligen politischen Diskussion eindeutig eine starke Stellung der Zentralgewalt und stellten allgemein die insb von den Christdemokraten und von den Ländern vertretene Auffassung in Frage, daß die Länder **primäre Gewalt** besäßen. Vgl *Ermacora* III 211, 227.

Materie gehören", während sich aus der Anfügung des Wortes „-wesen" an den eine bestimmte Materie bezeichnenden Ausdruck nach VfSlg 2192 ergeben soll, daß das gesamte Verwaltungsgebiet aus der generellen Länderkompetenz herausgenommen werde, sodaß auch bei einer scheinbaren Überschneidung eines solchen Kompetenztatbestandes mit einem in der Zuständigkeit der Länder verbliebenen Tatbestände auf dem betreffenden Gebiet für die Landeszuständigkeit kein Raum verbleibe.

Diese vielfach als **„Wesenstheorie"** bezeichnete Auslegungsmaxime hat der VfGH in der Folge jedoch nicht aufrecht erhalten und auch zur Auslegung von „Wesens"-Tatbeständen die Versteinerungstheorie angewandt[115]. Da das zit „Angelegenheits"-Erk VfSlg 2733 mit dem ersten „Wesens"-Erk in erkennbarem Zusammenhang steht, dürften die zit Aussagen des VfGH zur Auslegung der Worte „Wesen" und „Angelegenheiten" mittlerweile überholt sein. Der von *Ermacora* bereits zur Zeit der zit Erk vertretene Auffassung, daß das dem Begriff einer Verwaltungsmaterie in einem Kompetenztatbestand angefügte Wort „Angelegenheit" die gleiche Bedeutung für die Zuständigkeitsverteilung wie die Verknüpfung des Namens eines Verwaltungsgebietes mit dem Worte „Wesen" habe[116], dürfte sich der VfGH somit wieder angenähert haben. Die Richtigkeit dieser Auffassung ergibt sich auch aus einer unbefangenen Betrachtung der Entstehungsgeschichte der Kompetenztatbestände: Diese wurden von der Staatskanzlei aufgrund der „Ressortantworten auf das Schreiben der Staatskanzlei vom 16.10.1919" erarbeitet[117], wobei sich die Verwendung der Worte bzw Suffixe „-recht, -wesen, -angelegenheiten" oder ihr gänzlicher Entfall vielfach an den einzelnen Vorschlägen der Staatsämter orientierte, wobei aber kein Indiz dafür festgestellt werden kann, daß der Verbindung mit Suffixen oder ihr Entfall irgendeine normative Bedeutung zugedacht gewesen wäre[118].

Zusammenfassend kann somit festgehalten werden, daß einem hypothetischen Kompetenztatbestand **„Bundestheaterwesen"** (oder bloß **„BTh")** dieselbe normative Bedeutung zugekommen wäre wie der Formulierung „Angelegenheiten der BTh".

c) „Alle" Angelegenheiten

Bis zu seiner Abänderung durch die B-VGN 1984 war der Kompetenztatbestand zugunsten der BTh der einzige, der dem Bund die Gesetzgebung und Vollziehung in **„allen** Angelegenheiten" zuwies. Dem Indefinitprono-

115 VfSlg 4206, 4348, 5833, 7169.
116 *Ermacora*, VfGH 152.
117 *Ermacora* III 10 ff.
118 Vgl *Ermacora* III 10 ff, 117 ff.

men „all" kommt üblicherweise die Bedeutung „gesamt, ganz, jeder ohne Ausnahme" zu[119], sodaß **„alle Angelegenheiten"** bei wörtlicher und grammatikalischer Interpretation gleichbedeutend ist mit **„ohne Ausnahme jede Angelegenheit".** Bei logisch-systematischer Interpretation ist auf die für einen Kompetenztatbestand einzigartige Anordnung Bedacht zu nehmen, daß — offenbar im Gegensatz zu sonstigen Materien — **nicht nur bestimmte, sondern vielmehr alle Angelegenheiten der BTh** in die Zuständigkeit des Bundes zu fallen hätten.

Diese Formulierung zeigt, daß die Zuständigkeit des Bundes zur Gesetzgebung und Vollziehung in einer bestimmten Angelegenheit offenbar regelmäßig nicht als lückenlos oder allumfassend interpretiert werden kann, da dies nur bei einer Zuständigkeit in **„allen** Angelegenheiten" angenommen werden kann — andernfalls wäre die **Differenzierung** zwischen „Angelegenheiten" und **„allen** Angelegenheiten" **sinnlos.** Im konkreten Zusammenhang legt die Wendung die Deutung nahe, daß von der Zuständigkeit des Bundes offenbar auch Materien umfaßt werden sollten, die uU **nicht als „typische" Materien des „Theaterwesens"** angesehen hätten werden können. Im Lichte des bloßen Wortsinns und der Entstehungsgeschichte des Kompetenztatbestandes wäre nämlich uU bei Entfall des Wortes „alle" die Auslegung vertretbar gewesen, daß nur typischerweise dem „Theaterwesen" zugerechnete Materien umfaßt sein könnten[120]. Die gewählte Formulierung bringt jedenfalls zum Ausdruck, daß eine **Reduzierung auf „theatertypische" Angelegenheiten bei wörtlicher und grammatikalischer Auslegung unzulässig gewesen wäre.**

6. Systematische Interpretation

a) Das Verhältnis zu Bundes-Kompetenztatbeständen

(1) Angelegenheiten der künstlerischen Einrichtungen

Bereits aufgrund der — allerdings bis 1.10.1925 suspendierten — Kompetenzverteilung des B-VG 1920 war der Bund zur Gesetzgebung und Vollziehung in „Angelegenheiten der künstlerischen und wissenschaftlichen Sammlungen und Einrichtungen" zuständig. Dieser Kompetenztatbestand wurde 1925 unverändert in Geltung gesetzt und durch die B-VGN 1974 durch Anfügung der Worte: „des Bundes" eingeschränkt. Mehrfach war bereits im Zusammenhang mit den Kompetenzkonflikten um die BTh

119 Brockhaus Enzyklopädie, XXIV[17] 26.

120 Der Wendung „Angelegenheiten der BTh" wäre somit die gleiche Bedeutung zugekommen wie **„Bundestheaterwesen" als Spezialtatbestand zu „Theaterwesen".**

vor 1925[121] die Auffassung vertreten worden, daß auch die BTh als „künstlerische Einrichtungen" iS dieser Kompetenzbestimmung anzusehen seien.

Leider läßt sich historisch nicht erschließen, was die mit der Erarbeitung der Kompetenzverteilungsbestimmungen befaßten Organe unter „künstlerischen Einrichtungen" verstanden (haben wollten)[122]. Nicht unter diesen Begriff fielen jedenfalls „künstlerische" (Hoch)Schulen, die unter den bis 1962 unausgeführten Art 14 B-VG zu subsumieren waren[123]. Mangels historischer oder sonstiger unterverfassungsgesetzlicher Anhaltspunkte hat folgerichtig auch der VfGH in Slg 2670 die Bedeutung der Wendung „Angelegenheiten der künstlerischen Einrichtungen" durch bloße Wortinterpretation und durch systematische Interpretation **innerhalb** des Art 10 Abs 1 Z 13 B-VG ermittelt:

„Mag der Begriff der ‚Einrichtung' auch mehrdeutig sein, so entspricht es doch gewiß weder dem allgemeinen Sprachgebrauch noch dem Sprachgebrauch des Gesetzes, die Tätigkeit eines einzelnen Musikers als eine künstlerische Einrichtung zu bezeichnen. Was der Gesetzgeber mit diesem Begriffe in Art 10 Abs 1 Z 13 B-VG gemeint hat, wird ganz klar, wenn man diese Bestimmung im Ganzen betrachtet. Gedacht ist, wie die Erwähnung der Bibliotheken, Sammlungen und Archive beweist, an Institutionen mit einer materiellen Grundlage, die der Pflege der Kunst und der Erhalt künstlerischer Werte dienen. Die persönliche Leistung ... kann dagegen mit ‚Einrichtung' nicht gemeint sein. ..."

Nach dieser Definition des VfGH könnten somit durchaus auch **Theater des Bundes künstlerische Einrichtungen** darstellen[124]. Ihre niemals ernstlich in Zweifel gezogene Nicht-Subsumtion unter diesen Kompetenztatbestand dürfte in der Überlegung begründet sein, daß Versuchen, dem Bund Kompetenzen im Theaterwesen zu verschaffen, stets eine ausdrückliche Absage erteilt worden war und daß bei den BTh stets ihre **Eigenschaft als Theater und nicht jene als künstlerische Einrichtung(en) im Vordergrund stand.** Es wäre auch nicht einsichtig gewesen, warum — angesichts des Wortlautes des Kompetenztatbestandes bis 1.1.1975 — die Zuständigkeit des Bundes **auf Theater der Bundes beschränkt gewesen wäre.** Schon diese Überlegung zeigt, daß Theater zu Recht allgemein nicht als „künstlerische Einrichtung" iSd B-VG angesehen wurden; was für Theater allgemein zu gelten hatte, mußte aber auch für BTh im besonderen gelten.

Da sich die umfassende Zuständigkeit des Bundes in allen Angelegenheiten der BTh aus einem eigenen Kompetenztatbestand ergab, verdrängte

---

121 S A.II.13.

122 *Ermacora* III. Vgl *Neisser*, Forschungsorganisation 943 f. S näher *Bammer*, Theater 206.

123 Vgl zur Kompetenzlage auf dem Gebiet des Schul- und Erziehungswesens bis 1962 *Adamovich*, Handbuch[6] 145 f mwN.

124 Unklar ÖBThV, Bericht 1971/72, 19: „Mit einiger Mühe wird man die STh als ‚künstlerische Einrichtungen' [iSd B-VG] verstehen **können und müssen.**"

dieser eine sich uU aus der Zuständigkeit des Bundes in „Angelegenheiten der künstlerischen Einrichtungen“ erfließende Zuständigkeit. Das Phänomen, daß sich die Zuständigkeit des Bundes zur Regelung einer bestimmten Angelegenheit gegebenenfalls auch auf verschiedene Kompetenztatbestände stützen könnte, ist normativ weitgehend unproblematisch, da verschiedene Kompetenztatbestände ein und desselben Artikels des B-VG keine Normwidersprüche (Antinomien) bilden können[125].

Die Auslegung des Kompetenztatbestandes „Angelegenheiten der künstlerischen Einrichtungen“ wirft strukturell ähnliche Probleme wie jener zugunsten der BTh auf[126]; lediglich durch systematische Interpretation ließe sich uU eine gewisse Einschränkung seines weitreichenden Wortsinns bewirken (archiv- und sammlungs**ähnliche** Einrichtungen). Der Kompetenztatbestand wurde 1981 als verfassungsrechtliche Grundlage der §§ 17 — 35 FOG herangezogen[127]. Der Bund ist allerdings schon aufgrund des vom historischen Verfassungsgesetzgeber unmißverständlich anerkannten Rechts der Gebietskörperschaften zur Errichtung und zum Betrieb von Einrichtungen zur kulturellen Daseinsvorsorge berechtigt[128]. Daher begründet auch dieser Kompetenztatbestand keine Zuständigkeit des Bundes zur Organisation von künstlerischen Einrichtungen, sondern wehrt verwaltungspol Landeszuständigkeiten ab[129].

(2) Sozialversicherungswesen

Der Kompetenztatbestand „Sozialversicherungswesen“ in Art 10 (Abs 1) Z 11 B-VG wurde vom VfGH — unter offenkundiger Ablehnung der Versteinerungstheorie — ausgesprochen **dynamisch** interpretiert bzw „intrasystematisch fortentwickelt“[130]. Kompetenzrechtlich stellt sich die

125 Hingegen läge eine Antinomie vor, wenn ein und dieselbe Angelegenheit zB ausdrücklich in Art 10 und Art 15 B-VG genannt wäre; vgl die Darstellung von Lösungsmöglichkeiten zur Behebung von Antinomien bei *Bydlinski* 463 ff.

126 So wird seit Inkrafttreten der B-VGN 1974 durch die Errichtung einer künstlerischen Einrichtung des Bundes der Anwendungsbereich von (hypothetischen) verwaltungspol BG (zB eines vpol bzw sicherheitstechnischen ÜberwachungsG für Bundesmuseen) erweitert (**[administrative] Kompetenz-Kompetenz**). Soweit die Zuständigkeit des Bundes hinsichtlich „künstlerischer Einrichtungen“ in die Veranstaltungskompetenz der Länder hineinreicht, kommt — wie bei den BTh — eine Überleitung der veranstaltungsrechtlichen Landesvorschriften in partikuläres Bundesrecht in Betracht. Vgl dazu A.III.4.

127 Vgl EB 214 BlgNR XV. GP, 8.

128 S bloß den Bericht des VerfA der KNV, 991 BlgNR (*Ermacora*, Quellen 553).

129 AA *Neisser*, Forschungsorganisation 931 ff (944: „Organisationstatbestand“).

130 „Der Kompetenzbereich ist damit nicht auf wirtschaftliche Gefahren eingeschränkt, denen bestimmte Schichten der Bevölkerung ausgesetzt sind. Wenn im Jahre 1925 die sozialversicherungsrechtlichen Maßnahmen nur den unselbständig Erwerbstätigen galten, so hat dies nur die Bedeutung, daß die Kompetenzbestimmung nur zum Teil ausgenützt worden ist.“ (VfSlg 3670, 3846, 4072).

Frage, ob Regelungen, die für Bedienstete der BTh „die mannigfaltigen Gefahren, die die wirtschaftliche Existenz bedrohen, ausschalten oder mildern“[131] sollen, unter „Sozialversicherungswesen“, „Dienstrecht der Bundesangestellten“[132] oder „alle Angelegenheiten der BTh“ zu subsumieren waren. Da alle drei Kompetenztatbestände eine Zuständigkeit des Bundes in Gesetzgebung und Vollziehung begründen, scheint eine derartige Fragestellung überflüssig zu sein. Eine sozialversicherungsrechtliche Regelung, die eine für eine bestimmte Berufsgruppe exzessiv (un)günstige Regelung schaffte, verstieße jedoch gegen das auch den Gesetzgeber bindende Gleichheitgebot[133]; es wäre daher zu prüfen, ob eine **inhaltlich** übereinstimmende Regelung, sofern sie sich auf den Tatbestand des Art 10 (Abs 1) Z 13 B-VG stützte bzw stützen könnte, einer solchen Prüfung am Gleichheitssatz standzuhalten vermöchte. Der VfGH hat in diesem Zusammenhang allerdings ausgesprochen, daß für die Einordnung einer Regelung „einzig und allein die Frage entscheidend ist, welches der Inhalt (Gegenstand) der in Aussicht genommenen Regelung ist“[134], sodaß für **inhaltlich** sozialversicherungsrechtliche Regelungen für BTh-Bedienstete wohl lediglich die Kompetenztatbestände „Sozialversicherungswesen“ oder „Dienstrecht der Bundesangestellten(-bediensteten)“ in Betracht kommen. Da nach hM der **verfassungsrechtliche Dienstrechtsbegriff** auch das Dienstvertragsrecht des Bundes umfaßt[135] und dieser weite Begriff auch das Besoldungs(Bezugs)recht in sich schließt[136], sind **besondere, inhaltlich sozialversicherungsrechtliche Regelungen für Bundesbedienstete auf den in dieser Beziehung spezielleren Kompetenztatbestand „Dienstrecht der Bundesangestellten(-bediensteten)“ zu stützen.** Werden keine besonderen Bestimmungen getroffen, gelten die allgemeinen sozialversicherungsrechtlichen Regelungen.

(3) Arbeitsrecht

Die Überlegungen zur Abgrenzung der Kompetenztatbestände „Sozialversicherungswesen“ und „alle Angelegenheiten der BTh“ sind auch für die Abgrenzung zum Kompetenztatbestand „Arbeitsrecht“ (Art 10 [Abs 1] Z 11 B-VG) von Bedeutung. Kraft des Kompetenztatbestandes „Dienst-

131 VfSlg 3670, 3846, 4072.

132 Art 10 Abs 1 Z 16 B-VG. Seit 1.1.1975: „Dienstrecht und Personalvertretungsrecht der Bundesbediensteten“.

133 Gleiches gälte für eine unsachliche Differenzierung zwischen verschiedenen Gruppen öffentlicher Bediensteter.

134 VfSlg 2452, 2977, 4117, 4205, 6344, 7074.

135 *Kucsko-Stadlmayer* 11; *Schaginger* 6.

136 *Schaginger* 7.

recht der Bundesangestellten(-bediensteten)"[137] kann der Bund sowohl das öffentlich-rechtliche Dienstrecht als auch das Dienstvertragsrecht der Bundesbediensteten regeln; sowohl des BDG 1979 als auch das VBG 1948 wurden aufgrund dieses Kompetenztatbestandes erlassen.

Aus Art 21 Abs 2 B-VG **idgF** leitete der VfGH ab, daß der Kompetenztatbestand „Dienstrecht" so weit zu verstehen sei, daß der Bund auf dem Gebiet des Dienst- und Personalvertretungsrechts der Bediensteten des Bundes (aber auch der Länder, Gemeinden und Gemeindeverbände) zudem zuständig sei, Regelungen auf dem Gebiet der kollektiven Rechtsgestaltung und der Betriebsverfassung zu treffen[138]. Soweit allerdings Bedienstete des Bundes nicht unter die aufgrund Art 10 Abs 1 Z 16 B-VG erlassenen dienstrechtlichen Normen fallen, haben grundsätzlich die allgemeinen arbeitsrechtlichen Normen Anwendung zu finden. Gelegentlich verweisen dienstrechtliche Normen auch auf allgemeine arbeitsrechtliche Normen, wobei wohl im Einzelfall zu untersuchen wäre, ob die **verwiesene arbeitsrechtliche Norm für spezielle Fälle als Dienstrechtsnorm zu gelten hätte.** Es kann nicht weiter bezweifelt werden, daß der Bund nicht nur spezielle Normen zur Regelung des Dienstverhältnisses der von ihm Beschäftigten erlassen kann, sondern auch kompetent ist, bestimmte Gruppen von Bediensteten den allgemeinen arbeitsrechtlichen Normen zu unterstellen[139]. Sachliche Differenzierungen zwischen Bediensteten sind wohl insbesondere dann zulässig, wenn damit die unterschiedliche Art der Dienstleistungen berücksichtigt werden soll[140].

Daraus ergibt sich, daß sich der Bund bei der Erlassung von (iwS) dienstrechtlichen Vorschriften für Bedienstete der BTh auf den Kompetenztatbestand „Dienstrecht" zu stützen hätte; dieser stellt für derartige Normen den spezielleren Kompetenztatbestand im Verhältnis zu „Arbeitsrecht" und „alle Angelegenheiten der BTh" dar.

(4) Versammlungsrecht

Gem Art 10 Abs 1 Z 7 B-VG ist „Versammlungsrecht" Bundessache in Gesetzgebung und Vollziehung. Nach Art 12 StGG und Art 11 MRK haben alle Menschen das verfassungsgesetzlich gewährleistete Recht, sich zu versammeln („Versammlungsfreiheit")[141]. Nach welchen Kriterien ist zu

---

137 Art 10 Abs 1 Z 16 B-VG (bis 31.12.1974: „Bundesangestellten").

138 VfSlg 7883; vgl auch *Kucsko-Stadlmayer* 12; *Schrammel,* Sonderarbeitsrecht.

139 Zu beachten ist allerdings die spezielle Kompetenzverteilung bezüglich der Land- und Forstwirtschaft (Art 12 Abs 1 Z 6 B-BG; dazu VfSlg 7883, 7932).

140 Fraglich ist jedoch die sachliche Rechtsfertigung von Differenzierungen zwischen Gruppen von Bediensteten, deren Dienstverhältnis bei gleicher Dienstleistung unterschiedlich geregelt ist.

141 Vgl *Walter/Mayer*, Verwaltungsrecht[2] 54. Nach der Jud des VfGH stellt jede Verletzung des VersammlungsG einen unmittelbaren Eingriff in das durch Art 12 StGG gewährleistete Versammlungsrecht dar (VfSlg 2002, 2311).

beurteilen, ob eine Menschenansammlung als Versammlung zu qualifizieren ist oder bloß im Rahmen einer Veranstaltung zustandegekommen ist? Nach der Jud des VfGH sind „Versammlungen allgemein zugängliche geplante Zusammenkünfte von Menschen zu politischen Zwecken" bzw „eine Vereinigung von Personen zu dem Zweck, um als solche gemeinsam zu wirken"[142]. § 5 VersammlungsG ordnet an, daß „öffentliche Belustigungen ..., wenn sie in der hergebrachten Art stattfinden, von den Bestimmungen dieses G ausgenommen (sind)." Ebenso enthalten auch zahlreiche VeranstaltungsG „salvatorische Klauseln" zugunsten von Versammlungen, die dem Versammlungs- oder VereinsG unterliegen[143]. Grundsätzlich dürfte zur Begriffsabgrenzung folgende Überlegung maßgeblich sein: Veranstaltungsnormen sind gegenüber Versammlungsnormen regelmäßig **leges priores;** während das — im wesentlichen bis heute geltende — VersammlungG erst 1867 erlassen wurde, konnten neuzeitliche veranstaltungsrechtliche Normen bereits damals auf eine rund zweihundertjährige Geschichte zurückblicken[144]. Während veranstaltungsrechtliche Normen seit jeher die „öffentlichen **Belustigungen"**, jedoch auch das mittelbar politisch bedeutsame Theater regelten, steht das VersammlungsG — und somit auch der Versammlungsbegriff — in untrennbarem Zusammenhang mit dem **politischen** Grundrecht des Art 12 StGG. Der Versammlungsbegriff ist aus den genannten Gründen **spezieller** als der Veranstaltungsbegriff: **Eine Zusammenkunft mehrerer Personen ist dann eine Versammlung,** „wenn sie in der Absicht veranstaltet wird, die Anwesenden zu einem gemeinsamen Wirken (Debatte, Manifestation usw) zu bringen"[145]. Daher ist zuerst zu prüfen, ob eine Versammlung iSd VersammlungsG vorliegt, wobei § 5 leg cit bestimmte Zusammenkünfte von Menschen von vornherein ausscheidet; handelt es sich auch um keine Vereinsversammlung, steht einer Qualifikation als „Veranstaltung" im verfassungsrechtlichen Sinn — Zusammenkunft von Menschen ohne Vorliegen der verfassungsrechtlichen Versammlungsmerkmale — nichts im Wege. Der Kompetenztatbestand „Versammlungsrecht" ist daher für etwaige **Versammlungen in BTh**[146] gegenüber „allen Angelegenheiten der BTh" lex specialis. Eine in einem etwaigen BTh[Pol]G normierte Einschränkung oder generelle Untersagung von „Versammlungen" aus Gründen, wie sie typischerweise auch im VersammlungsG enthalten sind, stellte sich daher **kompetenzrechtlich**[147] als **ver-**

142 Vgl *Walter/Mayer*, Verwaltungsrecht[2] 54; *Walter/Mayer*, BVR[6] Rz 1430.

143 Vgl die Nachweise bei *Anderle* 67.

144 Vgl *Bammer*, Theater 5 ff, 29 ff. Umfassend *Hadamowsky*.

145 VfSlg 4586, 5193, 5195, 8685.

146 In Betracht kommt uU auch eine mit einem BTh in sachlichem, nicht aber örtlichem Zusammenhang stehende Versammlung (zB Anti-*Heldenplatz*-Demonstration **vor** dem Burgtheater — s dazu: Burgtheater Wien [Hrsg] 184 ff), primär jedoch Diskussionen nach Vorstellungen in einem BTh.

147 Da der VfGH vom **Inhalt** und nicht der **Bezeichnung** der Normen ausgeht.

sammlungsrechtliche Norm dar. Bau- oder fpol Einschränkungs- oder Untersagungstatbestände[148], die lediglich auf die Tatsache der Ansammlung von Menschen, nicht jedoch auf deren Beweggrund oder Ziel abstellten, stellten zwar kompetenzrechtlich keine versammlungsrechtlichen Normen dar; derartige Regelungen — bzw ihre nichtabwägende Vollziehung — könnten jedoch, ungeachtet dieser Qualifikation, einen unverhältnismäßigen **Eingriff in das Grundrecht auf Versammlungsfreiheit** darstellen[149].

(5) Denkmalschutz

„Denkmale" iSd Art 10 Abs 1 Z 13 B-VG sind nach VfSlg 4680 bewegliche oder unbewegliche, von Menschen geschaffene Gegenstände von historischer, künstlerischer oder sonstiger kultureller Bedeutung nach Art der in den §§ 1 und 2 des G StGBl 1918/90 aufgezählten Gegenstände. Normen, die aufgrund des Kompetenztatbestandes „Denkmalschutz" erlassen wurden, stehen vielfach in einem Spannungsverhältnis zu Baurechtsnormen[150]; der Schutz von BTh-Gebäuden aus Gründen, wie sie im am 1.10.1925 geltenden DenkmalschutzG, BGBl 1923/533, genannt sind, stehen dem Bund zweifelsohne unabhängig vom Bestehen einer Kompetenz in „allen Angelegenheiten der BTh" zu.

(6) Angelegenheiten des Gewerbes

Der VfGH vertritt in ständiger Jud unter Anwendung der Versteinerungstheorie die Auffassung, daß als „Gewerbe" iSd Art 10 Abs 1 Z 8 B-VG nur jene erwerbsmäßigen Tätigkeiten zu verstehen sind, die nach dem Stand der Gesetzgebung im Zeitpunkt des Wirksamkeitsbeginnes der Kompetenzverteilung (1.10.1925) als Gewerbe anzusehen waren[151]. Aus zahlreichen präkonstitutionellen Rechtsvorschriften[152] leitet der VfGH ab, daß

„bis zum Zeitpunkt des Inkrafttretens der GewO **musikalische Produktionen jeder Art nicht als Gewerbe, sondern als vom Standpunkt der VerwaltungsPol zu behandelnde Angelegenheiten betrachtet und behandelt wurden.** ... Aus dem Zusammenhalt der lit c), lit o) und lit q) des Art V des Kundmachungspatentes zur GewO ist vielmehr einwandfrei zu schließen, daß die **GewO 1859 alle musikali-**

148 ZB Normierung der Unzulässigkeit von Versammlungen in Räumen ohne Notbeleuchtung.
149 Vgl zum wohl auch die Versammlungsfreiheit betreffenden grundrechtsdogmatischen **Problem der Intentionalität** *Bammer*, BThSG 452 ff mwN.
150 Vgl bloß *Walter/Mayer*, Verwaltungsrecht[2] 218 mwN.
151 VfSlg 2670 mit Hinweis auf VfSlg 1477, 2005, 2452, 2500.
152 HKD vom 29.5.1821 (Bettelmusiklizenzen); HKD vom 12.5.1827 (Tanzmusiken) und HKD vom 6.1.1836 (Öffentliche Produktionen).

schen Produktionen überhaupt von ihrer Geltung ausschließen und damit den Zustand, der durch die vorbezeichneten älteren Normen auf diesem Gebiete gegeben war, auch für die weitere Zukunft erhalten wollte ...“[153].

Diese Ausführungen sind grundsätzlich für alle aus der GewO 1859 gem Art V lit o des zit Kundmachungspatents ausgenommenen „öffentlichen Belustigungen“ von Bedeutung, insb daher auch für den Betrieb von Theatern[154]. Im Detail komplizierte **Abgrenzungsprobleme** dürften sich **hinsichtlich der vom Theaterunternehmer selbst betriebenen „Nebengewerbe“** ergeben (zB Betrieb eines Theaterbuffets oder einer Theaterbuchhandlung mit üblichem Buchhandlungssortiment): Während der (Eigen)Vertrieb von Programmheften, Theaterplakaten und „Vorstellungsmitschnitten“[155] nach der heute geltenden Rechtslage von den Ausnahmebestimmungen der Z 7 und Z 17 des § 2 Abs 1 GewO erfaßt ist und somit nicht deren Beschränkungen unterliegt[156], dürfte es beim Betrieb von **Theaterbuffets** — mangels „versteinerbarer“ verbindlicher Auslegung am 1.10.1925 — wohl darauf ankommen, ob diese Tätigkeit als **typischerweise** und untrennbar mit dem Betrieb eines Theaters verbunden angesehen werden kann; dies könnte bei „klassischen Pausenbuffets“ bejaht werden, wohl aber nicht bei einem Restaurant, das zwar im Theatergebäude betrieben wird, jedoch mit den Theateraufführungen selbst in keinem (insb zeitlichen) Zusammenhang mehr steht. Dies ergibt sich auch indirekt aus § 8 NöThBG, wonach „im Zuschauerhause ... Restaurationslokalitäten (Büffets ausgenommen) nicht gestattet“ sind.

b) Das Verhältnis zu Landes-Kompetenztatbeständen

Nach der Jud des VfGH kommt es für die Verfassungskonformität eines Gesetzes nicht darauf-an, daß dieses „seine verfassungsrechtliche Grundlage überhaupt oder richtig anführt oder ob es das nicht tut. ... Wesentlich ist nur, ob die geltende Verfassung überhaupt eine Bestimmung enthält, die als ausreichende Kompetenzgrundlage gelten kann“[157]. Die in Kapitel A.III.6.a) angeführten Abgrenzungen zu Bundes-Kompetenztatbeständen sind im Lichte dieser Jud somit in der Praxis insofern bedeutungslos; hingegen war und ist die Abgrenzung des Bundes-Kompetenztatbestandes

153 VfSlg 2670 mit dem Hinweis, daß Erlässe, die nicht einmal VwVO darstellten, für die Beurteilung der gesetzlichen Regelung unmaßgeblich seien (Hervorhebungen von mir).

154 Vgl auch § 2 Abs 1 Z 17 GewO; dazu *Mache/ Kinscher* 37.

155 ZB in Form von Schallplatten oder Videobändern.

156 Dies legt auch der seit 1982 geltende Art 17 a StGG nahe, der allgemein „die Vermittlung von Kunst“ schützt. Vgl zum Verhältnis Bewilligungspflicht und Kunstfreiheit *Bammer*, BThSG 452 ff mwN.

157 VfSlg 2832, 3051.

„alle Angelegenheiten der BTh" zu Landes-Kompetenztatbeständen nicht nur dogmatisch kompliziert, sondern auch von praktischen Interesse.

(1) Baurecht

Diese Abgrenzung wird ausführlich in Kapitel A.IV. untersucht. Hier sei nur angemerkt, daß der **Bund zu Recht den Standpunkt vertrat, daß vom Kompetenztatbestand „alle Angelegenheiten der BTh"** infolge des klaren Wortlautes und des Fehlens einer diesem Wortlaut entgegenstehenden, eindeutig dokumentierten Absicht des historischen Verfassungsgesetzgebers **auch die Bauangelegenheiten der BTh erfaßt waren.**

(2) Feuerpolizei

Es wurde bereits mehrfach auf den historisch begründeten engen Zusammenhang zwischen dem Bau- und FPolrecht hingewiesen; dieser Zusammenhang wurde besonders bei den bereits dargestellten thpol Regelungen deutlich, die sich als leges speciales sowohl zu Bau- als auch zu FPolOen darstellten[158]. Die Zuständigkeit des Bundes zur Gesetzgebung und Vollziehung in fpol „Angelegenheiten der BTh" ergibt sich einerseits aus der Überlegung, daß gerade die Zuständigkeit in fpol Angelegenheiten im Zentrum der Kompetenzkonflikte um die BTh vor der B-VGN 1925 gestanden war[159] und diese Konflikte durch die B-VGN 1925 als beigelegt galten[160], andererseits aber auch aus dem klaren Wortlaut des neu eingeführten Kompetenztatbestandes. Es ist dem historischen Verfassungsgesetzgeber wohl zusinnbar, daß er gerade die klassische thpol Angelegenheit „ThFPol" unter den neu eingeführten Kompetenztatbestand zugunsten der BTh subsumieren wollte; andernfalls wäre eine ausdrückliche Ausnahmebestimmung notwendig gewesen. Die aufgrund § 2 ÜG 1920 nunmehr als partikuläres BG für den Bereich der BTh in Geltung stehende FPolO für Wien[161] verdrängte für ihren Geltungsbereich die Bestimmungen der Wr FPolO als LG. § 27 der FPolO als BG ordnete die Geltung der „allgemeinen Bestimmungen" bei Theaterbränden an; § 25 2. Satz leg cit bestimmte: „Auf dem Brandplatze ist der jeweilige Commandirende der Feuerwehr in seinen dienstlichen Anordnungen unabhängig, jedoch hiefür seinen Vorgesetzten und der Gemeinde verantwortlich." Die parallele Geltung der

158 Vgl zu diesen seit dem 1.10.1925 als partikuläres Bundesrecht geltenden Vorschriften ausführlich A.III.4.e).

159 Vgl dazu ausführlich A.II.13.

160 Das Verfahren wurde infolge Zurückziehung des Antrags eingestellt.

161 Vgl A.III.4.e)(2).

FPolO als LG und BG warf insb hinsichtlich der institutionellen Bestimmungen nicht unerhebliche dogmatische Probleme auf: So war zB fraglich, ob die Gemeinde Wien durch § 22 FPolO als BG tatsächlich zur Einrichtung eines „von der Gemeinde Wien besoldeten Feuerwehrcorps (Berufsfeuerwehr)“ verhalten war. Dies dürfte zu verneinen gewesen sein, da von vornherein nur Bestimmungen der FPolO als BG übergeleitet wurden, die mit „Angelegenheiten der BTh“ in Zusammenhang stehen konnten. Es ist ausgesprochen **fraglich, ob die Einrichtung einer Gemeindeberufsfeuerwehr eine Angelegenheit der BTh bilden konnte.** Von praktischer Bedeutung sind jedenfalls die bis heute als BG weitergeltenden Bestimmungen der FPolO, die die Bekämpfung von Bränden in BTh — nach wie vor — mangels gegenteiliger ausdrücklicher Bezeichnung[162] in den übertragenen WB der Gemeinde Wien verweisen[163]. Fraglich ist, ob dadurch der Gemeinde Wien überhaupt ein eigener WB vorenthalten wurde, da die öFPol iSd Art 118 Abs 3 Z 9 B-VG schon begrifflich keine Angelegenheiten der „speziellen“ FPol umfassen können soll[164]; für diese Auffassung lassen sich jedoch, da sie — zumindest hinsichtlich der BTh — von falschen Prämissen ausgeht[165], kaum überzeugende Gründe anführen; untersuchungsbedürftig ist auch die Bedeutung des Begriffs „öFPol“[166].

(3) Jugendschutz

Maßnahmen pol Charakters, die dem Schutz der Jugend dienen, fallen nach der ständigen Jud des VfGH gem Art 15 Abs 1 B-VG in Gesetzgebung und Vollziehung in den selbständigen WB der Länder[167]. Hingegen fällt die Jugendfürsorge gem Art 12 Abs 1 Z 1 B-VG in die Kompetenz des Bundes zur Grundsatzgesetzgebung und in jene der Länder zur Ausführungsgesetzgebung und Vollziehung. Die bis zum 1.10.1925 erlassenen veranstaltungsrechtlichen Normen enthielten keine Bestimmungen, die den Besuch von Theatern oder sonstigen Veranstaltungsstätten durch Kinder oder Jugendliche irgendwelchen Beschränkungen unterworfen hätten[168]. Eine Statthal-

162 Gem Art 118 Abs 2 lS B-VG idF der Nov 1962 haben G, die Angelegenheiten in den eigenen WB der Gemeinden verweisen, diese ausdrücklich zu bezeichnen.

163 Vgl zur „BTh-Brandbekämpfung“ auch das Prot vom 21.6.1926, Pkt 5, wonach „einvernehmlich festgestellt“ wurde, daß dem Kommandanten der städtischen Feuerwehr die „alleinige Leitung der Brandbekämpfung zukommt“, sobald die „städtische Feuerwehr die Brandbekämpfung übernimmt“ (s A.IV.1.b).

164 So *Bernárd* 228.

165 So behauptet *Bernárd*, daß es „bezüglich der aus den allgemeinen Kompetenztatbeständen Baurecht und FPol herausgenommenen BTh weder eigene bau- noch fpol Vorschriften“ gebe (227).

166 S dazu B.VI.

167 Grundlegend VfSlg 2873; vgl weiters VfSlg 2875, 4213, 5073.

168 Vgl *Dehmal/Dressler* Rz 650.

tereiVO aus 1916, LGVOBl 70, enthielt „pol Verbote zur Hintanhaltung der Verwahrlosung der Jugend“, insb zahlreiche Gebote und Aufenthaltsbeschränkungen für Kinder und Jugendliche bis zur Vollendung des 16. Lebensjahres. Nach den Z 3 und 6 dieser VO war Kindern und Jugendlichen der Besuch „von Lokalen, in denen Varieté-, Singspielhallen- oder Kabarettvorträge stattfinden, sowie von sog Nachtlokalen ... (und) von öffentlichen Kinematographenschaustellungen verboten“, sofern es sich nicht um „besonders genehmigte und als solche ausdrücklich bezeichnete Jugendvorstellungen“ handelte. Obwohl dieser VO mangels gesetzlicher Grundlage durch das Inkrafttreten des B-VG 1920 derogiert wurde (Art 18), wurde sie von der Praxis als geltendes Recht erachtet[169]. Ihre **Einordnung als BG am 1.10.1925 käme** aber auch deshalb **nicht in Betracht,** weil durch sie der **Besuch von Theatervorstellungen ausdrücklich nicht geregelt wurde** und sie daher im Bereich der BTh keinen wie immer gearteten Anwendungsbereich gefunden hätte[170]. **Das Fehlen einschlägiger gesetzlicher Regelungen dürfte durch die bis 1926 bestandene Theaterzensur erklärbar sein,** die bis dahin offenbar Zugangsbeschränkungen für Personen bestimmter Altersgruppen entbehrlich machte[171].

Zu beantworten ist hier die grundsätzliche Frage, ob es neben der **allgemeinen JugendschutzPol,** die nach der Kompetenzverteilung des B-VG in die Gesetzgebungs- und Vollziehungskompetenz der Länder fällt, auch noch eine **„besondere“ JugendschutzPol** gibt, dh ob bestimmte pol Maßnahmen zum Schutze Jugendlicher in anderen Kompetenztatbeständen — insb in jenen zugunsten des Bundes — **als Annexkompetenz** mitinbegriffen sind. Der VfGH hat beispielsweise den Zweck von bestimmten Pressevorschriften — die Jugend vor unzüchtigen Veröffentlichungen zu schützen — als nicht ausreichend erachtet, die entsprechenden Verbotsbestimmungen dem Kompetenzbestand „Jugendschutz“ zuzuordnen; vielmehr subsumierte er ein solches Verbot — offenbar vom **Inhalt** der Regelung ausgehend und ungeachtet ihres „jugendschützenden“ **Zwecks** — unter den Kompetenztatbestand „Pressewesen“[172]. Auch sind zB Gastgewerbetreibende gem § 197 Abs 1 GewO verpflichtet, keine alkoholischen Getränke an Jugendliche auszuschenken oder ausschenken zu lassen, wenn diesen nach den landesrechtlichen Jugendschutzbestimmungen der Genuß von Alkohol verboten ist. Während der Gewerbetreibende nach den einschlägigen Verboten der landesrechtlichen Jugendschutzvorschriften, die

169 *Dehmal/Dressler* Rz 840.

170 Allenfalls käme der durch die zit VO verbotene Verkauf gebrannter geistiger Getränke an Kinder und Jugendliche durch BTh-Pausenbuffets in Betracht.

171 S zur Aufhebung der Theaterzensur A.IV.3.

172 So die Interpretation des Erk VfSlg 6615 durch das BKA-VD (abgedruckt bei *Mache/Kinscher* Anm 17 zu § 52).

an die Jugendlichen und an die Erziehungsberechtigen gerichtet sind, lediglich wegen Anstiftung oder Beihilfe bestraft werden kann, schafft **§ 197 Abs 1 GewO** eine **eigenständige gewerberechtliche Verhaltensnorm,** die zwar **Zwecken des Jugendschutzes dient, jedoch in LG nicht enthalten sein könnte**[173]. Es könnte aber auch die Auffassung vertreten werden, daß lediglich in BG, die Verwaltungsmaterien regeln, in denen bereits am 1.10.1925 pol Normen zum Schutz der Jugend (Jugendschutz ieS) enthalten waren, derartige Vorschriften auch heute noch zu Recht vorgesehen werden können; dies bedürfte näherer Untersuchung.

Welche Konsequenzen ergeben sich aus diesen Überlegungen für die Frage, ob die JugendschutzPol hinsichtlich des Besuchs von Theatervorstellungen als typische Theatermaterie anzusehen ist? Die bis 1926 aufgrund der ThO ausgeübte Theaterzensur („Aufführungsbewilligung") machte derartige Zugangsbeschränkungen pol Charakters offenbar entbehrlich; die **Wahrung der „Sittlichkeit" erfolgte vielmehr durch „Entschärfung" der künstlerischen Produkte**[174]. Stellt es daher noch eine **intrasystematische Fortentwicklung** dar, wenn die seit 1926 als verfassungswidrig erkannte **Theaterzensur durch Zugangsbeschränkungen hinsichtlich bestimmter Personen(gruppen) ersetzt** würde? Fraglich ist daher, ob eine bestimmte Methode zur Wahrung insb der Sittlichkeit (Theaterzensur) durch eine grundlegend verschiedene Regelungstechnik (Zugangsbeschränkungen) ersetzt werden kann; mit anderen Worten: ob die pol Einflußnahme auf den **Aufführungsgegenstand** durch die pol Beschränkung des **Besucherkreises** systemkonform ersetzt werden kann. Dies ist zu bejahen: Wurden durch die Theaterzensur **alle** Theaterbesucher „geschützt", so kann es als systemkonform erachtet werden, daß nur noch **bestimmte** Personengruppen vor „unsittlichen" Aufführungen geschützt werden. Die Änderung der Methode zur Erreichung dieses Zieles war durch das herrschende Verständnis des Zensurverbotes bedingt: Da jede Vorzensur als verfassungswidrig erachtet wurde und wird[175], scheint lediglich die sog Nachzensur[176] oder — als präventive Maßnahme — die Beschränkung des Besuches von Veranstaltungen (ev zu bestimmten Zeiten) durch Personen bestimmter Altersgruppen zulässig zu sein[177]. **Zugangsbeschränkungen zu bestimmten Theaterveranstaltungen stellen daher thpol Maßnahmen dar, die ungeachtet ihres Zweckes (Jugendschutz) der Kompetenz in thpol Angelegenheiten folgen.**

---

173 So die EB zur GewO 1973, abgedruckt bei *Mache/Kinscher* Anm 2 zu § 197.

174 In zahlreichen zeitgenössischen Zeitungsartikeln wurde die Frage des Jugendschutzes nach Wegfall der (Theater)Zensur releviert; dieser Zusammenhang wurde aber auch in zahlreichen Geschäftsstücken des BKA betont. Vgl dazu A.IV.3.

175 VfSlg 552, 630, 949, 1829 etc. zur Theaterzensur auch A.II.5 und A.IV.3.

176 Vgl *Ermacora*, Handbuch 334 mwN.

177 *Ermacora*, Handbuch 345.

Hier wird somit die Auffassung vertreten, daß **pol Maßnahmen, die den Schutz Jugendlicher durch Zugangsbeschränkungen zu bestimmten Veranstaltungen bezwecken, als „besondere JugendschutzPol" der Kompetenz in vpol Angelegenheiten folgen.** Solange dem Bund die Gesetzgebungs- und Vollziehungskompetenz in „**allen** Angelegenheiten der BTh" zustand, war dieses Problem von bloß theoretischer Bedeutung; seit Inkrafttreten der B-VGN 1984, wonach lediglich „Angelegenheiten der BTh ..." in die Bundeskompetenz fallen, kann jedoch die Frage gestellt werden, ob bzw welche **nicht**-theatertypischen Angelegenheiten als Landessache zu gelten haben. Die hier vertretene Auffassung hat zur Folge, daß pol Zugangsbeschränkungen zu Vorstellungen der BTh zum Zwecke des Jugendschutzes — **als typisch thpol Angelegenheit** — auch nach dem Wegfall des Wortes „alle" im BTh-Kompetenztatbestand — weiterhin als Bundessache in Gesetzgebung und Vollziehung zu qualifizieren sind[178].

(4) Allgemeine Sicherheitspolizei

Bis zur B-VGN 1929 waren die Länder zur Gesetzgebung und Vollziehung in Angelegenheiten der aSiPol zuständig; dies erforderte eine Abgrenzung zwischen der dem Bund in Angelegenheiten der BTh in Gesetzgebung und Vollziehung zustehenden **ThPol** und der den Ländern zukommenden Kompetenz hinsichtlich der Abwehr und der Unterdrückung von allgemeinen Gefahren für die öffentliche Sicherheit, Ruhe und Ordnung. Diese Abgrenzung ist aber auch noch heute von Interesse, da **BThPol in mBV, aSiPol hingegen in unmittelbarer Bundesverwaltung zu vollziehen** ist. Der aSiPol werden prohibitive Maßnahmen zur Abwehr und Unterdrükkung von **allgemeinen Gefahren** dann zugerechnet, wenn diese Gefahren keiner **bestimmten** Verwaltungsmaterie außer der SiPol zugeordnet werden können bzw wenn sie nicht nur innerhalb einer bestimmten Verwaltungsmaterie auftreten; diese Abgrenzung soll jedoch nicht ausschließen, daß in einzelnen Fällen die Abwehr aus einem Anlaß erforderlich werden kann, der einer bestimmten Verwaltungsmaterie zuzuzählen ist. „Alle Pol, die nicht VerwaltungsPol ist, ist SiPol"[179]. Hingegen beschäftigt sich die **VerwaltungsPol mit der Abwehr besonderer, dh für bestimmte Verwaltungsbereiche typischer Gefahren**[180]. Daher ist „**ThPol" Verwaltungs-Pol:** Sie dient der Abwehr von „besonderen" Gefahren, die typischerweise innerhalb der Verwaltungsmaterie „Theater" auftreten[181]. Kompetenzrechtlich bedeutsam wird die Abgrenzung zwischen VerwaltungsPol und

178 Vgl dazu insb A.VI.2.b).
179 *Antoniolli/Koja* 579 mwN. S nunmehr § 21 Abs 1 SPG.
180 *Antoniolli/Koja* 581.
181 Vgl zum Begriff „besondere Gefahr" bloß *Antoniolli/Koja* 582 mwN.

SiPol insb bei der Frage der Zuständigkeit zur Gesetzgebung und Vollziehung: Dabei gilt grundsätzlich das **Prinzip der Adhäsion an die Sachmaterie,** dh die VerwaltungsPol gilt als in den verschiedenen Kompetenzbegriffen mitenthalten[182].

Fraglich ist in diesem Zusammenhang primär die **Reichweite und Bedeutung des Begriffs „ThPol": Können beim Betrieb von Theatern Gefahren auftreten, die so allgemein (iSd § 16 Abs 1 SPG) sind, daß sie nicht mehr als typische Gefahr der Verwaltungsmaterie „Theater" zugeordnet werden können?** Fraglich ist auch, **wie weit ThPol räumlich reicht:** Zählt dazu auch die Gefahrenabwehr vor dem Theatergebäude oder beginnt sie erst in jenem Bereich, der nur mit gültiger Eintrittskarte betreten werden darf? Bedeutsam erscheint hier die Überlegung, daß die Abwehr von Gefahren, wie sie von bei Theateraufführungen typischerweise zusammenkommenden großen Menschenmassen ausgehen, wohl zur ThPol und nicht zur aSiPol zählen[183]; **letztlich nicht eindeutig abgrenzbar ist jedoch, wann eine „allgemeine" Ansammlung von Menschen zu einem „besonderen" Theaterpublikum wird;** diese Frage kann wohl nur für den Einzelfall beantwortet werden und ist mit zahlreichen Unschärfen und Überschneidungen belastet.

Zusammenfassend ist festzuhalten, daß der Bund seit 1925 zur Erlassung eines „BThPolG" aufgrund des Kompetenztatbestandes „alle Angelegenheiten der BTh" zuständig war[184]; durch die B-VGN 1929 wurde er weiters zuständig zur Gesetzgebung und Vollziehung in Angelegenheiten der aSiPol. Hinzuweisen ist aber auf die bereits mehrfach zit Bestimmung des § 10 ÜG 1920, wonach „die bestehenden staatlichen Pol-Behörden ... ihre bisherigen Geschäfte als Bundesgeschäfte (fortführen)". Die „bisherigen Geschäfte" in Theater- und Veranstaltungsangelegenheiten wurden dabei durch §§ 17 — 19 der „Bestimmungen über den Wirkungskreis der Pol-Behörden" festgelegt[185].

---

182 Vgl *Antoniolli/Koja* 582; *Walter/Mayer*, BVR[6] Rz 259. S dazu auch die krit Auseinandersetzung bei *B. Davy*, Gefahrenabwehr 684 ff.

183 S zur Problematik von Großveranstaltungen auch § 41 SPG.

184 Da § 6 ThO für den Bereich der BTh als BG galt, wurde die Erlassung eines eigenen BThPolG offenbar für entbehrlich gehalten. ME kann die in § 6, 2. Satz, ThO enthaltene Bestimmung, daß „die Sicherheitsbehörde überhaupt berufen ist, für die Aufrechterhaltung der Ruhe, Ordnung und des Anstandes während der Darstellung zu wachen und alle Störungen des öffentlichen Vergnügens fernzuhalten", nicht so verstanden werden, daß sich wegen dieser Bestimmung „ThPol" begrifflich seit jeher nur auf Gefahrenabwehr während der Darstellung beziehen konnte: Denn diese Bestimmung dürfte keine Abgrenzung zur allgemeinen Gefahrenabwehr intendiert haben; dieses Ergebnis ergibt sich auch zwanglos aus der systematischen Stellung dieser Bestimmung in der ThO, die eher der „Gefahrenabwehr" **durch,** nicht aber **anläßlich** von Darstellungen diente.

185 Mit 1.5.1993 durch § 97 Z 2 SPG aufgehoben.

(5) Örtliche Sicherheitspolizei

Gem Art 15 Abs 2 iVm Art 118 Abs 3 Z 3 B-VG idgF ist die öSiPol[186] in Gesetzgebung und Vollziehung Landessache und fällt in den eigenen WB der Gemeinden. Angelegenheiten der BTh (Bundessache in Gesetzgebung und Vollziehung[187]) und öSiPol (Landessache in Gesetzgebung und Vollziehung, eigener WB der Gemeinde) schließen einander daher kompetenzrechtlich grundsätzlich aus. Fraglich ist, ob Maßnahmen der — der Bekämpfung **unspezifischer** Gefahren dienenden — öSiPol bei BTh-Veranstaltungen **neben** der Verwaltungs(Th)Pol und der aSiPol denkbar sind; diese problematische Abgrenzung wird am Beispiel der **Erregung ungebührlicherweise störenden Lärms anläßlich von BTh-Vorstellungen** in Kapitel B.VI. dargestellt.

---

186 Jener Teil der SiPol, der im ausschließlichen oder überwiegenden Interesse der in der Gemeinde verkörperten örtlichen Gemeinschaft gelegen und geeignet ist, durch die Gemeinschaft innerhalb ihrer örtlichen Grenzen besorgt zu werden.

187 Zum Problem der öVPol (eigener WB der Gemeinde) bei BTh-Veranstaltungen s B.VI.

IV. „Alle Angelegenheiten der BTh mit Ausnahme ...“ — Die B-VG-Novelle 1926

1. Das parlamentarische Verfahren

a) Die Entstehung eines neuen Kompetenzkonfliktes

Bereits wenige Monate nach Inkrafttreten des BTh-Kompetenztatbestandes am 1.10.1925 kam es erneut zu Meinungsverschiedenheiten zwischen Organen des Bundes und des Landes Wien: Diesmal ging es um die Frage, ob es noch Angelegenheiten der BTh gäbe, die nicht unter Art 10 Z 13 B-VG zu fallen hätten; das Land Wien vertrat die Auffassung, daß Bauangelegenheiten der BTh vom neugeschaffenen Kompetenztatbestand nicht erfaßt seien. Hier soll kurz der **Ablauf der Ereignisse** dargestellt werden, die vorerst zu einem — wiederum nicht beendeten — **Verfahren vor dem VfGH** gem Art 138 Abs 1 lit c B-VG und schließlich zu einer **Nov des B-VG** führten.

„Die BGV hat im Operngebäude ... mehrfache kleinere Bauherstellungen zum Zwecke der besseren Unterbringungen der Werkstätten durchführen lassen. Die BGV hat diese **Bauführungen ohne die Einholung einer Baubewilligung** seitens der zuständigen Baubehörde vornehmen lassen, weil sie der Ansicht war, daß diese Bauführungen nicht als konsenspflichtig im Sinne der BauO für Wien anzusehen waren. Der Magistrat Wien ... hat nun mit ... Bescheid ... dem BMfHV als dem obersten Verwalter der Bundesgebäude in Wien den Auftrag erteilt, die ohne Bewilligung des Wr Magistrates als Baubehörde in Angriff genommenen **Arbeiten sofort einzustellen.** Dieser Bescheid des Wr Magistrates wurde ... im selbständigen WB des Landes erlassen und wurde auch demgemäß dem BMfHV iSd § 107 der BauO für Wien die Berufung an die Bauoberbehörde für Wien eingeräumt. Das Land Wien hat somit durch seine Behörde, durch den Magistrat Wien, die Kompetenz zur Bewilligung von Bauherstellungen im Operntheatergebäude und zur Erlassung des in Frage stehenden konkreten Bescheides für sich in Anspruch genommen und damit zu erkennen gegeben, daß das Land Wien die Vollziehung in diesen Angelegenheiten und indirekt auch die Gesetzgebung in diesen Angelegenheiten für eine Landessache ansieht. Demgegenüber ist der Bund der Ansicht, daß die Erteilung einer Baubewilligung und überhaupt die **Handhabung des Bauwesens in den BTh,** somit auch die Erlassung des vorliegenden Bescheides, im Sinne des B-VG **nicht den Landesbehörden, sondern den Bundesbehörden zusteht** und daher nicht eine Angelegenheit des Landes Wien, sondern eine solche des Bundes ist.“[1]

---

1 BKA 26.1.1926, 85561-1 (Antrag der BReg auf Entscheidung eines zwischen dem Bund und dem Land Wien entstandenen bejahenden Kompetenzkonfliktes iSd Art 138 Abs 1 lit c B-VG; = VfGH K 2/26-1; Hervorhebungen von mir).

Gegen diesen Bescheid wurde von der FinProk „namens des österreichischen Bundesschatzes (BTh)“ Berufung erhoben[2]. Am 21.1.1926 erging ein weiterer Bescheid des Wr Magistrats im selbständigen WB, mit dem aufgetragen wurde, „binnen vier Wochen die baubehördliche Genehmigung beim Wr Magistrate zu erwirken oder aber die hergestellten Baulichkeiten zu entfernen und den konsensmäßigen Zustand wiederherzustellen.“[3] Gegen diesen Bescheid wurde wiederum Berufung eingebracht[4]. Aus der Aktenübersicht über das Verfahren gem Art 138 Abs 1 lit c B-VG vor dem VfGH ergibt sich folgendes: Nach der Übersendung der Verwaltungsakten durch beide Parteien und der Erstattung der Gegenschrift durch das Land Wien[5] stellten der Bund und das Land Wien einvernehmlich Vertagungsanträge. Am 28.8.1926 zog die BReg den Antrag auf Entscheidung des positiven Kompetenzkonfliktes zurück und beantragte die Einstellung des Verfahrens gem § 19 Abs 3 VfGG. Ursache für diese Vorgangsweise waren Besprechungen zwischen dem Bund und dem Land Wien,

„die schließlich zu der Abmachung führten, die strittigen Fragen nicht durch ein Erk der[!] VfGH entscheiden zu lassen, sondern gemeinsam dahin zu wirken, daß durch eine entsprechende Ergänzung der Verfassungsbestimmung des Art 10, Z 13, des B-VG die Möglichkeit des Entstehens von Kompetenzkonflikten in Ansehung der BTh zwischen dem Bunde und der Bundeshauptstadt Wien für die Zukunft tunlichst ausgeschlossen werde.“[6]

b) Das (vor)parlamentarische Verfahren

In den Theaterakten des BKA konnte das nachfolgend wiedergegebene Prot einer abschließenden Besprechung zwischen Vertretern des Bundes und der Bundeshauptstadt Wien aufgefunden werden, das — in Zusammenhalt mit den Vertagungsanträgen im VfGH-Verfahren — zeigt, daß in dieser Angelegenheit zahlreiche Besprechungen zur außerverfassungsgerichtlichen Beilegung des Kompetenzkonfliktes stattgefunden hatten[7]. Das „Prot“ vom 21.6.1926 hat folgenden Wortlaut:

„Die gefertigten Vertreter des Bundes und der Bundeshauptstadt Wien haben, um in Hinkunft das Entstehen von Kompetenzkonflikten in den Fragen der BTh hintanzuhalten, am heutigen Tage die folgenden Vereinbarungen getroffen: **1.** Das

---

2 FinProk 5238/26/Präs (= BThV 1-3/12-9/3/1925).

3 M.Abt. 36/1072/1926 (= BThV 1-3/12-9/6/1925).

4 FinProk 5.2.1926, 8057/1926/Präs (= BThV 1-3/12-9/5/1925).

5 VfGH K 2/26/5 vom 22.2.1926.

6 EB 582 BlgNR II. GP, 1.

7 In den Theaterakten des BKA konnten keine Prot sonstiger Besprechungen aufgefunden werden. Die Akten der BThVw konnten nicht lückenlos durchgesehen werden. Die Akten des BMHV dürften — soweit ersichtlich — keine BesprechungsProt enthalten.

BKA wird im Einvernehmen mit [dem BMU und BMHV] an den MR den Antrag stellen, es möge eine RV eines B-VG im NR eingebracht werden, wonach den Worten ‚alle Angelegenheiten der BTh' im Artikel 10, Z 13, B.V.G., der folgende **einschränkende Relativsatz beigefügt wird:** ‚worin jedoch die Bestimmung der Baulinie und des Niveaus, sowie die baubehördliche Behandlung von Herstellungen, die das äußere Ansehen der Theatergebäude betreffen, nicht inbegriffen sind.' Die Vertreter des Bundes und der Bundeshauptstadt Wien stellen hiezu in gegenseitigem Einvernehmen fest, daß iS dieser Verfassungsbestimmung alle übrigen, darin nicht ausdrücklich ausgenommenen Angelegenheiten der BTh ohne Rücksicht auf das besondere Rechtsgebiet in Gesetzgebung und Vollziehung in die **ausschließliche Zuständigkeit des Bundes** fallen. Hiebei wird aber ausdrücklich festgestellt, daß hinsichtlich der öffentlichen Abgaben selbstverständlich die Bestimmungen des Art 13 B.V.G. zu gelten haben. **2.** Die Vertreter des Bundes und der Bundeshauptstadt Wien stellen einvernehmlich fest, daß hinsichtlich der Bauangelegenheiten als ‚BTh' iSd Art 10, Z 13, B.V.G. sowohl die **gegenwärtigen als auch die künftigen bundeseigenen Theatergebäude** anzusehen sind. In allen übrigen nicht als Bauangelegenheiten zu qualifizierenden Belangen sind jedoch als BTh iS der bezogenen Stelle des B.V.G alle vom Bunde selbst und allein gegenwärtig oder künftig wo immer betriebenen Theater zu verstehen. Soferne BTh in Gebäuden untergebracht sind oder werden, die auch theaterfremden Zwecken dienen, ist durch entsprechende Einzeichnung in den Plänen einverständlich zwischen Bund und Bundeshauptstadt Wien festzulegen, welche Räume als BTh im obigen Sinne in Betracht kommen. **3.** Der Vertreter der Bundeshauptstadt Wien erklärt, daß sich die Gemeinde Wien auch bei der **baubehördlichen Behandlung des Depots** in der Dreihufeisengasse auf die Gesichtspunkte: Baulinie, Niveau und Fassade beschränken werde. Dies gilt auch für ein allfälliges als Ersatz für das obige Depot wo immer errichtete[!] Gebäude. **4.** Der Vertreter der Bundeshauptstadt Wien sagt zu, daß bei der baubehördlichen Behandlung von Herstellungen, die das äußere Ansehen der Theatergebäude betreffen, auch soweit es sich um bereits bestehende Gebäude handelt, lediglich der architektonische Gesichtspunkt wahrgenommen wird und daß die Erfordernisse des Betriebes hiebei Berücksichtigung finden werden. Dies gilt auch für das in Pkt 3 angeführte Depotgebäude (Ersatzgebäude). **5.** Die Vertreter des Bundes und der Bundeshauptstadt Wien stellen einvernehmlich fest, daß von dem Zeitpunkte an, in dem bei einem **Brande in den BTh** die zur Hilfeleistung gerufene städtische Feuerwehr die Brandbekämpfung übernimmt, dem diensttuenden Kommandanten dieser Feuerwehr die alleinige Leitung der Brandbekämpfung zukommt. Die Vertreter des Bundes sichern zu, daß zu diesem Zwecke das Kommando der städtischen Feuerwehr von baulichen Veränderungen und von Änderungen in den Lösch- und Alarmeinrichtungen in den BTh verständigt, mit den erforderlichen Plänen beteilt sowie daß den Organen der städtischen Feuerwehr gegen vorherige Anmeldung jederzeit der Zutritt zu allen Räumen der BTh gestattet werden wird. **6.** Die Vertreter des Bundes stellen die Veranlassung einer bundesgesetzlichen Regelung in Aussicht, wodurch die gem der künftigen Fassung des Art 10, Z 13, B.V.G. **in den WB des Bundes fallenden Angelegenheiten der Vollziehung** — die nach Art 102 B.V.G. erforderliche Zustimmung des Landes Wien vorausgesetzt — **in die unmittelbare Bundesverwaltung übernommen werden sollen.** Bis dahin wird insbesondere auch die Handhabung der dem Bund vorbehaltenen Angelegenheiten der BauPol iSd am 1.10.1925 zu Recht bestandenen gesetzlichen Vorschriften, die seit diesem Tage in Ansehung der BTh gem § 2 des ÜG zur bundesstaatlichen Verfassung als BG gelten, dem Wr Magistrate in mBV obliegen. Bezüglich der **F- und ThPol in den BTh** hat jedoch der Bund für die im Interesse der Feuersicherheit und der Sicherheit der Person in den BTh notwendigen Vorkehrungen durch seine Organe unter seiner vollen und alleinigen Verantwortung Sorge zu tragen (insb auch was die Feuerwache und den Inspektionsdienst sowie alle Vorkehrungen für eine wirksame Brandbekämpfung betrifft) und übernimmt alle der Gemeinde Wien nach den bestehenden G in dieser Richtung obliegenden Pflichten. Die Vertreter des Bundes und der Bundeshauptstadt Wien stellen einvernehmlich fest, daß der **Bund für seine Theaterbetriebe einer Konzession nicht bedarf.** Wien, am 21.6.1926. — Für den Bund: *Albert Mell*, Sektionschef im BKA. Für die Bundeshauptstadt Wien: Dr *Hartl*, Magistrats-Dir als LandesamtsDir."[8]

Welche **Rechtsnatur** kommt einer derartigen „Vereinbarung" zu? „Vertragsgegenstand" war keine Angelegenheit der Privatwirtschaftsverwaltung, sondern vielmehr die Koordination der Vorgangsweise der beteiligten Gebietskörperschaften in einer umstrittenen Angelegenheit der Hoheitsverwaltung. Gem Art 107 B-VG idF bis zur B-VGN 1974 waren derartige Vereinbarungen zwischen den einzelnen Bundesländern in „Angelegenheiten ihres selbständigen WB", nicht jedoch zwischen dem Bund und den Ländern vorgesehen. Grundsätzlich wäre daher für derartige verbindliche Vereinbarungen in hoheitlichen Angelegenheiten eine ausdrückliche (notwendigerweise verfassungsgesetzliche) Ermächtigung nötig gewesen. Eine Vereinbarung des vorliegenden Inhalts wäre in dieser Form jedoch auch nach Art 15 a B-VG **nicht geeignet, den Bund juristisch zu verpflichten,** da Vereinbarungen, die auch die Organe der Bundesgesetzgebung binden sollen, nur von der **BReg mit Genehmigung des NR** abgeschlossen werden dürfen, wobei auf solche Beschlüsse Art 50 Abs 3 B-VG idgF anzuwenden ist und die Vereinbarungen im BGBl kundzumachen sind[9]. Eine von der Rechtsordnung anerkannte Verbindlichkeit „für den Bund" bzw „für die Bundeshauptstadt Wien" wurde somit keinesfalls geschaffen; als Sanktion einer „Vertragsverletzung" wäre nur die Fortsetzung bzw Neueinleitung des verfassungsgerichtlichen Verfahrens in Betracht gekommen. Rechtliche Bedeutung erlangt die Vereinbarung jedoch uU bei der **Auslegung unklarer Formulierungen** in den publizierten Mat zur B-VGN 1926, da die Absicht des historischen Verfassungsgesetzgebers grundsätzlich auch durch nicht-parlamentarische Unterlagen festgestellt werden kann; diese Vorgangsweise ist gerade bei RV, die unverändert angenommen werden, besonders bedeutsam.

---

8 BKA 152127-26; Hervorhebungen von mir.

9 Art 15 a Abs 1 3. Satz B-VG; vgl *Walter/Mayer*, BVR[6] Rz 849.

Gleich nach Abschluß dieser Besprechungen wurde die RV eines BVG eingebracht, „womit Art 10, Z 13, des B-VG abgeändert wird.“[10] Beantragt wurde die Erlassung folgender, vom Plenum unverändert angenommener Bestimmung:

„§ 1. Im Artikel 10, Z 13 des B-VG vom 1.10.1920, in der Fassung des BGBl Nr 367 von 1925, werden nach den Worten: ‚alle Angelegenheiten der BTh‘ eingeschaltet die Worte: ‚worin jedoch die Bestimmung der Baulinie und des Niveaus sowie die baubehördliche Behandlung von Herstellungen, die das äußere Ansehen der Theatergebäude betreffen, nicht inbegriffen sind;‘ ...“
Die **Erläuternden Bemerkungen** haben auszugsweise folgenden Wortlaut: „Durch § 4, Z 6 der B-VGN vom 30.7.1925, BGBl Nr 268, wurden in Art 10, Z 13, des B-VG vor dem Wort ‚Denkmalschutz‘ einfügt die Worte: ‚alle Angelegenheiten der BTh‘. Diese neue Bestimmung des B-VG gab in der Praxis bereits wiederholt zu Kompetenzkonflikten zwischen dem Bunde und der Bundeshauptstadt Wien Anlaß ... Es wurden ... zwischen dem Bunde und dem Lande Wien Besprechungen eingeleitet, die schließlich zu der Abmachung führten, die strittigen Fragen nicht durch ein Erk des VfGH entscheiden zu lassen, sondern gemeinsam dahin zu wirken, daß durch eine entsprechende Ergänzung der Verfassungsbestimmung des Art 10, Z 13, des B-VG die Möglichkeit des Entstehens von Kompetenzkonflikten in Ansehung der BTh zwischen dem Bunde und der Bundeshauptstadt Wien für die Zukunft tunlichst ausgeschlossen werde. Der vorliegende Entwurf eines BVG trägt dem Ergebnis der gegenständlichen Verhandlungen zwischen dem Bunde und der Bundeshauptstadt Wien Rechnung. Es sollen in Hinkunft nach der vorgeschlagenen neuen Fassung des Art 10, Z 13 des B-VG die Bestimmung der Baulinie und des Niveaus sowie die baubehördliche Behandlung von Herstellungen, die das äußere Ansehen der Theatergebäude betreffen, in Gesetzgebung und Vollziehung Landessache sein, alle übrigen nicht ausdrücklich ausgenommenen Angelegenheiten der BTh aber, ohne Rücksicht auf das besondere Rechtsgebiet, in Gesetzgebung und Vollziehung in die ausschließliche Zuständigkeit des Bundes fallen. Die Abgrenzung der Kompetenzen auf dem Gebiete der öffentlichen Abgaben wird dadurch, wie besonders hervorgehoben werden möge, nicht berührt, vielmehr bleiben hiefür ausschließlich die Bestimmungen des Art 13 des B-VG und des F-VG maßgebend. Falls die beantragte Fassung des Art 10, Z 13, des B-VG verfassungsgesetzliche Kraft erlangt, dürften in Zukunft klare und eindeutige Linien für die Abgrenzung der Kompetenzen zwischen dem Bunde und den Ländern im Gegenstande gegeben sein. Auch bezüglich der Frage, **welche Theater als BTh iSd Art 10, Z 13 des B-VG anzusehen sind,** wurde zwischen dem Bunde und der Bundeshauptstadt Wien eine vollständige Übereinstimmung erzielt. **Es soll hinsichtlich der Bauangelegenheiten entscheidend sein, ob es sich um ein dem Bunde gehöriges Theatergebäude handelt, für alle übrigen nicht als Bauangelegenheiten zu qualifizierende Belange soll jedoch das entscheidende Moment** dafür, ob es sich um ein BTh iSd bezogenen Stelle des B-VG handelt, darin zu erblicken sein, **ob der Theaterbetrieb vom Bunde selbst und allein geführt wird.** Nach diesen beiden Merkmalen wird die Frage, welche Theater als BTh anzusehen und zu behandeln sind, sowohl nach dem gegenwärtigen Stand als auch in Ansehung etwa

10 582 BlgNR II GP; Hervorhebungen von mir.

künftig vom Bunde neu errichteter oder erworbener Theatergebäude oder neu in Betrieb genommener Theater zu beurteilen sein. Wenn auch die vorliegenden Fragen zunächst tatsächlich nur das Verhältnis zwischen dem Bunde und der Bundeshauptstadt Wien berühren, so soll doch hier darauf hingewiesen werden, daß die vorgeschlagene neue Abgrenzung der Kompetenzen in Ansehung der BTh nicht nur für das Verhältnis zwischen dem Bunde und dem Lande Wien rechtliche Bedeutung hat, sondern auch im Verhältnis zwischen dem Bunde und allen übrigen Ländern maßgebend sein wird, falls etwa in Hinkunft in einem Lande ein BTh errichtet oder in Betrieb genommen werden sollte."[11]
Der **Bericht des VerfA** hat auszugsweise folgenden Wortlaut: „... Das Wesentliche des Abkommens besteht darin, daß in Hinkunft klare Richtlinien für die Abgrenzung der Zuständigkeiten zwischen dem Bunde und dem Lande in den Angelegenheiten der BTh gegeben sein werden. Es sollen nämlich in Hinkunft nur mehr die Bestimmung der Baulinie und des Niveaus sowie die baubehördliche Behandlung von Herstellungen, die das äußere Ansehen der Theatergebäude betreffen, in Gesetzgebung und Vollziehung in die Zuständigkeit des Landes fallen, alle übrigen Angelegenheiten der BTh ohne Rücksicht auf das besondere Rechtsgebiet in Gesetzgebung und Vollziehung ausschließlich dem Bunde vorbehalten sein. Hiebei ist besonders hervorzuheben, daß durch diese neue Zuständigkeitsabgrenzung dem Bunde in allen nicht ausdrücklich dem Lande vorbehaltenen Angelegenheiten der BTh nicht nur die daraus ableitbaren Berechtigungen zustehen, sondern auch alle Verpflichtungen obliegen werden, die sich in diesen Belangen, insb auch in fpol und allgemein sipol Beziehung, ergeben. BK Dr *Ramek* bestätigte ausdrücklich [diese] Auffassung ... und sprach namens des Bundes seine Befriedigung darüber aus, daß durch die neue Abgrenzung der Zuständigkeiten klare Verhältnisse geschaffen sein werden, sodaß das Entstehen von Kompetenzkonflikten zwischen dem Bunde und dem Lande in den Fragen der BTh in Hinkunft nicht mehr zu befürchten sein wird, zumal auch über die Auslegung des Begriffes ‚BTh' ein vollkommenes Einvernehmen erzielt wurde. ..."[12]
Dieses BVG wurde vom NR am 27.7.1926 nach einer kurzen Rede des Berichterstatters Dr *Schumacher* ohne weitere Debatte angenommen[13].

Bemerkenswert an dieser **zweiten** B-VGN[14] ist folgendes: Der vor dem Wort „worin" offensichtlich fehlende Beistrich wurde im Gesetzgebungsverfahren nicht hinzugefügt. Es existierten damals keine Vorschriften, die zur Richtigstellung dieser Unstimmigkeit ermächtigt hätten, ohne den Verfassungsgesetzgebungsprozeß ingangzusetzen. Dieses Versehen wurde durch die B-VGN 1929 durch Wiederholung der gesamten anzufügenden Wortfolge „saniert", ohne daß dies der ausschlaggebende Grund für diese

11 Der VerfA beriet diese RV in der 36. Sitzung vom 22.7.1926. Im Parlamentsarchiv ist kein ausführliches Prot, sondern lediglich eine kurze „Notiz" aufzufinden.

12 613 BlgNR II. GP, 1. Der Entwurf der B-VGN blieb gegenüber der RV unverändert.

13 154. Sitzung des NR, II. GP 3744.

14 Die Bezeichnung der B-VGN 1929 als **„Zweite** Bundes-Verfassungsnovelle" ist zwar authentisch, aber irreführend, da die B-VGN 1926 (BGBl 191), 1928 (BGBl 62) und die erste des Jahres 1929 (BGBl 295) offenbar nicht mitgezählt worden waren.

erneute Normierung gewesen sein dürfte[15]. Neben dieser geringfügigen legistischen Unzulänglichkeit ist aber vor allem die Entstehungsgeschichte dieser Nov bemerkenswert: Die **Lösung eines Kompetenzkonfliktes** wurde nicht durch Entscheidung des von der Verfassung dazu berufenen Organs herbeigeführt, sondern durch Abänderung einer ohnehin bereits sehr speziellen Kompetenzbestimmung in der Verfassungsurkunde, die mit dieser Nov einen **Kompetenztatbestand von bis dahin beispielloser Kasuistik** erhielt. Das Fehlen von aussagekräftigen parlamentarischen Mat zeigt, daß dieser Kompetenzänderung keine besondere politische Bedeutung beigemessen worden sein dürfte, obwohl es sich um einen Konflikt zwischen dem „schwarzen" Bund und dem „roten" Wien gehandelt hatte.

2. Die Interpretation der B-VG-Novelle 1926

a) Vorbemerkung

Grundsätzliche Bemerkungen zur Einordnungs- und Überleitungsproblematik finden sich in Kapitel A.III.4.a). Grundsätzlich stellt sich — auch heute — bei jeder Änderung der Kompetenzverteilung die Frage nach dem **Schicksal jenes „alten" Normenbestandes, der von der nunmehr unzuständigen Gebietskörperschaft nach der „alten" Verfassungsrechtslage rechtens erlassen worden war.** Da sich die Einordnungs- und Überleitungsbestimmungen der §§ 2 — 6 ÜG 1920 ihrem klaren Wortlaut nach nur auf das Inkrafttreten des B-VG 1920 bezogen — sie konnten jedoch die ihnen zugesonnene Funktion zur Gänze erst mit dem erstmaligen Inkrafttreten der Kompetenzbestimmungen des B-VG am 1.10.1925 entfalten[16] —, war anläßlich jeder neuerlichen Kompetenzverschiebung eine verfassungsrechtliche Anordnung hinsichtlich der Überleitung und Einordnung des unterverfassungsrechtlichen „Altbestandes" notwendig. Selbst bei ausdrücklicher verfassungsrechtlicher Regelung ist die Überleitung und Einordnung oft mit vielfältigen Problemen verbunden; besonders unklar wird die Rechtslage insb dann, wenn zwar eine Kompetenzverschiebung angeordnet, aber keine Aussage über das Schicksal des unterverfassungsrechtlichen Normenbestandes getroffen wird — so auch bei der B-VGN 1926.

---

15 Vgl dazu A.V.1.a). S zur **allgemeinen** Wiederverlautbarungskompetenz heute Art 49 a B-VG idF des BVG BGBl 1981/350. Zur Wiederverlautbarung des B-VG wurde die BReg 1925 und 1929 durch eigene Verfassungsbestimmungen in den ÜG ermächtigt (zB Art II der ÜG-Nov 1925).

16 Dies ändert jedoch nichts an ihrer Anwendbarkeit auf vorbundesstaatliche Rechtsnormen im Lichte der rezipierten „alten" Kompetenzverteilung, da bereits 1920 der „Altbestand" zu BG und LG iSd B-VG erklärt werden mußte.

Damit ist ein bis heute aktuelles Problem aufgeworfen: Haben Kompetenzverteilungsbestimmungen eine über die Normierung der Zuständigkeit einer Gebietskörperschaft in Gesetzgebung und/oder Vollziehung hinausgehende Bedeutung, etwa in der (impliziten) Anordnung der **Derogation des vom zuvor zuständigen Gesetzgeber erlassenen Altbestandes?** Oder berührt die Änderung der Zuständigkeitsverteilung den unterverfassungsrechtlichen Rechtsbestand überhaupt nicht? Denkbar wäre weiters die (verfassungswidrige) Weitergeltung des „Altbestandes" als Norm des zuvor zuständigen Gesetzgebers bei gleichzeitigem Fehlen einer verfassungskonformen Norm in Ermangelung eines entsprechenden (verfassungskonformen) Gesetzgebungsaktes[17]. Dieses Grundsatzproblem der Interpretation von Kompetenznormen wird bis heute unterschiedlich beantwortet[18].

Zu beachten ist in diesem Zusammenhang jedenfalls, daß der Bundesverfassungsgesetzgeber aus Anlaß von Kompetenzverschiebungen regelmäßig Einordnungs- und Übergangsbestimmungen zu treffen pflegt. So ordnete Art II § 1 ÜG 1929 an: „Die Bestimmungen der §§ 2 — 6 [ÜG 1920 idF der ÜG-Nov 1925] gelten mit den durch Art I erfolgten Änderungen auch für diesen Übergang."[19] Daraus läßt sich ableiten, daß die Bestimmungen der **§§ 2 — 6 ÜG 1920 nichts Selbstverständliches anordnen:** Grundsätzlich ist daher wohl davon auszugehen, daß die Änderung der Kompetenzlage keine „automatische" Einordnung der bestandenen Vorschriften als kompetenzverteilungskonforme Normen der nunmehr zuständigen Gebietskörperschaft bewirkt. Der Auffassung *Rill*s ist insofern zu folgen, als Kompetenztatbestände — als „**Ermächtigung** an den Bundesgesetzgeber" — mit „alten" landesgesetzlichen Regelungen nicht in einem kontradiktorischen Widerspruch stehen, sodaß Derogation ausscheidet[20]. Unzutreffend ist jedoch *Rill*s Auffassung, daß die „kompetenzrechtliche Unbedenklichkeit einer Regelung von der Kompetenzrechtslage im Zeitpunkt der Erlassung" abhänge[21]; diese Auffassung hätte — konsequent

17 Diesfalls wäre fraglich, ob der (nunmehr zuständige) Gesetzgeber ursprünglich kompetenzverteilungskonform erlassene Akte der anderen Gebietskörperschaft überhaupt aufheben kann.

18 *Rill*, Immissionsgrenzwerte 237, vertritt folgende Auffassung: „Denn ohne in eine andere Richtung weisende Anhaltspunkte sind ... Kompetenzbestimmungen Ermächtigungen an den Bundesgesetzgeber oder an die Landesgesetzgeber, G zu erlassen ... Es fehlt an jedem einsichtigen Grund, warum durch eine kompetenzrechtliche Neuregelung das ‚Altrecht' invalidieren soll. Hat es doch der Bundesverfassungsgesetzgeber in der Hand, unerwünschtes ‚Altrecht' durch eine entsprechende Übergangsregelung zugleich mit dem Inkrafttreten der neuen Kompetenzregelung außer Kraft zu setzen." Anders offenbar *Ermacora,* Handbuch 176: „Das rechtmäßige Zustandekommen kann keinen Rechtsgrund für das verfassungsmäßige Bestehen eines G nach geänderter Rechtslage bieten."

19 Vgl weiters zB Art VII Abs 1 B-VGN 1962; Art XI Abs 1 B-VGN 1974; Art VI Abs 1 B-VGN 1975. Vgl aber auch Art VIII B-VGN 1988.

20 *Rill,* Immissionsgrenzwerte 237.

21 *Rill,* Immissionsgrenzwerte 237 unter Berufung auf VfSlg 4939.

weitergedacht — zur Folge, daß zB „alte“ LG trotz „neuer“ Bundeszuständigkeit zu Recht als LG weiterzugelten hätten, jedoch nicht durch ein LG — mangels Zuständigkeit — aufgehoben werden könnten. Weiters übersieht *Rill*, daß aus dem Schweigen des Verfassungsgesetzgebers nur abgeleitet werden kann, daß die Rechtsfolgen der §§ 2 — 6 ÜG 1920 offenbar **nicht eo ipso einzutreten** haben; bei einer Nichtregelung ließen sich aber wohl nur bei einer gefestigten, aus dem Staatsrecht der Monarchie stillschweigend übernommenen hM bzw Praxis eindeutige Schlußfolgerungen ziehen — dies ist, soweit ersichtlich, jedoch nicht der Fall.

Da die an der Auslösung und Beilegung des der B-VGN 1926 zugrundeliegenden Kompetenzkonfliktes beteiligten Vertreter des Bundes und des Landes Wien nachweislich von der Einordnung ehemals landesrechtlicher Vorschriften als Bundesrecht ausgingen[22], läßt sich das Fehlen einer Übergangsbestimmung nur mit bestimmten Vorstellungen hinsichtlich der normativen Wirkung von Kompetenztatbeständen erklären: Entweder ging man davon aus, daß das Fehlen einer Überleitungs- und Einordnungsbestimmung die „automatische“ Derogation des „Altbestandes“ zur Folge gehabt hätte, oder man ging vom „Wiederinkrafttreten“ der vor 1925 unstreitig als LG qualifizierten Normen aus. Die Überleitungs- und Einordnungsproblematik könnte jedoch auch ganz bewußt nicht ausdrücklich geregelt worden sein, da dies eine Einigung über die Rechtslage in Bauangelegenheiten seit der B-VGN 1925 vorausgesetzt hätte; für die Annahme einer „Rückwirkung“ („ex-tunc-Wirkung“) des Kompetenztatbestandes seitens der Bundes- oder Landesorgane fehlt jedes Indiz. **Hier wird in der Folge davon ausgegangen, daß das Fehlen von Übergangsbestimmungen keinen eindeutigen Schluß auf einen (hypothetischen) Willen des historischen Verfassungsgesetzgebers zuläßt.** Gerade bei einer legistisch offenkundig ziemlich improvisierten RV läßt sich das Fehlen von Überleitungs(Einordnungs)bestimmungen durchaus auch als Redaktionsversehen verstehen. Diesfalls wäre auch hier die nach 1945 mehrfach herangezogene **analoge Anwendung der §§ 2 — 6 ÜG 1920 plausibel**[23]. Im Zusammenhang mit dieser B-VGN dürften die besseren Gründe für ein **Redaktionsversehen** sprechen, sodaß hier von der **analogen Anwendung der §§ 2, 4 und 6 ÜG 1920** ausgegangen wird. Für diese Lösung spricht insb auch die B-VGN 1929, die die Anordnung der B-VGN 1926 — unter Voranstellung eines Beistriches — wiederholt, zugleich aber auch die Anwendung der §§ 2 — 6 ÜG 1920 **ausdrücklich** anordnet[24]. Eine grundsätzlich gleichwertige Lösung der Übergangsproblematik wird in Kapitel A.VI.3. anläßlich der Darstellung der B-VGN 1984 erörtert.

---

22 Vgl Pkt 6 des Prot vom 22.6.1926, BKA 152127-26 (A.IV.1.b)).

23 Vgl *Adamovich/Funk*, Verfassungsrecht[3] 85 mwN.

24 Art II § 1 ÜG 1929.

Der 1926 neugeschaffene Kompetenztatbestand sollte bis heute — soweit ersichtlich — der einzige bleiben, der die Beendigung eines schwelenden Kompetenzkonfliktes durch Einfügung einer **bis dahin beispiellos kasuistischen Regelung** und durch besonders detaillierte „Interpretationsrichtlinien" in den Mat bezweckte. Der erklärten Absicht des historischen Gesetzgebers, in Hinkunft Kompetenzkonflikte zu verhindern, kommt aber **keine weitere erkennbare normative Bedeutung zu,** da nur klare Aussagen in den Mat oder im Gesetzestext selbst Kompetenzkonflikte verhindern können, nicht jedoch unverbindliche Wünsche. So sind zB gerade durch die Erlassung des BThSG im Jahre 1989 mehrere Abgrenzungsprobleme insb hinsichtlich des BTh-Begriffes aufgetreten, die selbst durch die kasuistischen Aussagen der Mat der B-VGN 1926 nicht ohne jeden Zweifel gelöst werden können[25]; der in den Mat zum Ausdruck kommende **Zweck** kann in diesem Zusammenhang wohl nur als — rechtlich unverbindlicher — **Appell** an die mit den einschlägigen Angelegenheiten befaßten Bundes- und Landesorgane aufgefaßt werden, die Entstehung von Kompetenzkonflikten durch Vertretung extrem advokatorischer Standpunkte nicht **dolos** zu fördern; ein derartiger Appell ist freilich kompetenzrechtlich irrelevant, da Zuständigkeiten im Bundesstaat nicht durch großzügige Auslegung und Handhabung von Tatbeständen aufgeteilt werden, sondern ausschließlich durch die für jeden Kompetenztatbestand gleichermaßen maßgeblichen Interpretationsgrundsätze.

b) Der Verfassungsbegriff „Bundestheater"

Laut der RV zur B-VGN 1926 war — wie sich auch aus dem in A.IV.1.b) zit „Prot" ergibt —

> „vollständige Übereinstimmung erzielt (worden), ... welche Theater als BTh iSd Art 10, Z 13 des B-VG anzusehen sind: ... Es soll **hinsichtlich der Bauangelegenheiten entscheidend sein, ob es sich um ein dem Bunde gehöriges Theatergebäude handelt, für alle übrigen nicht als Bauangelegenheiten zu qualifizierende Belange soll jedoch das entscheidende Moment ... darin zu erblicken sein, ob der Theaterbetrieb vom Bunde selbst und allein geführt wird.**"

Zu diesem BTh-Begriff ist zunächst anzumerken, daß er den ausgesprochen unklaren STh-Begriff der VASTh deutlich präzisiert[26]. Nunmehr sollten als BTh iSd B-VG nur noch jene Theater anzusehen sein, deren Betrieb „vom Bunde selbst und allein geführt wird"; nach dem B-VG idF

25 Vgl näher *Bammer*, BThSG 460 f, insb bei FN 103. S weiters B.VI.

26 Unter einem BTh iSd VASTh — und somit des B-VG idF der Nov 1925 — dürfte sowohl jedes im Alleineigentum des Bundes stehende Theater anzusehen gewesen sein, **als auch** jedes Theater, das ausschließlich vom Bund betrieben wurde. Hingegen sind keine eindeutigen Auslegungsergebnisse bei bloßem **Miteigentum** des Bundes an Theatergebäuden oder bei dessen Stellung als **Mitbetreiber** eines Theaters erzielbar.

der Nov 1925 waren „vom Staate betriebene“ Theater BTh iSd B-VG. Sind nach dem bis heute von der Praxis als maßgeblich angesehehen BTh-Begriff der Mat zur B-VGN 1926 nunmehr lediglich jene Theater als BTh iSd B-VG anzusehen, die als **rechtlich unselbständiger Regiebetrieb** geführt werden? Mit anderen Worten: **Verlören die bislang als BTh qualifizierten Theater durch die Organisation als „selbständige Wirtschaftskörper“[27] oder durch die Schaffung eines eigenen Anstaltsträgers[28] für ihren Betrieb die Qualität als BTh iSd B-VG?** Bei der gebotenen, am Wortlaut der zu versteinernden unterverfassungsrechtlichen Norm orientierten Auslegung scheint nicht weiter zweifelhaft zu sein, daß die Errichtung eines eigenen Anstaltsträgers für den Betrieb eines Theaters dessen Qualität als BTh beseitigte, da es nicht mehr vom Bund, sondern von einer anderen juristischen Person als Anstaltsträger betrieben würde[29]. Für den Fall der Normierung einer unbeschränkten Haftung des Bundes für den Betriebsabgang dieses Anstaltsträgers[30] und/oder eines maßgeblichen Einflusses des Bundes auf die Bestellung der Organe des Anstaltsträgers oder gar der Theaterleiter[31] wäre aber zu überlegen, ob nicht auch derartig ausgegliederte Theater als „vom Bund selbst und allein betrieben“ angesehen werden können; mit anderen Worten: **Solange der Bund über entscheidende finanzielle oder personelle Einflußmöglichkeiten auf die Theater verfügt oder für den deren finanziellen Verlust aufzukommen hat, könnte er als „Betreiber“ iSd Mat zur B-VGN 1926 anzusehen sein.** Bei einer Führung der Theater in Form „eigener Wirtschaftskörper“ bliebe ihr Unternehmensträger — und somit Betreiber — der Bund; die Theater blieben somit jedenfalls BTh iSd B-VG.

Zu betonen ist, daß der **Bund unabhängig von der Geltung des BTh-Kompetenztatbestandes zur Errichtung und zum Betrieb von Theatern befugt war und ist**; der BTh-Kompetenztatbestand ist **kein Organisations-, sondern ein „Abwehrkompetenztatbestand“** gegenüber (umfassenden) Landeszuständigkeiten in verwaltungs-, insb in vpol Angelegenheiten. Der Verlust der Qualifikation eines Theaters als BTh iSd B-VG erschöpft sich somit primär im Verlust der Zuständigkeit des Bundes zur Gesetzgebung und Vollziehung in v(th)pol Angelegenheiten[32].

---

27 Vgl dazu *Adamovich/Funk*, AVR[3] 206 f (zB ÖBB, Ö Bundesforste).

28 S zu diesem Begriff näher B.V.2.

29 Soferne das Theatergebäude allerdings im Eigentum des Bundes steht, bleibt es — als ehemals hofärarisches oder vom Bund errichtetes Theater — **als Theatergebäude** jedenfalls BTh iSd B-VG (seit der B-VGN 1984 bedeutungslos).

30 ISd Art 126 b Abs 3 B-VG.

31 ISd Art 126 b Abs 1 B-VG.

32 S zur darüberhinausgehenden Bedeutung des BTh-Kompetenztatbestandes B.V.2., 3. und 4.

c) Baurecht

Der Kompetenzkonflikt, der zur Erlassung der B-VGN 1926 führte, hatte als zentralen Streitpunkt die Frage der Zuständigkeit in Bauangelegenheiten der BTh zum Inhalt. Es wurde bereits gezeigt, daß seit 1.10.1925 das NöThBG, die Wr BauO und die Wr FPolO für den Bereich des Bundeslandes Wien als partikuläre BG galten[33]. Es wäre keine Novellierung des B-VG notwendig gewesen, wenn die Verhandlungen der Organe des Bundes und des Landes Wien zu dem Ergebnis geführt hätten, daß Bauangelegenheiten der BTh **nicht** vom Kompetenztatbestand „alle Angelegenheiten der BTh" umfaßt seien, da diese Frage ohne die Initiative einer der beiden Gebietskörperschaften wohl kaum vom VfGH von Amts wegen zu prüfen gewesen wäre. Die Erlassung der B-VGN 1926 stellt somit ein **deutliches Indiz für die Richtigkeit der Auffassung des Bundes dar, daß tatsächlich ursprünglich alle Angelegenheiten der BTh vom Kompetenztatbestand des Art 10 Z 13 B-VG umfaßt waren.** Das Inkrafttreten der B-VGN 1926 hatte zur Folge, daß — bis auf bestimmte Bauangelegenheiten — nunmehr unstreitig **alle** Angelegenheiten der BTh als Bundessache in Gesetzgebung und Vollziehung anzusehen waren. Die „Bestimmung der Baulinie und des Niveaus sowie die baubehördliche Behandlung von Herstellungen, die das äußere Ansehen der Theatergebäude betreffen", wurden durch die B-VGN 1926 **konstitutiv** zur Landessache in Gesetzgebung und Vollziehung erklärt. Die Bestimmung der Baulinie und des Niveaus war eine bereits in der Monarchie traditionell auch hinsichtlich aller „öffentlichen" Bauten der Gemeinde vorbehaltene Angelegenheit gewesen[34], die „baubehördliche Behandlung von Herstellungen, die das äußere Ansehen der Theatergebäude betreffen", kann hingegen auf kein historisches Vorbild zurückgreifen.

Die Auslegung der Begriffe **„Baulinie"**, **„Niveau"**, „Herstellungen", „äußeres Ansehen" und „Theatergebäude" kann hier unterbleiben[35].

Hier soll nur erwähnt werden, daß mehrere Gründe für die Annahme sprechen, daß der historische Verfassungsgesetzgeber von der Annahme ausging, daß der BTh-Kompetenztatbestand zugunsten des Bundes grundsätzlich nur Theatergebäude iSd NöThBG umfasse. Aus den vorparlamentarischen Verhandlungen zwischen dem Bund und dem Land Wien ergibt sich, daß das Problem der „Nebengebäude" zwar erkannt wurde und daß die Vertreter Wiens eine Gleichbehandlung der Depot- und der eigentlichen Theatergebäude „zusagten". Eine solche „Zusage" wäre bei einer auf Theatergebäude ieS beschränkten räumlichen Reichweite des BTh-Kompetenztatbestandes klar gesetzwidrig und somit sinnlos gewesen — viel-

33 Ausführlich A.III.4.e) mwN.

34 Vgl § 106 lS Wr BauO, LGVOBl 1883/35. .

35 Vgl ausführlich *Bammer*, Theater 240 ff.

mehr dürfte die Verwaltungspraxis zu Recht davon ausgegangen sein, daß auch Nebengebäude vom BTh-Kompetenztatbestand grundsätzlich erfaßt wurden. Der Begriff „Theatergebäude" dürfte legistisch nicht glücklich gewählt worden sein: Bereits die Verwendung des Begriffes „BTh-Gebäude"[36] hätte eine andere — mE zutreffendere — Begriffsbedeutung zur Folge gehabt. Es sprachen somit die besseren Gründe für eine nach wie vor **weite Auslegung des BTh-Begriffes, aber auch für eine weite Auslegung des Begriffes „Theatergebäude"**.

Der **unterverfassungsrechtliche Rechtsbestand** stellte sich zum Zeitpunkt des Inkrafttretens der B-VGN 1926 folgendermaßen dar: Für jene Bauangelegenheiten der BTh, die weiterhin in die Zuständigkeit des Bundes in Gesetzgebung und Vollziehung zu fallen hatten, galt weiterhin die Wr BauO von 1883 in ihrer am 1.10.1925 geltenden Fassung als BG[37]. Bezüglich jener Bauangelegenheiten, die nunmehr in die Gesetzgebungs- und Vollziehungskompetenz des Landes fielen, wurde die Wr BauO als BG infolge der analogen Anwendung der §§ 2 — 6 ÜG 1920 erneut zum LG[38].

d) Feuerpolizei

Historisch entwickelten sich die BauO aus den FeuerlöschO: „Die immer zahlreicher werdenden Vorschriften baurechtlicher Natur in den FeuerlöschO führten schließlich dazu, daß diese aus den FeuerlöschO herausgenommen und in eigenen Gesetzeswerken, den BauO, zusammengefaßt wurden."[39] *Bernárd* bezeichnet folgerichtig die „Frage nach der Abgrenzung der beiden Art-15-Kompetenzen „Baurecht" und „FPol" als „wahrscheinlich unlösbar": „Die zahlreichen Bestimmungen über Feuerverhütungsmaßnahmen in den einzelnen BauO können ohne weitere rechtliche Konsequenz sowohl dem einen wie dem anderen Kompetenztatbestand zugerechnet werden. Den Gesetzgebern steht es frei, ein Gesetzeswerk kompetenzmäßig auf mehrere Tatbestände zu stützen."[40] Für bestimmte Bauwerke und -teile entwickelten sich im Laufe der Zeit zahlreiche Sondervorschriften: So zB für Wohngebäude, Hochhäuser, Gebäude

---

36 Dh: **Bundes**theater-Gebäude (Gebäude, das Zwecken eines BTh zu dienen bestimmt ist).

37 Vgl dazu A.III.4.e)(3) mwN. Verfehlt *Krzizek* I 93 (Hervorhebungen von mir): „Von seiner **Kompetenz** zur Erlassung baurechtlicher Vorschriften für BTh **hat der Bundesgesetzgeber bisher noch keinen Gebrauch gemacht.** Es gilt daher für alle baulichen Maßnahmen im Zusammenhang mit BTh, soferne nicht die vorangeführten Ausnahmebestimmungen in Betracht kommen, der **Grundsatz der Baufreiheit. ...**" Diese Beurteilung vermag aber bloß einen Rückschluß auf die gesetzwidrige Verwaltungspraxis zuzulassen.

38 S zu den ausgesprochen unklaren Zuständigkeitsabgrenzungen und Instanzenzügen im Bereich der Landes- und Bundesvollziehung (Wr Magistrat, Bauoberbehörde, Stadtsenat, Gemeinderat, LReg, Bgm als LH; BMHV) *Bammer*, Theater 247 f mwN.

39 *Krzizek* I 27.

40 *Bernárd* 227.

(Räume) für größere Menschenansammlungen und Einfriedungen, aber auch für einzelne Bauteile, wie zB Aufzüge, Garagen, Schutzräume und Ölfeuerungsanlagen[41]. Hier interessieren insb die besonderen Bestimmungen über die sog „Gebäude (Räume) für größere Menschenansammlungen", wie zB Sporthallen, Krankenhäuser, Schulen und Kirchen; teils enthalten die einzelnen BauO selbst Bestimmungen über derartige Räume (Gebäude), teils sind sie in besonderen Vorschriften, wie zB den Theater-, Kino- und VeranstaltungsG enthalten. Da Veranstaltungs-, Bau- und FPol-Angelegenheiten mit wenigen Ausnahmen als Art-15-Materien zu qualifizieren sind und gegen die Aufnahme von Bestimmungen derselben Materie in verschiedene G desselben Kompetenztypus keine verfassungsrechtlichen Bedenken bestehen[42], ist die systematische Einordnung einer Norm im Einzelfall mitunter mit großen Schwierigkeiten verbunden. Besonders kompliziert und weitgehend unmöglich ist eine eindeutige kompetenzrechtliche Zuordnung der einzelnen Bestimmungen der verschiedenen Veranstaltungs(stätten)G **entweder** zur Materie Bauwesen **oder** zur Materie FPol: Während im Hinblick auf Gebäude (Räume), die keinen Sonderbestimmungen unterliegen, eine Zuordnung durch Anwendung der Versteinerungstheorie möglich scheint[43], versagt diese Methode im Hinblick auf Veranstaltungsstätten, da sich die besonderen G für derartige Gebäude (Räume) als leges speciales **sowohl** zu Bau- **als auch** zu FPolO darstellen[44].

Die weitgehende Unmöglichkeit, die einzelnen Bestimmungen der verschiedenen „VeranstaltungsstättenG" entweder als bloß bau- oder bloß fpol Normen zu qualifizieren, ist in der Praxis solange weitgehend bedeutungslos, als beide Rechtsmaterien, aber auch das Veranstaltungsrecht, Landessache in Gesetzgebung und Vollziehung sind und zudem auch in den eigenen WB der Gemeinden fallen (öVPol, öBauPol und öFPol[45]). Von Relevanz wird die Unterscheidung allerdings, wenn der Bund in einer bestimmten Angelegenheit zur Gesetzgebung und Vollziehung in „fpol Beziehung"[46] **ausschließlich** zuständig sein soll, die Länder jedoch ebendort in bestimmten Bauangelegenheiten. Auch die inhaltlich nicht umfangreichen Landeskompetenzen in Angelegenheiten der BTh nach der B-VGN 1926 sind für die **Bekämpfung von Bränden** nicht irrelevant: So hätte die Festsetzung eines besonders großen Abstandes der Baulinie für BTh von

---

41 Vgl die Systematik und Zusammenstellung der verschiedenen Rechtsvorschriften bei *Krzizek* II 438 ff.

42 So zu Recht *Krzizek* II 446.

43 Welche Vorschriften waren am 1.10.1925 (typischerweise) in BauO, welche waren in FPolO enthalten?

44 Vgl zB § 114 NöThBG („Soweit dieses G keine abweichende Anordnung enthält, bleiben die allgemeinen Bestimmungen der BauO und FPolO ... unberührt").

45 Art 118 Abs 3 Z 3 und 9 B-VG idF der B-VGN 1962.

46 AB 613 BlgNR II. GP, 1

den gegenüberliegenden Fronten ebensowenig rein baupol Charakter[47] wie die Größe und Beschaffenheit von Ausgangstüren; beides wäre sowohl unter dem Gesichtspunkt der FPol (Bundeszuständigkeit) als auch unter jenem des äußeren Ansehens der Theatergebäude (Landeszuständigkeit) regelbar gewesen. Besonders augenfällig wurde die **kompetenzrechtliche Problematik der Trennung von Bau- und FPolrecht** jedoch erst seit Inkrafttreten der B-VGN 1984, wonach **alle** Bauangelegenheiten zur Landessache in Gesetzgebung und Vollziehung wurden, den Mat jedoch zu entnehmen ist, daß „die bisherige Zuständigkeit des Bundes in f- und thpol Angelegenheiten der BTh nicht berührt“ werden soll[48].

Die Abgrenzung der Bundeszuständigkeit „BTh-FPol“ und der Landeszuständigkeit „BTh-BauPol“ wird auch in den Kapiteln A.VI.3 und B.VI. erörtert; nach der B-VGN 1926 scheint sie — abgesehen von den zit Beispielen — weitgehend unproblematisch zu sein, da alle Bauangelegenheiten, die das Innere der Theatergebäude betrafen, ebenso Bundessache wie die FPol waren. Somit ist auch von der Weitergeltung der Wr FPolO als BG auszugehen[49].

e) Exkurs: Die verfassungsrechtliche Problematik der Vollziehungskompetenz in Angelegenheiten der Bundestheater (Art 102 B-VG)

Gem Art 10 Z 13 B-VG waren „alle Angelegenheiten der BTh ...“ Bundessache in Gesetzgebung und Vollziehung. Gem Art 102 Abs 1 B-VG war die **Vollziehung des Bundes „im Bereich der Länder“[50] grundsätzlich durch den LH auszuüben,** soweit die zu vollziehende Angelegenheit nicht gem Art 102 Abs 2 B-VG „unmittelbar von Bundesbehörden versehen werden“ konnte **oder** die „beteiligten Länder“ gem Art 102 Abs 4 B-VG der „Errichtung von eigenen Bundesbehörden für andere als die im Abs 2 aufgezählten Angelegenheiten“ zustimmten. „Alle Angelegenheiten der BTh“ — als zentrale Materie somit die ThPol einschließlich der FPol — waren demnach — mangels Nennung dieser Angelegenheit in Art 102 Abs 2 B-VG oder der Zustimmung des beteiligten Bundeslandes zur Errichtung einer eigenen Bundesbehörde gem Art 102 Abs 4 B-VG — in mBV durch den LH zu vollziehen.

Pkt 6 des Prot, das zur Erlassung der B-VGN 1926 führte[51], lautete:

---

47 Derartige Vorschriften dienten wohl auch der besseren Zufahrt für Löschfahrzeuge, guten Fluchtmöglichkeiten für Theaterbesucher und -bedienstete und der besseren Verhinderung von Brandübergriffen auf benachbarte Gebäude.

48 446 BlgNR XVI. GP, 5.

49 Vgl dazu ausführlich A.III.4.e)(2). Zu sonstigen Landeskompetenzen *Bammer*, Theater 251.

50 S zur Bedeutung dieser Wendung *Bammer*, BThSG 458.

51 BKA Z 152127-26; s A.IV.1.b).

„Die Vertreter des Bundes stellen die Veranlassung einer bundesgesetzlichen Regelung in Aussicht, wodurch die gem der künftigen Fassung des Art 10 Z 13 B-VG in den WB des Bundes fallenden Angelegenheiten der Vollziehung — die nach Art 102 B.V.G. erforderliche Zustimmung des Landes Wien vorausgesetzt — in die unmittelbare Bundesverwaltung übernommen werden sollen. ..."

Die Verwaltungspraxis ging offenbar davon aus, daß durch die erstmalige Normierung des BTh-Kompetenztatbestandes nicht etwa die gem § 2 ÜG 1920 zu partikulärem Bundesrecht gewordenen LG anwendbar geworden seien, sondern hielt an den bis 1925 erlassenen internen Normen fest[52]. Die **Verfassungswidrigkeit der Vollziehung der hoheitlichen Angelegenheiten der BTh durch das BMHV unter Umgehung des LH** wurde im Jahre 1932 anläßlich einer „Besprechung der Neuregelung der hoheitlichen Bundesvollziehung in den Angelegenheiten der BTh vom 20.1.1932" von den Vertretern des BKA klar erkannt[53]. Eine Sanierung dieses verfassungswidrigen Zustandes erfolgte auch in den nächsten Jahrzehnten nicht; auch die B-VGN 1984 wurde nicht zum Anlaß genommen, Art 102 Abs 2 B-VG entsprechend abzuändern. In dieser jahrzehntelangen verfassungswidrigen Vollziehungspraxis bzw im Beharrungsvermögen der Verwaltung — und nicht etwa in sachlichen Gründen — liegt die Begründung für die Normierung der Zuständigkeit des BMwA als Theater(feuer)polizeibehörde für die BTh durch das BThSG[54].

f) Dienstinstruktionen und -vorschriften

Die innere Organisation der BTh durch DV und DI sowie die Abgrenzung der Kompetenzen und Befugnisse der einzelnen Organe wurde bereits unter A.II.10., A.II.12.a) und A.III.4.g)(1) dargestellt. Das Inkrafttreten der B-VGN 1926 hatte keine Auswirkungen auf die (Un)Zulässigkeit derartiger Konstruktionen, sodaß auf die obigen Ausführungen verwiesen werden kann.

Wenige Tage vor Beschlußfassung der B-VGN 1926 war die innere Organisation der BTh — anläßlich der Bestellung von *Franz Schneiderhan* zum „GDir der BTh" — wieder einmal reformiert worden[55]. Bemerkenswert ist die **generell**-abstrakte Formulierung der „Instruktion über den

---

52 „Hiermit steht nun fest, daß auch die Regelung und Handhabung des technischen und fpol Aufsichtsdienstes in den BTh der Bundesverwaltung zukommt. Diese Angelegenheiten werden geregelt durch die PBest und die vom BKA und den BMHV und [BM]U im Jahre 1924 erlassenen Vorschriften für den Sicherheitsdienst in den BTh ..." (BMHV 105222 T/1925) S zur Einrichtung des bis 1989 gesetzlosen und weder einst noch jetzt im Amtskalender angeführten „Sicherheitsbeirates" B.VI.

53 BKA 110589-GD 2/1932. Dieses Prot wird in B.VI. wiedergegeben.

54 S dazu näher B.VI. sowie *Bammer*, BThSG.

55 Sektionschef *Viktor Prüger*, der im Juli 1925 die Leitung der BThVw übernommen hatte, führte den Titel **„PräsBTh"**; es wurden jedoch keine organisatorischen Maßnahmen getroffen, die eine Änderung der DV von 1923 notwendig gemacht hätten.

Dienst bei der GDionBTh", die die bisherige augenfällige Personengebundenheit derartiger DI endgültig ablöste[56]. *Märkle* bezeichnet „die Führung der BTh auch in ‚allgemein-künstlerischer Hinsicht'" als „ein absolutes Novum seit Beginn der Republik, in der Geschichte der BTh", das „dem GDir große Machtbefugnisse" gab[57].

Die 1926 erlassene DI bekannte sich erstmals zur — verschämt als „allgemein" bezeichneten — **künstlerischen Leitungsfunktion** des nunmehr als **GDir** bezeichneten Leiters der ehemaligen GI. Es verwundert daher nicht weiter, daß 1930 die Bezeichnung „GDion" in „GI" umgewandelt wurde[58]. Die Aufwertung des Leitungspostens der BTh-Zentralstelle dürfte einerseits in der Person *Schneiderhan*s gelegen sein, der der erste Leiter der BThVw war, der auf keine Beamtenlaufbahn zurückblicken konnte[59], andererseits aber auch im Scheitern der bisherigen Verwaltungsstruktur, die von den BThDir der Bühnen aus verschiedensten Gründen abgelehnt worden war[60]. Das Anforderungsprofil an die Leitungsposition der BThVw dürfte sich aufgrund der Erfahrungen der vorangegangenen Jahre gewandelt haben, da unübersehbar wurde, daß ein entscheidender Grund für die zahlreichen Konflikte zwischen den BThDir und dem jeweilen Leiter der BThVw wohl in dessen bisheriger Karriere als hoher Ministerialbeamter gelegen sein dürfte[61]. Es war daher nur konsequent, daß der BMU nunmehr eine „kaufmännisch gebildete Persönlichkeit" mit der Verwaltung der BTh betrauen wollte, die aber „dennoch über genügend Theatererfahrung verfügte"[62].

3. Die Aufhebung der Theaterzensur durch den VfGH

In Kapitel A.II.5. wurde bereits der Zensurbeschluß der ProvNV und seine (umstrittene) Interpretation durch den VfGH in einem Erk aus dem

56 Die vom MR am 15.7.1926 genehmigte Instruktion ist abgedruckt bei *Bammer*, Theater 253 ff. Vgl auch *Taubes* 37 ff.

57 *Märkle* 16. Zur Zuständigkeit der BReg bzw des BMU zur „Aufnahme von Personen in ein Dienstverhältnis zum Bund *Bammer*, Theater 256 f.

58 MRP 29.10.1930, Nr 656 (zit nach *Taubes* 54).

59 Der Privatunternehmer *Schneiderhan* hatte sich als Vorstand des Wiener Männergesangsvereins und als Dir der Gesellschaft der Musikfreunde in künstlerischen Angelegenheiten allgemeine Anerkennung erworben.

60 Vgl im Detail *Taubes* 27 ff mwN.

61 *Paumann* (1918 — 1920): Sektionschef; *Vetter* (1920 — 1922): Sektionschef; *Renkin* (1923 — 1924): MinRat; *Eckmann* (1924 — 1925): MinRat; *Prüger* (1925 — 1926): Sektionschef. Das aktuelle (gesetzlich nicht determinierte) Anforderungsprofil an den GS des ÖBThV findet sich erstmals in der Ausschreibung dieser Funktion im Amtsblatt zur WZ vom 27.1.1991.

62 MRP vom 2.6.1926 (zit nach *Taubes* 35). Von der Wiedergabe nicht mehr geltender interner (Organisations)Akte aus den Jahren nach 1926 wird hier idR abgesehen.

Jahre 1919 erörtert. Der VfGH hatte die Meinung vertreten, daß unter „Zensur“ nur die Pressezensur, nicht jedoch die Theaterzensur zu verstehen sei.[63] Die Verwaltungspraxis übte die Zensur aber weiterhin aus[64]. Am 18.3.1926 änderte der VfGH jedoch seine Jud zur Theaterzensur: Das SitzungsProt und die knappe Mehrheit von 4 gegen 3 Stimmen zugunsten einer Stattgebung der Beschwerde[65] zeigen allerdings deutlich, daß diese Entscheidung **juristisch eine „fragwürdige Angelegenheit“**[66] war: Wie die Gegner der Stattgebung zu Recht einwandten, dürfte der Sinn des Beschlusses der ProvNV durch seine Erhebung zum VG kaum verändert worden sein[67]. Es wäre vielmehr richtigerweise davon auszugehen gewesen, daß der **Verfassungsgesetzgeber des Jahres 1920, der durch Art 149 B-VG bestimmte alte Normen als VG iSd B-VG rezipierte, diese gerade in jener Bedeutung verstehen wollte, die sie nach der herrschenden Jud zum Zeitpunkt ihrer Rezeption hatten;** ein Abgehen von dieser „versteinerten“ Bedeutung der von Art 149 B-VG rezipierten Normen hätte wohl **zumindest** einer ausdrücklichen Stellungnahme in den publizierten Mat bedurft. Bemerkenswert ist weiters, daß der VfGH **kein Gesetzesprüfungsverfahren** gem Art 140 B-VG zur Prüfung des § 3 (eventuell auch des § 6) ThO eingeleitet hatte, sondern lediglich die bekämpfte Entscheidung des BKA aufgehoben hatte.

Die Entwicklung der einschlägigen Verwaltungspraxis an den Privattheatern kann im Rahmen dieser Arbeit nicht weiter verfolgt werden; einzugehen ist jedoch kurz auf die **Zensurpraxis an den BTh:** Seit der Übernahme der ehemaligen HTh durch den Bund war es nur noch vereinzelt zu Zensurvorlagen der BThDir gekommen[68]. Mit Wirkung vom 1.10.1925 galt die ThO für den Bereich der BTh als BG[69] weiter. Durch das Erk VfSlg 552 wurde § 3 ThO auch als BG **unanwendbar,** dh jede bescheidmäßige Zensurmaßnahme wäre gegebenenfalls vom VfGH aufge-

63 VfGH 16.12.1919, Z 329/1919. *Kelsen*, 1919 als Verfassungsrichter einer der (damals unterlegenen) Befürworter der Beseitigung der Theaterzensur, führte 1923 (Staatsrecht 59) aus: „Durch den Beschluß der ProvNV ... wurde ‚jede‘ Zensur aber aufgehoben und die ‚volle Freiheit der Presse‘ hergestellt. ... Da sich der Wortlaut des Beschlusses gegen jede Zensur richtet, kann darunter auch die Theater- und Kinozensur verstanden werden, was allerdings der Absicht der Gesetzgeber nicht entspricht. Nach dem StGG, das sich nur auf die Pressezensur bezieht, steht nichts im Wege, für Theater- und Kinowesen durch einfaches G eine Präventivzensur zu normieren.“

64 Vgl *Adamovich*, Verwaltungsrecht (1924) II 33; *Dirnberger*, Theaterzensur 251 ff mwN.

65 *Kelsen* (Referent), *Austerlitz, Eisler, Sylvester. Falser, Leyer, Pawelka.* Der Vorsitzende, VizePräs *Menzel,* enthielt sich jeglicher Stellungnahme (zit nach *Dirnberger*, Theaterzensur 254). Prot bei *Dirnberger* aaO 253 f.

66 So zu Recht *Dirnberger*, Theaterzensur 254.

67 So der Verfassungsrichter *Falser* (zit nach *Dirnberger*, Theaterzensur 254). Anders die verfehlte Begründung des Erk VfSlg 552.

68 Vgl dazu A.II.5; weiters *Dirnberger*, Theaterzensur 247 ff, 258 ff.

69 Vgl A.III.4.c): Die ThO auch als BG wurde 1989 durch das BThSG aufgehoben; vgl zu den daraus entstehenden Problemen unten B.VI.

hoben worden. Wie bereits in Kapitel A.II.5. dargestellt wurde, war auch die an sich klare und mit keinen besonderen Rechtsüberleitungsproblemen behaftete Zuständigkeitsregelung der ThO zur Ausübung der — bis März 1926 verfassungskonformen — Theaterzensur umstritten: Für zuständig erachteten sich das UA, das IA, aber auch die BThVw selbst[70]. Bis heute blieb grundsätzlich das Problem bestehen, ob bzw wie staatliche Organe die künstlerischen Entscheidungen — somit insb die Stückauswahl — der vom Staat angestellten künstlerischen Bühnenleiter (Dir) verfassungskonform beeinflussen können. Während der Staat bei derartigen Maßnahmen gegen die Dir (Unternehmer) von Privatbühnen zweifellos an die Form des Bescheides gebunden wäre (und ein solcher gem Art 144 B-VG erfolgreich beim VfGH bekämpft werden könnte), könnte er sich idR gegenüber den Dir der von ihm selbst betriebenen Bühnen anderer, idR **nicht** bekämpfbarer Rechtsformen (insb einer individuellen oder generellen Weisung) bedienen. Die damit nur angedeuteten Probleme werden in Kapitel B.III. näher untersucht.

70 Vgl die Nachweise in A.II.5. Ein historisch instruktives Schreiben des BThK *Prüger* zur Frage der Zensur an den BTh ist abgedruckt bei *Bammer*, Theater 261 f.

V. Die Rechtsentwicklung bis zur B-VG-Novelle 1984

1. Die verfassungsrechtliche Rechtsentwicklung

a) Die Verfassungsentwicklung von der B-VG-Novelle 1929 bis zum Jahre 1945

1929 erfolgte eine weitere große Novellierung des B-VG von 1920, die sich selbst (zu Unrecht) als „Zweite Bundes-Verfassungsnovelle" bezeichnete und insb der Entwicklung der politischen Verhältnisse Rechnung trug, indem das System der gewaltenverbindenden parlamentarischen Republik durch jenes der gewaltentrennenden parlamentarischen Präsidentschaftsrepublik ersetzt wurde[1]. Hier soll lediglich auf einige (realisierte und geplante) Verfassungsänderungen eingegangen werden, die für die Kompetenzlage in Angelegenheiten der BTh von Relevanz waren.

Die RV der Zweiten Bundes-Verfassungsnovelle sah in Art I § 5 Z 4 — ähnlich wie 1925 — ua die Einfügung folgender Worte in **Art 10 Z 7 B-VG** vor: „**Theater- und Kinowesen, öffentliche Schaustellungen, Darbietungen und Belustigungen**". Art I § 5 Z 7, der die Abänderung des **Art 10 B-VG** betraf, lautete auszugsweise: „In Z **13** ist nach den Worten: ‚**alle Angelegenheiten der BTh**' einzuschalten: ‚**und sonstiger bundeseigener Gebäude und Baugründe in Wien, worin jedoch die Bestimmung der Baulinie und des Niveaus nicht inbegriffen sind;**' ..."[2] **Art 15** sollte um zwei Abs ergänzt werden: „(2) Soweit Angelegenheiten, die in die Gesetzgebung und Vollziehung der Länder fallen, bis zum 1.10.1925 von BPol-Behörden vollzogen wurden, sind diese auch bei landesgesetzlichen Neuregelungen mit der Vollziehung in sinngemäß gleichem Umfang zu betrauen. ... (3) Soweit BPol-Behörden mit der Vollziehung von Angelegenheiten betraut sind, die sonst in die selbständige Vollziehung der Länder fallen, ist die Vollziehung solcher Angelegenheiten in diesem Fällen Bundessache." Art I § 56 sah die Abänderung von **Art 102** vor; in der taxativen Aufzählung jener Angelegenheiten, die unmittelbar durch Bundesbehörden versehen werden können sollten, sollten ua das „**Theater- und Kinowesen, öffentliche Schaustellungen, Darbietungen und Belustigungen**" eingeschaltet werden[3]. Gem Art I § 59 sollten wieder Bestimmungen über die Bundeshauptstadt Wien (Art 108 — 114 a) eingefügt werden[4]; diese

1 Vgl näher *Brauneder/Lachmayer*[5] 213 ff; *Walter/Mayer*, BVR[6] Rz 63 mwN. Umfassend *Berchtold*, Verfassungsreform I und II.

2 382 BlgNR III. GP; Hervorhebungen von mir. Die erste (regierungsinterne) Fassung des Art-10-Z-13-Kompetenztatbestandes ist als Blg zum MRP 21.9.1929, Nr 582, enthalten: Neben hier nicht interessierenden Einschaltungen war auch die Einfügung von „**Theater- und Kinowesen**" vorgesehen; nach den Worten: „alle Angelegenheiten der BTh" sollte die bereits durch die B-VGN 1926 eingeschaltete Wortfolge erneut eingefügt werden. S zu weiteren Formulierungsentwürfen *Bammer,* Theater 264.

3 382 BlgNR III. GP. Hervorhebungen von mir.

4 Art 108 — 114 B-VG 1920 waren durch die B-VGN 1925 aufgehoben worden.

sahen eine deutliche Schmälerung der Rechte Wiens als Bundesland — insb im Bereich der Vollziehung — vor. Art I § 78 beantragte die Abänderung des **Art 149** B-VG: „Im Absatz 1 wird nach den Worten: ‚Beschluß der ProvNV vom 30.10.1918, StGBl Nr 3,' vor dem Strichpunkt eingefügt: ‚mit der Maßgabe, daß durch Pkt 1 dieses Beschlusses bundesgesetzliche Bestimmungen über die behördliche Prüfung und Zulassung öffentlicher Schaustellungen, Darbietungen und Belustigungen, insb durch[?] Theater und Kinos, nicht ausgeschlossen werden, die den Schutz der Jugend, vorbeugende Maßnahmen gegen gesetzwidrige Vorgänge oder die Verhinderung von Gefährdungen des öffentlichen Wohles oder der öffentlichen Sicherheit zum Zweck haben.'"[5]

Die politische Tendenz der RV war unübersehbar und braucht im Rahmen dieser Arbeit nicht näher untersucht zu werden[6]. Durch die beantragte Neufassung des Art 15 B-VG sollte die Jud des VfGH zu § 10 ÜG 1920 durch VG korrigiert werden[7]. Hervorzuheben ist der Versuch, die Theaterzensur durch eine Abänderung des vom VfGH iS von Theaterzensurfreiheit interpretierten Zensurbeschlusses wieder einzuführen[8]. Die Behandlung der RV zur B-VGN 1929 in den parlamentarischen Gremien ist von *Berchtold* umfassend dargestellt worden, sodaß sich eine Wiedergabe der zahlreichen Sitzungen des UAVerfA im Rahmen dieser Arbeit erübrigt[9]. Im Bericht des VerfA selbst[10] ist kaum Aufschlußreiches über die hier interessierenden Änderungen aufzufinden. Dunkel bleibt, warum in Art 10 Z 13 die durch die B-VGN 1926 normierte Wortfolge **erneut** eingefügt werden sollte; da der BK 1929 ermächtigt wurde, das B-VG wiederzuverlautbaren[11], kann dieser Anordnung jedenfalls keine klarstellende oder rechtsbereinigende Funktion — etwa Herstellung größerer Übersichtlichkeit des B-VG-Textes — zugesonnen werden. Auch das Prot der 11. Sitzung des UAVerfA vom 29.11.1929 spricht gegen eine solche Annahme. Der VerfA hatte ua folgende Änderungen der RV vorgenommen:

Die von der RV beantragte **Einfügung des „Theater-** und **Kinowesens ..."** in **Art 10 Z 7** war (in dieser Z) **ersatzlos entfallen.** Die aSiPol wurde zur Bundessache in Gesetzgebung und Vollziehung, während die öSiPol in der Kompetenz der Länder und im eigenen WB der Gemeinden verblieb[12]. Hinsichtlich der „besonderen" Pol („VerwaltungsPol") ieS[13] kam es zu keiner Kompetenzverschiebung. Art I

5 382 BlgNR III. GP, Art I § 78.

6 Vgl dazu bloß die bei *Walter/Mayer*, BVR[6] vor Rz 54 zit Lit zur B-VGN 1929.

7 VfSlg 720 ua. S dazu auch *Bammer,* Theater 173 f.

8 Vgl dazu die EB 20, wonach dem Zensurbeschluß („lex *Ofner*") „jene einschränkende Bedeutung wiedergegeben werden (soll), die er nach Absicht der Antragsteller tatsächlich haben sollte ... (vgl Art 118 der Weimarer Verfassung).".

9 *Berchtold*, Verfassungsreform II 202, 219 ff; *Bammer,* Theater 265 ff.

10 405 BlgNR III. GP.

11 Art V ÜG 1929 (entspricht Art IV der RV, 383 BlgNR III. GP).

12 Als ergänzende Bestimmung wurde Art 15 Abs 2 (Aufsichts- und Inspektionsrecht des Bundes über die Gemeinden) beschlossen.

13 Vgl dazu bloß *Herrnritt* 37 ff.

§ 5 Z 6 lautete: „In Z **13** ist nach den Worten: ‚alle Angelegenheiten der BTh‘ einzuschalten: „worin jedoch die Bestimmung der Baulinie und des Niveaus sowie die baubehördliche Behandlung von Herstellungen, die das äußere Ansehen der Theatergebäude betreffen, nicht inbegriffen sind;‘;“ Diese Bestimmung wurde unverändert vom Plenum beschlossen. Die beantragte Fassung des **Art 15 Abs 3** wurde vom Plenum unverändert beschlossen und steht noch heute in dieser Fassung in Geltung. Die vom VerfA beantragte und vom Plenum unverändert angenommene Bestimmung des **Art 15 Abs 5** lautete: „Soweit Akte der Vollziehung in Bausachen bundeseigene Gebäude betreffen, die öffentlichen Zwecken, wie der Unterbringung von Behörden und Ämtern des Bundes oder von öffentlichen Anstalten — darunter auch Schulen und Spitälern — oder der kasernmäßigen Unterbringung von Heeresangehörigen oder sonstigen Bundesangestellten dienen, fallen diese Akte der Vollziehung in die mBV; der Instanzenzug geht bis zum zuständigen BM. Die Bestimmung der Baulinie und des Niveaus fällt jedoch auch in diesen Fällen in die Vollziehung des Landes.“[14]

Art 15 Abs 5 B-VG ist als — deutlich modifizierte — Nachfolgebestimmung des ursprünglich in Art 10 Z 13 B-VG beantragten Kompetenztatbestandes bezüglich der bundeseigenen Gebäude und Baugründe in Wien zu verstehen; aus der beantragten kompetenzrechtlichen Sonderstellung von Bundesgebäuden und -liegenschaften **ausschließlich** in Wien, die in Gesetzgebung und Vollziehung Bundesangelegenheiten werden sollten, war im Lauf der Verhandlungen eine für alle Bundesländer geltende besondere Vollziehungsbestimmung geworden. Art 15 Abs 5 B-VG wurde erst durch die B-VGN 1983 auf die geltende Fassung abgeändert. Der VerfA beantragte weiters nahezu unverändert die Abänderung des Zensurbeschlusses der ProvNV; das Plenum nahm jedoch die Abänderung des Zensurbeschlusses der ProvNV nicht an[15].

Handelt es sich bei der **erneuten Normierung** des bereits seit 1926 einen Bestandteil des B-VG bildenden BTh-Kompetenztatbestandes um eine sog **„normlose Wiederholung“**[16] oder um die Schaffung einer von der zuvor bestehenden völlig unabhängigen neuen Norm desselben Inhalts? Da die 1926 und 1929 geschaffenen Kompetenztatbestände völlig identisch sind — abgesehen von einem 1929 der eingefügten Wortfolge vorangestellten Beistrich —, ist von einer kontinuierlichen Geltung der Norm seit 1926 auszugehen. Die im Zusammenhang mit Kompetenzverteilungsbestimmungen bedeutsamen Rechtswirkungen — insb Versteinerungszeitpunkt und Rechtsüberleitung — treten grundsätzlich mit der **erstmaligen**

14 Art I § 8 Z 1 des Berichtes des VerfA, 405 BlgNR III. GP.
15 Vgl *Berchtold*, Verfassungsreform II 319.
16 Vgl zum „Phänomen der Wiederholung des Textes eines normativen Aktes in einer anderen Enuntiation“ *Aichlreiter* 61.

Normierung eines Kompetenztatbestandes ein[17]. Dies kann hinsichtlich des Versteinerungszeitpunktes nicht ernsthaft bezweifelt werden; unklar ist die Rechtslage jedoch bezüglich der Ermittlung des maßgeblichen Zeitpunktes für die **Überleitung** des unterverfassungsrechtlichen Rechtsbestandes. Hier wurde bereits die Auffassung vertreten, daß die §§ 2 ff ÜG 1920 auf den Übergang anläßlich der B-VGN 1926 analog anzuwenden sind[18]. Anläßlich der Erlassung der B-VGN 1929 wurde die Geltung der §§ 2 — 6 ÜG 1920 idF der ÜG-Nov 1925 für diesen Übergang durch Art II § 1 ÜG 1929 **ausdrücklich angeordnet**. Da es jedoch für den Bereich der Angelegenheiten der BTh 1929 zu keiner Kompetenzverschiebung gekommen war — die 1926 geschaffene **Kompetenzlage wurde für diesen Bereich nicht verändert** —, stellt sich das Problem der Überleitung des unterverfassungsrechtlichen Normenbestandes in diesem Zusammenhang nicht[19]. Grundsätzlich ist jedoch zu betonen, daß durch die B-VGN 1929 der **BTh-Kompetenztatbestand formell neu erlassen wurde;** für die Annahme einer „normlosen Wiederholung" ist kein guter Grund zu finden. Dies ändert jedoch nichts an der Feststellung, daß diese Anordnung **keine sonstigen Rechtswirkungen** — insb hinsichtlich der Interpretation der eingefügten Wortfolge und hinsichtlich der Überleitung des unterverfassungsrechtlichen Rechtsbestandes — entfalten konnte.

Die Bestimmung des Art 15 Abs 5 B-VG entstand ebenfalls als Kompromiß zwischen der RV, die für bundeseigene Gebäude und Baugründe in Wien eine umfassende Bundeszuständigkeit in Gesetzgebung und Vollziehung — mit Ausnahme der Bestimmung der Baulinie und des Niveaus — vorsah, und den Vorstellungen der Sozialdemokraten, die an diesem beantragten Kompetenztatbestand seine Beschränkung auf Wien beanstandeten, aber auch die gewichtige inhaltliche Einwände vorbrachten[20]. Aus der systematischen Stellung des Art 15 Abs 5 B-VG ergibt sich, daß er sich **nur auf jene Bauangelegenheiten beziehen konnte, zu deren Vollziehung an sich die Länder zuständig wären;** somit waren in den aus der umfassenden Bundeszuständigkeit gem Art 10 Abs 1 Z 13 B-VG ausgenommenen Angelegenheiten in der Gesetzgebung Landessache, in der Vollziehung

---

17 Es kann wohl zB auch der B-VGN 1984, deren Art I Z 1 den gesamten Art 10 Abs 1 Z 13 B-VG formell neu erließ, jedoch nur wenige Kompetenztatbestände neu formulierte, nicht die normative Wirkung zugesonnen werden, daß diese der Rechtsklarheit und Übersichtlichkeit dienende Vorgangsweise zB etwa den Versteinerungszeitpunkt des seit 1920 unverändert in Geltung stehenden Kompetenztatbestandes „Denkmalschutz" nunmehr auf den 1.1.1985 verlegt hätte.

18 Vgl A.IV.2.

19 Auch wenn man eine Überleitung im Jahre 1926 ablehnte, änderte dies an der unveränderten Weitergeltung der Wr BauO als BG nichts; Änderungen ergäben sich aber bei einer angenommenen Rück-Überleitung der Wr BauO als BG als spezielles LG.

20 Vgl zB bloß die Stellungnahme *Danneberg*s in der 4. Sitzung des UAVerfA vom 5.11.1929 (zit nach *Berchtold*, Verfassungsreform II 150 ff [159]).

nunmehr Bundessache. Bauangelegenheiten der BTh, die in die Zuständigkeit des Bundes zur Gesetzgebung und Vollziehung gem Art 10 B-VG fielen, waren — mangels verfassungsrechtlicher Ausnahmebestimmung — gem Art 102 B-VG in mBV zu vollziehen; für Wien galt allerdings die neue Sonderbestimmung des Art 109 B-VG.

Für den Bereich der Landeszuständigkeiten in Bauangelegenheiten der BTh galt folgendes: Gem Art 15 Abs 5 letzter Satz B-VG fiel die Bestimmung der Baulinie und des Niveaus auch bei den in Art 15 Abs 5 1. Satz genannten Gebäuden stets in die Vollziehung des Landes; es blieb somit bei der seit der B-VGN 1926 bestehenden (zT unklaren) Vollziehungszuständigkeiten[21]. Durch Art 111 B-VG idF der Nov 1929 wurde erstmals bundesverfassungsrechtlich angeordnet, daß „in den Angelegenheiten des Bauwesens ... die Entscheidung in oberster Instanz besonderen Kollegialbehörden (zusteht).“ Hinsichtlich der Landeszuständigkeit in Gesetzgebung und Vollziehung in der „baubehördlichen Behandlung von Herstellungen, die das äußere Ansehen der Theatergebäude betreffen“, war zu klären, ob die **BTh-Gebäude als „bundeseigene Gebäude, die öffentlichen Zwecken dienen“** iSd Art 15 Abs 5 1. Satz B-VG zu qualifizieren waren und sind[22].

Krzizek vertritt zum Kriterium **„bundeseigen“** folgende Auffassung: „Es muß sich um ein im Eigentum des Bundes stehendes Gebäude handeln, welche Voraussetzung mE auch dann gegeben ist, wenn das Gebäude zu mehr als der Hälfte im Eigentum des Bundes steht“[23]. Während der Ausdruck „bundeseigen“ für sich genommen keine klare Aussage über das notwendige Mindestmaß eines **Eigentums**anteiles — oder gar das Genügen eines (Mit)**Besitzes** — zuläßt[24], liegt im Zusammenhang mit BTh-Gebäuden die Auslegung nahe, unter bundeseigenen BTh-Gebäuden nur jene zu verstehen, die als „dem Bunde gehörige Theatergebäude“ iSd Mat zur B-VGN 1926[25] zu qualifizieren sind; Theatergebäude, in denen der Bund lediglich den Theaterbetrieb selbst und allein führt, sind deshalb noch keine „bundeseigenen“ Gebäude. Diese auf Einheitlichkeit bedachte Auslegung beseitigt jedoch nicht das Problem, daß die Frage, welches BTh-Gebäude als „ein dem Bunde gehöriges Theatergebäude“ iSd Mat zur B-VGN 1926 anzusehen war, nicht ganz eindeutig beantwortet werden konnte; es ist aber

21 Vgl dazu A.IV.2.c) sowie *Bammer*, Theater 247 f mwN.

22 Seit der B-VGN 1984 sind alle „Bauangelegenheiten der BTh“ Landessache in Gesetzgebung und Vollziehung, sodaß die folgenden Überlegungen heute für alle Akte der Vollziehung in Bausachen von Bedeutung sind.

23 *Krzizek* I 93 f.

24 Die Mat zur B-VGN 1929 lassen in dieser speziellen Abgrenzungsfrage keinen klaren Rückschluß auf den Willen des historischen Verfassungsgesetzgebers zu. Vgl auch A.III.4.h) und A.IV.2.c).

25 RV 582 BlgNR II. GP.

wohl ein grundsätzliches Auslegungsgebot, systematisch in enger Beziehung stehende Vorschriften (hier auch: Mat) gleich auszulegen. Bei bloßer Wortinterpretation müßte allerdings mE jeder noch so geringe Miteigentumsanteil des Bundes an einem Gebäude bereits dessen Qualifikation als „bundeseigen" nach sich ziehen, nicht ausreichend ist jedoch Miete etc (arg: bundes**eigen**). Ob dies dem Willen des historischen Verfassungsgesetzgebers entspricht, kann nicht mit jeden Zweifel ausschließender Deutlichkeit gesagt werden, da in den parlamentarischen Verhandlungen offensichtlich das für die Anwendbarkeit des Art 15 Abs 5 kumulativ notwendige zweite Abgrenzungskriterium („öffentlicher Zweck") im Vordergrund stand[26]. Hier werden somit als **bundeseigene BTh-Gebäude** iSd Art 10 Abs 1 Z 13 und Art 15 Abs 5 B-VG jene **Theater- und Nebengebäude betrachtet, die im Allein- oder Miteigentum des Bundes** stehen.

Notwendig ist weiters, daß das bundeseigene Gebäude **„öffentlichen Zwecken" dient.** Der „öffentliche Zweck" der BTh ergibt sich zunächst aus § 2 KGFG iVm§ 1 VASTh, wonach aus den im HabsburgerG genannten Vermögenschaften Güter ua „aus Gründen der **staatlichen Kunstpflege**" ausgeschieden werden konnten; dieser 1920 auf unterverfassungsrechtlicher Ebene vorgelegene Zweck floß 1925 in den BTh-Begriff des B-VG mit ein[27]. Der VwGH hat sich mit der Auslegung der zweiten Voraussetzung des Art 15 Abs 5 B-VG in mehreren Erk auseinandergesetzt:

„Diese Ausnahmeregelung des Art 15 Abs 5 B-VG ist ... so zu verstehen, daß durch das Wort ‚wie' ... eine bloß beispielsweise Aufzählung von Fällen, in welchen die Zuständigkeit des Bundes gegeben ist, eingeleitet wird." ... „Öffentlichen Zwecken dienen [Verwaltungsgebäude der ÖBB] deswegen, weil in ihnen Angelegenheiten eines BM besorgt werden. Daß es sich hiebei um Angelegenheiten der Hoheitsverwaltung handeln muß, ist nicht erforderlich. ... Solange aber die Angelegenheiten der ÖBB in unmittelbarer Staatsverwaltung geführt werden, dienen auch die Gebäude, die zur Unterbringung von Dienststellen der ÖBB bestimmt sind, öffentlichen Zwecken iSd Art 15 Abs 5 B-VG."[28]

Nach der Rechtsansicht des VwGH kann somit auch ein Gebäude, in dem der Bund ausschließlich Angelegenheiten der Privatwirtschaftsverwaltung besorgt, einem „öffentlichen Zweck" dienen, solange diese Angelegenheiten bloß in „unmittelbarer Staatsverwaltung" geführt werden. Problematisch wäre, ob der Verfassungsbegriff **„öffentlicher Zweck"** auch die

26 Vgl die Ausführungen von BK *Schober* im MRP 18.11.1929, Nr 599: „Hinsichtlich der Exemtion der Bundesgebäude von der Wr BauO sei eine Formulierung angenommen worden, wonach wohl nicht die bundeseigenen Gebäude, wohl aber die Amtsgebäude von der Wr BauO ausgenommen sein sollen." (Zit nach *Berchtold*, Verfassungsreform I 366).

27 Ähnliches kann für den Beschluß des StReg vom 31.10.1919, KP Nr 119, veröffentlicht in der WZ 1.11.1919, gelten: „... beschließt die Regierung, die beiden **ehemaligen HTh als Nationaltheater fortzuführen**" (vgl A.II.4.).

28 VwSlg 10194 A. VwSlg 5512 A.

fiskalische Verwaltung des Bundes umfaßt; da dies für die BTh nicht zutrifft[29], kann dies hier dahingestellt bleiben. Da der Betrieb der BTh 1922 der Hoheitsverwaltung des Bundes zugeordnet[30] und seit 1920 unmittelbar durch ein BM besorgt wurde, dient er nach der zit Jud jedenfalls „öffentlichen Zwecken" iSd Art 15 Abs 5 B-VG; diese Beurteilung gilt notwendigerweise auch für alle Nebengebäude. Unklar würde die Rechtslage allerdings durch eine allfällige **Ausgliederung der BTh** aus der unmittelbaren Ministerialverwaltung[31]: Ihr Betrieb durch eine juristische Person öffentlichen Rechts stellte nur noch dann „Verwaltung" iSd B-VG dar, sofern ihr Betrieb als hoheitliche Verwaltungsaufgabe angesehen würde[32].

Die B-VGN 1929 konnte eine zunehmende Verhärtung der politischen Fronten nicht verhindern: Nach der sog „Selbstausschaltung" des NR wurde unter Bruch der Rechtskontinuität eine neue ständestaatliche Verfassung erlassen, die bis zum „Anschluß" Österreichs an das Deutsche Reich in Geltung stand[33]. Der sog „Anschluß" wurde rechtlich durch zwei übereinstimmende G Österreichs und des Deutschen Reichs durchgeführt[34]. Durch die Unabhängigkeitserklärung (Proklamation über die Selbständigkeit Österreichs vom 27.4.1945, StGBl 1) wurde normiert, daß „die demokratische Republik Österreich ... wiederhergestellt und im Geiste der Verfassung von 1920 einzurichten" und der „Anschluß ... null und nichtig" ist; zur Durchführung der Unabhängigkeitserklärung wurde eine ProvStReg eingesetzt und „vorbehaltlich der Rechte der besetzenden Mächte mit der vollen Gesetzgebungs- und Vollziehungsgewalt betraut". Die ProvStReg setzte am 1.5.1945 durch Erlassung des V-ÜG, BGBl 4, das B-VG 1920 idF von 1929 sowie alle übrigen BVG und in einfachen BG enthaltene Verfassungsbestimmungen nach dem Stande der Gesetzgebung vom 5.3.1933 wieder in Geltung; gleichzeitig wurde aber bestimmt, daß an die Stelle der Bestimmungen des B-VG, die tatsächlich undurchführbar geworden waren, einstweilen die Bestimmungen der gleichzeitig erlassenen VV zu treten hätten[35]. Die Nov zur VV vom 12.10.1945, StGBl 196, schränkte

29 S dazu ausführlich B.V.3.

30 Vgl dazu A.II.9.a) und b) sowie A.III.4.h); weiters B.V.4.

31 Vgl die RV betreffend ein BG „über die Errichtung eines Fonds Österreichische BTh (BThG)", 1271 BlgNR XIII. GP. Die Schaffung eines eigenen Rechtsträgers bedeutete aber noch nicht, daß dieser juristischen Person auch das Eigentum an den Theatergebäuden übertragen werden müßte.

32 S zur Problematik B.V.4. Vgl *Adamovich/Funk*, AVR[3] 31, die ausführen, daß juristische Personen öffentlichen Rechts, die „mit den Mitteln des Privatrechts handeln, ... grundsätzlich keine Geschäfte der Vollziehung im verfassungsrechtlichen Sinne (besorgen)."

33 Vgl näher *Brauneder/Lachmayer*[5] 231 ff; *Walter/Mayer*, BVR[6] Rz 64 f mwN.

34 B-VG vom 13.3.1938, BGBl 75 (erlassen von der BReg aufgrund des ErmächtigungsG 1934, BGBl I/255); RG über die Wiedervereinigung Österreichs mit dem Deutschen Reich vom 13.3.1938, dRGBl 1938 I, 237. Vgl dazu näher *Walter/Mayer*, BVR[6] Rz 65.

35 VG vom 1.5.1945 über die vorläufige Einrichtung der Republik Österreich, StGBl 5. Vgl näher *Walter/Mayer*, BVR[6] Rz 68 f; *Adamovich*, Handbuch[6] 30 ff.

auf Wunsch der Länder die Gesetzgebungskompetenz der ProvStReg mit Wirkung vom 21.10.1945 auf jene Angelegenheiten ein, die nach der Zuständigkeitsverteilung des B-VG dem Bund in Gesetzgebung oder Grundsatzgesetzgebung zustanden, während in den übrigen Angelegenheiten die Kompetenz zur Gesetzgebung den ProvLReg, für Wien dem Stadtsenat übertragen wurde. Mit dem Zusammentritt des neu gewählten NR am 19.12.1945 und der Wahl des BPräs endete nach hL und Jud der verfassungsrechtliche Übergangszustand; die VV trat außer Kraft, womit das B-VG im vollen Umfang in Wirksamkeit trat[36].

Somit galten seit dem 19.12.1945 wiederum grundsätzlich jene verfassungsrechtlichen Rahmenbedingungen, die vom B-VG 1920 idF seiner Nov von 1925, 1926 und 1929 normiert worden waren. Eine umfassende Untersuchung der für die BTh maßgeblichen Verfassungssituation in der Zeit der Geltung der ständestaatlichen Verfassung und der deutschen Okkupation kann im Rahmen dieser Arbeit nicht erfolgen[37]; einzugehen ist jedoch auf jene Probleme, die sich aufgrund der Überleitung von vor dem 27.4.1945 geltenden Normen unterschiedlichster Provenienz ergaben.

b) Exkurs: Verfassungs- und Rechtsüberleitung 1945

Mehrfach wurden im Rahmen dieser Arbeit bereits Probleme der Überleitung von Normen aus einer anderen (früheren) Rechtsordnung in ein neues Verfassungssystem untersucht[38]. Die Überleitungs- und Einordnungsproblematik des Jahres 1945 stellt sich jedoch komplizierter dar als jene der Jahre 1918, 1920 und 1925: Im Gegensatz zur weitgehend unproblematischen Wiederingeltungsetzung des Verfassungsrechts mit dem Stand 5.3.1933 ergaben sich auf **unterverfassungsrechtlicher** Ebene eine Vielzahl nach wie vor umstrittener Probleme.

1945 erfolgte die Rechtsüberleitung durch das R-ÜG; gem § 1 Abs 1 wurden „alle nach dem 13.3.1938 erlassenen G und VO sowie alle einzelnen Bestimmungen in solchen Rechtsvorschriften, die mit dem Bestand eines freien und unabhängigen Staates Österreich oder mit den Grundsätzen einer echten Demokratie unvereinbar sind, die dem Rechtsempfinden des österreichischen Volkes widersprechen oder typisches Gedankengut des Nationalsozialismus enthalten ... aufgehoben.“ Gem § 2 wurden „alle übrigen G und VO, die nach dem 13.3.1938 für die Republik Österreich oder ihre Teilbereiche erlassen wurden, ... bis zur Neugestaltung der einzelnen Rechtsgebiete als österreichische Rechtsvorschriften in vorläufige Geltung gesetzt“.

36 Vgl *Walter/Mayer*, BVR⁶ Rz 69; *Adamovich*, Handbuch⁶ 32 f.

37 Gemäß Art 34 Abs 1 Z 14 der Verfassung 1934, BGBl I/239, waren „Angelegenheiten der BTh“ Bundessache in Gesetzgebung und Vollziehung.

38 S insb A.III.4.a) bis e); weiters A.II.10.b).

Umstritten ist, ob das R-ÜG hinsichtlich der vor dem 13.3.1938 erlassenen Rechtsvorschriften **stillschweigend von der Annahme der Kontinuität** zwischen der Ersten Republik (einschließlich Ständestaat) und der Zweiten Republik ausging[39], oder ob nicht vielmehr das frühere österreichische Recht von der deutschen Rechtsordnung übergeleitet[40] und somit 1938 zu **partikulärem deutschen Reichsrecht** wurde und 1945, soweit es noch in Geltung stand, **als solches übergeleitet** wurde[41]. Folgt man der erstgenannten Lehrmeinung, die auch vom VfGH[42] vertreten wird, ergeben sich für unterverfassungsrechtliche Normen, die vor dem 13.3.1938 erlassen wurden, keine besonderen Überleitungs- und Einordnungsprobleme, da sie — infolge der stillschweigenden Annahme der Kontinutität (Okkupationstheorie) — keinen Wandel ihrer rechtlichen Qualität erfahren haben können. Dies gilt sowohl für die Einordnung der Rechtsvorschriften in das System der VV, die Österreich als **dezentralierten Einheitsstaat** eingerichtet hatte, als auch für die zweite Einordnung des Jahres 1945, die durch die Wiedereinrichtung des **Bundesstaates** notwendig wurde. Die Jud des VfGH ist allerdings bei der Einordnung von Normen österreichischer Herkunft nicht immer konsequent[43], tendiert aber zur **formellen Transformation,** dh: **G bleibt G, VO bleibt VO.** Folgt man der zweiten, von *Walter* vertretenen Lehrmeinung, so gelten für frühere österreichische, 1938 zu deutschem Recht gewordene Normen dieselben Einordnungskriterien wie für 1945 überzuleitendes Recht deutscher Herkunft; im Hinblick auf den Unterschied zwischen dem deutschen und dem österreichischen Rechtsquellensystem wurde vom VfGH bei der Einordnung der vom R-ÜG betroffenen ursprünglich deutschen Vorschriften überwiegend die **materielle Einordnungsmethode** angewandt: Um zu erkennen, ob ein G oder eine VO vorliegt, ist zu prüfen, ob die Vorschrift nach dem System des B-VG in G- oder VO-Form ergehen müßte[44].

Welche Konsequenzen ergeben sich daraus für die Überleitung des für den Betrieb und die Rechtsstellung der BTh relevanten unterverfassungsrechtlichen Normenbestandes? Von der hM und von der Jud des VfGH werden zu Recht hinsichtlich der **früheren österreichischen Vorschriften** nahezu ausschließlich **formelle Einordnungskriterien** verwendet[45]; früheres österreichisches Recht bleibt daher anläßlich der ersten Überleitung und Einordnung des Jahres 1945 **formell gleichrangig**, die zweite Einord-

39 So *Adamovich/Funk*, Verfassungsrecht[3] 84.

40 Art II des G über die Wiedervereinigung Österreichs mit dem Deutschen Reich, dRGBl 1938 I, S 237, bestimmte, daß das derzeit in Österreich geltende Recht bis auf weiters in Kraft zu bleiben hätte.

41 *Walter*, System 35 f.

42 ZB VfSlg 5996.

43 Vgl *Mayer*, Staatsmonopole 60 mwN.

44 Vgl dazu bloß *Walter*, System 38 mwN.

45 Offensichtlich zustimmend auch *Walter*, System 40 mwN.

nung des Jahres 1945[46] in das bundesstaatliche System des B-VG erfolgte unter **sinngemäßer Anwendung der §§ 2 — 5 ÜG 1920**[47]. Lediglich **für ursprünglich deutsche Vorschriften wird zu Recht überwiegend die materielle Transformationstheorie** vertreten, wobei aber auch hier die Jud gelegentlich schwankt[48].

Daneben wurden auf verschiedenen Rechtsgebieten **besondere Bestimmungen über die Überleitung** getroffen; so auch auf dem Gebiet des **Veranstaltungsrechts:** Am 27.7.1945 beschloß die ProvStReg ein „G über die Regelung des Berechtigungswesens in den Theater-, Konzert-, Kino-, Varieté-, Zirkus- und anderen Veranstaltungsbetrieben (VeranstaltungsbetriebeG)", StGBl 101.

Dieses G lautete auszugsweise: „§ 1. Auf dem Gebiete der Theater-, Konzert-, Kino-, Varieté-, Zirkus- und anderer Veranstaltungsbetriebe treten die Rechtsvorschriften des deutschen Reiches, soweit sie nicht bereits aufgehoben sind, außer Kraft. An ihre Stelle treten die in Österreich am 13.3.1938 in Geltung gestandenen Rechtsvorschriften vorläufig wieder in Kraft." § 2 regelte das Schicksal der aufgrund der außer Kraft gesetzten Rechtsvorschriften des deutschen Reiches erworbenen Berechtigungen, § 3 die Aufhebung von Bestandverträgen über Gebäude und Räume, die einem Veranstaltungsbetrieb dienten[49]. Gem Art II der VV-Nov, StGBl 1945/196, galt das VeranstaltungsbetriebeG seit dem 21.10.1945 in den einzelnen Bundesländern als LG weiter[50].

Während die Überschrift des VeranstaltungsbetriebeG auf eine bloße Neuregelung des „Berechtigungswesens" hindeutet, umfaßt die Anordnung des § 1 leg cit ihrem klaren Wortlaut nach **alle „Rechtsvorschriften":** „Das G wollte solchen früher Berechtigten, die nicht Nationalsozialisten waren oder den Betrieb nicht durch Mißbrauch ... erworben und ausgeübt haben, ein Vorzugsrecht bei der Neuverleihung der Konzession einräumen."[51] Aufgrund des klaren Wortlautes des § 1 leg cit ist davon auszugehen, daß auch auf dem Gebiete der BTh-Betriebe die in Österreich am 13.3.1938 in Geltung gestandenen Rechtsvorschriften vorläufig wieder in Kraft getreten sind, dh daß der unterverfassungsrechtliche Rechtsbestand auch auf dem Gebiete des Bundesveranstaltungsrechts — entgegen der allgemeinen Vorschrift des R-ÜG — mit dem Stand 13.3.1938 ohne Berücksichtigung der bis 27.4.1945 erfolgten Änderungen in Geltung gesetzt wurde. Problematisch ist jedoch, ob diese Anordnung des Veran-

---

46 19.12.1945 (erstes Zusammentreten des NR, womit das B-VG zur Gänze in Kraft trat.)

47 VfSlg 2148, 3200; *Walter*, System 39; kritisch *Brande* 220 ff. Die „Notwendigkeit" der bloß „sinngemäßen Anwendung" des ÜG 1920 ergibt sich aus der Nichtkundmachung des am 19.12.1945 beschlossenen V-ÜG 1945, sodaß für diesen Übergang keine Einordnungsvorschriften bestehen (vgl *Brande* 186 ff, 220 ff).

48 Vgl *Walter*, System 38 f bei FN 49.

49 Vgl VfSlg 1737 — 1740, 1809, 1842; vgl auch *Liehr/Markovics* 427 f.

50 Vgl *Liehr/Markovics* 427; VfSlg 1842.

51 So VfSlg 1842.

staltungsbetriebeG auch VO umfassen konnte: Denn nach VfSlg 3200 war die ProvStReg als Gesetzgeber nicht zuständig, VO wieder in Kraft zu setzen. Während somit die Weitergeltung der für die BTh ehemals geltenden thpol Vorschriften in Gesetzesrang nicht weiter problematisch ist, ergeben sich hinsichtlich der bis 13.3.1938 zweifellos als VO geltenden VASTh Überleitungs- und Einordnungsprobleme, die in Kapitel A.V.3. näher untersucht werden.

Hinzuweisen ist in diesem Zusammenhang auf die Einführung des dThG vom 15.5.1934 und der dazu ergangenen VO[52] durch „Kundmachung des Reichsstatthalters für Österreich, wodurch die VO über die Einführung des ThG im Lande Österreich vom 20.6.1938 bekanntgemacht wird“[53]. Während das Außerkrafttreten der deutschen „Reichskulturkammmergesetzgebung“ ausdrücklich festgestellt wurde[54], ist — soweit ersichtlich — kein ausdrücklicher Aufhebungs(Feststellungs)akt hinsichtlich des dThG und seiner VO ergangen. Dies indiziert, daß das dThG entweder als eindeutig durch die Derogationsklausel des § 1 Abs 1 R-ÜG aufgehoben angesehen wurde, sodaß eine ausdrückliche Kundmachung gem § 1 Abs 2 R-ÜG entbehrlich schien[55], oder daß das **dThG gerade deshalb nicht durch eine ausdrückliche Kundmachung der StReg aufgehoben wurde, weil diese Rechtswirkung bereits dem VeranstaltungsbetriebeG zugesonnen worden war.** Da die Mat des Jahres 1945, die über die Entstehungsgeschichte des VeranstaltungsbetriebeG Aufschluß geben könnten, (noch) nicht publiziert wurden, wird hier vom klaren Normtext seines § 1 und somit von der **Aufhebung des dThG und der Wiederingeltungsetzung der ehemaligen österreichischen Vorschriften** ausgegangen[56]. Durch „Bekanntmachung des Reichsstatthalters“, GBlÖ 1939/261, war bestimmt worden, „daß im Zuständigkeitsbereich der Reichstheaterkammer folgende landesrechtliche Bestimmungen durch die Einführung der Reichskulturkammergesetzgebung und des ThG außer Kraft getreten sind: [Es folgt eine 14 Pkte umfassende Aufzählung von veranstaltungsrechtlichen Normen, ua zB des HKD-Schauausstellungen von 1836, der ThO 1850 und einiger Vorschriften des Wr ThG]“. Die Bezeichnung „lan-

52 DRGBl 193 I, S 411; VO vom 18.5.1934, dRGBl I, S 413; 2. VO vom 28.6.1935, dRGBl I, S 829. Eine „zusammenfassende Darstellung des gesamten Theaterrechts unter Berücksichtigung der Anordnung der Reichskulturkammer und Reichstheaterkammer ...“ findet sich bei *Hoffmann*.

53 GBlÖ 1938/220.

54 VO GBlÖ 1938/191; ReichskulturkammerG, dRGBl 1933 I S 661 etc. StGBl 1945/41.

55 Dagegen spricht, daß eine Vielzahl von Vorschriften, die inhaltlich wohl zumindest ebenso „typisch nationalsozialistisches Gedankengut“ enthielten, ausdrücklich aufgehoben wurden. Vgl zur umstrittenen Frage der Ungültigkeit einer Vorschrift ohne entsprechende Kundmachung bloß *Walter,* System 37 f mwN.

56 So auch ohne weitere Begründung die hL und Jud: Vgl bloß VfSlg 2721; *Walter/Mayer*, Verwaltungsrecht^2 736.

desrechtliche Bestimmungen" bezog sich offensichtlich nicht auf (Bundes)Land iSd B-VG, sondern auf jedwede Normen des nunmehrigen **„Landes Österreich"**, da durch die zit Bekanntmachung unterschiedslos BG, LG sowie VO der BReg und einer LReg aufgehoben wurden. Diese „Bekanntmachung" wurde nach Wiederherstellung der Eigenstaatlichkeit Österreichs nicht ausdrücklich aufgehoben[57], doch ist sie zweifellos von der Anordnung des § 1 VeranstaltungsbetriebeG erfaßt.

Hinzuweisen ist hier noch auf die **Einführung des deutschen Baurechts,** das das frühere österreichische Recht weitgehend beseitigte[58]. Das deutsche Baurecht wurde — im Gegensatz zu den veranstaltungsrechtlichen Vorschriften — durch § 2 R-ÜG als österreichisches Recht in vorläufige Geltung gesetzt; zahlreiche dieser Vorschriften dürften auch heute noch in Geltung stehen[59]. Gerade hinsichtlich der deutschen Baurechtsnormen hat der VfGH mehrfach ausgesprochen, daß deren Einordnung nach dem **Prinzip der materiellen Transformation** zu erfolgen hat, sofern die auf demokratisch-gewaltentrennender Grundlage beruhende Unterscheidung zwischen G und VO weitgehend bedeutungslos war[60]; nur gelegentlich wurde (zB in VfSlg 5120) ausgesprochen, daß „eine deutsche Norm, die auch in ihrem Bereich in keinem Fall als G gewertet werden konnte, weil der erlassenden Instanz die Fähigkeit zur Schaffung von G abging, ... durch die Rezeption nicht in Gesetzesrang erhoben werden" konnte und daß daher nach dem **formellen Transformationsprinzip** vorzugehen sei. Offenbar **unberührt** von der nach dem „Anschluß" erfolgten Einführung deutscher veranstaltungsrechtlicher und baurechtlicher Vorschriften blieben die **speziellen österreichischen Normen über die Anforderungen an Veranstaltungsstätten in bau- und fpol Hinsicht;** da diese jedoch leges speciales zu den allgemeinen bau- und fpol Vorschriften darstellten, änderte sich die Vollziehungszuständigkeit durch die Einführung der deutschen GemeindeO, durch die VO über die baupol Behandlung öffentlicher Bauten, und insb durch die VO über die baupol Zuständigkeiten in den Reichsgauen der Ostmark[61]; **das materielle Recht dürfte jedoch keinen Änderungen unterworfen gewesen sein.** Dadurch verliert das Problem, ob Vorschriften über die Beschaffenheit von Veranstaltungsstätten unter § 1 VeranstaltungsstättenG oder § 2 R-ÜG zu subsumieren waren, an praktischer Bedeutung. Jud, Lit und Praxis gingen zB begründungslos von der Geltung des Wr ThG — dessen „II. Teil" „Technische Bestimmungen" enthalten hatte, die die Bestimmungen des NöThBG abgelöst hatten —

57 Im Gegensatz zur Reichskulturkammergesetzgebung selbst (StGBl 1945/41).
58 Vgl ausführlich *Krzizek* I 31 ff.
59 Vgl *Krzizek* I 36 f; *Zeissl*, AKH-Skandal 132 bei FN 7; *Zeissl*, Einflüsse 173.
60 Vgl näher *Adamovich/Funk*, Verfassungsrecht[3] 85 mwN.
61 Vgl ausführlich *Krzizek* I 31 ff.

nach der Wiederherstellung der österreichischen Eigenstaatlichkeit aus[62]; der exakte Geltungsgrund der speziellen bau- und fpol Vorschriften wurde, soweit ersichtlich, nicht näher erörtert oder problematisiert. Es ist wohl davon auszugehen, daß auch die **bau- und fpol leges speciales in Veranstaltungsangelegenheiten von § 1 VeranstaltungsbetriebeG erfaßt wurden;** dies hat somit auch für den Bereich des Bundesveranstaltungsrechts zu gelten. Hingegen waren für die allgemeinen Bauangelegenheiten der BTh gem § 2 R-ÜG seit 1945 die ehemals deutschen Bestimmungen — soweit sie nach dem „Anschluß" eingeführt wurden — als BG bzw LG anzuwenden; auf Wr **Landesebene** wurden die noch geltenden deutschen baurechtlichen Vorschriften durch die BauO-Nov 1956, LGBl 28, endgültig außer Kraft gesetzt[63]. Noch zur Zeit der Geltung der VV wurde die „VO über die baupol Behandlung von öffentlichen Bauten vom 20.11.1938, DRGBl I, S 1677 ... (GBlÖ 526/1939), **soweit sich diese VO auf Bauten der NSDAP bezieht"** durch die 4. Kundmachung der ProvStReg vom 12.6.1945, StGBl 20, „betreffend die Aufhebung der deutschen Rechtsvorschriften über die NSDAP ..." gem § 1 Abs 2 R-ÜG aufgehoben. Hinsichtlich der sonstigen öffentlichen Bauten soll sie nach Auffassung der problematischen Verwaltungspraxis — mangels bundesgesetzlichen Aufhebungsaktes — weiter in Geltung gestanden sein[64].

Unerklärlich ist, wieso der BMwA als „für die sicherheitstechnischen Belange der BTh zuständige Behörde" die deutsche „VO zur Hebung der baulichen Feuersicherheit vom 25.8.1943[65] zur „Untersuchung" der Frage heranziehen konnte, „inwieweit die Sicherheit, insb die bauliche Feuersicherheit und die Sicherheit der Besucher bei der Aufführung in einem BTh anläßlich einer Neuinszenierung gegeben ist."[66] Fraglich ist einerseits, ob diese deutsche VO überhaupt die weiterhin in Geltung gestandenen theaterbau- und -fpol Regelungen aufgehoben hatte[67]; weiters hat sie infolge der Anordnung des § 1 VeranstaltungsbetriebeG für den Bereich des gesamten Bundes- und Landesveranstaltungsrechts ihre Anwendbarkeit verloren. Da sie jedoch auf zahlreichen anderen Gebieten des allgemeinen (Bundes- und Landes-)baurechts weiter in Geltung gestanden sein dürfte[68], läßt sich ihre verfehlte „sinngemäße" Heranziehung für die sicherheitstechnische Beurteilung von BTh-Inszenierungen folgendermaßen erklären: Einerseits dürfte im „Bautenamt" eine gewisse Tendenz zur Heranziehung

---

62 Vgl zB *Liehr/Markovics* 440 ff.

63 Vgl *Geuder/Hauer* 3 f.

64 *Zeissl*, AKH-Skandal 132 bei FN 7; *Zeissl*, Einflüsse 173.

65 DRGBl 1943 I, S 497; vgl auch *Krzizek* I 34 (mit Datums-Druckfehler).

66 BMwA 17.6.1987, 604015/44-V/4/87 (vgl *Bammer*, BThSG 451 bei FN 15 und 16).

67 Gem § 11 Abs 2 der VO zur Hebung der baulichen Feuersicherheit waren „weitergehende Vorschriften ... nicht berührt" worden.

68 Vgl näher *Bammer*, BThSG 451 bei FN 21.

einheitlicher Vorschriften für die Beurteilung **aller** vom Bund zu besorgenden Bauangelegenheiten[69] bestanden haben; andererseits wäre bei der (verfassungsrechtlich zwingenden) Anwendung des NöThBG als BG nicht nur die **Verfassungswidrigkeit der Ausschaltung des LH als Organ der mBV in den Angelegenheiten der ThBauPol und ThFPol der BTh** offenkundig geworden, sondern darüberhinaus auch noch die **Gesetzwidrigkeit** dieser Vorgangsweise, da durch das **NöThBG der Magistrat als zuständige Inspektions- und Überwachungsbehörde normiert wurde.** Davon abgesehen ist die zit „VO zur Hebung der baulichen Feuersicherheit" **inhaltlich** zur Beurteilung der „Sicherheit der Besucher bei einer Aufführung in einem BTh anläßlich einer Neuinszenierung" völlig unanwendbar.

c) Die Verfassungsentwicklung bis zur B-VGN 1962

Mit dem Inkrafttreten des **StV von Wien** am 27.7.1955, BGBl 152, erlangte Österreich seine volle Souveränität wieder. Zuvor waren bereits einige Nov zum B-VG ergangen, aber auch das Verfassungsrecht außerhalb des B-VG und zahlreiche verfassungsrechtliche Nebengesetze waren novelliert bzw neu erlassen worden. Diese Akte des Verfassungsgesetzgebers hatten keine spezielle Auswirkung auf die verfassungsrechtlichen Rahmenbedingungen für Organisation und Betrieb der BTh, sodaß ihre nähere Darstellung hier unterbleiben kann.

Eine bedeutsame Änderung der verfassungsrechtlichen Rahmenbedingungen für das gesamte Veranstaltungsrecht erfolgte durch das Inkrafttreten der **B-VGN 1962,** die das seit Erlassung des B-VG 1920 bestehende Provisorium auf dem Gebiet der Gemeindeverfassung beseitigte[70]. Gem ausdrücklicher Aussage der Mat konnten nunmehr — entgegen der bis dahin hL und Jud — den **Gemeinden auch vom Bund Agenden in den eigenen WB übertragen werden**[71]. Gem Art 118 Abs 3 B-VG idF der B-VGN 1962 sind der Gemeinde „zur Besorgung im eigenen WB die behördlichen Aufgaben insb in folgenden Angelegenheiten gewährleistet: ... 3. **öSiPol** (Art 15 Abs 2), **öVPol;** ... 9. **öBauPol,** soweit sie nicht bundeseigene Gebäude, die öffentlichen Zwecken dienen (Art 15 Abs 5), zum Gegenstand hat; **öFPol;** ...". Diese Agenden sind der Gemeinde „insb" gewährleistet, der eigene WB umfaßt gem Art 118 Abs 2 B-VG idF der Nov 1962 „neben den in Art 116 Abs 2 angeführten Angelegenheiten alle An-

69 Vgl *Bammer*, BThSG 451 bei FN 21, 461 bei FN 107, jeweils mwN.

70 Die Art 115 — 120 B-VG hatten programmatischen Charakter (vgl *Walter,* System 613 bei FN 2). Maßgebliche verfassungsrechtliche Rechtsgrundlage war § 8 Abs 5 ÜG 1920 idF BGBl 1925/368 (vgl *Walter,* aaO; *Antoniolli* 174 f).

71 Vgl näher *Walter,* System 626 bei FN 64 mwN.

gelegenheiten, die im ausschließlichen oder überwiegenden Interesse der in der Gemeinde verkörperten örtlichen Gemeinschaft gelegen und geeignet sind, durch die Gemeinschaft innerhalb ihrer örtlichen Grenzen besorgt zu werden. ...“[72] Von Bedeutung ist die Frage, **ob es seit 1962 auch vpol Angelegenheiten der BTh gibt, die als „öVPol“ zu qualifizieren sind.** Träfe diese Annahme zu, wären vpol BG bis zum 31.12.1969 der Verfassungsrechtslage insofern anzugleichen gewesen, als die Angelegenheiten des eigenen WB der Gemeinde **ausdrücklich zu bezeichnen** gewesen wären[73] (Art 118 Abs 2 2. Satz B-VG). Ob eine derartige Verpflichtung zur Anpassung des NöThBG als BG bestanden hat, ist heute lediglich von historischem Interesse, da diesem G 1989 durch das BThSG weitgehend materiell derogiert wurde; fraglich ist jedoch, ob das **BThSG,** das als zuständige vpol Behörde **ausschließlich den BMwA** normiert, nicht auch deshalb **verfassungswidrig ist, da überhaupt keine „behördliche Aufgabe“ in den eigenen WB der Gemeinde verwiesen wird**[74].

Wie unter A.V.1.a) gezeigt wurde, dienen BTh-Gebäude **„öffentlichen Zwecken“** iSd Art 15 Abs 5 B-VG; sofern sie „bundeseigen“ sind[75], gibt es an ihnen keinen eigenen WB der Gemeinde in Angelegenheiten der öBauPol, da in Art 118 Abs 3 Z 9 B-VG ausdrücklich „bundeseigene Gebäude, die öffentlichen Zwecken dienen (Art 15 Abs 5)“ ausgenommen sind. Hinsichtlich des in den eigenen WB der Gemeinde verwiesenen Tatbestandes „öFPol“ besteht **kein** Vorbehalt zugunsten bundeseigener Gebäude. Die Verfassungsrechtslage ist unklar: *Bernárd* vertritt die Ansicht, „daß die öFPol nur ein Teil der ‚allgemeinen‘ FPol gem Art 15 B-VG ist, ... die ‚spezielle‘ FPol ist nicht FPol iS der Verfassung.“[76] Da die fpol Angelegenheiten der BTh als „spezielle“ FPol bis heute uneingeschränkt Bundessache in Gesetzgebung und Vollziehung sind, gäbe es hier nach der Auffassung *Bernárd*s keinen eigenen WB der Gemeinde. *Bernárd*s Begründung ist aber nicht zwingend: Es ist zwar richtig, daß in Z 9 des Art 118 Abs 3 B-VG prima facie nur Materien genannt sind, die in Gesetzgebung und Vollziehung Landessache sind, jedoch ist nicht einsichtig, warum „aus systematischen Gründen zwingend“ sein soll, daß nur die LandesFPol „örtlich“ sein kann; die Begründung erweckt hier den Anschein einer **petitio principii.** Zudem wäre es widersinnig, die durch die Mat zur B-VGN 1962 ausdrücklich eingeführte Möglichkeit eines eigenen WB der Gemeinden in Bundesangelegenheiten völlig unberücksichtigt zu lassen. Die Feststellung *Bernárd*s („Die spezielle FPol als Annex zu anderen

---

72 S zum Verhältnis der öVPol zu Art 15 Abs 3 B-VG VfSlg 5415, 5788.

73 Vgl zu den detaillierten Übergangsbestimmungen und Anpassungsvorschriften *Walter,* System 628 ff mwN.

74 Zu diesem Problem B.VI.

75 Dies trifft insb für die Volksoper nicht zu.

76 *Bernárd* 228.

Verwaltungsmaterien ist aber regelmäßig Bundessache in Gesetzgebung und Vollziehung") trifft zudem auf die BTh nicht zu, da gerade die FPol als **zentrale thpol Angelegenheit** im Mittelpunkt des Kompetenztatbestandes steht und **nicht als Annex** bezeichnet werden kann.

Welche fpol Angelegenheiten der BTh in den eigenen WB der Gemeinde zu fallen hatten, war grundsätzlich durch die in Art 118 Abs 2 B-VG genannten Abgrenzungsmerkmale zu bestimmen. Das Unterbleiben jeder ausdrücklichen Bezeichnung durch eine Nov der Wr FPolO als BG läßt die **gänzliche Nichtübertragung** in den eigenen WB der Gemeinde **verfassungsrechtlich bedenklich** erscheinen. Da die heutige Praxis offensichtlich nicht von der Geltung der Wr FPolO als BG ausgeht[77], kann sich die Untersuchung hier auf diesen Befund beschränken[78].

d) Die Verfassungsentwicklung bis zur B-VGN 1983

Die B-VGN 1964 bis 1973 waren für die verfassungsrechtlichen Rahmenbedingungen der BTh nicht weiter von Bedeutung. Die B-VGN 1974 brachte eine teilweise Erfüllung eines auf das Jahr 1963 zurückgehenden Forderungsprogramms der Bundesländer[79] und führte zu einer Änderung von Kompetenzbestimmungen und des Instanzenzuges in der mBV:

Die Bundeskompetenz in **„Angelegenheiten der künstlerischen und wissenschaftlichen Sammlungen und Einrichtungen"** in Art 10 Abs 1 Z 13 B-VG wurde auf jene **„des Bundes"** eingeschränkt. Der **administrative Instanzenzug** wurde durch Abänderung von **Art 103 Abs 4 B-VG** neu geregelt; dieser hat nunmehr grundsätzlich beim LH als Rechtsmittelbehörde zu enden, sofern nicht durch BG ausnahmsweise aufgrund der Bedeutung der Angelegenheit ausdrücklich anderes bestimmt ist; entscheidet der LH in erster Instanz, so geht der Instanzenzug bis zum zuständigen BM, sofern bundesgesetzlich nichts anderes bestimmt ist. **Art 15 Abs 5 B-VG** selbst blieb inhaltlich unverändert. Auch **Art 102 Abs 1 B-VG** wurde abgeändert: Nunmehr dürfen BG, die Bundesbehörden und nicht den LH mit Akten der Vollziehung betrauen, nur mit Zustimmung der beteiligten Länder kundgemacht werden, soweit es sich nicht um die Betrauung mit der Vollziehung von in Art 102 Abs 2 B-VG angeführten Angelegenheiten handelt. Daraus folgt, daß die Vollziehung der in die Bundeskompetenz fallenden Angelegenheiten der BTh grundsätzlich weiterhin beim LH lag, da BTh-Angelegenheiten in Art 102 Abs 2 B-VG seit jeher nicht

---

77 Ausdrücklich anders noch die Auffassung des BKA (110589-GD2/1932 — „Besprechung vom 20.1.1932"). Vgl A.III.4.e)(2), sowie B.VI.

78 S zur Frage, ob das BThSG der Gemeinde verfassungswidrigerweise jedweden eigenen WB in öFPol-Angelegenheiten der BTh vorenthalten hat, B.VI.

79 Vgl dazu *Berchtold*, Verhandlungen.

aufgezählt waren und auch durch kein (zustimmungsbedürftiges) BG eine Bundesbehörde mit Akten der Vollziehung betraut wurde[80]. An die Regelung der mBV angepaßt wurde weiters der **administrative Instanzenzug in Wien** (Art 109 B-VG).

Die B-VGN der folgenden Jahre bis 1982 waren für die verfassungsrechtlichen Rahmenbedingungen der BTh nicht weiter von Relevanz[81]. Auf die Verankerung der Freiheit der Kunst durch Einfügung des Art 17 a in das StGG 1867 durch BGBl 1982/262 wird unter B.III. eingegangen.

Durch die **B-VGN 1983** wurde Art **15 Abs 5 B-VG** abgeändert: Der bis dahin „bis zum zuständigen BM" laufende **Instanzenzug wurde beim LH abgeschnitten.** Da diese Bestimmung als lex specialis und lex posterior zu Art 103 Abs 4 B-VG anzusehen ist, scheint die bundesgesetzliche Normierung einer Zuständigkeit eines BM unzulässig zu sein.

2. Das Kriegsgeschädigtenfondsgesetz

Entstehungsgeschichte und Überleitung des KGFG 1919 wurden bereits unter A.II.3 dargestellt; fraglich ist vor allem das Verhältnis dieses G zu den §§ 5 ff HabsburgerG seit dessen Geltung als VG, weiters die Frage, inwieweit das KGFG als gesetzliche Grundlage für die organisatorischen Vorschriften der VASTh dienen konnte[82]. Unstreitig wurde das KGFG als BG in das System des B-VG übergeleitet; mehrfach wurde es durch BG abgeändert[83]. Durch BVG vom 18.7.1924, BGBl 258, wurde dem KGF ein Beitrag zu dem Aufwand des Bundes für die Vergütungen nach dem InvalidenentschädigungsG, StGBl 1919/245, auferlegt. Obwohl dieser Beitrag nur für die Jahre 1924 und 1925 vorgesehen war, gehörte dieses BVG auch **nach 1925** — mangels ausdrücklicher Bestimmung über das Außerkrafttreten — der geltenden Rechtsordnung an. Durch BG BGBl 1935/299 wurde die Aufhebung der Landesverweisung und die Rückgabe von Vermögen des Hauses Habsburg-Lothringen ausgesprochen; durch § 1 leg cit wurde § 2 HabsburgerG aufgehoben, durch § 2 wurde die BReg ermächtigt, bestimmte an die Republik Österreich übergegangene Vermögen an Mitglieder des Hauses Habsburg-Lothringen oder an zugunsten dieser Mitglieder zu errichtende Fonds auszufolgen. Dies galt grundsätzlich auch für die **BTh,** da gem § 2 Abs 2 von dieser Ermächtigung lediglich „Gegenstände künstlerischen ... Charakters, welche einen Teil von **Sammlungen** bilden", ausgenommen waren. Die §§ 2 — 7 des BG BGBl

80 Die Zulässigkeit der Umgehung der Zuständigkeit des LH durch unmittelbare Vollziehung durch ein BM ist umstritten: *Bammer*, BThSG 457 ff mwN.

81 Vgl zu diesen *Walter/Mayer*, BVR[6] Rz 91 ff.

82 Vgl dazu A.II.2., 3., 4., 6. und 10.

83 BGBl 1922/416, 1925/65 und 1935/472. Durch VO wurde ein dinglich wirksames Veräußerungs- und Belastungsverbot zugunsten des KGF erlassen und das Statut des KGF verlautbart (BGBl 1922/94; 1924/233 [idF 1927/314]).

1935/299 wurden durch das „G über die Rückgängigmachung der Ausfolgung von Vermögen an das Haus Habsburg-Lothringen", GBlÖ 1939/311, das vom „Reichsstatthalter (Österreichische LReg)" beschlossen worden war, aufgehoben.

Endgültig aufgehoben wurde das KGFG durch BG BGBl 1937/444; ein Teil der Vermögenschaften wurde an die Gemeinde Wien[84], einige Gebäude an den Bund, das Schloß Mürzsteg an den „Chef des Hauses Habsburg-Lothringen" und der Rest[85] an den neu errichteten „Familienversorgungsfonds des Hauses Habsburg-Lothringen" übertragen[86]. Die Auflösung des KGF und die Aufhebung des KGFG wurden nach Ende des Zweiten Weltkriegs nicht wieder rückgängig gemacht, die staatliche Kriegsgeschädigtenfürsorge wurde seither unmittelbar und **ausschließlich** vom Bund besorgt[87]. Ein notwendiger Akt der Rechtsbereinigung wäre dennoch zu setzen: Das zit BVG vom 18.7.1924, BGBl 258, wurde durch BGBl 1937/444 aufgehoben; da durch Art 1 des V-ÜG 1945, StGBl 4, „alle übrigen BVG ... nach dem Stande der Gesetzgebung vom 5.3.1933 ... wieder in Wirksamkeit gesetzt" wurden, ist diese **Aufhebung aus dem Jahre 1937 bedeutungslos, das BVG aus 1924 gehört somit bis heute der geltenden Rechtsordnung an.** *Walter* qualifiziert es zwar zu Recht als „von der Rechtsentwicklung überholt", führt es aber dennoch unter den vom V-ÜG wieder in Wirksamkeit gesetzten VG an[88]. Für Rechtsstellung und -grundlagen der BTh ist die (endgültige) Aufhebung des KGFG insofern von normativer Relevanz, als **§ 2 (uU § 15) leg cit die einzige (mögliche) gesetzliche Grundlage der VASTh darstellten.**

3. Die Vollzugsanweisung der Staatsregierung betreffend die Verwaltung der ehemals hofärarischen Theater 1920

Seit der endgültigen Aufhebung des KGFG durch BGBl 1937/444 war die in der Präambel der VASTh zit gesetzliche Grundlage endgültig weggefallen. Bereits zuvor war fraglich, ob und inwieweit die VASTh — insb ihre 1923 aufgehobenen Organisationsbestimmungen — in den §§ 2 und

84 Lobau, Lainzer Tiergarten etc.

85 Fast alle Güter: Mattighofen, Pöggstall, Laxenburg-Vösendorf etc.

86 Vgl zur Geschichte des KGF und der von ihm verwalteten Güter, sowie zu Details der Auflösung des KGF und der Güterübertragung ausführlich *Kraus*, GI 342 ff; *Kraus* [?], GDion, 379 ff; *Kraus*, Registratur 12 * ff.

87 Vgl Art 10 Abs 1 Z 15 B-VG („Fürsorge für Kriegsteilnehmer und deren Hinterbliebene"); die „Kriegsbeschädigtenfürsorge" stellt seither eine Aufgabe des BM für soziale Verwaltung (heute: BM für Arbeit und Soziales) dar (vgl BMG, Anlage zu § 2, Pkt D, Z 5 („Angelegenheiten der allgemeinen und der besonderen Fürsorge"). S auch Art 102 Abs 2 B-VG („Fürsorge für Kriegsteilnehmer und deren Hinterbliebene").

88 *Walter,* System 49 f (50).

15 KGFG ausreichend determinierte gesetzliche Grundlagen vorgefunden hatten[89]. Daher waren seit Aufhebung des KGFG die Bestimmungen der §§ 5 ff HabsburgerG, StGBl 1919/209[90], nunmehr die einzige (verfassungsgesetzliche) Grundlage der ehemals hofärarischen Vermögenschaften: Gem § 5 HabsburgerG war die „Republik Österreich" nach wie vor „Eigentümerin des gesamten in ihrem Staatsgebiet befindlichen beweglichen und unbeweglichen hofärarischen ... Vermögens", § 7 Abs 1 leg cit bestimmte weiterhin, daß das Reinerträgnis des in das Eigentum der Republik gelangten Vermögens „zur Fürsorge für die durch den Weltkrieg in ihrer Gesundheit geschädigten oder ihres Ernährers beraubten Staatsbürger zu verwenden" sei[91]. Verfassungsrechtlich galt somit seit dem Wiederinkrafttreten des Art 149 B-VG[92] die Rechtslage nach der Erlassung des HabsburgerG 1919 und vor der Erlassung des KGFG: **Die Republik Österreich war ua Eigentümerin des ehemals hofärarischen Vermögens und hatte dessen Reinerträgnis für die Kriegsgeschädigten des Ersten[!] Weltkrieges zu verwenden.** Wie immer das unklare Verhältnis der — zT selbst unklaren — Bestimmungen des HabsburgerG zum KGFG und den aufgrund des KGFG erfolgten Ausscheidungen gedeutet wird, **ändert dies — im Ergebnis — nichts an den Eigentumsverhältnissen an den BTh:** Sie waren nach der Verwaltungspraxis nie, nach der Rechtslage nur für wenige Monate Eigentum des KGF geworden[93]. Der erste Satz des § 1 der VASTh hatte durch die Aufhebung des KGFG jede normative Bedeutung verloren, da — mangels Bestehens des KGF — eine „Ausscheidung" aus seinem Vermögen, das vom Staat übernommen worden war, bedeutungslos war; die Qualität der ehemaligen HTh als Staatseigentum wurde wiederum **konstitutiv** durch § 5 HabsburgerG normiert[94].

Von normativer Bedeutung ist jedoch der 2. Satz des § 1 der VASTh, der die Unterstellung der ehemals hofärarischen, vom Staate betriebenen Theater sowie aller in Hinkunft vom Staate errichteten oder betriebenen Theater unter das „StAfIuU, UA" anordnete. Diese Bestimmung konstituierte die Zuständigkeit des UA (BMU). Da die Ressortkompetenzen regelmäßig unangetastet blieben[95], hätte sie prima facie bei ihrer Überleitung im Jahre 1945 das rechtliche Schicksal jener Bestimmungen zu teilen, die den „WB" der Staatsämter (BM) regelten.

89 Vgl dazu A.II.4. und 10.

90 S zur Problematik der ausschließlichen Ingeltungsetzung der **Stammfassung** (StGBl 1919/209) des HabsburgerG **als VG** durch Art 149 B-VG A.II.6.

91 § 7 wurde durch das G StGBl 1919/501 neu gefaßt.

92 Da kein Grund für eine „tatsächliche Undurchführbarkeit" des Art 149 B-VG iSd Art 4 V-ÜG ersichtlich ist, trat dieser zufolge Art 6 V-ÜG mit 1.5.1945 in Kraft.

93 Vgl A.II.2., 3., 4. und 6.

94 § 5 HabsburgerG **idgF** ist aufgrund der BVG BGBl 1928/30 (Art 1 Abs 1) sowie BVG BGBl 1925/292 (Art 1) unstreitig als VG zu qualifizieren.

95 S § 26 Abs 1 ÜG 1920. Vgl *Barfuß*, Ressortzuständigkeit 61, sowie A.II.9.c).

§ 28 Abs 2 VV bestimmte: „Die Zahl der Staatsämter und ihren WB regelt ein G.“[96] Gem § 3 Abs 2 BehÜG übernahmen „die Staatskanzlei und jedes StA den Geschäftsbereich, den am 13.3.1938 das BKA und das BM gleichartiger Bezeichnung innehatten, jedoch mit folgenden Ausnahmen: ...“ Dem „StA für Volksaufklärung, für Unterricht und Erziehung und für Kultusangelegenheiten“ kamen somit die Agenden des alten BMU zu[97]; „aus dem Geschäftsbereich des ehemaligen BKA“ wurden von diesem StA die **„künstlerischen Angelegenheiten der Theater** und die Aufsicht über die Programmgestaltung des Rundfunks sowie der Lichtspieltheater“ zusätzlich übernommen[98].

Mit der Wendung „die künstlerischen Angelegenheiten der Theater“ waren jedoch nicht jene der BTh gemeint[99] — da diese von der Generalklausel des § 3 Abs 2 BehÜG erfaßt wurden —, sondern vielmehr die Vollziehung der früheren Art-15-B-VG-Materie „Theaterwesen“ im Einheitsstaat. Nach Eintritt der vollen Wirksamkeit des B-VG am 19.12.1945 wurden aus der Staatskanzlei das BKA und aus den Staatsämtern die BM; 1946 wurde durch BG BGBl 120 die Zahl der BM festgelegt, ihre Geschäftsbereiche wurden durch Verweisung und durch Neuaufzählung bezeichnet[100]. Die Bestimmung des § 1 2. Satz VASTh hat somit die Bedeutung einer **„sonstigen Kompetenzbestimmung“**[101] — im Gegensatz zu „KompetenzG“ und „Vollzugsklauseln“. Erstere dienten der Präzisierung der durch § 26 Abs 1 ÜG 1920 rezipierten „bisherigen Aufträge und Vollmachten“ der BM. Kompetenzverschiebungen zwischen BM konnten im System des B-VG (Art 77 Abs 2) allerdings nur noch durch BG vorgenommen werden, wenn auch derartige BG regelmäßig wiederum auf — ähnlich normierte — „frühere Zuständigkeiten“ verwiesen.

Festzuhalten ist somit: **§ 1 2. Satz VASTh** stellt eine vor Geltung des B-VG geschaffene Norm dar, die der Präzisierung des (früheren) „Geschäftsbereiches“ des BMU dient; sie stellt jedoch selbst **kein BG im formellen Sinn** dar. Ihre Überleitung und Geltung im System des B-VG ist aber letztlich irrelevant: **Entscheidend ist, daß sie — unabhängig von**

96 Bis dahin war gem § 4 Abs 1 und § 7 VV die ProvStReg alleiniges oberstes Organ der Republik Österreich.

97 Die Anordnung des § 2 Abs 1 bzw 2 der VO BGBl 1923/199 dürfte sich nach der herrschenden Verwaltungspraxis der zwanziger Jahre nur auf die sog „früheren Zuständigkeiten“ bezogen haben, dh nur auf jene, die nicht durch besondere KompetenzG — zB auch durch die VASTh — dem UA nach der Vereinigung der Staatsämter für Inneres und Unterricht im Jahre 1919 zugewiesen worden waren. § 1 VASTh war somit als weitergeltende **lex specialis** gegenüber § 2 VO BGBl 1923/199 anzusehen. Vgl dazu und zur abweichenden Auffassung des BKA-VD (8.7.1982, 600371/1-V/6/81, 3) A.II.9.c).

98 Vgl zu diesem Kompetenzübergang allgemein *Barfuß*, Ressortzuständigkeit 65.

99 So jedoch — in Konsequenz der Auffassung, die BTh seien 1923 dem BKA unterstellt worden — BKA-VD 8.7.1982, 600371/1-V/6/81, 4, sowie offenbar auch *Märkle* 18 f. Unklar *Hodik* 61 ff. Soweit ersichtlich, stellt die Wendung **künstlerische Angelegenheiten der Theater** keinen Rechtsbegriff aus der Zeit vor dem 27.4.1945 dar.

100 Vgl *Barfuß*, Ressortzuständigkeit 66 mwN.

101 *Barfuß*, Ressortzuständigkeit 109 ff.

ihrer Weitergeltung — 1920 der Festlegung des Geschäftsbereiches des im System des B-VG erstmalig errichteten BMIU, UA, diente (§ 26 Abs 1 ÜG 1920), der später mehrfach durch Verweisung der Umschreibung neuer Geschäftsbereiche der BM diente[102]. Für eine **materielle Einordnung** der gesetzlos gewordenen VASTh bestand im Lichte des Art 77 Abs 2 B-VG (§ 28 Abs 2 VV) somit kein Anlaß. Da die **VASTh** eine Norm österreichischer Provenienz ist, ist auf sie nach überwiegender Jud des VfGH und nach hM[103] grundsätzlich die **formelle Einordnungsmethode** anzuwenden; die VASTh wäre demnach als gesetzlose VO in den Rechtsbestand der Zweiten Republik übergeleitet worden. Gegen eine Überleitung gesetzloser VO sind allerdings gewichtige Bedenken geltend gemacht worden[104]. Es ist jedoch, wie bereits unter A.II.10.b) gezeigt wurde, die **Frage der formellen (Weiter)Geltung einer Norm von jener ihrer Abänderbarkeit zu unterscheiden:** Verträte man die Ansicht, daß bereits durch das erstmalige Inkrafttreten des Art 18 Abs 2 B-VG 1920 den zu unbestimmten Verordnungsermächtigungen der §§ 2 und 15 KGFG derogiert worden sei, hätte dies zur Folge, daß die aufgrund dieser Ermächtigung erlassenen VO zwar keine Rangerhöhung erfahren hätten, jedoch nur noch durch BG abgeändert hätten werden können[105]; die durch VO der BReg, BGBl 1923/475, aufgehobenen Organisationsbestimmungen der VASTh müßten nach dieser Auffassung als weiterbestehend angesehen werden. Die Rechtslage ist somit ausgesprochen unklar; zu erwägen sind folgende Lösungen:

1. Die VASTh stand seit Inkrafttreten des B-VG 1920 als nur noch **durch G abänderbare VO** in Geltung; die Aufhebung ihrer §§ 3 — 7 **durch VO** wäre demnach unzulässig gewesen[106]; die ausdrückliche Aufhebung der Ermächtigungen des KGFG wäre bedeutungslos, da diesen bereits 1920 derogiert worden wäre. Den über die Anordnung der „Ausscheidung" hinausgehenden Bestimmungen der VASTh wäre demnach durch das Inkrafttreten des B-VG 1920 (Art 18 Abs 2) derogiert worden.

2. Die VASTh stand seit 1920 als eine aufgrund ausreichend determinierter gesetzlicher Grundlage(n) erlassene VO in Geltung; die Aufhebung ihrer §§ 3 — 7 durch auf § 15 KGFG gestützte VO der BReg wäre rechtmäßig gewesen. Diesfalls wäre fraglich, ob sie bereits durch Aufhebung des KGFG eo ipso ihre Geltung verloren hätte[107] oder als gesetzlose VO

102 Vgl näher *Barfuß*, Ressortzuständigkeit 61 ff.

103 Vgl dazu die Nachweise unter A.V.1.b).

104 Vgl insb *Ermacora*, VfGH 188 ff.

105 Vgl dazu A.II.10.b); weiters *Brande* 217, 222 mwN.

106 Der verfassungswidrigen (Art 18 B-VG) VO BGBl 1923/475 wäre demnach durch das neuerliche Vollwirksamwerden des B-VG am 19.12.1945 derogiert worden; dies hätte zur Folge, daß die „zurückgedrängte" Stammfassung der VASTh wieder volle rechtliche Wirkung entfaltet hätte (umstritten, vgl bloß *Walter/Mayer*, BVR[6] Rz 1133 mwN).

107 „Herzog-Mantel-Theorie"; vgl umfassend *Aichlreiter* 1159 ff mwN.

1945 übergeleitet, jedoch durch das Wiederinkrafttreten des Art 18 B-VG aufgehoben worden wäre.

3. Für eine — vereinzelt vertretene[108] — Überleitung bzw Einordnung der VASTh „auf Gesetzesstufe" sind keine guten Gründe ersichtlich.

Sofern man nicht der unter 1. vertretenen Meinung folgt, ist entscheidend, daß § 1 VASTh zum Zeitpunkt der erstmaligen Festsetzung des Kompetenzbereiches des BMU und zum Zeitpunkt des Inkrafttretens des Art-10-Z-13-Kompetenztatbestandes in Geltung stand; die spätere Beseitigung dieser Vorschrift wäre normativ irrelevant. Vertritt man die unter 1. dargestellte Auffassung, hätte dies die Überleitung und Weitergeltung der VASTh in ihrer Stammfassung zur Folge, da die 1938 ausdrücklich beseitigte VO-Grundlage nach dieser Auffassung bereits 1920 aufgehoben worden wäre. Fraglich ist, ob dieser Norm in der Folge durch **§ 17 Abs 2 BMG 1973 endgültig derogiert worden wäre**[109]: Nach dieser Bestimmung traten „alle die Zahl, den **aWB** und die Einrichtung der BM regelnden bundesgesetzlichen und als BG geltenden Rechtsvorschriften sowie die in Durchführung dazu erlassenen Bestimmungen außer Kraft; ...". In der 52 derartige Vorschriften umfassenden (demonstrativen) Aufzählung des § 17 Abs 2 BMG ist die VASTh jedoch nicht erwähnt. Das Fehlen der — naheliegenden — ausdrücklichen Aufhebung findet seine Erklärung zunächst in der Parallelität zweier Reformvorhaben: Die RV vom **16.10.1972** hatte die Erlassung eines BG über die „Zahl, den WB und die Einrichtung der BM zum Ziel"[110]; die RV vom **29.7.1974** beantragte die Erlassung eines BG über die „Errichtung eines Fonds ‚Österreichische BTh' (BThG)"[111]. Die zweitgenannte RV war das Ergebnis von Reformbemühungen, die die „BTh-Verwaltungsorganisation auf eine einwandfreie gesetzliche Grundlage" zu stellen beabsichtigten[112]; da die Ausgliederung der BTh aus der Ministerialverwaltung durch Errichtung eines rechtlich selbständigen Fonds erfolgen sollte, dürfte die Aufhebung der VASTh — als spezielleres Reformvorhaben — ausschließlich dem BThG (§ 27 Abs 2) zugedacht gewesen sein. Da das BThG im Gegensatz zum BMG jedoch nicht erlassen wurde[113], stellt sich die Frage der **Reichweite der Generalklausel des § 17 Abs 2 BMG 1973:** Eine am Wortlaut dieser Bestimmung orientierte Auslegung könnte die Aufhebung der VASTh nur bei ihrer Deutung als den aWB des BMU(KS) bestimmenden Norm begründen. Die

---

108 „Extrem advokatorisch" BKA-VD 8.7.1982, 600371/1-V/6/81.

109 So BKA-VD 8.7.1982, 600371/1-V/6/81.

110 483 BlgNR XIII. GP.

111 1271 BlgNR XIII. GP.

112 So bereits der Bericht des ÖBThV 1971/72, 19.

113 Eine neuerliche Einbringung einer vergleichbaren RV dürfte in absehbarer Zeit nicht zu erwarten sein (s zuletzt die Anfragebeantwortung der BMUK 23.4.1990, 10000/16-Parl/90 [= 4977/AB zu 5070/J; = II-10822 BlgNR XVII. GP], Pkt 24: „Für die unmittelbare Zukunft ist die Schaffung einer gesetzlichen Grundlage für die privatrechtliche Führung der BTh abzulehnen ...").

VASTh stellt aber eine „sonstige Kompetenzbestimmung" — Unterstellung bestimmter Anstalten unter ein bestimmtes BM — dar, deren **normativer Gehalt über die Festlegung eines aWB eines BM hinausgeht**[114]. Zudem dürfte der Wille des historischen Gesetzgebers nicht auf Aufhebung der VASTh gerichtet gewesen sein[115].

§ 2 VASTh enthielt eine heute inhaltlich jedenfalls gegenstandslose Anordnung, da nur 1920 „in Betrieben der (HTh)" angestellte Personen umfaßt waren. § 8 VASTh hatte lediglich 1920 normative Bedeutung.

4. Das Bundestheaterpensionsgesetz

Die 1922 erlassene BThPVO, die 1938 durch die deutsche ReichsversicherungsO abgelöst worden war, wurde 1951 durch eine VO wieder in Geltung gesetzt[116]; nach VfSlg 3689 wurde die BThPVO durch § 8 dieser ÜberleitungsVO neu erlassen. Seit 1945 war — wohl zu Recht — die Meinung vertreten worden, daß die BThPVO im PG keine ausreichend determinierte gesetzliche Grundlage (Art 18 Abs 2 B-VG) fände[117]. „Der Entwurf eines BThPG hat zum Großteil bewährte Grundsätze und Bestimmungen der BThPVO übernommen, versuchte jedoch, Unklarheiten zu beseitigen ..., aber auch auf die Wünsche der Dienstnehmer Rücksicht zu nehmen ..."[118] Am 9.7.1958, BGBl 159, wurde schließlich das „BG über die Ruhe- und Versorgungsgenüsse der BTh-Bediensteten (BundestheaterpensionsG — BThPG)" beschlossen. Auf einige Grundsatzprobleme dieses BG wird in B.IV.2. hingewiesen.

5. Die Bundestheaterdisziplinarordnung und das Schauspielergesetz

Im Juni 1934 wurde ein BG „betreffend die Einführung einer DO und Errichtung eines Disziplinarausschusses bei den BTh" von der BReg auf Grundlage des Art III Abs 2 des BVG, BGBl 1934 I/255, beschlossen. Die Mat aus dieser Zeit sind nicht publiziert; sie finden sich jedoch — wie auch für dieses „BG" — regelmäßig als „Blg" zu den im ÖStA erliegenden Prot des MR[119]. Das beantragte BG wurde am 8.6.1934, BGBl II/78, von der

114 S zur Problematik des Art 17 Abs 2 BMG 1973 *Mayer*, Staatsmonopole 108 f; *Wilhelm* 206 ff.

115 Darauf deutet einerseits die in Art II § 27 Abs 2 RV-BThG (1271 BlgNR XIII. GP) beantragte **(Teil)Aufhebung der VASTh hin, die nur dann sinnvoll war, wenn sie noch als in Geltung stehend erachtet wurde;** andererseits die Nichterwähnung unter den durch § 17 Abs 2 BMG 1973 ausdrücklich aufgehobenen Vorschriften.

116 VO BGBl 1951/130; s zur Problematik der Überleitung A.II.8.

117 So *Waneck* 64; da sich die Rechtsausführungen dieser Arbeit idR auf „Interviews" ua mit Organen des ÖBThV stützen, dürfte es sich um die Auffassung der Verwaltungspraxis handeln.

118 EB 477 BlgNR VIII. GP, 8.

119 Wiedergegeben bei *Bammer*, Theater 299 f.

BReg beschlossen, kurz darauf erging eine „VO des BMU vom 26.6.1934, betreffend das Verfahren vor dem Disziplinarausschuß bei den BTh", BGBl II/116. Durch Art I des zit BG wurde der BMU ermächtigt, eine DO für die Dienstnehmer bei den BTh, deren Dienstverhältnis durch das SchauspielerG geregelt war, zu erlassen; die DO war durch Anschlag in den BTh zu verlautbaren und galt als Bestandteil der bestehenden Dienstverträge. Von dieser Ermächtigung zur Erlassung einer DO machte der BMU durch VO vom 25.6.1934 Gebrauch[120]. Gem Art II des zit BG konnten über Dienstnehmer iSd Art I, die sich Verstöße gegen ihre in der DO festgesetzten Pflichten zuschulden kommen ließen, Ordnungsstrafen verhängt werden; das Recht zur Verhängung von Ordnungsstrafen stand dem BMU (BThVw) und den Dir der BTh zu; gegen eine Ordnungsstrafe, die von einem Dir verhängt wurde, konnte binnen drei Tagen beim BMU (BThVw) Beschwerde erhoben werden. Gem Art III konnte die vorzeitige Entlassung eines Dienstnehmers nach Art I nur erklärt werden, wenn der vom BMU einzusetzende Disziplinarausschuß ausgesprochen hatte, daß ein wichtiger Grund zur vorzeitigen Entlassung vorgelegen habe. An die im Erk des Disziplinarausschusses vorgenommenen Wertung des Verhaltens des Dienstnehmers waren die Gerichte ausdrücklich gebunden. Sämtliche Mitglieder des Disziplinarausschusses waren vom BMU zu bestellen; ein Instanzenzug war nicht vorgesehen, die näheren Bestimmungen über das Verfahren hatte der BMU zu treffen. Art V leg cit ordnete an: „Die Bestimmungen der §§ 26 und 28 des SchauspielerG treten für die im Art I, Abs 1, bezeichneten Dienstnehmer außer Kraft." Gem §§ 12 iVm 1 Abs 1 BeamtenÜG, StGBl 1945/134, trat das zit BG am 31.8.1945 wieder in Kraft[121]. Aus Anlaß einer Beschwerde eines Staatsoperndirigenten gegen ein Erk des Disziplinarausschusses bei den BTh beschoß der VfGH, ein Verfahren zur Prüfung der Verfassungsmäßigkeit des BG BGBl 1934 II/78 und der VO BGBl 1934 II/116 einzuleiten; es führte zur Aufhebung der Art III und IV des BG und der gänzlichen Aufhebung der VO. Der VfGH hat in diesem Erk Slg 2794 einige bemerkenswerte Aussagen getroffen:

„Das Dienstverhältnis der Bediensteten der BTh ist unbestrittenermaßen privatrechtlicher Natur. ... Es muß ... auffallen, daß das in Prüfung gezogene G den Erk des Disziplinarausschusses eine die Gerichte bindende Wirkung verleiht, obwohl der privatrechtliche Charakter der Dienstverhältnisse nicht bestritten werden kann. Denn wenn auch die Zuständigkeit der Arbeitsgerichte bzw der ordentlichen Gerichte ... formell nicht ausgeschlossen wird, so bleibt doch die wesentlichste Frage, nämlich die Berechtigung der Entlassung, der Kognition der Gerichte entzogen. Sie wird endgültig vom Disziplinarausschuß entschieden, der ... nach der Art seiner Zusammensetzung und Bestellung sowie nach der Wirkung seiner Entscheidung als Verwaltungsbehörde anzusehen ist. ... Die Bediensteten der BTh

120 Vgl näher OGH 6.9.1977, 4 Ob 97/77 (= Arb 9623); weiters *Hodik* 189 ff.

121 So zu Recht VfSlg 2794.

werden durch das G einerseits jedes Schutzes beraubt, den ihre Berufsgenossen an Privatbühnen genießen, andererseits aber auch nicht den sonstigen Vertragsangestellten des Bundes gleichgestellt, sondern auch ihnen gegenüber benachteiligt, weil ihnen weder die Anrufung des Gerichtes einen wirksamen Schutz gegen willkürliche Entlassung bieten kann, noch eine Verwaltungsinstanz besteht, die die Entscheidung des Disziplinarausschusses überprüfen könnnte. Dazu kommt noch, daß das in Prüfung gezogene G den Dienstnehmern jeden Einfluß auf die Zusammensetzung des Disziplinarausschusses nimmt ... Im Ganzen betrachtet stellt aber diese Regelung eine Sonderbehandlung, und zwar eine wesentliche Benachteiligung der BTh-Bediensteten gegenüber den Bediensteten von Privatbühnen, aber auch gegenüber anderen Vertragsangestellten des Bundes dar, weil sie ihnen wesentliche Rechte, die diesen anderen Gruppen zustehen, entzieht. Diese rechtliche Sonderbehandlung ist aber objektiv nicht gerechtfertigt."[122] Die Regelung des Disziplinarrechtes der BTh-Bediensteten durch das in Prüfung genommene G widerspräche somit dem Gleichheitssatz; Art III und IV seien als verfassungswidrig aufzuheben. „Eine Aufhebung anderer Bestimmungen des G kann aber nicht in Frage kommen. Dem Art I, der eine nach Art 18 Abs 2 B-VG unzulässige formalgesetzliche Delegation enthält, ist durch das Vollwirksamwerden des B-VG 1929 mit 19.12.1945 derogiert worden, sodaß er nicht mehr in Geltung steht und daher auch nicht aufgehoben werden kann."[123] ... „Die Art II und V aber regeln dienstrechtliche Fragen, die außerhalb des Disziplinarrechtes liegen, ihre Verfassungsmäßigkeit ist daher keine Vorfrage für die Entscheidung des VfGH. Von einer Fristbestimmung iSd Art 140 Abs 3 B-VG wurde abgesehen, weil die Aufhebung Bestimmungen des SchauspielerG wieder in Kraft setzt, die bis zu einer allfälligen gesetzlichen Neuregelung eine brauchbare Rechtsgrundlage bilden, sodaß ein Bedürfnis nach einer Übergangsregelung nicht besteht." Die VO BGBl 1934 II/116 sei infolge der Aufhebung des BG BGBl 1934 II/78 gesetzlos geworden und ihr jeglicher Anwendungsbereich entzogen, da sie das Verfahren vor einem rechtlich nicht mehr existenten Organ regle; sie müsse daher zur Gänze als gesetzwidrig aufgehoben werden.

Die Geltung der Art II, V und VI des BG BGBl 1934 II/78 wurde durch das Erk VfSlg 2794 ausdrücklich nicht berührt. Somit galten für die BTh-Bediensteten, deren Dienstverhältnis durch das SchauspielerG geregelt wurde[124], als leges speciales zu §§ 26 und 28 SchauspielerG die Bestimmungen des Art II leg cit, sohin Sonderregelungen hinsichtlich der ThBO und der Verhängung von Ordnungsstrafen. Diese Bestimmungen wurden erst ausdrücklich durch Art III Abs 1 Z 1 BThSG aufgehoben; die

122 Vgl in diesem Zusammenhang auch die Ausführungen zum BThPG, das ebenfalls eine — allerdings günstige — Sonderbehandlung von BTh-Bediensteten normiert (B.IV.2).

123 Die Auffassung der BReg, den Art III und IV sei ebenfalls am 19.12.1945 derogiert worden, verwarf der VfGH mit dem Hinweis, daß Art 7 B-VG gem Art 1 V-ÜG 1945 bereits am 1.5.1945 wieder in Wirksamkeit gesetzt wurde, das geprüfte BG zum Gleichheitssatz jedoch eine lex posterior darstellte (§ 1 iVm § 1 Abs 1 BeamtenÜG 1945, StGBl 134: 31.8.1945).

124 Zu betonen ist, daß Art I Abs 1, der den vom zit BG erfaßten Personenkreis definierte, vom VfGH ausdrücklich als nicht mehr in Geltung stehend angesehen wurde.

EB begründeten dies mit der Aufhebung der Art III und IV und der Feststellung der Derogation des Art I leg cit:

„Damit wurden auch die noch in Geltung stehenden Artikel nicht mehr vollziebar[!]. Da sie außerdem der im ArbVG vorgesehenen kollektiven Rechtsgestaltung dieser Angelegenheiten (§§ 96, 97 und 102 ArbVG) widersprechen, sollte der Gesetzesentwurf auch zum Anlaß genommen werden, diese Bestimmungen aufzuheben."[125]

Diese — grundsätzlich zu begrüßende — **ausdrückliche Aufhebung ist aus zwei Gründen problematisch:** Einerseits ist nicht recht einzusehen, daß Bestimmungen, die nach der ausdrücklichen Auffassung der RV zum BThSG dem — als lex posterior und zudem als Kodifikation anzusehenden — ArbVG „widersprachen", noch „in Geltung gestanden" sein sollen; wenn diesen Bestimmungen durch das ArbVG **materiell derogiert** wurde, gehörten sie seit dessen Inkrafttreten nicht mehr der geltenden RechtsO an und konnten daher auch nicht mehr aufgehoben werden. Diesfalls wäre eine klare Aussage in den Mat zur RV, daß rechtsbereinigende gesetzgeberische Akte mangels Geltung entsprechender Normen nicht nötig seien, zielführender gewesen. Offenbar erachtete man aber die derogatorische Kraft des ArbVG als nicht über jeden Zweifel erhaben, sodaß eine ausdrückliche Aufhebung angeordnet wurde; dies legt jedoch den Schluß nahe, daß die **Art II, V und VI grundsätzlich noch bis 31.8.1989 — entgegen den allgemeineren Vorschriften des ArbVG — in Geltung standen**[126].

Andererseits stellt sich die Frage des Schicksals der durch Art V BGBl 1934 II/78 für die dem SchauspielerG unterliegenden BTh-Bediensteten **ausdrücklich aufgehobenen §§ 26 und 28 SchauspielerG:** Grundsätzlich führt die Aufhebung einer derogierenden Norm nicht zum automatischen Wiederinkrafttreten der durch die derogierende Norm aufgehobenen Vorschriften[127]. Anderes gilt — kraft ausdrücklicher verfassungsrechtlicher Anordnung (Art 140 Abs 6 B-VG) — bei der Aufhebung von G durch den VfGH. Während somit die Aufhebung der Art III und IV BGBl 1934 II/78 durch den VfGH zur Folge hatte, daß die durch diese Bestimmungen materiell derogierten Bestimmungen des SchauspielerG wieder in Wirkung traten, hat die Aufhebung der Art II, V und VI leg cit durch Art III Abs 1 Z 1 BThSG zur Folge, daß die **§§ 26 und 28 SchauspielerG für BTh-Be-**

---

125 RV 841 BlgNR XVII. GP, 11.

126 Der OGH (6.9.1977, 4 Ob 97/77 [= Arb 9623]) führte zum Verhältnis ArbVG — SchauspielerG aus, daß „hinsichtlich der Betriebsverfassung das ArbVG das jüngere G ist, und dieses eindeutig den Zweck verfolgt, die Fragen, welche die Betriebsverfassung betreffen, umfassend und abschließend zu regeln, sodaß bestehende Sonderregelungen als aufgehoben angesehen werden müssen, soweit sie nicht ausdrücklich aufrechterhalten wurden." S zu diesem Urteil auch *Hagen* 140.

127 Vgl bloß *Antoniolli/Koja* 199 f mwN.

dienstete weiterhin nicht in Geltung stehen. Ausschließlicher Geltungsgrund für eine ThBO und Ordnungsstrafen für BTh-Bedienstete, die dem SchauspielerG unterliegen, ist somit das ArbVG[128].

6. Einzelvorschriften[129]

a) Die BTh als Steuergegenstand (Die Lustbarkeitsabgabe)

Das Wr VergnügungssteuerG 1946, LGBl 17, normierte in § 2 Z 2 die Vergnügungssteuerpflichtigkeit von „Theatervorstellungen"; gem § 5 Abs 1 Z 6 unterlagen der Steuer jedoch nicht „Veranstaltungen der Theater, die vom Bunde, einem Lande oder einer Gemeinde erhalten und betrieben werden". Das Wr VergnügungssteuerG 1987, LGBl 43, kennt überhaupt keine Vergnügungssteuerpflichtigkeit von Theatervorstellungen. In diesem Zusammenhang soll lediglich eine grundsätzliche Problematik erörtert werden: Grundsätzlich greifen abgabenrechtliche Regelungen keineswegs deshalb in die allgemeine Kompetenzverteilung (Art 10 — 12 und 15 B-VG) ein, weil sie Gegenstände oder Vorgänge, die materiell dorthin ressortieren und durch den einfachen Gesetzgeber ausgeformt sind, zum Anknüpfungspunkt oder Gegenstand der Besteuerung machen[130]. „Grenzüberschreitungen" sind hier aber von zwei Seiten her vorstellbar:

Einerseits kann durch Wegfall des Annexcharakters eine vom Materiengesetzgeber auferlegte Geldleistungsverpflichtung zu einer „Abgabe" werden, wenn sie primär **nicht mehr Teil der Materienregelung, sondern Instrument der Einnahmenbeschaffung wird;** diesfalls gälte nicht mehr die Kompetenzverteilung nach Art 10 — 12 und 15, sondern nach Art 13 B-VG[131]. Ein spiegelbildliches Problem stellt sich dann, wenn eine abgabenrechtliche Regelung in eine Materienregelung „umschlägt": Eine formell abgabenrechtliche Regelung kann dann nicht mehr als materiell abgabenrechtliche Regelung angesehen werden, wenn ein unerwünschtes Verhalten mit einer derartigen Abgabenbelastung belegt wird, daß dieses Verhalten aus Kostengründen de facto nicht mehr beibehalten werden kann, also praktisch ein Zwang besteht, die Abgabenbelastung zu vermeiden; sogenannte „Erdrosselungssteuern" können somit kompetenzrechtlich nicht mehr unter den Begriff „Abgabenwesen" iSd Art 13 B-VG subsumiert werden[132]. Hinsichtlich „normal" belastender Abgaben ist die Kom-

128 Insb §§ 96, 97 (betriebliche DisziplinarO, allgemeine Ordnungsvorschriften).

129 Vgl zu heute bedeutungslosen dienstrechtlichen Spezialvorschriften *Bammer*, Theater 304 f; zur Regelung der Buchhaltungsaufgaben der GIBTh 1931 (des BThV 1983) aaO 310 f.

130 Grundlegend *Ruppe* 85.

131 Das „Abgabenwesen" nach Art 13 B-VG dient der Mittelbeschaffung für andere Funktionen des Gemeinwesens und ist nicht selbst eine solche Funktion; vgl näher *Ruppe* 85.

petenzlage im Detail unklar[133]. Festzuhalten bleibt jedoch, daß eine „Landesabgabe" — hier insb eine sog Vergnügungssteuer —, die sich auf Art 13 B-VG stützen kann, **dann ihre Kompetenzgrundlage in diesem Art verliert, wenn sie das besteuerte Verhalten — hier: Veranstaltungen der BTh — de facto unmöglich macht.** Eine „Abgabenvorschrift", die die Erfüllung einer „öffentlichen Aufgabe" einer anderen Gebietskörperschaft de facto unmöglich macht, dürfte aber auch die vom VfGH angenommene „Rücksichtnahmepflicht" im Bundesstaat unterlaufen[134] und somit verfassungswidrig sein[135].

b) Die Bundestheater als „Teil der Hoheitsverwaltung" — Zur Auslegung des § 19 Abs 2 Z 9 a Mietengesetz

§ 19 Abs 1 MG bestimmte, daß der Vermieter nur aus wichtigen Gründen den Mietvertrag kündigen könne; als „wichtiger Grund" war es gem Abs 2 Z 9 a

„insb anzusehen, wenn ein dem Bunde oder einem Bundesland gehöriger Mietgegenstand auf auf eine Art verwendet werden soll, die in höherem Maße den Interessen der Verwaltung dient als die gegenwärtige Verwendung; ob diese Bestimmung zutrifft, entscheidet im Zweifel das BM, dem die Verwaltung des Mietgegenstandes untersteht"[136].

Durch diese Bestimmung, deren zweiter Halbsatz 1961 als verfassungswidrig aufgehoben wurde[137], wurde die Zuständigkeit zur Entscheidung einer Kernfrage des Kündigungsverfahrens dem Gericht abgenommen und einem BM übertragen: Nach dem VwGH war Sinn dieser Bestimmung, die **richterliche Interessenabwägung dort auszuschließen, wo auf der einen Seite hoheitliche Belange standen,** die dem Gesetzgeber mit privatwirtschaftlichen inkommensurabel erschienen; der Ausdruck „Interesse(n) der Verwaltung" im ersten Satz der Z 9 a wurde sohin dahin interpretiert, daß **die beabsichtigte neue Art der Verwendung, wenn auch nur mittelbar, der Hoheitsverwaltung dienen müsse**[138].

---

132 So *Ruppe* 86 mwN.

133 Vgl näher *Ruppe* 86 ff.

134 VfSlg 10483; dazu *Walter/Mayer*, BVR[6] Rz 298.

135 Zur Frage der USt- und KSt-Pflichtigkeit der BTh B.V.4.

136 Vgl heute § 30 Abs 2 Z 11 MRG. § 19 Abs 2 Z 9 a MG wurde durch VO der BReg vom 21.7.1933, BGBl 325, eingefügt (zur [Un]Bedenklichkeit dieser Nov VfSlg 3250).

137 VfSlg 3980 (Gleichheitswidrigkeit). VfSlg 3250 hatte die Bestimmung noch für verfassungsgemäß erklärt (s auch VfSlg 3109 — Entscheidung einer „zivilrechtlichen" Vorfrage durch eine Verwaltungsbehörde — § 19 Abs 2 Z 4 a MG).

138 VwSlg 3384 A, 4804 A.

Der BMfHW hatte Mitte der fünfziger Jahre mit Bescheid festgestellt, daß der Republik Österreich gehörige Bestandobjekte „für Zwecke der BThVw dringendst benötigt würden, womit iSd § 19 Abs 2 Z 9 a MG eine im höheren Interesse der Verwaltung dienende Verwendung als die bisherige durch die Beschwerdeführerin" anzunehmen sei; gegen diesen Bescheid erhob die Mieterin dieser Bestandobjekte Beschwerde an den VwGH. Die Begründung des angefochtenen Bescheides hatte dargetan, daß die gegenständlichen Bestandobjekte aus verschiedensten Gründen unbedingt benötigt würden; weiters diene die beabsichtigte neue Verwendung des Bestandobjektes, wenn auch nur mittelbar, der Hoheitsverwaltung. Der VwGH wies die Beschwerde mit folgender Begründung ab:

„... Auch im Rahmen des durch das Imperium gekennzeichneten Aufgabenbereiches sind Handlungen möglich und erforderlich, die an sich dem privaten Rechtsbereich angehören, aber doch mittelbar den Aufgaben der Hoheitsverwaltung dienen. Damit sind jedoch die hoheitlichen Aufgaben des Staates nicht erschöpft. Ihm sind auch Aufgaben des Gemeinwohles übertragen, bei denen die Anwendung seiner Befehls- und Zwangsgewalt zurücktritt oder überhaupt nicht in Betracht kommt. Es ist der weite Bereich der staatlichen Förderungstätigkeit, die als sog **Wohlfahrtsverwaltung gleichfalls zu den Aufgaben der staatlichen Hoheitsverwaltung zählt,** welche sich also nicht in der durch den Vollzug des Imperiums gekennzeichneten obrigkeitlichen Verwaltung erschöpft (vgl *Antoniolli* 10, 11; ...). In diesem weiteren Bereich der Hoheitsverwaltung können die an sich dem privaten Rechtsbereich angehörenden Handlungen in noch größerem Maße in Erscheinung treten, als im Bereich der dem Vollzug des Imperiums dienenden obrigkeitlichen Verwaltung. Auch sie werden aber vom Bund als Hoheitsträger gesetzt, dienen also mittelbar der Hoheitsverwaltung und können darum durch ihren privatrechtlichen Charakter nicht jenen des hoheitlichen Aufgabenbereiches berühren, in dem sie sich vollziehen. Es wäre falsch, aus ihrem Hervortreten ableiten zu wollen, daß **der Bund in solchen Bereichen als privates Wirtschaftssubjekt tätig werde. Davon kann nur dort die Rede sein, wo der Bund nach Art und Zielsetzung die Tätigkeit eines privaten Unternehmers entfaltet.** Das trifft nicht nur zu, wenn bundeseigenen Betrieben, wie etwa bei den Österreichischen Bundesforsten oder auch bei verstaatlichten Unternehmungen, die rechtliche Stellung selbständiger Wirtschaftskörper zukommt, sondern überall dort, wo der Bund wie ein privater Unternehmer **wirtschaftliche Ziele** verfolgt, mag auch diese privatwirtschaftliche Betätigung des Bundes, wie etwa bei der Wohnbautätigkeit des Staates, durch Beweggründe veranlaßt sein, die mit seinen Förderungsaufgaben zu tun haben. ... **Die BTh,** seinerzeit Bestandteil des hofärarischen Vermögens und durch die [VASTh] in das Staatseigentum übergegangen und dem StAfIuU, jetzt BMU, unterstellt, **sind keine Einrichtung privatwirtschaftlicher Art. Sie sind auch nicht vom Staat in der Absicht übernommen worden, sie als solche zu führen, sondern in Wahrung des öffentlichen Interesses an der Erhaltung dieser wertvollen Kultureinrichtungen unseres Landes, also in Erfüllung hoheitlicher Aufgaben.** Das kommt auch im Reform- und Finanzprogramm aufgrund der am 4.10.1922 in Genf unterzeichneten Konvention ... zum Ausdruck, daß in der Übersicht über die in den einzelnen Ressorts geplanten Reformen (Abschnitt II C) wohl die ‚Reform der Verwaltung der BTh im Sinne der Selbsterhaltung dieser Institute aus eigenen Einnahmen' vorsieht, aber hinzufügt: ‚Sofern dieses Ziel trotz aller möglichen Ersparungen in der Verwaltung nicht zu erreichen wäre, Festsetzung einer Höchstgrenze eines jährlichen Zuschusses aus Bundesmitteln'. In dieser Blg zur RV des WiederaufbauG, BGBl 843/22, wird die Reform der Verwaltung der BTh unter ‚II., Reformen und Ersparungsmaßnahmen auf dem Gebiete der Hoheitsverwaltung' angeführt, während der Abschnitt I von der ‚Reform der Bundesbetriebe' handelt. Der **Zuordnung der BTh unter den Bereich der hoheitlichen Aufgaben des Staates** steht nicht entgegen, daß für den Besuch der Theatervorstellungen Einrittspreise eingehoben werden. Denn **bei den BTh steht, zum Unterschied von den Privattheatern, nicht die Erzielung von Einnahmen, also ein Erwerbszweck, im Vordergrund, sondern die hoheitliche Aufgabe der staatlichen Kunstförderung** gerade durch diese bundeseigenen Kultureinrichtungen von Weltruf. Dem **hoheitlichen Charakter der Aufgaben der BThVw** entspricht auch ihre organisatorische Stellung als Abteilung des BMU und die Zuständigkeit des BMU zur Vollziehung einschlägiger G (vgl das BThPG). ...“[139]

Die Begründung dieses Erk deutet darauf hin, daß dem VwGH selbst sein die Rechtsstellung der BTh betreffendes Erk aus dem Jahre 1923 unbekannt war[140]. Die im Erk verwendete Terminologie muß im Lichte der modernen Dogmatik zwar zT als veraltet bezeichnet werden, in der Sache selbst hat der VwGH jedoch noch heute gültige Aussagen getroffen: Von der eigentlichen **Hoheitsverwaltung ieS** (Handhabung des Imperiums) wurden zuerst jene Tätigkeiten abgegrenzt, die „an sich dem privaten Rechtsbereich angehören, aber doch mittelbar den Aufgaben der Hoheitsverwaltung dienen“ — damit ist die sog **Bedarfsdeckungs-** oder **Intendanturverwaltung** angesprochen, die die Personal- und Sachmittelverwaltung umfaßt[141]. Im Lichte der modernen Dogmatik und der neueren Jud des VfGH und des VwGH selbst ist jedoch die im Erk vertretene Ansicht, die staatliche Förderungstätigkeit zähle als „sog Wohlfahrtsverwaltung gleichfalls zu den Aufgaben der staatlichen Hoheitsverwaltung“, offenbar überholt: Mittlerweile dürfte die Auffassung überwiegen, daß Hoheits- und Privatwirtschaftsverwaltung voneinander in erster Linie **formell abzugrenzen** sind[142]. Dies ändert jedoch nichts an der auch heute richtigen Feststellung des VwGH, daß dem Staat „Aufgaben des Gemeinwohles übertragen (sind), bei denen die Anwendung seiner Befehls- und Zwangsgewalt zurücktritt oder überhaupt nicht in Betracht kommt“ — somit **jener Bereich der Daseinsvorsorge, in dem öffentliche Aufgaben privatwirtschaftlich besorgt werden;** gerade dieser Teil der Daseinsvorsorge ist der rechtsstaatlich kritische[143].

139 VwGH 11.11.1958, VwSlg 4804 A (Hervorhebungen von mir).
140 VwSlgAF 13407 A; vgl A.II.9.a).
141 Vgl *Adamovich/Funk*, AVR^3 4.
142 Vgl dazu bloß *Antoniolli/Koja* 27 f mwN.
143 Vgl *Antoniolli/Koja* 25 mwN.

§ 19 Abs 2 Z 9 a MG stellte daher im Lichte des Verständnisses des VwGH auf einen materiellen (weiteren) Begriff der Hoheitsverwaltung ab, der sich mit der Reichweite des Begriffs „in Vollziehung der Gesetze" gedeckt haben dürfte[144]. Zu Recht betont der VwGH, daß die **BTh dem Bereich der hoheitlichen Staatsaufgaben zuzuordnen sind und daß diesem Befund nicht entgegensteht, daß für den Besuch der Vorstellungen (privatrechtliche) Entgelte eingehoben werden.** Zu betonen ist, daß öffentliche Aufgaben, wie zB die „staatliche Kunstförderung gerade durch bundeseigene Kultureinrichtungen von Weltruf", nicht notwendigerweise durch ausschließliche Anwendung von staatlichem Imperium erfüllt werden müssen: Gerade der Besuch von Theatervorstellungen scheint nicht die klassischen Probleme der Privatwirtschaftsverwaltung — insb Rechtsschutz — aufzuwerfen; denn daß die „Verweigerung" einer Eintrittskarte jenem Bereich „lebenswichtiger Güter oder Leistungen" zuzurechnen ist, wo „Leistungsverweigerung durch den Staat ... qualitativ wie ein negativer Bescheid in der Hoheitsverwaltung wirkt"[145], kann wohl nicht ernsthaft behauptet werden.

Festzuhalten ist, daß der VwGH seine in der Ersten Republik vertretene Jud aufrechterhalten hat, indem er die **BTh als nicht erwerbsorientierte, hoheitlichen Aufgaben dienende Einrichtungen** qualifizierte.

7. Die Novellierung der Hausordnungen

In Kapitel A.II.11. wurde bereits auf die Erlassung und die (fragwürdigen) gesetzlichen Grundlagen der HOen für Opern-, Burg-, Schönbrunner Schloß- und Redoutensaaltheater im Jahre 1924 eingegangen. Die Verwaltungspraxis dürfte von ihrer „Weitergeltung" auch nach Inkrafttreten des BTh-Kompetenztatbestandes ausgegangen sein. **1931 wurde § 5 der HOen** aufgrund mehrerer Vorfälle **abgeändert;** er lautet seither:

„Alle störenden Beifalls- und Mißfallensbezeigungen (lautes Rufen von Namen, ungewöhnliche oder auffallende Kundgebungen nach Art der Claqueure u dgl) sind sowohl bei offenem als auch bei geschlossenem Vorhang verboten. Personen, die vor oder bei einer Vorstellung Ruhestörungen verursachen oder begehen, sowie solche, die durch ihr sonstiges Verhalten oder ihren Zustand berechtigtes Ärgernis erregen, können entfernt werden. Personen, die erhebliche Ruhestörungen verschuldet haben, kann von der GI auf Antrag der BPolDion der weitere Besuch der Veranstaltungen für immer oder für bestimmte Zeit verboten werden."[146]

144 Dazu B.V.4.
145 So *Antoniolli/Koja* 36. Vgl auch B.V.
146 Erlaß der GI der ÖBTh 2.4.1931, 3931/30.

Zur Abänderung der HOen ist in den Akten des BKA (auszugsweise) ua festgehalten[147]:

„Die BPolDion Wien hat ... folgende Zuschrift an die GI der BTh ... gerichtet: ‚Am 12.12.1928 wurde der bekannte Josef S. ... und 4 andere Personen im 4. Range des Operntheaters von einem Kriminalbeamten beanstandet und angezeigt, weil sie während des 2. Aktes der Oper ‚Carmen' bei offener Szene durch einen ungewöhnlichen heftigen Applaus, welcher andere Besucher zu lauten Gegenäußerungen veranlaßte, die Vorstellung empfindlich störten. Mit [Bescheid] wurden die oberwähnten Claqueure wegen Ordnungsstörung gem Art VIII Abs 1 lit a EGVG mit je S 10,- bestraft. Auf ihre Berufung hat das Amt der Wr LReg im selbständigen WB des Landes ... das Erk mit folgender Begründung aufgehoben: ‚In der Betätigung als Claqueur kann, solange die Institution der Claque nicht grundsätzlich abgeschafft ist, keine Ordnungsstörung iSd Art VIII/1 a EGVG[148] erblickt werden.' ... die BPolDion, bemüht, im Interesse der Aufrechterhaltung der öffentlichen Ordnung dem groben Unfug des Claqueur-Unwesens gerade in den BTh entschieden entgegenzutreten und den Ausschreitungen der Claqueure wirksam begegnen zu können, ist nun bemüht, sachdienliche Mittel zur Abstellung dieser Unzukömmlichkeiten ausfindig zu machen. Das Wr ThG ... sieht nun freilich eine Bestimmung gegen Ruhestörungen vor. Im Abs 5 des § 11 heißt es ja: ‚Ereignen sich bei einer Veranstaltung unter den Besuchern Ruhestörungen, so können die Schuldtragenden entfernt werden. Sind die Ruhestörungen so bedeutend, daß die Sicherheit der Besucher gefährdet ist, so kann die Veranstaltung unterbrochen oder eingestellt werden. ...' Der Abs 6 lautet: ‚Personen, die erhebliche Ruhestörungen verschuldet haben, kann vom Magistrat auf Antrag der BPolDion der weitere Besuch der Veranstaltungen für immer oder für bestimmte Zeit verboten werden. Die Übertretung dieses Verbotes unterliegt den Strafbestimmungen dieses G.' **Mangels eines BThG besteht eine gleichartige Bestimmung für die BTh nicht.** ... Der Wr Magistrat (ist) hinsichtlich der anderen als BTh der Ansicht, daß die allgemeine Norm des Art VIII Abs 1 lit a EGVG durch die Spezialnorm des § 11 Wr ThG ersetzt sei. Solange ein eigenes BThG nicht erlassen ist, muß versucht werden, mit den bestehenden Vorschriften das Auslangen zu finden. **Art II § 4 Abs 2 [ÜG 1929]** bietet keine Handhabe, da das daselbst eingeräumte selbständige VO- und Verfügungsrecht nur den Schutz der gefährdeten körperlichen Sicherheit von Menschen oder des Eigentums, nicht aber die öffentliche Ordnung umfaßt. Auch der Weg einer **Genehmigung und Verlautbarung der HOen für die BTh durch die BPolDion Wien** ... kann mangels einer gesetzlichen Grundlage nicht beschritten werden. Die **Festsetzung einer Konventionalstrafe** in der HO für die BTh, die an sich zulässig wäre, da die HO einen Bestandteil des durch die Lösung einer Theaterkarte

147 BKA 124577-GD 2/1931; Hervorhebungen von mir.

148 Art VIII Abs 1 lit a EGVG in seiner Stammfassung lautete bis zur EGVG-Nov 1977, BGBl 232: „Wer durch ein Verhalten, das Ärgernis zu erregen geeignet ist, die Ordnung an öffentlichen Orten stört, oder wer den öffentlichen Anstand verletzt oder ungebührlicherweise störenden Lärm erregt, begeht eine Verwaltungsübertretung und ist ... mit Geld bis 200 S [1.000 S — BGBl 1964/275] oder Arrest bis zwei Wochen zu bestrafen." Der Straftatbestand der **Ordnungsstörung** war nach VfSlg 4813 **der aSipol zuzuordnen** (heute: Art IX Abs 1 Z 1 EGVG). S zur kompetenzrechtlichen Einordnung des in der Wvb BGBl 1991/50 als nicht mehr geltend festgestellten Art VIII EGVG als bthpol Norm B.VI.

geschlossenen Vertrages bildet, erscheint nicht zweckmäßig, da Geldstrafen, die überdies erst im Zivilrechtsweg eingeklagt werden müßten, bei den Claqueuren uneinbringlich sein dürften, ganz abgesehen davon, daß bei öffentlichen Anstalten, im Hinblick auf den analogen Fall des § 7 der Eisenbahn-VerkehrsO vom 23.5.1928, BGBl 129, auch hier die Notwendigkeit einer gesetzlichen Grundlage behauptet werden könnte[149]. ... Durch die Aufnahme einer auf das Claqueure-Unwesen bezüglichen Bestimmung in die HOen der BTh erhält ein Zuwiderhandeln gegen dieses Verbot den Charakter eines ungebührlichen Lärmes, der das nach den örtlichen Verhältnissen gewöhnliche Maß überschreitet und das Vergnügen des Publikums stört bzw eines sonstigen, die Ordnung an öffentlichen Orten störenden Verhaltens, das Ärgernis zu erregen geeignet ist, iSd Art VIII Abs 1 lit a EGVG[150] und unterliegt der dafür festgesetzten Strafsanktion. **Durch diese außerbehördliche Vorschrift wird gewissermaßen der Rahmen des Art VIII Abs 1 lit a EGVG ausgefüllt und konkretisiert.** Die **Entfernung des Ruhestörers** durch die Organe der öffentlichen Sicherheit gründet sich, da der Tatbestand einer Verwaltungsübertretung gegen Art VIII Abs 1 lit a EGVG nach der ho vorzuschlagenden Formulierung vorliegen wird, auf die durch Art IV Z 3 EGVG aufrechterhaltenen, den Organen der öffentlichen Sicherheit außerhalb des Vollstreckungsverfahrens zustehenden Zwangsbefugnisse zur unmittelbaren Durchsetzung gesetzlicher Vorschriften behufs Erhaltung der öffentlichen Ordnung und Beseitigung der Störung[151]. Es ist ferner gem § 35 lit c VStG auch eine **Festnehmung zulässig,** wenn der auf frischer Tat Betretene trotz Abmahnung in der Fortsetzung der strafbaren Handlung verharrt oder sie zu wiederholen sucht. Die Aufnahme der bezüglichen Bestimmung in die HOen ist daher nicht unbedingt erforderlich, bietet aber im Zusammenhalt mit der Bestimmung des § 22 Abs 2 der HOen, wonach die Bediensteten berechtigt sind, die Unterstützung der behördlichen Aufsichtsbeamten in Anspruch zu nehmen, wenn die Besucher den Anordnungen der Bediensteten im Bezug auf die HO nicht Folge leisten, immerhin, im Hinblick auf die dadurch bewirkte Aufnahme in den durch die Lösung einer Theaterkarte geschlossenen Vertrag, eine zivilrechtliche Deckung für diese Maßnahme.
Das **Verbot des weiteren Besuches der Veranstaltungen durch die GI erfolgt aufgrund des Hausrechtes** ... Das **private Hausverbot** wird sich zunächst dahin auswirken, daß dem Betroffenen, falls er persönlich bekannt ist, an der Kasse keine Eintrittskarte ausgefolgt wird. Versucht er ohne Eintrittskarte sich den Zutritt zur Veranstaltung listig zu erschleichen, so liegt der Tatbestand der Prellerei nach § 467 a StG[152] vor und er kann aus der Veranstaltung entfernt werden[153]. Versucht er gewaltsam einzudringen, so bildet dies, abgesehen von dem allfälligen Vorliegen

149 Nach der geltenden RechtsO ist das Rechtsverhältnis zwischen den Eisenbahnunternehmen und ihren Benützern ein zivilrechtliches (vertragliches), dessen Inhalt durch — zT gesetzliche (EVO-BGBl 1967/170 idF BGBl 1977/163) — Beförderungsbedingungen weitgehend determiniert ist (vgl *Walter/Mayer*, Verwaltungsrecht[2] 452 ff).

150 Heute: Art IX Abs 1 Z 1 EGVG (aSiPol).

151 Das Verhältnis von Art IV Z 3 EGVG zu Art II Abs 6 lit e leg cit ist unklar (vgl *Ringhofer* I 113, 123).

152 Heute: § 149 StGB (Erschleichung einer Leistung).

153 Aber nicht wegen Verwirklichung des Tatbildes nach § 149 StGB, sondern allenfalls mangels Vorliegens eines Theaterbesuchsvertrages.

des Tatbestandes des § 83 StG[154] bzw des Art VIII Abs 1 lit a EGVG eine unbefugte eigenmächtige Besitzstörung (§ 339 ABGB) und ist der Veranstalter gem **§ 344 ABGB** berechtigt, ‚Gewalt mit angemessener Gewalt abzutreiben'. Das Gleiche gilt für den Fall, daß der Ausgewiesene sich zwar eine giltige Eintrittskarte beschafft, aber nach Betretung weigert, die Veranstaltung zu verlassen. Übrigens hat in diesem Falle gem § 344 ABGB die politische Behörde für die Erhaltung der öffentlichen Ruhe[155] sowie das Strafgericht für die Bestrafung der öffentlichen Gewalttätigkeit zu sorgen ... Für die BPol-Behörden kommt diesfalls die allgemeine Bestimmung des § 1 des WB der Pol-Behörden, sowie § 18 Abs 1 leg cit in Betracht, wonach ihnen zur Erhaltung der öffentlichen Ordnung die Aufsicht auf ... öffentliche Versammlungs- und Belustigungsorte u dgl obliegt. ..."[156]

Im bezogenen Akt des BKA findet sich weiters eine „Einsichtsbemerkung der Abteilung 2", die (auszugsweise) folgenden Inhalt hat:

„Die Entfernung des Schuldtragenden durch die Organe der öffentlichen Sicherheit im Falle des Eintrittes von Ruhestörungen gründet sich, unabhängig vom Vorliegen einer Verwaltungsübertretung gegen Art VIII Abs 1 lit a EGVG auch auf die im **§ 6 Abs 2 [ThO 1850] festgelegte Verpflichtung der Sicherheitsbehörde, für die Aufrechterhaltung der Ruhe, Ordnung und des Anstandes zu wachen und alle Störungen des öffentlichen Vergnügens fern zu halten ...** Die Aufnahme der bezüglichen Bestimmung in die HOen ... ist für den Tatbestand der Verwaltungsübertretung nicht erforderlich, kann aber im Zusammenhalt mit der Bestimmung des § 22 Abs 2 der HOen ... als zivilrechtliche Deckung für die Entfernung des Ruhestörers von Bedeutung sein. Hinsichtlich des Verbotes des weiteren Besuches der Veranstaltungen **(Hausverbot)** ergibt sich folgende Rechtslage: Die HO, auf deren Bestimmungen durch Anschlag bei den Kassen und durch einen Hinweis auf die Eintrittskarten jeder Theaterbesucher aufmerksam gemacht wird, schafft die Rechtslage, daß sich jeder Theaterbesucher diesen Bestimmungen und daher auch der darin vorgesehenen Vorschrift über das Hausverbot unterwerfen muß. Wenn entgegen einem solchen Verbot das Theater betreten wird, gleichgültig auf welche Weise sich der Ausgewiesene den Eintritt verschafft, sei es auch mit einer gültigen Eintrittskarte, dann liegt darin eine Besitzstörung und wenn durch den Versuch, gewaltsam Eintritt zu erlangen oder durch die **Weigerung, das Theater zu verlassen,** die Besitzstörung nur durch Anwendung angemessener Gewalt, die ja nach § 344 ABGB zulässig ist, behoben werden kann, dann liegt eine Störung der öffentlichen Ordnung vor, gegenüber der ein Einschreiten der Sicherheitsbehörde

---

154 Heute: § 109 StGB. Die Verwirklichung des Tatbildes nach § 109 Abs 1 StGB kommt bei BTh jedenfalls nicht in Betracht, da sie niemandem „als Zuhause dienen"; in Betracht kommt jedoch § 109 Abs 3 StGB („Abgeschlossener Raum, der zum öffentlichen Dienst bestimmt ist"; wohl nicht „zur Ausübung eines Berufes oder Gewerbes dienender abgeschlossener Raum"); idR fraglich wird jedoch das Vorliegen der von Abs 3 geforderten unrechtserhöhenden Tatumstände sein.

155 Abgesehen von Bedenken gegen die Kompetenzkonformität des § 344 2. Satz ABGB (Zivilrecht?) ist fraglich, ob Bestimmungen des ABGB als Kompetenzgrundlage für pol Maßnahmen deutbar sind.

156 Einsichtsakt der GI der ÖBTh 5.1.1931, 3931/30.

und ihrer Organe gleichfalls durch den vorerwähnten § 6 ThO und durch Art IV Z 3 EGVG gedeckt ist. ...“[157]

§ 5 der HOen wurde schließlich durch „Erlaß der GI der ÖBTh vom 2.4.1931, 3931/30, nach Einvernehmen mit dem Präs des BMU und dem BMHV“ auf die noch heute von der Verwaltungspraxis als geltend angesehene Fassung abgeändert. Unter einem wurde die Weisung erteilt,

„daß die HOen auszugsweise (§§ 2, 3, 5, 10, 21 und 22, Abs 2, 1.-3. Satz) an den Kassen ..., an den Abendkassen und an näher zu bestimmenden Plätzen ... der Theater deutlich sichtbar abgebracht werden und daß die Karten den Aufdruck erhalten ‚Der Benützer dieser Karte unterwirft sich den Bestimmungen der HO'“.

Zu diesen Ausführungen des BKA, die die unbefriedigende Rechtslage aufgrund des Fehlens eines BThG mehr als deutlich aufzeigen, bleibt nur anzumerken, daß § 61 NöThBG (das in Gegensatz zu 1924 **nunmehr als BG** in Geltung stand) als gesetzliche Grundlage für die Erlassung von Theater-HOen erneut übersehen wurde; vielmehr wurde die bereits 1924 eingeschlagene Vorgangsweise („Genehmigung“ durch das BMU im Einvernehmen mit dem BMHV und dem BKA) erneut praktiziert. Weiters wurden **nur die bereits 1924 erlassenen HOen abgeändert;** eine 1925 angeblich erlassene HO für das Akademietheater wird in den Akten zwar erwähnt, wurde aber **1931 formell nicht abgeändert.** Da die HOen „gebäudegebunden“ waren, kann die HO für das Burgtheater im Akademietheater nicht unmittelbar „gelten“. Eigene HOen für die Volksoper oder für andere Spielstätten der BTh[158] dürften nicht erlassen, zumindest aber nicht publiziert worden sein. Geltung, mögliche Geltungsgründe (BThSG) und Rechtsnatur der HOen werden in Kapitel B.VII. untersucht.

8. Interne Normen

a) Die Organisation der Verwaltung der Bundestheater bis zur Erlassung der Dienstinstruktion 1971

Eine detaillierte Darstellung der Organisation der Verwaltung der BTh seit Erlassung der „Instruktion über den Dienst bei der GDionBTh“ im Jahre 1926[159] kann im Rahmen dieser Arbeit unterbleiben, da sich die Reformen der Organisationsstruktur regelmäßig im Rahmen von — meist geringfügigen — Abänderungen von DI hielten; eine Darstellung dieser Abänderungen ist von ausschließlich historischem Interesse, da sich die verfassungsrechtlichen Rahmenbedingungen bis zur Selbstausschaltung

157 BKA 30.3.1931, 124577-GD 2/1931 (Unterschrift: *Mell*).
158 ZB die durch Erlaß des BMUK, VOBl 1991/71, befristet zu Spielstätten der ÖBTh erklärten Veranstaltungsorte „Kolpinghaus“ und „Theater an der Wien“.
159 Vgl dazu unter A.IV.2.f).

des NR im Jahre 1933 bzw seit dem vollen Wiederinkrafttreten des B-VG im Jahre 1945 nicht relevant gewandelt hatten.

Es erfolgt hier daher nur ein kurzer Überblick über die geschichtliche Weiterentwicklung der Verwaltungsstruktur[160]: Am 30.6.**1928** wurde die — offensichtlich noch als geltend erachtete — DI des OpernDir *Schalk* abgeändert, was diesen zur Demission veranlaßte, am 24.7.**1929** wurde die „Instruktion über den Dienst bei der GDionBTh" in einigen Pkten abgeändert. Am 29.10.**1930** beschloß der MR, den Vertrag des GDirBTh, *Schneiderhan*, zu verlängern und die „GDionBTh" bei dieser Gelegenheit in „GI der ÖBTh" umzubenennen. Seit 1.11.1930 führte *Schneiderhan* somit den Titel „GI der ÖBTh"; diese Umbenennung hatte jedoch keine Änderung der Organisationsstruktur oder der Kompetenzen zur Folge. Mit Wirkung vom 1.1.**1933** „wurde der Posten eines GI ... aufgelassen und die Theater unter Belassung einer gemeinsamen Verwaltungs- und Kassenstelle unmittelbar dem BMU unterstellt. Die Verwaltungsangelegenheiten wurden von einer Abteilung besorgt, die der Kunstsektion des BMU angegliedert war."[161] Dieser „totale Verlust der Sonderstellung der BTh in der Verwaltung und die Degradierung zu einer bloßen Ministerialabteilung"[162] blieb bis 1938 bestehen. Am 3.8.**1938** wurde durch „Verfügung des Reichsstatthalters (Österreichische LReg) betreffend Verwaltung der staatlichen Theater und Unterrichtsanstalten für Musik und darstellende Kunst" angeordnet:

„**1.** Die staatlichen Theater (Staatsoper, Burgtheater, Akademietheater und Schönbrunner Schloßtheater) und die staatlichen Schulen für Musik und darstellende Kunst (Akademie für Musik und darstellende Kunst, Schauspiel- und Regieseminiar Schönbrunn und Ballettschule der Oper) bilden eine Verwaltungseinheit. **2.** Diese Verwaltungseinheit führt den Namen ‚STh- und Bühnenakademie in Wien'. ... **5.** Die ‚STh- und Bühnenakademie' wird von mir unter Mitwirkung eines Verwaltungsausschusses geführt. **6.** Die Mitglieder des Verwaltungsausschusses der ‚STh- und Bühnenadademie in Wien' sind der Gauleiter von Wien, der Bgm der Stadt Wien und der Leiter der Abteilung IV des Min für innere und kulturelle Angelegenheiten. **7.** Die Geschäftsführung der ‚STh- und Bühnenakademie in Wien' obliegt dem Leiter der Abteilung III des Amtes des Reichsstatthalters. **8.** Dem Verwaltungsausschuß der ‚STh- und Bühnenakademie in Wien' sind alle wichtigeren Angelegenheiten künstlerischer, personeller, organisatorischer und wirtschaftlicher Natur vorzulegen. **9.** Im übrigen wird die Tätigkeit der ‚STh- und Bühnenakademie in Wien' durch eine GeO geregelt, die ich erlasse."[163]

Durch Erlaß vom 29.2.**1940** trat der Reichsstatthalter in Österreich dem Reichsstatthalter in Wien seine „bisherigen Aufgaben und Befugnisse auf dem Gebiete

160 Vgl zum Folgenden *Märkle* 15 ff; *Hodik* 43 ff, 48 ff, 51 ff, 61 ff; *Taubes* 43 ff.

161 *Fritz*, Verwaltung 247. Der Amtskalender für das Jahr 1933, 49 f, läßt keine näheren Rückschlüsse auf die Verwaltungsstruktur zu.

162 So *Hodik* 48.

163 JM II-35-8, Grundzahl 12346/38.

der Kunstverwaltung im Reichsgau Wien in folgenden Ausmaße mit Wirksamkeit vom 1.3.1940 ab: 1. Die gesamte Verwaltung der STh, das sind: Die Staatsoper, das Burgtheater, das Akademietheater, der Redoutensaal und das Schönbrunner Schloßtheater. ..“[164]

Bereits am 1.5.**1945** nahm die Staatsoper ihre Tätigkeit mit Aufführungen im Gebäude der Volksoper wieder auf. Am 8.4.**1946** wurde eine neue DI erlassen, die im wesentlichen mit der DI aus dem Jahre 1929 übereinstimmte; der Leiter der BThVw unterstand demnach unmittelbar dem BMU und befand sich nicht mehr „in Abhängigkeit von der Kunstsektion des BMU“[165]. Am 20.10.**1953** wurde eine neue DI erlassen, die im wesentlichen die Rechte des Leiters der BThVw beschränkte und für verschiedene Verwaltungsakte die persönliche Genehmigung des BMU vorsah; weiters hatte die BThVw bei Maßnahmen, die eine größere finanzielle Belastung des Bundesschatzes mit sich brachten, das Einvernehmen mit dem BMF herzustellen[166]. Durch ein **1962** erlassenes „Additionale zur DI 1953“ wurde die Einvernehmensbindung mit dem BMF wieder weitgehend beseitigt und ein Teil der Befugnisse der BThVw den Dir rückübertragen; diesen wurden bezüglich des Personal-, Sach-, Regie- und sonstigen Aufwandes Kredite zur autonomen Bewirtschaftung übergeben[167]. Diese Verwaltungsorganisation bestand bis zum Erlaß der DI 1971.

b) Die Dienstinstruktion 1971

Mit „Erlaß“ des BMUK vom 10.5.1971 (DI 1971) wurde „die BThVw, einschließlich der von ihr verwalteten Theater, in den ÖBThV umgewandelt. Die bisher erlassenen DI (wurden) damit außer Kraft gesetzt.“[168] In der Präambel wurde ausschließlich § 1 VASTh als Rechtsgrundlage genannt. Art II normierte eine 17 Paragraphen umfassende „GeO des ÖBThV“; gem § 19 trat der Erlaß am 1.7.1971 in Kraft.

Mehrere Indizien sprechen dafür, daß dieser Erlaß nur als **provisorische Regelung** bis zur Erlassung des am 3.8.1971 zur Begutachtung versandten Entwurfs des letztlich nicht beschlossenen BThG gedacht war[169]; da nach Ablauf der XIII. GP offenkundig wurde, daß es zu keiner

164 Erlaß IV-1c-7947/1940, VOBl für den Dienstbereich des Min für Innere und Kulturelle Angelegenheiten, Abteilung IV: Erziehung, Kultus und Volksbildung i.L. 1940/30.

165 *Fritz*, Verwaltung 248, mit näherer Erläuterung des Inhalts der DI 1946. Vgl näher *Hodik* 64 ff, sowie *Märkle* 19 f. Der Amtskalender für das Jahr 1949, 13, stellt die „BThVw“ als „dem BM unmittelbar unterstellte“ Dienststelle im Rang einer Abteilung dar.

166 BMU 20.10.1953, 1842-Präs/1953. Vgl ÖBThV, Bericht 1972/73, 15; s auch *Hodik* 68 ff.

167 BMU 10.7.1962, 1430-Präs A/1962. Vgl ÖBThV, Bericht 1972/73, 15; s auch *Märkle* 21, 30 ff, mit ausführlicher Darstellung der Verwaltungsorganisation gem der DI 1953 idF des Additionales 1962.

168 Art I des Erlasses des BMUK 10.5.1971, 984-Präs-71, VOBl 43.

169 Bericht des ÖBThV 1971/72, 13; s auch *Hodik* 75 ff.

baldigen Erlassung des BThG kommen dürfte, wurde die DI 1971 durch einen als „Abänderung“ bezeichneten Erlaß (DI 1976) in mehreren Pkten abgeändert; diese „Abänderung“ wurde formal durch eine **Neuerlassung der abgeänderten Fassung der DI 1971 vorgenommen**[170].

Zunächst ist die Frage zu klären, ob die DI 1971 fünf Jahre später **bloß abgeändert** oder **zur Gänze neu erlassen wurde**[171]: Vor der Einfügung des Art 49 a in das B-VG durch die Nov 1981, BGBl 350, war die Frage der Wiederverlautbarungsfähigkeit von **anderen „Rechtsvorschriften“ als G** umstritten[172]; das nach dem WiederverlautbarungsG, BGBl 1947/114, berufene Organ war die BReg — **eine Deutung der DI 1976 als Teilwiederverlautbarung kommt somit nicht in Betracht.** *Aichlreiter* hat die hier relevanten Problemkreise (normlose Wiederholung, Wiederinkraftsetzung/Neuerlassung, kontradiktorischer Widerspruch als inhaltliche Derogationsvoraussetzung und wörtliche Identität des späteren mit dem früheren Akt) umfassend untersucht[173]: Demnach schließt die wörtliche Identität des späteren mit einem früheren Akt die Änderung oder Aufhebung einer Rechtsvorschrift keineswegs aus, denn auch im Falle als ein späteres G einem früheren insoweit gleicht, liegt eine Neuerlassung vor; eine wortgleiche spätere VO ist eine neue Norm und derogiert daher der früheren; jeder neue Willensakt eines Normsetzungsorgans, der in der selben Rechtssatztype ergeht, ist eine neue selbständige Norm, die mit der früheren — normativ betrachtet — nicht identisch ist, selbst wenn sie mit ihr inhaltlich übereinstimmt.

Die **Notwendigkeit eines kontradiktorischen Widerspruchs zwischen zwei Normen als Derogationsvoraussetzung ist umstritten**[174]; von der hM wird weiters die Anordnung einer späteren Rechtsvorschrift, daß eine frühere anzuwenden sei, soweit sie ihr nicht widerspreche, als **Neuerlassung** der früheren Norm gedeutet[175]. Daher ist kein stichhältiges Argument ersichtlich, das für eine bloße normlose Wiederholung der 1976 inhaltlich nicht abgeänderten Bestimmungen der DI 1971 spräche. **Die DI 1976 stellt sohin zur Gänze eine Neuerlassung dar; die Rechtmäßigkeit ihres Zustandekommens ist somit anhand der am 19.3.1976 geltenden (Verfassungs)Rechtslage zu prüfen.** Die DI 1971 ist nur noch — als inhaltlich weitgehend idente Vorläuferbestimmung — von historischem Interesse.

---

170 Erlaß des BMUK 19.3.1976, 10930-I/76, VOBl 47.

171 Unklar BKA-VD 8.7.1982, 600371/1-V/6/81: als „‚Abänderung‘ bezeichneter, praktisch jedoch eine Neuerlassung darstellender Erlaß“.

172 Vgl *Walter,* System 76 f mwN.

173 *Aichlreiter* 841 f, 1126 ff, 1143 f.

174 *Aichlreiter* 1143 f mwN.

175 *Aichlreiter* 1127 mwN.

Da weder die DI 1971 noch die DI 1976 im BGBl verlautbart wurden, ist davon auszugehen, daß sie offenbar als „ausschließlich an unterstellte Verwaltungsbehörden ergehende allgemeine VO (Dienstanweisungen, Instruktionen)" iSd § 2 Abs 1 lit f BGBlG qualifiziert wurden. Freilich kann aus der **Art der Kundmachung** nicht mit Sicherheit auf die **Art der Rechtsvorschrift** geschlossen werden[176]: Stellte die DI 1976 eine RVO dar, wäre sie infolge ihrer fehlerhaften Kundmachung (§ 2 Abs 1 lit f BGBlG) vom VfGH gem Art 139 B-VG aufzuheben, von ordentlichen Gerichten sowie vom VwGH jedoch gem Art 89 Abs 1 B-VG nicht anzuwenden. Der Inhalt der DI 1971 muß hier nicht näher untersucht werden, da sie nicht mehr in Geltung steht; einzugehen ist nur auf die Frage, ob die als Grundlage der DI zit Bestimmung des § 1 VASTh deren Erlassung zu decken vermochte: Einerseits ist fraglich, ob § 1 VASTh 1971 überhaupt noch der geltenden RechtsO angehörte — wie gezeigt wurde, wäre ihre Geltung für die (allgemeine) Zuständigkeit des BMU zur Verwaltung der BTh nicht notwendig gewesen[177]. Andererseits konnte 1971 ein organisatorischer Akt, der die innere Einrichtung eines BM zum Gegenstand hatte, wie schon seit 1920 verfassungskonform nur in Gesetzesform ergehen (Art 77 Abs 2 B-VG)[178]; verfassungsrechtlich war somit die sog „Organisationsgewalt" der BM beschränkt[179]. Es ist somit **unzutreffend,** wenn das BKA-VD die DI 1971 als „Errichtungsakt, der im Jahr 1971 als Ausfluß der Organisationsgewalt des BMUK und damit als rechtlich gedeckt angesehen werden konnte", qualifiziert[180].

c) Exkurs: Die interministerielle Kompetenzverteilung nach dem BMG 1973 (1986)

Das BMG 1973 stellte die Erlassung des seit 1920 von Art 77 Abs 2 B-VG verheißenen BG dar; es beschränkte sich auf die Regelung der Zahl, der Einrichtung und des aWB der BM — die Normierung des besonderen WB der BM in einem einzigen BG scheiterte ebenso wie der Abbau von „überflüssigen und die Verwaltung belastenden Doppelkompetenzen"[181]. Gem § 2 Abs 1 Z 1 lit b umfaßt der WB der BM ua jene „Geschäfte, die durch besondere bundesgesetzliche Vorschriften ... einzelnen BM zur Besorgung zugewiesen sind", sowie gem § 2 Abs 1 Z 2 „die Sachgebiete, die gem dem Teil 2 der Anlage einzelnen BM zur Besorgung zugewiesen sind."

176 Vgl bloß *Walter,* System 423.
177 Vgl ausführlich A.V.3.
178 Vgl zur Problematik dieser Vorgangsweise A.II.10.c).
179 Vgl *Ermacora*, Organisationsgewalt; weiters *Barfuß*, Ressortzuständigkeit 15 f.
180 BKA-VD 8.7.1982, 600371/1-V/6/81.
181 RV 483 BlgNR XIII GP, EB, 19 f.

In **Angelegenheiten der BTh** kommt gem des Teil 2 der Anlage zu § 2 des BMG ein aWB folgender BM in Betracht:

Gem lit K, Z 2 umfaßt der aWB des **BMUK** das Sachgebiet „BTh". Gem lit A, Z 5 umfaßt der aWB des **BKA** das Sachgebiet „allgemeine Angelegenheiten der staatlichen Verwaltung ..." Weiters gem Z 6 „allgemeine Personalangelegenheiten von öffentlich Bediensteten, soweit sie nicht in die Zuständigkeit des BMF fallen. ..." Gem lit B fallen in den aWB des **BM für auswärtige Angelegenheiten** „auswärtige Angelegenheiten, soweit sie nicht in die Zuständigkeit eines anderen BM fallen. Dazu gehören insb auch: ... Angelegenheiten des Auszeichnungswesens, soweit es Ausländer ... betrifft. ... Angelegenheiten der kulturellen Auslandsbeziehungen. ..."[182] Gem lit C fallen in den aWB des **BMwA** gem Z 21 die „Verwaltung aller Bauten und Liegenschaften des Bundes ..., soweit sie nicht in die Zuständigkeit eines anderen BM fallen", sowie gem Z 24 „Angelegenheiten des Bau...wesens." Gem lit D Z 3 fallen in den aWB des **BM für Arbeit und Soziales** die „Angelegenheiten des Arbeitsrechts ... insb auch: ... b) Arbeitnehmerschutzrecht. Dazu gehören insb auch: ... Arbeitsinspektorate ..." Gem lit E fallen in den aWB des **BMF** die Sachgebiete „9. Finanzielle Angelegenheiten des Dienstverhältnisses öffentlich Bediensteter." Gem lit F fallen in den aWB des **BMI** gem Z 1 „Angelegenheiten des Sicherheitswesens, soweit sie nicht in den WB eines anderen BM fallen. Dazu gehören insb auch: „Aufrechterhaltung der öffentlichen Ruhe, Ordnung und Sicherheit ... Veranstaltungswesen. ..."

Diese Darstellung des aWB verschiedener BM zeigt, daß — je nach Angelegenheit — **zahlreiche Maßnahmen im Bereich der Verwaltung der BTh auch den aWB anderer BM (zumindest) berühren;** die Folge sind zahlreiche Doppelkompetenzen, deren Wahrnehmung in Ermangelung eigener BG vielfach im Erlaßwege geregelt wurde. Für die Besorgung von **„Geschäften, die den WB mehrerer BM betreffen"**, gelten die Bestimmungen des § 5 BMG[183].

d) Die Dienstinstruktion 1976 und das Scheitern des Bundestheatergesetzes

(1) Entstehung und Inhalt der Dienstinstruktion 1976

Hodik hat Inhalt und Scheitern der 1974 vorgelegten RV betreffend ein BThG eingehend untersucht[184]; hier bleibt festzuhalten, daß die Gründe für das Scheitern dieses Gesetzesentwurfes nach wie vor im Dunklen liegen: Feststellbar ist — als letzte Spur — lediglich, daß die Gewerkschaft KMFB

182 Die durch die DI 1976 normierte (mittlerweile offenbar gegenstandslose) Zuständigkeit des Dir für kulturelle Angelegenheiten ist im Lichte dieser Bestimmung bedenklich.

183 S auch die Darstellung mehrerer Erlässe bzw einer Verwaltungsvereinbarung als Folge interministerieller Auffassungsunterschiede in A.V.8.e).

184 Rechtsstellung 80 ff, 267 ff.

„Ergänzungs- und Änderungsvorschläge" zur RV bekanntgab[185]; sonst sind keine offiziellen oder offiziösen Stellungnahmen bzw Gründe für das Scheitern ersichtlich.

Die Debatte des Kunstberichtes des BMUK in der Sitzung des NR vom 25.2.1976 war — obwohl die BTh selbst gar nicht Gegenstand des Kunstberichtes waren — zum überwiegenden Teil diesen gewidmet[186]; daraufhin kam es am 15. und 19.3.1976 zu einer „Konferenz" der BThDir und in weiterer Folge zur zit „Abänderung durch Neuerlassung" der DI 1971[187]. Die „Strukturveränderungen" bestanden im wesentlichen in einer Verpflichtung der Dir zur Zusammenarbeit (monatliches Koordinationsgespräch; Regelung zur Beilegung von Streitfragen), in einer Änderung der Abonnementstruktur und der Regelung von Frei- und Studentenkarten. Einer näheren Untersuchung hat die Wiedergabe der DI 1976 in ihrer im VOBl des BMUK publizierten und formell bis heute nicht abgeänderten Fassung voranzugehen[188]:

„Aufgrund des § 1 (VASTh) wird bestimmt:

Artikel I

Mit Inkrafttreten dieses Erlasses wird **die BThVw, einschließlich der von ihr verwalteten Theater, in den ÖBThV umgewandelt.** Die bisher erlassenen Dienstinstruktionen werden damit außer Kraft gesetzt.

Artikel II
Geschäftsordnung des ÖBThV

§ 1. Die Leitung des ÖBThV — im folgenden kurz „Verband" genannt, obliegt den Dir des Burgtheaters, der Staatsoper, der Volksoper, dem Dir für kulturelle Angelegenheiten und dem GS.

§ 2. Zweck des Verbandes ist es, die Führung der öBTh, nämlich des Burgtheaters, der Staatsoper und der Volksoper, so zu koordinieren, daß unter Berücksichtigung aller künstlerischen, wirtschaftlichen und technischen Voraussetzungen den Erfordernissen einer sparsamen und rationellen Gebarung bei optimalen künstlerischen Ergebnissen Rechnung getragen wird.

§ 3. (1) Der Verband ist verpflichtet, die BTh, das sind — das Burgtheater, — die Staatsoper, — die Volksoper, als **repräsentative österreichische Bühnen** nach folgenden Richtlinien zu betreiben: a) Das **Burgtheater:** Das Burgtheater (einschließlich des Akademietheaters oder/und einer anderen Bühne) ist als repräsentatives Repertoiretheater für die dramatische Weltliteratur zu betreiben. b) Die **Staatsoper:** Die Staatsoper ist ein repräsentatives Repertoiretheater für die Oper und für das Ballett mit umfassender Literatur. c) Die **Volksoper:** Die Volksoper ist

185 Vgl ÖBThV, Bericht 1986/87, V; sowie *Hodik* 83 ff.

186 18. Sitzung des NR vom 25.2.1976, XIV. GP, 1484 ff; vgl *Hofeneder* 447 f.

187 *Hofeneder* 448 ff mwN; dieser Autor bezeichnet die „Veränderungen an der Struktur" als „offenbar ausgelöst durch die Medienkampagne über den RH-Vorbericht" — angesprochen ist der Vorbericht des TB des RH über das Verwaltungsjahr 1975, der das umfangreiche Prüfungsergebnis der Gebarung des ÖBThV aus dem Jahr 1974 beinhaltet.

188 Erlaß des BMUK 19.3.1976, 10930-I/76, VOBl 47 (Hervorhebungen von mir).

als repräsentatives Repertoiretheater für die volkstümliche Oper und die Operette sowie für ähnliche Werke zu führen. (2) Die Spieldauer der einzelnen Theater ist unter Berücksichtigung der kulturellen, wirtschaftlichen und technischen Voraussetzungen optimal zu gestalten und soll grundsätzlich 10 Monate betragen. Außerdem können zusätzliche Bühnen — auch außerhalb der ordentlichen Spielzeit — betrieben werden. (3) Die Veranstaltungen der öBTh sind grundsätzlich im eigenen Haus nach einem vorher zu bestimmenden Spielplan abzuwickeln. Die Durchführung von Gastspielen an Bühnen des In- und Auslandes ist gegebenenfalls soweit zu berücksichtigen, als hiedurch nicht eine Störung des eigenen Theaterbetriebes verursacht werden kann. (4) Die einzelnen BTh haben bei der Erfüllung ihrer Aufgaben a) internationalen künstlerischen Maßstäben, b) einem reibungslosen Programmablauf, c) den Erfordernissen einer sparsamen und rationellen Gebarung und d) der Pflege österreichischer Kultur Rechnung zu tragen. Bei der Erfüllung dieser Aufgaben haben die einzelnen Bühnen auf a) die Bildungserfordernisse, b) die Förderung des Theaterwesens in den Bundesländern und c) die kulturelle Auslandsrepräsentation Österreichs Rücksicht zu nehmen.

§ 4. Die Dir und der GS sind für die laufenden Geschäfte innerhalb der Bühnen bzw ihrer Ressorts im Rahmen des jeweiligen Aufgabenbereiches allein zuständig. Die Dir und der GS sind dabei außer an die in dieser DI vorgesehenen Kompetenzen an keine anderen Weisungen oder Aufträge Dritter gebunden.

Die Direktoren

§ 5. (1) Die **administrative, künstlerische und technische Leitung der einzelnen BTh** obliegt, soweit in dieser DI keine anderweitige Regelung getroffen ist, den für die Theaterinstitute allein verantwortlichen und in ihrer Wirksamkeit selbständigen Dir. (2) Die Leitungsaufgabe der Dir umfaßt die Summe aller Vorsorgen und Verfügungen, die sich auf die Vorbereitung und die Durchführung der Darbietungen der BTh und das hiefür erforderliche künstlerische, bühnentechnische und sonstige institutsgebundene Personal beziehen, in künstlerischer Hinsicht a) insb die Auswahl der aufzuführenden Werke, ferner insb die Vorsorge für die zeitgerechte Ablieferung der Unterlagen betreffend die Ausstattung der Inszenierungen, die Festsetzung des Kostenrahmens für die Ausstatter in deren Verträgen und die Berücksichtigung der betriebs- und arbeitstechnischen Eignung der Ausstattung für das jeweilige BTh gem §§ 2 und 3 dieses Erlasses, b) die Festlegung der Spiel- und Arbeitspläne, c) die Vorbereitung neuer Bühnenwerke, d) die Betreuung der einzelnen Vorstellung sowie die Verfügung über das hiefür in Betracht kommende künstlerische, bühnentechnische und sonstige Hilfspersonal, e) die Beschäftigungserteilung an das künstlerische Personal unter Bedachtnahme auf die vertraglichen Verpflichtungen, f) die Urlaubsbewilligung für das künstlerische Personal, soferne es sich um einen gesetzlichen oder vertragsmäßigen Urlaub handelt oder der Urlaub drei Tage nicht übersteigt, g) die Beurteilung der künstlerischen Erfordernisse des Betriebes, die Beurteilung und Bewertung des künstlerischen und des bühnentechnischen Personals hinsichtlich seiner Verwendbarkeit und Entbehrlichkeit für den Betrieb, daher auch die Ablehnung der Erneuerung eines Vertrages und die Entscheidung über die einverständliche Lösung eines bestehenden Vertrages, sofern dies ohne Belastung des Bundesschatzes erfolgt, h) die Abnahme und die Beurteilung der Probenauftritte der Engagementwerber, die Auswahl des zu engagierenden künstlerischen Personals und die Führung und den Abschluß der Engagementverhandlungen mit denselben, i) sowie alle Maßnahmen, die für die Gesamtleitung des Institutes notwendig sind, j) Pressebetreuung. (3) Der BMUK ist von den Dir der einzelnen BTh über die längerfristige Planung ständig zu informieren. Bis zum 31.3. jeden Jahres ist ihm überdies ein möglichst detailliertes Konzept über die von den Dir im darauffolgenden Spieljahr beabsichtigten Vorhaben in künstlerischer, personeller, wirtschaftlicher und organisatorischer Hinsicht vorzulegen.

§ 6. Die Dir der BTh sind hinsichtlich jener Mittel des Kapitels 71 zur Durchführung ihrer Aufgaben anweisungsberechtigt, die im Teilheft zum BVA als selbständiger WB ausgewiesen sind.

§ 7. Hinsichtlich der praktischen Durchführung wird folgendes festgelegt: a) Die **Bühnendienstverträge** mit Regisseuren, Dirigenten und sonstigen Angehörigen des Regie- und szenischen Hilfsdienstes, mit Schauspielern, Gesang-, Tanz- und Instrumentalsolisten werden von den Dir in eigener Zuständigkeit und in eigener Verantwortung im Rahmen der ihnen im BFG zugewiesenen Mittel abgeschlossen. Sie **werden durch den GS gegengezeichnet.** b) Das Anweisungsrecht liegt bei den Dir und dem GS. Alle anfallenden Rechnungen und Zahlungsaufträge sind mit der Unterschrift eines Anweisungsberechtigten über die sachliche Richtigkeit zu versehen und an die Buchhaltung des GS zu leiten. Die Dir sind berechtigt, dringende Zahlungen für Ausgaben, über die den Dir das Anweisungsrecht zusteht, unmittelbar ohne Zusammenwirken mit dem GS zu leisten. Zu diesem Zweck können die Kassenverwaltungen der Institute die notwendigen Mittel von der Hauptkasse des GS beziehen. Das Anweisungsrecht der Dir und des GS kann durch schriftliche Weisung hausintern temporär delegiert werden. Das GS ist davon schriftlich zu verständigen. Diese zugewiesenen Geldmittel sind wöchentlich mit der Buchhaltung des GS abzurechnen. Für die Verwaltung und Verwahrung dieser Bargeldbeträge gelten die einschlägigen Bestimmungen der Bundesverwaltung. Neben der Führung der Kreditstandvermerke, die nach den Haushaltsvorschriften der Buchhaltung obliegen, sind die Kassenverwaltungen der Institute zur Buchführung verpflichtet. c) Die Dir der BTh und der GS des BThV sind zur Zusammenarbeit sowie zu gegenseitiger Unterrichtung und unverzüglicher Übermittlung der jeweils erforderlichen Unterlagen verpflichtet. Monatlich einmal ist eine Koordinationsbesprechung zwischen Dir und GS abzuhalten. Bei Meinungsverschiedenheiten der Dir untereinander, die Maßnahmen eines Dir behindern, entscheidet der GS; bei Meinungsverschiedenheiten zwischen Dir und dem GS, die Maßnahmen einer der Genannten behindern, kann jeder von diesen den BMUK zur Entscheidung anrufen.

Der Direktor für kulturelle Angelegenheiten.

§ 8. Dem Dir für kulturelle Angelegenheiten obliegt nach den Weisungen des BMUK die Koordinierung der BTh in allgemein künstlerischer und staatspolitischer Hinsicht.

§ 9. Er hat dafür zu sorgen, daß die ÖBTh iSd §§ 3 und 4 wirken.

§ 10. In Erfüllung dieser Aufgaben obliegen dem Dir für kulturelle Angelegenheiten insb der Verkehr mit den staatlichen und nichtstaatlichen kulturellen Einrichtungen des In- und Auslandes und die Vertretung der BTh gegenüber denselben.

Der Generalsekretär.

§ 11. Dem GS obliegt nach den Weisungen des BMUK die **zusammenfassende Leitung der BTh in kommerzieller, administrativer, personeller, technischer und organisatorischer Hinsicht.**

§ 12. (1) Die Wirtschaftsführung der BTh hat der GS derart zu lenken, daß die Ausgaben in den Einnahmen und in den jeweils für ein Budgetjahr im BFG vorgesehenen zusätzlichen Ausgabenkrediten ihre volle Bedeckung finden. (2) Zu diesem Zweck hat der GS nach dem Grundsatz gebotener Sparsamkeit und vernünftiger Wirtschaftlichkeit alle Vorsorgen zu treffen, die geeignet sind, die Ausgaben zu vermindern, ordentliche Einnahmen zu erhöhen, außerordentliche Einnahmen zu erschließen und mit den verfügbaren Mitteln den größtmöglichen Erfolg zu erzielen. Dem GS obliegen daher auch die einheitliche wirtschaftliche Zusammenfassung des gesamten administrativen Werkstätten- und Magazindienstes sowie die Obsorge für eine rationelle Lenkung der Auswertung aller zur Verfügung stehenden personellen Kräfte und Betriebsmittel.

§ 13. (1) Dem GS obliegen im Rahmen der ihm vom BMUK übertragenen Approbationsbefugnisse alle Verfügungen, durch die Verbindlichkeiten für den österreichischen Bundesschatz begründet werden. (2) Der GS entscheidet über die Regelung der Dienst- und Lohnverhältnisse einzelner oder mehrerer Gruppen von BTh-Bediensteten, über den Übertritt von Bediensteten in den Ruhestand. (3) Die Dienstaufsicht und die disziplinäre Zuständigkeit für alle Beschäftigten der BTh und Werkstätten, soweit sie nicht in den selbständigen WB der Dir fallen, sind dem GS übertragen.

§ 14. Dem GS obliegen aufgrund eingeholter Anträge der Dir die zusammenfassende Erstellung des jeweiligen Entwurfes des Bundesvoranschlages für die BTh, die zeitgerechte Durchführung der Budgetverhandlungen mit dem BMF auf der Beamtenebene und die ständige Überwachung der Haushaltsgebarung der BTh.

§ 15. Das Rechnungswesen ist nach den Grundsätzen einer ordnungsgemäßen Buchführung zu organisieren. Die Verwirklichung der im Geldvoranschlag veranschlagten Einnahmen und Ausgaben ist zuverlässig und vollständig nachzuweisen. Bei der Bewältigung der Aufgaben des Rechnungswesens hat sich das GS möglichst der für die Bundesverwaltung zur Verfügung stehenden technischen Einrichtungen zu bedienen.

§ 16. In die **Zuständigkeit des GS** fallen weiters insb folgende Angelegenheiten: Vertragsangelegenheiten der Dir und deren Stellvertreter. Alle KV- und Besoldungsangelegenheiten (mit Ausnahme der Anordnung von Mehrdienstleistungen) für die Gruppen des künstlerischen Personals (Orchester, Bühnenmusik, Chor, Ballett). Vertretung bei allen Behörden, Ämtern, Organisationen für gemeinsame Anliegen der BTh unter Berücksichtigung des § 10. Alle Vertrags- und Besoldungsangelegenheiten des technischen Personals (mit Ausnahme der Anordnungen von Mehrdienstleistungen). KV (Verhandlungen und Abschluß). Familienzulagen. Pensionsangelegenheiten jeder Art (Rechtsfrage, Bemessung, Vordienstzeiten usw). Vordienstzeitenanrechnungen für die Vorrückung in höhere Bezüge. Zentrale Personalstandsführung hinsichtlich aller BTh-Bediensteten (ua wegen Vordienstzeiten für Dienstjubiläen, Karenzurlaubsvormerkung, Krankmeldung, Titel, Orden usw). Dienstpostenpläne der Theater im Einvernehmen mit den Dir. Dienstpostenpläne des GS. Rechtsangelegenheiten, Rechtsabteilung. Aktenmäßige Behandlung von Unfällen. Schadenersatzansprüche. Lizenzverträge. Miet- und Pachtverträge, Versicherungen. Straf- und Disziplinarsachen. Bezugsvorschüsse. Dienstpostenplanverhandlungen. Zentrale Vertragsablage. Beschwerdesachen, soweit sie nicht den Spielplan oder sonstige rein künstlerische, der Disposition der Dir unterliegende Angelegenheiten betreffen. Gesamtes Rechnungswesen. Budgetkontrolle. Zusammenfassende Budgeterstellungen aufgrund der Anträge der Dionen. Gesamtes Kassen- und Abonnementwesen. Abschreibung von ausständigen Forderungen (Bezugsvorschüsse usw). Publikumsdienst. Angelegenheiten der Gebäudeverwaltung. Angelegenheiten des Bauwesens und der Gebäudeinspektion. Autobusdienst. Zentrale Werkstättenverwaltung, Lager und Fuhrpark. Angelegenheiten des Fundus im Einvernehmen mit den Dir. Zentraler Einkauf. Fernseh- und Rundfunkangelegenheiten im Einvernehmen mit den Dir. Abwicklung der Gastspiele innerhalb und außerhalb Wiens. Verhandlungen über Gastspiele ausländischer Ensembles in den BTh. Opernball.

§ 17. Keine Bestimmung dieses Erlasses kann das Weisungsrecht nach Art 20 B-VG 1920 in der derzeit geltenden Fassung **einschränken.**

§ 18. (1) Soweit haushaltsrechtliche Vorschriften eine Mitwirkung des BMF vorsehen, wird diese ausschließlich durch den GS herbeigeführt. (2) Zur näheren Regelung der in Abs 1 genannten Mitwirkung sowie zur näheren Regelung der Mitwirkung des BK gilt weiterhin die DI für den ÖBThV vom 8.10.1971, Z 7425/71.

Artikel III

Dieser Erlaß tritt in der Fassung des Erlasses vom 19.3.1976 am 1.9.1976 in Kraft. Die für seine Anwendung notwendigen Maßnahmen können bereits vor dem Inkrafttreten begonnen werden."

(2) Die Rechtsgrundlage der Dienstinstruktion 1976

Es wurde in Kapitel A.V.3. dargelegt, daß § 1 VASTh keinesfalls mehr verfassungskonform in Geltung steht; dennoch beruft sich die Präambel der DI 1976 auf diese Bestimmung. Das BKA-VD vertrat dazu den Standpunkt, „daß sich dieser Rechtsakt [DI 1976], der seine gesetzliche Deckung in § 7 Abs 5 BMG findet, fälschlich auf § 1 (VASTh) und nicht auf die erwähnte Bestimmung des BMG als Grundlage beruft."[189] Dieser Beurteilung wurden folgende Überlegungen — nach der Erörterung der in den aWB anderer BM fallenden Sachbereiche — vorangestellt:

„Die verbleibenden Personalangelegenheiten, die Einbindung der BTh im Rahmen der GE und die sog Fachaufsicht sind hingegen Geschäfte, die gem § 2 Abs 1 Z 1 a iVm Teil 1 der Anlage Z 3, 4 und 8 des BMG 1973 vom BMUK zu besorgen sind. Mangels einer anderslautenden ausdrücklichen gesetzlichen Bestimmung sind daher die zuletzt erwähnten Angelegenheiten der BTh vom BMUK — mit Hilfe des ihm zur Verfügung stehenden Hilfsapparates, dem Bundesministerium ... — zu besorgen. Allein daraus ergibt sich, daß die dem BMUK bei der Besorgung dieser Angelegenheiten zur Verfügung stehende Organisationseinheit ‚ÖBThV' einen Teil des BMUK bildet. Dabei handelt es sich jedoch um eine besondere organisatorische Einrichtung, die von der in § 7 Abs 1 und 2 des BMG 1973 festgelegten GE — Gliederung in Sektionen, Abteilungen und allenfalls Gruppen — abweicht und

189 BKA-VD 8.7.1982, 600371/1-V/6/81, 5.

daher einer besonderen gesetzlichen Deckung bedarf. Diese gesetzliche Deckung findet der ÖBThV in § 7 Abs 5 des BMG 1973, wonach im Interesse der Zweckmäßigkeit, Wirtschaftlichkeit und Sparsamkeit ‚für die Besorgung von Geschäften in Angelegenheiten, in denen der Bund als Träger von Privatrechten tätig wird', eine ‚abweichende Organisation' vorgesehen werden kann."

Wie bei einer RVO ist es grundsätzlich unbeachtlich, wenn eine VwVO eine falsche — und somit auch nicht mehr in Geltung stehende — Rechtsgrundlage zitiert; entscheidend ist vielmehr, daß eine solche überhaupt besteht[190]. Die Untersuchung der Frage, ob § 7 Abs 5 BMG 1986 eine taugliche Rechtsgrundlage für Erlassung und Weiterbestehen der DI 1976 bot bzw bietet, erfolgt unter B.II.2.

(3) Zur Rechtsnatur der Dienstinstruktion 1976

Bevor die DI 1976 in das Rechtsquellensystem des B-VG eingeordnet wird, soll die — allgemeine — Frage geklärt werden, nach welchen Kriterien der (die) **Adressat(en) der DI** bestimmt werden und ob sie als **abstrakter** oder als **konkreter Akt** zu qualifizieren ist. Auf diese Fragen wurde bereits oben bei der Untersuchung der am 29.5.1923 von MR genehmigten „DV für die Verwaltung der BTh" näher eingegangen und diese als **generell-abstrakte, an Organwalter gerichtete Norm qualifiziert, die sich nicht „nach außen", dh an „Rechtsunterworfene", richtete**[191]. Diese Qualifikation trifft auch auf die DI 1976 **zum Zeitpunkt ihrer Erlassung** zu: Adressaten sind ausschließlich Staatsorgane, die mit der Leitung bestimmter einzelner Untergliederungen bzw Organisationseinheiten des ÖBThV betraut sind und deren Aufgaben und Kompetenzen näher geregelt werden. Da offensichtlich auch die Nachfolger der nicht namentlich, sondern durch ihre Funktion bezeichneten Organwalter an die DI 1976 gebunden sein sollen, ist der gebundene Personenkreis unbestimmt, sodaß eine **generelle Anordnung** vorliegt. Da die DI 1976 die Vorgangsweise der Organe für eine Vielzahl von beliebig wiederholbaren Fällen regelt, bzw die DI 1976 noch einer näheren Präzisierung zugänglich ist, stellt sie keinen konkreten — für einen bestimmten Einzelfall erlassenen —, sondern vielmehr einen **abstrakten Akt** dar[192]. Umstritten ist, ob derartige, vielfach als VwVO bezeichnete Enuntiationen unter den verfassungsrechtlichen Begriff „VO" oder „Weisung" fallen[193]. Sofern die DI 1976 als von § 7 Abs 1 und 2 BMG abweichende (Teil)GE des BMUK

---

190 *Antoniolli/Koja* 157 mwN.

191 Vgl ausführlich A.II.10.c).

192 Vgl zur Begründung A.II.10.c). Verfehlt *Hodik* 134 f, der die DI 1976 als **„individuell-abstrakte Weisung"** qualifiziert, jedoch übersieht, daß die **Adressaten gerade nicht „zweifelsfrei individuell bezeichnet"** sind.

193 Vgl mwN ausführlich A.II.10.c).

qualifiziert würde, wäre gem § 7 Abs 12 BMG davon auszugehen, daß „aufgrund der GE ... niemand ein Recht geltend machen (kann)“ — auch dies spräche dafür, daß die DI 1976 zum Zeitpunkt ihrer Erlassung keine subjektiven Rechte — sei es von Organwaltern, sei es von außenstehenden Rechtsunterworfenen — berührte. Sie stellte in Übereinstimmung mit dem Willen des historischen Normsetzers eine **bloße VwVO** dar[194]. Eine Änderung ihrer Rechtsnatur erfuhr die DI 1976 erst durch die 1982 verfassungsrechtlich normierte Kunstfreiheit: Da sie seit diesem Zeitpunkt auch die Ausübung subjektiver Rechte (Art 17 a StGG) durch Staatsorgane (BThDir) gestaltet bzw berührt, ist sie nunmehr insofern als RVO zu qualifizieren[195].

e) Sonstige (Dienst)Instruktionen und Erlässe

(1) Vorbemerkung

§ 18 Abs 2 DI 1971 und 1976 bestimmten übereinstimmend, daß, soweit haushaltsrechtliche Vorschriften eine Mitwirkung des BMF vorsehen, diese ausschließlich durch den GS herbeigeführt werden solle. Gem § 18 Abs 2 DI 1971 wurde zur näheren Regelung dieser Mitwirkung eine gesonderte DI im Einvernehmen mit dem BMF in Aussicht gestellt; gem § 18 Abs 2 DI 1976 wurde die Weitergeltung einer DI für den ÖBThV vom 8.10.1971 angeordnet, die neben der Mitwirkung des BMF auch die Mitwirkung des BK regelte. Neben diesen ausdrücklich in der DI 1976 erwähnten DI wurden vor und nach ihrem Inkrafttreten (1.9.1976) zahlreiche weitere generelle Dienstanweisungen, Erlässe und VwVO erlassen, die teils neben der DI 1976 gelten, teils — insb in Form von GeO — diese präzisieren.

(2) Dienstinstruktion 1971 — Kollektivvertragsverhandlungen

Der in § 18 Abs 2 DI 1976 angesprochene Erlaß vom 8.10.1971, Z 7425/71, wird als „gemeinsame DI“ des BKA und des BMUK und des BMF bezeichnet[196]. Sie hat auszugsweise folgenden Wortlaut[197]:

„**§ 1** (1) KV-Verhandlungen über Dienst- und Besoldungsangelegenheiten des künstlerischen und technischen Personals der BTh sind unter dem Vorsitz des BKA unter Beiziehung des BMF und des BMUK (ÖBThV) zu führen. (2) Der ÖBThV

194 So ausdrücklich die EB zur RV 483 BlgNR XIII. GP, 29.

195 Vgl näher B.III.3.e)(2).

196 So ÖBThV, Bericht 1986/87, IV; weiters ÖBThV, Bericht 1971/72, 31.

197 Zit nach ÖBThV, Bericht 1971/72, 31 f. S zur Entstehungsgeschichte *Hofeneder* 362.

hat bei allen allgemeinen Personalangelegenheiten des aktiven Personals das vorherige Einvernehmen mit dem BKA herzustellen. (3) Einzelbühnendienstverträge dürften nur mit Personen abgeschlossen werden, die unter die Bestimmungen des SchauspielerG fallen. Bestehen Zweifel, ob die Voraussetzungen für den Abschluß eines Bühnendienstvertrages vorliegen, ist vor Abschluß des Vertrages das Einvernehmen mit dem BMF und dem BKA herzustellen.
§ 2 (1) Der ÖBThV hat mit dem BMF bei allen Maßnahmen, die nicht in den laufenden Jahreskrediten ihre Bedeckung finden, das vorherige Einvernehmen herzustellen. (2) Der ÖBThV hat in allen Angelegenheiten der Bühnendienstverträge mit den Dir, den Dir-Stellvertretern, den Verwaltungs-, Betriebs- und technischen Dir der BTh das vorherige Einvernehmen mit dem BMF herzustellen. Das BMF stellt in diesen Angelegenheiten das Einvernehmen mit dem BKA her. (3) Dieses Einvernehmen mit dem BMF ist ferner herzustellen: ...
§ 3 ... (2) Mit dem Inkrafttreten dieser DI treten alle einschlägigen Verfügungen, insb die DI vom 20.10.1953, Z 1843-Präs/1953, und das Additionale vom 10.7.1962, Z 1430-PräsA/1962, außer Kraft."

Diese DI vom 8.10.1971 ist aus folgenden Gründen bedenklich: Während die Bestimmung des § 1 Abs 3 der zit DI dem durch § 1 SchauspielerG normierten Geltungsbereich dieses G entspricht und eine Einvernehmensbindung mit dem BMF und dem BKA für Zweifelsfälle normiert wird, bestimmt § 2 Abs 2 der zit DI, daß mit einer Reihe von „Dir" der BTh — offenbar zwingend — Bühnendienstverträge abzuschließen sind. § 2 Abs 2 der zit DI steht somit nicht nur in offenkundigem Widerspruch zu ihrem eigenen § 1 Abs 3, sondern auch mit § 1 Abs 1 SchauspielerG: Dessen Bestimmungen gelten ausschließlich für

„das Dienstverhältnis von Personen, die sich einem Theaterunternehmer zur Leistung künstlerischer Dienste in einer oder mehrerer Kunstgattungen ... verpflichten (Mitglied)" (§ 1 Abs 1); gem § 51 gelten „für das Dienstverhältnis von Personen, die nicht Mitglieder (§ 1) sind und die im Geschäftsbetriebe eines Theaterunternehmers vorwiegend zur Leistung kaufmännischer oder höherer, nicht kaufmännischer Dienste oder von Kanzleiarbeiten angestellt sind ... die Bestimmungen des AngG ..., soweit nicht durch die §§ 3 und 4 des AngG eine Ausnahme angeordnet ist".

Während es Privaten grundsätzlich freisteht, im Rahmen der ihnen zustehenden Privatautonomie die Bestimmungen des SchauspielerG auf ein bestimmtes Dienstverhältnis für anwendbar zu erklären[198], findet auf Personen, die in einem privatrechtlichen Dienstverhältnis zum Bund stehen, grundsätzlich das VBG Anwendung, sofern deren Dienstverhältnis nicht ua durch das SchauspielerG geregelt ist[199]. Die Vollziehung ist gesetzlich verpflichtet, mit Personen, die sich nicht zur Leistung künstlerischer Dienste verpflichten, dann **einen Vertrag nach dem VBG abzu-**

---

198 Zu beachten ist jedoch, daß Geltungsgrund des SchauspielerG diesfalls ausschließlich die privatautonome Vereinbarung ist, deren Zulässigkeit durch zahlreiche Bestimmungen zwingenden Charakters (zB Arbeitnehmerschutz etc) vielfach eingeschränkt ist.

199 § 1 Abs 1 iVm Abs 3 lit a VBG.

schließen, wenn keine der Ausnahme- oder Nichtanwendungsbestimmungen des VBG selbst vorliegen; der Abschluß eines „Bühnendienstvertrages" mit einer nicht als „Mitglied" qualifizierbaren Person ist rechtswidrig. Fraglich könnte sein, **ob der künstlerische Leiter eines Theaters unter die Bestimmungen des SchauspielerG** fällt:

Der OGH hat dies bejaht: „Der künstlerische Leiter eines Theaters ist ein zur Leistung künstlerischer Dienste bei der Aufführung von Bühnenwerken verpflichtetes Mitglied iSd § 1 SchauspielerG. Bestellt der Theaterunternehmer einen künstlerischen Leiter (Dir, Intendanten), liegt ein Bühnendienstvertrag iSd § 1 SchauspielerG vor."[200] Im Hinblick auf diese Jud hat das **BKA** zutreffenderweise die Auffassung vertreten, daß „von dem in § 2 Abs 2 der DI [vom 8.10.1971] genannten Dir lediglich jene für den Abschluß eines Bühnendienstvertrages iSd § 1 SchauspielerG in Frage kommen können, die als ‚künstlerische Leiter' angesehen werden können. Nach Ansicht des BKA-VD trifft diese Voraussetzung jedoch nur hinsichtlich der Dir, allenfalls auch noch der Dir-Stellvertreter, der einzelnen BTh zu." Zu Recht weist das BKA-VD weiters darauf hin, „daß sich § 2 Abs 2 der DI [vom 8.10.1971] mit der Formulierung ‚... der BTh ...' ausschließlich auf bestimmte Funktionsträger in den einzelnen BTh bezieht und daher keinesfalls als — gesetzwidrige, weil auch dann im Widerspruch zu § 1 SchauspielerG stehende — Ermächtigung zum Abschluß von Bühnendienstverträgen mit vergleichbaren Funktionsträgern im ÖBThV verstanden werden könnte."[201]

Diese zutreffende Rechtsauffassung findet darüberhinaus eine Bestätigung in § 1 Abs 2 SchauspielerG, wonach **„BTh"** als „Theaterunternehmungen" gelten; nach den Bestimmungen des SchauspielerG **kann weder der BMUK noch der ÖBThV Bühnendienstverträge für den Rechtsträger Bund abschließen,** da hiezu ausschließlich die Organe der einzelnen „BTh" — somit die Dir — berechtigt sind. Der **Erlaß des BMU vom 8.10.1971** ist daher als **in sich widersprüchlich** und **teilweise gesetzwidrig** anzusehen; die jahrelang verbreitete Praxis, mit Personen im Bereich des ÖBThV rechtswidrige Bühnendienstverträge abzuschließen, dürfte — nach jahrzehntelanger Kritik des RH — seit 1988 beseitigt worden sein[202]. Als Rechtsgrundlage für Verträge mit Personen, für die insb das Entlohnungsschema das VBG als unangemessen empfunden wird, kommt somit ausschließlich **§ 36 VBG** in Betracht: „In Ausnahmefällen können im Dienstvertrag Regelungen getroffen werden, die von den Bestimmungen

200 OGH 18.10.1951, SZ 24/280.

201 BKA-VD 8.7.1982, 600371/1-V/6/81, 8.

202 „Die Verträge mit dem neuen GS und seinem Stellvertreter sind bereits nach dem VBG und nicht mehr als Bühnendienstverträge abgefaßt. Das stellt per 1.1.1988 eine Neuerung dar, die jedenfalls auch zu einer Entlastung des Pensionshaushaltes führt, da nur mehr das ASVG und nicht das BThPG Anwendung findet. Für zukünftige Verträge im Verwaltungsbereich sollten spezielle Regelungen im Rahmen des Vertragsbedienstetenrechtes gefunden werden, sodaß künftig auch in diesem Bereich keine neuen Bühnendienstverträge mehr abgeschlossen werden." (Bericht der BMUKS gem Entschließung des NR vom 15.12.1987, III-100 BlgNR XVII. GP, 8.)

dieses BG abweichen. Solche Dienstverträge sind als **Sonderverträge** zu bezeichnen und bedürfen der Genehmigung des BKA und des BMF."

(3) Dienstinstruktion 1973 — Direktoren-Kompetenzabgrenzung

Am 22.1.1973 erließ der BMUK eine „DI zur Abgrenzung der Kompetenzen zwischen der Dion der Wr Staatsoper und der Dion der Volksoper"[203]. Den Bestimmungen dieser DI vom scheint **weitgehend materiell derogiert** worden zu sein[204], die seit 1.9.1991 bestehende **Personalunion zwischen Staats- und VolksopernDir** beseitigt schließlich **faktisch** die — ursprünglich wohl bestandene — Notwendigkeit einer „Kompetenzabgrenzung"; insofern ist die DI jedenfalls als **gegenstandslos** zu bezeichnen.

(4) Geschäftsordnungen der Ballette

Bislang wurde nur am Rande auf die (organisatorische) Rechtsstellung des früheren Hofopern- und späteren Staatsopernballetts eingegangen[205]. Nach der Wiedereröffnung der Staatsoper 1955 entstand in der Volksoper ein eigenes Ballett[206]. 1973 wurde die Stellung der Ballette durch Schaffung einer gemeinsamen künstlerischen und pädagogischen Leitung neu geregelt[207]. Durch Erlaß des BMUK vom 1.11.1978 wurden eine neue „GeO für die Ballette der ÖBTh" erlassen, durch die die „gemeinsame künstlerische und administrative Leitung" wieder aufgelöst wurde[208]. Am 1.9.1980 erließ der BMUK eine GeO für das Wr Staatsopernballett, die „die bestehenden Erlässe vom 10.5.1971, vom 9.10.1972, vom 25.6.1973 und vom 1.11.1978 und die damals erlassenen GeO, soweit sie das Ballett der Wr Staatsoper betreffen, außer Kraft" setzte[209].

(5) Geschäftsordnungen des Generalsekretariats 1979/1980

Die nähere Organisation des GS des ÖBThV wurde erstmals 1971 durch einen „Organisationsplan" festgelegt[210]; die Erlassung einer GeO

203 Veröffentlicht in: ÖBThV, Bericht 1972/73, 35 f (zit bei *Bammer,* Theater 338 f.).
204 Begründung bei *Bammer,* Theater 339 f.
205 S umfassend *Amort*; vgl auch die Beiträge von *Jackson, Engerth, Hahnl, Endler* und *Brunner* in: NN, Ballettfestival.
206 *Endler*, in: NN, Ballettfestival 24.
207 „GeO für das koordinierte Ballett der Staatsoper und der Volksoper", Erlaß des BMUK vom 25.6.1973. S näher *Bammer,* Theater 340 f mwN.
208 BMUK 1.11.1978, 2142/78; publiziert in: ÖBThV, Bericht 1978/79.
209 Publiziert in: ÖBThV, Bericht 1979/80.
210 Abgedruckt in: ÖBThV, Bericht 1971/72, 38 ff.

des GS ist anhand der zugänglichen Quellen nicht belegbar. Durch Erlaß vom 28.9.1979 wurde eine „GeO und Organisationsplan des GS und der Dion für kulturelle Angelegenheiten“ geschaffen[211]: Durch deren Art I wurde „die seit 1.9.1972 bestehende GeO des ÖBThV mit Wirkung vom 1.10.1979 wie folgt abgeändert.“ Unklar ist, welcher Organisationsakt damit gemeint sein soll: Die DI 1971, deren Art II die GeO des ÖBThV enthielt, trat am 1.7.1971 in Kraft; ein Organisationsakt mit der formellen Bezeichnung „GeO des GS“ wurde offensichtlich nicht erlassen.

Mit Erlaß des BMUK wurde per 1.9.1980 eine neue „GeO und Organisationsplan des GS des ÖBThV“ geschaffen[212]. Der im folgenden wiedergegebene Art I des Erlasses soll die immer unübersichtlicher werdende Berufung auf (vermeintliche) Rechtsgrundlagen veranschaulichen:

„Mit Erlaß des BMUK vom 10.5.1971 [DI 1971] idF [der DI 1976] wurde auf der Grundlage des § 1 [VASTh] die Arbeitsweise des ÖBThV mit Wirkung vom 1.7.1971 bzw vom 1.9.1976 festgelegt. Mit einer gemeinsamen DI vom 8.10.1971, Z 7425/71, wurde das Verhältnis des ÖBThV zum BKA und dem BMF festgelegt. Aufgrund des [BMG 1973], § 7, Abs 1, 2 und 5 und des [VEG 1925], Art 5, Pkt V, sowie unter Bedachtnahme auf Art I dieses Erlasses[213] wird die nachstehende GeO mit Wirkung vom 1.9.1980 in Kraft gesetzt (Z 12392-Sekr/80). Der bisherige Erlaß über die Organisation des GS vom 28.10.1979, Z 1958/79, verliert mit 31.8.1980, soweit er die Organisation des GS betriffft[214], seine Gültigkeit.“

Eine weitere Novellierung dürfte durch Erlaß vom 31.10.1984 erfolgt sein[215]; der geltende Erlaß betreffend „Organisationsplan und GeO des GS des ÖBThV“ vom 20.1.1989 wird in Kapitel A.VII.5.c) dargestellt.

(6) Das Statut der Ballettschule

Im Bericht des ÖBThV 1986/87 ist unter der Überschrift „Reformen rechtlicher und organisatorischer Art“ für die Saison 1974/75 die „Erweiterung der Ballettschule (Auflösung der Tanzakademie an der Hochschule für Musik und darstellende Kunst)“ vermerkt[216]. Mit Wirkung vom 1.9.1984 wurde 1983 ein neues „Statut der Ballettschule der ÖBTh“ erlas-

211 Erlaß des BMUK 1958/79; abgedruckt in: ÖBThV, Bericht 1978/79; Details bei *Bammer,* Theater 342 f.

212 Abgedruckt in: ÖBThV, Bericht 1979/80. Im VOBl des BMUK erfolgte keine Publikation.

213 „Unter Bedachtnahme“ auf diesen Art I selbst?

214 Diese Formulierung scheint zu belegen, daß die DI 1976 durch den zit Erlaß vom 28.9.1979 materiell abgeändert worden war, da er offenbar nicht nur die „Organisation des GS“ betraf.

215 Ausdrücklich aufgehoben durch Art I des Erlasses vom 20.1.1989 (= ÖBThV 23.2.1989, 2361/88).

216 ÖBThV, Bericht 1986/87, V.

sen[217]. **§ 1** des Statuts, dessen publizierte Fassung keinen Hinweis auf Rechtsgrundlagen des Erlasses enthält, beinhaltet Bestimmungen über die **„Organisation der Ballettschule“:**

„(1) Die Ballettschule der ÖBTh hat den Zweck, Ballettänzer und Ballettänzerinnen durch Vermittlung einer umfassenden theoretischen und praktischen Ausbildung heranzuziehen. (2) Die Dion der Ballettschule bestimmt unter Beachtung der gesetzlichen Bestimmungen über den Besuch der Pflichtschule die abzuhaltenen regelmäßigen Unterrichtsstunden. Der Stundenplan ist unter Berücksichtigung des Dienstbetriebes in den BTh zu erstellen. (3) Die Ballettschule ist eine Vorbereitungsklasse und 8 Klassen eingeteilt. Das Schuljahr beginnt am 1.9. und endet am 30.6.“
§ 2 enthält Bestimmungen über die Aufnahmebedingungen, **§§ 3 f** über Aufnahms-, Halbjahres- und Jahresprüfungen, **§ 5** über das „Vortanzen“ und **§ 6** „sonstige Bestimmungen“.

Die kompetenzrechtliche und organisatorische Stellung der Ballettschule und die Rechtsnatur des „Statuts“ wird unter B.IV.4. untersucht.

(7) Die „Richtlinien für die Tätigkeit der Organe des Ensembles des Burgtheaters“

Mit Erlaß vom 12.4.1983, VOBl 62, wurden „Richtlinien für die Tätigkeit der Organe des Ensembles des Burgtheaters“ verlautbart. Diese Enuntiation enthält 13 Paragraphen; **§ 1** enthält die

„Aufgaben der Organe des Ensembles: (1) Die Organe des Ensembles sind nach Maßgabe der Bestimmungen dieser Richtlinien berufen, die **künstlerischen Interessen des Ensembles des Burgtheaters in der Dion des Burgtheaters und im GS des ÖBThV zu vertreten.** Sie sind auch berechtigt, diese Interessen in der Öffentlichkeit, beim BMUK sowie bei sonstigen Behörden und Organisationen wahrzunehmen. (2) Die Tätigkeit der Organe des Ensembles bezieht sich insb auf Fragen des Spielplanes, der Dramaturgie, der Ensemblebildung und Ensemblepflege, der Öffentlichkeitsarbeit sowie der Besetzung, soweit diese für die Erstellung des Spielplanes von Bedeutung sind. (3) Der Aufgabenbereich anderer gesetzlicher oder auf freiwilliger Mitgliedschaft beruhender Berufsvertretungen wird durch diese Richtlinien nicht berührt.“
§ 2 enthält die Begriffsbestimmung des „Ensembles“, **§ 3** enthält Bestimmungen über die „Wahrnehmung der Aufgaben“ der EV: „(2) Die Organe des Ensembles sind verpflichtet, sich im Rahmen der gesetzlichen Schranken über alle in ihre Ingerenz fallenden beabsichtigten Maßnahmen unverzüglich und eingehend zu informieren. Die Dion hat dies zu gewährleisten. (3) Die Organe des Ensembles sind nicht berechtigt, die individuellen Interessen einzelner Mitglieder wahrzunehmen.“

---

217 Erlaß des BMUK vom 22.1.1983, 2521/83, publiziert in: ÖBThV, Bericht 1983/84, 429 ff. 1980/81 wurde erstmals seit Gründung des ÖBThV ein „Statut der Ballettschule der BTh“ erlassen (ÖBThV, Bericht 1986/87, V). Vgl zu den Vorläufern dieses „Statuts“ *Amort* 190 ff. S auch B.IV.4.

§§ 4 — 12 der Richtlinien enthalten Bestimmungen über die **„Organe des Ensembles“** (Ensembleversammlung, -vertretung, -sprecher und -wahlausschuß), **§ 13** Abs 1 ordnet an, daß diese Richtlinien im VOBl zu verlautbaren seien und mit ihrer Unterzeichnung durch den BMUK in Kraft treten, Abs 2 bestimmt, daß mit Inkrafttreten dieser Richtlinien der „Erlaß des BMUK vom 22.9.1971, mit dem Richtlinien für die Tätigkeit der Ensemblevertretung des Burgtheaters in Geltung gesetzt wurden, außer Kraft“ tritt. Die Präambel der „Richtlinien“ nennt folgende **Rechtsgrundlagen:** „Gem § 7 Abs 5 [BMG] iVm § 1 [VASTh] werden vom BMUK folgende Richtlinien ... erlassen: ...“

Die Problematik dieses Erlasses wird unter B.IV.3. dargestellt.

(8) Die Aufhebung des Vorhangverbotes im Burgtheater

1983 wurde im VOBl des BMUK folgender Erlaß verlautbart: „Gem § 7 Abs 5 [BMG] iVm § 1 [VASTh] ergeht folgender Erlaß für das Burgtheater: Mit Wirkung vom 1.9.1983 ist das Vorhangverbot im Burgtheater aufgehoben.“[218] Zur Begründung wurde im Bericht des ÖBThV 1982/83 erläuternd ausgeführt:

„... Das Vorhangverbot, von dem niemand bis heute genau sagen kann, an welchem Tag und in welcher Form es verbindlich ausgesprochen wurde, und das sich merkwürdigerweise nie auf die Hofoper ausgedehnt hat, ist Ausdruck einer versteckten Zensur. Zensur jedoch ist mit einem demokratischen Theater unvereinbar. Aus einer pol ThO aus dem Jahre 1798 wurde 1800 eine HO, in der unter anderem das Vorhangverbot verankert war und an die man sich wahrscheinlich aus Gründen einer in diesem Fall falschen historischen Demut gehalten hat. Das Vorhangverbot wurde nicht erlassen, um den Schauspielern zu untersagen, sich nach der Vorstellung für den Applaus zu bedanken, sondern vor allem deshalb, um zu verhindern, daß den Schauspielern mehr Applaus gezollt wird als dem allerhöchsten Kaiserhaus. Wir haben längst eine andere Staatsform, die ein derartiges Zeremoniell heute als absurd erscheinen lassen muß. ...“[219]

Dirnberger hat bereits früher nachgewiesen, daß die von der Nö LReg auf kaiserlichen Befehl am 1.2.1800 erlassene sog „ThO“ für das Hofburg- und das Kärntnertortheater 27 Pkte umfaßte, die neben zahlreichen heute in den HOen geregelten Bestimmungen auch die Anordnung „dreimaligen Applauses nur für den kaiserlichen Hof (sog Vorhangverbot)“ enthielt[220]. Da eine „Geltung“ dieser „ThO“ aus 1800 — die richtigerweise als HO zu bezeichnen gewesen wäre — spätestens seit der Erlassung der HOen für die BTh nicht mehr angenommen werden kann, **entbehrte ein „Vorhangverbot“ seit 1924 jeder positivierten Rechtsgrundlage.** Fraglich war spätestens seit damals, wer überhaupt als **Adressat des Vorhangverbotes**

218 VOBl 1983/109; Erlaß des BMUK 31.8.1983, BThV 1742/83.
219 ÖBThV, Bericht 1982/83, 14 („Zur Aufhebung des Vorhangverbots“).
220 *Dirnberger*, Konflikte 263 mwN.

in Betracht kommen konnte: Nach der in der „ThO" von 1800 positivierten Fassung war einerseits das **Publikum** als Adressat anzusehen, da ein bestimmtes Verhalten im Theater als ungebührlich angesehen und vermutlich auch entsprechend sanktioniert wurde; andererseits war diese Anordnung auch an den **Dir** und an die **Schauspieler** gerichtet: Letzteren wurde implizit das Erscheinen vor dem Vorhang verboten, der Dir hatte für die Befolgung dieses Verbots zu sorgen. Da durch die seit 1924 angewandten HOen dem Publikum nur noch „störende Beifalls- und Mißfallensbezeigungen ... sowohl bei offenem als auch bei geschlossenem Vorhang verboten" sind, wäre ein „Vorhangverbot" nur dann von den HOen gedeckt gewesen, wenn Applaus (nur?) im Burgtheater **grundsätzlich** als „störende Beifallsbezeigung" gegolten hätte. § 5 der HOen enthält kein an die Schauspieler gerichtetes Verbot, vor dem Vorhang zu erscheinen; dies hätte dann außerdem auch — aufgrund gleichlautender HO-Bestimmungen — für Sänger an der Staatsoper gegolten. Offensichtlich war auch **keine sonstige Weisung der BurgtheaterDion, der BThVw (bzw ihrer Vorläufer) oder des BMU** aufzufinden, die einer Aufhebung zugänglich gewesen wäre.

Daher scheint fraglich zu sein, ob die in der Präambel des Aufhebungserlasses zit gesetzlichen Grundlagen tatächlich zutreffend sind: § 7 Abs 5 BMG ermächtigt bloß zur Schaffung einer von der üblichen Ministerialverwaltung abweichenden Organisation dem BM im Rahmen der GE; § 1 VASTh steht — falls überhaupt — nur noch als — fehlerhafte — VO in Geltung. In einer GE wäre die gegenständliche Anordnung systematisch unangebracht, vielmehr schiene eine **GeO** (des Burgtheaters) die systematisch richtige Norm zu sein, falls nicht überhaupt eine **Dienstanweisung des BurgtheaterDir** als ausreichend angesehen worden wäre. Offenbar waren die Schöpfer des zit Erlasses aber der Auffassung, daß — uU aus politischen oder „optischen" Gründen — ein **„Verbot des Kaisers" nur von einem obersten Organ der Republik aufgehoben werden könne;** dabei wurde jedoch übersehen, daß eine aufzuhebende Norm nicht mehr existierte und eine Tatsache (Tradition) durch eine Norm nicht „aufgehoben", sondern nur geregelt werden kann.

f) Das Verwaltungsabkommen hinsichtlich der baulichen Betreuung der Bundestheaterobjekte

Die ministerielle Zuständigkeit zur Verwaltung der BTh-Gebäude war seit jeher äußerst umstritten[221]. Diese interministeriellen Kompetenzstreitigkeiten dürften schließlich durch eine „Vereinbarung" zwischen dem BMHV und dem BMU beigelegt worden sein, die in den Akten jedoch nicht auffindbar ist[222]; in Fortführung dieser Verwaltungstradition wird auch

221 S insb A.II.10.e) sowie A.II.12.b); weiters A.III.4.g)(3).

heute noch die Verwaltung der BTh-Gebäude durch ein „Verwaltungsabkommen hinsichtlich der baulichen Betreuung der BTh-Objekte zwischen BMBT und BMUK“ geregelt:

„Übereinkommen zwischen dem BMUK, vertreten durch den ÖBThV, und dem BMBT, vertreten durch die BGV I-Wien, betreffend organisatorische Belange bei den BTh.

1. Verwaltungsorganisation

Die bautechnische Betreuung und die Verwaltung der durch den ÖBThV benützten Gebäude und Liegenschaften erfolgt durch die Abteilung BTh-Gebäude der BGV I-Wien im Einvernehmen mit der Hauptabteilung für Bauangelegenheiten und Gebäudeverwaltung des ÖBThV. Der gemeinsame Leiter der genannten Organisationseinheiten gehört dem Personalstand der BGV I-Wien an.

2. Trennung der Aufgaben und Verantwortung

2.1. ÖBThV — Bei den administrativen Angelegenheiten der Gebäudeverwaltung der BTh, beim Liegenschaftswesen, Sicherheits- und Publikumsdienst, bei Fund- und Kanzleiangelegenheiten, bei der Gebäudeaufsicht, der Bühnentechnik und den Betriebsanlagen, beim Klima- und Elektrodienst, bei den Hauswerkstätten, beim zentralen Einkauf und bei der Inventarisierung steht das Weisungsrecht dem BMUK im Wege des ÖBThV, im Rahmen des Organisationsplanes der BTh, zu.

2.2. BGV I-Wien — Bei allen Angelegenheiten der Architektur und der bautechnischen Betreuung liegt das Weisungsrecht beim BMBT im Wege der BGV I-Wien. Bei größeren bühnentechnischen Herstellungen gewährt die BGV I-Wien Amtshilfe in bautechnischen Angelegenheiten.

2.3. Personal — Bei Aufnahmen, Versetzungen und Beendigung von Dienstverhältnissen Bediensteter der BGV I-Wien, die sowohl Agenden der bautechnischen Betreuung als auch der Gebäudeverwaltung wahrzunehmen haben, hat der ÖBThV ein Vorschlagsrecht bzw das Recht auf Anhörung bei Vorschlägen anderer.

3. Klarstellende Abgrenzung

Nicht Gegenstand dieses Übereinkommens sind jene baupol und sicherheitstechnischen Angelegenheiten, für welche das BMBT als Behörde zuständig ist.

4. Vorgangsweise bei Angelegenheiten der Architektur und der bautechnischen Betreuung ...“[223]

An die Stelle der früheren BGV I ist nunmehr die „BundesbauDion Wien für Wien, NÖ und Bgld“ mit Sitz in Wien getreten, die ebenso wie die BGV I für die privatwirtschaftliche Verwaltung der im Eigentum des Bundes stehenden Gebäude in Unterordnung unter den BMwA zuständig ist[224]. Vom „Übereinkommen“ ausdrücklich ausgenommen sind jene Angelegenheiten, für welche sich der BMwA als Behörde für zuständig erachtete; prima facie wird somit nicht die Ausübung von Imperium übertragen oder aufgeteilt, sodaß eine Deutung des „Übereinkommens“ als **Delegation** oder als **Mandat** ieS von vornherein nicht in Betracht kommt[225].

222 Vgl A.II.10.e).
223 ÖBThV 1641/82.
224 Vgl *Walter/Mayer*, Verwaltungsrecht² 530 f.
225 Vgl dazu näher *Antoniolli/Koja* 310 f mwN.

Durch das „Übereinkommen" werden vielmehr zwei organisatorisch verschiedene Dienststellen, die — jede für sich — durch die GE des jeweiligen BM organisatorisch in ihre jeweilige Zentralstelle eingegliedert sind[226], dergestalt geregelt, daß insb die **Leitungsfunktionen dieser beiden Dienststellen in einer Person vereinigt werden (Personalunion);** dieses Leitungsorgan steht hinsichtlich seiner dienstlichen Aufgaben in einem doppelten — allerdings fachlich getrennten — Weisungsverhältnis zu den beiden beteiligten BM. Ob eine „Teildienstzuteilung" iSd § 39 BDG 1979 vorliegt, ist aus dem „Übereinkommen" nicht ersichtlich. Hinsichtlich des sonstigen Personals der Hauptabteilung III des GS des ÖBThV ist bemerkenswert, daß nur ein Teil des Personals zum Personalstand der BGV gehört, während die übrigen Bediensteten zum Personalstand des BMUK zählen.

Problematisch ist, ob **durch „Verwaltungsübereinkommen"** die in der Anlage zu § 2 BMG angeführten **Zuständigkeiten der BM abgeändert werden können:** Gem lit C, Z 21 der Anlage zu § 2 BMG 1986 umfaßt der aWB des BMwA die „Verwaltung aller Bauten ... des Bundes ... soweit sie nicht in die Zuständigkeit eines anderen BM fallen", gem lit K, Z 2 der Anlage zu § 2 BMG 1986 umfaßt der aWB des BMUK das Sachgebiet „BTh". Durch Auslegung wäre nunmehr zu ermitteln, ob die Verwaltung der BTh-Gebäude ein Geschäft darstellt, die den **WB mehrerer BM** betrifft: Diesfalls wäre dieses Geschäft nach den Bestimmungen des § 5 BMG zu besorgen. Erachtet man „Verwaltungsübereinkommen" als Vereinbarung einer „gemeinsamen Vorgangsweise" iSd § 5 Abs 1 Z 1 und Abs 2 BMG 1986, könnte ein derartiges „Übereinkommen" als gesetzlich gedeckt angesehen werden. Offen bleibt, ob die **auf Dauer angelegte Einrichtung einer in personeller Hinsicht weitgehend einheitlichen Dienststelle noch als „Geschäft" — dh als konkreter Verwaltungsakt[227] — verstanden werden kann;** § 5 BMG dürfte vielmehr ausschließlich (iwS) außenwirksame Akte decken, nicht jedoch bloß organisatorische Maßnahmen. Dieses Ergebnis wird auch durch § 7 Abs 6 BMG 1986 gestützt, wonach die „Einrichtung von Behördenbibliotheken und Registraturen, von Buchhaltungen sowie von Ein- und Abgangs-, Kanzlei-, Schreib- und sonstigen Hilfsstellen für den Bereich mehrerer BM" ausdrücklich für zulässig erklärt wird; diese Bestimmung deutet darauf hin, daß ausschließlich die genannten „gemeinsamen" Einrichtungen für den Bereich mehrerer BM zulässig sind. Es ist ausgesprochen fraglich, ob eine **Umgehung** dieser Bestimmung durch die Einrichtung formal getrennter, personell jedoch einheitlicher Dienststellen zulässig ist; zudem scheint § 7 Abs 6 BMG ausschließlich die Einrichtung von **„Hilfsstellen"**, nicht je-

226 Abteilung 408 (BTh) der BundesbauDion Wien für Wien, NÖ und Bgld.; Hauptabteilung III (Bau- und Gebäudeverwaltungsangelegenheiten) des GS des ÖBThV.

227 So ausdrücklich die RV zum BMG, 483 BlgNR XIII. GP, 27.

doch von zur Besorgung von **„Geschäften"** berufenen Dienststellen zu decken. Vertritt man mit der hM die Auffassung, daß Art 18 Abs 1 B-VG auch die gesamte Privatwirtschaftsverwaltung des Bundes umfaßt, scheint die Einrichtung der gegenständlichen, formell getrennten, personell jedoch einheitlichen Dienststelle durch „Übereinkommen" unzulässig zu sein, da auch die Übertragung von Zuständigkeiten im Bereich der Privatwirtschaftsverwaltung nur durch G oder durch ein auf ein G gestützte VO möglich ist. Die gegenständliche Konstruktion stellt offensichtlich einen — rechtlich fragwürdigen — Kompromiß in der jahrzehntelang interministeriell umstrittenen Frage dar, ob die — inhaltlich zweifellos zutreffende — Qualifikation der einzelnen BTh als Betriebe (betriebsähnliche Einrichtungen) iSd vom MR 1925 beschlossenen „Grundsätze für die Einrichtung und Geschäftsführung der BGV"[228] nicht aus sachlichen Gründen ihre Exemtion aus der allgemeinen Gebäudeverwaltung nahelegen würde. **Die gewählte Konstruktion löst diesen Konflikt zwar salomonisch, aber juristisch fragwürdig.**

9. Das Ausschreibungsgesetz 1974

Durch BG vom 7.11.1974, „mit dem Bestimmungen über die Ausschreibung bestimmer leitender Funktionen getroffen werden (AusG)", wurde ein „lang gehegter Wunsch, ... der in der politischen Diskussion immer wieder öffentlich gefordert wurde"[229], erstmals gesetzlich verwirklicht. Gem der RV sollte gem § 1 leg cit

„der Betrauung einer Person mit der Leitung einer der folgenden Dienststellen (Dienststellenteile) ... eine Ausschreibung vorangehen: a) Im Bereiche sämtlicher Zentralstellen ... 1. Sektion, 2. Gruppe, 3. Abteilung; ... e) Im Bereiche des BMUK: 1. BTh iSd [BThPG] ...". Nach den EB sollte der Begriff „Dienststelle ... Behörden, Ämter und andere Verwaltungsstellen sowie die Anstalten und Betriebe des Bundes, die nach ihrem organisatorischen Aufbau eine verwaltungs- oder betriebstechnische Einheit darstellen (§ 15 Abs 9 der DP idF des BG BGBl 148/1969)" umfassen; der Begriff „Dienststellenteil" sei auch im § 4 des PVG gebraucht[230].

Im Zuge der Ausschußberatungen wurde dem § 1 lit a eine Z 4 angefügt: Auch die Leitung „sonstiger organisatorischer Einheiten, die den unter Z 1 — 3 erwähnten gleichzuhalten sind", sollte ausschreibungspflichtig sein[231]. Die Materie wurde durch das unter A.VII.3. dargestellte AusG 1989 neu geregelt. Hier sollen lediglich kurz die Fragen beantwortet

228 S näher A.II.10.e).
229 RV 748 BlgNR XIII. GP.
230 S zur Frage, ob das **GS des ÖBThV eine „Dienststelle"** iSd § 1 Abs 4 PVG darstellt, VwGH 2.3.1989, 88/09/0010 (ZfVB 1990/1392); dazu näher B.IV.5.
231 AB 1305 BlgNR XIII. GP.

werden, ob „sonstige organisatorische Einheiten“ iSd § 1 lit a Z 4 AusG 1974 den abweichenden Organisationseinheiten gem § 7 Abs 5 BMG stets **gleichzuhalten** sind, und ob ein „BTh iSd BThPG“ tatsächlich als „Dienststelle (Dienststellenteil)“ qualifiziert werden kann. § 1 lit a Z 4 AusG 1974 wurde, wie erwähnt, erst im Zuge der Ausschußberatungen eingefügt; der AB enthält keine Hinweise auf die Motive für diese Abänderung. Die RV des AusG 1974 ist mit 24.5.1973 datiert, das BMG wurde am 11.7.1973 vom NR beschlossen. Es deutet somit manches darauf hin, daß bei der Ausarbeitung des AusG die Spezialregelung des — noch nicht beschlossenen — § 7 Abs 5 BMG, die eine Abweichung von der herkömmlichen Ministerialstruktur ermöglichen sollte, entweder übersehen wurde oder daß derartige Leitungsfunktionen den Schöpfern der RV als nicht ausschreibungswürdig erschienen.

§ 7 Abs 3 — 6 BMG ermächtigt zu jeweils verschiedenen **organisatorischen Abweichungen von der allgemeinen Ministerialstruktur:** Abs 3 spricht von „sonstigen organisatorischen Einrichtungen“, Abs 4 von „Einrichtungen“, Abs 5 von „abweichender Organisation“ und Abs 6 von verschiedenen „Hilfsstellen“. Da § 7 Abs 1 und 2 BMG die Gliederung der BM in Sektionen, Gruppen, Abteilungen und Referate anordnet, wobei die (potentielle) Abteilungsuntergliederung „Referat“ von § 1 lit a AusG 1974 nicht erfaßt war, dürfte von einer „gleichzuhaltenden sonstigen organisatorischen Einheit“ iSd § 1 lit a Z 4 AusG 1974 nur dann gesprochen werden können, wenn die von dieser Einheit zu besorgenden Geschäfte „unter Bedachtnahme auf ihre Bedeutung und ihren Umfang nach Gegenstand und sachlichem Zusammenhang“ (§ 7 Abs 1 BMG) nicht von einem „Referat“ iSd § 7 Abs 2 BMG besorgt werden können. Bei einer Beurteilung der Bedeutung und des Umfangs der vom GS des ÖBThV zu besorgenden Geschäfte kann dies nicht ernsthaft behauptet werden; vielmehr deutet auch die Untergliederung des GS in vier „Hauptabteilungen“ und deren weitere Untergliederung in referatsähnliche Organisationseinheiten darauf hin, daß das **GS des ÖBThV einer Gruppe oder Sektion des BMUK gleichzuhalten ist.**

Der erste GS des ÖBThV wurde im Jahre 1971 noch vor Geltung des AusG 1974 bestellt; die Bestellung seines Nachfolgers mit Beginn 1988 wurde ebenfalls ohne Ausschreibung durchgeführt. Diese Vorgangsweise muß als **rechtswidrig** qualifiziert werden, da seitens des BMUKS wohl nicht ernsthaft die Auffassung vertreten worden sein dürfte, daß das GS des ÖBThV nach Bedeutung und Aufgabenstellung nicht mit einer Sektion, Gruppe oder Abteilung eines BM verglichen werden könne. Diese Vorgangsweise führte auch zur — legistisch mißglückten — ausdrücklichen Normierung der Ausschreibungspflichtigkeit der Leitungsfunktion des GS durch das AusG 1989[232]. Zu bemerken ist in diesem Zusammenhang allerdings auch, daß seit Geltung des AusG 1974 auch **keine einzige**

Ausschreibung einer Leitungsfunktion eines der drei BTh stattgefunden hat. Da die BTh jedoch ausdrücklich in § 1 lit a Z 1 AusG 1974 genannt waren, waren diese Nichtausschreibungen zweifellos rechtswidrig. Im Gegensatz zur Neubestellung des GS im Jahre 1987[233] lösten diese Unterlassungen aber keine politischen Stellungnahmen aus.

Unter dem rechtswissenschaftlichen Begriff **„Dienststelle"** wird eine „planmäßige, rechtlich geregelte, von einer physischen Person unabhängige Stelle, die zur Durchführung bestimmter öffentlicher Aufgaben berufen ist", verstanden[234]. Von den EB zum AusG wird der Begriff der „Dienststelle" — wie im PVG — jedoch insofern weiter verstanden, als auch „Anstalten und Betriebe des Bundes, die nach ihrem organisatorischen Aufbau eine verwaltungs- oder betriebstechnische Einheit darstellen", als „Dienststelle" qualifiziert werden[235]; der Begriff „Dienststellenteil" wird nicht näher definiert. Der Begriff „Dienststelle" wird nunmehr auch vom BGD 1979 in §§ 36 und 38 ohne nähere Definition vorausgesetzt. Da von der hM die Einrichtung einer Dienststelle durch G offenbar nicht für notwendig erachtet wird (arg: „rechtlich geregelt"), spricht nichts gegen eine Bezeichnung der „BTh" als „Dienststelle". Durch das AusG wird jedoch nicht geklärt, ob ein „BTh" als „Dienststelle" oder lediglich als „Dienststellenteil" anzusehen ist. Bemerkenswert ist, daß zur **Definition des Begriffes „BTh"** das BThPG herangezogen wurde: Naheliegender wäre sicherlich die Begriffsbestimmung durch Art 10 Abs 1 Z 13 B-VG gewesen, da das BThPG selbst **keine** Bestimmung des Begriffes „BTh" enthält, sondern diesen offenbar voraussetzt. Zu betonen ist, daß die Nennung der „BTh" in § 1 lit e Z 1 AusG 1974 fehlende gesetzliche Grundlagen nicht substituieren kann, da das AusG die genannten **Dienststellen bzw -teile nicht konstituiert, sondern vielmehr voraussetzt.**

---

232 Vgl dazu A.VII.3.

233 Vgl zB „Die Presse" und WZ vom 14.10.1987.

234 So *Antoniolli/Koja* 308; so schon *Antoniolli*, AVR 142, unter Hinweis auf *Pfeiffer*, Verwaltungsrecht, Allgemeiner Teil (1942).

235 Vgl § 1 Abs 4 PVG; dazu B.IV.5. sowie VwGH 2.3.1989, 89/09/0010 (ZfVB 1990/1392).

VI. „Angelegenheiten der Bundestheater mit Ausnahme der Bauangelegenheiten" — Die B-VG-Novelle 1984

1. Der Gesetzgebungsprozeß

Das Forderungsprogramm der Bundesländer 1976 zielte darauf ab, die Stellung der Länder im Bundesstaat zu stärken; ebenso legten der Österreichische Städtebund und der Österreichische Gemeindebund Forderungskataloge vor, die gleichartige Zielrichtungen für Städte und Gemeinden verfolgten[1]. 1984 wurde ein Entwurf einer Nov zum B-VG als RV eingebracht, der der teilweisen Verwirklichung des Forderungsprogrammes der Bundesländer dienen sollte. Gegenforderungen des Bundes wurden im Interesse einer rascheren Teilverwirklichung der Länderforderungen zurückgezogen, aber auch die Forderungen des Gemeinde- und des Städtebundes in die Verhandlungen einbezogen. Der Entwurf der B-VGN spiegelt nach ausdrücklicher Aussage der EB das Ergebnis dieser Verhandlungen wider[2]. Gem Art I Z 1 der RV sollte der BTh-Kompetenztatbestand in Art 10 Abs 1 Z 13 B-VG mit dem Ziel neu gefaßt werden, alle Bauangelegenheiten der BTh in die Landeskompetenz zu überführen:

„Nach dem derzeit geltenden Art 10 Abs 1 Z 13 B-VG sind ‚alle Angelegenheiten der BTh', ihre Bauangelegenheiten lediglich mit Ausnahme der ‚Bestimmung der Baulinie und des Niveaus' sowie der baubehördlichen ‚Behandlung von Herstellungen, die das äußere Ansehen der Theatergebäude betreffen', Bundessache in Gesetzgebung und Vollziehung. Die vorgeschlagene Neufassung sieht nun vor, daß ausnahmslos alle Bauangelegenheiten der BTh — unbeschadet der Geltung des Art 15 Abs 5 B-VG[3] — gem Art 15 Abs 1 B-VG in die Zuständigkeit der Länder fallen. Ausdrücklich zu betonen ist, daß durch diese Ausweitung der Landeszuständigkeit in Bauangelegenheiten die bisherige Zuständigkeit des Bundes in **fpol und thpol Angelegenheiten der BTh** nicht berührt wird. Diese Angelegenheiten bleiben somit Bundessache in Gesetzgebung und Vollziehung."[4]

Der VerfA zog die RV am 22.11.1984 in Verhandlung; die vorgeschlagene Abänderung des BTh-Kompetenztatbestandes wurde unverändert übernommen[5]. Das „BVG, mit dem das B-VG idF von 1929 geändert wird", wurde am 27.11.1984 beschlossen; es trat gem Art IV leg cit mit

1 EB zu RV 446 BlgNR, XVI. GP, 4.

2 EB zur RV 446 BlgNR, XVI. GP, 5. Vgl zur Vorgeschichte der B-VGN 1984 ausführlich *Berchtold*, Verhandlungen.

3 Zu beachten ist, daß die **Volksoper (noch) kein bundeseigenes Gebäude** ist; Art 15 Abs 5 B-VG ist somit unanwendbar.

4 EB zur RV 446 BlgNR, XVI. GP, 5 (Hervorhebung im Original).

5 468 BlgNR, XVI. GP.

1.1.1985 in Kraft. Bemerkenswert ist, daß die B-VGN 1984 keine für die Abänderung des BTh-Kompetenztatbestandes anwendbaren Übergangsbestimmungen — etwa die Anordnung der sinngemäßen Geltung der §§ 2 — 6 ÜG 1920 — enthält. Gesetzestechnisch wurde die von der RV gewählte Vorgangsweise — Neuerlassung der gesamten Z 13 des Art 10 Abs 1 B-VG — beibehalten. Der BTh-Kompetenztatbestand lautete somit mit Wirkung vom 1.1.1985: „alle Angelegenheiten der BTh mit Ausnahme der Bauangelegenheiten".

2. Die Interpretation der B-VG-Novelle 1984

a) Grammatikalische Interpretation

Zu untersuchen ist hier einerseits die Bedeutung des Entfalls des dem Wort „Angelegenheiten" zuvor vorangestellt gewesenen Indefinitpronomens **„alle"**, andererseits die Bedeutung des Begriffes **„Bauangelegenheiten"**. Wie bereits in Kapitel A.III.5.b) und c) erwähnt, stellte der BTh-Kompetenztatbestand das einzige Beispiel für die Voranstellung des Wortes „alle" vor dem gelegentlich ein zweites Mal in den einzelnen Kompetenztatbeständen vorkommenden Wortes „Angelegenheiten" dar. Bereits die durch die B-VGN 1926 angefügte einschränkende Wendung hatte zur Folge, daß bei Anwendung jedweder Interpretationsmethode ohnedies jede nicht ausdrücklich ausgenommene — auch **nicht theatertypische** — Angelegenheit als Bundessache in Gesetzgebung und Vollziehung anzusehen war[6]. Somit wurde eine 1925 noch durchaus bedeutungsvolle Anordnung seit Inkrafttreten der B-VGN 1926 — als „Überregelung" — normativ bedeutungslos.

Bei der grammatikalischen Auslegung des Begriffes **„Bauangelegenheiten"** ist vorweg anzumerken, daß das B-VG an mehreren Stellen Begriffe mit dem Wortteil **„Bau-"** verwendet: So spricht Art 15 Abs 5 B-VG von „Akten der Vollziehung in **Bausachen"** und von der „Bestimmung der **Baulinie"**, Art 111 von „Angelegenheiten des Bauwesens", Art 15 Abs 3 sowie Art 118 Abs 3 Z 9 sprechen von „ö**BauPol"** bzw „**baupol** Rücksichten". Der Begriff **„Bausachen"** dürfte im Zusammenhang mit der ausschließlich auf die Vollziehungskompetenz abstellenden Bestimmung des Art 15 Abs 5 B-VG dahingehend zu interpretieren sein, daß lediglich **„Sachen"** iSd § 8 AVG bzw „Verwaltungs**sachen"** iSd § 37 AVG — sohin **individuelle** Akte — angesprochen sind. Gegen eine Einbeziehung der Kompetenz zur Erlassung von DVO aufgrund Art 15 Abs 5 B-VG in mBV spricht auch die Regelung des Instanzenzuges im 2. Halbsatz der zit

6 Vgl dazu A.IV.1.b) und A.IV.2.

Bestimmung[7]. Der Ausdruck „(ö)**BauPol**“ deutet primär auf eine Kompetenz zur Setzung individueller Verwaltungsakte hin[8]. Hinsichtlich der Bedeutung des Begriffs **„Angelegenheiten“** hat der VfGH ausgesprochen, daß „nur solche Verhältnisse und Vorgänge erfaßt werden, die begrifflich zu der betreffenden Materie gehören“; **„-wesens“**-Tatbestände seien hingegen umfassend zu interpretieren[9]. Demnach wäre der Begriff **„Bauangelegenheiten“ einschränkend** („begriffliche Zugehörigkeit“) **auszulegen,** er dürfte somit zur Betonung des Gegensatzes zu den lediglich auf Vollziehungskompetenzen abstellenden Begriffen „BauPol“ und „Bausachen“ gewählt worden sein, wobei aber die nicht-umfassende Bedeutung der Länderkompetenz zu berücksichtigen ist. In Kauf genommen wurde damit eine stilistisch mangelhafte **dreimalige** Verwendung des Begriffes „Angelegenheiten“ in einem einzigen Kompetenztatbestand[10]. Dieser Begriff dürfte nicht zuletzt im Hinblick auf die Absicht des historischen Verfassungsgesetzgebers gewählt worden sein, die Zuständigkeit des Bundes in f- und thpol Angelegenheiten der BTh weiterhin dem Bund vorzubehalten[11]. Gerade diese Absicht des historischen Verfassungsgesetzgebers wirft jedoch im Hinblick auf den Wortlaut des Kompetenztatbestandes nicht unbeträchtliche Probleme auf, da sich die Materien Bau- und FPol voneinander kaum befriedigend abgrenzen lassen[12]; ein großer Teil der in BauO enthaltenen Regelungen weist, wie in Kapitel A.VI.2.b) gezeigt wird, einen mehr oder weniger deutlich zum Ausdruck kommenden fpol Inhalt auf.

b) Systematische Interpretation

Durch die B-VGN 1984 wurden aufgrund ihres klaren Wortlautes die „Bauangelegenheiten“ der BTh zur Landessache in Gesetzgebung und Vollziehung. Dem — hinsichtlich der grammatikalischen Interpretation weitgehend belanglosen — Entfall des vorangestellten Indefinitpronomens „alle“ kann mangels jedweden Hinweises in den Mat nicht die Wirkung zugesonnen werden, daß Jugendschutz(Pol) in Angelegenheiten der BTh zur Landessache in Gesetzgebung und Vollziehung geworden wäre. **Polizeiliche Zugangsbeschränkungen zu Vorstellungen der BTh sind vielmehr als typisch thpol Angelegenheit weiterhin als Bundessache in**

7 Vgl zur Problematik näher *Schönegger*.

8 Vgl dazu näher VwSlg 7210A, 7319A.

9 VfSlg 2733; aA *Ermacora*, VfGH 152. Vgl zur Problematik A.III.5.b).

10 „Bundessache ist die Gesetzgebung und die Vollziehung in folgenden **Angelegenheiten:** ... 13. ... **Angelegenheiten** der BTh mit Ausnahme der **Bauangelegenheiten;** ...“

11 Wäre der Bund für „Angelegenheiten der BTh mit Ausnahme des **Bauwesens**“ zuständig, ließe sich der Wortlaut des Kompetenztatbestandes mit der subjektiven Absicht des historischen Gesetzgebers kaum in Einklang bringen.

12 Vgl dazu A.III.6.b)(1) und (2) mwN.

Gesetzgebung und Vollziehung zu qualifizieren[13]. In Ermangelung überleitungsfähiger Bestimmungen zum Zeitpunkt 1.10.1925[14] bzw (bundes)gesetzgeberischer Aktivitäten seit diesem Zeitpunkt **bestehen derzeit keine behördlichen jugendschutzpol Zugangsbeschränkungen zu BTh-Vorstellungen.** Zu beachten ist allerdings, daß die LandesjugendschutzG außerhalb der BTh-Veranstaltungsstätten grundsätzlich uneingeschränkt gelten und daß zudem sonstige bundesgesetzliche Regelungen, wie zB §§ 146 ff ABGB oder § 199 StGB auch in den BTh-Veranstaltungsstätten ohne Einschränkung gelten. Unzutreffend ist jedoch die von der Verwaltungspraxis vertretene **„analoge Anwendung" des Wr JugendschutzG** auf Veranstaltungen der BTh[15].

Problematisch ist die vom historischen Verfassungsgesetzgeber intendierte **Trennung der Zuständigkeiten in „f- und thpol Angelegenheiten" einerseits und in „Bauangelegenheiten" andererseits:** Insb eine kompetenzrechtliche Trennung der FPol von der BauPol ist mit zahllosen Unschärfen und Kompetenzüberschneidungen verbunden[16]. Zu bemängeln ist hier auch das Fehlen jedweder Übergangsbestimmungen. Eine **befriedigende Abgrenzung von Bundes- und Landeszuständigkeiten** kann folgendermaßen vorgenommen werden: Für Angelegenheiten der BTh galten als BG seit 1.10.1925 das NöThBG, die FPolO für Wien und die BauO für Wien[17]. Für den Bereich des Bundeslandes Wien galten zum Zeitpunkt des Inkrafttretens der B-VGN 1984 das Wr VeranstaltungsG, das Wr VeranstaltungsstättenG und die Wr BauO[18]. Da BTh zum Zeitpunkt der Erlassung der B-VGN 1984 ausschließlich in Wien bestanden, könnte eine Abgrenzung der — damals wie heute nur für den Bereich des Landes Wien praktischen — Kompetenzverschiebung dadurch vorgenommen werden, daß unter **„Bauangelegenheiten" ausschließlich Regelungen jener Art verstanden würden, wie sie am 1.1.1985 in der Wr BauO enthalten waren; hingegen hätten all jene Angelegenheiten, die — als typisch theaterbaupol oder typisch theaterfeuerpol Angelegenheiten — vom NöThBG als BG bzw vom Wr VeranstaltungsG und Veranstaltungs-**

13 Vgl A.III.6.b)(3).

14 Da weder 1926, 1929 noch 1984 eine Kompetenzverschiebung in Angelegenheiten des Jugendschutzes eintrat, kommt nur die erstmalige Normierung des BTh-Kompetenztatbestandes durch die B-VGN 1925 in Betracht.

15 Das Wr JugendschutzG, LGBl 1985/34, ist in den BTh regelmäßig ausgehängt. Kritisch zu dieser Praxis auch der RH (TB Verwaltungsjahr 1975, 168). Auch die HOen enthalten keine — zivilrechtlich deutbaren (vgl B.VII.) — Bestimmungen über das für den Besuch von BTh-Veranstaltungen notwendige Mindestalter; vgl A.II.11.

16 Vgl bloß *Bernárd*; *Krzizek* I 26 ff, mit ausführlicher Darstellung der Entwicklung der Bau- aus den FeuerlöschOen.

17 Vgl A.III.4.e); weiters A.IV.2.c) und d).

18 LGBl 1971/12 idF LGBl 1984/31. LGBl 1978/4. LGBl 1930/11 idF der Nov bis 1984 (vgl *Walter/Mayer*, Verwaltungsrecht[2] 740, 770).

stättenG geregelt wurden, iSd Mat zur B-VGN 1984 Bundessache in Gesetzgebung und Vollziehung zu bleiben. Diese Abgrenzung wäre im Fall der etwaigen Errichtung oder des Betriebs von BTh in anderen Bundesländern wohl — ungeachtet der geltenden Landesveranstaltungs- und -baunormen — zu verallgemeinern, da ein Bundeskompetenztatbestand gegenüber allen Bundesländern grundsätzlich gleich auszulegen ist[19]. Diese Vorgangsweise entspricht der Versteinerungstheorie, da der Verfassungsbegriff „Bauangelegenheiten" iSd unterverfassungsrechtlichen Rechtslage — somit iSd der hier relevanten Wr BauO — verstanden wird; ebenso werden die in den Mat genannten Begriffe „th- und fpol Angelegenheiten" iSd theaterbaupol und theaterfeuerpol Spezialnormen verstanden. Gegen diese Vorgangsweise spricht allerdings, daß Sondervorschriften — wie zB das Wr VeranstaltungsstättenG — zumindest teilweise **Baurecht im materiellen Sinn** beinhalten, dh Normen, die bestimmen, wo und insb wie gebaut werden darf[20]. Zu diesem Ergebnis kommt man auch bei einer historischen Betrachtungsweise. Dies kann aber nicht darüber hinwegtäuschen, daß die traditionelle Systematik Normen wie das NöThBG oder das Wr VeranstaltungsstättenG nicht im Rahmen des Baurechts, sondern im Rahmen des Veranstaltungsrechts behandelt[21]. Diese traditionelle Systematik ist demnach auch bei der Ermittlung der Bedeutung des Verfassungsbegriffes „Bauangelegenheiten" maßgeblich.

Als allgemeinste Auslegungsregel des Verfassungsrechts wird von der Jud des VfGH jene des „Vorrangs des Wortlautes" angesehen, als zweite Sinnermittlungsmethode die „Versteinerungstheorie"[22]. **Die von der B-VGN 1984 gewählte Regelungstechnik ist daher grundsätzlich verfehlt:** Sofern der Verfassungsgesetzgeber einem Verfassungsbegriff einen besonderen — von der übrigen Rechtsordnung abweichenden — Begriffsinhalt zumessen will, hat er dies selbst zu tun, dh in Form von VG. Der Verfassungsgesetzgeber wäre somit verhalten gewesen, anstelle des — historisch und inhaltlich — weit zu verstehenden Begriffs „Bauangelegenheiten" einen präzisen Kompetenztatbestand zu schaffen, etwa: **„Angelegenheiten der BTh mit Ausnahme der allgemeinen Bauangelegenhei-**

---

19 Es kann somit nicht auf den in jedem Bundesland verschiedenen Normenbestand (an LG bzw partikulärem Bundesrecht) ankommen; heranzuziehen ist vielmehr die typische Abgrenzung für den Bereich des Bundeslandes Wien per 1.1.1985.

20 So *Krzizek* I 12.

21 Vgl zB *Geuder/Hauer; Walter/Mayer*, Verwaltungsrecht[2] 736 ff, 769 ff; vgl weiters *Krzizek* II 438 ff (457 ff). Nach der Systematik von *Mayrhofer/Pace* III[5] 912 ff, bzw IV[5], ergingen Vorschriften wie die ThO im Rahmen des „Sittenwesens", das ua die „staatliche Förderung der Kunst und Wissenschaft" und „thpol Vorschriften" umfaßte, während die „fpol Vorschriften" im Rahmen der „SachenPol" ua „fpol Spezialvorschriften in Bezug auf Theater und ähnliche Vergnügungsetablissements" enthielten. Diese traditionelle Nichtzuordnung der VeranstaltungsstättenG zum Baurecht blieb bis heute erhalten.

22 Vgl mwN A.III.4.h).

ten, worin jedoch th- und fpol Angelegenheiten nicht inbegriffen sind"; oder: „Angelegenheiten der BTh einschließlich der Th- und FPol, jedoch mit Ausnahme der allgemeinen Bauangelegenheiten". Derartige verfassungsgesetzliche Anordnungen könnten — was jedoch gesetzestechnisch grundsätzlich nicht zu begrüßen ist — uU auch in „Übergangsbestimmungen" geregelt werden[23]. Bei strikter Anwendung der vom VfGH in ständiger Jud vertretenen Auffassung vom **Vorrang des Wortlauts** sprechen somit gute Gründe für ein **weites Verständnis des Begriffes der „Bauangelegenheiten"**, die somit **auch** die im NöThBG als BG bzw im Wr VeranstaltungsstättenG geregelten Angelegenheiten umfaßten. Zahlreiche Bestimmungen des BThSG wären somit aus einem weiteren Grund verfassungswidrig, da sie theaterfeuer- bzw -baupol Inhalts sind[24]. Zu kritisieren ist daher die legistisch verfehlte Vorgangsweise zur Erfüllung des Forderungsprogrammes der Bundesländer: Sofern die maßgeblichen Organe des Bundes der Auffassung waren, auf bestimmte Kompetenzen in Angelegenheiten der BTh nicht verzichten zu können, wäre eine im Kompetenzartikel selbst zum Ausdruck kommende Normierung dieser Auffassung geboten gewesen. Offenbar wollte man sich aber einen **Akt kostenloser bundesstaatlicher Imagepflege** in Form einer primär optischen Kompetenzverschiebung leisten, die aber bei näherer Betrachtung — hier: der Mat — keineswegs hält, was sie prima facie verspricht. Zu betonen ist aber auch, daß die vom Bund durch die Erlassung des BThSG unübersehbar in Anspruch genommene Kompetenz in f- und thpol Angelegenheiten mit durchaus guten Gründen bestritten werden könnte.

3. Die unterverfassungsrechtliche Rechtslage (Das Versteinerungsmaterial)

Seit dem 1.10.1925 galten für den Bereich des Bundeslandes Wien das NöThBG, die Wr BauO und die Wr FPolO auch als partikuläre BG, soweit sie auf BTh anzuwenden waren bzw sind. Der Anwendungsbereich der Wr BauO wurde durch die B-VGN 1926 eingeschränkt. Da nach der B-VGN 1984 die „Bauangelegenheiten" der BTh in die Landeskompetenz überführt werden sollten, stellt sich — mangels Übergangs- oder Überleitungsbestimmungen — die **Frage, nach welchen Normen die Bauangelegenheiten der BTh seit dem 1.1.1985 zu beurteilen sind.** Bejaht man mit der hM und Jud die **analoge Anwendbarkeit der §§ 2 — 6 ÜG 1920 auf übergangsbestimmungslose Kompetenzänderungen**[25], so ist grundsätz-

23 ZB die sog „Übergangsbestimmungen" der B-VGN 1962 oder 1988.

24 Diesem augenfälligen Problem versucht das BThSG nicht zuletzt durch die Verwendung des **Tarnbegriffes** „Sicherheitstechnik" zu entgehen. Vgl B.VI. sowie *Bammer*, BThSG.

25 Vgl A.IV.2.a) mwN.

lich bei einem Kompetenzübergang vom Bund auf die Länder davon auszugehen, daß ein „altes“ BG in jedem Land als LG zu gelten hat (§ 4 Abs 2 ÜG 1920). Für den Bereich der Bundesbauangelegenheiten im Bundesland Wien stand bis 1984 grundsätzlich die **Wr BauO von 1883 in ihrer Fassung vom 1.10.1925 mit den zur Zeit der deutschen Okkupation eingeführten und nicht (ausdrücklich) aufgehobenen materiellen bzw organisatorischen Abänderungen und Ergänzungen in Geltung.**

Fraglich ist, ob für die in die Landeszuständigkeit überführten Bauangelegenheiten der BTh unter sinngemäßer Anwendung des § 4 Abs 2 ÜG 1920 seit 1.1.1985 **der bisherige bundesgesetzliche Normenbestand als LG** zu gelten hat, oder ob vielmehr die Bestimmungen der **Wr BauO von 1929** idgF Anwendung zu finden haben. Zu berücksichtigen ist hiebei die Besonderheit, daß für — im wörtlichen Sinn — verschiedene **Gesichtspunkte** von bestimmten Regelungsgegenständen (dh: Theatergebäuden) verschiedene Bundes- und Landesnormen galten, wobei die Bundesnormen im Lauf der Jahrzehnte — sieht man von der Einführung des deutschen Rechts ab — unverändert blieben. Grundsätzlich spräche nichts gegen die Weitergeltung der bisherigen bundesrechtlichen Bestimmungen als Landesnormen **neben** der für andere Teile der BTh-Gebäude geltenden Wr BauO von 1929 idgF. Für den speziellen Fall der durch Kompetenzübergang auf die Länder beseitigten Parallelgeltung bundes- und landesrechtlicher Bauvorschriften scheint die Lösung naheliegend zu sein, **ausschließlich die bereits bestehenden und voll anwendbaren Vorschriften der durch den Kompetenzübergang begünstigten Gebietskörperschaft als nunmehr uneingeschränkt in Geltung stehend anzusehen.** Dies stellt eine Ausnahme von der sonst bei Fehlen von Überleitungsbestimmungen analogen Heranziehung der §§ 2 — 6 ÜG 1920 dar. Da diese „sinngemäße Anwendung“ eine zur Erzielung brauchbarer Ergebnisse angewandte, methodisch aber ausgesprochen bedenkliche Hilfskonstruktion darstellt, spricht wohl bei Bestehen der hier vorliegenden besonderen Konstellation nichts gegen die Annahme einer **— ausnahmsweisen — derogatorischen Wirkung von Kompetenzverschiebungen:** Grundsätzlich stellen Kompetenztatbestände lediglich Ermächtigungen an den Bundesgesetzgeber dar, die mit „alten“ Regelungen der Kompetenz(en) einbüßenden Gebietskörperschaft nicht in einem kontradiktorischen Widerspruch stehen, sodaß **Derogation ausscheidet**[26]**. Diese derogatorische Wirkung kann hier jedoch den zum Zeitpunkt der Kompetenzänderung bereits geltenden Normen der Kompetenz(en) gewinnenden Gebietskörperschaft zugesonnen werden:** Sie — und nicht der Kompetenztatbestand — derogieren **materiell** den an sich überzuleitenden Normen der Kompetenz(en) einbüßenden Gebietskörperschaft. Dieses Ergebnis dürfte mit der von der Praxis

26 So *Rill*, Immissionsgrenzwerte 237; vgl A.IV.2.

ohne weitere Reflexion angenommenen umfassenden Geltung der Wr BauO von 1929 idgF übereinstimmen.

Die **B-VGN 1984** muß somit zusammenfassend hinsichtlich der hier interessierenden Abänderung des BTh-Kompetenztatbestandes als **teilweise unklar und legistisch verfehlt** bezeichnet werden.

VII. Die Rechtsentwicklung seit der B-VG-Novelle 1984

1. Die Novellen zum Bundestheaterpensionsgesetz

Seit der 2. BThPG-Nov von 1976, BGBl 688, die zahlreiche Bestimmungen des BThPG in seiner Stammfassung abänderte und präzisierte, beschränkte sich die Novellierungstätigkeit des Gesetzgebers zumeist auf die Erhöhung des Pensionsbeitrages gem § 10 BThPG. Aus der Nov 1976 und aus den seither erfolgten Abänderungen ist das Bemühen ersichtlich, einerseits den **Anwendungsbereich des BThPG einzuschränken** und andererseits den **finanziellen Beitrag der aktiven Dienstnehmer zu erhöhen;** dieses Bemühen des Gesetzgebers ist in Zusammenhang mit der Kritik des RH zu sehen, der zuletzt 1988 ua „folgende Maßnahme für notwendig" hielt: „(4) **Auslaufen des BThPG,** zumal die Gesamteinnahmen des ÖBThV kaum mehr ausreichen, den Pensionsaufwand zu dekken"[1]. Das geforderte „Auslaufen des BThPG" stößt jedoch auf das Problem, daß zahlreiche — auch künstlerische — Planstellen im Bereich der BTh — insb hinsichtlich ihrer Gehaltsstruktur bzw -höhe — auf **langandauernde Zugehörigkeit** des BTh-Bediensteten ausgelegt sind[2]; ohne grundsätzliche Veränderung der Gehalts- bzw Gagenstruktur bliebe ein bloßes „Auslaufen des BThPG" ein reformatorischer Torso.

2. Das Bundeshaushaltsgesetz 1986

Das auch für die BTh geltende Haushaltsrecht des Bundes wird seit Übernahme der ehemaligen HTh durch den Bund im Jahre 1920 vielfach — insb von der Theaterverwaltung selbst — als diesen Einrichtungen unangemessen und problematisch empfunden[3]. Die BHV war bis zur Erlassung

1 Nachtrag zum TB des RH/Verwaltungsjahr 1986 (1988), zu III-51 BlgNR XVII. GP, 38 (90.120 (4)). Hervorhebung von mir. Im Dezember 1988 stellte die BMUKS zu diesem „Kritikpunkt" des RH folgendes fest: „Hierüber ist eine Entscheidung allein dem Gesetzgeber vorbehalten. Bei einer Gesamtreform des PG [gemeint offenbar: Pensionsrechts] sollte aber selbstverständlich auch das BThPG die entsprechenden Schritte mitvollziehen. Die laufende Reduktion der Bühnendienstverträge im Verwaltungsbereich führt bereits zu einer Entlastung des Pensionshaushaltes, da aufgrund der Verträge ab 1.1.1988 keine Anwartschaft auf BTh-Pensionen besteht (dh ausschließlich ASVG-Pensionen)." (Bericht der BMUKS, III-100 BlgNR XVII. GP; vgl dazu den Bericht des Unterrichtsausschusses, 871 BlgNR XVII. GP).

2 So lagen zB bislang die **Anfangsbezüge** der Ballett- und Chormitglieder weit unter dem internationalen Niveau (so auch der zit Bericht der BMUKS, III-100 BlgNR, XVII. GP, 37); derartige Anfangsbezüge werden vielfach nur aufgrund der Aussicht auf — wiederum überhöhte — Endbezüge bzw „sichere" (und hohe) BTh-Pensionen akzeptiert.

3 Vgl *Hodik* 158 ff; ÖBThV, Bericht 1971/72, 21.

des BHG 1986 die wesentliche Grundlage des Haushaltsrechts der BTh. Insb die kameralistische Vorgangsweise wurde von der Theaterverwaltung stets als Belastung empfunden, aus betriebswirtschaftlicher Sicht wurde immer wieder die „äußerste Reformbedürftigkeit" der Vorschriften über das Rechnungswesen und über die Rechnungslegung betont. Nach § 4 Abs 3 BHV oblag die Entscheidung, welche Zweige der Verwaltung für die Erstellung des Voranschlages als Bundesbetriebe anzusehen waren, soweit dies nicht durch G oder VO festgesetzt war, jeweils dem Einvernehmen des BMF, des zuständigen BM und des RH. § 32 BHV bestimmte, daß ua die Benützung der Einrichtungen der Bundesbetriebe durch andere Betriebe oder Dienststellen des Bundes idR nur gegen Entgelt erfolgen durfte[4]. Nunmehr bestimmt § 4 Abs 5 BHG: „Bundesbetriebe sind die durch BG hiezu erkärten Einrichtungen des Bundes, die nach kaufmännischen Grundsätzen zu führen sind, soweit nicht bundesgesetzliche Bestimmungen im Interesse öffentlicher Aufgabenerfüllung hievon Abweichungen erfordern. **Bundesbetriebe sind jedenfalls ... der ÖBThV ...**"[5]. Das neue Haushaltsrecht (BHG 1986 sowie die B-VGN 1986, BGBl 212) brachte umfangreiche Sonderregelungen für „Bundesbetriebe"[6]. Es wäre Gegenstand einer eigenen Arbeit, zu prüfen, ob die geltende Rechtslage optimale Rahmenbedingungen für eine sparsame, wirtschaftliche und zweckmäßige Verwaltung der BTh bietet. Mit *Wenger* ist festzuhalten:

> „Für den BThV fehlt es überhaupt an bundesgesetzlichen Bestimmungen über zulässige Abweichungen vom kaufmännischen Betriebsführungsgrundsatz ‚im Interesse öffentlicher Aufgabenerfüllung'. Die dargestellte ‚DI' aus 1971 idF 1976 kann eine durch den direkt demokratisch legitimierten Gesetzgeber getroffene Regelung keinesfalls ersetzen. ... Anschließend an den rechtsdogmatischen Gesamtbefund ... lassen sich folgende **rechtspolitische Anliegen an den Gesetzgeber** anführen: ... **Erlassung eines BTh-OrganisationsG ...**"[7]

3. Das Ausschreibungsgesetz 1989

Von der RV zum AusG wurde ua als „Problem" die „politische Forderung nach weiteren Schritten der Objektivierung bei der Vergabe leitender Funktionen, bei der Besetzung bestimmter höherwertiger Arbeitsplätze an nachgeordneten Dienststellen" formuliert[8]. Ausschreibungspflichtig wur-

---

4 Vgl näher *Wenger*, Ansätze 18 f.

5 Zu betonen ist, daß dieser Vorschrift **bloßer Innennormcharakter** iSd § 1 BHG zukommt, während andere Bestimmungen des BHG auch organisatorische, instrumentelle und verfahrensmäßige Determinanten für das außenwirksame Verwaltungshandeln (insb für den Bereich der Leistungsverwaltung) enthalten (vgl näher *Wenger*, Ansätze 3).

6 S dazu *Wenger*, Ansätze 32.

7 *Wenger*, Ansätze 38 f.

8 Vorblatt der RV 481 BlgNR XVII. GP, 7. Vgl *Bammer*, Theater 367.

de nunmehr auch die Leitung sonstiger organisatorischer Einheiten, die den in § 2 Abs 1 Z 1 — 3 AusG angeführten gleichzuhalten sind. Die EB führten dazu aus:

„Unter organisatorische[!] Einheiten, die den im § 1 Z 1 — 3 [= § 2 Abs 1 Z 1 — 3 AusG] dieses Entwurfes genannten Einrichtungen gleichzuhalten sind, sind insb ‚organisatorische Einheiten' zusammengefaßt, die nach § 7 BMG 1986 eine von den Abs 1 und 2 dieses Paragraphen abweichende Organisationsform haben, aber hinsichtlich ihrer Bedeutung zumindest einer Abteilung gleichzuhalten sind."[9] § 2 der RV, der als § 3 AusG mit nur geringfügigen Abweichungen beschlossen wurde, lautete auszugsweise: „Vor der Betrauung einer Person mit der Leitung einer der folgenden nachgeordneten Dienststellen ist die betreffende Funktion auszuschreiben: ... 11. Im Bereich des BMUKS: a) GS des ÖBThV, ...". Infolge des Entfalls der unter b genannten „Dienststelle" wurde § 2 Z 11 a der RV als § 3 Z 11 AusG inhaltlich unverändert beschlossen. Die EB zur RV führen dazu folgendes aus: „Diese Bestimmung bezeichnet jene nachgeordneten Dienststellen, bei denen die Leitungsfunktion ebenfalls öffentlich auszuschreiben ist. Der Begriff ‚Dienststelle' umfaßt die Behörden, Ämter und andere Verwaltungsstellen sowie die Anstalten und Betriebe des Bundes, die nach ihrem organisatorischen Aufbau eine verwaltungs- oder betriebstechnische Einheit darstellen (§ 194 Abs 1 [BDG]). ... Die Ausschreibung der Leitung eines BTh ist in den Entwurf nicht mehr aufgenommen worden, da den internationalen Gepflogenheiten eine solche Ausschreibung in öffentlicher Form fremd ist. Die in Betracht kommenden hervorragenden Künstler dürften sich auch weigern, sich einer öffentlichen Klassifikation zu stellen. ..."[10] § 2 Z 14 der RV (= § 3 Z 14 AusG) normierte die Ausschreibungspflichtigkeit „im Bereich sämtlicher Ressorts: Leitung einer im Z 1 — 13 nicht angeführten Dienststelle mit mehr als 50 Beschäftigten, soweit nicht eigene Ausschreibungsverfahren iSd § 19 [=§ 20 AusG] bestehen. ..." Diese Bestimmung entspricht im wesentlichen § 1 lit n des AusG 1974.

Die RV war intensiven Beratungen und zahlreichen Abänderungsanträgen unterworfen, die zu nicht unwesentlichen Abänderungen zahlreicher Bestimmungen führten[11]. Das grundsätzlich begrüßenswerte Ziel der Neuerlassung des AusG kann nicht darüber hinwegtäuschen, daß es hinsichtlich der hier interessierenden Bestimmungen **terminologisch und legistisch beträchtliche Schwächen** aufweist: **Unklar ist, wieso das GS des ÖBThV als „nachgeordnete Dienststelle im Bereich des BMUK" bezeichnet wird.** Die politische Entrüstung über die Nichtausschreibung der Leitungsfunktion des GS des ÖBThV im Jahre 1987[12] dürfte offensichtlich dazu geführt haben, dessen Eingliederung in die Zentralstelle des BMUK als abweichende Organisation gem § 7 Abs 5 BMG schlichtweg zu igno-

9 EB zur RV 481 BlgNR XVII. GP, 8.

10 EB zur RV 481 BlgNR, XVII. GP, 8 f.

11 Vgl näher den Bericht des VerfA, 868 BlgNR XVII. GP.

12 Die erstmalige Ausschreibung der Funktion des GS der ÖBThV erfolgte im Amtsblatt zur WZ vom 27.1.1991. S dazu die Anfrage an den BMUK II-1146 BlgNR XVIII. GP betreffend die erwarteten „Kenntnisse und Fähigkeiten".

rieren. Selbst gewichtige Bedenken gegen die Verfassungskonformität der Organisation des ÖBThV[13] ändern nichts daran, daß das GS durch die zur Zeit der Ausarbeitung und der Erlassung des AusG 1989 geltenden GE zweifellos **unmittelbar in die Zentralstelle des BMUK eingegliedert** war; von einer **„nachgeordneten Dienststelle“** konnte im Lichte dieser auf das BMG gestützten Vorschrift keine Rede sein.

Es könnte nun aber die Auffassung vertreten werden, daß das AusG als in bezug auf das BMG 1986 jüngeres BG jeder inhaltlich widersprechenden GE derogiert habe; die Bezeichnung des GS des ÖBThV als „nachgeordnete Dienststelle“ des BMUK könnte somit als bundesgesetzliche Anordnung das GS des ÖBThV als „nachgeordnete Dienststelle“ des BMUK konstituieren und **dem entsprechenden Abschnitt der GE derogiert** haben. Einem derartigen Verständnis der zit Rechtsvorschriften muß entgegengehalten werden, daß einerseits das **AusG keine Behörden oder Dienststellen konstituiert, sondern an ihre Existenz bestimmte Rechtsfolgen knüpft;** andererseits wird in den Mat ausdrücklich betont, daß der Katalog ausschreibungspflichtiger Funktionen „in seiner Systematik dem BMG 1986 ... angeglichen (werden soll)“[14]. Dem historischen Gesetzgeber kann somit wohl kein subjektiver Derogationswille zugesonnen werden. Zudem ist fraglich, ob dem BMG, das zweifellos als Kodifikation zu bezeichnen ist, durch eine jüngere lex specialis überhaupt derogiert werden kann[15]; problematisch wäre überdies, ob das AusG überhaupt als lex specialis zum BMG angesehen werden kann. Da das BMG die konkrete Schaffung von Sektionen und Abteilungen, aber auch von abweichenden Organisationen nur allgemein regelt und ihre konkrete Organisation für jedes BM an die jeweilige GE delegiert — diese somit das auch zur inneren Einrichtung jedes einzelnen BM von Verfassung wegen notwendige BG vertreten[16] — wäre die schematische Anwendung der allgemeinen Regel von der höheren derogatorischen Kraft von G gegenüber VO verfehlt[17]. Zudem wäre die gesetzliche Anordnung des AusG vom 25.1.1989 durch die am 21.12.1989 erlassene neue GE des BMUK wohl erneut zurückgedrängt worden[18]. Festzuhalten bleibt, daß das AusG keine über dieses BG hinaus bedeutsame Qualifikation des GS des ÖBThV als „nachgeordnete Dienststelle“ des BMUK nach sich gezogen hat; vielmehr liegt eine — bei einiger legistischer Sorgfalt vermeidbar gewesene — **Falschbezeichnung**

13 S näher B.II.2.

14 EB zur RV 481 BlgNR XVII. GP, 8.

15 Zur Problematik näher *Walter,* Widerspruch 88 ff; s auch *Aichlreiter* 1146 f.

16 S zur verfassungsrechtlichen Problematik dieser Regelungstechnik B.II.1. und 2.

17 Grundsätzlich sind die gesetzändernden und die — wie hier — gesetzesvertretenden VO für ihren Bereich den G gleichgestellt (vgl dazu näher *Walter/Mayer*, BVR[6] Rz 597 mwN.).

18 BMUKS 21.12.1989, 10740/6-1/89. Sowohl diese GE als auch das AusG 1989 traten allerdings zugleich am 1.1.1990, 0.00 Uhr, in Kraft.

vor. Da durch die EB zur RV deutlich die **Identität** der „gleichzuhaltenden organisatorischen Einheiten“ iSd § 2 Abs 1 Z 4 AusG mit den „abweichenden Organisationen“ iSd § 7 Abs 5 BMG betont wird, wäre die **Leitung des GS des ÖBThV auch ohne die systematisch und terminologisch verfehlte ausdrückliche Normierung in § 3 Z 11 AusG ausschreibungspflichtig** gewesen.

4. Das Bundestheatersicherheitsgesetz 1989

Am 6.4.1989 wurde mit dem BThSG vom NR erstmals ein eigenes thpol G für die BTh geschaffen. Begrüßenswert ist sicherlich, daß die gesetzlose Praxis, (Neu)Inszenierungen durch als „sicherheitstechnische Bewilligungen“ bezeichnete „auflagenstarke“ Feststellungsbescheide zu genehmigen, eine gesetzliche Grundlage erhielt. Die gewählte Regelungstechnik und Vollziehungszuständigkeit kann einer verfassungsrechtlichen Prüfung freilich nicht standhalten[19]. Zudem wurde — allerdings in Übereinstimmung mit der Auffassung der Verwaltungspraxis — die einzige einschlägige bundesgesetzliche Vorschrift, das NöThBG, **nicht** aufgehoben. Auf Probleme des BThSG wird in Kapitel B.VI. näher eingegangen.

5. Interne Normen

a) „Erklärungen“ zur „Spielstätte der Bundestheater“

Ein Erlaß des BMUKS vom 17.10.1986 lautet: „Gem § 7 Abs 5 [BMG], iVm Art II [der DI 1971], idgF sind die ÖBTh verpflichtet, das Burgtheater, die Staatsoper und die Volksoper als repräsentative österreichische Bühnen zu führen, und sind außerdem berechtigt, auch zusätzliche Bühnen nach den Grundsätzen dieses Erlasses zu betreiben. Der BMUKS hat daher das ‚Theater im Künstlerhaus‘ gem § 3 Abs 2 lS dieses Erlasses zur Spielstätte der ÖBTh erklärt.“[20]

Seit der Übernahme der ehemaligen HTh durch den Bund waren immer wieder von unterschiedlichem Erfolg gekrönte Versuche unternommen worden, mit dem Personal der beiden „großen Häuser“ auch weitere (kleinere) Spielstätten für Aufführungen zu nützen. Das Schönbrunner Schloßtheater, „STh der ersten Stunde“ und BTh iSd B-VG, wird aufgrund eines Verwaltungsabkommens heute ausschließlich von der Hochschule für Musik und darstellende Kunst genutzt[21]. Das Redoutensaaltheater, das in den

---

19 Vgl *Bammer*, BThSG, sowie B.VI.

20 „Erlaß des BMUKS-ÖBThV, Z AE 2169/86 vom 17.10.1986“ (VOBl 1986/139).

21 Dieses Verwaltungsabkommen konnte nicht aufgefunden werden. Das Schönbrunner Schloßtheater wurde zur Schulbühne für die Hochschule für Musik und darstellende Kunst umgebaut und am 27.5.1980 übergeben; das Akademietheater steht im Gegenzug seit September 1980 dem Burgtheater zur alleinigen Benutzung zur Verfügung (ÖBThV, Bericht 1986/87, X).

zwanziger Jahren von Burgtheater und Staatsoper bespielt wurde und Ende der vierziger und Anfang der fünfziger Jahre der Staatsoper als Ausweichquartier diente, wird heute nicht mehr bespielt[22]. In der Saison 1980/81 wurden die beiden Probebühnen des Burgtheaters am Schwarzenbergplatz zu Theatersälen adaptiert und in den folgenden Jahren als „Dritter Raum (Kasino I und Kasino II)" bespielt[23]. In letzter Zeit überwiegen zeitlich begrenzte Nutzungen von Veranstaltungsstätten — wie zB des Theaters an der Wien — für einzelne BTh-Produktionen[24].

Es ist hier nicht der Ort, die wirtschaftliche oder künstlerische Notwendigkeit von weiteren Spielstätten für die bestehenden BTh zu prüfen[25]; zu untersuchen ist vielmehr die juristische Bedeutung einer „Erklärung zur Spielstätte der ÖBTh" sowie das Unterbleiben einer publizierten Erklärung für andere als BTh-Spielstätten benützte Räumlichkeiten[26]. Die Frage, wann ein bestimmtes Theatergebäude bzw ein bestimmter Theaterbetrieb als BTh iSd B-VG anzusehen ist, wurde bereits unter A.III.4.h) sowie unter A.IV.2.b) untersucht. Festzuhalten ist, daß für eine Qualifikation als BTh iSd B-VG lediglich die Erfüllung der Kriterien iSd Versteinerungstheorie bzw der Mat der B-VGN 1926 erforderlich ist — **eine förmliche Erklärung ist weder notwendig noch gesetzlich vorgesehen.** Für eine Qualifikation als BTh iSd B-VG ist somit unwesentlich, ob eine „Erklärung zur Spielstätte" im VOBl des BMUK publiziert wurde — durch eine „Erklärung" allein wird ein Theater aber auch keineswegs zum BTh iSd B-VG[27]. Die zit „Erklärung" hat somit lediglich Bedeutung für die innere Organisation des ÖBThV: Gem § 3 Abs 2 DI 1976 können von den einzelnen BTh „zusätzliche Bühnen — auch außerhalb der ordentlichen Spielzeit — betrieben werden." Zu betonen ist, daß die DI 1976 unter einem „BTh" offenbar **einen unter der administrativen, künstlerischen und technischen Leitung eines Dir stehenden Bestand an sachlichen und insb**

22 Vgl zur Nutzung des Redoutensaaltheaters GDionÖBTh (Hrsg), Amtl Jahrbuch der BTh (1927) 65 f; *Fritz*, Oper 255 ff (265, 269, 290).

23 Vgl ÖBThV, Bericht 1986/87, XI; weiters ÖBThV, Bericht 1983/84, 463.

24 S zuletzt die Erklärung des „Kolpinghauses im Zeitraum vom 9.4. bis 8.6.1991 und (des) Theaters an der Wien vom 19.4. bis 8.6.1991 zum Zweck der Durchführung von Proben und Aufführungen der Staatsopernproduktionen ‚Die Hochzeit des Figaro' und ‚Don Giovanni' zu zusätzlichen Spielstätten der ÖBTh iSd § 3 Abs 2 lS [DI 1971]" durch Erlaß des BMUK vom 13.3.1991, VOBl 72.

25 Vgl ÖBThV, Bericht 1986/87, 318 ff („Staatsoper im Künstlerhaustheater").

26 So insb die in den Stammhäusern adaptierten Proberäume („Lusterboden im Burgtheater, Probebühne in der Staatsoper" — vgl ÖBThV, Bericht 1988/89, 85 ff, 111 ff). Das im November 1989 bespielte Odeon-Theater wurde ebensowenig im VOBl zur „Spielstätte" erklärt wie das Theater an der Wien für Staatsopernkoproduktionen im Mai 1989 und im Mai 1990 (anders wiederum für den Zeitraum 19.4. — 8.6.1991: „Erklärung zur zusätzlichen Spielstätte der ÖBTh" durch Erlaß des BMUK vom 13.3.1991, VOBl 72).

27 Dafür sind vielmehr die ausführlich erörterten Kriterien der Mat zur B-VGN 1926 (bzw der versteinerte STh-Begriff der VASTh) heranzuziehen.

persönlichen Mitteln versteht, da die Benützung des gleichnamigen Theatergebäudes vorausgesetzt wurde[28]. Hinsichtlich der **Theatergebäude** ordnet § 3 Abs 1 lit a DI 1976 an, daß das Burgtheater „einschließlich des Akademietheaters oder/und einer anderen Bühne" zu betreiben ist; für die Staats- und Volksoper gilt § 3 Abs 3 1. Satz DI 1976. Es ist zweifelhaft, ob die Bestimmung des § 3 Abs 2 2. Satz DI 1976 als Ermächtigung an die innerhalb des ÖBThV zuständigen Organe gedeutet werden kann, nach Belieben (innerhalb des Budgetrahmens) zusätzliche Bühnen zu betreiben. Dafür spricht allerdings, daß die zit Bestimmung bei einer ausschließlichen Kompetenz des BMUK zur Anordnung des Betriebs zusätzlicher Bühnen sinnlos wäre, da der BMUK als Emittent der DI 1976 einzelne Bestimmungen dieser Enuntiation ohnedies nach Belieben abändern, aufheben oder ergänzen kann. Unklar ist weiters die Berufung des Erlasses vom 17.10.1986 auf **§ 7 Abs 5 BMG:** Diese Bestimmung ermächtigt ausschließlich zur Erlassung einer von § 7 Abs 1 und 2 BMG abweichenden Organisation im Rahmen der GE eines BM, jedoch **keinesfalls** zur „Erklärung zur Spielstätte der ÖBTh"[29]. Bemerkenswert ist, daß **erstmals auf die Anführung des § 1 VASTh als gesetzliche Grundlage für das Tätigwerden des BMUK verzichtet wurde:** Offenbar hatte sich die Meinung durchgesetzt, daß sie nicht mehr dem geltenden Rechtsbestand angehöre[30]. Der letzte „Erklärungsakt" aus 1991, VOBl 72, verzichtet bereits überhaupt auf die Anführung gesetzlicher Grundlagen.

Zusammenfassend ist festzuhalten, daß der publizierten **„Erklärung zur Spielstätte der ÖBTh" keine Bedeutung im Hinblick auf die Subsumtion unter den verfassungsrechtlichen BTh-Begriff zukommt;** die Bedeutung der „Erklärung" erschöpft sich vielmehr einerseits in einem demonstrativen kulturpolitischen Akt und andererseits in einer Präzisierung (Ergänzung) des § 3 Abs 2 2. Satz DI 1976.

b) Einrichtung und Organisation der Revisionsabteilung für den Österreichischen Bundestheaterverband per 1.1.1989

Durch Erlaß der BMUKS wurde mit Wirksamkeit vom 1.1.1989 „die Abteilung Interne Revision des ÖBThV in den Bereich der Zentralleitung des BMUKS eingegliedert"[31]. Diese Maßnahme dürfte im Zusammenhang mit Bemerkungen des RH im TB über das Verwaltungsjahr 1986 stehen:

---

28 § 3 Abs 3 1. Satz DI 1976: „Die Veranstaltungen der öBTh sind grundsätzlich im eigenen Haus ... abzuwickeln."

29 Vgl zur Bedeutung des § 7 Abs 5 BMG 1986 A.V.8.d)(2) und B.II.1. und 2.

30 Vgl dazu A.VI.3.

31 BMUKS 2.12.1988, 10930/2-1/88; ÖBThV 23.2.1989, 2361/88.

„Aufgrund einer Empfehlung des RH aus dem Jahre 1982 richtete der ÖBThV eine Innenrevision ein, welche ihre Tätigkeit im Rahmen einer Revisionsordnung nach einem jährlich vom GS zu erstellenden Revisionsplan ausüben sollte. Dabei waren auch Vorschläge der Innenrevision selbst oder der Leiter anderer Organisationseinheiten zu berücksichtigen. ... Nach Ansicht des RH erwies sich die Tätigkeit dieser Kontrolleinrichtung als wenig wirkungsvoll, was sowohl im mangelnden Interesse an deren Tätigwerden gelegen als auch auf die unzureichende personelle Besetzung zurückzuführen war. Vielfach besorgte die Innenrevision Aufgaben der Buchhaltung. Der RH empfahl, für geeignetes Personal der Innenrevision zu sorgen, damit diese ihre in der Revisionsordnung festgelegten Ziele erfüllen kann. ...“[32]
Der „Revisionserlaß“ hat — auszugsweise — folgenden Wortlaut:

„I. Einrichtung und Organisation der Revisionsabteilung für den ÖBThV.

§ 1 Der Erlaß des BMUK vom 27.10.1982, ÖBThV-Z 2037/82, betreffend die Einrichtung der Abteilung Interne Revision im ÖBThV und deren GeO wird mit Wirksamkeit vom 1.1.1989 aufgehoben. Die genannte Abteilung wird im Bereich des BMUKS-Zentralleitung eingegliedert. Sie wird die Bezeichnung ‚Abteilung III/16‘ führen und der Gruppe III/C (ADM) der Sektion III zugeordnet werden.

§ 2 Die Revisionsabteilung für den ÖBThV untersteht hinsichtlich der Erteilung von Revisionsaufträgen und der Berichterstattung unmittelbar dem BMUKS. Sie ist im Aufgabenbereich von der im BMUKS bereits bestehenden Revisionsabteilung (Abteilung Präs 14) unabhängig.

II. Zuständigkeit, Aufgaben

§ 3 Der WB der Revisionsabteilung umfaßt das GS des ÖBThV sowie alle BTh. ...“

Durch die GE des BMUKS per 1.1.1990[33] wurde die „Abteilung III/14“ mit dem Geschäft „Interne Revision für den ÖBThV“ betraut; sie war der „Gruppe III/C (ADM)“ zugeordnet. Kompetenzgrundlage für die Errichtung dieser Abteilung war offensichtlich § 7 Abs 4 BMG, der die (fakultative) Schaffung von Einrichtungen zur inneren Revision der Verwaltung seit 1973 vorsieht. Die Notwendigkeit einer vom Kontrollierten organisatorisch möglichst weitgehend getrennten Innenkontrollinstanz dürfte unbestritten sein. Allerdings ist kein (sachlicher) Grund für die Einrichtung von zwei selbständigen Innenrevisionsabteilungen im BMUK ersichtlich; folgerichtig existiert die (stets unbesetzt gewesene) Abteilung III/14 in der GE vom 21.12.1990 nicht einmal mehr auf dem Papier[34].

---

32 Nachtrag zum TB des RH/Verwaltungsjahr 1986, III-51 BlgNR XVII. GP, 38 (90.119.1-3).

33 BMUKS 21.12.1989, 10740/6-1/89.

34 Die GE per 1.1.1990 weist die Leitung der Abteilung III/14 als „derzeit unbesetzt“ aus; die Abteilung verfügt(e) über kein weiteres Revisionspersonal. Die GE vom 21.12.1990, BMUKS 10740/2-1/90, weist die Abteilung III/14 nur noch als der Gruppe III/C unterstehend aus, Aufgaben bzw Personal sind dieser „Phantomabteilung“ nicht zugewiesen.

c) *Organisationsplan und Geschäftsordnung des Generalsekretariates des Österreichischen Bundestheaterverbandes per 1.3.1989*

Am 20.1.1989 erging folgender Erlaß der BMUKS:

„Organisationsplan und GeO des GS des ÖBThV

Artikel I

Gem § 7 Abs 1, 2, 4 und 5 und § 10 des BMG 1986 sowie unter Bedachtnahme auf [die DI 1971] ..., idF der Erlässe vom 19.3.1976 [= DI 1976] ... und vom 27.10.1982, Z AE 2037/82 [= 1.Revisionserlaß], wird der nachstehende Organisationsplan samt GeO des GS des ÖBThV mit Wirksamkeit vom 1.3.1989 in Kraft gesetzt. Der diesen Gegenstand regelnde Erlaß vom 31.10.1984, GZ AE 2250/84, tritt gleichzeitig außer Kraft.

Artikel II: Organisationsplan

Mit dem Wirksamkeitsbeginn dieses Erlasses wird das GS des ÖBThV wie folgt gegliedert:

GS des ÖBThV

GS
GS-Stellvertreter[35]
Abteilung Planung und Kontrolle
Leitung des sicherheitstechnischen Dienstes
Abteilung Kartenvertrieb

Hauptabteilung Zentrale Angelegenheiten. ...
Hauptabteilung I — Personalangelegenheiten ...
Hauptabteilung II — Buchhaltung ...
Hauptabteilung III — Bau- und Gebäudeverwaltungsangelegenheiten ...
Ballettschule der ÖBTh ...
Dion für kulturelle Angelegenheiten ...[36]

Artikel III

Dem GS sind unmittelbar angegliedert:

Werkstätte I (Dekorationen und Transport) ...
Werkstätte II (Kostüme) ...

Artikel IV — GeO

§ 1 (1) Der GS hat bezüglich aller Hauptabteilungen, Gruppen, Abteilungen, Referate und sonstiger Organisationseinheiten des GS des ÖBThV Entscheidungs-, Weisungs- und Aufsichtsrecht. (2) ...

§ 2 (1) Gem Art II § 13 Abs 1 [DI 1971] idF der Erlässe [DI 1976] und vom 27.10.1982, Z AE 2037/82[37], zeichnet der GS für alle Angelegenheiten des ÖBThV rechtsverbindlich. (2) Das Zeichnungs- und Anweisungsrecht der Dionen ist hin-

35 Diese Funktion ist im Amtskalender 1991/92 nicht mehr angeführt.

36 Diese Funktion ist im Amtskalender 1991/92 als „unbesetzt" ausgewiesen und soll auch nicht mehr nachbesetzt werden.

37 Der zit Erlaß vom 27.10.1982 wurde durch die Errichtung einer aus dem ÖBThV ausgegliederten Innenrevisionsabteilung aufgehoben; vgl A.VII.5.b).

sichtlich der Bühnendienstverträge im Art II § 7 lit a, hinsichtlich aller anderen Zahlungsaufträge im Art II § 7 lit b des vorgenannten Erlasses geregelt. Anordnungen von Dionen, die in den Geschäftsbetrieb des GS eingreifen oder Belastungen des Bundes außerhalb des autonomen Budgets der jeweiligen Dion herbeiführen, bedürfen der schriftlichen Zustimmung des GS. (3) ...

Artikel V — Weitergeltung bisheriger Erlässe

[Die DI 1971] idF der Erlässe [DI 1976] und vom 27.10.1982 [mittlerweile aufgehoben] sowie die DI vom 8.10.1971, Z 7425/71, bleiben nach dem Inkrafttreten dieses Erlasses mit den sich aus Art IV § 2 Abs 4 ergebenden Änderungen weiterhin in Gültigkeit. ...

Anlage

[Übertragung von Gruppen von Angelegenheiten zur Approbation an die Leiter der Hauptabteilungen I und III, den Leiter des Kartenvertriebes, den Leiter der Rechtsabteilung, den Leiter der Abteilung Presse- und Öffentlichkeitsarbeit und die Leiter der Werkstätten I und II]“[38]

Die normative Bedeutung dieses Erlasses ist unklar, da er nicht nur Bestimmungen zur näheren Organisation des GS, sondern auch Regelungen über das Verhältnis zu den Dionen der Theater und zur Dion für kulturelle Angelegenheiten enthält. Versteht man den Ausdruck „GeO“ — naheliegenderweise — iSd §§ 9 und 10 BMG, ist darunter die Festlegung der organisatorischen Grundsätze, nach denen bei der materiellen Geschäftsbehandlung vorzugehen ist, zu verstehen[39]; die GeO hat insb die Betrauung mit der Leitung der durch das BMG normierten bzw zugelassenen Organisationseinheiten und die nähere Regelung der Geschäftsbehandlung — insb auch die selbständige Behandlung bestimmter Gruppen von Angelegenheiten — zu beinhalten[40]. Soferne Bestimmungen über die materielle Geschäftsbehandlung ausschließlich innerhalb des GS getroffen werden, handelt es sich somit inhaltlich um eine **GeO des GS;** werden Normen über die Geschäftsbehandlung durch die Organe des ÖBThV (GS, BTh-Dir, Dir für kulturelle Angelegenheiten) geschaffen, handelt es sich hingegen um eine Abänderung (Präzisierung) der **GeO des ÖBThV**[41]. Sofern der Erlaß somit Kompetenzen, Zeichnungsberechtigungen, Ermächtigungen zur (selbständigen) Geschäftsbehandlung und Vertretungsregelungen nicht nur innerhalb des GS festsetzt, novelliert (präzisiert) er die GeO des ÖBThV und somit die DI 1976.

---

38 BThV 23.2.1989, 2361/88 (auf dem Geschäftsstück ist keine Zahl des BMUKS ersichtlich). Vgl dazu den Bericht der BMUKS, III-100 BlgNR XVII. GP, 16 ff (zit bei *Bammer*, Theater 377).

39 So ausdrücklich EB zu RV 483 BlgNR XIII. GP, 30.

40 §§ 9 f BMG; gem § 10 Abs 5 leg cit kann eine von den § 10 Abs 1 — 4 abweichende Regelung der Geschäftsbehandlung ua bei Organisationseinheiten gem § 7 Abs 5 BMG vorgesehen werden.

41 Hier ist auch darauf hinzuweisen, daß der ÖBThV zwar über eine GeO, jedoch nicht über eine GE verfügt.

Bemerkenswert ist, daß eine vierte Hauptabteilung — „Zentrale Angelegenheiten" — geschaffen wurde, die weitgehend Agenden übernahm, die zuvor durch unmittelbar dem GS unterstehende Organisationseinheiten besorgt worden waren; ob diese Hauptabteilung wieder aufgelassen oder neubesetzt wird, steht derzeit in Diskussion. Die zuvor der „Hauptabteilung I — Personalwesen und Angelegenheiten der zentralen Werkstätten" unterstehenden Werkstätten I (Dekorationswesen) und II (Kostümwesen) wurden nunmehr unmittelbar dem GS angegliedert. In der „Hauptabteilung III — Bau- und Gebäudeverwaltungsangelegenheiten" war zuvor eine „Gruppe Sicherheitsbelange" eingerichtet, der ua die Erfüllung der Angelegenheiten „Sicherheitskontrolle von Ausstattung und Inszenierung" sowie „Betriebsfeuerwehr" zukam. Der noch durch die GeO des GS per 1.9.1980 dem Leiter der Hauptabteilung III unmittelbar unterstellte „sicherheitstechnische Dienst" ist nunmehr unmittelbar dem GS untergeordnet. Es ist nicht Ziel dieser rechtsdogmatischen Arbeit, die Effizienz oder Zweckmäßigkeit der bestehenden Organisation zu untersuchen oder zu beurteilen; die (verfassungs)rechtliche Beurteilung der bestehenden Organisation der BTh erfolgt in Kapitel B.II.

d) Geschäftseinteilung des BMUKS per 1.1.1990

Auf die GE des BMUKS per 1.1.1990[42], die — offensichtlich als „abweichende Organisation" gem § 7 Abs 5 BMG 1986 — das „GS des ÖBThV" enthielt, wurde bereits mehrfach hingewiesen. Die GE stimmt mit dem zit „Organisationsplan ... des GS des ÖBThV" per 1.3.1989 überein. Bemerkenswert ist, daß nicht sämtliche Angelegenheiten, die mit den BTh bzw dem ÖBThV in Zusammenhang stehen, durch das GS des ÖBThV besorgt wurden: So war seit dem 1.1.1989 die „Abteilung III/14" der Zentralstelle mit der „Internen Revision für den ÖBThV" betraut; diese Abteilung existiert mittlerweile nur noch auf dem Papier[43]. Weiters oblag (und obliegt) der „Abteilung III/9" der Zentralstelle die Besorgung der „grundsätzlichen (insb organisatorischen) Angelegenheiten des ÖBThV".

e) Geschäftseinteilung des BMUK(S) per 21.12.1990

Die GE des BMUK(S) per 1.1.1990 wurde mit Wirkung vom 21.12.1990 „wiederverlautbart"[44]. Dieser gesetzlich nicht gedeckte Akt, der „aus Gründen der Übersichtlichkeit" gesetzt wurde, enthält infolge eines Redaktionsversehens nicht mehr das GS der ÖBThV. Da dieses

---

42 BMUKS 21.12.1989, 10740/6-1/89.
43 S A.VII.5.b).
44 BMUKS 21.12.1990, 10740/2-1/90.

Versehen nach übereinstimmenden Aussagen der zuständigen Organe des BMUK und des GS der ÖBThV bei der Neuerlassung bzw Wiederverlautbarung der GE des BMUK dergestalt bereinigt werden soll, daß das GS des ÖBThV wie bisher in der GE des BMUK enthalten sein wird, kann eine Untersuchung der Problematik unterbleiben. Die Bedeutung der Anführung des GS des ÖBThV in der GE des BMUK wird in Kapitel B.II.2. untersucht.

f) Exkurs: Kollektivverträge, Abkommen und Vereinbarungen (Übersicht)

Grundsätzlich ist der Bund als Gebietskörperschaft gem § 7 ArbVG KV-fähig[45]; **weder den einzelnen BTh noch dem ÖBThV kommt — mangels jedweder eigenen (Teil)Rechtspersönlichkeit — KV-fähigkeit zu.** So wurde zB der

„KV für das nichtdarstellende künstlerische Personal im Gesamtbereich der ÖBTh (BTh-OrchesterKV)" zwischen der „Republik Österreich, BMUK (ÖBThV) und dem ÖGB, Gewerkschaft KMFB, Sektion Musiker" abgeschlossen[46]. Der KV vom 1.9.1984, der „die gegenseitigen Rechte und Pflichten aus dem Dienstverhältnis der Personen, die sich zur Leistung künstlerischer Dienste einem Theaterunternehmer verpflichten, der dem Bühnenverein als Mitglied angehört" regelt, wurde zwischen dem „Wr Bühnenverein" und dem „ÖGB, Gewerkschaft KMFB, Sektion Bühnenangehörige" abgeschlossen, wobei festgehalten wurde, daß „besonders gelagerte Umstände der BTh ... in einem Zusatzabkommen zu diesem KV zwischen der Gewerkschaft und dem BThV geregelt" werden.

Seit einigen Jahren sind Verhandlungen über neue Chor-, Ballett- und Gastspiel-KVe im Gange[47]; ein Chor-KV konnte mit Wirkung vom 1.10.1990 abgeschlossen werden. Weiters existieren zahlreiche **„Vereinbarungen"** zwischen **dem ÖBThV** und dem ÖGB[48]. Zu betonen ist, daß privatrechtliche Vereinbarungen grundsätzlich nur zwischen (physischen oder juristischen) **Personen** abgeschlossen werden können; da manche Vereinbarungen[49] ausdrücklich als Vertragspartner den „ÖBThV" und die „Dion der Wr Staatsoper" nennen, könnte bei unbefangener Betrachtung der Eindruck entstehen, daß diesen organisatorischen Gebilden **Rechtsper-**

45 Vgl näher *Floretta/Spielbüchler/Strasser* II[3] 102.

46 Vgl den Text dieses KV in ÖBThV, Bericht 1982/83, 18 ff.

47 Vgl bloß den Bericht der BMUKS, III-100 BlgNR XVII. GP, 36 ff. S weiters die parlamentarische Anfrage vom 2.3.1990, II-10206 BlgNR XVII. GP, Pkt 18 und 19, und die Anfragebeantwortung der BMUKS vom 23.4.1990, 4997/AB zu 5070/J (= II-10822 BlgNR XVII. GP): „... grundsätzlich abgeschlossen, ... konnten zügig vorangetrieben werden, ... Lösung in greifbarer Nähe ..."

48 S zu diesen näher *Bammer*, Theater 380 ff mwN.

49 ZB eine Koproduktionsvereinbarung zwischen der „Dion der Wr Festwochen ..., dem ÖBThV [und] der Dion der Wr Staatsoper" (s näher *Bammer*, Theater 381 f).

sönlichkeit zukomme. Zu betonen ist, daß im Rahmen der BTh **stets nur der Bund als Rechtsträger der Theater verpflichtet werden kann;** entscheidend für die Gültigkeit einer solchen Verpflichtung ist stets, ob das Handeln bestimmter Menschen **dem Bund zurechenbar** ist[50]. *Hodik*s zweifellos originelle Annahme, daß dem ÖBThV — nicht jedoch den einzelnen Theatern — Teilrechtsfähigkeit kraft Rechtsscheins zukomme[51], ist im Lichte des Staatsorganisationsrechts unhaltbar: **Berechtigt und verpflichtet ist letztlich immer nur der Bund,** der sich allerdings die Schaffung bzw Duldung gewisser äußerer Tatbestände wird zurechnen lassen müssen. Hier kann lediglich darauf hingewiesen werden, daß zB die letztzit „Vereinbarung" richtigerweise als Vertragspartner den **„Bund, vertreten durch den BMUK, dieser (wiederum) vertreten durch den GS des ÖBThV und den Dir der Wr Staatsoper"** zu nennen gehabt hätte. Die Praxis zeigt sich von diesem rechtlichen Befund jedoch seit Jahrzehnten unbeeindruckt[52].

6. Zum aktuellen Stand der Reformvorhaben

Das aktuellste umfassende „offizielle Papier" zum Stand der Reformvorhaben ist der „Bericht der BMUKS gem der Entschließung des NR vom 15.12.1987 betreffend aktuelle Fragen der BTh" vom Dezember 1988, der vom Unterrichtsausschuß am 1.2.1989 in Verhandlung genommen und am 6.4.1989 im Plenum des NR diskutiert wurde[53]. Zur Kritik des RH[54] („Schaffung einer gesetzlichen Grundlage für die privatrechtliche Führung der BTh") nahm die BMUKS folgendermaßen Stellung:

„Für die unmittelbare Zukunft ist die **Schaffung einer gesetzlichen Grundlage für die privatrechtliche Führung der BTh abzulehnen,** da durch eine Ausgliederung der BTh aus dem Budget derzeit zwar eine höhere Flexibilität erreichbar wäre, aber durch eine verstärkte Kreditaufnahmefähigkeit die politische Durchsetzbarkeit von Einsparungen erschwert würde. Mittelfristig (dh in 2 — 3 Jahren) könnte eine Veränderung der Rechtsform nach einer grundlegenden Effizienzhebung der bisherigen Strukturen allerdings sinnvoll erscheinen."[55] Unter „4. Reform — 4.1. Neugestaltung der Rechtsform" wird ausgeführt: „Der ÖBThV ist eine

50 Vgl dazu B.II.4.

51 *Hodik* 148 ff.

52 So zB auch OGH 24.3.1987, 14 Ob A 9/87: „... wider die **beklagte Partei ÖBThV,** Wien 1, Goethegasse 1, vertreten durch die FinProk in Wien ...".

53 Bericht der BMUKS, III-100 BlgNR XVII. GP; AB 871 BlgNR XVII. GP, 100; StenProtNR XVII. GP, 11613 ff, 11633 ff.

54 TB des RH/Verwaltungsjahr 1986, 38 f.

55 Bericht der BMUKS, III-100 BlgNR XVII. GP, 7. Ebenso Pkt 24 der Anfragebeantwortung der BMUKS 23.4.1990, 4997/AB zu 5070/J (= II-10822 BlgNR XVII. GP). Hervorhebung von mir. Für eine geplante „Veränderung der Rechtsform" oder die „Schaffung einer gesetzlichen Grundlage" sind nach wie vor keine Anzeichen ersichtlich.

besondere Organisationseinheit gem § 7 Abs 5 des BMG 1986. Seine interne Organisation ist in der ... DI aus 1971 geregelt, die eine künstlerische Autonomie der Dir der einzelnen Theater (mit einem ‚autonomen' Budget) und eine Kompetenz des GS als Dachorganisation für finanzielle und administrative Koordinationsfragen vorsieht. Die Verfassungsmäßigkeit dieser Konstruktion wurde in einem Gutachten des BKA-VD bestätigt[56]. Die Aufgaben der ÖBTh liegen rechtlich gesehen **primär** im Bereich der sog **Privatwirtschaftsverwaltung**[57]. Das heißt, daß die ÖBTh bei ihrer Tätigkeit **hauptsächlich** auf Rechtsformen des Privatrechts zurückgreifen, wobei den dem SchauspielerG unterliegenden Verträgen (‚Bühnendienstverträgen') besondere Bedeutung zukommt. Bei den BTh kommt zu der in allen Bereichen privatwirtschaftlicher Verwaltung spürbaren Spannung zwischen staatlicher Tätigkeit iS eines Hoheitsträgers und dem Handeln als Privatrechtsträger im Wirtschaftsverkehr noch die Garantie der Freiheit künstlerischen Schaffens, die im StGG auf verfassungsrechtlicher Ebene fixiert ist. In der Vergangenheit gab es immer wieder Versuche, die Verwaltung der ÖBTh rechtlich neu zu ordnen. Im Vordergrund stand dabei das Anliegen, die BTh aus der staatlichen Verwaltung auszugliedern, um so die Grundlage für echt privatwirtschaftliches Handeln zu schaffen; man vertrat die Ansicht, daß privatwirtschaftliches Handeln bei einer Eingliederung nicht oder nur sehr schwer möglich sei. Im Zuge der Haushaltsrechtsreform sind nun eine Reihe von Flexibilisierungen eingeführt worden, die eine wirtschaftliche Führung der BTh ohne die traditionellen Hindernisse der Kameralistik ermöglichen (vgl etwa die Neuregelung der Verwendung von Sponsorengeldern). **Für eine Neuorganisation nach Rechtsformen des Privatrechts bedarf es jedenfalls eines BG,** in dem die wesentlichsten Organisationselemente festzuschreiben sind. Der letzte Entwurf eines solchen BThG sah die Konstruktion als Wirtschaftskörper sui generis vor, in den verschiedene gesellschaftsrechtliche Elemente zu einer für den Theaterbetrieb adäquaten Form verbunden werden sollten. Dieser Gesetzesentwurf stieß bei einer Vielzahl von Betroffenen auf Ablehnung, sodaß diese Richtung schon seit Jahren nicht weiter verfolgt wird. Beim **Rückgriff auf die bewährten Formen der Kapitalgesellschaften** des Handelsrechts bieten sich zwei Denkansätze an: Es wäre möglich, die BTh als einheitliche Gesellschaft zu organisieren, in der die einzelnen Theater als mehr oder weniger selbständige Abteilungen ihre Aufgaben wahrnehmen. Wesentlich **mehr Autonomie**, aber auch mehr Verantwortung kommt den Theatern bei der zweiten Konstruktion zu: Dabei wären die **Theater als eigene, selbständige Gesellschaften mit Rechtspersönlichkeit, der Verband als Holding** mit bestimmten, gesellschaftsrechtlich und -vertraglich vorgesehenen Kontroll- und Leitungsbefugnissen einzurichten. Im internationalen Theaterbetrieb sind die verschiedensten Organisationsformen anzutreffen, wobei sehr viele Theater als Kapitalgesellschaft geführt werden. Mindest ebenso häufig sind aber Gebietskörperschaften wie Bund, Länder und Gemeinden zumindest Mehrheitseigentümer dieser Kapitalgesellschaften und dadurch wieder mit ihrem Verwaltungsmechanismus in der Entscheidungsfindung involviert. Allgemein durchgesetzt hat sich für die Verwaltung von großen Bühnen noch keines dieser Modelle. Angesichts der Schwierigkeiten und der grundsätzlichen Bedeutung solcher Überlegungen wurde entschieden, zunächst auf der Basis der geltenden Regelungen

56 Gemeint ist offenbar das — im Rahmen dieser Arbeit in dieser Hinsicht widerlegte — Gutachten des BKA-VD 8.7.1982, 600371/1-V/6/81.

57 Aber keineswegs **ausschließlich**; s dazu B.II. und B.V.

die **Organisation intern umzugestalten.** In der neuen GeO des ÖBThV soll durch eine effiziente Kompetenzverteilung, sinnvolle Delegation von Entscheidungsbefugnissen und — damit verbunden — durch klare Verantwortlichkeiten sichergestellt werden, daß der Betrieb nach im Grunde privatwirtschaftlichen Prinzipien, aber unter Berücksichtigung der Grundsätze und der besonderen Kontrolle staatlicher Verwaltung geführt wird. Letzteres ist besonders wichtig, da der Betriebsabgang der BTh aus dem Bundesbudget gedeckt wird, dessen Verwendung der strengen Kontrolle durch den RH unterliegt. Erst wenn auf Basis der geltenden Regelungen eine Effizienzsteigerung gesichert ist, wird über eine rechtliche Neustrukturierung zu entscheiden sein. Welcher Form der Neuregelung dann der Vorzug zu geben sein wird, bedarf — insb auch angesichts der sehr bedeutsamen arbeitsrechtlichen Implikationen einer solchen Grundsatzentscheidung — besonders genauer Überlegungen. Zusammenfassend gesagt, soll im ersten Reformschritt eine kostensparende Organisationsreform abgeschlossen und in einem zweiten Schritt die Entscheidung über eine entsprechend angepaßte Rechtsform getroffen werden. Ziel muß es jedenfalls sein, durch diese organisatorische und — daran anschließend — auch rechtliche Strukturreform die BTh in einer Form zu organisieren, die einen sinnvollen Ausgleich zwischen dem kulturellen Auftrag, den Grundsätzen ordnungsgemäßer und verantwortungsbewußter Wirtschaftsgebarung und einer dem Ruf und der Bedeutung dieser Kulturstätten entsprechenden Aufführungspflege bieten.“[58]

Einen Tag vor der Debatte des — schließlich einstimmig angenommenen — Berichts im NR präsentierte die Österreichische Volkspartei ein „Konzept für die BTh-Reform“, das auch Gegenstand zahlreicher Wortmeldungen in der NR-Debatte war[59]. Das „Konzept“ sah insb vor:

„Autonomie für Musik- bzw Sprechtheater — Reduzierung der BThVw auf eine Serviceeinrichtung. ...

Autonomie für die Theater

Entsprechend den Grundsätzen moderner und erfolgreicher Betriebsführung erhalten die Sprechtheater bzw die Musiktheater folgende Organisationsform: Staats- und Volksoper bzw Burg- und Akademietheater werden in **zwei selbständige Gesellschaften mit Rechtspersönlichkeit** umgewandelt. Sie bekommen dadurch weitgehende Autonomie. **Jede der beiden neuen Gesellschaften wird von drei Dir geleitet:** Einem künstlerischen Dir, der den Vorsitz führt, einem administrativen Dir, der für Budget und Personal zuständig ist und einem technischen Dir, der auch die Werkstätte leitet. Um Flexibilität und Wirtschaftlichkeit zu gewährleisten, werden die heute gemeinsam geführten Werkstätten geteilt und einer Dion unterstellt[?]. **Das heute überdimensionierte GS wird auf eine Serviceeinrichtung reduziert** (EDV-Anlage, Rechtsabteilung, Rechnungswesen, Budgetkontrolle, Publikumsdienst etc). Die beiden Dionen können über die im Budget des Bundes vorgesehenen Mittel frei verfügen. Zusätzliche Einnahmen verbleiben im jeweiligen Theater. **Die Bestellung der Dir erfolgt nach einer internationalen Aus-**

58 Bericht der BMUKS, III-100 BlgNR XVII. GP, 12 ff. Hervorhebungen von mir.

59 Pressekonferenz vom 5.4.1989; die folgenden Zitate beziehen sich auf das Pressepapier, das die einzige seitens der ÖVP erhältliche Unterlage darstellt (Hervorhebungen von mir.)

schreibung. Der zuständige BM bedient sich dabei einer Jury, der auch die Vertreter des technischen und des künstlerischen Personals angehören sollen. ..."

Zusammenfassend ist festzustellen, daß in der öffentlichen und politischen Diskussion **über zahlreiche Fragen der Organisation der BTh offenbar kein Konsens besteht.** Die von der BMUKS vertretene Auffassung der Verfassungskonformität der derzeitigen Organisation ist — wie in Kapitel B.II. gezeigt wird — unzutreffend. Man kann über die Zweckmäßigkeit der bestehenden Organisation oder über die „politische Machbarkeit" einer grundlegenden Strukturreform durchaus unterschiedlicher Auffassung sein — festzuhalten bleibt, daß die **derzeitige Konstruktion weitgehend verfassungswidrig** ist. Die bisherigen Reformdiskussionen berücksichtigten diesen juristischen Aspekt bedauerlicherweise nicht ausreichend.

B. Probleme der für die Organisation, den Betrieb und die (verfassungs)rechtliche Stellung der Bundestheater maßgeblichen Rechtsgrundlagen

I. Bundestheater und Privatwirtschaftsverwaltung

Art 18 Abs 1 B-VG bestimmt: „Die gesamte staatliche Verwaltung darf nur auf Grund der Gesetze ausgeübt werden." Umstritten ist, ob dieser Vorschrift neben der „Hoheitsverwaltung" auch die sog „Privatwirtschaftsverwaltung" unterliegt[1]. Es kann in dieser Arbeit zu diesem Grundsatzproblem nicht eingehend Stellung genommen werden; jene Meinung, die für die **Geltung des Legalitätsprinzips auch für die „Privatwirtschaftsverwaltung"** eintritt, scheint aber die besseren Gründe für sich zu haben[2].

Abgesehen von dieser Problematik ist aber **fraglich, ob die gesamte Tätigkeit der BTh als bloße „Privatwirtschaftsverwaltung" qualifiziert werden kann:** Zwar sind zahlreiche Vorgänge im Bereich der BTh (des ÖBThV) als privatrechtliche Akte deutbar[3], bei einigen Akten ist dies jedoch fraglich: Anzuführen sind zB die **Festsetzung der Spielpläne der BTh,** deren Deutung als **bloße** „Aufforderung zur Stellung eines Anbots zum Abschluß eines Theaterbesuchsvertrages" ohne darüberhinausgehende Bedeutung grotesk wäre, sowie die **„Ruhestandversetzung" von BTh-Bediensteten mittels „Dekretes",** die wohl schwerlich als ausschließlich privatrechtlicher Akt verstanden werden kann[4]. Wie noch in Kapitel B.V.2. und 3. im einzelnen nachgewiesen werden wird, ist die **Tätigkeit der BTh**

1 Für die Geltung des Legalitätsprinzips für die Privatwirtschaftsverwaltung zB *Walter/Mayer*, BVR[6] Rz 570 mwN; dagegen zB *Antoniolli/Koja* 229 f mwN.

2 Insb ist die gelegentlich erfolgte Berufung auf „Redaktoren und erste Kommentatoren des B-VG" verfehlt, die auch der Meinung gewesen sein sollen, daß sich Art 18 Abs 1 B-VG „nur auf das Verhältnis zwischen dem Staat und dem Bürger in der **Hoheitsverwaltung**" bezogen haben soll (so ausdrücklich *Antoniolli/Koja* 229, unter Hinweis auf *Kelsen/Froehlich/Merkl* 84). Gerade der Lehre und Jud dieser Zeit war aber eine **bloß formale Abgrenzung** von (zudem noch vielfach unbekannten) Staatstätigkeiten (bzw -akten) fremd (vgl bloß die bei *Raschauer*, Wahlfreiheit 8 ff zit Autoren). Es ist somit **verfehlt, das** heute vielfach vertretene **bloß formale Verständnis von „Hoheitsverwaltung" zeitgenössischen Autoren (Gesetzesredaktoren) zu unterstellen** und **daraus** die Nichtgeltung des Art 18 Abs 1 B-VG für einen nach damaligem Verständnis nicht als „Privatwirtschaftsverwaltung" qualifizierbaren Bereich abzuleiten (petitio principii).

3 Insb der Abschluß von Bühnendienst- und Theaterbesuchsverträgen.

4 S zu diesen und anderen Problemen B.II.2., B.V.4. und B.IV.2.

unter die **nicht-fiskalische Verwaltung** einzuordnen, sie selbst sind als **nicht erwerbsorientierte öffentliche Anstalten** zu qualifizieren. Das Fehlen gesetzlicher Grundlagen für diesen Bereich hat aber nichts — betrachtet man die Bestimmungen des positiven Verfassungsrechts, insb Art 17 B-VG — mit dem **Problem der Geltung des Legalitätsprinzips in der sog „Privatwirtschaftsverwaltung"** (iSd Art 17 B-VG) zu tun; vielmehr ist fraglich, ob der Bereich, in dem der Staat — bei inhaltlicher Betrachtung — nicht-fiskalisch („in Vollziehung der Gesetze") auftritt und öffentliche Aufgaben erfüllt[5], überhaupt rechtens als „Privatwirtschaftsverwaltung" (Art 17 B-VG) gedeutet werden kann[6]. Nach der hier vertretenen Auffassung ist die Qualifikation der Tätigkeit der BTh für das Erfordernis **gesetzlicher Organisationsnormen** irrelevant, da Art 77 Abs 2 B-VG diesbezüglich nicht differenziert und darüberhinausgehende Bestimmungen (Ziele, Aufgaben, Ausgestaltung der Rechtsbeziehungen etc) auch dann eines G bedürfen, wenn sie der fiskalischen (erwerbsorientierten) Verwaltung zuzuordnen wären (Art 18 Abs 1 B-VG).

Da der Bund allgemein zur Regelung von „Angelegenheiten der BTh" gem Art 10 Abs 1 Z 13 B-VG zuständig ist, könnte (im Lichte des Art 18 Abs 1 B-VG: muß) in einem noch zu erlassenden BThG auch die nähere Ausgestaltung der Rechtsbeziehungen der Theaterbesucher zu den BTh (genauer: ihrem Rechtsträger) geregelt werden[7, 8]. Insb wäre gesetzlich festzulegen, ob und inwieweit für die Inanspruchnahme von Leistungen der

---

5 S zB §§ 3 und 8 DI 1976.

6 Vgl umfassend *Raschauer*, Wahlfreiheit. So meint auch *Märkle* 25 ff (30), daß die BTh als „Hoheitsverwaltung im weiteren Sinn" anzusehen sei (vgl zu dem von diesem Autor zit Erk VwSlg 4804 A B.V.). Die von der Praxis gelegentlich vertretene Auffassung, die Tätigkeit der BTh sei der sog **„schlichten Hoheitsverwaltung"** zuzuordnen, ist terminologisch bedenklich: Die in Österreich hM versteht unter „schlichter Hoheitsverwaltung" hoheitliches Verwaltungshandeln, das dennoch nicht im Setzen eines Hoheitsaktes besteht (zB Empfehlungen, Mahnungen etc) (*Antoniolli* 11; *Antoniolli/Koja* 23 f). In der deutschen Verwaltungsrechtswissenschaft wird dieser Begriff allerdings zT auch als Synonym für (nicht-fiskalische) „Daseinsvorsorge" verwendet (so auch *Melichar*, Steuerrecht 563 [565]; vgl näher B.V.4. mwN). Aufgrund der Mehrdeutigkeit des Begriffs „schlichte Hoheitsverwaltung" empfiehlt sich somit der Gebrauch der präziseren, zudem eine Einordnung nicht vorwegnehmenden Wendung „nicht-fiskalische Verwaltung".

7 Dies stellte allerdings eine extensive Interpretation des BTh-Kompetenztatbestandes — im Gegensatz zur diesem vom historischen Verfassungsgesetzgeber zugesonnenen Bedeutung (iwS thpol Angelegenheiten) — dar (vgl A.III.und A.IV.). Insb wäre im Einzelfall zu untersuchen, ob eine Bestimmung inhaltlich nicht **Sonderprivatrecht** (und somit kompetenzrechtlich „Zivilrechtswesen" [Art 10 Abs 1 Z 6 B-VG]) darstellte (zB Bestimmungen über die Rechtsfolgen von Leistungsstörungen bei nicht oder schlecht dargebotenen BTh-Vorstellungen). Die Unterscheidung ist aber weitgehend folgenlos, da beide Kompetenztatbestände die Zuständigkeit des Bundes in Gesetzgebung und Vollziehung begründen und derartige Streitigkeiten unter die Garantie des Art 6 MRK fallen. (Hingegen bedürfte die Frage einer näheren Untersuchung, ob [inwieweit] ein BThG die Entscheidung über Streitigkeiten über einen Anspruch auf BTh-Besuch von Verfassung wegen [Art 6 MRK] einem Tribunal vorzubehalten hätte.)

8 *Raschauer*, Verwaltungsrecht 179, führt in diesem Zusammenhang aus: „Für BTh gibt es bis heute keine gesetzlichen Regelungen; **die Rechtsnatur dieses Benutzungsverhältnisses ist unklar."** S zum Benutzungsverhältnis der Anstalt „BTh" näher B.V.2., zur Rechtsnatur der HOen B.VII.

BTh — bei privatrechtlicher Ausgestaltung dieses Rechtsverhältnisses — Kontrahierungszwang seitens des Rechtsträgers besteht; weiters könnte etwa ein „Verteilungsschlüssel" für besonders nachgefragte Vorstellungen festgelegt werden, um eine einseitige Bevorzugung (Benachteiligung) bestimmter Personengruppen hintanzuhalten[9].

Das Fehlen **gesetzlicher Organisationsvorschriften** — dh die bloße Organisation der BTh ohne Normierung verbindlicher Ziele und Aufgaben bzw ohne die Regelung der Ausgestaltung der Modalitäten ihrer „Außenbeziehungen" — stellt hingegen, wie erwähnt, nur **mittelbar** ein Problem der Bestimmung des Art 18 Abs 1 B-VG dar: Für den Bereich des staatlichen Organisationsrechts bestehen **spezielle Vorschriften** (hier insb Art 77 Abs 2 B-VG), die allerdings ebenso wie Art 18 Abs 1 B-VG das Prinzip der Gesetzesherrschaft im demokratischen Staat zum Ausdruck bringen[10]. Da über den über bloße Organisationsvorschriften hinausgehenden Inhalt eines zu erlassenden BThG hier nur Spekulationen angestellt werden können[11], beschränkt sich die weitere Untersuchung (Kapitel B.II.) im wesentlichen auf die Problematik des Fehlens gesetzlicher Organisationsvorschriften.

---

9 So wäre eine gesetzliche Regelung, die es außerhalb Wiens wohnhaften Staatsbürgern unmöglich machte, Karten ohne langwierige mehrmalige Anstellprozeduren zu erwerben, wohl unsachlich und daher verfassungswidrig (wobei aber der einzelne nicht unbedingt zu Geltendmachung dieser Verfassungswidrigkeit berufen sein muß); eine entsprechende gesetzliche Ausgestaltung der Verteilungsmodalitäten (Bundesländer-Quote) wäre naheliegend. Sinnvoll erschiene zB auch die gesetzliche Ermächtigung zur Festlegung von Anstell(Verkaufs)modalitäten durch VO (vgl dazu auch B.VII.2.a)).

10 Unklar ÖBThV, Bericht 1971/72, 19, wo nicht weiter zwischen der **Notwendigkeit gesetzlicher Organisationsvorschriften einerseits** (Art 77 Abs 2 B-VG) und der **Notwendigkeit der gesetzlichen Regelung des Handelns der BTh** andererseits (Art 18 Abs 1 B-VG) unterschieden wird.

11 Vgl zB den Entwurf eines BThG (1271 BlgNR XIII. GP), der keine über **allgemeine** Aufgaben und Ziele der BTh hinausgehenden Bestimmungen enthielt.

II. Artikel 77 Abs 2 B-VG und die Organisation der Bundestheater durch Dienstinstruktionen

1. Artikel 77 Abs 2 B-VG und § 7 Bundesministeriengesetz 1986

Nach mehreren Jahrzehnten wurde 1973 erstmals die Promesse des Art 77 Abs 2 B-VG eingelöst und das BMG 1973 erlassen; es hat trotz seiner grundlegenden Bedeutung für die Organisation der Bundesverwaltung bislang keine nähere wissenschaftliche Durchdringung erfahren. Die Zahl der BM wurde zweifellos ursprünglich durch § 1 BMG 1973 exakt bestimmt; durch die auf Art 77 Abs 3 B-VG gestützte Bestimmung des § 1 Abs 2 BMG 1986 idF der Nov BGBl 1987/78 ist die Idee des Art 77 Abs 2 B-VG — verfassungskonform (Art 77 Abs 3 B-VG) — verwässert. Durch das BMG wird lediglich der aWB der BM gesetzlich geregelt, während sowohl die in den einzelnen Materiengesetzen enthaltenen Vollzugsklauseln als auch sonstige gesetzliche Kompetenzbestimmungen unberührt blieben[1]; insofern entspricht das BMG den Anforderungen des Art 77 Abs 2 B-VG nur teilweise, da diese Bestimmung offenbar ein die Vollzugsklauseln der einzelnen MaterienG ablösendes **allgemeines KompetenzG** fordert (arg: „BG" und nicht „Bundesgesetze"). Dieser zweite Schritt der durch Art 77 Abs 2 B-VG geforderten „umfassenden Kompetenzneuordnung" dürfte — wie schon anläßlich der Erlassung des BMG 1973 — auch in Hinkunft an den „Widerständen der begutachtenden Stellen" — hier der BM selbst — scheitern[2]. Art 77 Abs 2 B-VG fordert schließlich die **gesetzliche Regelung der inneren Organisation** — in der Terminologie des B-VG: „Einrichtung" — **der BM.** Die — historisch verständliche — Bedeutung der Vorschrift liegt in der **Beschränkung der dem absoluten Herrscher unbeschränkt zugekommenen Befugnis zur Einrichtung der Staatsbehörden,** somit auch der Organisationsgewalt[3]. Denn ursprünglich war auch die Errichtung, Auflassung und Änderung von Min eine der Exekutive vorbehalten gewesene organisationsrechtliche Befugnis[4].

„In der Monarchie wurde es der Organisationsgewalt der Exekutive zugerechnet, Organe zu schaffen, insb Min und ihnen zugeordnete Stellen. Diese Funktion ist Kraft der BV nahezu völlig beseitigt. Die Norm des Art 77 B-VG bestimmt, daß Wirkungskreise und Zahl der BM durch BG zu regeln sind. **Da Unterbehörden mit dem Ressort eine Einheit bilden, ist jedenfalls auch die Errichtung solcher Organe von der Norm des Art 77 Abs 2 erfaßt.** ... Es hat sich unter der Sanktion des VfGH auf dem Gebiete der inneren Einrichtung der Behörden ihre Gliederung

1 Vgl bloß EB zur RV 483 BlgNR XIII. GP, 21 f.
2 So schon die EB zur RV 483 BlgNR XIII. GP, 22.
3 Vgl umfassend *Ermacora*, Organisationsgewalt 202 ff mwN.
4 *Ermacora*, Organisationsgewalt 205 f.

in Sektionen, Abteilungen durch VwVO usw als ein Rest klassischer Organisationsgewalt gewohnheitsrechtlich erhalten. ..."[5]

Abschnitt III des BMG (§§ 7 — 12) regelt die „Einrichtung der BM": Die GE gem §§ 7 und 8 betrifft die Gliederung des BM in Dienststellen — Sektionen, Abteilungen, Gruppen, Referate und sonstige organisatorische Einrichtungen und Stellen — sowie die Aufteilung der Geschäfte unter Bedachtnahme auf Bedeutung, Umfang und sachlichen Zusammenhang auf sie. Jeder BM hat für das von ihm geleitete BM eine GeO zu erlassen und zur öffentlichen Einsicht aufzulegen (§ 7 Abs 8); aus der GE kann nach ausdrücklicher Anordnung des BMG niemand ein subjektives Recht ableiten (§ 7 Abs 12)[6]. Nach der Absicht des historischen Gesetzgebers[7] und der überwiegenden Lehre[8] ist die **GE als VwVO** zu qualifizieren. Gegen diese Auffassung hat *Mayer*[9] zu Recht Stellung bezogen:

„Die Bestimmung des Art 77 Abs 2 B-VG, die betreffende Regelung durch BG zu treffen, schließt es aus, daß der einfache Gesetzgeber eine Rechtsform zur Regelung dieser Materie vorsieht, die für Rechtsunterworfene unverbindlich ist. Das einfache G kann wohl seine Präzisierung der Verwaltung übertragen, diese wird jedoch dabei im Rahmen des Art 18 Abs 2 B-VG tätig und erläßt dabei G im materiellen Sinn, dh RVO. Folgt man der in den Gesetzesmaterialen zum Ausdruck kommenden subjektiven Absicht des Gesetzgebers, der die Bestimmung des § 7 Abs 5 des BMG 1973 als Ermächtigung zur Erlassung von ‚VwVO' qualifiziert, so wäre diese Norm daher verfassungswidrig. Eine objektive Interpretation dieser Norm führt aber zu ihrer Deutung als Ermächtigung zur Erlassung von DVO iSd Art 18 Abs 2 B-VG. Die Kundmachung dieser VO hat — abweichend von der Kundmachung sonstiger MinisterialVO — gem § 7 Abs 8 BMG 1973 durch Auflegung zur öffentlichen Einsicht zu geschehen."[10]

Mayer vertritt weiters die Auffassung, daß **§ 7 Abs 5 BMG mangels ausreichender inhaltlicher Bestimmtheit** selbst dann **verfassungswidrig** sei, wenn man diese Bestimmung als Ermächtigung zur Erlassung von DVO erachtete[11]. Allerdings hat die Jud des VfGH — in Gegensatz zu *Mayer* — die innere Einrichtung der Behörden als eine „Angelegenheit der Verwaltung, die durch interne Verwaltungsmaßnahmen geregelt werden kann", bezeichnet[12]. Der Auffassung *Mayer*s ist aber zuzustimmen: Die

---

5 *Ermacora*, Organisationsgewalt 212, 214 (Hervorhebung von mir).

6 Vgl *Antoniolli/Koja* 398.

7 EB zur RV 483 BlgNR XIII. GP, 23, 29.

8 *Antoniolli/Koja* 398; offenbar auch (ohne Differenzierung zwischen GeO und GE) *Adamovich/Funk*, Verfassungsrecht[3] 268. Auch *Raschauer*, Bundesverwaltung 367 bei FN 14, bezeichnet die GE der BM als VwVO (unter Ablehnung der Meinung *Mayer*s, „der allerdings den Art 77 B-VG überdehnt").

9 Staatsmonopole 96 f. Ihm folgend *Wilhelm* 237 f.

10 So auch *Walter/Mayer*, BVR[6] Rz 690.

11 *Mayer*, Staatsmonopole 97 bei FN 134.

12 VfSlg 2650, 4698 etc; dazu *Ermacora*, Organisationsgewalt 213 f.

Anordnung des § 7 Abs 12 BMG bedeutet lediglich, daß die GE keine subjektiven Rechte begründet — daraus kann aber nicht schlüssig das Nichtvorliegen einer RVO abgeleitet werden[13]. Da eine Wortinterpretation des § 7 Abs 8 BMG die — verfassungskonforme — Deutung der **GE als RVO** nahelegt, kann die auf die — verfehlte — Jud des VfGH gestützte subjektive Absicht des historischen Gesetzgebers unberücksichtigt bleiben[14]. Der Auffassung *Mayer*s, § 7 Abs 5 BMG scheine mangels ausreichender inhaltlicher Bestimmtheit verfassungswidrig zu sein (Art 18 Abs 2 B-VG), ist allerdings entgegenzuhalten, daß die Anwendbarkeit des § 7 Abs 5 BMG die Erfüllung finaler Determinanten (zweckmäßigere, wirtschaftlichere und sparsamere Erfüllung der Aufgaben der Privatwirtschaftsverwaltung) erfordert; je stärker eine gem § 7 Abs 5 BMG vorgesehene Organisation von der in § 7 Abs 1 und 2 BMG geregelten Form abweicht, desto größer werden die **Anforderungen an die Stichhältigkeit der Begründung** iSd genannten „finalen Determinanten". Hingegen qualifiziert die hM die **GeO der BM** gem §§ 9 f BMG zu Recht als VwVO bzw als Weisung[15]. Diese Überlegung gilt insb für den Bereich der Privatwirtschaftsverwaltung, da durch eine nicht publizierte Regelung (Ermächtigung) zur Setzung von privatrechtlich erheblichen Akten nicht in subjektive Rechte der Rechtsunterworfenen eingegriffen wird: Vielmehr ist die Überlegung entscheidend, ob bzw wann dem Bund eine Handlung eines Organs rechtsgeschäftlich zugerechnet werden kann[16].

2. § 7 Abs 5 Bundesministeriengesetz und die Dienstinstruktion 1976

Gem § 7 Abs 1 und 2 BMG gliedern sich die BM in Sektionen, Gruppen, Abteilungen und Referate, wobei die Gruppen- und Referatsgliederung gem Abs 2 fakultativ ist; die Abteilungs- und Sektionsgliederung ist obligatorisch. **§ 7 Abs 5 BMG** lautet: „Für die Besorgung von Geschäften in Angelegenheiten, in denen der Bund als Träger von Privatrechten tätig wird, kann eine von den Abs 1 und 2 abweichende Organisation vorgesehen werden, soweit dadurch diese Aufgaben zweckmäßiger, wirtschaftlicher und sparsamer erfüllt werden." In dieser Bestimmung sieht das BKA-VD die **gesetzliche Grundlage für die Erlassung der DI 1976**[17]. Zu prüfen ist nunmehr, ob die für die Erlassung der DI 1976 notwendigen Tatbestände

13 So auch *Aichlreiter* 247 ff: „VO im ausschließlich formellen Sinn".

14 Vgl zum Vorrang der objektiven vor der subjektiven Interpretation oben A.III.4.h).

15 VwVO: *Raschauer*, Bundesverwaltung 367 bei FN 15; *Antoniolli/Koja* 398. Weisung: *Aichlreiter* 548 ff.

16 Vgl umfassend *Wilhelm*; radikal — und im Ergebnis nicht verallgemeinerbar — *Mayer*, Staatsmonopole 98. Vgl zur Vertretungsbefugnis näher B.II.4.

17 BKA-VD 8.7.1982, 600371/1-V/6/81, 5.

des § 7 Abs 5 BMG erfüllt wurden bzw noch erfüllt werden. Gem Art 77 Abs 1 B-VG sind „zur Besorgung der Geschäfte der Bundesverwaltung ... die BM und die ihnen unterstellten Ämter berufen"; darunter sind nach hM auch die Geschäfte der Privatwirtschaftsverwaltung zu verstehen[18]. Nach dem Wortlaut des Art 77 Abs 1 B-VG muß nicht die gesamte Privatwirtschaftsverwaltung des Bundes von einem „Bundesministerium" besorgt werden, vielmehr können auch diesen „unterstellte Ämter" zur Besorgung dieser Agenden berufen sein. Es stellt sich somit die Frage, wann ein BM und wann ein diesem „unterstelltes Amt" mit der Besorgung der Privatwirtschaftsverwaltung zu betrauen ist:

Nach hM und Jud bedarf **sowohl die Errichtung einer Behörde als auch eines „Amtes"** (einer planmäßigen, rechtlich geregelten Stelle zur Durchführung bestimmter öffentlicher Aufgaben, wobei dieser Stelle kein Imperium eingeräumt ist) **eines gesetzlichen Aktes als Grundlage**[19]. Sofern kein gesetzlicher Amtserrichtungsakt — und somit kein „Amt" im Rechtssinn — vorliegt, kann der mit bestimmten Agenden der Privatwirtschaftsverwaltung betraute BM diese Aufgaben ausschließlich durch den ihm zur Verfügung stehenden Hilfsapparat — durch das BM — besorgen[20]. **Zur Besorgung der Angelegenheit „BTh" ist somit grundsätzlich der Hilfsapparat „BM" berufen, da zweifellos kein bundesgesetzlicher Akt vorliegt, der ein „Amt" zur Besorgung dieser Angelegenheit geschaffen hätte**[21]. Das BKA-VD vertritt nun die Ansicht, daß die gesamte Organisationseinheit „ÖBThV" einen Teil des BMUK gem § 7 Abs 5 BMG bilde — diese Auffassung wäre dann zutreffend, wenn der gesamte ÖBThV unmittelbar dem BMUK eingegliedert wäre und nicht etwa bloß das GS. Ein prima facie verfassungskonformes Ergebnis ließe sich — in Ermangelung eines **gesetzlichen** Ausgliederungs- bzw Unterstellungsaktes — nur bei unmittelbar Eingliederung der einzelnen Theater in das BMUK im Rahmen der GE erzielen. Folgt man somit der Auffassung des BKA-VD, wäre **der gesamte ÖBThV** mit seinen „Ausführungseinheiten"[22] (den einzelnen BTh) **in die GE des BMUK aufzunehmen:** Gem § 7 Abs 8 BMG ist „die Einrichtung von ... Einrichtungen gem den Abs 3 — 6 und die Aufteilung der Geschäfte auf sie ... in der GE jedes BM festzusetzen." **Die GE des BMUK(S) vom 21.12.1989**[23] **entspricht diesem Erfordernis** freilich

---

18 Vgl ausführlich *Mayer*, Staatsmonopole 93 mwN.

19 Vgl *Antoniolli/Koja* 308 f; weiters *Mayer*, Staatsmonopole 94 mwN.

20 HM. S bloß *Antoniolli/Koja* 389 f; *Raschauer*, Bundesverwaltung 369 f.

21 Selbst wenn man die VASTh — verfehlterweise — als in Geltung stehend erachtete, stellte diese Norm kein G, sondern lediglich eine VO dar (s A.V.3.).

22 So die unklare Terminologie von *Hodik* 152.

23 BMUKS 21.12.1989, Z 10740/6-1/89, 61 ff; die Nichtanführung des GS des ÖBThV in der wiederverlautbarten Fassung der GE per 21.12.1990, BMUKS 21.12.1990, Z 10740/2-1/90, ist auf ein — zur baldigen Berichtigung vorgemerktes — Redaktionsversehen zurückzuführen und wird hier daher weiter berücksichtigt (s näher A.VII.5.e)).

nicht: Nach der Anführung der in zahlreiche Abteilungen gegliederten vier Sektionen und von „Einrichtungen zur Beratung und Unterstützung der BM ..." gem § 7 Abs 3 BMG enthält die GE das **„GS des ÖBThV"**; dieses besteht aus vier Hauptabteilungen, der Ballettschule der ÖBTh und der Dion für kulturelle Angelegenheiten sowie aus dem Generalsekretär unmittelbar unterstehenden Abteilungen. **Die Dir sowie das Personal der einzelnen BTh, die gem den §§ 5 — 7 iVm 1 DI 1976 dem GS nicht unter-, sondern nebengeordnet sind, sind in der GE nicht enthalten**[24].

Vertritt man daher die Auffassung, daß der gesamte ÖBThV samt den einzelnen Theatern unmittelbar in das BMUK (als „abweichende Einrichtung"[25] gem § 7 Abs 5 BMG) eingegliedert ist, ist die **GE dieses BM** in nicht unerheblichem Ausmaß **unvollständig;** da sie eine RVO darstellt, kann diese gesetzwidrige Unvollständigkeit gem Art 139 B-VG zu ihrer Aufhebung durch den VfGH führen. Dies ergibt sich aus dem Widerspruch zu § 7 Abs 5 und Abs 8 BMG, da diese Bestimmungen im Zusammenhalt mit den sonstigen Bestimmungen des § 7 BMG zweifellos die **Vollständigkeit der GEen** fordern. Verträte man hingegen die Ansicht, daß **die einzelnen Theater nicht unmittelbar in das BMUK eingegliedert sind, fehlt für ihre selbständige rechtliche Existenz das vom B-VG geforderte BG.**

Festzuhalten ist, daß die DI 1976, die den ÖBThV errichtete, weder einen Bestandteil der GE darstellt noch von einer anderen Bestimmung des BMG gedeckt ist: **Eine Organisation gem § 7 Abs 5 BMG ist zwingend in der — einzigen — GE des jeweiligen BM auszuweisen.** Es kann somit keine Rede davon sein, daß die DI 1976 ihre „gesetzliche Deckung in § 7 Abs 5 des BMG findet"[26], da eine derartige abweichende Organisation entweder unmittelbar in das BM einzugliedern — und somit auch vollständig in der GE enthalten sein muß — oder durch BG dem BM nachzuordnen ist. Für die Annahme einer neben dem BMG (weiter)bestehenden „selbständigen Organisationsgewalt" hinsichtlich Errichtung und innerer Ein-

---

24 Hingegen stellt die „Dion für kulturelle Angelegenheiten" nach der GE offenbar eine dem GS nachgeordnete, auf der Stufe einer Hauptabteilung stehende Einrichtung dar, während sie nach den §§ 1 und 8 ff DI 1976 dem GS nebengeordnet ist. Im Amtskalender 1991/92 ist sie nicht mehr angeführt.

25 Auch sog **„nachgeordnete Dienststellen"** sind entweder Teil des BM oder durch BG von diesem getrennt (die gilt insb auch für „unterstellte Ämter" iSd Art 77 Abs 1 B-VG, die entweder durch BG einzurichten sind oder — mangels Ausgliederung aus dem BM — in der GE enthalten sein müssen. Als Teil des BM unterliegen nicht durch BG eingerichtete „nachgeordnete Dienststellen" den gesetzlichen Anforderungen des Art 77 Abs 2 B-VG und des BMG (hier: § 7 Abs 5). Der Ausdruck „nachgeordnete Dienststelle" wird vielfach zur Beschreibung **tatsächlicher Aspekte** verwendet (iS von verwaltungstechnischen Einheiten nach ihrem organisatorischen Aufbau [§ 1 Abs 4 PVG; dazu B.IV.5.]; faktische [räumliche] Ausgliederung aus der „Zentralstelle"), im Lichte des B-VG und des BMG besteht allerdings für derartige Einrichtungen **Rechtsformzwang (BG oder GE des BM).**

26 So aber des BKA-VD 8.7.1982, 600371/1-V/6/81, 5.

richtung von Dienststellen der Privatwirtschaftsverwaltung besteht seit Erlassung der abschließenden Regelung des BMG keine Grundlage mehr[27].

Nunmehr ist die eingangs gestellte Frage — Erfüllung der Tatbestandsvoraussetzungen des § 7 Abs 5 BMG — zu präzisieren: Zu untersuchen ist, **ob das in der GE vorgesehene „GS des ÖBThV" tatsächlich der „Besorgung von Geschäften in Angelegenheiten, in denen der Bund als Träger von Privatrechten tätig wird"**, dient; weiters ist zu prüfen, **ob durch diese abweichende Organisation „diese Aufgaben zweckmäßiger, wirtschaftlicher und sparsamer erfüllt werden"**. Die von der traditionellen Gliederung in Sektionen und Abteilungen **abweichende Organisation des GS des ÖBThV ist nur dann rechtmäßig,** wenn durch diese Organisationseinheit ausschließlich die umschriebenen Angelegenheiten — prima facie sohin Privatwirtschaftsverwaltung[28] — besorgt werden. Selbst wenn die Bestimmung des § 7 Abs 5 BMG die Errichtung jeder Organisationseinheit deckte, die nicht für den BM Bescheide erläßt oder Zwangsakte setzt, so dürfte das GS des ÖBThV durch die Vollziehung des BThPG zumindest in diesem Zusammenhang hoheitlich tätig werden (Pensionierung durch „Dekret")[29]. Fraglich ist weiters, ob die dem GS durch die GE unmittelbar untergeordnete „Leitung des sicherheitstechnischen Dienstes" — offenbar eine mit der hoheitlichen Vollziehung des BThSG in Zusammenhang stehende Tätigkeit — nur als Tätigwerden im Bereich der Privatwirtschaftsverwaltung angesehen werden kann.

Entscheidend dürfte aber die **inhaltliche Beurteilung der Tätigkeit der BTh** bzw der damit verfolgten Zwecke sein: Stellt der **Betrieb „repräsentativer österreichischer Bühnen ... als repräsentative Repertoiretheater", die der „Pflege österreichischen Kultur Rechnung zu tragen" haben und dabei „auf ... Bildungserfordernisse, die Förderung des Theaterwesens in den Bundesländern und die kulturelle Auslandsrepräsentation Österreichs Rücksicht zu nehmen" haben,** tatsächlich **nur ein Tätigwerden des Bundes „als Träger von Privatrechten"** dar[30]? Was ist unter der **„Koordinierung der BTh in allgemein künstlerischer und staatspolitischer Hinsicht"**, sowie dem **„Verkehr mit den staatlichen und den nichtstaatlichen kulturellen Einrichtungen des In- und Auslandes"** zu verstehen[31]? Kann überhaupt die **Führung von „Nationaltheatern"**[32], die als **„gemeinwohlorientierte staatliche Einrichtungen"** der **„Verwirklichung kulturpolitischer Zielsetzungen dienen"**[33] als bloße Privatwirtschaftsverwaltung — wie etwa der Betrieb einer (Bundes)Steg-

27 Vgl zur Rechtslage vor dem BMG *Ermacora*, Organisationsgewalt mwN.
28 So ausdrücklich die EB zur RV 483 BlgNR XIII. GP, 29.
29 S dazu näher B.IV.2.
30 S § 3 Abs 1 und 4 DI 1976.
31 S §§ 8 und 10 DI 1976.
32 KP 31.10.1919, Nr. 119.
33 *Wenger*, Unternehmung 296; vgl ausführlich B.V.3. und 4.

reifbühne oder eines (Bundes)Ringelspiels — angesehen werden? Kann die **historische Zuordnung der BTh zur Hoheitsverwaltung** völlig außer Betracht gelassen werden?

Der historische Gesetzgeber dürfte zwar bei Erlassung des BMG 1973 die vom VfGH vertretene ausschließlich formelle Trennung zwischen Hoheits- und Privatwirtschaftsverwaltung vor Augen gehabt haben; dennoch darf nicht übersehen werden, daß diese Auffassung die Geltung einer „Zweifelsregel" zugunsten der Privatwirtschaftsverwaltung annimmt. **Hingegen stellt § 7 Abs 5 BMG eine Ausnahmebestimmung** dar, zu deren Anwendbarkeit das **ausschließliche Tätigwerden „als Träger von Privatrechten" nachzuweisen ist. Somit wäre zwar die Tätigkeit des Bundes im Bereich der nicht erwerbsorientierten (nicht-fiskalischen) Daseinsvorsorge** nach der herrschenden Formalabgrenzung als Privatwirtschaftsverwaltung zu qualifizieren, **dürfte aber dennoch nicht durch eine abweichende Organisationseinheit gem § 7 Abs 5 BMG besorgt werden. Sofern das GS des ÖBThV als Organisationseinheit des BMUK nicht nur Verwaltungsgeschäfte des Bundes „als Träger von Privatrechten" führte,** widerspräche daher seine „abweichende Organisation" der Ermächtigung des 7 Abs 5 BMG. Gegen die Annahme eines ausschließlichen Tätigwerdens des Bundes „als Träger von Privatrechten" im Bereich der BTh sprechen aber, wie erwähnt, zahlreiche gute Gründe[34].

Die Zulässigkeit einer abweichenden Organisation gem § 7 Abs 5 BMG ist zudem davon abhängig, daß dadurch „diese Aufgaben zweckmäßiger, wirtschaftlicher **und** sparsamer erfüllt werden"; diese Voraussetzungen müssen nach dem klaren Wortlaut der Bestimmung **kumulativ** vorliegen, sodaß eine zwar zweckmäßige, jedoch unwirtschaftlichere Aufgabenbesorgung die **Einrichtung einer abweichenden Organisation unzulässig** macht. Eine andere Auslegung dieser zweitgenannten Voraussetzungen — plein pouvoir zur Schaffung inhaltlich nicht näher bestimmter „abweichender Organisationen"; bzw eine Interpretation des Wortes „und" als „oder" — führte zur Verfassungswidrigkeit des § 7 Abs 5 BMG[35]; diese Interpretation verstieße daher gegen die gebotene verfassungskonforme Interpretation von Rechtsvorschriften[36]. Gegen die Konstruktion des ÖBThV durch die DI 1976 sind Bedenken hinsichtlich jeder einzelnen der drei genannten Voraussetzungen vorgebracht worden[37], wobei insb die Erfüllung der Voraussetzung „Sparsamkeit" fraglich ist, da die abweichende Organisation auch zahlreiche — deutlich nach oben abweichende —

---

34 S dazu auch B.V.4.

35 Art 18 Abs 1 B-VG; formalgesetzliche Delegation.

36 Vgl auch *Mayer*, Staatsmonopole 97 bei FN 134.

37 Sparsamkeit, Wirtschaftlichkeit, Zweckmäßigkeit: TB des RH/Verwaltungsjahr 1975, 167 — 243; Nachtrag zum TB des RH/Verwaltungsjahr 1986, 2 — 39; jeweils mit zahlreichen Beispielen.

Entlohnungsvereinbarungen nach sich zog[38]. Allerdings ist die Anwendung der genannten Kriterien — insb der „Wirtschaftlichkeit" — gerade bei „Anstalten mit außerwirtschaftlicher Zielsetzung" besonders problematisch[39].

Zusammenfassend bleibt festzuhalten, daß die Selbsteinschätzung des zit Gutachtens des BKA-VD — Vertretung eines „extrem advokatorischen Rechtsstandpunkts" — als zutreffend zu bezeichnen ist. Die vertretene Rechtsansicht überdehnt insb eindeutig § 7 Abs 5 BMG. **„Die Konstruktion des ÖBThV" ist — entgegen der Ansicht des BKA-VD — verfassungswidrig.**

3. Zur Bedeutung des Artikel 10 Abs 1 Z 13 B-VG für die Organisation der Bundestheater und ihrer Verwaltung

Auf Entstehungsgeschichte und Interpretation des BTh-Kompetenztatbestandes wurde bereits in dieser Arbeit ausführlich eingegangen. Zu untersuchen ist an dieser Stelle, ob nicht aus der verfassungsrechtlichen Bestimmung „Bundessache ist die **Gesetz**gebung und Vollziehung in ... (allen) Angelegenheiten der BTh ..." abzuleiten ist, daß auch **die innere Organisation der BTh jedenfalls durch BG zu erfolgen hätte.** Ein derartiges Verständnis dieser Vorschrift entspräche zunächst nicht der subjektiven Absicht des historischen Verfassungsgesetzgebers[40]. Auch eine systematische Interpretation des Kompetenztatbestandes zeigt, daß mit der Nennung einer Angelegenheit in Art 10 (Abs 1) Z 1 — 15 B-VG keineswegs gemeint gewesen sein dürfte, daß die Wahrnehmung dieser Angelegenheit durch unselbständige Anstalten (Einrichtungen) des Bundes deren (innere) Organisation durch BG gefordert hätte. Diesfalls wäre nicht nur der Kompetenztatbestand des Art 10 (Abs 1) Z 16 B-VG („Einrichtung der Bundesbehörden und sonstigen Bundesämter") weitgehend bedeutungslos geworden; auch die systematische Stellung des BTh-Kompetenztatbestandes deutet darauf hin, daß von diesem nur die **veranstaltungsrechtliche Stellung der BTh** (in thpol Hinsicht) erfaßt werden sollte, da die Organisationsvorschriften für BM (und somit auch für in diese eingegliederte unselbständige Anstalten) im dritten Hauptstück des B-VG (Art 77 B-VG) enthalten waren. Das Zutreffen dieser Auffassung wird besonders deutlich, unterstellte man das Inkrafttreten der mehrfach anstelle des BTh-Kompetenztatbestandes beantragten Kompetenzbestimmtung „Theaterwesen"; aus einem derartigen Bundeskompetenztatbestand ergäbe sich wohl keine Kompetenz des Bundes zur **unmittelbaren** Regelung der inneren Organi-

38 Vgl insb den TB des RH/Verwaltungsjahr 1975.
39 Vgl dazu näher B.V.
40 Vgl ausführlich A.III.3 und insb A.IV.1.

sation sämtlicher (Landes-, Gemeinde- und Privat-)Theater durch BG, sondern allenfalls zur Schaffung allgemeiner vpol Regelungen, die aber grundsätzlich auch **Anforderungen** („Bedingungen") für die innere Struktur von Theaterbetrieben enthalten hätten können.

Die Kompetenz des Bundes, von ihm betriebene Theater zu organisieren, ergibt sich — ungeachtet der Geltung spezieller Anforderungen an Organisationsnormen (hier: Art 77 Abs 2 B-VG) — vielmehr aus dem zu Art 14 B-VG idF des Berichtes des VerfA der KNV (= Art 17 B-VG 1920) ausdrücklich in den Mat festgehaltenen Recht der Gebietskörperschaften, **„gleich jeder Privatperson zur Förderung des ... kulturellen Lebens ... unbeschadet der vorerwähnten Kompetenzverteilung, Unternehmungen zu schaffen und zu erhalten"**[41]; allenfalls aus Art 10 Abs 1 Z 16 B-VG. Es dürfte aus diesen Gründen dem BTh-Kompetenztatbestand keine Kompetenz des Bundes zur näheren Organisation der BTh entnommen werden können[42]. Probleme ergäben sich erst bei einer **Verselbständigung der BTh:** Es ist fraglich, ab welchem Grad der organisatorischen Selbständigkeit nicht mehr von einer Führung des Betriebes durch den Bund „selbst und allein" iSd Mat zur B-VGN 1926 — gegebenfalls auch iSd „versteinerten" STh-Begriffs der VASTh („vom Staat betriebene Theater")[43] — gesprochen werden könnte. **Ein Theater, das nicht mehr als „BTh iSd B-VG" qualifiziert werden könnte, wäre aber lediglich nicht mehr von der vpol Bundeskompetenz erfaßt; hingegen bliebe der Bund — gem Art 17 B-VG — sehr wohl zur Regelung der Theaterorganisation zuständig.**

4. Zur Vertretungsbefugnis

Die Vertretung der Gebietskörperschaften im Privatrecht zählt zu einem der kompliziertesten und umstrittendsten Grenzbereiche zwischen öffentlichem und privatem Recht[44]. Hier sind nur einige grundsätzliche

41 991 BlgKNV (*Ermacora*, Quellen 547 [553]). Vgl zur Bedeutung dieser Auffassung für die Qualifikation der Tätigkeit der BTh B.V.2. Dem Gesetzgeber nach Art 17 B-VG kommt nach hM auch die Kompetenz zu, Regelungen nach Art 10 Abs 1 Z 6 und Z 13 B-VG zu modifizieren (vgl *Laurer* 322 f mwN).

42 Anders offenbar *Neisser*, Forschungsorganisation 944, der den Kompetenztatbestand des Art 10 Abs 1 Z 13 B-VG (**„Angelegenheiten der künstlerischen und wissenschaftlichen Sammlungen und Einrichtungen des Bundes"**) ohne weitere Begründung als **„Organisationstatbestand"** bezeichnet; dieser bedeute „nämlich die Ermächtigung zur Festlegung der Rechtsform (zB selbständige oder unselbständige Anstalt), zur Widmung für Verwaltungszwecke, zur Festlegung der organisatorischen Innenstruktur und zur Regelung der Rechtsbeziehungen zu den Benützern solcher Einrichtungen." Die Organisationskompetenz ergibt sich aber gerade nicht aus Art 10 Abs 1 Z 13 B-VG; diesem Kompetenztatbestand kommt vielmehr insb die Bedeutung der „Abwehr" etwaiger verwaltungspol Kompetenzen der Länder zu (unklar auch 214 BlgNR XV. GP, 12, RV-FOG).

43 Vgl dazu A.III.4.h).

44 Vgl ausführlich *Wilhelm*.

Bemerkungen geboten: Der DI 1976 kann eine relativ präzise Umschreibung des Aufgabenbereichs und auch der Vertretungsbefugnis der einzelnen Organe des ÖBThV entnommen werden. So sind zB die Dir zum Abschluß von Bühnendienstverträgen mit Regisseuren und Dirigenten „in eigener Zuständigkeit und in eigener Verantwortung" berufen (§ 7 lit a DI 1976). Hingegen fallen in die Zuständigkeit des GS die „Vertragsangelegenheiten der Dir und deren Stellvertreter" (§ 16 DI 1976). **Wesentlich ist, daß diese Organe niemals den BMUK oder den ÖBThV verpflichten, sondern stets den Rechtsträger der BTh — sohin den Bund.** Es scheint fraglich zu sein, ob der Bund die Beschränkung der Vertretungsmacht bestimmter Organe des ÖBThV im Fall der Überschreitung der durch die DI 1976 eingeräumten Kompetenzen geltend machen könnte[45]. Für die Zielsetzung dieser Arbeit genügt es, darauf hinzuweisen, daß eine bundesgesetzliche Regelung der Zuständigkeiten und Vertretungskompetenzen jene Unklarheiten zu beseitigen hätte, die sich aus dem Zusammenspiel der DI 1976, der in deren § 7 lit a 2. Satz normierten Gegenzeichungsbedüftigkeit von Bühnendienstverträgen durch den GS[46], der Bestimmung des § 2 Abs 2 SchauspielerG[47] und den auf der Rückseite von Vertragsformularen abgedruckten „Allgemeinen Engagementbedingungen" ergeben.

45 Hingegen ergibt sich aus dem im BMG festgelegten **aWB des BMUK** dessen **Befugnis zur Vertretung** des Bundes in Angelegenheiten der BTh (vgl *Wilhelm* 201 ff [217]).

46 Vgl dazu A.V.8.d) sowie OGH 15.5.1979, SZ 52/80.

47 Vgl *Hodik* 142 ff.

III. Kunstfreiheit und Weisungsprinzip im Bereich der Bundestheater

1. Vorbemerkung

Vorauszuschicken ist, daß im Rahmen dieser Arbeit nicht allen grundrechtsdogmatischen Problemen, die durch die Normierung des Art 17 a StGG im Jahre 1982 aufgeworfen wurden, erschöpfend nachgegangen werden kann: so wird dem Problem der **Schranken der Kunstfreiheit** hier ebensowenig ausführlich nachgegangen wie jenem des **verfassungsrechtlichen Kunstbegriffs**[1]. Im Rahmen dieser Arbeit soll vielmehr auf bislang in Österreich nicht näher untersuchte Aspekte der Kunstfreiheitsgarantie eingegangen werden: So wird untersucht, ob auch Art 17 a StGG ein **„objektiver Gehalt“** zukommt; weiters, welche Auswirkungen dies auf das **Organisationsrecht der BTh** hat. Geprüft wird insb, ob die im folgenden wiedergegebene Anfragebeantwortung der BMUKS einer verfassungsrechtlichen Prüfung standhalten kann:

„Die schriftliche parlamentarische Anfrage Nr 1902/J-Nr/88, betreffend Affront des Burgtheaters beim Papstbesuch ... beehre ich mich wie folgt zu beantworten: Ad 1) Alle Angelegenheiten der BTh sind nach Art 10 Abs 1 Z 13 B-VG in Gesetzgebung und Vollziehung Bundessache, das BMG 1986 weist die Wahrnehmung dieser Angelegenheiten dem WB des BMUKS zu. Da sich diese Kompetenzzuweisung insgesamt sowohl auf Akte der Hoheitsverwaltung als auch (im Hinblick auf Art 17 B-VG) auf — gerade im Bereich der BTh aufgrund ihrer Häufigkeit besonders relevante — Akte der Privatwirtschaftsverwaltung erstreckt, trifft in Angelegenheiten der BTh sowohl die politische als auch die rechtliche Verantwortlichkeit iSd BV den BMUKS. Freilich findet aber diese **verfassungsgesetzlich normierte Verantwortlichkeit ihre Grenzen dort, wo dem BMUKS die Möglichkeit zur unmittelbaren Einflußnahme aufgrund besonderer Rechts-, vor allem Verfassungsvorschriften entzogen ist,** die grundsätzliche verfassungsrechtliche Verantwortlichkeit also insb mit anderen Verfassungsbestimmungen in Kollision tritt. Im Zusammenhang mit den BTh ist hier insb der die Freiheit der Kunst gewährleistende Art 17 a des StGG 1867 von Bedeutung. Dabei kann wohl nicht ernstlich in Zweifel gezogen werden, daß die Tätigkeit der Dir bzw künstlerischen Leiter der einzelnen BTh im allgemeinen und ihre programmgestalterische Tätigkeit im besonderen als Ausübung von Kunst anzusehen ist und daher jedenfalls unter den Begriff der verfassungsgesetzlich gewährleisteten ‚Freiheit der Kunst‘ zu subsumieren und daher auch **alle der künstlerischen Autonomie der einzelnen BThDionen im Einzelfall zuzurechnenden Fragen und Entscheidungen der Ministerverantwortlichkeit gem dem B-VG entzogen sind.** Dieser verfassungsrechtliche Befund wird im übrigen durch die vom Verfassungsgesetz-

1 S zu diesen Problemen mwN *Bammer*, BThSG (Kunstbegriff: 452 ff; Eingriffs- und Schrankenproblematik: 454 ff [dazu kritisch *Stelzer* 266 ff]).

geber offenbar intendierte Parallelität der Wissenschaftsfreiheit und der Kunstfreiheit (978 BlgNR, XV. GP) eindeutig bestätigt. ...
Ad 4) ... zusätzlich (ist) noch zu betonen, daß **allein aufgrund der Tatsache der Erlassung der [DI 1976] wohl keinesfalls eine Verantwortlichkeit des BMUKS in unzweifelhaft der künstlerischen Autonomie der jeweilen BThDir zuzurechnenden Fragen konstruiert werden kann.** ...
Ad 7) Auch die von der jeweiligen Dramaturgie eines Theaters zu besorgende Gestaltung der Programmhefte entzieht sich der Einflußnahme und damit einer Entscheidung des zuständigen Ressortministers, welche Informationen als künstlerisch relevant oder nicht relevant anzusehen sind.“[2]

2. Allgemeine Probleme des Geltungsbereiches der Grundrechtsnormen

a) Der subjektive Gehalt der Grundrechte

Die heute unbestrittene Subjektivität der Grundrechte steht am Ende langer Auseinandersetzungen, ob es sich bei den Grundrechten überhaupt um subjektive Rechte handle[3]. Das lange Zeit umstrittene Problem der subjektiven öffentlichen Rechte — bzw der subjektiven Rechte überhaupt — prägte auch entscheidend die Beurteilung der Grundrechte; so wurde zB die Möglichkeit subjektiver Grundrechte wie die subjektiver öffentlicher Rechte gegen den Staat überhaupt grundsätzlich durch die Meinung in Frage gestellt, daß der einzelne in den Staat als Quelle des objektiven Rechts vollständig eingegliedert sei[4]. In Österreich ist die **Geltung der Grundrechte als subjektive öffentliche Rechte** seit der Normierung des Grundrechtskataloges des StGG von 1867 und der Einrichtung des Reichsgerichtes im Jahre 1869, das ua „über Beschwerden der Staatsbürger wegen Verletzung der ihnen durch die Verfassung gewährleisteten politischen Rechte“ zu entscheiden hatte, im grundsätzlichen nicht mehr bestritten[5]. Zuletzt wurde der Bestand von Grundrechten während der nationalsozialistischen Herrschaft in Frage gestellt; für subjektive Grundrechte blieb infolge der Vormachtstellung des völkischen Grundgedankens

2 BMUKS 10.5.1988, 10000/28-Parl/88 (= II-4232 BlgNR XVII. GP; 1890/AB 1988-05-20 zu 1902/J); Hervorhebungen von mir. Teile der Anfragebeantwortung unter 1) werden von *Ermacora*, Grundriß Rz 808, offenbar zustimmend wiedergegeben.

3 S näher *Stern* 508 ff mwN.

4 Vgl *Stern* 510 ff, 519 ff mwN.

5 Vgl zu den zuvor lediglich als „objektive Staatszielbestimmungen“ bestehenden (und tw unwirksamen) Grundrechtskatalogen näher *Brauneder/Lachmayer*[5] 123 f, 143, 157, 160, 169; weiters *Ermacora*, Handbuch 1 f.

kein Raum[6]. Die Subjektivität der Grundrechte wird heute weder in Deutschland noch in Österreich in Frage gestellt[7].

In Österreich werden unter **„Grundrechten"** — im Anschluß an die Terminologie des B-VG — zumeist die (durchsetzbaren) **„verfassungsgesetzlich gewährleisteten Rechte"** verstanden, wobei infolge der Tatsache, daß diese Rechte innerhalb des österreichischen Verfassungsrechts nicht kodifiziert sind, sondern sich über zahlreiche Rechtsquellen verteilen, zunächst die Frage zu beantworten ist, welche Vorschriften in Verfassungsrang überhaupt subjektive Rechte begründen[8]; bei den Vorschriften des StGG 1867, das zufolge Art 149 B-VG als VG gilt, sowie bei jenen der MRK steht dies außer Streit.

b) Der objektive Gehalt der Grundrechte

(1) Die Bedeutung des objektiven Gehalts der Grundrechte im allgemeinen

Aus mehr oder weniger unverbindlichen Staatszielbestimmungen **entwickelten sich somit allmählich subjektive Grundrechtspositionen,** deren Durchsetzungsmöglichkeiten im Laufe der Zeit immer mehr erweitert und verfeinert wurden. *Walter/Mayer* vertreten die Ansicht, daß „die Grundrechte als subjektive Rechte des einzelnen gegen die Vollziehung, insb die Verwaltung, entstanden" sind[9]. Diese Auffassung ist einer Differenzierung und Präzisierung zugänglich: Der Gedanke, daß auch durch G selbst Grundrechte verletzt werden könnten, war zur Zeit der Einführung des Konstitutionalismus 1867 begreiflicherweise noch ebensowenig verbreitet wie der Gedanke, daß G verfassungswidrig sein könnten[10]. Kategorisch heißt es noch 1905 bei *Jellinek:* „Daß Individualansprüche an die Gesetzgebung unmöglich sind, kann als communis opinio gelten."[11] Während heute in Deutschland „subjektive Grundrechte gegenüber der Gesetzgebung ... als Selbstverständlichkeit angenommen" werden[12], ist in Österreich lediglich unbestritten, daß die **verfassungsgesetzlich gewährleisteten Rechte** — als Sätze des objektiven Verfassungsrechts — **seit Normie-**

---

6 *Stern* 530 mwN.

7 Vgl bloß *Stern* 530 ff mwN; *Ermacora*, Grundriß Rz 37 ff; *Öhlinger*, Grundrechte 218, 222 f; jeweils mwN.

8 Vgl näher *Öhlinger*, Grundrechte 218 mwN.

9 *Walter/Mayer*, BVR[6] Rz 1328.

10 Erstmals Art 140 B-VG 1920, wodurch ein Gericht „zu einer Rechtskontrolle über die Gesetzgebung, also die oberste Staatsfunktion, befugt" wurde *(Kelsen/Froehlich/Merkl* 258).

11 *Jellinek*, System 80 f. S auch *Stern* 552 ff.

12 Vgl bloß *Stern* 552 ff.

rung des Art 140 B-VG 1920 ebenso wie alle anderen VG Maßstab für die Verfassungsmäßigkeit eines einfachen G sein können[13]. In einem Verfahren nach Art 140 B-VG geht es jedoch nicht darum, ob die in Prüfung gezogene Gesetzesbestimmung in verfassungsgesetzlich gewährleistete Rechte eingreift, sondern darum, ob sie gegen verfassungsgesetzliche Normen — dh gegen die Verfassungsordnung als solche — verstößt; **Grundrechtswidrigkeiten erfahren somit dieselbe verfahrensmäßige Behandlung wie allgemeine Verfassungswidrigkeiten.** Es ist hier nicht der Ort, zu untersuchen, ob den Staat „Gewährleistungspflichten" von Verfassung wegen treffen[14]; zu beantworten sind im folgenden vielmehr zwei allgemeine Fragen: **1. Welche Auswirkungen haben Grundrechte als Normen des objektiven Verfassungsrechts auf Organisationsnormen, und: 2. Können Grundrechte als Normen des objektiven Verfassungsrechts grundsätzlich den Weisungszusammenhang gem Art 20 B-VG unterbrechen?**

(2) Objektiver Gehalt und Organisationsrecht

Die österreichische Dogmatik hat sich mit den überaus zahlreichen **Verbindungslinien zwischen Grundrechten einerseits und Organisation und Verfahren andererseits** noch kaum auseinandergesetzt[15]; lediglich im Zusammenhang mit der Wissenschaftsfreiheit wurde das Problem intensiv diskutiert, ob aus Art 17 StGG ein verfassungsrechtliches Gebot ableitbar sei, „dort wo die Wissenschaft und ihre Lehre im Rahmen staatlicher Organisationen ausgeübt ist, diese Organisation derart zu gestalten, daß die erwähnte Freiheit der Wissenschaft und ihrer Lehre gegeben ist"[16]. Der VfGH hat allerdings im vielkritisierten sog „UOG-Erk" VfSlg 8136 „Art 17 Abs 1 StGG keinerlei ‚institutionellen Bezug'" zugemessen und somit verfassungsgesetzlich gewährleisteten Rechten einen objektiven Gehalt scheinbar abgesprochen. Den mittlerweile mehr als 14 Jahre zurückliegenden grundrechtsbezogenen Aussagen dieses „politischen" Erk kann im Lichte der neueren dynamischen Jud des VfGH aber kaum die Bedeutung eines unabänderlichen Präjudizes zugemessen werden[17]. Zudem ergibt sich bei einer genaueren Analyse des UOG-Erk folgendes:

---

13 Vgl bloß *Walter/Mayer*, BVR[6] Rz 1329 mwN; *Stern* 891 ff, der jedoch die Bedeutung des Fristenlösungs- und des UOG-Erk überdehnt. S weiters *Berka*, Medienfreiheit 72 ff (73).

14 Vgl zu dieser Frage bloß *Walter/Mayer*, BVR[6] Rz 1329 mwN.

15 Vgl zum in Österreich dogmatisch noch kaum durchdrungenen **Verhältnis von Grundrechten und Verwaltungsverfahren** *Bammer*, BThSG 462 f, insb bei FN 114 mwN; s den Überblick bei *Stern* 953 ff mwN. Vgl weiters *Held*.

16 So ausdrücklich *Walter*, System 504; zustimmend *Wenger/Winkler*, Freiheit 127.

17 Vgl bloß die Jud zu Art 6 StGG (s dazu *Novak*, Verhältnismäßigkeitsgebot 39 ff).

Der VfGH betonte ausdrücklich, daß Art 17 Abs 1 StGG „jedermann, der wissenschaftlich forscht und lehrt“, garantiere, „daß er hiebei frei ist, dh vom Staat keinen spezifischen, intentional auf die Einengung dieser Freiheit gerichteten Beschränkungen unterworfen werden darf. Der solcherart konstruierte Freiheitsraum ist also gekennzeichnet durch den Schutz gegen Akte der Staatsgewalt, er verpflichtet den Staat, Eingriffe zu unterlassen. Daß aber Art 17 Abs 1 StGG darüberhinaus den Staat auch zu positiven Vorkehrungen, speziell dazu verpflichtet, den Hochschullehrern zur Sicherung dieses Grundrechtes eine maßgebende Mitwirkung an der unmittelbaren Wissenschaftsverwaltung einzuräumen, ist weder ihrem Wortlaut zu entnehmen noch aus der historischen Entwicklung ableitbar.“

Ganz offensichtlich war somit auch der VfGH der Auffassung, daß die wissenschaftliche Forschungs- und Lehrfreiheit keinen „spezifischen, intentionalen Beschränkungen“ unterworfen werden dürfe. Abgesehen davon, daß der VfGH mittlerweile diese „Intentionalitätstheorie“ im Zusammenhang mit seiner Jud zur Kunstfreiheit deutlich relativiert hat[18], kann dem UOG-Erk die klare Aussage entnommen werden, daß der **Staat verpflichtet ist, „Eingriffe zu unterlassen“.** Die für die hier interessierende Frage **entscheidende Frage** ist somit, **ob auch Organisationsnormen als solche einen „Eingriff“ darstellen können.** Es ist zwar durchaus denkbar, daß der VfGH 1977 mit dem Begriff „Eingriff“ nur die in Art 144 B-VG genannten hoheitlichen Verwaltungsakte gemeint haben mag, jedoch unterschied er seit jeher zwischen der Frage der Bekämpfbarkeit eines Aktes und seiner — mangels Bekämpfbarkeit regelmäßig nicht untersuchten — Eingriffsqualität. Die vom VfGH im UOG-Erk gewählte Terminologie („Staat“, „Eingriff“ — und nicht: „Verwaltungsbehörde“, „Bescheid“) deutet auf ein **weites Verständnis des Begriffs „Eingriff“** — und somit auch auf die grundsätzliche Einbeziehung von Organisationsnormen — hin. In Deutschland ist mittlerweile communis opinio, daß „Organisation und Verfahren in irgendeiner Form schlicht ein notwendiges Element der Wirksamkeit vieler Grundrechte“ sind, daß „zahlreiche Grundrechte einer organisations- und verfahrensrechtlichen Regelung fähig, teils bedürftig“ sind und daß „Organisation oder Verfahren ... zuweilen sogar Bedingungen der Grundrechtsausübung“ sind.[19] Zu betonen ist jedoch: Daraus, daß den Staat eine Pflicht trifft, folgt nicht zwingend, daß es ein Rechtssubjekt gibt, das diese Pflicht durchsetzen kann. Fraglich ist somit, **inwieweit die grundrechtsgebotene Organisation durch Normen gefordert wird, die subjektive Rechte einräumen, und inwieweit durch Normen, die nur objektive Pflichten des Staates begründen**[20]. Daher könnte die verselbständigte „objektive“ Wirkung von Grundrechten im Einzelfall auch durchaus zum Ergebnis führen, daß niemand ein subjektives Recht auf die

18 Vgl mwN *Bammer*, BThSG 454 ff.
19 So zusammenfassend *Stern* 956.
20 So *Alexy* 447 f.

grundrechtsgebotene Organisation geltend machen kann[21]. Es ist aber **kein plausibler Grund ersichtlich, warum Organisationsnormen von der allgemein anerkannten Ausstrahlungswirkung der Grundrechte auf das einfache Recht („objektiver" Gehalt) freigezeichnet sein sollten.** Hingegen ist — wie erwähnt — die Frage der Subjektivierbarkeit der objektiv-rechtlichen Bestandteile der Grundrechtsbestimmungen umstritten; die österreichische Jud dürfte daher noch einen weiten Weg zu dem vom deutschen BVerfG vorgelegten Standard zurückzulegen haben:

„Dem einzelnen Träger des Grundrechts aus Art 5 Abs 3 GG [hier: Wissenschaftsfreiheit] erwächst aus der Wertentscheidung ein **Recht auf solche staatlichen Maßnahmen auch organisatorischer Art, die zum Schutz seines grundrechtlich gesicherten Freiraums unerläßlich sind,** weil sie ihm freie wissenschaftliche Betätigung überhaupt erst ermöglichen. Wäre dies nicht der Fall, so würde die wertentscheidende Grundsatznorm ihrer Schutzwirkung weitgehend beraubt. Diese Befugnis des einzelnen Grundrechtsträgers, gegenüber der öffentlichen Gewalt die Beachtung der wertentscheidenden Grundsatznorm durchsetzen zu können, gehört zum Inhalt des Individualgrundrechts, dessen Wirkungskraft dadurch verstärkt wird."[22]

(3) Objektiver Gehalt und Weisungsprinzip

Das zweite hier allgemein zu erörternde Problem besteht in der Frage, ob Grundrechten die normative Bedeutung zukommen kann, den verfassungsrechtlich normierten Weisungszusammenhang zu einem obersten Organ potentiell oder zwingend zu unterbrechen. Vorauszuschicken ist, daß der Geltungsbereich des Art 20 Abs 1 B-VG für den Bereich der Selbstverwaltung ausgesprochen umstritten ist[23]; der VfGH hat 1977 seine Jud zu dieser Frage geändert und steht nunmehr auf dem Standpunkt, daß die Einrichtung von Selbstverwaltungskörpern durch den einfachen Gesetzgeber allgemein zulässig sei und daß somit die Unterbrechung des Weisungszusammenhanges zwischen den Organen eines Selbstverwaltungskörpers und den obersten Organen des Bundes oder eines Landes keiner verfassungsgesetzlichen Deckung bedürfe[24]. Hier ist zu untersuchen, ob auch Grundrechtsnormen von der Wendung „soweit nicht verfassungsgesetzlich anderes bestimmt wird" in Art 20 Abs 1 2. Satz B-VG erfaßt sein können;

---

21 Vgl auch die Beschwerden von fünf UnivProf an den VwGH, die diesen zu Anträgen auf Aufhebung von Bestimmungen des UOG veranlaßten (vgl dazu die Einleitung in VfSlg 8136); da die Beschwerdeführer den VwGH erfolgreich anregten, die Aufhebung der präjudiziellen Gesetzesstellen zu beantragen, wurde das **Problem umgangen**, ob ein den Genannten verfassungsgesetzlich gewährleistetes subjektives Recht durch bescheidmäßige Berufung zum Mitglied einer Studienkommission überhaupt verletzt werden konnte.

22 BVerfGE 35, 79 (Hervorhebungen von mir); vgl auch *Stern* 983 ff mwN.

23 Vgl *Antoniolli/Koja* 321 f mwN.

24 VfSlg 8215; dazu *Antoniolli/Koja* 321 f; *Walter/Mayer*, BVR^6 Rz 615.

von der hM wird dies in Hinblick auf Art 17 StGG ohne weiteres bejaht[25]. Unklar bleibt freilich, welche Beschaffenheit eine Grundrechtsnorm aufweisen muß, um den verfassungsrechtlichen Weisungszusammenhang unterbrechen zu können; mit anderen Worten: **Kann einer Grundrechtsnorm potentiell die Wirkung partieller Derogation bzw Zurückdrängung von Art 20 B-VG zugesonnen werden? Immerhin spricht Art 17 Abs 1 StGG nicht von der Weisungsfreistellung beamteter Wissenschaftler, sondern nur allgemein von der Freiheit der Wissenschaft und ihrer Lehre;** die Weisungsfreistellung beamteter Hochschullehrer stellt somit alles andere als ein zwingendes Ergebnis grammatikalischer Auslegung dar, sondern ergibt sich wohl erst aus historischen Erwägungen[26]. Es kann nicht weiter zweifelhaft sein, daß nur eine Norm als Ausnahmebestimmung (dh derogierende oder zurückdrängende Norm) gegenüber Art 20 Abs 1 B-VG in Betracht kommt, der eine zumindest potentielle Anwendbarkeit im Bereich der Verwaltung zukommt. Die Grundrechtsnorm wird für sich allein aber noch keine Weisungsfreistellung der betroffenen Verwaltungsorgane bewirken können, da regelmäßig zur näheren Konkretisierung der Weisungsungebundenheit — ebenso wie zur Konkretisierung der Gehorsamspflicht[27] — spezielle dienstrechtliche Normen notwendig sind[28]; dies ergibt sich auch aus Art 18 Abs 1 B-VG. **Somit sind die einzelnen einfachgesetzlichen dienstrechtlichen (uU organisatorischen) Normen auf ihre Vereinbarkeit mit dem in Betracht kommenden grundrechtlichen Normenbestand zu prüfen; sie sind nicht nur verfassungswidrig, wenn grundrechtlich geschützte Tätigkeiten uneingeschränkt weisungsgebunden verrichtet werden müssen, sondern auch dann, wenn eine Weisungsfreistellung erfolgt, ohne daß eine geltende und anwendbare Grundrechtsnorm diese Weisungsfreistellung verfassungsrechtlich absichert[29].**

c) Staatsorgane als Grundrechtssubjekte

Dem zu untersuchenden Problem soll zur Verdeutlichung ein Beispiel aus einem anderen Rechtsgebiet vorangestellt werden:

Herausgeber der WZ ist gem § 16 StaatsdruckereiG, BGBl 1981/340, der Bund. Er bestimmt somit gem § 1 Abs 1 Z 9 MedienG „die grundlegende Richtung des periodischen Mediums". Eigentümer und Verleger ist (mit bestimmten Einschränkungen) gem § 1 Abs 1 StaatsdruckereiG die Staatsdruckerei, die selbst wiederum einen „eigenen Wirtschaftskörper" darstellt. Dienststelle für die Redakteure der

25 S *Walter*, System 429; *Wenger/Winkler*, Freiheit 107 ff (141 f); *Ermacora*, Handbuch 487 f.
26 Vgl umfassend *Ermacora*, Handbuch 462 ff mwN.
27 *Barfuß*, Weisung 102; *Kucsko-Stadlmayer* 95 ff mwN.
28 Vgl zB §§ 154 ff BDG (Hochschullehrer).
29 Vgl auch *Kucsko-Stadlmayer* 97 f.

WZ ist gem § 17 Abs 1 StaatsdruckereiG das „Amt der WZ", das dem BKA unmittelbar nachgeordnet und vom Chefredakteur geleitet wird. Bedienstete des Amtes der WZ werden vom Bund besoldet. Sie sind somit öffentliche Bedienste.

Es wird — ohne nähere Beweisführung — im folgenden angenommen, daß die Redakteure der **WZ** staatliche Funktionen („öffentliche Aufgaben") erfüllen; daß das Verfassen von Berichten und Kommentaren somit die Wahrnehmung von Staatsaufgaben (objektive Information oder Berichterstattung bzw staatliche Propaganda etc[30]) darstellt. Die Redakteure handelten insofern **für den Bund,** ein Zeitungsartikel wäre dem Bund **zurechenbar** — wie im Hoheitsbereich (letztlich) ein Bescheid bzw im Privatrechtsbereich ein Vertrag[31]. Ungeachtet dessen unterliegen die Redakteure daneben auch den Bestimmungen des MedienG, insb dessen § 2 („Überzeugungsschutz")[32]. Es stellt sich nun die Frage, ob sich Redakteure der WZ hinsichtlich ihrer **dienstlichen** Aufgaben — zB beim Verfassen von Kommentaren oder von eigenverantwortlichen Berichten[33] — **grundsätzlich** auf Art 10 MRK (Meinungsäußerungsfreiheit) berufen könnten, wenn sie durch einen staatlichen Akt gehindert würden, diese frei zu äußern. Denn gemeinhin wird die Auffassung vertreten, daß ein Beamter beim Formulieren amtlicher Standpunkte oder beim Erarbeiten bzw Veröffentlichen derartiger Stellungnahmen öffentliche Aufgaben ausübt und **insofern keine Grundrechtssubjektivität** genießt. Da die normative Bedeutung von Grundrechten primär in der Gewährleistung subjektiver Rechte liegt, ist die Beantwortung der Frage notwendig, **wer** durch eine bestimmte Grundrechtsnorm „berechtigt" wird. Das positive Verfassungsrecht kennt nicht nur allen Menschen gleichermaßen gewährleistete Rechte: So kommt zB das Gleichheitsrecht nur Staatsbürgern zu (Art 2 StGG),

---

30 Anlage zu § 2 BMG, Teil 2, lit A, Z 2 („Informationstätigkeit der Regierung, ... Information der Öffentlichkeit über die Arbeit der Regierung").

31 Es ist hier nicht der Ort, die komplexe Frage zu beantworten, ob staatliche Propaganda inhaltlich in den Bereich der Hoheits- oder Privatwirtschaftsverwaltung fällt, bzw ob damit Verwaltungs- oder Regierungsaufgaben erfüllt werden (s zur Problematik auch B.V.).

32 Das Verhältnis dieser Bestimmung zu Art 20 Abs 1 B-VG ist für den Bereich der WZ problematisch; denn die Befolgung einer Weisung darf grundsätzlich nur nach den in Art 20 B-VG Abs 1 lS angeführten Gründen verweigert werden (Strafgesetzwidrigkeit, unzuständiges Organ), wobei sich jedoch auch uU aus dem hier wohl nicht relevanten „Gesamtgefüge der Rechtsordnung" weitere Ablehnungsmöglichkeiten ergeben können (vgl dazu die Kontroverse zwischen *Pesendorfer* [Weisungsgebundenheit] und *Mayer* [Anstaltsgutachten]). Ob § 2 MedienG für den Bereich der WZ durch Art 10 MRK verfassungsrechtlich gedeckt ist, bedürfte einer näheren Untersuchung.

33 Auch das Verfassen von Berichten mit einem gewissen Objektivitätsanspruch stellt letztlich eine weitgehend eigenverantwortliche Tätigkeit des Redakteurs dar, die jedenfalls auch das Einbringen einer eigenen Meinung erfordert (zB Beurteilung der Relevanz der auszuwählenden Fakten, Wiedergabe bestimmter Facetten der Wirklichkeit); letztlich ergibt sich aus der Gesamtheit der Meinungen der Redakteure die für Printmedien äußerst bedeutsame „Blattlinie".

so hat nur „jede gesetzlich anerkannte Kirche und Religionsgesellschaft" bestimmte durch Art 15 StGG gewährleistete Rechte. Die Lösung der meisten Problemfälle der Grundrechtsberechtigung[34] bleibt zumeist der allgemeinen Grundrechtsdogmatik und der Rechtsprechung überlassen[35].

Das hier zu untersuchende Problem betrifft nicht ausschließlich die Grundrechtssubjektivität: Es berührt daneben auch einerseits das bei juristischen Personen des öffentlichen Rechts aufgeworfene Problem, ob es **Sinn und Aufgabe der Grundrechte sein kann, den Staat vor seinen eigenen Organen zu schützen**[36], andererseits aber auch den Problemkreis der sog **„besonderen Gewaltverhältnisse"**[37]. Nach verbreiteter Auffassung sollen bestimmte Menschen einem „besonderen Gewaltverhältnis" unterliegen: „‚klassische' besondere Gewaltverhältnisse" stellen insb das Strafvollzugs-, das Wehr- und das Beamtenverhältnis dar[38]. Die Rechtsfigur des „besonderen Gewaltverhältnisses" wurde vor mehr als einem Jahrhundert von der deutschen Verwaltungsrechtswissenschaft geschaffen; von Beginn an kennzeichneten terminologische und inhaltliche Unklarheiten die Diskussion[39]. Es wurde weder geklärt, ob die **Grundrechte nun keine oder bloß eingeschränkte Geltung** hätten, noch konnte der Umfang einer etwa eingeschränkten Geltung näher präzisiert werden. Ungeklärt blieb auch der Rechtsgrund einer fehlenden oder eingeschränkten Geltung der Grundrechte. Nicht zuletzt wegen der nach wie vor dogmatisch nicht befriedigenden Lösungsversuche hat sich die Rechtsfigur des „besonderen Gewaltverhältnisses" in Österreich nicht allgemein durchgesetzt[40]. Eine eigene Stellungnahme kann hier unterbleiben, da das hier zu untersuchende Problem weder „persönliche Gewährleistungsschranken"[41] noch „Grundrechtsverzichte" noch „Grundrechtsverwirkung durch Unterwerfung" betrifft.

Die hier interessierende Fragestellung lautet vielmehr: **Kann ein Organwalter dann Grundrechtsberechtigter sein, wenn er staatliche Funktionen erfüllt?** Anders formuliert: Ist ein Beamter bei Erfüllung seiner Dienstpflichten (bei der Ausübung staatlicher Funktionen), die in

34 Zur uneinheitlichen Terminologie *Stern* 1000 f: „Grundrechtsinhaber, Grundrechtsträger, Grundrechtssubjekt, Grundrechtsberechtigter; Grundrechtsfähigkeit".

35 Die geläufigsten Problemstellungen ergeben sich bei der Untersuchung der Frage der Grundrechtssubjektivität juristischer Personen, insb jener des öffentlichen Rechts (s die Darstellung des Meinungsstandes bei *Stern* 1077 ff, 1149 ff), und der Frage, wann die grundsätzlich jedem Menschen zustehende (Grund)Rechtsfähigkeit beginnt und endet (*Stern* 1045 ff; *Walter/Mayer*, BVR[6] Rz 1324).

36 Vgl *Adamovich/Funk*, Verfassungsrecht[3] 367.

37 Vgl *Loschelder; Adamovich/Funk*, Verfassungsrecht[3] 373; *Stern* 1376 ff.

38 Vgl näher *Stern* 1380.

39 *Stern* 1377 ff.

40 Vgl bloß *Adamovich/Funk*, Verfassungsrecht[3] 373: „Mit gutem Grund".

41 *Adamovich/Funk*, Verfassungsrecht[3] 373.

der Ausübung an sich grundrechtlich geschützter Tätigkeiten besteht, zumindest **potentiell Grundrechtssubjekt?** Diese Fragestellung unterscheidet sich prinzipiell vom Problem, inwieweit die politische Tätigkeit oder die **allgemeine** (nicht-dienstliche) Meinungsäußerungsfreiheit eines Beamten eingeschränkt ist. Denn die allgemeine Freiheit, seine Meinung zu beliebigen Themen frei zu äußern, steht jedem Beamten gleichermaßen zu; eine etwaige Einschränkung ließe sich durch die Geltung eines wie immer gearteten „besonderen Gewaltverhältnisses" begründen. Davon ist jedoch strikt die Frage zu unterscheiden, ob zB ein im öffentlichen Dienst — einer staatlichen Zeitung oder eines staatlichen Rundfunksenders — stehender Journalist, dessen Dienstpflichten die Äußerung von (eigenen) Meinungen zumindest mitumfaßt, bei Ausübung dieser Tätigkeit überhaupt Grundrechts**berechtigter** sein kann: Denn wer als Amtswalter öffentliche Aufgaben erfüllt, ist vielmehr grundsätzlich Grundrechts**verpflichteter**[42].

Soweit ersichtlich, hat sich in Österreich bislang nur *Ermacora* mit dem aufgeworfenen Problem ausführlich auseinandergesetzt: Er behandelt im Zusammenhang mit Problemen der „verfassungsgerichtlichen Parteistellung" die Frage, ob ein Beschwerdeführer, der eine Beschwerde beim VfGH nicht als (physische) Person, sondern in seiner Eigenschaft als Organwalter einbringt, beschwerdelegitimiert sein kann:

„Bringt ein Beschwerdeführer eine **Beschwerde nicht als physische Person, sondern als Organwalter ein,** so kann ihm aus grundlegenden juristischen Überlegungen die Beschwerdelegitimation nicht zugesprochen werden. Der Organwalter als Walter des Organes ‚LH' zB kann nicht die Verletzung seiner Stellung als LH als eine Verletzung verfassungsgesetzlich gewährleisteter Rechte betrachten. Der Organwalter hat wohl Rechte und Pflichten, die etwa aus seinem ‚Dienstverhältnis' zur juristischen Person ‚Land' entspringen. Diese Rechte kann er gegebenenfalls nach Art 144 B-VG oder nach Art 130 B-VG beim VfGH bzw beim VwGH durchsetzen. **Berechtigungen und Verpflichtungen, die einem solchen Organwalter aus der Wahrnehmung der Kompetenz des Organes ‚LH' entspringen, gehören aber — juristisch gesehen — nie und nimmer dem Organ und seinem Walter selbst, sondern letzen Endes einer juristischen Person** (dem Bund, den Ländern, den Gemeinden oder anderen juristischen Personen öffentlichen Rechtes). **Die Verletzungen von Kompetenzen, die keine Rechte und Pflichten im Sinne subjektiver öffentlicher Rechte und Pflichten sind, kann daher der Organwalter niemals im eigenen Namen, sondern nur namens des Bundes, des Landes, der Gemeinde oder sonst einer juristischen Person öffentlichen Rechtes geltend machen.** Diese Geltendmachung der Verletzung von ‚Kompetenzrechten' wird schwerlich nach Art 144 B-VG — ja überhaupt kaum auf rechtlichen Wege — vor dem VfGH erfolgreich vorgenommen werden können."[43]

Diese klare Stellungnahme *Ermacoras* stimmt prima vista mit der in der deutschen Literatur allgemein vertretenen Auffassung überein, wonach

42 Vgl dazu und zum Folgenden *Stern* 1386.

43 *Ermacora*, VfGH 339 (Hervorhebungen von mir.)

für das Beamtenverhältnis drei Rechtsebenen unterschieden werden können: **Amt, Dienst und Privatbereich.** Zu dieser auf *Isensee* zurückgehenden Differenzierung führt *Stern* folgendes aus:

„a) Im **Amtsbereich** ist der Beamte grundsätzlich kein Grundrechtsberechtigter sondern Grundrechtsverpflichteter, da er insoweit Amtswalter im Rahmen der Erfüllung öffentlicher Aufgaben ist. Er macht zB keinen Gebrauch von seiner Meinungsfreiheit, sondern formuliert amtliche Standpunkte, erarbeitet oder veröffentlicht Stellungnahmen seines Dienstherrn. Der Schutz des Art 10 GG steht dem Beamten bei Gebrauch des Diensttelefons nicht zu. ... b) Demgegenüber ist der Beamte, soweit seine **persönliche Rechtsstellung aus dem Dienstverhältnis** betroffen ist, grundsätzlich Grundrechtsberechtigter. Aber der Beamte muß sich im Rahmen der hergebrachten Grundsätze des Berufsbeamtentums die Einschränkungen gefallen lassen, die sich aus der Zwecksetzung und Funktionsgewährleistung des Dienstverhältnisses ergeben, soweit sie zu dessen Wahrung geeignet, erforderlich und verhältnismäßig sind. ... Die Verfassungstreuepflicht setzt der politischen Tätigkeit Grenzen. Dienstliche Verschwiegenheitspflichten begrenzen die Meinungsäußerungsfreiheit. c) Außerhalb des Amtes und des Dienstverhältnisses ist der Beamte **Privatperson** und Grundrechtsberechtiger nach den allgemeinen Regeln. Amts- und Privatsphäre sind freilich nicht immer einfach voneinander zu unterscheiden. So gibt es Nachwirkungen vom Amt und dienstrechtlicher Stellung, die in begrenztem Umfang Einschränkungen seiner Grundrechtsausübung im Privatbereich mit sich bringen. ... Richtern ... ist mehr noch als anderen Beamten Zurückhaltung bei politischen Stellungnahmen aufgegeben. Gewisse Begrenzungen bestehen bei den Beamten und Richtern für die Ausübung von Nebentätigkeiten. Amtsverschwiegenheit und Verfassungstreue gelten als selbstverständlich. ...“[44]

Die hier wiedergegebenen Auffassungen von *Stern* und *Ermacora* befürworten somit eine **„funktionsabhängige“ Grundrechtssubjektivität;** sie bringen einen Gedanken zum Ausdruck, der auch bei der Frage der Grundrechtssubjektivität juristischer Personen des öffentlichen Rechts von entscheidender Bedeutung ist: Sind diese „Träger von gesetzlich geregelten Kompetenzen, zumal im Bereich der Erfüllung von hoheitlichen Funktionen“, so sollen sie keinen Grundrechtsschutz genießen[45].

Zweifelsohne ist es zwar **grundsätzlich richtig, daß Staatsorgane in Ausübung staatlicher, insb hoheitlicher Funktionen Kompetenzen ausüben;** da ihr Handeln nicht ihnen selbst, sondern dem Staat zugerechnet wird, scheint in diesem Rahmen kein Raum für die Existenz subjektiver Rechte eines Organwalters zu bleiben. Als widersinnig erschiene insb, dem Staat zurechenbare Handlungen — Staatsakte — durch Grundrechtsver-

44 *Stern* 1386 f unter Hinweis auf *Isensee*, Handbuch des Verfassungsrechts (1983) 1149 (1188).

45 *Adamovich/Funk*, Verfassungsrecht^3 368 mwN; *Berka*, Freiheit der Kunst 587.

bürgungen vor anderen Staatsakten schützen zu wollen[46]. Diese Betrachtungsweise ist zwar grundsätzlich richtig und konsequent; hier interessiert jedoch die Frage, ob dies **auch dann zutrifft, wenn das Organ gerade zur Ausübung von an sich grundrechtlich geschützten Tätigkeiten berufen ist.** Zu untersuchen ist daher, ob die herkömmliche Fragestellung dem aufgeworfenen Problem angemessen ist[47]. Anhand der eingangs dargestellten Fallkonstellation soll der Versuch unternommen werden, die grundrechtsdogmatische Problematik aus einem anderen Gesichtspunkt zu betrachten: Grundsätzlich ist unbestritten, daß jedem Menschen Grundrechtssubjektivität zukommt[48]. Die jedem Menschen allgemein zukommenden Grundrechte finden zwar verschiedenste Schranken[49], diese Schranken ändern jedoch nichts an der **allgemeinen Grundrechtsberechtigung;** vielmehr wird ein **vorerst** grundsätzlich unbeschränkt gewährleistetes Recht durch positivrechtliche Bestimmungen oder dogmatische Methoden **in einem zweiten Schritt** beschränkt. Hingegen wird von den zuvor dargestellten Auffassungen **von vornherein** die Grundrechtssubjektivität eines Menschen in seiner Funktion als Amtswalter verneint. Kann es aber für die Frage des Bestehens einer Grundrechtsberechtigung darauf ankommen, ob ein Mensch in Ausübung staatlicher Funktionen, als amtswaltendes Staatsorgan handelt? Kann es — anders formuliert — richtig sein, **daß an sich grundrechtlich geschütztes menschliches Handeln a priori schutzlos wird, sofern eine Rechtsregel besteht, die dieses Handeln einem ande-**

---

46 So betont der VfGH in Slg 8774 ausdrücklich, „daß Rechtsnormen, die nur die Ausübung staatlicher Funktionen zum Gegenstand haben, die Rechtssphäre der diese Funktion ausübenden Organwalter nicht berühren." Hier ist aber die Frage zu beantworten, ob zB die Dienstpflicht „Meinungsäußerung" **nur** die Ausübung staatlicher Funktionen zum Gegenstand haben kann. — Vgl in diesem Zusammenhang das Urteil des Verwaltungsgerichts Bremen 15.6.1977, I A 39/77 (= NJW 1978, 66), das ohne weiteres als gegeben annahm, daß eine beamtete Hochschullehrerin sich auch dann auf das Grundrecht des Fernmeldegeheimnisses gegenüber der Körperschaft öffentlichen Rechts, in der sie tätig war, berufen könne, wenn sie von einem Dienstapparat aus ein dienstliches Gespräch führte. In einer Urteilsanmerkung (NJW 1987, 67 [68]) fragt von *Münch:* „... Ist es verfassungsrechtlich denkbar, daß ein Beamter des Bundesinnenministeriums, der ein dienstliches Ferngespräch mit einem Beamten des Bundesfinanzministeriums führt, gegenüber seiner Behörde das Grundrecht des Fernmeldegeheimnisses geltend macht? ..." Verneinend *Erichsen,* Feststellungsklage 436 ff, der dies als Problem der **„Grundrechtsgeltung im Amtswaltungsverhältnis"** und nicht als Frage der „Grundrechtsgeltung im Beamtenverhältnis" bezeichnet; **für die in Ausübung eines Amtes stattfindende grundrechtlich geschützte Forschung und Lehre gelte dieser „Verlust (der) die Grundrechtssubjektivität bestimmenden Personalität" jedoch nicht.** Die umfassende Grundrechtssubjektivität des Hochschullehrers wird klar bejaht von *Meyn* 658.

47 S zur Grundrechtssubjektivität von in ihrem Funktionsbereich **künstlerisch** schaffenden Beamten B.III.3.e)(2) und B.III.4.

48 *Walter/Mayer*, BVR[6] Rz 1324. Auf die nur Personen mit einem bestimmten Status (Staatsbürger etc) zukommenden Rechte ist hier nicht einzugehen.

49 Vgl zur Schrankenproblematik *Bammer*, BThSG 454 ff mwN.

ren Rechtsträger, hier dem Staat, zurechnet? Ist darüberhinaus überhaupt eine Zurechnungsregel denkbar, die an sich grundrechtlich geschütztes menschliches Verhalten **vollständig** und **ausschließlich** einem anderen Rechtsträger zuordnet, ohne daß eine dem Menschen zurechenbare „Restgröße" verbleibt?

Nimmt man an, daß journalistische Tätigkeit idR in großem Ausmaß das Äußern von Meinungen (mit)umfaßt, so stellt sich die Frage, ob der beamtete Journalist, dessen Aufgabe in der Äußerung von eigenen Meinungen besteht, sich bei Wahrnehmung seines amtlichen Pflichtenkreises auf die Meinungsäußerungsfreiheit berufen kann. Sein Aufgabenkreis unterscheidet sich von jenem eines in einer Behörde tätigen Juristen idR dadurch, daß dessen Aufgabenbereich nicht im Äußern eigener, sondern nur der Behörde zurechenbarer „Meinungen" bestehen soll; die Aufgabe dieses Juristen besteht darin, für die Behörde günstige oder zweckmäßige Äußerungen zu verfassen, und nicht darin, eigene Meinungen zu äußern[50]. **Der „beamtete" Journalist wurde hingegen gerade zum Zweck der Äußerung eigener Meinungen zum öffentlich Bediensteten; er erfüllt seine Dienstpflicht, indem er seine eigene, subjektive Meinung äußert.** Für den „beamteten" Journalisten scheint somit im Gegensatz zu „typischen" Staatsorganen ausgesprochen fraglich zu sein, ob mit der hergebrachten **(ausschließlichen)** Zurechnung seiner Tätigkeit zum Staat diese dogmatisch befriedigend erfaßt werden kann. Die hM geht offenkundig davon aus, daß das Verhalten eines Beamten entweder **nur** diesem oder **nur** dem Staat zuzurechnen sein müsse; tertium non datur. Es sind aber keine gewichtigen Gründe ersichtlich, einer bestimmten dienstlichen Tätigkeit eines Beamten nicht uU eine **janusköpfige rechtliche Bedeutung zuzumessen:** Geht es zB um die Frage staatlicher **Haftung,** so ist die Meinungsäußerung des Journalisten als staatliches Handeln zu qualifizieren[51]. **Hinsichtlich ihrer grundrechtlichen Bedeutung ist sie dem beamteten Journalisten aber als Mensch — und somit als Grundrechtssubjekt — zurechenbar.**

Für die Richtigkeit dieser Auffassung läßt sich auch das Grundrecht auf **Wissenschaftsfreiheit des beamteten Universitätslehrers** anführen. Art 17 Abs 1 StGG bestimmt: „Die Wissenschaft und ihre Lehre ist frei". Umstritten ist, ob sich auch Nichthabilitierte auf die Wissenschaftsfreiheit berufen können; jedenfalls können Universitätsprofessoren und -dozenten

50 Damit wird jedoch nicht behauptet, daß der Behördenstandpunkte erarbeitende Beamte von vornherein nicht fähig ist, diesbezüglich eigene Meinungen zu äußern; doch obliegt ihm eine solche Meinungsäußerung regelmäßig nicht kraft G, sondern in Befolgung von Weisungen, die zB die Sammlung breitgestreuter Argumente zur Erarbeitung des Behördenstandpunktes intendieren.

51 Fraglich kann im Einzelfall sein, ob in diesem staatlichen Handeln ein einen Amtshaftungsanspruch begründendes Handeln „in Vollziehung der G" gesehen werden kann; s dazu B.V.4.

aus Art 17 StGG subjektive Rechte ableiten[52]. Die Wissenschaftsfreiheit des Universitätsdozenten muß hier nicht näher untersucht werden, da sie gem § 23 Abs 1 lit a Z 5 UOG „in keinem Dienstverhältnis zum Bund (stehen)" und daher — selbst für den Fall eines allfälligen, von der Dozentur unabhängigen Dienstverhältnisses zum Bund — ihr dienstlicher Aufgabenkreis nicht die Ausübung von „Wissenschaft und ihrer Lehre" umfaßt[53]. Hingegen stehen UnivProf gem § 23 Abs 1 lit a Z 1 UOG

„in einem der Universität zugeordneten Dienstverhältnis zum Bund"; gem § 30 Abs 1 UOG „erwirbt der OUnivProf die Lehrbefugnis für das ganze Gebiet des Faches, mit dem die Planstelle, auf die er ernannt wurde, benannt ist; ... seine Lehrverpflichtung besteht in der ordnungsgemäßen Vertretung dieses Faches nach Maßgabe des Bedarfes und unter Berücksichtigung der Studienvorschriften ..." Gem § 30 Abs 2 UOG ist „der OUnivProf ... verpflichtet, seine Lehrverpflichtung persönlich zu erfüllen." Gem § 165 Abs 1 Z 1 BDG hat „der OUniv(Hochschul)Prof ... nach Maßgabe der Organisations- und Studienvorschriften sein wissenschaftliches (künstlerisches) Fach in Forschung (Erschließung der Künste) und Lehre zu vertreten und zu fördern ...". Gem § 165 Abs 2 BDG hat er „seine dienstlichen Aufgaben in der Forschung (Erschließung der Künste), der Lehre ... an der Universität (Hochschule) persönlich zu erfüllen ...". Gem § 155 Abs 1 BDG umfassen „die Aufgaben der Hochschullehrer ... Forschung (Erschließung der Künste), Lehre und Prüfungstätigkeit sowie zusätzlich Verwaltungstätigkeit."

Sowohl das UOG als auch das BDG normieren somit **Tätigkeiten als Dienstpflichten des beamteten Universitätsprofessors, die durch Art 17 StGG (in seinem traditionellen Verständnis) geschützt sind.** Interessanterweise wird auch in der deutschen Literatur darin nichts weiter Bemerkenswertes gesehen: So meint *Scholz* im GG-Kommentar von *Maunz/Dürig*[54], daß „die akademische Lehre ... der Wissenschaftsfreiheit bereits kraft Amtsauftrags verpflichtet" sei, äußert sich jedoch zu der von *Herzog* wenige Seiten zuvor[55] ausführlich dargestellten Problematik der Meinungsäußerungsfreiheit des Beamten nicht weiter.

Das „Staatsdienergrundrecht"[56] Wissenschaftsfreiheit zeigt jedenfalls klar, daß auch die Wahrnehmung staatlicher Aufgaben bzw die Erfüllung gesetzlicher Dienstpflichten grundrechtlich geschützt sein kann. Dieses Phänomen dürfte **nicht ausschließlich auf die Wissenschaftsfreiheit beschränkbar sein: Gerade die strukturelle Verwandtschaft von Wissenschafts- und Meinungsäußerungsfreiheit (bzw von Wissenschafts- und**

---

52 Vgl bloß *Ermacora*, Handbuch 470 f mNd Jud des VfGH; nach VfSlg 8136 steht das Recht aus Art 17 Abs 1 StGG „unbestrittenermaßen" jedermann zu.

53 Typisches Beispiel ist der habilitierte Universitätsassistent (§ 23 Abs 1 lit b Z 1, § 40 UOG; §§ 174 — 188 BDG, insb § 188); seine Rechte und Pflichten als Universitätsassistent bestehen unabhängig neben jenen aus der erworbenen Venia.

54 *Maunz/Dürig*, Rz 106 zu Art 5 Abs 3 GG.

55 *Maunz/Dürig*, Rz 106 ff zu Art 5 Abs 1 und 2 GG.

56 Vgl die bei *Schrödter* 58 zit Lit.

Kunstfreiheit) läßt den grundrechtlich geschützten Staatsakt als verallgemeinerbares Phänomen erscheinen. Die hier vertretene Auffassung hat zur Konsequenz, daß bestimmte menschliche Handlungen einerseits dem Staat zurechenbar sind (zB Amtshaftung), andererseits aber zugleich durch verfassungsgesetzlich gewährleistete subjektive Rechte geschützt sind. Für ihre Richtigkeit ist auch die Überlegung maßgebend, daß stets das **Nichtbestehen der Grundrechtssubjektivität eines Menschen nachzuweisen ist;** dies hat auch für den Fall zu gelten, daß eine an sich grundrechtlich geschützte menschliche Handlung ausschließlich dem Staat zurechenbar sein soll. Gelingt dieser Nachweis nicht überzeugend und vor allem **uneingeschränkt,** so muß wohl **im Zweifel** von der Grundrechtsberechtigung des Menschen hinsichtlich der fraglichen Handlung ausgegangen werden[57]. Wie oben dargelegt wurde, verhindert eine solche Zurechnung hinsichtlich des Grundrechtsschutzes jedoch nicht die Zurechenbarkeit der Handlung zu anderen Rechtsträgern im Lichte sonstiger Rechtsnormen. Es muß auch nachdrücklich darauf hingewiesen werden, daß die hier vertretene Auffassung nur für die nicht sehr zahlreichen Fälle vertreten wird, in denen der Aufgabenkreis eines Staatsorganes in der Vornahme von Tätigkeiten liegt, die an sich durch verfassungsgesetzlich gewährleistete subjektive Rechte geschützt sind. Es mag aber auch in typischen Beamtenverhältnissen gelegentlich zur dienstlich gebotenen Äußerung **eigener** Meinungen kommen[58]; ist dies der Fall, so kann diesbezüglich auch nicht vom Verlust der Grundrechtsberechtigung gesprochen werden. Ist jedoch nicht die Äußerung eigener Meinungen des Beamten, sondern die Erarbeitung von Behördenstandpunkten geboten, liegt schon von vornherein keine dienstlich gebotene Äußerung einer eigenen Meinung vor.

Wie gezeigt wurde, können Staatsorgane — und somit auch BThDir — in Wahrnehmung ihrer dienstlichen Aufgaben grundsätzlich grundrechtsberechtigt sein. Die Weisungs(un)gebundenheit der BThDir wird unter B.III.3.e)(2) untersucht.

3. Probleme des Artikel 17 a StGG

a) Vorbemerkung

In dieser Arbeit werden, wie erwähnt, zwei Hauptprobleme der Kunstfreiheitsgarantie nicht näher untersucht: Die Frage des **verfassungsrecht-**

57 Für eine **Zweifelsregel** zugunsten einer „generellen Grundrechtssubjektivität des Menschen" auch *Stern* 1002, 1012.

58 Hiebei ist zB auch an die positivrechtlich gebotene „freie Beweiswürdigung" richterlicher Organe zu denken, die die Bildung einer eigenen — zu begründenden — Meinung des Richters erfordert. Auch die Tätigkeit von „Beiräten" setzt wohl die Bildung einer eigenen Meinung der einzelnen Mitglieder voraus.

lichen Kunstbegriffs und die **Schrankenproblematik**[59]. Einer näheren Untersuchung bedürfte weiters die Reichweite und die Bedeutung des Verfassungschutzes für die „Vermittlung von Kunst“: Da aber in der österreichischen Diskussion die künstlerische „(Ver)Mittlerfunktion“ der hier interessierenden BThDir nie ernsthaft in Frage gestellt wurde und die deutsche Lehre und Jud dies — trotz des in dieser Beziehung engeren Wortlauts des Art 5 Abs 3 GG — einhellig bejahen[60], wird im folgenden die Richtigkeit dieser communis opinio nicht weiter in Frage gestellt.

b) Fiskalgeltung

Als „eines der Probleme der Privatwirtschaftsverwaltung, das ‚der Lösung durch den Verfassungsgesetzgeber harrt‘“, wird die Frage angesehen, ob die Grundrechte nur gegen den hoheitlich oder auch gegen den privatwirtschaftlich agierenden Staat Rechtswirkungen entfalten; zweiteres wird als **„Fiskalgeltung der Grundrechte“** bezeichnet[61]. In Österreich ist die dogmatische Begründung der Fiskalgeltung von Grundrechten umstritten, wobei sowohl unter **„Privatwirtschaftsverwaltung“** als auch unter „Fiskalgeltung“ zT Verschiedenes verstanden wird[62]. Zumeist wird **innerhalb der „Privatwirtschaftsverwaltung“** — nach herrschender, jedoch umstrittener Meinung jener Bereich der Verwaltung, der nicht in den Formen der VO, des Bescheides und der Akte des sofortigen Polizeizwangs in Erscheinung tritt — zwischen zumindest zwei Bereichen unterschieden: **„Fiskalische, rein erwerbswirtschaftliche Betätigung der öffentlichen Hand“** und **„leistende Verwaltung bzw Daseinsvorsorge“**[63]. Der rechtsstaatlich problematische Bereich ist der zweitgenannte, dh jener, wo spezifisch „öffentliche“ Aufgaben mit den „Mitteln des Privatrechts“ besorgt werden[64]. Hier soll auf ein jüngeres Erk des VfGH hingewiesen werden, wo dieser als obiter dictum die Anerkennung der Fiskalgeltung der Grundrechte andeutete: Mit Erk Slg 11314 hob der VfGH die im folgenden fett gedruckte Wortfolge in § 47 Abs 1 MedienG als verfassungswidrig auf:

---

59 S dazu *Bammer*, BThSG 452 ff und die dort zit Lit (453 bei FN 34 und 35). Die politisch-gesellschaftliche Ausgangssituation, die Anlaßfälle für das Entstehen des Bedürfnisses nach Schutz der Kunstfreiheit sowie die Normwerdung des Art 17 a StGG werden ausführlich dargestellt bei *Bammer*, Theater 417 ff.

60 S dazu die Nachweise in B.III.4.b).

61 Vgl *Walter/Mayer*, BVR[6] Rz 1333 mit Hinweis auf *Novak*, Abgrenzung 74. Vgl umfassend *Griller*, sowie *Stern* 1394 ff mwN.

62 Vgl näher *Griller* 119 ff; *Puck* 276 f, 286.

63 Vgl *Pernthaler*, Leistende Verwaltung 57; *Novak*, Abgrenzung 64.

64 Zur Problematik *Raschauer*, Wahlfreiheit; *Raschauer*, Daseinsvorsorge. S auch B.V.3.b)(2).

„Periodische Druckschriften dürfen ... sowohl von einem festen Standort aus als auch auf der Straße **und, sofern es der Verfügungsberechtige nicht untersagt,** an anderen öffentlichen Orten verbreitet ... werden." Begründend führte der VfGH aus, daß § 47 Abs 1 leg cit die gebotene Differenzierung zwischen Straßen und anderen öffentlichen Orten in einer Weise vorgenommen habe, die auf das verfassungsgesetzlich gewährleistete Recht auf freie Meinungsäußerung nur unzureichend Bedacht genommen habe; das G verbiete nämlich die Verbreitung an öffentlichen Orten (außer Straßen) immer schon dann (unter Strafdrohung), wenn der Verfügungsberechtigte die Verbreitung untersage, **es stelle somit ausschließlich auf die Tatsache der Untersagung durch den Verfügungsberechtigten ab,** um schwierige Abwägungen im Einzelfall entbehrlich zu machen.
Folgende Passage der Begründung deutet darauf hin, daß der VfGH von der **Fiskalgeltung** der Grundrechte ausgeht: „Entgegen der Auffassung der BReg müßte in dieser Frage nicht nur eine Unterscheidung nach der Art des öffentlichen Ortes und den Gründen für die Untersagung möglich, sondern insb auch gewährleistet sein, daß in jenen Fällen die Schranken des Art 10 Abs 2 MRK beachtet werden können, in denen Rechte anderer nicht betroffen sind. Hat eine Privatperson oder eine nicht als staatlich zu wertende juristische Person eine Liegenschaft öffentlichen Zwecken gewidmet, so wird sie Inhalt und Umfang der Widmung auch unter dem Blickwinkel des Art 10 Abs 2 MRK in aller Regel selbst und nach freiem Gutdünken festlegen dürfen. ... **An öffentlichen Orten aber, über welche die öffentliche Hand in der für sie typischen Weise verfügt, darf diese Art der Meinungsäußerung nur aus Gründen eingeschränkt oder unterbunden werden, die als solche vor Art 10 Abs 2 MRK Bestand haben.** Gewiß darf — und muß — das Urteil über das Vorliegen solcher Gründe zunächst dem Verfügungsberechtigten im Einzelfall überlassen bleiben. **Doch sind die den Verfügungsberechtigten der öffentlichen Hand bindenden Schranken andere als jene, die auch Private treffen."**

Der VfGH hat bislang noch nicht endgültig erkennen lassen, ob dieses begrüßenswerte Erk den Ausgangspunkt einer neuen Judikaturlinie bilden wird. **Für den Bereich der BTh hätte die Anerkennung der Fiskalgeltung der Kunstfreiheitsgarantie** folgende Bedeutung: Neben den Organisationsnormen, die, wie unter B.III.3.e)(2) gezeigt werden wird, ohnedies vom objektiven Gehalt des Art 17 a StGG umfaßt sind, unterlägen auch **alle** sonstigen Organhandlungen im Rahmen der Verwaltung der BTh, die künstlerisches Schaffen oder die Vermittlung von Kunst berühren **und** nicht lediglich als „fiskalische" Verwaltung (dh bloß gewinnorientiertes Verwaltungshandeln) oder Intendanturverwaltung qualifiziert werden können, unmittelbar Art 17 a StGG. Welche Bedeutung hätte dies für das konkrete Verwaltungshandeln im Bereich der BTh? Jener große Tätigkeitsbereich, der nach der DI 1976 in den autonomen WB der Dir fällt, muß hier nicht weiter untersucht werden, **da hier einander regelmäßig zwei oder mehrere Künstler gegenüberstehen:** Unterliegt ein Vertrag, der von einem BThDir mit einem Künstler abgeschlossen wird, dem SchauspielerG, wäre primär dieses G der Sitz einer etwaigen Verfassungswidrigkeit[65]; wird ein Werkvertrag oder ein nicht dem SchauspielerG unterliegender (freier) Dienstvertrag von einem BThDir abgeschlossen, so steht dem eine Werk- oder Dienstleistung erbringenden Künstler auf der Seite des Staates ebenfalls ein — grundsätzlich **weisungsungebundener** — Künstler gegenüber; beide Vertragspartner sind somit Träger des Grundrechtes auf freies künstlerisches Schaffen und Vermittlung von Kunst. Es handelt sich somit in einem solchen Fall **nicht um ein Problem der Fiskalgeltung der Kunstfreiheitsgarantie, sondern vielmehr um eine spezifische Grundrechtskollision**[66], um einen Teilaspekt des Problems der **„inneren Kunstfreiheit"**.

Problematisch sind vielmehr die verschiedenen **Ingerenzrechte des GS,** insb die in § 7 lit a letzter Satz DI 1976 statuierte **Gegenzeichnungsbedürftigkeit von „Bühnendienstverträgen** mit Regisseuren, Dirigenten ...". Hier ist wiederum zu differenzieren: Einerseits ist die Verfassungskonformität der Normierung der Gegenzeichnungsbedürftigkeit an sich zu prüfen, andererseits die Verfassungskonformität einer konkreten Verweigerung der Gegenzeichnung. Die Gegenzeichnung eines Bühnendienstvertrages ist zwar nicht als notwendige Voraussetzung für das Wirksamkeit eines Vertrages anzusehen, da es sich nach der wohlbegründeten Auffassung des OGH um eine bloße „Ordnungsvorschrift handelt, durch welche die Rechtswirksamkeit der von den Dir abgeschlossenen Verträge in keiner Weise berührt wird"[67]. **Das Institut der Gegenzeichnungspflichtigkeit von Bühnendienstverträgen ist dennoch verfassungsrechtlichen Bedenken ausgesetzt,** da die Voraussetzungen, unter denen eine Gegenzeichnung verweigert werden kann (muß), zu unbestimmt sind und es gewisse Parallelen zum — vom VfGH als verfassungswidrig aufgehobenen — System der Beschäftigungsbewilligungserteilung für ausländische Künstler[68] aufweist; es scheint jedoch einer **verfassungskonformen Auslegung** zugänglich zu sein, indem es als bloßes Recht zur „Kenntnisnahme" durch den GS zur Erfüllung seiner Aufgaben verstanden wird[69], somit eine **Pflicht des GS zur Gegenzeichnung besteht.** Dieses Verständnis der Gegenzeichnungspflichtigkeit entspricht allerdings wohl nicht dem Willen des Normerlassers. Die **Verweigerung der Gegenzeichnung** eines konkreten Bühnendienstvertrages dürfte bei anderer Auslegung idR als **Eingriff**

65 Es ist kein Grund für eine Verfassungswidrigkeit des SchauspielerG ersichtlich, da dieses den Eigengesetzlichkeiten künstlerischer Dienstleistungen wohl in ausreichendem Maße entspricht; letztlich ordnet das SchauspielerG — auf einfachgesetzlicher Ebene — seit 1922 eine **„vorweggenommene Drittwirkung"** des erst 1982 geschaffenen Art 17 a StGG an (zB §§ 21 f — Recht auf Beschäftigung, Rollenverweigerung).

66 Zu diesen ausführlich *Bethge*.

67 OGH 15.5.1979, SZ 52/80.

68 § 3 Abs 4 AuslBG; VfSlg 11737. Vgl dazu *Bammer*, BThSG 454 f mwN.

69 So zu Recht OGH 15.5.1979, SZ 52/80.

in die künstlerische Freiheit des BThDir, aber wohl auch in jene des konkreten Künstlers zu qualifizieren sein[70] — sofern nicht der Grund für die Verweigerung ausschließlich in der offensichtlichen Überschreitung des dem BThDir nach dem BFG zustehenden autonomen Budgets läge: Diesfalls wäre zu prüfen, ob die **Verfassungswidrigkeit nicht im BFG selbst, dh in der Zurverfügungstellung zu geringer Mittel für die Aufgabenerfüllung der BTh läge**[71].

Ein bei einer Qualifikation der Gegenzeichnung als bloße Ordnungsvorschrift praktisch minder bedeutsames Problem stellt die Frage der **Bekämpfbarkeit der Verweigerung der Gegenzeichnung** dar: § 7 lit a lS DI 1976 ist als Teil einer RVO gem Art 139 B-VG einer Aufhebung durch den VfGH zugänglich; abgesehen von einem Antrag auf Aufhebung durch eine LReg oder durch die Volksanwaltschaft wäre die Anfechtung durch ein Gericht und durch Individualantrag möglich. **Gerichtsanfechtung** käme insb im Verlauf eines Rechtsstreites über die Gültigkeit eines ohne Gegenzeichnung durch den GS abgeschlossenen Bühnendienstvertrages in Betracht; eher fraglich ist die Legitimation der BThDir zur Stellung eines Individualantrags, da ihnen — sofern sie überhaupt beschwert sind — die Bewirkung der „Fällung einer gerichtlichen Entscheidung" über die Gültigkeit eines nicht gegengezeichneten Bühnendienstvertrages **zumutbar** sein dürfte. Ein Individualantrag wegen „direkter Wirkung" wäre jedoch wohl dann zulässig, wenn infolge einer konsequenten „Politik der Nicht-Gegenzeichnung" (und Nicht-Auszahlung der Gagen) künstlerische Arbeit verunmöglicht oder zumindest sehr erschwert würde[72].

Abschließend ist noch die Frage zu beantworten, ob die **Verweigerung der Gegenzeichnung als behördlicher Akt deutbar ist:** Vorauszuschikken ist, daß eine Deutung als Hoheitsakt dessen offensichtliche Gesetzlosigkeit zur Folge hätte, da die DI **1976 nur als Organisationsnorm, keinesfalls jedoch als Ermächtigung zu hoheitlichem Handeln** deutbar ist; eine gesetzliche Ermächtigung für die Normierung einer Gegenzeichnungsbedürftigkeit von Bühnendienstverträgen in der DI 1976 ist nicht

70 Damit ist noch nichts über die **Bekämpfbarkeit** dieser (Nicht)Akte gesagt.

71 Grundsätzlich ist auch das BFG — als BG im formellen Sinn — einer Prüfung gem Art 140 B-VG zugänglich; die Verfassungswidrigkeit könnte jedoch wohl nur im „Wie" (dh in der **Mittelaufteilung im einzelnen**), nicht jedoch im „Ob" (dh der Bereitstellung von Mitteln für die BTh **überhaupt**) liegen. S auch B.III.3.e)(5). In einer etwaigen Verweigerung der Gegenzeichnung durch den GS kann aber keine ausreichende Begründung für eine ausschließliche Zurechnung dieses Handelns an den Erlasser des BFG gesehen werden; denn **zugerechnet** wird das Handeln von Staatsorganen immer diesen selbst bzw ihrer Behörde, nicht jedoch dem Gesetzgeber, der die konkreten Handlungsermächtigungen bzw Zuständigkeiten geschaffen hat.

72 Vgl zu den im Detail umstrittenen Voraussetzungen für die Zulässigkeit eines Individualantrages gem Art 139 B-VG *Walter/Mayer*, BVR[6] Rz 1116 ff mwN.

ersichtlich[73]. Ob es **sinnvoll** ist, derartige, a priori rechtswidrige Akte als Hoheitsakte zu deuten, soll hier nicht untersucht werden[74], ebensowenig, ob ein solcher Akt dem GS selbst oder nicht vielmehr dem BMUK zuzurechnen wäre[75]. Zu erwägen wäre schließlich, ob die **Gegenzeichnung** nicht auch als bloße **„Beurkundung“** qualifiziert werden könnte, der das Merkmal der **„Willensäußerung“** abginge[76]. Es deutet somit vieles auf eine Qualität der Gegenzeichnung bzw ihrer Verweigerung als **privatrechtlicher Akt** hin, da die Nichtgegenzeichnung weder den BThDir noch den Vertragspartner daran hindert, die vereinbarte Tätigkeit trotzdem aufzunehmen. Denn dem GS kommt zweifellos nicht die Kompetenz zu, den Künstler am Betreten des Theatergebäudes oder am Mitwirken an einer bestimmten Produktion **mit einseitigen (haus)pol Maßnahmen** zu hindern; seine „Kompetenz“ dürfte sich letztlich darauf beschränken, die Auszahlung des vereinbarten Honorars (der Gage) bis zur Durchsetzung der Forderung im Exekutionswege zu verhindern, wobei fraglich ist, ob durch § 7 lit b DI 1976 die Zuständigkeit des BThDir als „anweisendes Organ“ iSd §§ 5 Abs 2 Z 3 iVm § 4 Abs 5 BHG überhaupt eingeschränkt werden kann[77]. Diese Überlegungen deuten somit insgesamt auf eine **Qualifikation der Gegenzeichnung bzw ihrer Verweigerung als nichtbehördlicher Akt** hin. Das Beispiel der Gegenzeichnung kann als Illustration für zahlreiche weitere Akte im Bereich des ÖBThV dienen, die bei Annahme einer Fiskalgeltung der Kunstfreiheitsgarantie neu zu bewerten wären[78].

73 Hinzuweisen ist auf die teilweise Zurückdrängung von § 7 lit b DI 1976 durch § 5 Abs 2 Z 3 iVm § 4 Abs 5 BHG, da allgemein „die geschäftsführenden Organe der Bundesbetriebe“, sohin auch des ÖBThV, als „anweisende Organe“ iSd BHG normiert werden. Vgl auch B.III.3.e)(5).

74 S *Winkler*, Bescheid 73 ff mwN.

75 Letztlich ergeht **jedes** (notwendigerweise nichtbehördliche) Handeln der Organe des ÖBThV „für den Bund, vertreten durch den BMUK“. Die Verwaltungspraxis des BMUK und des ÖBThV beachten dies nicht weiter.

76 S dazu *Winkler*, Bescheid 45 ff mwN.

77 Vgl dazu auch B.III.3.e)(5).

78 ZB die Nichtanordnung von Überstunden in Werkstättenbetrieben, die zur Nichtfertigstellung bzw -lieferung bestimmter Ausstattungsgegenstände führt; der Nichtankauf bestimmter Ausstattungsmaterialien durch das GS. — Die (primär zivilrechtliche) Frage der Einwirkung der Kunstfreiheitsgarantie auf die zwischen dem staatlichen Theaterunternehmer und dem einzelnen Theaterbesucher abgeschlossenen **Theaterbesuchsverträge** kann hier nicht untersucht werden.

c) Drittwirkung

Auch unter der vieldiskutierten „Drittwirkung von Grundrechten" wird Verschiedenes verstanden[79]. Im wesentlichen geht es um die Frage, ob die Grundrechte nur für das Verhältnis zwischen dem einzelnen und dem Staat von Bedeutung sind oder ob sie auch für den Bereich der Beziehungen der Bürger untereinander „gelten". **Grundsätzlich ist auch die private Rechtssetzung grundrechtsgebunden, diese Grundrechtsgeltung wird aber grundsätzlich durch einfache G mediatisiert**[80]. Mit anderen Worten: Auch G, die aufgrund des Kompetenztatbestandes „Zivilrechtswesen" ergehen, sind ebenso wie alle anderen G prinzipiell der Grundrechtsordnung und der verfassungsgerichtlichen Normenkontrolle unterworfen; in einer derartigen Grundrechtsbindung kann jedoch noch **keine „Drittwirkung"** gesehen werden[81]. Es soll im Rahmen dieser Arbeit aber weder die Drittwirkungsdiskussion noch die Bedeutung der Kunstfreiheitsgarantie für Rechtsbeziehungen zwischen beliebigen Privaten dargestellt, sondern bloß kurz die Frage untersucht werden, ob jene Normen, die die **Rechtsverhältnisse zwischen Künstlern untereinander** bzw zwischen Künstlern und Nichtkünstlern an den BTh regeln, dem Geltungsbereich der Kunstfreiheitsgarantie unterliegen.

Als zentrale Norm kommt zunächst das **SchauspielerG** in Betracht: Da Verträge nach dem SchauspielerG jedoch stets zwischen dem Bund als dem Rechtsträger der „BTh" und einem einzelnen Künstler abgeschlossen werden, stellt sich hier **nicht die Frage der Drittwirkung, sondern der Fiskalgeltung der Kunstfreiheitsgarantie.** Ähnliches gilt für die **ER für das Burgtheater**[82]: Hier geht es nicht um die Wahrnehmung der künstlerischen Interessen der Ensemblemitglieder gegenüber einem Privaten, sondern vielmehr gegenüber einem **staatlichen „Kunstfunktionär"**, der seine künstlerische Tätigkeit im Rahmen des Burgtheaters nie privat, sondern als staatliche Funktion ausübt[83]. Die Besonderheit in diesen Rechtsbeziehungen liegt darin, daß sich letztlich nicht Private gegenüberstehen, sondern jeweils „öffentlich Bedienstete", deren Dienstpflichten in der Erfüllung verschiedener künstlerischer Tätigkeiten liegen. Es handelt sich somit um **kein Fiskalgeltungs- oder Drittwirkungsproblem, sondern vielmehr um eine spezielle Form von Grundrechtskollisionen,** wie sie für den

79 *Griller; Novak*, Drittwirkung; *Walter/Mayer*, BVR^{6} Rz 1330 ff.

80 Vgl mwN *Griller* 6 ff, 112 ff; vgl auch *Berka*, Medienfreiheit 86 ff (90 ff).

81 *Bammer*, Herabsetzung 254. So auch *Mayer*, Rechtserzeugungszusammenhang 771.

82 S A.V.8.e)(7).

83 Sofern der BurgtheaterDir sich selbst als Regisseur engagiert, ist allerdings davon auszugehen, daß er bei der Regietätigkeit ausschließlich als Regisseur tätig wird; fraglich ist jedoch, ob die Funktionen stets klar getrennt werden können, da zumeist die Bestellung als Dir a priori mit der Vereinbarung von Eigenregien gekoppelt ist.

Bereich der Medienunternehmen unter dem Schlagwort **„innere Pressefreiheit"** bekannt geworden sind[84]. Eine Parallele zu diesen Phänomenen stellt das Hochschulorganisations- und -dienstrecht dar, das insb auch das Grundrecht auf Wissenschaftsfreiheit von beteiligten Hochschulangehörigen zu berücksichtigen hat und das — „bedingt durch das Zusammenwirken mit den anderen Grundrechtsträgern" — dem einzelnen Hochschulangehörigen zu Recht Einschränkungen auferlegen muß, da sich „in diesem Spannungsfeld konkurrierender Rechte und Interessen" die Wissenschaftsfreiheit des einzelnen nicht schrankenlos durchsetzen kann[85]. **Es ist somit im Bereich der BTh keine Drittwirkungsproblematik in Bezug auf Art 17 a StGG ersichtlich.**

d) Institutioneller Gehalt

Die Begriffe **„Institutsgarantie"** und **„institutionelle Garantie"** werden nicht einheitlich verwendet; idR wird unter ersterer die grundsätzliche verfassungsrechtliche Absicherung privatrechtlicher Institute, unter zweiterer die verfassungsrechtliche Einrichtung öffentlich-rechtlicher Institute verstanden[86]. Der VfGH hat sich in UOG-Erk nicht explizit zu der Frage geäußert, ob Art 17 StGG den Staat verpflichte, universitäre Einrichtungen zu schaffen und in ihrem Bestand zu erhalten; vielmehr lehnte er lediglich einen „institutionellen Bezug" iS einer autonomen Beteiligung der Hochschullehrer an der unmittelbaren Wissenschaftsverwaltung ab[87]. *Stern* bezeichnet die „Einrichtungsgarantie" als Teil der „objektiven Grundrechtsgehalte"[88]. Der Begriff „Einrichtung" ist einer **Differenzierung zwischen „Institut" und „Institution"** zugänglich: Bezieht sich die Garantiefunktion einer Verfassungsnorm auf Normen **und** Wirklichkeitskomplexe, handelt es sich um Institutionen, bezieht sie sich bloß auf eine vom Recht geformte Rechtsfigur, um Institute[89]; **rein tatsächliche Institutionen, gesellschaftliche Sachverhalte oder Lebensformen können hingegen nicht Gegenstand einer Einrichtungsgarantie sein**[90]. Zu differenzieren ist weiters zwischen allgemeinen verfassungsrechtlichen Einrichtungsgarantien (zB Bundesheer, Gerichte, Gemeinden etc) und Einrichtungsgaran-

---

84 S *Weber*, Pressefreiheit; *Lerche*, Aspekte; *Bethge* 141 ff, 176 ff, 192 ff mwN.

85 So BVerfGE 35, 79 (122 ff); vgl dazu *Bethge* 117 f.

86 Vgl *Walter/Mayer*, BVR[6] Rz 1334; *Adamovich/Funk*, Verfassungsrecht[3] 377 f.

87 VfSlg 8136. Allerdings stellt sich bei einer „auf Null" reduzierten Autonomie der Hochschullehrer die Frage, ob eine derartige Anstalt oder Körperschaft noch sinnvollerweise als „Universität" bezeichnet werden kann.

88 *Stern* 751 ff mwN.

89 Vgl mwN *Stern* 776 ff (791).

90 *Stern* 785 ff mwN.

tien, die durch verfassungsgesetzlich gewährleistete **(subjektive)** Rechte geschaffen werden, dh durch Normen, denen neben einer Bedeutung als subjektives Recht auch dieser **spezifische objektive Gehalt** zukommt. Soweit ersichtlich, wurde die Frage, ob Art 17 a StGG eine institutionelle oder eine Institutsgarantie beinhalte, bislang in Österreich nicht untersucht. Der deutsche Meinungsstand läßt sich wie folgt zusammenfassen:

Zur im GG analog der Kunstfreiheitsgarantie geregelten Gewährleistung der Wissenschaftsfreiheit besteht keine Einigkeit, ob damit institutionelle Gewährleistungen verbunden sind; gelegentlich wird sogar jeglicher institutionelle Aspekt geleugnet und **Art 5 Abs 3 Satz 1 GG als bloß subjektives Grundrecht gedeutet.** Die vorherrschende Auffassung vertritt die Meinung — allerdings mit erheblichen Divergenzen hinsichtlich der inhaltlichen Konkretisierung im einzelnen —, daß **Art 5 Abs 3 GG eine institutionelle Garantie der Universität und ihrer akademischen Selbstverwaltung enthalte**[91]. Während die Wissenschaftsfreiheit als „herkömmliche Einrichtungsgarantie“ angesehen wird, bestehen tiefgreifende Meinungsverschiedenheiten hinsichtlich des **institutionellen Gehalts der Grundrechtsbestimmungen über Presse, Rundfunk und Film und Kunst**[92]. Eine institutionelle Garantie der Kunst wurde zwar bisweilen — in zumeist unklarer Weise — anerkannt, jedoch dürfte als **communis opinio gelten, daß für die Annahme einer institutionellen Garantie der Kunst die Voraussetzung des „formierenden Normenkomplexes“ fehlt**[93]. Als entscheidendes Hindernis für die Anerkennung einer institutionellen Garantie der Kunstfreiheitsgarantie wird zumeist die Unmöglichkeit angesehen, Kunst rechtsbegrifflich zu erfassen[94], mit anderen Worten: **Ein gesellschaftliches Phänomen, das rechtsbegrifflich nur unzureichend erfaßbar ist, ist keiner Institutionalisierung zugänglich.** Nach überwiegender Auffassung darf Art 5 Abs 3 Satz 1 1. Variante GG in einem Kulturstaat[95] nicht bloß als subjektiv-rechtliche Gewährleistung zugunsten des Kunstschaffenden verstanden werden, diese Vorschrift enthält vielmehr auch eine **„objektive Wertentscheidung für die Freiheit der Kunst“,** um „ein freiheitliches Kunstleben zu erhalten und zu fördern“. Vom BVerfG wurde die Kunstfreiheitsgarantie als „objektive, das Verhältnis des Lebensbereichs ‚Kunst‘ zum Staat regelnde Grundsatznorm“ bezeichnet[96]. Nach hM gewährleistet Art 5 Abs 3 Satz 1 1. Variante GG somit den Schutz der Eigengesetzlichkeit der Kunst, nicht aber die Gewährleistung bestimmter Institutionen einschließlich ihres Autonomiebedarfs; **abgelehnt** wird insb

91 *Stern* 803 ff mwN.
92 *Stern* 832 ff.
93 Vgl bloß *Knies* 197 f; *Stern* 846 mwN.
94 Vgl bloß *Knies* 217 ff; *Stern* 846.
95 S dazu insb *Häberle*.
96 BVerfGE 67, 213 (224). S auch *Stern* 846 mwN.

auch eine **Ableitung eines Rechtsanspruchs auf Subventionen** aus dem Gedanken der Einrichtungsgarantie[97].

Daraus ergibt sich für die österreichische Verfassungsrechtslage folgendes: Neben den Funktionen des Art 17 a StGG als klassisch-liberales Abwehrrecht und als objektive Verfassungsnorm kann aus dieser Bestimmung **keine Institutsgarantie,** aber auch **keine „Institutionengarantie"** abgeleitet werden; ein **Rechtsinstitut „Kunst" wäre ein Widerspruch in sich selbst,** eine Bestandsgarantie für künstlerische Institutionen ist nach dem Entwicklungsstand der österreichischen Grundrechtsdogmatik nicht begründbar[98]. **Es steht dem Staat somit frei, „kulturelle Daseinsvorsorge" in mehr oder weniger großem Ausmaß — oder auch gar nicht — wahrzunehmen; wenn er diese Aufgabe wahrnimmt, ist er nicht verpflichtet, eigene Institutionen und Einrichtungen zu gründen und zu unterhalten.** Art 17 a StGG wird jedoch bei jeder staatlichen Maßnahme normativ bedeutsam, da sein objektiver Gehalt — uU iVm Art 7 Abs 1 B-VG — sowohl staatliche Förderungsmaßnahmen wie auch die Organisationsnormen umfaßt, die staatliche „Kunstanstalten" einrichten bzw organisieren.

e) Der objektive Gehalt der Kunstfreiheitsgarantie

(1) Artikel 17 a StGG und Legalitätsprinzip

Art 18 Abs 1 B-VG bestimmt: „Die gesamte staatliche Verwaltung darf nur aufgrund der Gesetze ausgeübt werden." Damit ist — als wesentliches Element des rechtsstaatlichen Prinzips — die Bindung der gesamten Vollziehung an die G angeordnet („Legalitätsprinzip")[99]. Ein grundlegendes Problem des Verhältnisses von Art 17 a StGG und Art 18 Abs 1 B-VG liegt in der Frage, **unter welchen Voraussetzungen in die prima facie vorbe-**

97 S *Hufen* 391 ff; *Stern* 846 f mwN. In einem gewissen Spannungsverhältnis zu diesem Befund steht allerdings folgende Aussage des BVerfG: „Versteht man unter Kultur die Gesamtheit der innerhalb einer Gemeinschaft wirksamen geistigen Kräfte, die sich unabhängig vom Staate entfalten und ihren Wert in sich tragen, so kann Kultur in diesem Sinne ihrem Wesen nach nicht staatlich ‚verwaltet' werden. **Andererseits betrachtet es der moderne Staat als seine Aufgabe, die kulturelle Entwicklung der Gemeinschaft zu fördern und erfüllt darum auch in ständig wachsendem Maße kulturelle Verwaltungsaufgaben. Diesem Zweck dienen ua die Errichtung und Unterhaltung von Akademien, Forschungsanstalten, Hochschulen, Theatern und Museen.** Zur Erfüllung seiner Aufgabe im Bereich der Kultur muß der Staat auch Gegenstände erwerben und unterhalten, die für die Kulturpflege unentbehrlich sind." (BVerfGE 10, 20 [36 f]). Dies wird zumeist als **Garantie eines grundsätzlich staatsfreien Raumes** verstanden, in dem „Freiheit und Schöpferelan des Individuums dominieren"; Kultur kann nicht positiv verfaßt, sondern muß negativ als eigenständig verfassungsrechtlich respektiert werden *(Stern* 887).

98 Vgl bloß *Öhlinger*, Grundrechte 223 mwN.

99 Vgl *Walter/Mayer*, BVR^6 Rz 569 ff; *Antoniolli/Koja* 207 ff; jeweils mwN.

haltlos gewährleistete Freiheit der Kunst eingegriffen werden kann: Die jüngere Jud des VfGH fordert für die Verfassungskonformität eines Eingriffes in die Kunstfreiheit eine **Abwägung** zwischen der Kunstfreiheit und dem Rechtsgut, das durch den Eingriff geschützt werden soll („Verhältnismäßigkeitsprinzip, -prüfung")[100]. *Öhlinger* hat auf die Probleme hingewiesen, die sich aus der Notwendigkeit einer „Abwägung" ergeben:

„... daß schließlich die mögliche Verfassungswidrigkeit der in Prüfung gezogenen Regelung[101] darin bestehen soll, daß sie den Behörden zu geringe Spielräume beläßt, um ‚bei ihrer Anwendung eine die grundlegende Festlegung der Kunstfreiheit entsprechend berücksichtigende Abwägung zwischen der durch Art 17 a StGG geschützten künstlerischen Freiheit und jenen Rechtsgütern vorzunehmen, zu deren Schutz sie (gemeint ist offenbar die zu prüfende Regelung des § 3 Abs 4 AuslBG [Anm im Original]) besteht', **gerät mit der von der Bundesverfassung (Art 18 B-VG) vorstrukturierten Aufgabenteilung von Gesetzgebung und Vollziehung,** so wie sie vom VfGH bislang verstanden wurde, **in Konflikt. Es entspricht der gestuften Ordnung des Rechts, daß die von einer Verfassungsvorschrift geforderte Abwägung primär vom Gesetzgeber und von der Vollziehung nur insofern getroffen wird, als ihr die Gesetzgebung einen unvermeidlichen** — aber deshalb nicht verfassungsrechtlich postulierten — **Spielraum überlassen muß.** Tatsächlich hat der Gesetzgeber mit der in Prüfung gezogenen Bestimmung Künstler gegenüber den allgemeinen gesetzlichen Regeln privilegiert und insofern — ob intentional oder nicht, sei dahingestellt — eine solche Abwägung bereits vorgenommen. Die verfassungsrechtliche Frage kann daher nur lauten, ob er dies in ausreichendem Maß getan hat. **Sollte diese Abwägung aber ausschließlich von den Verwaltungsbehörden getroffen werden müssen, wären diese heillos überfordert.** Überfordert wäre aber auch der Gesetzgeber, wenn man von ihm ‚allgemeine' Regeln verlangte, die einerseits hinreichend bestimmt sind, aber andererseits doch einer Abwägung der Erfordernisse der Kunstfreiheit genügend Spielraum lassen. Mit solchen Argumenten manövriert sich der VfGH in eine Sackgasse. ..."[102]

Die **Fragwürdigkeit der „Abwägung" von Art VIII EGVG mit Art 17 a StGG** wurde bereits an anderer Stelle dargetan[103]. Denn die besondere Problematik der Kunstfreiheitsgarantie liegt in ihrer Vorbehaltslosigkeit: Die Entstehungsgeschichte dieser Norm zeigt deutlich, daß der historische Verfassungsgesetzgeber der Auffassung war, daß die Kunstfreiheit nicht schrankenlos gewährleistet sein sollte; diese Absicht hat er jedoch völlig unzureichend verwirklicht, indem lediglich in den Mat — zudem in sich widersprüchliche — allgemeine Aussagen über die Schranken festgehalten wurden, **der Normtext selbst jedoch zweifellos ein**

100 Vgl dazu mwN *Bammer* 454 ff mwN; *Holoubek*, Freiheit. S insb VfSlg 11567 und 11737. Jüngst umfassend *Stelzer*.

101 Des § 3 Abs 4 AuslBG [später ergangenes Erk: VfSlg 11737].

102 *Öhlinger*, Anmerkung 51 [zu VfSlg 11567]; Hervorhebungen von mir.

103 *Bammer*, BThSG 455 f; dazu kritisch *Stelzer* 266 ff.

schrankenloses Grundrecht gewährleistet[104]**. Welche Methode die Vollziehung zur Ermittlung der Schranken der Kunstfreiheit auch anwendet, sie verläßt stets den Boden des Gesetzmäßigkeitsprinzips,** da sämtliche Schrankentheorien und Abwägungsinstrumentarien nicht vom G, sondern von der Jud der Höchstgerichte „normiert" werden.

Zudem ist eine **„verfassungskonforme" Interpretation** bzw Abwägung jedenfalls dann unzulässig, wenn der Gesetzeswortlaut weder unbestimmte Gesetzesbegriffe noch Ermessenstatbestände enthält[105]. Der VfGH hat in seiner Jud zu Art 8 MRK und fremdenpol Regelungen zutreffend die Auffassung vertreten, daß „eingriffsnahe G" — wobei diese Eingriffsnähe aus den Kriterien der „Wahrscheinlichkeit" und „Intensität" eines Eingriffes abgeleitet wird — der Behörde auch hinreichend bestimmte Abwägungskriterien für ihre Verhältnismäßigkeitsprüfung vorgeben müssen; bei nicht eingriffsnahen G seien diese strengen Anforderungen nicht zu stellen, da hier der Behörde bei der Interessenabwägung im Rahmen der verfassungs- und insb grundrechtlich vorgegebenen Grenzen ein weiterer Gestaltungsspielraum überlassen werden könne[106].

Raschauer hat die „Fehlentwicklungen" dieser Jud und der Legistik zu Recht kritisiert: Gesetzesvorbehalte (insb die der Abs 2 der Art 8 — 11 EMRK) seien niemals unmittelbar anwendbares Recht, sondern enthielten Ermächtigungen, von denen allein der Gesetzgeber Gebrauch machen dürfe; der Gesetzgeber, der die in den Art 8 — 11 MRK geschützten Lebensbereiche regeln wolle, habe selbst zu beurteilen, inwiefern bestimmte und iSd Art 18 B-VG zu bestimmende Einschränkungen im Interesse des jeweils in Betracht kommenden Rechtfertigungstatbestandes in einer demokratischen Gesellschaft notwendig seien. „Er selbst muß daher regeln, unter welchen Voraussetzungen Familien zerrissen oder Vereine untersagt werden dürfen."[107]

Diese Überlegungen haben **umsomehr dann Gültigkeit, wenn ein Grundrecht — wie Art 17 a StGG — keinen positivierten Gesetzesvorbehalt enthält: „Eingriffsnahe" G sind seit Normierung der Kunstfreiheitsgarantie wegen Verstoßes gegen Art 18 Abs 1 B-VG dann als verfassungswidrig anzusehen, wenn sie selbst keine (gesetzlichen) Regeln darüber enthalten, welche durch Art 17 a StGG gebotene (zB „abwägende") Vorgangsweise von den vollziehenden Behörden bei einem Eingriff in prima facie vorbehaltslos gewährleistete Rechte einzuhalten ist.** So fehlt zB im **StGB** eine ausdrückliche Regelung der

104 Zur Entstehungsgeschichte ausführlich *Bammer*, Theater 417 ff. Vgl zur Schrankenproblematik der Wissenschaftsfreiheit *Rebhahn* 27 ff.

105 Vgl mwN *Bammer*, BThSG 455 f, insb bei FN 65.

106 VfSlg 10737, 11455 (beide zu § 3 FrPolG); dazu *Holoubek*, Freiheit 122 f mwN.

107 *Raschauer*, Gesetzesvorbehalte 30.

Frage, unter welchen Umständen eine Handlung, die in der Ausübung einer grundrechtlich geschützten Tätigkeit besteht und gleichzeitig ein strafgesetzliches Tatbild erfüllt, gerechtfertigt ist; in **zivilrechtlichen** Kodifikationen fehlen gesetzliche Bestimmungen, die normieren, unter welchen Umständen künstlerische Äußerungen, die zugleich als ehrenbeleidigend, unwahre Tatsachen verbreitend oder sittenwidrig zu qualifizieren sind, keine zivilrechtlichen Rechtsfolgen auslösen[108]. Gesetzliche Bestimmungen, die (auch) zu Eingriffen in Grundrechte ermächtigen, sind somit dann verfassungswidrig, wenn dem G keine Regelung der besonderen Vorgangsweise für den Fall eines Grundrechtseingriffs entnommen werden kann, sofern nicht eine „verfassungskonforme Interpretation unbestimmter Gesetzesbegriffe“ bzw eine „verfassungskonforme Ermessensausübung“ vorgenommen werden kann: **Bestehen keine gesetzlichen Regelungen, ist eine „Abwägung“ gesetzlos und daher unzulässig; die Eingriffsnorm ist somit zwingend verfassungswidrig, da vom Gesetz keine Abwägungsmöglichkeit vorgesehen ist.**

Der VfGH wäre somit aus Anlaß des dem **Klavierspielerin**-Erk zugrundeliegenden Beschwerdeverfahrens gehalten gewesen, **Art VIII EGVG** als verfassungswidrig aufzuheben, da keine gesetzliche Norm ersichtlich war, die die gebotene spezielle Vorgangsweise bei grundrechtlich vorbehaltslos geschützter lärmender Kunst regelte. Einer zwingenden verfassungskonformen Auslegung scheint die Wortfolge „Wer ... ungebührlicherweise störenden Lärm erregt“ nicht zugänglich zu sein, da die gebotene Vorgangsweise bei der Begriffsinterpretation völlig offen ist: „Kunstlärm“ („Lärmkunst“) wird zumeist wie „nichtkünstlerischer“ Lärm als störend empfunden, ebenso ist kein allgemeingültiges zwingendes Kriterium ersichtlich, wieso „Kunstlärm“ nicht ebenso „ungebührlicherweise erregt“ werden kann — derartige Auslegungsfragen transzendieren

---

108 Das Problem ist auch bezüglich wissenschaftlicher Äußerungen weitgehend ungeklärt. — S auch OGH 11.10.1988, SZ 61/210 (Art 17 a StGG — §§ 16, 1330 Abs 2 ABGB): „Die Freiheit der Kunst gibt einem Künstler ua nicht das Recht, eine Person zu beleidigen oder über sie kreditschädigende Tatsachen zu verbreiten. Es ist allerdings eine Interessenabwägung zwischen den kollidierenden privaten Ansprüchen und den Freiheitsansprüchen des Künstlers vorzunehmen, wozu auch ein großzügiger Umgang mit der Wahrheit zählt ... Aus der Beeinträchtigung eines absoluten Rechts alleine kann noch nicht zwingend auf die Rechtswidrigkeit einer Handlung geschlossen werden. Diese kann nur aufgrund einer umfassend Interessenabwägung beurteilt werden, bei der dem Interesse am gefährdeten Gut stets die Interessen des Handelnden und der Allgemeinheit gegenübergestellt werden müssen. Dies gilt in besonderem Maße für den Fall der Abwägung zwischen den Interessen an der Wahrung des Persönlichkeitsrechts der Ehre und des wirtschaftlichen Rufs einerseits und der **Freiheit der Kunst andererseits ... Die Freiheit der Kunst stellt nicht nur einen Anspruch gegen den Staat, sondern ein allgemeines Persönlichkeitsrecht dar,** das im Falle eines Interessenkonfliktes mit anderen Persönlichkeitsrechten abzuwägen ist ...“

bei Grundrechtseingriffen aber wohl auch regelmäßig den typischen Aufgabenbereich der BVB oder BPolDionen[109].

(2) Artikel 17 a StGG, Weisungsprinzip und Organisationsrecht

Art 17 StGG wird nach allgemeiner Auffassung als verfassungsgesetzliche Grundlage für die durch das UOG einfachgesetzlich positivierte Weisungsfreiheit der Universitätsorgane in Angelegenheiten des selbständigen (autonomen) WB angesehen[110]. Der Gesetzgeber geht offenbar davon aus, daß **Art 17 a StGG** für die Weisungsfreiheit der Organe der Kunsthochschulen im autonomen WB — soweit es um die „Erschließung der Künste" geht — die notwendige verfassungsrechtliche Ausnahmebestimmung darstellt[111]. Denn § 1 Abs 4 KHSchOrgG bestimmt: „Die Hochschulen dienen der Pflege und der Erschließung der Künste, der Kunstlehre sowie in diesem Zusammenhang auch der Forschung und der wissenschaftlichen Lehre." Auch die Mat zur BDG-Nov 1988, BGBl 148, betonen: „§ 156 (BDG) stellt sicher, daß die verfassungsrechtlich garantierten Rechte der Hochschullehrer nach Art 17 und 17 a [StGG] auch in jenen Fällen gewahrt bleiben, in denen der Hochschullehrer ein politisches Amt iSd §§ 17 — 19 (BDG) ausübt ..."[112] Weiters nennt auch § 155 Abs 1 BDG als „Aufgaben der Hochschullehrer ... Forschung (Erschließung der Künste), Lehre und Prüfungstätigkeit sowie zusätzlich Verwaltungstätigkeit" und stellt somit die Tätigkeit der Professoren an Kunsthochschulen („Erschließung der Künste") grundsätzlich der Forschungstätigkeit der Universitätsprofessoren gleich; die Annahme, daß die Forschung der Universitätsprofessoren weisungsfrei, die entsprechende Tätigkeit der Kunsthochschulprofessoren jedoch weisungsgebunden sein sollte, hätte zwingend die Verfassungswidrigkeit dieser Bestimmung aufgrund einer unsachlichen Diffe-

---

109 Es kann grundsätzlich nicht Aufgabe dieser Behörden sein, bei der Vollziehung allgemeiner Polizeistrafnormen subtile grundrechtsdogmatische Überlegungen anzustellen. Davon abgesehen wird ihnen diese Aufgabe ohnedies idR durch „Runderlässe" oder „Weisungen" abgenommen, sodaß kein plausibler Grund ersichtlich ist, wieso derartige Anordnungen nicht im BGBl enthalten sein können. **Es ist vielmehr die Aufgabe des Gesetzgebers, die verfassungsrechtlich gebotene Abwägung zu positivieren.** Dies gilt umsomehr für Normen, die von den — vielfach ohne besondere „Grundrechtssensibiltät" agierenden — ordentlichen Gerichten zu vollziehen sind (dazu *Bammer*, Herabsetzung 253 [255 f]).

110 Vgl bloß *Ermacora*, UOG[4], Anm 1 zu § 3 UOG: „Daß die Ausnahme vom Weisungsrecht verfassungsrechtlich zulässig ist (vgl den verfassungsgesetzlichen Vorbehalt für die Freistellung von Weisungen in Art 20 Abs 1 B-VG), hat der VfGH in ... VfSlg 8136/1977 ausdrücklich betont: , ... Der VfGH ist bisher in einer Reihe von Erk von der verfassungsrechtlichen Unbedenklichkeit eines autonomen WB der Hochschulen ausgegangen (zB Slg 2055, 3168, 3191, 3310, 3515, 3659, 7164). Der Gerichtshof bleibt bei dieser Auffassung.'"

111 S § 2 Abs 3 KHSchOrgG.

112 EB 320 BlgNR, XVII. GP, 28.

renzierung (Art 7 B-VG) zur Folge. Bedeutsam ist schließlich auch die systematische Stellung des Art 17 a StGG; der historische Verfassungsgesetzgeber sah in diesem Grundrecht „in Teilen seines Geltungsbereiches eine Spezialnorm zum Grundrecht auf Freiheit der Wissenschaft gem Art 17 StGG"[113]. *Neisser* hat die Gewährleistung der Freiheit der Lehre der Kunst explizit als „grundrechtliche Absicherung der Kunstlehre an den Kunsthochschulen" bezeichnet und „die Kunstfreiheit als Grundrecht ... mit der Wissenschaftsfreiheit vergleichbar" qualifiziert[114].

Art 17 a StGG stellt daher eine ausreichende verfassungsgesetzliche Grundlage für eine unterverfassungsrechtliche Ausnahmeanordnung vom Weisungsprinzip dar[115]. Zu betonen ist, daß **Art 20 Abs 1 B-VG** als — durch dienst- und disziplinarrechtliche Vorschriften — konkretisierungsbedürftige Norm zu qualifizieren ist, die **als solche unanwendbar** ist; Art 20 Abs 1 B-VG bedarf somit einer Ausführungsgesetzgebung[116]. Aber auch **Art 17 a StGG bedarf grundsätzlich einer unterverfassungsrechtlichen Norm, um den verfassungsrechtlichen Weisungszusammenhang zu unterbrechen.** Denn Art 17 a StGG **selbst** unterbricht noch keine Weisungszusammenhänge, vielmehr bewirkt diese Norm die **Verfassungswidrigkeit von unterverfassungsrechtlichen Bestimmungen, die Weisungszusammenhänge auch für grundrechtlich geschützte Tätigkeiten normieren; weiters die Verfassungsmäßigkeit von Normen, die „künstlerische Autonomie", dh Weisungsungebundenheit, für Tätigkeiten festsetzen, die grundrechtlich geschützt sind.**

Das geltende **Organisationsrecht der Bundesmuseen** sieht eine — allerdings verklausulierte — **Weisungsfreistellung ihrer wissenschaft-**

113 So ausdrücklich der Bericht des VerfA, 978 BlgNR XV. GP, 1; s auch *Ermacora*, Staatsgrundgesetznovelle 582 ff.

114 *Neisser*, Kunstfreiheit 7.

115 Anläßlich der Abänderung des FOG durch die 1. FOG-Nov 1989, BGBl 246, wodurch die Bundesmuseen zu teilrechtsfähigen Einrichtungen des Bundes erklärt wurden, dürften grundrechtsdogmatische Überlegungen allerdings keine Rolle gespielt haben: § 31 a Abs 7 FOG idF der zit Nov lautet: „Die Tätigkeit der Bundesmuseen gem Abs 1 [im Rahmen der Teilrechtsfähigkeit] wird **frei von Weisungen des zuständigen BM ausgeübt.**" Eine Begründung für die Zulässigkeit der einfachgesetzlichen Weisungsfreistellung ist in den Mat nicht ersichtlich. UU wurden die weisungsfrei zu besorgenden Tätigkeiten gem § 31 a Abs 1 FOG nicht mehr als „Verwaltung" iSd B-VG angesehen, da die Bundesmuseen im Rahmen ihrer Teilrechtsfähigkeit als eigene juristische (Teil)Personen anzusehen sind, und Aufgaben, die mit Mitteln des Privatrechts durch Rechtsträger wahrgenommen werden, die keine Gebietskörperschaften oder Gemeindeverbände sind, nicht Tätigkeiten der Vollziehung im verfassungsrechtlichen Sinne darstellen (s *Adamovich/Funk*, AVR[3] 29 ff). Die Figur der „Teilrechtsfähigkeit" wirft zahlreiche ungelöste Probleme auf (s *Winkler*, Rechtspersönlichkeit 160 ff, 336 ff). Die Teilrechtsfähigkeit ändert nichts daran, daß Bundesmuseen gem § 31 Abs 1 FOG „Einrichtungen des Bundes" sind und ihnen **keine umfassende Rechtspersönlichkeit** zukommt. Vgl zur Problematik „künstlerischer Autonomie" in staatlichen Einrichtungen B.III.4.

116 S bloß *Barfuß*, Weisung 102.

lich tätigen Organe vor: § 1 Abs 1 Z 1 FOG nennt „die **Freiheit der Wissenschaft und ihrer Lehre** (Art 17 StGG)" als einen der „**leitenden Grundsätze** für die Förderung von Wissenschaft und Forschung durch den Bund sowie **für die Organisation wissenschaftlicher Einrichtungen des Bundes"**; dieser Grundsatz gilt auch für die „Geologische Bundesanstalt" (§ 18 ff FOG), die „Zentralanstalt für Meteorologie und Geodynamik" (§ 22 f FOG), das „Österreichische Archäologische Institut" (§ 24 f FOG), das „Institut für Österreichische Geschichtsforschung" (§ 26 f FOG) und die „ÖNB" (§ 28 ff FOG). Mit VfSlg 8136 ist davon auszugehen, daß „**jedermann,** der wissenschaftlich forscht und lehrt, ... hiebei frei ist, dh vom Staat keinen spezifischen, intentional auf die Einengung dieser Freiheit gerichteten Beschränkungen unterworfen werden darf". Akzeptiert man diesen Gedanken für Universitätslehrer, hat er grundsätzlich auch für Wissenschafter an den genannten außeruniversitären wissenschaftlichen Einrichtungen zu gelten. *Mayer* hat allerdings die Auffassung vertreten, daß das Prinzip der Weisungsgebundenheit als solches funktionsunabhängig sei und auch dann gelte, wenn die Amtsaufgaben eines Verwaltungsorgans in der Besorgung wissenschaftlicher Tätigkeiten bestehen[117]. Damit befindet sich *Mayer* in Übereinstimmung mit der hM, wonach für Institutionen (Einrichtungen) wie zB die „Forstliche Bundesversuchsanstalt" (§§ 135 ForstG 1975) oder das „Oö Landesarchiv"[118] eine uneingeschränkte Gehorsamspflicht gelten soll, weil Art 17 StGG nur auf Staatsorgane, die an Universitäten wissenschaftliche Aufgaben zu erfüllen haben, anwendbar sei[119].

Auch *Pesendorfer* vertritt — allerdings mit einigen Modifikationen — die Auffassung, daß „die institutionelle wissenschaftliche Forschung ... als uneingeschränkt gehorsamspflichtig angesehen werden" muß; sofern trotz der Annahme der Gehorsamspflicht gem Art 20 Abs 1 B-VG persönlich zurechenbares wissenschaftliches Forschen für zulässig gehalten werde, scheine es **mit Art 17 StGG unvereinbar zu sein, wenn ein Landesbediensteter (des Oö Landesarchivs) gezwungen werden könnte, eine ausschließlich ihm nach außen zurechenbare wissenschaftliche Lehrmeinung als solche vertreten zu müssen, obwohl im Wege von Weisungen darauf Einfluß genommen werde.** „Art 20 Abs 1 B-VG schließt es aber nicht aus, persönlich zurechenbares Forschen anzuordnen"[120].

Sowohl die strikte Auffassung *Mayers* als auch die vermittelnde *Pesendorfers* sind **unzutreffend:** Auszugehen ist zunächst von der unter B.III.2.c) dargestellten Überlegung, daß Menschen, die grundsätzlich stets Grundrechtssubjektivität genießen und unter den personellen Geltungsbereich bestimmter Grundrechte fallen, weder ihre allgemeine Grundrechts-

---

117 Anstaltsgutachten 3.

118 Eingerichtet durch Landtagsbeschluß vom 10.1.1896; vgl *Pesendorfer* 253.

119 Nachweise bei *Pesendorfer* 252 bei FN 140.

120 *Pesendorfer* 254.

subjektivität noch die Berechtigung verlieren, sich auf ein bestimmtes Grundrecht zu berufen, wenn die grundrechtlich geschützte Tätigkeit in Erfüllung einer Dienstpflicht ausgeübt wird. Die Argumentation *Mayer*s bedeutet, daß eine an sich grundrechtlich geschützte Tätigkeit durch ihre Normierung zur Dienstpflicht in völliger Weisungsgebundenheit — somit: unfrei — zu verrichten wäre; ihre angenommene Determinierbarkeit durch **Weisungen** — und nicht durch Bescheide — bedeutet, daß *Mayer* offenbar davon ausgeht, **daß im Bereich wissenschaftlicher Anordnungen keine subjektiven Rechte berührt oder verletzt werden können**[121].

Letztlich unterliegt aber auch die freie Forschung an Hochschulen **thematischen Schranken,** da zB ein OUnivProf, der gem § 30 Abs 1 UOG auf eine Planstelle ernannt wurde, die mit „Österreichisches Verfassungsrecht" benannt ist, jedoch ausschließlich auf dem Gebiet der medizinischen Wissenschaften forscht und lehrt, seine Dienstpflichten gem § 165 Abs 1 Z 1 BDG iVm § 30 Abs 1 2. Satz UOG weder in Forschung noch Lehre erfüllt. Der von *Pesendorfer* offenbar angenommene Unterschied zwischen völlig freier Universitätsforschung und stets fremdbestimmbarer Forschung an wissenschaftlichen Anstalten entpuppt sich somit als **quantitativ, nicht jedoch als qualitativ. Denn der Gegenstand und die Methode der Forschung sind beim Universitätslehrer wie beim wissenschaftlichen Bediensteten einer außeruniversitären „Einrichtung" beschränkt.** Während jedoch beim OUnivProf das mögliche Forschungsgebiet sehr weit gefaßt ist[122] und sich zahlreiche „Forschungsbeschränkungen" erst aus der Beschränkung bzw Aufteilung der Personal- und Sachmittel ergeben, sind mögliche Gegenstände und Methoden der Forschung an den zit wissenschaftlichen Einrichtungen regelmäßig durch die gesetzlich positivierten Einrichtungszwecke und -ziele sowie durch die idR ziemlich konkreten Dienstpflichten des dort tätigen wissenschaftlichen Beamten deutlich genauer und präziser gefaßt. Dieser **quantitative Unterschied ist aber für die Weisungsfreistellung irrelevant:** Es kommt lediglich darauf an, **daß der an staatlichen Einrichtungen zu wissenschaftlicher Tätigkeit berufene Organwalter dann, wenn er im Rahmen seiner Dienstpflichten** — dh hinsichtlich des Forschungsgegenstandes durchaus mehr oder weniger determiniert — forscht, **innerhalb dieses Bereiches hinsichtlich der Präzisierung des Forschungsgegenstandes und insb hinsichtlich der Methode frei ist.**

---

121 S zum Verhältnis von Weisung und Bescheid hinsichtlich wissenschaftlicher Anordnungen ausführlich *Rebhahn* 14 ff.

122 Der OUnivProf verletzt erst dann seine Dienstpflichten, wenn er in „seinem" wissenschaftlichen Fach überhaupt nicht mehr forscht (lehrt). Seine Forschungstätigkeit in anderen wissenschaftlichen Fächern stellt keine Erfüllung seiner Dienstpflicht dar (*Ermacora/Langeder/Strasser* 1581 ff).

Hinzuweisen ist nachdrücklich auf ein von *Pesendorfer* offenbar übersehenes Phänomen: Bei der Frage der Determinierbarkeit wissenschaftlicher Tätigkeit gem **Art 20 Abs 1 B-VG** kann sinnvollerweise nur die **erstmalige Unterbrechung des Weisungszusammenhanges** — dh jene zwischen einem nicht wissenschaftlich tätigen staatlichen Organ und einem diesem untergeordneten wissenschaftlich tätigen Organ — **untersucht werden.** Hingegen stellt die Frage, inwieweit ein wissenschaftlich tätiges weisungsungebundenes Organ einem ihm untergeordneten wissenschaftlich tätigen Organ Weisungen erteilen kann, aus zwei Gründen keine Untersuchung der Reichweite des Art 20 Abs 1 B-VG mehr dar: Einerseits ist der **Weisungszusammenhang zum obersten Organ** gem Art 20 Abs 1 B-VG endgültig dann **unterbrochen,** wenn ein bestimmtes Organhandeln erstmals nicht mehr durch Weisungen determinierbar ist; mit anderen Worten: Weisungen dieses weisungsfreien Organs sind in diesen Angelegenheiten nicht mehr von Art 20 Abs 1 B-VG erfaßt, sondern lediglich durch einfachgesetzliche Vorschriften gedeckt. Andererseits geht es bei der Frage, inwieweit übergeordnete Wissenschafter untergeordneten Wissenschaftern wissenschaftliche Weisungen erteilen können, um das bereits mehrfach angesprochene Problem der **„inneren Wissenschaftsfreiheit“**, dh um den Problemkreis **„Grundrechtskollision** und **Partizipation“**[123].

Zu betonen ist, daß sich die Weisungsfreiheit des wissenschaftlich tätigen Beamten in einem Gesetzesstaat ebenso durch unterverfassungsrechtliche Rechtsnormen konkretisieren muß, wie allgemein die Ausgestaltung der Weisungsgebundenheit einer Ausführungsgesetzgebung bedarf[124]. Dies bedeutet: Eine Norm, die die Weisungsfreistellung des wissenschaftlich tätigen Beamten anordnet, ist durch Art 17 StGG gedeckt, eine Norm, die eine umfassende Weisungsgebundenheit des wissenschaftlich tätigen Beamten normiert, ist verfassungswidrig (Art 17 Abs 1 StGG). Die Verfassungswidrigkeit derartiger Weisungszusammenhänge ergibt sich auch aus folgender Überlegung: Als Voraussetzung für die Möglichkeit, das Handeln bestimmter Staatsorgane durch Weisung zu determinieren, muß eine Zuständigkeitsnorm vorliegen; eine „Weisung“ eines Organs, das dem „angewiesenen“ Organ in überhaupt keiner Angelegenheit funktionell übergeordnet ist, ist keine „Weisung“ iSd Art 20 Abs 1 B-VG und **kann** somit auch nicht „abgelehnt“ werden[125]. Weisungen eines potentiell (dh in irgendeiner Angelegenheit) vorgesetzten Organs, das zur Erteilung einer Weisung konkret unzuständig ist, können gem Art 20 Abs 1 B-VG abge-

123 S dazu B.III.3.c) und d), sowie B.IV.3.

124 *Barfuß*, Weisung 98 ff (102).

125 Vgl näher zur Problematik des (Un)Zuständigkeitsbegriffs und der „Möglichkeiten der Gehorsamsverweigerung“ des Art 20 Abs 1 B-VG *Barfuß*, Weisung 88 ff; *Lengheimer*, Gehorsamspflicht 33 ff.

lehnt werden[126]. **Zuständigkeitsnormen** sind daher **verfassungswidrig,** sofern sie eine Zuständigkeit des (obersten) vorgesetzten Organs in inhaltlich wissenschaftlichen Angelegenheiten zwingend anordnen[127]; uU sind sie einer verfassungskonformen Interpretation — iS von Unzuständigkeit — zugänglich. Ein Zustand **faktischer Weisungsungebundenheit** — auf die Erteilung wissenschaftlicher Weisungen wird in der Praxis zumeist verzichtet — ist rechtlich bedeutungslos. **Die** — unterverfassungsrechtlich angeordneten — **Weisungsbeziehungen zwischen wissenschaftlichen Beamten untereinander — zB dem Dir des Österreichischen Archäologischen Institutes und den dort tätigen wissenschaftlichen Beamten — sind nicht Gegenstand einer Untersuchung der Reichweite des Art 20 B-VG, sondern vielmehr der Frage, ob bzw inwieweit den kollidierenden Rechten verschiedener Grundrechtsberechtigter ausreichend Rechnung getragen wurde.**

Diese Überlegungen zu wissenschaftlichen Weisungsbeziehungen sind auf die künstlerischen Weisungszusammenhänge innerhalb des ÖBThV — bzw auf das Verhältnis seiner Organe zum BMUK — grundsätzlich **übertragbar.** Zu prüfen ist somit, welche Organe künstlerisch tätig, dh dienstlich zur Ausübung verfassungsrechtlich geschützter Tätigkeiten verhalten sind; weiters, wo der Weisungszusammenhang gem Art 20 B-VG unterbrochen wird. Nach der DI 1976 und der GE des BMUK[128] ist nicht weiter fraglich, daß die „künstlerische Leitung der einzelnen BTh ... den ... in ihrer Wirksamkeit selbständigen Dir" obliegt (§ 5 Abs 1 DI 1976). Hingegen obliegt dem GS „nach den Weisungen des BMUK die zusammenfassende Leitung der BTh in kommerzieller, administrativer, personeller, technischer und organisatorischer Hinsicht" (§ 11 DI 1976). Diese Aufgabentrennung ändert freilich nichts daran, daß Entscheidungen des GS für die künstlerische Tätigkeit der Dir **mittelbar** von erheblicher Bedeutung sein können; unmittelbare künstlerische Weisungen sind nach der DI 1976 ausgeschlossen. **Der GS selbst ist von Verfassung wegen grundsätzlich als umfassend weisungsgebundenes Organ anzusehen,** da seine Kompetenzen keine grundrechtlich geschützten Tätigkeiten umfassen; die Weisungsgebundenheit wird — deklarativ — auch von § 17 DI 1976 ausdrücklich betont. Die Konstruktion des ÖBThV — **Neben- und nicht Unterordnung der BThDir unter den GS — bedingt, daß eine Weisungsbefugnis des GS in künstlerischen Angelegenheiten a priori nicht in Betracht**

126 S *Lengheimer*, Gehorsamspflicht 38 f.

127 *Rebhahn* 12 f, erachtet offenbar den BMWF zur Erteilung von Weisungen in Angelegenheiten als **sachlich unzuständig,** die „dem angewiesenen Organwalter[!] vom G zur weisungsfreien Besorgung übertragen" wurden. Die Lehre äußert sich nicht weiter zur Frage, ob „wissenschaftliche Weisungen" ablehnungsbedürftig oder unbeachtlich sind (vgl zB *Ermacora*, Handbuch 476).

128 S A.V.8.d) und A.VII.5.d).

kommt, da er den Dir nicht übergeordnet ist. Denkbar ist lediglich, daß eine bestimmte, in sachlicher Hinsicht notwendigerweise einheitliche Entscheidung in die Kompetenzen verschiedener Organe des ÖBThV fällt, sodaß eine **einvernehmliche** Vorgangsweise erforderlich ist.

Zu untersuchen ist somit, **ob der BMUK gegenüber den BThDir in künstlerischen Angelegenheiten als unmittelbar übergeordnetes weisungsbefugtes Organ zu qualifizieren ist**[129]. Zentrale Bestimmungen der DI 1976 sind der zit § 5 Abs 1 sowie § 17: „Keine Bestimmung dieses Erlasses kann das Weisungsrecht nach Art 20 B-VG 1920 in der derzeit geltenden Fassung einschränken." Mit der letztzit Bestimmung sollte offenbar der Charakter des Art II DI 1976 als „GeO des ÖBThV" nachdrücklich betont werden:

Gem § 10 Abs 1 BMG kann der BM „im Interesse einer raschen und zweckmäßigen Geschäftsbehandlung unbeschadet seiner bundesverfassungsgesetzlich geregelten Verantwortlichkeit ... den Sektions-, Gruppen-, Abteilungs- und Referatsleitern bestimmte Gruppen von Angelegenheiten zur selbständigen Behandlung übertragen. ..." § 10 Abs 3 BMG bestimmt: „Das Weisungsrecht (Art 20 Abs 1 B-VG) der vorgesetzten Organe wird durch die Ermächtigung zur selbständigen Behandlung bestimmter Gruppen von Angelegenheiten nicht berührt. Der BM ist berechtigt, jede Angelegenheit, zu deren selbständigen Behandlung ... ermächtigt wurde, an sich zu ziehen oder sich die Genehmigung der Entscheidung vorzubehalten. ..."

Es ist somit die Frage der **Weisungsbefugnis** trotz Ermächtigung zum Handeln im Namen des BM von der Frage zu trennen, ob und wann der BM berechtigt ist, eine Angelegenheit **„an sich zu ziehen".** Zu betonen ist, daß in der GE des BMUK die Dir der einzelnen BTh nicht angeführt sind, sodaß § 10 BMG 1986 nicht unmittelbar anwendbar ist[130]. Die DI 1976 enthält keine Bestimmung, daß der BMUK Angelegenheiten, die in die künstlerische Leitungskompetenz der Dir fallen, an sich ziehen kann; vorgesehen ist lediglich die Erteilung von Weisungen (§ 17 DI 1976). Somit hätte der BMUK, sofern er bestimmte Geschäfte aus dem künstlerischen Aufgabenkreis der Dir an sich zu ziehen gedächte, **die DI 1976 — für den Einzelfall — abzuändern, wozu er als Emittent der Norm befugt ist.** Sofern man die DI 1976 — als subjektive Rechte (Art 17 a StGG) von Staatsorganen (BThDir) gestaltende bzw berührende Norm — als RVO qualifiziert, bedürfte es zu ihrer Abänderung — auch für den Einzelfall — wiederum einer RVO[131]; die Erteilung einer bloßen Weisung

129 Dies hindert den BMUK selbstverständlich nicht daran, den GS mit der schriftlichen Ausfertigung und Weiterleitung der Ministerweisung zu betrauen. Das ändert nichts daran, daß **der GS nach der DI 1976 den Dir nicht übergeordnet ist;** allerdings könnte die GE des BMUK uU als Anordnung einer Überordnung gedeutet werden.

130 S zum widersprüchlichen Verhältnis der DI 1976 zur GE des BMUK B.II.2.

131 S zur Grundrechtssubjektivität von Staatsorganen B.III.2.c). S auch oben A.V.8.d).

wäre diesfalls verordnungswidrig und könnte auch nicht auf § 10 BMG 1986 gestützt werden. Hingegen scheint gem § 17 DI 1976 das künstlerische Verwaltungshandeln der BThDir durch Weisungen prima facie unbeschränkt determinierbar zu sein. Diese Deutung der Bestimmung hätte ihre **Verfassungswidrigkeit** zur Folge: Ein Staatsorgan, dessen — als Erfüllung von Dienstpflichten anzusehenden — Tätigkeiten an sich grundrechtlich geschützt sind, ist in diesem Bereich — da es seine Grundrechtssubjektivität nicht verloren hat — nicht durch Weisungen determinierbar[132]. Bei (ernannten) Beamten hätte eine Anordnung künstlerischen Inhalts infolge der potentiellen Beeinträchtigung subjektiver Rechte in **Bescheidform** zu ergehen; da künstlerische Leiter der einzelnen BTh aber regelmäßig durch Bühnendienstvertrag und nicht durch Ernennung berufen werden, kommt hier grundsätzlich die Erlassung eines „dienstrechtlichen Bescheides" nicht in Betracht[133]. Das SchauspielerG selbst enthält keine Bestimmung über die Reichweite oder Intensität der (vertragsrechtlichen) Weisungsgebundenheit der „Mitglieder". **Es ist somit im Einzelfall zu prüfen, welche Anordnungen noch in der Form der (Arbeitgeber)Weisung ergehen können und welche einer Vertragsänderung bedürfen**[134]. Da das auf die Verträge der BThDir anzuwendende SchauspielerG die Rechtsgrundlage für deren Weisungsgebundenheit darstellt — die Bestimmungen dieses G somit den als solchen nicht unmittelbar anwendbaren Art 20 Abs 1 B-VG für diesen Bereich der Verwaltung **konkretisieren** —, ergeben sich die Folgen der Nichtbefolgung einer Dienstgeberweisung aus diesem einfachen G bzw aus verwiesenen Rechtsnormen. Ablehnungsgründe — anders gesagt: Grenzen des Weisungsrechts — ergeben sich für „Mitglieder" somit nicht nur aus den Gründen des Art 20 Abs 1 B-VG, sondern auch aus § 879 Abs 1 ABGB[135], bei dessen Interpretation allerdings auch Art 17 a StGG miteinzufließen hat. Erachtete man dieses Ergebnis mit den Ablehnungsgründen des Art 20 Abs 1 B-VG unvereinbar, wären die (nicht modifiziert) verwiesenen Dienstrechtsnormen[136] verfassungswidrig (dh die Anordnung der nicht-modifizierten Anwendung). Wie gezeigt wurde, wäre aber gerade eine isolierte Betrachtung des Art 20 Abs 1 B-VG bei künstle-

---

132 S zur problematischen **Abgrenzung von Weisung und Bescheid** *Winkler*, Bescheid 90 ff mwN; vgl auch *Barfuß*, Weisung 34 ff.

133 Die hM geht von der Anwendbarkeit des Art 20 Abs 1 B-VG auf Vertragsbedienstete aus (vgl *Rebhahn* 21 mwN). Unklar ist aber insb, welcher Fehlerkalkül für die Beurteilung der Wirksamkeit von rechtswidrigen persönlichen Weisungen heranzuziehen ist (§ 879 Abs 1 ABGB oder Art 20 Abs 1 B-VG).

134 Dies ist oft problematisch; s *Floretta/Spielbüchler/Strasser* I^3 141 ff.

135 So *Schrammel*, Kommentar, ZAS 1971, 135 (136).

136 Gem § 1 Abs 3 lit a VBG ist das SchauspielerG uneingeschränkt anwendbar.

rischen Diensten verfehlt, da Art 17 a StGG das von Art 20 Abs 1 B-VG angesprochene VG darstellt[137].

Wie ist die Verfassungsmäßigkeit des erwähnten „An-Sich-Ziehens" künstlerischer Angelegenheiten durch den BMUK zu qualifizieren[138]? Eine derartige Vorgangsweise scheint prima facie verfassungsrechtlich unbedenklich zu sein, da die Dienstpflichten künstlerisch tätiger Staatsorgane regelmäßig erst durch unterverfassungsrechtliche Normen bestimmt werden. Dienstpflichten und Aufgabenkreis der BThDir werden durch §§ 5 ff DI 1976, aber wohl auch durch die Bestimmungen der mit den Dir abgeschlossenen Bühnendienstverträge festgelegt. Das SchauspielerG selbst enthält keine Sonderbestimmungen für künstlerische Leiter von Bühnen; da Abweichungen von nicht zwingenden Bestimmungen des SchauspielerG zulässig sind, kann ein Bühnendienstvertrag für künstlerische Leiter auch Vereinbarungen über die näheren Modalitäten der Ausübung der künstlerischen Leitung enthalten. Ein künstlerischer Bühnenleiter ist regelmäßig gem § 1 Abs 3 SchauspielerG zur Leistung von „seiner Kunstgattung entsprechenden Diensten" verpflichtet, der „Unternehmer ist verpflichtet, das Mitglied angemessen zu beschäftigen" (§ 21 Abs 1 leg cit): somit würde das **gänzliche** „An-Sich-Ziehen" jener Angelegenheiten, zu deren Besorgung der BThDir vertraglich verpflichtet wurde, gegen das vom SchauspielerG normierte „Recht auf Beschäftigung" zu verstoßen. Zudem wäre stets zu prüfen, ob nicht ein Vertrag mit einem künstlerischen Leiter regelmäßig unter der (uU stillschweigenden) privatrechtlichen Zusicherung zustandekommen wird, die „volle künstlerische Autonomie" des Dir zu respektieren. Die damit aufgeworfenen Problematik — (ausdrückliche oder konkludente) vertragliche Zusicherung der Nichtausübung von öffentlich-rechtlichen Befugnissen, denen durch Vertrag grundsätzlich nicht derogiert werden kann — wurde in dieser Arbeit bereits am Beispiel der „*Paulsen*-Krise" dargestellt[139]. Die Problematik manifestiert sich hier folgendermaßen: Enthielte ein Vertrag mit einem künstlerischen Leiter eines BTh eine Bestimmung, wonach der BMUK ausdrücklich auf seine Befugnis verzichtet, die „GeO des ÖBThV" hinsichtlich der direktoralen

137 Als unbeachtlich (keine „Weisung" iSd B-VG) könnten nur „Weisungen" auch „potentiell" unzuständiger Organe erachtet werden (zB „Weisungen" des BPräs, des Nö LH, des BMLF etc. Vgl zum Begriff des „potentiell Vorgesetzten" näher *Barfuß*, Weisung 91; *Lengheimer*, Gehorsamspflicht 38 f.). Weisungen des BMUK können infolge dessen wohl unstreitiger **„potentieller" Zuständigkeit** (§ 1 VASTh; lit K Z 2 der Anlage zu § 2 BMG) nur mit der Begründung abgelehnt werden, der BMUK sei in der konkreten Angelegenheit zur Erteilung einer künstlerischen Weisung als konkret **„unzuständiges Organ"** iSd Art 20 Abs 1 B-VG anzusehen. Derartige Weisungen (iSd Art 20 Abs 1 B-VG) wären somit **ablehnungsbedürftig,** dh sie wären weder absolut unbeachtlich noch absolut befolgungspflichtig.

138 ZB: Der BMUK beurteilt höchstpersönlich die tänzerische Qualität von zu engagierenden Ballettensemblemitgliedern oder entwirft selbst den Spielplan für die Staatsoper.

139 Vgl dazu A.II.10.d).

Befugnisse abzuändern, ist fraglich, ob eine derartige Vertragsbestimmung nicht als nichtig gem § 879 Abs 1 ABGB zu qualifizieren wäre. Enthielte ein derartiger Vertrag ausdrücklich die Bestimmung, daß sich der BMUK jederzeit das „An-Sich-Ziehen" einer künstlerischen Angelegenheit ebenso wie die Abänderung der DI 1976 vorbehalte, stellt sich die Frage, ob eine derartige Vertragsbestimmung von qualifizierten Bewerbern um künstlerische Leitungsfunktionen akzeptiert würde. Juristisch formuliert: Könnte diesfalls die Funktion eines BThDir (künstlerischen Leiters) überhaupt noch als sinnvoll — präziser: als „sparsam, wirtschaftlich und zweckmäßig" — angesehen werden?

Zu untersuchen ist schließlich, ob in der **Unterlassung eines** — uU den Vertrag mit dem BThDir verletzenden — **„An-Sich-Ziehens" einer künstlerischen Angelegenheit** durch Aufhebung oder Abänderung der einschlägigen Bestimmungen der DI 1976 eine **„schuldhafte Rechtsverletzung" iSd Art 142 B-VG** liegen könnte. Gem dieser Verfassungsbestimmung erkennt der VfGH ua „über die Anklage, mit der die verfassungsmäßige Verantwortlichkeit der obersten Bundes- und Landesorgane für die durch ihre Amtstätigkeit erfolgten schuldhaften Rechtsverletzungen geltend gemacht wird", wobei „gegen die Mitglieder der BReg ... wegen Gesetzesverletzung" Anklage erhoben werden kann[140]. Machte der BMUK von der Möglichkeit Gebrauch, eine künstlerische Angelegenheit an sich zu ziehen (zB den vom BurgtheaterDir festgelegten Spielplan zu „korrigieren"), verletzte er damit wohl dessen Bühnendienstvertrag und provozierte mit dieser Maßnahme in der Praxis regelmäßig zumindest eine „künstlerische Krise". Zudem ist kein — iSd Art 142 B-VG verletzbares — „G" ersichtlich, das den BMUK zur Abänderung der DI 1976 verpflichtete; weiters wäre bei einer derartigen Maßnahme stets fraglich, ob sie „sparsam, wirtschaftlich und zweckmäßig" wäre. Ob unter diesen Voraussetzungen die **Nichtabänderung der DI 1976 im Einzelfall eine schuldhafte Rechtsverletzung** darstellte, kann hier nicht generell beantwortet werden. Der der eingangs zit parlamentarischen Anfragebeantwortung zugrundeliegende Sachverhalt (Darbietung des papstkritischen Stückes *Der Stellvertreter* während des Papstbesuches 1988) läßt jedenfalls keinen Rückschluß auf eine „schuldhafte Gesetzesverletzung" durch die BMUKS zu[141].

---

140 Art 142 Abs 1 und Abs 2 lit b B-VG. S dazu *Korinek*, Ministerverantwortlichkeit.

141 Das **Ansetzen eines** — selbst nicht als tatbildlich iSd § 188 StGB qualifizierbaren — Theaterstückes kann nicht **als tatbildlich iSd § 188 StGB** angesehen werden. Da sich die zuständige Staatsanwaltschaft offenbar nicht zum Tätigwerden veranlaßt sah, bestand auch kein Anlaß zum Tätigwerden der BMUKS.

(3) Artikel 17 a StGG und Dienstrecht

Auf die dienstrechtlichen Sonderbestimmungen für Hochschullehrer (§§ 154 ff BDG) wurde hier bereits in mehrfachem Zusammenhang eingegangen; für sonstige wissenschaftliche Beamte in wissenschaftlichen Bundeseinrichtungen bestehen (bedenklicherweise) ebensowenig Sonderbestimmungen wie für künstlerisch tätige Beamte in Einrichtungen außerhalb von Kunsthochschulen. Das VBG enthält lediglich Sonderbestimmungen für Vertragsbedienstete im Lehramt, für Vertragslehrer und Vertragsassistenten an Universitäten (Hochschulen) und für Mitarbeiter im Lehrbetrieb an Universitäten (Hochschulen); es wird ausdrücklich für unanwendbar erklärt für durch das SchauspielerG geregelte Dienstverhältnisse. Möglichkeiten zweckmäßiger Vertragsgestaltung eröffnet § 36 VBG (Sonderverträge), wonach wohl auch Sonderbestimmungen zu § 5 VBG (allgemeine Dienstpflichten) getroffen werden können, somit auch eine **vertragliche Zusicherung der Weisungsfreiheit** hinsichtlich an sich grundrechtlich geschützter Tätigkeiten — verfassungsrechtliche Grundlage einer derartigen Interpretation von § 36 VBG wären Art 17 bzw Art 17 a StGG. Das Fehlen von — Art 20 B-VG prima facie widersprechenden — Sonderbestimmungen im BDG für wissenschaftliche (künstlerische) Beamte an nichtuniversitären Einrichtungen des Bundes ist verfassungsrechtlich bedenklich; die oben vertretene Auffassung hat zur Folge, daß **nicht wissenschaftlich (künstlerisch) tätigen Staatsorganen keine (konkrete) Zuständigkeit zur Erteilung wissenschaftlicher (künstlerischer) Weisungen zukommt und diese daher abgelehnt werden können.** Anordnungen von weisungsfreien Wissenschaftern an Wissenschafter (von weisungsfreien Künstlern an Künstler) unterliegen hingegen nicht mehr der Anforderung des Art 20 B-VG, wobei ein spezifisches gesetzliches Modell zur Regelung der „inneren Wissenschaftsfreiheit" in nichtuniversitären wissenschaftlichen (künstlerischen) Einrichtungen de lege ferenda anzustreben wäre.

(4) Artikel 17 a StGG und Arbeitsrecht

Zentrale arbeitsrechtliche Norm für die Verpflichtung zur Leistung künstlerischer Dienste ist das im Rahmen dieser Arbeit bereits mehrfach behandelte SchauspielerG. Festzuhalten ist, daß das SchauspielerG im Rahmen der BTh als verwiesenes Dienstrecht zu qualifizieren ist, dh als dienstrechtliche Spezialnorm.

(5) Artikel 17 a StGG und Budgetrecht

Die budget- und haushaltsrechtliche Stellung der BTh bzw des ÖBThV wurde bereits an mehreren Stellen dieser Arbeit näher dargestellt; zu erwähnen bleibt, daß § 4 Abs 5 BHG den „ÖBThV“ ausdrücklich zum „Bundesbetrieb“ erklärt, dh zu einer „Einrichtung des Bundes, die nach kaufmännischen Grundsätzen zu führen (ist)“. Bundesgesetzliche Bestimmungen, die im Interesse öffentlicher Aufgabenerfüllung hievon Abweichungen erfordern, sind nicht ersichtlich. Die haushaltsrechtliche Stellung der BTh kann im Rahmen dieser Arbeit nicht im Detail untersucht werden[142]. Zur steuerrechtlichen Stellung und zur Qualifikation der BTh als BgA wird auf Kapitel B.V.3. und 4. verwiesen.

4. Art 17 a StGG und „künstlerische Autonomie“ in staatlichen Einrichtungen

a) Die „vorgefundene Regelung“ des § 4 Abs 3 der Vollzugsanweisung der Staatsregierung vom 21.5.1920

Als Ergebnis des Kapitels B.III.3. ist festzuhalten, daß auf Art 20 Abs 1 B-VG gegründete Weisungen des BMUK an einzelne BThDir aus verschiedensten Gründen nicht in Betracht kommen; das „An-Sich-Ziehen“ künstlerischer Entscheidungen ist grundsätzlich verfassungsrechtlich zulässig, jedoch wohl nur in besonderen Ausnahmefällen sparsam, wirtschaftlich und zweckmäßig. Die rechtlich-politische Ministerverantwortlichkeit gem Art 142 B-VG wird somit nur in besonderen Ausnahmefällen ein derartiges Tätigwerden des BMUK erfordern. Zutreffend ist die Aussage in der in Kapitel B.III.3. eingangs zit Anfragebeantwortung, daß „dem BMUK die Möglichkeit zur unmittelbaren Einflußnahme ... entzogen ist“, unzutreffend ist die implizit zum Ausdruck kommende Auffassung, daß der BMUK **überhaupt keine** wie immer geartete Einflußmöglichkeit auf künstlerische Entscheidungen besitzt. Die zulässige Maßnahme bedürfte aber der Abänderung der DI 1976 und zöge eine Reihe erheblicher juristischer und nicht zuletzt theaterpolitischer Schwierigkeiten nach sich.

Hier soll die Frage beantwortet werden, ob die Bestimmung des § 4 Abs 3 VASTh („Die künstlerische Leitung der STh wird von den Dir der Theater ausgeübt.“) als „vom Bundesverfassungsgesetzgeber des Jahres 1920 in der Rechtsordnung vorgefundene“ Regelung verstanden werden könnte[143]. Mit anderen Worten: War „bei Erlassung des B-VG die Existenz“ einer unwiderruflichen und unbedingten „künstlerischen Autono-

142 Vgl *Wenger*, Ansätze; s auch *Holoubek*, Haushaltsrecht.

143 So ausdrücklich zur Frage der „Selbstverwaltungskörper“ VfSlg 8215.

mie“ der BThDir „bekannt“, hat „der Verfassungsgesetzgeber des Jahres 1920“ künstlerische Autonomie „als Organisationstechnik nicht bloß gekannt, sondern — als dem Art 20 B-VG nicht entgegenstehend — auch vorausgesetzt und anerkannt“[144]? Fraglich ist auch, ob das dem PräsSThVw gem § 4 Abs 1 VASTh „beigegebene“, offenbar aber nie zusammengetretene „Kuratorium“, mit dem der PräsSThVw „das Einvernehmen in allen Angelegenheiten von größerer Tragweite und grundsätzlicher Bedeutung zu pflegen“ hatte, als (vorgefundener) weisungsfreier Beirat qualifiziert werden kann[145]; die „Einvernehmensbindung“ deutet darauf hin, daß das „Kuratorium“ als „Verwaltung führendes Organ“ iSd Art 20 Abs 1 B-VG zu qualifizieren gewesen sein dürfte. Das Argument der **„akzeptierten vorgefundenen Regelung“** ist aber stets mit Vorsicht anzuwenden, da das B-VG — wie aus seiner Entstehungsgeschichte erhellt — keine kasuistische Kodifikation aller denkbaren Modelle möglicher Verwaltungsführung enthält[146]; das Schweigen zu einer bestimmten Frage kann zumeist ebensogut als **Kennen und Akzeptieren** wie als **Über- oder Versehen** gedeutet werden. Im gegenständlichen Fall ist **kein zwingender Schluß auf eine vom Verfassungsgesetzgeber „akzeptierte vorgefundene künstlerische Autonomie“ möglich;** eine Argumentation analog der „vorgefundenen Selbstverwaltungskörper“ begegnet jedoch keinen speziellen Bedenken, die über die vorgebrachten Argumente gegen die Auffassung des VfGH hinausgehen würden[147]. Allerdings ergibt gerade eine historische Untersuchung der Vorläuferbestimmungen dieser Anordnung der VASTh sowie ihre eigene Entstehungsgeschichte, daß an **keine unbedingte bzw unwiderrufliche Weisungsfreistellung gedacht gewesen sein dürfte**[148]. Vielmehr zeigt auch ihre systematische Stellung in der VASTh selbst, daß sich ihre normative Bedeutung in einer **Aufgabenabgrenzung zum PräsSThVw** erschöpft haben dürfte. Der Gedanke einer **rechtlichen** Weisungsfreistellung gegenüber dem jeweils zuständigen obersten Organ (bis 1918: der Kaiser, seit 1920: der das UA leitende BM) wurde in den (ehemaligen) HTh offenkundig nicht vertreten; das entscheidende Problem dürfte in dieser Zeit vielmehr in der **Weisungsfreistellung gegenüber anderen Organen der Hof(Staats)verwaltung** gelegen sein. Mit anderen Worten: Das Recht des Kaisers, direkt Einfluß auf die Stellung oder das konkrete Handeln der HThDir zu nehmen, war unbestritten; problematisch und umstritten war die organisatorische Überordnung subalterner (Hof)Organe — insb des GI — über die HThDir in künstlerischen

144 VfSlg 8215.

145 Die Frage der Weisungsgebundenheit von Beiräten ist umstritten: vgl bloß *Antoniolli/Koja* 336 f; *Korinek*, Beiräte 463 ff.

146 Vgl dazu näher *Ermacora*, Entstehung I — IV.

147 S zur grundsätzlichen Kritik an VfSlg 8215 *Walter/Mayer*, BVR[6] Rz 615 mwN.

148 Vgl dazu A.II.4.

Fragen. Dieses jahrzehntelang schwelende Problem — **Neben- oder Unterordnung der ThDir gegenüber dem GI** — wurde von § 4 Abs 3 VASTh durch ausdrückliche Normierung der Nebenordnung gelöst[149]. Dieser Bestimmung kommt sohin **Antwortcharakter in Hinblick auf das Verhältnis Dir — PräsSThVw** (vormals GI) zu; eine Deutung als Weisungsfreistellung gegenüber dem zuständigen obersten Organ verbietet sich im Hinblick auf ihre Entstehungsgeschichte und ihre systematische Stellung. **Der Verfassungsgesetzgeber des Jahres 1920 hat somit bloß künstlerische Autonomie gegenüber nicht-obersten Verwaltungsorganen als Organisationtechnik gekannt, uU auch vorausgesetzt und anerkannt. Eine Weisungsfreistellung der SThDir gegenüber dem obersten Organ konnte der VASTh nicht entnommen und somit auch nicht „vorgefunden" werden.**

b) Die Freiheit künstlerisch tätiger Staatsorgane im Lichte des Artikel 5 Abs 3 Grundgesetz

Abschließend sollen Ausmaß und Intensität der künstlerischen Autonomie dargestellt werden, die ThDir und -intendanten nach Art 5 Abs 3 GG zukommen soll[150]: *Ropertz* widmet in seiner Monographie zur Kunstfreiheitsgarantie[151] dem Problem „Art 5 III GG im besonderen Gewaltverhältnis — Art 5 III GG und die Kunstinstitute der öffentlichen Verwaltung" einen „Exkurs": Er analysiert Aussagen zum Verhältnis von Art 5 Abs 3 GG und der Figur des „besonderen Gewaltverhältnisses"[152], ua eine „eigenartig anmutende Anmerkung" in der zweiten Auflage des GG-Kommentars von *Mangoldt/Klein*:

„Für Künstler, die als solche einem besonderen Gewaltverhältnis unterliegen, mag es zweifelhaft sein, ob sie in ihrer Kunstfreiheit durch das besondere Gewaltverhältnis beschränkt werden. Einem Dirigenten wird der Gewaltinhaber allein schon mangels Sachkenntnis nicht vorschreiben können, wie er *Beethoven* interpretieren soll, während uU dem Intendanten vorgeschrieben werden kann, ein Schauspiel in einem bestimmten Stil zu inszenieren."[153]

Ropertz bemerkt dazu folgendes: „In Baden-Baden wird das Theater von der Bäder- und Kurverwaltung getragen, einer Anstalt öffentlichen Rechts. Vorsitzender ihres

149 Diese **Nebenordnung** hat sich nach zahlreichen mehr oder weniger gescheiterten Versuchen, das künstlerische Handeln der Dir an das Einvernehmen etc von nichtkünstlerischen Verwaltungsfunktionären zu binden (vgl zB A.II.10. und A.V.8.a)), heute durchgesetzt (s § 5 DI 1976).

150 Vgl auch die bei *Bammer*, Theater 454, 456 und 457 wiedergegebenen Stellungnahmen von *Smend* 70, *Dünnwald* 50 ff und *Scholz* Rz 64. S auch *Kunig*.

151 *Ropertz* 86 ff (88 ff); Hervorhebungen von mir.

152 Unter Hinweis auf: *Forsthoff*, Verwaltungsrecht I^8 117; *Krüger*, Die Grundrechte im besonderen Gewaltverhältnis, Zeitschrift für Beamtenrecht 1956, 309 ff; uam.

153 *Mangoldt/Klein*, Grundgesetz I^2 260 (zit nach *Ropertz* 87 f). Anders bereits die 3. Auflage 1985, bearbeitet von *Starck* (s dazu unten im Text).

Vorstandes ist der OberBgm der Stadt. Der OberBgm verbot in seiner Eigenschaft als Vorsitzender der Bäder- und Kurverwaltung dem Intendanten die Aufführung eines Stückes von *Bert Brecht* und begründete diesen Schritt mit der politischen Einstellung des Dichters, nicht hingegen mit Bedenken gegen das Schauspiel selbst. Nehmen wir an, der Intendant sei Beamter und befände sich in einem besonderen Gewaltverhältnis. Er ist dementsprechend dem Staat zur Treue verpflichtet und grundsätzlich weisungsgebunden. Die Rechtsfrage des dargestellten Beispielfalles unterscheidet sich von derjenigen, welche sich aus dem Verhältnis ‚Grundrecht und besonderes Gewaltverhältnis' ergibt. **Es ist nämlich zweifelhaft, ob das Verbot des Theaterträgers an den Intendanten überhaupt seinen ursprünglichen privaten Rechtskreis, den die Grundrechte vor staatlichen Einwirkungen schützen sollen, verletzt.** Die Befugnis, über das Theater zu verfügen, dort in künstlerischer Art tätig zu sein, gehört nicht zu den ursprünglichen Rechten des Bürgers, sondern ist vom Theaterträger ihm übertragen. Andererseits wird man folgendes zu bedenken haben: Wenn der Intendant zum Leiter eines Theaters bestellt ist, dann könnte sich das ursprünglich auf den privaten Bereich begrenzte Grundrecht Art 5 III GG ausweiten und auch alle künstlerischen Tätigkeiten eines Theaterleiters in seine Garantie einbeziehen (und dies zumal, **wenn sich in den Dienstverträgen eine Klausel findet, die dem Leiter freie Befugnis in künstlerischer Hinsicht zugesteht).** Die Entscheidung, welche Lösung den Vorrang verdient, ist nicht einfach zu treffen. Denn hat die zweite Erwägung auch den Vorteil einer umfassenderen Gewährung der Kunstfreiheit, so sollte man doch berücksichtigen, daß mit ihr einem einzelnen eine über seine ursprüngliche Rechtsmacht hinausgehende Position gewährt wird. Dabei ist der über die private Position hinausschießende Teil einer Befugnis, die der Intendant gewissermaßen für den Staat wahrnimmt. **Ihm für diese ursprünglich staatliche Tätigkeit Grundrechtsschutz gegen den Staat zuzugestehen, wird man sich nicht ohne gewichtige Gründe entschließen dürfen. ...** Der öffentlichen Gewalt ist es daher untersagt, Maßnahmen zu treffen, die dem [Art 5 III GG] in entscheidender Weise widersprechen. Das bedeutet zugleich den **Auftrag an den Staat, Einrichtungen, die mit der institutionellen Garantie im Zusammenhang stehen, so zu regeln, daß der Grundrechtsbestimmung Genüge getan ist.** Ein Beispiel für ein gem des Verfassungsauftrags geregeltes Gebiet bietet das Hochschulrecht ... Wir fragen, ob es zulässig ist, die für das Gebiet des Hochschulrechts konzipierten Gedanken auf den Bereich der Kunst zu übertragen. ... wird man kaum umhin können, anzuerkennen: Den Kunstinstituten, die nicht spezielle, zweckausgerichtete Funktionen zu erfüllen haben ([als FN:] wie zB die Kulturabteilung der Bundeszentrale für Heimatdienst ...), also **den öffentlichen Theatern, den selbständigen Orchestern usw ist ein gegenüber staatlichen Reglementierungen abgegrenzter Bereich organisierter Kunstarbeit zuzugestehen, für den insb Art 5 III GG und seine Grenzen verbindlich sind.** Die Vermutung einer möglichst umfassend garantierten Freiheit spricht gleichfalls für unsere Lösung, zumal sie auch der geübten Rechtspraxis weitgehend entspricht. Doch muß von vorneherein verwehrt sein, aus der vorgeschlagenen Lösung weitere Rechte ableiten zu wollen. So bleibt der öffentlichen Gewalt, dh beispielsweise dem Theaterträger, die Möglichkeit, die Institutsleiter oder andere innerhalb der Einrichtung tätige Mitarbeiter nach Maßgabe des Beamtenrechts oder der Dienstverträge einzusetzen und abzuberufen. ..."

In seiner grundlegenden Monographie vertrat *Knies*[154] folgende Auffassung:

„Eine Deutung der Kunstfreiheitsgarantie ausschließlich als individualistisches Freiheitsrecht erweist sich aber vor allem dann als unzulänglich, wenn kunstdirigistische Maßnahmen nicht eine individuelle Freiheits- und Rechtssphäre berühren und beeinträchtigen. Das ist etwa dort der Fall, wo durch dirigistische Einflußnahmen auf die Spielplangestaltung staatlicher Bühnen, auf die Anschaffungspolitik staatlicher Museen, auf die Konzertprogramme staatlicher Orchester eine bestimmte Kunstrichtung unterdrückt werden soll. Man wird nicht zögern, in solchen Interventionen einen **Verstoß gegen das Prinzip der Kunstfreiheit zu sehen, wohl aber kaum annehmen können, daß durch diese kunstfreiheitswidrigen Akte ein individuelles Freiheitsrecht in der Person des Intendanten, des MuseumsDir oder des Orchesterleiters verletzt wird.** Eine solche Annahme scheitert aber nicht an der höchst anfechtbaren These, die Leiter staatlicher Kulturinstitute könnten sich, weil sie entweder als Beamte in einem sog besonderen Gewaltverhältnis oder aber aufgrund eines Dienstvertrages in einem privatrechtlichen Dienstverhältnis zum Staate stehen, auf Grundrechte nicht berufen. Denn eine solche Argumentation, die die Frage der Grundrechtsgeltung im besonderen Gewaltverhältnis bzw gegenüber dem Staat als Fiskus beantwortet, impliziert die Behauptung, daß es sich hier jedenfalls um das Problem des Schutzes individueller Freiheitsrechte des Bürgers gegenüber dem Staat handelt. Gerade darum geht es aber hier nicht[155]. **Der Annahme der Verletzung individueller Freiheitsrechte steht vielmehr die Tatsache entgegen, daß der Leiter eines staatlichen Kulturinstituts mit Maßnahmen der Programmpolitik nicht seine** — ihm von Verfassung wegen ursprünglich zukommende — **private Freiheit auf dem Gebiete der Kunst betätigt, sondern daß er vielmehr eine in Kraft seines Amtes (hier natürlich im beamtenrechtlichen Sinne verstanden) zustehende Funktion ausübt[156]: Der Intendant eines STh wird bei der Aufstellung des Spielplanes als Intendant, also als staatlicher Funktionsträger[157], tätig und nicht als kunstausübender Privater, der Träger des Individualrechts der Kunstfreiheit ist[158].** ... Will man auch in diesen und ähnlichen Fällen den Gedanken der Kunst-

154 *Knies* 201 ff. Hervorhebungen von mir.

155 „Auch *Ropertz* 89 erkennt zutreffend, daß es sich hier nicht um ein Problem der Geltung der Grundrechte im besonderen Gewaltverhältnis handelt. Ungenau: *Dünnwald* 53, 55; *Erbel* 188. ..." [FN im Original].

156 „Selbstverständlich macht sich der Staat mit der Bestellung eines Künstlers zum Theaterleiter dessen individuelle künstlerische Potenzen zu Nutze; daher ist es ganz natürlich, wenn auch der Spielplan von der künstlerischen Eigenart seines Gestalters geprägt ist. Damit wird aber der Rechtscharakter eines institutsleitenden Aktes wie der Spielplangestaltung nicht zur privaten künstlerischen Betätigung alterniert." [FN im Original].

157 „Er nimmt Funktionen des sich als Kulturstaat verstehenden und durch staatliche Kultureinrichtungen sich aktiv in der Kunstpflege betätigenden Staates wahr." [FN im Original].

158 „Bei dem Konflikt zwischen Intendant und intervenierender Staatsexekutive um die Spielplangestaltung handelt es sich also nicht um den Prozeß ‚The man versus the State' ... — Etwas anderes mag gelten, wenn es sich um Weisungen an Regisseur oder Dirigent in Fragen der künstlerischen Interpretation handelt ... — das Problem wird verkannt von *Dünnwald* 53, 55 und *Erbel* 188." [FN im Original].

freiheit zur Geltung bringen, so kann das nicht mit einer Auffassung geschehen, die Art 5 Abs 3 GG ausschließlich als ein individuelles Freiheitsrecht versteht, sondern **nur mit Hilfe einer Konzeption der Kunstfreiheitsgarantie, die deren überschießenden objektiv-rechtlichen Bedeutungsgehalt beachtet und ihm Wirkung verschafft. Wenn Programmgestaltung und Anschaffungspolitik als interventionsfreie Befugnisse der Leiter staatlicher Kulturinstitute angesehen werden, so führt von einer ausschließlich individualistisch konzipierten Kunstfreiheit kein Weg zu diesem gelegentlich ventilierten Gedanken. Nur als institutionelle Vorkehrung zur Sicherung der Kunstfreiheit im Bereich der staatlichen Kunstpflege läßt sich eine solche Programmautonomie rechtfertigen. Sie wäre eine Autonomie des Amtes, nicht eine persönliche Freiheit seines Inhabers.** Ob ein solches an die Exekutive gerichtetes absolutes Interventionsverbot und darüberhinaus ein ihm korrespondierendes subjektiv-öffentliches Recht des Institutsleiters eine zutreffende oder gar zwingende Folgerung aus der Kunstfreiheitsgarantie des Art 5 Abs 3 GG ist, soll und kann hier nicht untersucht werden. Aber selbst dann, wenn sich insb die Annahme eines subjektiven Interventionsfreiheitsrechts des Intendanten, Museumsleiters usw nicht erhärten ließe, behielte **Art 5 Abs 3 GG als eine den Staat auch im Bereich seiner Kulturinstitute verpflichtende Norm des Verfassungsrechts seine Bedeutung**[159]; denn der Sinn und der Wert einer Verfassungsnorm erschöpft sich nicht darin, daß sie Ansprüche schafft."

Überzeugend ist auch die Stellungnahme von *Starck*[160]:

„Die Bemerkungen zum subjektiv-rechtlichen Charakter der Kunstfreiheit haben schon klargestellt, daß entgegen der Formulierung des Art 5 Abs 3 Satz 1 (die ‚Kunst' ist ‚frei') der Mensch, der künstlerisch tätig ist, Grundrechtsträger ist. Darüberhinaus steht die Kunstfreiheit den Vermittlern der Kunst zu, auch wenn sie juristische Personen oder bloße Pesonenvereinigungen sind: Verlage und Schallplattenhersteller, private **Träger von Orchestern, Theatern und Museen. Träger öffentlicher Gewalt sind als Grundrechtsadressaten aus den Grundrechten verpflichtet, können also nicht Grundrechtsträger sein. Eine Ausnahme gilt nur, wenn und soweit der entsprechende öffentlich-rechtliche Rechtsträger unmittelbar dem durch das betreffende Grundrecht geschützten Lebensbereich zugeordnet ist.** Ebenso wie die Universitäten Träger der Freiheit der Wissenschaft sind, so sind Kunst- und Musikhochschulen Träger der Freiheit der Kunst. **Die Kunstfreiheit vermag freilich nicht die Fortexistenz solcher Einrichtungen zu sichern. Dasselbe gilt für Opernhäuser, Theater und Museen.** Sollen sie auch gegenüber der sie tragenden Verwaltung Grundrechtsträger sein, müssen sie freilich **für die Dauer ihrer Existenz von dieser rechtlich hinreichend getrennt sein,** was bei Museen häufig nicht der Fall ist. **Die Kunstfreiheit schützt diese von der öffentlichen Verwaltung getragenen Einrichtungen nur vor inhaltlichen und**

---

159 „Auch ohne Annahme eines subjektiven Rechts könnte Art 5 Abs 3 GG in diesen Fällen für die Institutsleiter jedenfalls mittelbar bedeutsam werden: Würden wegen des Nichtbefolgens einer kunstfreiheitswidrigen Weisung gegen ihn beamten- oder dienstrechtliche Konsequenzen gezogen, so müßte im Disziplinarverfahren oder im Kündigungsprozeß der staatliche Verstoß gegen Art 5 Abs 3 beachtet und seine Bedeutung für die Gehorsamspflicht des Institutsleiters gewürdigt werden." [FN im Original].

160 *Mangoldt/Klein/Starck* Rz 201 ff; Hervorhebungen von mir.

organisatorischen Eingriffen in den künstlerischen Bereich, etwa vor Weisungen, ein bestimmtes Theaterstück aufzuführen oder die Aufführung in bestimmter Weise vorzunehmen, sowie vor organisatorischen Maßnahmen, die die Kunstfreiheit stören, zB vor Mitbestimmung des allgemeinen Personals bei Festlegung des Programms, bei Vergabe der Rollen und bei Einstellung und Entlassung des künstlerischen Personals. **Im Rahmen öffentlich-rechtlicher Einrichtungen, die der Kunst zu dienen bestimmt sind, ist auch der einzelne künstlerisch tätige Angestellte Träger der Kunstfreiheit, aber nicht über die ihm übertragenen Aufgaben hinaus, die enger und weiter bemessen sein können.** Selbstverständlich ist dieser Personenkreis im Hinblick auf künstlerische Tätigkeit außerhalb seines Aufgabenkreises und mithin außerhalb der öffentlichen Einrichtung Grundrechtsträger ohne jede organisatorische und aufgabenspezifische Vorgabe."

Unzweideutig äußert sich auch *Hufen*:

„**Grundrechtsinhaber sind auch im Rahmen staatlicher Kunsthochschulen die Künstler als Künstler.** Dieser Satz klingt banal, kennzeichnet aber einen wichtigen Ausgangspunkt der Interpretation: **Grundrechtskonstituierend ist nämlich nicht die Mitgliedschaft in der Hochschule, sondern die Tätigkeit als Maler, Bildhauer, Komponist oder Instrumentalsolist ...**"[161]

Die jüngste literarische Äußerung stammt von *Denninger*[162]:

„Das BVerfG hat hier mit glücklicher Hand die **Formel der ‚unentbehrlichen Mittlerfunktion' geprägt. Sie sichert ‚Unternehmern' wie Galeristen, Theaterintendanten, MuseumsDir (nicht nur bei privaten Institutionen), Verlegern und Schallplattenherstellern den Schutz der Kunstfreiheit ebenso zu wie ausübenden, reproduzierenden Künstlern** (Schauspielern, Sängern, Musikern) und Kunst-Technikern (technischen SchauspielDir, Bühnenleitern). Bei untergeordneten (technischen) Hilfsfunktionen wird man die Grenze der Grundrechtsträgerschaft dort ziehen müssen, wo von einer individuellen gestaltenden Einflußnahme auf die Realisation (oder Verbreitung) des Kunstwerks nicht mehr gesprochen werden kann. Der Regieassistent und das einzelne Chormitglied fallen demnach noch in den Schutzbereich, nicht aber ... der Bühnenarbeiter und das Verwaltungspersonal des Theaters. Auch Personenvereinigungen und juristische Personen (Buchverlage) kommen als **Grundrechtsträger** in Betracht; außerdem **rechtsfähige oder nicht-rechtsfähige Anstalten sowie Körperschaften oder Stiftungen des öffentlichen Rechts, wenn sie funktional gerade dem grundrechtsgeschützten Lebensbereich zugeordnet sind. Das ist bei den in öffentlicher Verwaltung (der Kommunen oder des Staates) stehenden Kunst-Museen, Theatern und Opernhäusern sowie bei Kunst- und Musikhochschulen der Fall. ...**"

Insb die jüngere deutsche Literatur, die sich im Einklang mit der Jud des BVerfG befindet[163], zeigt deutlich, daß einerseits die **Denkfigur des „besonderen Gewaltverhältnisses" überwunden** wurde und daß anderer-

161 *Hufen* 266.
162 847 ff (§ 146, Rz 20 ff) mwN.
163 Vgl bloß die in *Mangoldt/Klein/Starck* Rz 201 ff zit Jud.

seits mittlerweile **unumstritten ist, daß auch künstlerische Leiter staatlicher Bühnen in ihrem Funktionsbereich Träger der Kunstfreiheit sind.** Das Interesse der neueren Literatur hat sich insb dem Problem der **„inneren Kunstfreiheit“** zugewandt[164].

164 Vgl bloß *Mangoldt/Klein/Starck* Rz 196 f mwN; *Hufen* 551 f; *Ipsen* 112 („Daß ... die Stimme einer ‚Textverarbeiterin‘ ... bei der Besetzung eines Ordinariats den Ausschlag gegeben hat, ist also offenbar der Garderobenfrau eines Theaters bei der Besetzung der *Hamlet*-Rolle nicht vergönnt gewesen. Ob der Museumsaufseher künftig über den *Beuys*-Ankauf entscheidet, ...“); s auch *Ossenbühl.*

IV. Probleme der Dienst-, Ausbildungs- und Pensionsverhältnisse

1. Bemerkungen zum Dienstrecht der Bediensteten der Bundestheater (des Österreichischen Bundestheaterverbandes)

In Kapitel A.II.7. wurde die Entstehung des SchauspielerG kurz dargestellt, die Kompetenzrechtslage auf dem Gebiet des Dienstrechts der BTh-Bediensteten wurde in Kapitel A.III.6.a)(3) erörtert, Spezialprobleme auf dem Gebiet des Disziplinarrechts in Kapitel A.V.5. Hier soll die bislang nur am Rande angeschnittene Frage untersucht werden, ob eine im Bereich der BTh bzw des ÖBThV — jedenfalls in der Vergangenheit — gehandhabte Praxis dem SchauspielerG entspricht: **Der Abschluß von Bühnendienstverträgen auch mit Personen, die nicht verpflichtet werden, „künstlerische Dienste" iSd § 1 Abs 1 SchauspielerG zu leisten**[1].

§ 51 SchauspielerG lautet: „Für das Dienstverhältnis von Personen, die nicht Mitglieder (§ 1) sind und die im Geschäftsbetrieb eines Theaterunternehmers vorwiegend zur Leistung kaufmännischer oder höherer nicht kaufmännischer Dienste oder von Kanzleiarbeiten angestellt sind ..., gelten ... die Bestimmungen des AngG, soweit nicht durch die §§ 3 und 4 des AngG eine Ausnahme angeordnet ist." § 4 AngG bestimmt: „Das Dienstverhältnis der als Beamte oder Bedienstete des Bundes ... angestellten Personen wird durch die Bestimmungen dieses G nicht berührt." Daher ist „auf Personen ..., die in einem privatrechtlichen Dienstverhältnis zum Bund stehen", das VBG (§ 1 Abs 1 VBG), „auf alle Bediensteten ..., die in einem öffentlich-rechtlichen Dienstverhältnis zum Bund stehen", das BDG (§ 1 Abs 1 BDG) anzuwenden. Aufgrund der VO der BReg vom 2.6.1948, BGBl 106, gilt jedoch folgendes: „§ 1: Die folgenden Gruppen von Vertragsbediensteten des Bundes werden von der Anwendung des [VBG] ausgenommen: ... c) die Vertragsbediensteten bei den BTh, sofern für sie der KV für das technische Personal der BThVw im Betracht kommt und sie nicht schon nach § 1 Abs 3 lit a [VBG] von der Anwendung des G ausgenommen sind; ..." Diese VO steht in einem unklaren Verhältnis zu § 1 Abs 3 lit h VBG, der bestimmt: „Dieses BG findet keine Anwendung ... auf das technische Personal der BTh"[2]. § 1 Abs 3 lit a bestimmt: „Dieses BG findet keine Anwendung auf Personen, deren Dienstverhältnis durch ... das SchauspielerG ... geregelt ist."

1 Der RH kritisierte diese „Vorgangsweise" als „rechtswidrig" (Nachtrag zum TB/Verwaltungsjahr 1986, zu III-51 BlgNR XVII. GP, 28, 38).

2 Vgl § 1 Abs 5 VBG, wonach „durch VO der BReg ... weitere Gruppen von Vertragsbediensteten des Bundes von der Anwendung dieses BG ausgenommen und von der Anwendung ausgenommene Gruppen der Anwendung dieses BG unterstellt werden" können; diese VO-Ermächtigung scheint jedoch verfassungswidrig zu sein (Art 18 Abs 1 B-VG). Vgl auch *Kucsko-Stadlmayer* 3 ff.

Aus diesen Bestimmungen ergibt sich folgendes: Die Bestimmungen des SchauspielerG gelten ausschließlich für Personen, „die sich einem Theaterunternehmen zur Leistung künstlerischer Dienste verpflichten"; diese Personen werden als „Mitglieder" bezeichnet, die zwischen Unternehmer und Mitglied getroffene Vereinbarung als „Bühnendienstvertrag" (§ 1 Abs 1 leg cit). Vertragspartner des Mitgliedes kann ausschließlich ein „BTh" selbst sein (§ 1 Abs 2 SchauspielerG). Personen, die nicht Mitglieder, einem „BTh" jedoch zur Leistung kaufmännischer, höherer nicht kaufmännischer Dienste oder von Kanzleiarbeiten verpflichtet sind, fallen entweder unter die Bestimmungen des BDG oder des VBG[3]; soferne Personen zwar in einem privatrechtlichen Dienstverhältnis zum Bund stehen, das VBG auf sie jedoch nicht anwendbar ist, gelten für sie gem § 1 lit c der VO BGBl 1948/106 die KV-Regelungen.

In einem bereits mehrfach zit Gutachten des BKA-VD betreffend die „Frage der Verfassungsmäßigkeit des ÖBThV" wird die Ansicht vertreten, daß Personen, die sich zur Leistung anderer als kaufmännischer, höherer nicht kaufmännischer Dienste oder von Kanzleiarbeiten verpflichten, dann unter die Bestimmungen des **ABGB** fallen, wenn keine KV-Regelung besteht[4]. Dabei wird jedoch übersehen, daß die Unanwendbarkeit des VBG gem § 1 lit c der VO BGBl 1948/106 durch die Anwendbarkeit des KV für das technische Personal der „BThVw" bedingt ist und darüberhinaus durch § 2 Abs 1 VBG ausdrücklich angeordnet wird, daß bis zur „Rechtswirksamkeit" eines KV oder einer Satzung iSd ArbVG **die Bestimmungen des VBG „rechtsverbindlich bleiben".** Da das VBG nicht nach der Art der zu leistenden Dienste differenziert, geht es grundsätzlich als lex specialis (privatrechtliches Dienstverhältnis zum Bund iSd § 1 Abs 1 VBG) den den Dienstvertrag regelnden Bestimmungen des ABGB vor[5]. Da das VBG jedoch gem dessen § 1 Abs 3 lit c „auf Personen, die unverhältnismäßig kurze Zeit, wenn auch regelmäßig, oder die nur fallweise verwendet werden" keine Anwendung findet, besteht **in Einzelfällen ein Anwendungsbereich für die Bestimmungen des ABGB:** So ist nur für die sechs Theaterärzte die einzige Planstelle im Stellenplan vorgesehen, auf die das ABGB anzuwenden ist. Das ABGB ist aber wohl auch auf das Dienstverhältnis der zahlreichen sog „Abendaushelfer" anzuwenden[6], da das SchauspielerG gem dessen § 1 Abs 1 idR nur auf Dienstverhältnisse anzuwenden ist, die die „Erwerbstätigkeit des Mitglieds hauptsächlich in Anspruch

3 Es kommt auf die Art der **Begründung** des Dienstverhältnisses an: Ernennung oder Vertrag.

4 BKA-VD 8.7.1982, 600371/1-V/6/81, 6.

5 Das ABGB ist gem § 50 SchauspielerG für die Beurteilung eines Bühnendienstvertrages heranzuziehen, wenn keine „billige Bühnengewohnheit" besteht.

6 Die Budgetposten für Publikumsdienst, Externisten, Substituten, Statisten etc werden im Bundesvoranschlag unter „**Sachausgaben**/Aufwendungen" verbucht (vgl zB Bundesvoranschlag 1990, Teilheft 71).

(nehmen)"[7]. Das **AngG** ist auf die Dienstverhältnisse im Bereich der BTh (des ÖBThV) jedenfalls **nicht anwendbar**, da § 4 leg cit ausdrücklich normiert, daß „das Dienstverhältnis der als Beamte oder Bedienstete des Bundes angestellten Personen ... durch die Bestimmungen dieses G nicht berührt (wird)".

2. Probleme des Bundestheaterpensionsgesetzes

Vorgeschichte, Entstehung und Weiterentwicklung des BThPG wurden bereits in den Kapiteln A.II.8., A.V.4. und A.VII.1. dargestellt. Hier sind Bemerkungen zu Grundsatzproblemen dieses G angebracht, dessen „Auslaufen" vom RH immmer wieder gefordert wird[8].

Hodik bezeichnet den Bundeskompetenztatbestand „Sozialversicherungswesen" (Art 10 Abs 1 Z 11 B-VG) als Grundlage dieses BG[9]. Wie bereits gezeigt wurde, kämen prima facie für die Erlassung eines derartigen BG drei Bundeskompetenztatbestände in Betracht[10]. Da nach der Jud des VfGH für die Einordnung einer Regelung primär auf den **Inhalt** (Gegenstand) einer Regelung abzustellen ist[11], findet ein derartiges G — entgegen *Hodik* — seine Grundlage wohl im **speziellsten** in Betracht kommenden **Kompetenztatbestand** („Dienstrecht der Bundesbediensteten" — Art 10 Abs 1 Z 16 B-VG), subsidiär könnten auch die Kompetenztatbestände „Sozialversicherungswesen" und — ohne inhaltlichen Bezug — „Angelegenheiten der BTh" taugliche Kompetenzgrundlagen darstellen[12]. Die kompetenzrechtliche Zuordnung ist angesichts dieser dreifachen „Absicherung" zwar praktisch weitgehend irrelevant, **bedeutungsvoll ist jedoch die Einordnung bei einer Prüfung der Regelung am Gleichheitssatz:** Als dienstrechtliche Regelung wäre das BThPG lediglich am sonstigen Dienstrecht des Bundes zu messen, als sozialversicherungsrechtliche Regelung hingegen am allgemeinen Pensionsrecht. Zahlreiche Bestimmungen des BThPG enthalten **Privilegierungen bestimmter BTh-Bediensteter** gegenüber Personen, die gleichartige Tätigkeiten bei Privaten oder an Landestheatern verrichten; wäre das BThPG eine sozialversicherungs-

7 Problematisch ist die Abgrenzung zu Gastspielverträgen (§ 52 SchauspielerG); weiters die Rechtmäßigkeit des Abschlusses von Kettenarbeitsverträgen mit Statisten (Komparsen), die „künstlerische Dienste" iSd SchauspielerG leisten.

8 S Pkt 90.120 (4) des TB des RH/Verwaltungsjahr 1986, III-51 BlgNR XVII. GP.

9 *Hodik* 100.

10 „Angelegenheiten der BTh ...", „Sozialversicherungswesen", „Dienstrecht der Bundesbediensteten"; s A.III.6.a)(2).

11 VfSlg 2452, 2977 ua.

12 Hingegen kommt Art 17 B-VG nicht in Betracht, da subjektive Rechte der BTh-Bediensteten auf ein Tätigwerden des Bundes begründet werden (kein „SelbstbindungsG"; vgl *Walter/Mayer*, BVR[6] Rz 293).

rechtliche Regelung, stellte sich jedenfalls die Frage der **sachlichen Rechtfertigung** für eine derartige Differenzierung. Für das **BThPG als dienstrechtliche Regelung ist jedoch das sonstige Dienst(Pensions)Recht des Bundes Sachlichkeitsmaßstab**[13].

Ein weiteres Problem stellt die **Diskrepanz zwischen Terminologie und Inhalt des BThPG** dar: Terminologisch ähnelt das BThPG weitgehend — bisweilen sogar wörtlich — den für Beamte geltenden PG 1921 bzw 1965. So bestimmt § 17 BThPG: „Sofern dieses BG nicht anderes bestimmt, sind die auf dem Gebiete des Pensionsrechtes für Bundesbeamte und ihre Hinterbliebenen jeweils geltenden bundesgesetzlichen Vorschriften sinngemäß anzuwenden." Daher stellt sich die Frage, ob die gem § 2 bzw § 2 a BThPG vorgesehene **„Versetzung in den Ruhestand"** durch **Bescheid** oder durch **privatrechtlichen Akt** erfolgt; weiters, in welcher Rechtsform die „Unterstellung" gem § 1 Abs 4 BThPG vorzunehmen ist[14]. In der Praxis erfolgt die Versetzung in den Ruhestand durch **„Dekret"**; somit sind sämtliche formellen Einordnungsversuche von vornherein zum Scheitern verurteilt. Die Praxis und die Jud[15] gehen — ohne dies weiter zu problematisieren — von der **privatrechtlichen Natur des Pensionsverhältnisses der BTh-Pensionisten** und der in dessen Rahmen ergehenden Akte aus. Für eine derartige Qualifikation werden vom ÖBThV insb zwei Argumente vorgebracht:

Einerseits sei es **nicht systemkonform, wenn ein privatrechtlich geregeltes aktives Arbeitsverhältnis in einen durch Hoheitsakt(e) begründeten und/oder geregelten Ruhestand überginge.** Dieses Argument übersieht jedoch, daß gerade im Bereich des Sozialrechtes eine derartige Vorgangsweise den Regelfall darstellt: **Die privatrechtliche Natur des Arbeitsverhältnisses schließt die grundsätzlich hoheitliche Ausgestaltung des Sozialversicherungsverhältnisses keineswegs aus** (§ 357 ff ASVG). Die besondere Eigenart der Gewährung von BTh-Pensionen liegt im **Zusammenfallen der Funktionen des Dienstgebers und des Ruhegenußleistenden in einer Person;** denn bei den allgemeinen Vertragsbediensteten überläßt der Bund die Ausübung dieser zweiten Funktion zumeist den Trägern der (allgemeinen) Sozialversicherung. Eine Qualifikation des BTh-Pensionsverhältnisses als privatrechtlich kann somit keineswegs als systemkonform oder zwingend bezeichnet werden; die privatrechtliche Konstruktion wirft vielmehr das Problem des **Formenmißbrauches** auf: Darf

---

13 Hier kann allerdings nicht die Frage beantwortet werden, ob das — vom ASVG abweichende — Pensionsrecht des Bundes als solches sachlich ist. S zur Problematik auch *Schrammel*, Sonderarbeitsrecht, sowie OGH 1.6.1988, Arb 10744.

14 § 1 Abs 4 BThPG lautet: „BTh-Bedienstete, die die österreichische Staatsbürgerschaft nicht besitzen, ... können auf Antrag der BTh mit Zustimmung des BK und des BMF dem Anwendungsbereich dieses BG unterstellt werden ..."

15 OGH 24.3.1987, 14 Ob A 9/87 mit Hinweisen auf die Vorjud. Weiters VwSlg 1472 A, 645 A, 1511 A, 1588 A.

der Bund als Emittent einer gesetzlichen Sonderpensionsregelung dieses — inhaltlich wohl durch Über- und Unterordnung gekennzeichnete — Verhältnis ausschließlich privatrechtlich ausgestalten oder ist er nicht vielmehr bei der Formenwahl insofern beschränkt, als nur die Ausgestaltung von Verhältnissen „der Bürger unter sich" in den Formen des Privatrechts erfolgen darf? Das damit angesprochene Problem berührt Grundfragen der Privatwirtschaftsverwaltung: Nach wohl noch überwiegender Meinung stellt es die Verfassung dem einfachen Gesetzgeber zwar frei, eine Angelegenheit entweder dem Bereich hoheitlicher oder jenem privatwirtschaftlicher Vollziehung zuzuweisen[16]; gegen diese Auffassung hat aber insb *Raschauer* gewichtige Bedenken angemeldet[17].

Als zweites Argument für den **privatrechtlichen Charakter des BThPG-Pensionsverhältnisses** wird von der Praxis auf **Art II Abs 6 lit a EGVG** verwiesen, wonach „die Verwaltungsverfahrensgesetze ... keine Anwendung (finden): für die Behandlung der Angelegenheiten des Dienstverhältnisses der Angestellten des Bundes ... zu ihrem Dienstgeber, soweit nicht das [DVG] anderes bestimmt; ...". § 1 DVG ordnet die Anwendung des AVG „auf das Verfahren in Angelegenheiten des öffentlich-rechtlichen Dienst-, Ruhe- oder Versorgungsverhältnisses zum Bund" mit bestimmten Abweichungen an. Das AVG ist somit grundsätzlich in Angelegenheiten der BTh-Bediensteten nicht anwendbar, es sei denn, dieses Verhältnis wäre öffentlich-rechtlich ausgestaltet. Die Argumentation der Praxis stellt daher eine **petitio principii** dar: **Rechtsfolge** eines öffentlich-rechtlichen Ruhe- oder Versorgungsverhältnisses zum Bund ist die Anwendung des AVG mit bestimmten, durch das DVG normierten Abweichungen (§ 1 Abs 1 DVG); ob ein „öffentlich-rechtliches Ruhe- oder Versorgungsverhältnis" vorliegt, kann aber gerade nicht aus jener Bestimmung abgeleitet werden, die dessen Vorliegen zur **Voraussetzung** hat.

Zusammenfassend ist somit festzuhalten, daß gegen die ausschließlich privatrechtsförmliche Vollziehung des BThPG dogmatische Bedenken bestehen. Die die „Versetzung in den Ruhestand" gem § 2 Abs 2 BThPG aussprechende Enuntiation **„Dekret"** könnte mit guten Gründen auch als **Bescheid** gedeutet werden[18].

---

16 Vgl bloß *Walter/Mayer*, BVR⁶ Rz 565.

17 Wahlfreiheit. Insb ist es auch bedenklich, wenn ein — wie das BThPG — aufgrund der Kompetenztatbestände der Art 10 — 15 B-VG ergangenes G ausschließlich Vollziehung in den „Formen des Privatrechts" vorsähe; denn nach hM beziehen sich diese Kompetenztatbestände nur bzw überwiegend auf Angelegenheiten der Hoheitsverwaltung (*Klecatsky/Morscher* 121; differenzierend *Raschauer*, Monopolunternehmen 4 mwN).

18 Dies gilt umso mehr für die **„Unterstellung"** gem § 1 Abs 4 BThPG. S zur Problematik der **behördlichen** Willensäußerung näher *Winkler*, Bescheid 73 ff. S aber die die Auffassung des ÖBThV stützende Jud des VfGH (Slg 8132): „Wie der VfGH in ständiger Rechtsprechung dargelegt hat, ist das Dienstverhältnis bei den Bundesbahnen privatrechtlicher Natur (vgl VfSlg 5290, 5367, 6125). **Auch die Versetzung in den Ruhestand ist daher eine privatrechtliche Willenserklärung.**" Ähnlich die zit Jud des VwGH. S auch *Mayer*, Rechtsnatur.

3. Die „Richtlinien für die Tätigkeit der Organe des Ensembles des Burgtheaters"

In Kapitel A.V.8.e)(7) wurden Erlassung und wesentlicher Inhalt der „Richtlinien für die Tätigkeit der Organe des Ensembles des Burgtheaters" dargestellt. Wie § 13 Abs 2 dieses Erlasses entnommen werden kann, stellten die neu erlassenen ER eine Nachfolgenorm einer offiziös als „*Gratz*-Richtlinien" bezeichneten Enuntiation dar.

„Bei diesem Elaborat handelt(e) es sich um ein vom zuständigen BM gefertigtes, vom Dir des Burgtheaters im Einvernehmen mit der EV ausgearbeitetes Papier, das hinsichtlich seines Inhaltes aufgrund seiner Präambel, aber auch aufgrund der seitdem eingetretenen Rechtsänderungen (zB BMG 1973) bestimmte Fragen nach seiner Normqualität aufwirft. Es wurde mehrfach, vor allem aber nach vollzogenen Wahlgängen, zumindest in impliziter Form die Frage gestellt, welcher Bedeutung denn dieser Norm im Stufenbau der Rechtsordnung zukomme und woher die gewählten Organe ihre Handlungsbefugnis ableiten." Durch ein Arbeitskomitee wurden Anfang der achziger Jahre die neuen ER erarbeitet, die nicht die „Herbeiführung einer neuen Rechtslage bezweckten", sondern vielmehr „die Bestätigung und Verdeutlichung des gegenwärtigen Rechtsbestandes unter steter Berücksichtigung des aus den seinerzeitigen ER aus 1971 ableitbaren Grundkonsenses. Die ER stellen sich demnach als von dem gem Teil 2 lit L Z 2 der Anlage zu § 2 BMG 1973 für die Belange der BTh zuständigen BMUK erlassene, auf § 7 Abs 5 leg cit iVm § 1 [VASTh] gestützte **generell-abstrakte Dienstanweisung** dar, die der BM für diesen speziellen Zweig der Privatwirtschaftsverwaltung des Bundes statuiert. Der Min erteilt darin den grundsätzlichen Auftrag zur Erfüllung der im Zielparagraphen festgelegten Zielsetzungen, umreißt die Aufgabenbereiche der Organe des Ensembles und formt ihre grundlegende organisatorische und funktionelle Struktur. Zur Erreichung dieser Verwaltungszwecke und zwecks Legitimierung ihres Vertretungsanspruches räumt er den Organen weitgehende Normsetzungs- und Vollziehungsautonomie ein, die vor allem in Ermächtigungen zur selbständigen Schaffung weitreichender Ausführungsbestimmungen in Form einer statutarischen GeO und WahlO ihren Ausdruck findet. Diese Ausführungsbestimmungen werden von den in den ER damit beauftragten Organen zu beschließen sein ..."[19] „... Ein Konkurrenzverhältnis zur Gewerkschaft oder zum Betriebsrat ist ausgeschlossen, weil § 1 Abs 3 dieser ER normiert, daß der Aufgabenbereich anderer gesetzlicher oder auf freiwilliger Mitgliedschaft beruhender Berufsvereinigungen durch diese ER nicht berührt werden darf. ... Die Organe der EV würden erlaßwidrig handeln, sollten sie in die Befugnis dieser Berufsvereinigungen eingreifen. Sie wären dafür im Rahmen der ER bzw der in ihrer Ausführung autonom beschlossenen GeO zur Verantwortung zu ziehen. Das grundlegende Verhältnis der EV zu Gewerkschaft und Betriebsrat ist von der gegenseitigen Unabhängigkeit, vom Nichteingreifen in den jeweils anderen WB getragen. ..."[20] „Die ... ER ... stellen sich als ... auf § 7 Abs 5 [BMG 1973] gestützte Dienstanweisung dar ... Als Verwaltungsanordnung sind diese

19 ÖBThV 12.4.1983, 717/83, 1 ff; Hervorhebungen von mir.

20 Antwortschreiben des BMUK vom 6.1.1984 an die Gewerkschaft KMFB, die am 8.11.1983 die Auflösung der EV des Burgtheaters gefordert hatte (ÖBThV 2503/83).

Vorschriften der ordentlichen Gerichtsbarkeit entzogen. Beschwerde beim VwGH erscheint ausgeschlossen, weil es sich weder um den Bescheid einer Verwaltungsbehörde noch um die Ausübung unmittelbarer behördlicher Befehls- und Zwangsgewalt noch um die Verletzung der Entscheidungspflicht einer Verwaltungsbehörde handelt. Die Zuständigkeit des VfGH kommt schließlich nicht in Frage, weil es sich um keine gesetzliche berufliche Vertretung handelt und außerdem kein Bescheid vorliegt, durch den ein Beschwerdeführer in einem verfassungsgesetzlich gewährleisteten Recht verletzt worden sein könnte. ...“[21]

Hier ist insb von Interesse, ob dieser Erlaß tatsächlich als **unbekämpfbare „generell-abstrakte Dienstanweisung“ bzw „Verwaltungsanordnung“** qualifiziert werden kann; weiters ist die Frage zu beantworten, ob das **Ensemble des Burgtheaters als juristische Person** bzw die EV als deren Organ anzusehen ist. Die Organe des Ensembles sind zur Vertretung der „künstlerischen Interessen des Ensembles“ insb in „Fragen des Spielplanes, der Dramaturgie, der Ensemblebildung und der Ensemblepflege ... sowie der Besetzung, soweit diese für die Erstellung des Spielplanes von Bedeutung sind“ in der Dion des Burgtheaters und im GS des ÖBThV berufen; sie können sich in diesen Angelegenheiten auch an den BMUK oder an die Öffentlichkeit wenden. **Adressat des Erlasses** sind einerseits alle längerfristig mit Bühnendienstvertrag an das Burgtheater verpflichteten Mitglieder und andererseits der BurgtheaterDir[22]. **Subjektive Rechte** von außenstehenden Rechtsunterworfenen werden durch die ER prima facie weder begründet noch berührt. Die ER enthalten in § 1 Abs 3 und § 3 Abs 3 „salvatorische Klauseln“, die insb den Aufgabenbereich des künstlerischen Betriebsrates und des ÖGB „unberührt“ lassen.

Wie unter B.III. gezeigt wurde, verlieren „öffentliche Bedienstete“, deren Aufgaben- bzw Kompetenzkreis die Erbringung künstlerischer Leistungen umfaßt, durch ihre Stellung als Staatsorgan keineswegs ihre Grundrechtsberechtigung hinsichtlich der Ausübung ihres Grundrechts auf freies künstlerisches Schaffen bzw auf freie Vermittlung von Kunst. Dem BurgtheaterDir ist durch § 5 Abs 1 DI 1976 die künstlerische Leitung des Burgtheaters in die alleinige Verantwortung übertragen; gem § 5 Abs 2 lit a umfaßt diese in ihrer Wirksamkeit selbständige Leitungsbefugnis „insb die Auswahl der aufzuführenden Werke“ und gem Abs 2 lit e „die Beschäftigungserteilung an das künstlerische Personal“ etc. In diese Kompetenz des BurgtheaterDir zu weisungsungebundenen (autonomen) künstlerischen Maßnahmen wird durch die in § 3 ER normierten Anregungs- und Vorschlagsrechte zwar **nicht unmittelbar eingegriffen,** jedoch wird ein „An-

21 Antwortschreiben des BMUK vom 24.1.1984 an den Betriebsrat des künstlerischen Personals des Burgtheaters (ÖBThV AE 265/84).

22 Durch § 3 der gem § 11 Abs 3 ER beschlossenen WahlO wurden der BurgtheaterDir, der BetriebsDir, der künstlerische GS, die Bediensteten des Dions- und der Betriebsbüros sowie die sonstigen Dionsmitglieder vom aktiven und passiven, die Betriebsräte nur vom passiven Wahlrecht ausgeschlossen.

hörungsrecht" normiert, dessen Verletzung allerdings offenbar sanktionslos ist (keine „Nichtigkeit" oder „Aufhebbarkeit" des Spielplanes). Fraglich ist, ob ein Erlaß, der eine Verfahrensbindung eines zur Vermittlung von Kunst berufenen Staatsorgans normiert (Entgegennahme der Anregungen und Vorschläge des Ensembles), überhaupt die für Grundrechtseingriffe notwendige **Eingriffsqualität** besitzt[23], bzw worin die Rechtfertigung für einen derartigen Grundrechtseingriff liegen könnte. Bei genauerer Betrachtung zeigt sich, daß **kein staatlicher Eingriff ieS in die dem BurgtheaterDir gewährleistete künstlerische Freiheit vorliegt:** Die ER normieren vielmehr eine Verfahrensordnung zur Lösung von (tatsächlichen) Spannungsverhältnissen zwischen mehreren zur Schaffung bzw Vermittlung von Kunst berufenen öffentlichen Bediensteten. Angesprochen ist damit das Problem der **„inneren Kunstfreiheit"**[24] bzw der allgemeinen Frage, ob **Grundrechte auch Rechte zur „Partizipation" gewähren**[25]. Dazu kommt hier noch die Problematik, daß alle Beteiligten „öffentliche Bedienstete" im Staatsbetrieb sind. Das SchauspielerG gewährt als grundlegende Norm für die Beziehung der einzelnen Ensemblemitglieder zum Theaterunternehmer den Mitgliedern das Recht auf Beschäftigung und zur Rollenverweigerung (§§ 21 f leg cit); die Mitbestimmungsrechte der Belegschaft werden durch das ArbVG — mit den Modifikationen des § 133 leg cit — geregelt. Eine Prüfung der Grundrechtskonformität der ER erscheint somit grundsätzlich erst dann sinnvoll, wenn das **Verhältnis des SchauspielerG und des ArbVG zu Art 17 a StGG** einer eingehenden Untersuchung unterzogen worden ist, die hier aber nicht vorgenommen werden kann. Die Grundrechtseingriffsqualität der Institutionalisierung eines Vorschlags- und Anhörungsrechtes, das den BurgtheaterDir in seinen künstlerischen Entscheidungen nicht unmittelbar binden kann, scheint aber fraglich zu sein.

Aus dem oben Ausgeführten ergibt sich aber auch, daß die **ER sehr wohl subjektive Rechte der Adressaten betreffen:** Den Organen der EV wird ein subjektives Recht und nicht bloß eine Organkompetenz eingeräumt, wenn sie zur Vertretung künstlerischer Interessen des Ensembles berufen werden. Dies ergibt sich auch aus den vom Erlaß selbst vorausgesetzten **„künstlerischen Interessen des Ensembles"**, womit dieser **subjektive Rechtspositionen** anerkennt und damit rechtlich begründet. Durch die ER wird die Ausübung dieser „künstlerischen Interessen" den Gegebenheiten eines künstlerischen Großbetriebes angepaßt. Unabhängig vom Bestehen von Rechtspositionen, die bereits aus der Kunstfreiheitsgarantie erfließen, normieren die §§ 5 — 12 der ER zahlreiche durch den Erlaß

---

23 S zum Begriff „Grundrechtseingriff" *Berka*, Medienfreiheit 80 ff; *Holoubek*, Freiheit 9 ff mwN.

24 S umfassend *Lerche*, Aspekte; weiters *Bethge* 141 ff, 176 ff.

25 *Bethge* 137 ff.

selbst normierte **subjektive Rechte,** wie zB das (durch die WahlO einschränkbare) aktive und passive **Wahlrecht** zu den Organen der EV etc. Soferne man anerkennt, daß durch die ER subjektive Rechtspositionen geschaffen bzw subjektive Rechte berührt werden, ist diese Enuntiation **als RVO** zu qualifizieren, da als entscheidendes Merkmal der RVO ihre Eignung, subjektive Rechte zu berühren, angesehen werden muß[26]. Eine Qualifikation als RVO wirft jedoch das **Problem ihrer ordnungsgemäßen Kundmachung** auf, da eine RVO eines BM gem § 2 Abs 1 lit f BGBlG im BGBl kundzumachen ist. Als RVO unterliegen die ER der Überprüfung durch den VfGH gem Art 139 B-VG — die zit Begründung des BMUK für das Nichtvorliegen der Zuständigkeit des VfGH ist somit unzutreffend[27]. Darüberhinaus ist fraglich, ob die in der Präambel der ER zit gesetzlichen Grundlagen den BMUK tatsächlich zu ihrer Erlassung ermächtigten. Qualifiziert man die ER als RVO, kann § 1 VASTh nicht als **gesetzliche** Grundlage herangezogen werden, da diese Norm — falls überhaupt — formell nur noch als **VO** in Geltung steht[28]. Stützte man die ER als RVO auf § 7 Abs 5 BMG, so ist zu bedenken, daß diese Norm den zuständigen BM lediglich zur Erlassung einer von der üblichen Ministerialgliederung abweichenden Organisation im Rahmen der GE ermächtigt; die EV wäre somit als Organ der durch die GE des BMUK eingerichteten besonderen Organisationseinheit zu qualifizieren. Da jedoch durch die geltende GE nur das GS des ÖBThV eingerichtet wird und die EV primär im Rahmen des von der GE überhaupt nicht erwähnten Burgtheaters tätig wird, erschiene eine Berufung auf § 7 Abs 5 BMG nur dann sinnvoll, wenn die darauf gestützte Norm auch tatsächlich im Rahmen der GE entsprechend berücksichtigt würde. Hinzuweisen ist weiters darauf, daß die ER die DI 1976 und somit auch die Organisation des ÖBThV abgeändert haben, da die künstlerische Alleinentscheidungsbefugnis des BurgtheaterDir durch die durch die ER vorgesehenen Anhörungs- und Vorschlagsrechte einer Verfahrensbindung unterworfen wurden, was bei einer Nov oder Neuerlassung der DI 1976 in deren § 5 einzuarbeiten wäre.

Bei unbefangener Betrachtung der ER könnte der Eindruck entstehen, daß das **Burgtheaterensemble als juristische Person** anzusehen sein könnte. Tatsächlich ähneln §§ 1 — 12 leg cit **inhaltlich** weitgehend **Vereinsstatuten:** die Ensembleversammlung entspräche der Generalversammlung, die EV dem Vorstand und der Ensemblesprecher dem Obmann. „Das Ensemble" hat sich jedoch nicht als Verein iSd VereinsG 1951 konstituiert. Entscheidend ist hier die Überlegung, daß eine **juristische Person nur durch G vorgesehen bzw geschaffen werden kann:** Das Entstehen einer juristischen Person abseits der hier naheliegenden Bestimmungen des ArbVG oder des VereinsG kommt nicht in Betracht. Qualifizierte man die

26 *Aichlreiter* 241 ff mwN.

27 Darüberhinaus sind auch VwVO gem Art 139 B-VG überprüfbar.

28 Vgl A.V.3.

ER als bloß „innerbehördlichen“ Akt, käme die Schaffung einer juristischen Person schon begrifflich nicht in Betracht, da lediglich **dienststelleninterne Organe** geschaffen würden. Qualifizierte man sie als Akt mit Außenwirkung, fehlte es dazu an gesetzlichen Grundlagen zur Schaffung einer juristischen Person. Soweit die Belegschaft des Burgtheaters als juristische Teilperson zu qualifizieren wäre, beschränkten sich deren Rechte auf die Wahrnehmung der betriebsverfassungsrechtlichen Befugnisse, die ausschließlich durch die vom ArbVG vorgesehenen Organe ausgeübt werden können[29]. **Somit hat „das Ensemble“ durch die ER keine Rechtspersönlichkeit erlangt.**

Zusammenfassend ist festzuhalten, daß die — offenbar als notwendig erachtete — Vertretung der künstlerischen Interessen des Burgtheaterensembles in der vorliegenden Form mehrere gewichtige Unzulänglichkeiten aufweist; eine Sanierung dieses Zustandes scheint einem BThG vorbehalten bleiben zu müssen.

4. Die (verfassungs)rechtliche Stellung der Ballettschule

Die **kompetenzrechtliche Beurteilung** dieser traditionsreichen[30] Einrichtung ist problematisch: Fraglich ist, ob die Ballettschule als **„Privatschule“** mit oder ohne Öffentlichkeitsrecht unter Art 14 Abs 1 und 10 B-VG subsumiert werden kann oder ob sie nicht vielmehr eine **„Anstalt zur Unterweisung in bloßen Fertigkeiten“** darstellt, die als Annex zu jener Hauptmaterie („Angelegenheiten der BTh“) zu beurteilen wäre, „zu der sie nach ihrem Zusammenhang“ gehörte[31]. Eine Subsumtion unter den in Art 14 Abs 1 B-VG implizit enthaltenen Kompetenztatbestand „Hochschulwesen“ kommt nicht in Betracht[32], vielmehr liegt aufgrund der Altersstruktur, der statutenmäßig verankerten Ziele und der Tradition der Ballettschule als Einrichtung, aus der sich jahrzehntelang der gesamte Nachwuchs des Ballettensembles rekrutierte, eine Qualifikation als **„Schule mit zumindest teilweiser Bildungs(Erziehungs)funktion“** nahe[33]. Die Auffassung des VfGH, daß „Tanzschulen“ nur der „Vermittlung von Fertigkeiten“ — wie zB auch Schi- oder Fahrschulen — dienten, dürfte sich lediglich auf Tanzschulen iSd TanzschulG bezogen haben[34], da wohl nicht

29 Vgl näher *Floretta/Spielbüchler/Strasser* III² 268 ff.

30 S zur historischen Entwicklung und zu den Organisationsnormen A.III.4.f).

31 So VfSlg 2207, 3801; vgl auch *Walter*, System 226 bei FN 5.

32 Vgl VfSlg 2604, 4020; weiters mwN *Walter/Mayer*, Verwaltungsrecht² 178 ff, 193 ff mwN. Bis 1974/75 bestand jedoch eine „Tanzakademie an der Hochschule für Musik und darstellende Kunst“ (ÖBThV, Bericht 1986/87, V).

33 *Walter*, System 226 bei FN 5. S zum Ballettnachwuchs *Amort* 190 mwN.

34 „Erwerbsmäßiger Betrieb von öffentlichen Tanzschulen für Gesellschaftstänze“ (§ 1 BGBl 1923/537 betreffend die Tanzlehranstalten [VfSlg 1505]). S A.III.4.f).

ernsthaft bestritten werden kann, daß eine im Alter von sieben bis neun Jahren begonnene, äußerst zeitintensive Ausbildung, die Berufswahl wie Persönlichkeitsstruktur entscheidend prägt, nicht auch „pädagogische und erzieherische Ziele" (mit)verfolgt.

Schulen iSd PrivatschulG sind Einrichtungen, in denen eine Mehrzahl von Schülern gemeinsam nach einem festen Lehrplan unterrichtet wird, wenn im Zusammenhang mit der Vermittlung von allgemeinbildenden oder berufsbildenden Kenntnissen und Fertigkeiten ein erzieherisches Ziel („Festigung der charakterlichen Anlagen des Schülers in sittlicher Hinsicht") angestrebt wird (§ 2 Abs 1 und 2 leg cit). Da nach der Verwaltungspraxis zB auch das „Konservatorium der Stadt Wien" zu den Privatschulen gezählt wird[35], kann auch die **Ballettschule der BTh als Privatschule** qualifiziert werden. Aus dem Statut der Ballettschule ergibt sich nicht, ob das für die Errichtung von Privatschulen vorgesehene Verfahren (Anzeige beim Landesschulrat gem § 7 PrivatschulG) durchgeführt wurde; ebensowenig ergibt sich aus dem Statut, ob der Ballettschule das Öffentlichkeitsrecht verliehen wurde[36]. **Durch den BTh-Kompetenztatbestand wird die Ballettschule von den Bestimmungen des PrivatschulG nicht ausgenommen;** dem Kompetenztatbestand käme „Abwehrwirkung" nur hinsichtlich (Annex)Einrichtungen zur Vermittlung bloßer Fertigkeiten und auch hier nur gegenüber etwaigen Landeskompetenzen zu.

Gem § 2 Abs 7 des in Kapitel A.V.8.e)(6) zit „Statuts" der Ballettschule hat „der gesetzliche Vertreter ... vor der Aufnahme eine Erklärung zu unterzeichnen, daß ihm das **Statut der Ballettschule** bekannt ist und daß er die darin enthaltenen Bestimmungen zur Kenntnis nimmt." Da gem § 5 Abs 6 SchUG „die Aufnahme in eine Privatschule ... durch einen Vertrag des bürgerlichen Rechts zwischen dem Schüler und dem Privatschulerhalter (erfolgt)" und gem § 4 PrivatschulG auch jede Gebietskörperschaft als Rechtsträger einer Privatschule in Betracht kommt, ist das Statut der Ballettschule als durch rechtsgeschäftliche Vereinbarung individuell geltende **AGB** zu qualifizieren[37]. Bemerkenswert ist auch, daß die Angelegenheit „Ballettschule" in der DI 1976 nicht genannt ist. Infolge des Bestehens zweier getrennter Ballettensembles in Staats- und Volksoper scheint ihre Einordnung in das **GS** des ÖBThV durch die GE des BMUK[38] — als gleichrangige Einrichtung neben den vier Hauptabteilungen — konsequent und zweckmäßig zu sein. Unklar war nach der GE des BMUK jedoch, in welchem **Neben- bzw Unterordnungsverhältnis die Dion der Ballettschule zur — mittlerweile**

35 Vgl *Walter/Mayer*, Verwaltungsrecht[2] 146.

36 Die Verleihung des Öffentlichkeitsrechts ist ein von der Erlassung des Organisationsstatutes durch den BMUK zu unterscheidender Rechtsakt. Vgl *Walter/Mayer*, Verwaltungsrecht[2] 148 f.

37 S zum im Schuljahr 1981/82 gegründeten Schulversuch „Realgymnasium für Schüler der Ballettschule der ÖBTh", ÖBThV, Bericht 1988/89, 140.

38 BMUK 21.12.1989, 10740/6/1/89, 61 ff (64).

aufgelassenen — Dion für kulturelle Angelegenheiten stand, da der Leiter der Dion für kulturelle Angelegenheiten zugleich auch (offenbar administrativer) MitDir der Ballettschule war. Da die Stellung des Dir für kulturelle Angelegenheiten in der Weisungshierarchie des ÖBThV als rechtlich unklar zu qualifizieren war[39], dürfte nur die Überordnung des GS über den (künstlerischen) Dir der Ballettschule unproblematisch gewesen sein. Auf sonstige Probleme im Zusammenhang mit der Ballettschule der ÖBTh kann im Rahmen dieser Arbeit nicht eingegangen werden[40].

5. Zur Dienststellenqualität des Generalsekretariats des Österreichischen Bundestheaterverbandes im Sinne des Personalvertretungsrechts

Die eigenartige Zwitterstellung des GS des ÖBThV — einerseits als „abweichende Einrichtung" im Rahmen des BMUK gem § 7 Abs 5 BMG und andererseits als Koordinations- und zT Führungsstelle des (gesetzlos eingerichteten) ÖBThV — zeigt ihre Schwächen besonders augenfällig im Personalvertretungsrecht: Anläßlich einer gegen einen Bescheid des Zentralwahlausschusses für die beim BMUKS und den nachgeordneten Dienststellen verwendeten Bundesbediensteten erhobenen Beschwerde hatte sich der VwGH ua mit der Frage auseinanderzusetzen, ob das GS des ÖBThV als selbständige „Dienststelle" iSd § 1 Abs 4 PVG anzusehen sei[41].

Nach dieser Bestimmung werden unter „Dienststellen" iSd PVG „die Behörden, Ämter und anderen Verwaltungsstellen sowie Anstalten und Betriebe, die nach ihrem organisatorischen Aufbau eine verwaltungs- oder betriebstechnische Einheit darstellen", verstanden. Die belangte Behörde hatte im wesentlichen die Auffassung vertreten, daß **durch die DI 1971 keine nachgeordnete Dienststelle „GS des ÖBThV" habe eingerichtet werden sollen.** Die „Organisation des ÖBThV" entspreche § 7 Abs 5 BMG; § 1 Abs 4 PVG vermöge dem im BMG vorgesehen Aufbau nicht dadurch zu widersprechen, daß es einen völlig andersartigen Dienststellenbegriff einführe. Es sei zumindest im Zweifelsfalle anzunehmen, daß den Organisationsvorschriften Vorrang zukomme. Die (118) Bediensteten des GS des

---

39 Nach den DI 1971 und 1976 war er dem GS **nebengeordnet**, seit der „GeO des GS" vom 28.9.1979, BMUK 1958/79, dürfte er dem GS untergeordnet gewesen sein. Im Amtskalender 1991/92 ist die Dion für kulturelle Angelegenheiten nicht mehr enthalten.

40 Fraglich könnte sein, ob angesichts des jahrzehntelangen **Nachwuchsmonopols** der Ballettschule für Ballettensemblemitglieder der BTh eine rein privatwirtschaftliche Organisation ohne hoheitliche Ausgestaltung (Rechtsschutz bei Nichtaufnahme etc) sachlich zu rechtfertigen war. Das Nachwuchsmonopol dürfte durch die neuere Engagementpolitik mittlerweile aber beseitigt sein. Nicht unbedenklich erscheint auch die **Unentgeltlichkeit** des Schulbesuchs im Zusammenhalt mit den nach wie vor guten Berufsaussichten in den Ballettensembles der BTh zu sein, da private Ballettanzschulerhalter durch das Zusammenspiel dieser beiden Faktoren deutlich benachteiligt sind.

41 VwGH 2.3.1989, 88/09/0010 (ZfVB 1990/1392).

ÖBThV seien daher zu Recht in die bei der (zusammengefaßten) Dienststelle „BMUKS“ geführte Wählerliste aufzunehmen gewesen.

Der VwGH hob den bekämpften Bescheid wegen fehlender Sachverhaltsfeststellung und mangels hinreichender Begründung zu der „entscheidungswesentlichen Frage“ auf, „ob dem ÖBThV nach Aufgabenbereich und Organisation eine Selbständigkeit zukommt.“ Der VwGH sah es offenbar als entscheidend an, ob

„bei der großen Anzahl der dort beschäftigten Bediensteten, der räumlichen Entfernung vom BMUKS und der weitgehend selbständigen Leitung durch seinen GS in kommerzieller, administrativer, personeller, technischer und organisatorischer Hinsicht ... diese Umstände eine prägende Bedeutung für diese Einrichtung haben und ob der ÖBThV in Ansehung seines Aufgabenbereiches in einer organisatorisch herausgehobenen Stellung zum BMUKS steht.“

Offenbar erachtete der VwGH **faktische Umstände und nicht Organisationsnormen als entscheidend** für die Lösung der Rechtsfrage, ob das GS nach seinem organisatorischen Aufbau eine verwaltungs- oder betriebstechnische Einheit darstellt: Das GS — und keineswegs der ÖBThV als solcher! — findet seine gesetzliche Grundlage in § 7 Abs 5 BMG und stellt somit eine von der sonstigen Ministerialgliederung „abweichende Organisation“ dar. Vom Standpunkt des BMG als Organisationsnorm sind alle derartigen Einrichtungen als mit Sektionen bzw Abteilungen rechtlich gleichwertig zu betrachten; auch das Personalvertretungsrecht enthält keine Bestimmung, wonach jede „abweichende Organisation“ stets eine eigene Dienststelle zu bilden habe. Entscheidend für die Lösung der strittigen Rechtsfrage ist die **Interpretation der Wendung „organisatorischer Aufbau“:** Versteht man — wie offenbar der VwGH — unter „Organisation“ iSd § 1 Abs 4 PVG neben den Organisations**normen** auch die Aufgaben und Ziele einer Verwaltungsstelle und das Ausmaß ihrer „selbständigen Leitung“, mag man zwar einen vordergründig praktikablen Dienststellenbegriff zu bilden imstande sein, der im Einzelfall den tatsächlichen Interessen der Bediensteten besser entspricht als organisatorische Fiktionen; dieses Ergebnis ist jedoch nur bei Nichtbeachtung des Gesetzeswortlautes zu erzielen[42, 43].

---

42 Als irrelevant ist weiters — angesichts der räumlichen Zersplitterung jedes BM — die räumliche Entfernung vom BMUK anzusehen: Einerseits können Dienststellen über mehrere Gebäude verteilt sein, andererseits können sich in einem Gebäude mehrere Dienststellen befinden.

43 Das GS des ÖBThV stellt nach der bisherigen Jud jedenfalls **keinen Betrieb iSd ArbVG** dar (so EA Wien 26.9.1985, Arb 10422). Folgte man der zit Argumentation der belangten Behörde, wären offenbar auch die — dem GS durch die GE eingegliederten — Werkstätten (soferne man sie nicht als in der GE des BMUK vorgesehene Betriebe iSd ArbVG [§ 1 Abs 1 PVG] qualifizierte) und die Ballettschule als Teil der „Dienststelle BMUK“ anzusehen.

V. Die Bundestheater: „Unselbständige (öffentliche) Anstalten", „öffentliche Unternehmung" und/oder „Hoheitsbetrieb"?

1. Einleitung

Nach dem in Kapitel A.II.9.a) zit Erk VwSlgAF 13407 A/1923 beruhten die BTh „nicht auf dem Grundsatze der Erwerbswirtschaft, sondern wegen des augenfälligen Mißverhältnisses zwischen Einnahmen und Betriebskosten auf dem Grundsatze der Opferaufwand- und Defizitwirtschaft, der mäzenatischen Subvention oder Zuschüsse ..."; kennzeichnend sei der „Mangel jedes erwerbswirtschaftlichen Elementes". Nach dem in Kapitel A.V.6.b) zit Erk VwSlg 4804 A/1958 sind

> „die BTh ... keine Einrichtung privatwirtschaftlicher Art. Sie sind auch nicht vom Staat in der Absicht übernommen worden, sie als solche zu führen, sondern in Wahrung des öffentlichen Interesses an der Erhaltung dieser wertvollen Kultureinrichtungen unseres Landes, also in Erfüllung hoheitlicher Aufgaben. Der Zuordnung der BTh unter den Bereich der hoheitlichen Aufgaben des Staates steht nicht entgegen, daß für den Besuch der Theatervorstellungen Eintrittspreise eingehoben werden. Denn bei den BTh steht, zum Unterschied von den Privattheatern, nicht die Erzielung von Einnahmen, also ein Erwerbszweck, im Vordergrund, sondern die hoheitliche Aufgabe der staatlichen Kunstförderung gerade durch diese bundeseigenen Kultureinrichtungen von Weltruf."

Das erste Erk ist insb für die Beurteilung des in Kapitel A.III.4.h) untersuchten verfassungsrechtlichen BTh-Begriffes von Bedeutung. Hier sind drei Fragen zu untersuchen: Welche Stellung nehmen die BTh im „Personenrecht der Verwaltung" ein; welche Bedeutung kommt der Art der „Ausgabendeckung" der BTh zu; und: Stellen die BTh sog „Hoheitsbetriebe" dar?

2. Die Bundestheater als „unselbständige öffentliche Anstalten"

Der Begriff der **„öffentlichen Anstalt"** ist eine Schöpfung der deutschen Rechtswissenschaft[1]. Nach *O. Mayer* ist die öffentliche Anstalt „ein Bestand von Mitteln, sächlichen wie persönlichen, welche in der Hand

1 Der Text folgt zunächst der deutschen Verwaltungsrechtslehre, da die österreichische Dogmatik den Anstaltsbegriff nicht näher präzisiert oder differenziert hat. Das Ergebnis (die Einordnung der BTh nach der deutschen Dogmatik) wird sodann mit dem in Österreich herrschenden „Anstaltsbegriff" konfrontiert.

eines Trägers öffentlicher Verwaltung einem besonderen öffentlichen Zwecke dauernd zu dienen bestimmt ist."[2] An diese Definition knüpfen bis heute — mit einigen Abweichungen und Präzisierungen — die meisten Definitionen an, so auch *Wolff/Bachof/Stober*[3]:

„Die Anstalt wird organisationsrechtlich traditionell zwischen der Körperschaft und der Stiftung angesiedelt. ... Die öffentliche Anstalt ist eine von einer Hoheitsperson gemeinschaftlich getragene, idR mit Hoheitsgewalt ausgestattete, rechtlich subjektivierte und institutionalisierte, dh mit eigenen Personal- und Sachmitteln versehene Organisation, durch die der Träger (Anstaltsherr) eigene oder ihm gesetzlich auferlegte fremde, sachlich zusammenhängende öffentliche Angelegenheiten wahrnimmt und auf die er daher — soweit dies nicht gesetzlich ausgeschlossen ist — dauernd maßgebenden Einfluß ausübt."

Dieser Anstaltsbegriff verlangt **keine rechtliche Selbständigkeit,** sondern lediglich ein bestimmtes Maß an organisationsrechtlicher Verselbständigung; er ist enger als jener der **„öffentlichen Einrichtung"**, der nicht eine eigene Organisation erfordert, und als jener der **„öffentlichen Unternehmung"**, der auch privatrechtliche Organisationen erfaßt[4]. **Anstaltsträger** ist diejenige Hoheitsperson, welche die Anstalt errichtet hat, deren Aufgaben sie zu ihrem Teil wahrnimmt und deren Wille durch sie und in ihr zur Geltung kommt. Die öffentliche Anstalt ist weder ein Personenverband noch eine Kapitalgesellschaft; die Personenvielheit, der die Wirksamkeit der Anstalt zugute kommt, sind die Benutzer. Die öffentliche Anstalt unterscheidet sich schließlich von der öffentlichen Sache dadurch, daß erstere als rechtssubjektive Organisation öffentliche Sachen haben bzw um deren Verwaltung willen bestehen, zweitere hingegen nur Rechtsobjekte sind[5].

Hinsichtlich der **Arten** der öffentlichen Anstalt kann differenziert werden[6]:

1. Nach dem **Träger: Anstalten des Bundes,** der Länder, der Gemeinden, der Selbstverwaltungskörper; Anstalten von Anstalten.
2. Nach der **rechtlichen Selbständigkeit:** vollrechtsfähige, teilrechtsfähige und **nicht-rechtsfähige Anstalten;** letztere unterscheiden sich als Funktionseinheiten einer Hoheitsperson — trotz eigenen Namens — im Außenverhältnis rechtlich nicht. Sie sind dekonzentrierte oder dezentralisierte Organe des Anstaltsträgers ohne eigenständige Verpflichtungen und Berechtigungen, somit auch ohne eigenes Vermögen. Die nicht-rechtsfähige öffentliche Anstalt wird auch **„öffentliche Einrichtung"** genannt.

---

2 *O. Mayer* 268.
3 298 ff (300). Vgl zB auch *Forsthoff* 459 ff; *Wallerath* 66 ff; *Salzwedel* 339 ff.
4 *Wolff/Bachof/Stober* 300.
5 *Wolff/Bachof/Stober* 303 ff.
6 Die für die BTh in Betracht kommende Einordnung wird im folgenden in Fettdruck ausgewiesen. Die Darstellung folgt *Wolff/Bachof/Stober* 305 ff.

3. Nach dem **Anstaltszweck:** Behörden, **kulturelle und Bildungsanstalten,** Forschungsanstalten, Ver- und Entsorgungsanstalten, Gewahrsams- bzw Eingriffsanstalten, wirtschaftslenkende und -fördernde Anstalten etc.
4. Nach der **Organisationsart:** Durch SonderG errichtete „einzigartige“ oder typisierte Anstalten; **reine Regiebetriebe (-anstalten), die mit allen Einnahmen und Ausgaben im Haushalt erscheinen (Bruttobetriebe)**[7]; verselbständigte Regiebetriebe, bei denen nur das Endergebnis in den öffentlichen Haushalt eingeht (Nettobetrieb); Eigenbetriebe, die zwar nicht rechtsfähig sind, aber von der Trägerverwaltung deutlich abgesetzte Unterorganisationen mit Sondervermögen und eigenem Namen darstellen und über eine eigene kaufmännische Buchführung (Selbstkosten-, Gewinn- und Verlustrechnung) verfügen.
5. Nach der **Ausgabendeckung:** (vgl dazu Kapitel B.V.3.b)(1)).
6. Nach der **Nutzbarkeit:** nicht nutzbare und **nutzbare Anstalten,** wobei bei letzteren hinsichtlich der (Un)**Freiwilligkeit der Nutzung** unterschieden wird.
7. Nach der **Benutzungsart: vorübergehende** — andauernde; Beschränkung der Dauerbenutzung auf Sachleistungen oder Integration des Benutzers in die Anstalt; **offene** — geschlossene — abgeschlossene, wobei erstere vorliegt, wenn sie **von jedem Interessenten** benutzt werden können.
8. Nach der **Rechtsform der Nutzung: Anstalten mit privatrechtlicher Nutzung**[8] — fiskalische, beschaffende, **verwaltungsprivatrechtliche**[9]; Anstalten mit öffentlich-rechtlicher Nutzung (öffentlich-rechtlicher Zulassung, öffentlich-rechtlicher Anstaltsgewalt etc) und verwaltungsprivatrechtlichem oder verwaltungsrechtlichen Leistungsverhältnis (letzteres entweder mit oder ohne Begründung eines Sonderstatus der Benutzer). Das Leistungsverhältnis kann begründet werden durch: G, Satzung; Staatsakt; öffentlich-rechtlichen Vertrag; Verwaltungsakt; **(verwaltungs)privatrechtlichen Vertrag;** tatsächliche Inanspruchnahme.

---

7 Vgl zu künstlerischen Regiebetrieben *Hewig* 37.

8 Unklar *O. Mayer* 274 bei FN 11, der ua die „staatlichen oder städtischen Theater“ zu den „öffentlichen Anstalten mit privatrechtlicher Nutzungsordnung“ zählt, „weil sie allesamt ursprünglich auf privatwirtschaftlichem Boden erwachsen (sind) als Äußerungen des Unternehmergeistes einzelner ... Erst nachträglich hat auch das Gemeinwesen sich dieser Dinge bemächtigt ... Dabei hat es aber die einmal für diese Geschäfte festgelegte Auffassung und Art der entsprechenden Rechtsordnung beibehalten: sie gehörten von Haus aus dem Privatrecht an und sind ihm treu geblieben.“ Gerade für **ehemalige HTh** trifft diese Auffassung aber nicht zu: Weder sind sie „Äußerungen des Unternehmergeistes einzelner“, noch lassen sich die ursprünglichen [Rechts?]Beziehungen Theaterbesucher — Hof als schlicht privatrechtlich deuten (s dazu A.I.2.a)).

9 So auch BayerVfGH 27.5.1971, Vf 24-VI-70 *(Gross/Wehrl* 23 [1972] Nr 3). S zum Begriff „Verwaltungsprivatrecht“ *von Münch*, Verwaltung 26 f: „Die Verwaltung geht in Zivil bei drei Tätigkeitsarten: 1. als Bedarfsverwaltung ...; 2. bei erwerbswirtschaftlicher Tätigkeit ...; 3. **wenn die Verwaltung — was im Bereich der Leistungsverwaltung häufig vorkommt — sich zur Erfüllung hoheitlicher Aufgaben der Rechtsform des Privatrechts bedient (sog Verwaltungsprivatrecht).“** Davon zu unterscheiden ist die „schlichthoheitliche Verwaltung“ (vgl *Wallerath* 25 f).

Die BTh sind nach diesen Differenzierungen als **nicht-rechtsfähige, kulturellen Zwecken dienende**[10], sowie freiwillig, vorübergehend, (verwaltungs)privatrechtlich und offen nutzbare Anstalten des Bundes zu qualifizieren, die als reine Regie(Brutto)betriebe organisiert sind und — wie noch in Kapitel B.V.3.b)(1) gezeigt werden wird — **keine „wirtschaftlichen (öffentlichen) Unternehmungen"** darstellen.

Das **B-VG** verwendet ua in Art 126 b Abs 1 und in Art 23 Abs 1 den Begriff **„Anstalt"**[11]; diese **Anstaltsbegriffe** dürften lediglich die **selbständige,** dh mit Rechtspersönlichkeit ausgestattete Anstalt umfassen[12]. **Unselbständige Anstalten** — dh dekonzentrierte oder dezentralisierte Organe des Anstaltsträgers Bund ohne eigenständige Verpflichtungen und Berechtigungen und ohne eigenes Vermögen — sind unter den Begriff „gesamte Staatswirtschaft des Bundes" bzw „der Bund" zu subsumieren[13]. In Art 10 Abs 1 Z 13 B-VG ist zwar eine Bundeskompetenz in Angelegenheiten des „Stiftungs- und Fondswesens ..." bzw der „künstlerischen Sammlungen und Einrichtungen des Bundes", nicht jedoch hinsichtlich des „Anstaltswesens des Bundes" oä enthalten. Das **B-VG verwendet jedoch letztlich keinen einheitlichen Anstaltsbegriff:** Dieser umfaßt sowohl selbständige (zB Art 126 b) als auch unselbständige (zB Art 12 Abs 1 Z 1) Anstalten.

Die **österreichische Verwaltungsrechtslehre** hat einiges zur Vieldeutigkeit des Anstaltsbegriffs beigetragen. *Herrnritt*[14] behandelt „die **öffentlich-rechtlichen Anstalten"** unter den „Selbstverwaltungsorganen" und definiert sie als

> **„auf sachlicher Grundlage beruhenden, von einem Willensträger beherrschten Komplex von technischen Einrichtungen, der einem Zwecke der öffentlichen Verwaltung dauernd zu dienen bestimmt ist.** Die Verfassung der Anstalt wird von einem dritten außer ihr stehenden Willensträger autonom bestimmt; denn die

---

10 Der **„Zweck" der BTh** ist mangels gesetzlicher Normierung bloß vage durch den „versteinerten" BTh-Begriff der VASTh ermittelbar: Die STh wurden gem § 2 KGFG **„aus Gründen der staatlichen Kunstpflege"** aus dem im HabsburgerG genannten Vermögen ausgeschieden. Dieser unterverfassungsgesetzlich normierte, jedoch ziemlich unbestimmte Zweck der BTh (**„staatliche Kunstpflege"**) ist in den verfassungsrechtlichen BTh-Begriff miteingeflossen.

11 „Der Bund ... und die sonstigen Körperschaften und **Anstalten des öffentlichen Rechts** haften für den Schaden, ..." (Art 23 Abs 1); gem Abs 2 und 3 werden diese juristischen Personen als „Rechtsträger" bezeichnet. „Der RH hat ... die Gebarung von Stiftungen, Fonds und **Anstalten** zu überprüfen, die von Organen des Bundes, oder von Personen (Personengemeinschaften) verwaltet werden, die hiezu von Organen des Bundes bestellt sind." (Art 126 b Abs 1). Auch die **Kompetenzartikel** beinhalten Zuständigkeiten in „Anstaltsangelegenheiten": zB **„Heil- und Pflege-, Kuranstalten"** (Art 12 Abs 1 Z 1); **„Lehr-, ... Versuchsanstalten"** (Art 14 a Abs 2); **„öffentliche Anstalten"** (Art 15 Abs 5).

12 Vgl zum Anstaltsbegriff des Art 23 Abs 1 B-VG *Schragel* Rz 15.

13 So auch *Hengstschläger* 208.

14 Verwaltungsrecht 102 ff (Hervorhebungen von mir).

Anstalt hat im Gegensatz zur Körperschaft keine Mitglieder, sondern nur Nutzungsberechtigte (‚Destinare') ... Je nachdem, ob die Anstalt mit eigener Verbandspersönlichkeit ausgestattet, also selbst Willensträger ist, oder ob sie einer anderen Person (bzw Körperschaft) gehört, einen Teil ihres Vermögens bildend und im Rahmen gesetzlicher Bestimmungen ihrer Verfügung unterstehend, unterscheidet man **selbständige und unselbständige Anstalten.** ...Wenn eine unselbständige Anstalt als wirtschaftliches Unternehmen lediglich den Zwecken ihres Eigentümers dient (zB ... ein **Privattheater**) und ihre Rechtsverhältnisse, abgesehen etwa vom Aufsichtsrechte des Staates, nach dem Privatrechte geregelt sind, wird sie als eine **privatrechtliche Anstalt** bezeichnet, während Anstalten, die ... den Normen öffentlichen Rechts folgen ..., als **öffentlichrechtliche Anstalten** bezeichnet werden können; ... Wenn solche Anstalten überdies von Gebietskörperschaften errichtet oder erhalten werden und demgemäß allgemein ... benützt werden können, werden sie als **öffentliche Anstalten** (zB ... **Museen**) bezeichnet. ..."

Adamovich[15] behandelt „Anstalten" im Rahmen der „Träger der öffentlichen Verwaltung — Verwaltung durch Körperschaften, Anstalten, Stiftungen":

„Juristische Personen sind nur jene Anstalten, die durch G mit eigener Rechtspersönlichkeit ausgestattet sind. Anstalten, die im Eigentum einer Gebietskörperschaft stehen, sind demgegenüber nicht eigene juristische Personen, für ihre Rechte und Pflichten hat vielmehr die Gebietskörperschaft, die Träger der Anstalt ist, mit ihrem gesamten Vermögen einzustehen. **Die im Eigentum des Bundes ... stehenden ... Theaterbetriebe ... sind somit keine eigenen juristischen Personen, ihre Rechte und Verbindlichkeiten gelten als Rechte und Verbindlichkeiten der betreffenden Gebietskörperschaft, nur diese kann für die Anstalt gerichtlich klagen und geklagt werden, das Eigentum kann grundbücherlich nur zugunsten dieser Gebietskörperschaft selbst einverleibt werden. ...**"[16]

Besonders betont *Adamovich*, daß Anstalten „durch die **Gesetzgebung**" in private und öffentliche geschieden werden, wobei kein einheitlicher Einteilungsgrund festzustellen sei; die Folge der Öffentlichkeit liege in einer Reihe von besonderen Rechten und Pflichten, an denen die privaten Anstalten nicht teilhätten[17]. Nach *Adamovich* wären die BTh somit als

15 Verwaltungsrecht[4] 35 ff (Hervorhebungen von mir).

16 Letzteres wird von der Verwaltungspraxis und vom OGH regelmäßig ignoriert („... beklagte Partei **ÖBThV**, ..." — OGH 24.3.1987, 14 Ob A 9/87).

17 Verwaltungsrecht[4] 35 f: Besondere, den öffentlichen Anstalten **durch die Gesetzgebung typischerweise vorbehaltene Rechte** seien zB das Recht, den Betrieb im Rahmen der G durch **AnstaltsO** näher zu regeln, deren Anordnungen sich jedermann, der als Nutzer die Dienste der Anstalt in Anspruch nähme, unterwerfen müsse; weiters das Recht, im Interesse eines geordneten Anstaltsbetriebes jede Störung mit den gesetzlich vorgesehenen Mitteln der AnstaltsPol hintanzuhalten; deren Umfang könne nur nach den maßgeblichen gesetzlichen Vorschriften beurteilt werden (vgl zur Bedeutung des Fehlens besonderer gesetzlicher Grundlagen für die BTh für die Qualifikation ihrer HOen B.VII.). Besondere Pflichten der öffentlichen Anstalten seien **Zulassungszwang, allgemeinverbindlich festgesetzte Anstaltsgebühren** und **Betriebspflicht.**

unselbständige Anstalten im Rahmen der Gebietskörperschaft Bund anzusehen, die in Ermangelung eines (BTh)G nicht als öffentliche Anstalten qualifiziert werden könnten[18].

Antoniolli behandelt „die Anstalt" im Rahmen des „Personenrechts der Verwaltung" unter den „juristischen Personen öffentlichen Rechts" (Körperschaft, Anstalt, Stiftung):

„Juristische Personen des öffentlichen Rechts sind ... jene juristischen Personen, die mit hoheitlichen Befugnissen ausgestattet, Aufgaben der öffentlichen Verwaltung erfüllen und Zwangsbestand haben. ... Die Anstalt ist die zur juristischen Person erhobene Einrichtung mit einem Bestand an sachlichen und persönlichen Mitteln, die dauernd bestimmten Zwecken der öffentlichen Verwaltung gewidmet sind. Wesentlich ist eine äußerlich sichtbare Einrichtung, bestehend aus einem persönlichen und sachlichen Apparat, und die dauernde Widmung für Anstaltszwecke durch den Träger der Anstalt. Die Anstalt hat nicht Mitglieder, sondern Benützer (Destinäre). ... Man unterscheidet **selbständige** und **unselbständige** Anstalten, je nachdem, ob sie Rechtspersönlichkeit haben oder nicht."[19]

Der VfGH hatte sich in Slg 3296 mit dem Anstaltsbegriff iSd fünften Hauptstückes des B-VG zu befassen. Er dürfte sich dabei an der in der Lehre herrschenden Auffassung orientiert haben, indem er drei Merkmale als konstitutiv für den Anstaltsbegriff erachtete: 1. **Sachmittel** in Form technischer Einrichtungen als zweckgebundenes Verwaltungsvermögen; 2. **Eignung** der Sachmittel, bestimmte Aufgaben der **öffentlichen Verwaltung** durch **Benützung** durch Destinare zu erfüllen; 3. Personelle Ausstattung. Weder *Hengstschläger* noch *Stolzlechner* bilden Anstaltsbegriffe, die von der vom VfGH und der älteren österreichischen Lehre getroffenen Begriffsbildung wesentlich abweichen[20]; eine nähere Darstellung erübrigt sich daher. Zudem schließen die rechtswissenschaftlichen Begriffe „Eigen(Regie)betrieb" und „unselbständige Anstalt" einander nicht aus[21]; auch die RH-Zuständigkeit wirft keine weiteren Probleme auf.

Die österreichische Lehre behandelt die **unselbständige Anstalt,** die rechtlich als (bloß innerorganisatorisch abgehobener) Teil der anstaltstragenden Gebietskörperschaft zu qualifizieren ist, regelmäßig im Rahmen der Lehre von den **juristischen Personen des öffentlichen Rechts** — und nicht etwa im Rahmen der Lehre von der (inneren) Einrichtung der Organe der Gebietskörperschaften. Das Phänomen „unselbständige Anstalt des Bundes" harrt somit — insb aus dem Blickwinkel des Art 77 Abs 2 B-VG — noch einer näheren Durchdringung; nicht unproblematisch ist auch das Verhältnis zu Art 104 Abs 1 iVm Art 102 Abs 1 B-VG[22]. Festzuhalten

18 Vgl auch *Adamovich/Funk*, AVR^3 319.

19 138 f (Hervorhebungen im Original). So auch *Antoniolli/Koja* 299 ff.

20 *Hengstschläger* 200 ff. *Stolzlechner*, Fonds 29 ff. Vgl auch *Pauger*, Ordnungsrecht 1 ff; *Wenger,* Wirtschaftsrecht I Rz 502 ff.

21 Vgl näher *Hengstschläger* 203, 208.

bleibt, daß die im Lichte der deutschen Verwaltungsrechtslehre getroffene Qualifikation der BTh im Lichte der österreichischen Dogmatik aufrechterhalten werden kann. Zu betonen ist, daß diese Qualifikationsmermale für den Bereich der BTh bloß rechtswissenschaftliche Begriffsbildungen sind, da Aufgabe(n), Zwecke, Mittelverwendung, Ausgabendeckung etc der BTh noch immer einer gesetzlichen Regelung entbehren.

3. Zur „Ausgabendeckung" der Bundestheater

a) Zur Bedeutung der Gewinnerzielungsabsicht

Die eingangs (B.V.1.) zit, im Jahr 1923 vom VwGH getroffene grundsätzliche Unterscheidung (Erwerbswirtschaft; Opferaufwand- und Defizit-

---

22 So ist keineswegs a priori unbestreitbar, daß die von Art 104 B-VG bezeichneten „Einrichtungen zur Besorgung der in Art 17 bezeichneten Geschäfte des Bundes" — sohin jene, die er „als Träger von Privatrechten" besorgt — stets **alle** — nicht in der Erlassung von Bescheiden, Verordnungen und Zwangsakten bestehenden — öffentlichen Aufgaben erfüllen dürfen. Gerade die kulturelle Daseinsvorsorge durch Errichtung und Betrieb von „Zuschußbetrieben" ist nicht eindeutig und ohne jede „Restgröße" unter Art 17 B-VG subsumierbar: Vgl zB auch die im Zuge der Beratungen zum B-VG auf Anregung von *Froehlich* in der 18. Sitzung des UAVerfA vom 23.9.1920 gestrichene, „von ihm als überflüssig bezeichnete" erläuternde Wortfolge „(Eigentümer, Unternehmer, Pächter usw)" in Art 14 Abs 1 des „Linzer Entwurfes" (*Ermacora,* Quellen 477). Das Prot des UAVerfA enthält weiters für die **Zulässigkeit von Bundeszuschußbetrieben** äußerst bedeutsame Ausführungen (Hervorhebungen von mir): „Eine längere Debatte entspinnt sich über die von MinRat Dr *Froehlich* angeregte Einschaltung eines 2. Absatzes von folgendem Wortlaut: ‚Ebenso ist der Bund unbeschadet der den Ländern auf dem Gebiete der Gesetzgebung und Vollziehung zustehenden Befugnisse berechtigt, **zur Förderung** des wirtschaftlichen und **kulturellen Lebens auf allen Gebieten Unternehmungen und Einrichtungen zu schaffen und zu erhalten, Veranstaltungen zu treffen und finanzielle Mittel zur Verfügung zu stellen.**' MinRat Dr *Froehlich* bemerkt hiezu, daß in verschiedenen Zentralstellen **Besorgnisse entstanden seien, ob die in diesem Art** [sc Art 14 Abs 1] **vorgesehenen Unternehmungen und Veranstaltungen des Bundes in den Ländern, zB die Abhaltung einer Ausstellung und ähnliches mangels einer solchen ausdrücklichen verfassungsrechtlichen Legitimation möglich seien.** Die Einschaltung dieses Absatzes wird abgelehnt, zugleich jedoch festgestellt, daß die einvernehmliche Auslegung, die der Ausschuß dem Art gegeben habe, im Ausschußberichte festgehalten werde. ..." (*Ermacora,* aaO). Der Bericht des VerfA, 991 BlgKNV, enthält diese „Auslegung": „... daß das **Recht des Bundes (wie übrigens auch der Länder), gleich jeder Privatperson zur Förderung des wirtschaftlichen und kulturellen Lebens innerhalb des gesamten Bundesgebietes unbeschadet der vorerwähnten Kompetenzverteilung, Unternehmungen zu schaffen und zu erhalten, sowie Veranstaltungen zu treffen, als unbestritten gilt.**" (*Ermacora,* aaO 547 [553]). Diese Ausführungen zeigen, daß die Zuordnung kultureller Daseinsvorsorge durch den Betrieb kultureller (Zuschuß)Betriebe dem historischen Verfassungsgesetzgeber gerade nicht eindeutig erschienen sein dürfte. Durch die legistisch verfehlte Regelungstechnik („Hervorhebung" im AB) bleibt aber gerade offen, ob Art 17 B-VG den Betrieb kultureller (Zuschuß)Betriebe umfaßt; die ausdrückliche Normierung der Zulässigkeit nicht-erwerbsorientierter Betätigungen iSd Ausführungen *Froehlich*s hätte zahlreiche Debatten über Reichweite und Bedeutung des Art 17 B-VG erspart.

wirtschaft) ist der Sache nach auch der geltenden positiven Rechtsordnung bzw der Rechtswissenschaft geläufig: So bestimmt § 1 Abs 2 GewO: „Eine Tätigkeit wird gewerbsmäßig ausgeübt, wenn sie ... in der Absicht betrieben wird, einen Ertrag oder sonstigen wirtschaftlichen Vorteil zu erzielen, gleichgültig, für welche Zwecke dieser bestimmt ist.“[23] Dem **Steuerrecht** ist wiederum das (rechtspolitisch wie dogmatisch umstrittene) Phänomen der **„Liebhaberei“** geläufig; so sind Tätigkeiten, die — auf Dauer gesehen — kein positives wirtschaftliches Gesamtergebnis erbringen, nicht als Einkunftsquellen qualifizierbar und daher einkommensteuerlich irrelevant[24]. Wesentlich ist das Streben nach Reinertrag, das auch geeignet sein muß, auf Dauer einen Gewinn abzuwerfen[25]. Voraussetzung für die Unternehmereigenschaft nach § 2 Abs 1 UStG ist die selbständige Ausübung einer gewerblichen oder beruflichen Tätigkeit, die definiert wird als „jede nachhaltige Tätigkeit zur Erzielung von Einnahmen, auch wenn die Absicht, Gewinn zu erzielen, fehlt“. Um den sich daraus ergebenden USt-Vorteil zu verhindern, sind **Verlustbetriebe** gem § 2 Abs 5 Z 2 UStG **generell vom Unternehmensbereich ausgenommen:**

„Nicht als gewerbliche oder berufliche Tätigkeit gilt ... eine Tätigkeit, die auf Dauer gesehen Gewinne oder Einnahmenüberschüsse nicht erwarten läßt (Liebhaberei).“ Jedoch bestimmt § 2 Abs 3 UStG: „Die Körperschaften öffentlichen Rechts sind nur im Rahmen ihrer BgA (§ 2 KStG 1988) ... gewerblich oder beruflich tätig.“ § 2 Abs 1 KStG schließlich bestimmt: „BgA einer Körperschaft des öffentlichen Rechts ist jede Einrichtung, die wirtschaftlich selbständig ist und ausschließlich oder überwiegend einer nachhaltigen privatwirtschaftlichen Tätigkeit von wirtschaftlichem Gewicht und zur Erzielung von Einnahmen ... dient. Die Absicht, Gewinn zu erzielen, ist nicht erforderlich. Die Tätigkeit der Einrichtung gilt stets als Gewerbebetrieb.“

Hingegen sind ua die Gebietskörperschaften — mit Ausnahme der BgA — als solche nicht unbeschränkt steuerpflichtig[26]. Die (umstrittene) Praxis begünstigt BgA von Körperschaften öffentlichen Rechts: Auch Verlustbetriebe werden umsatzsteuerlich anerkannt; diese Praxis wurde von Lit und Jud kritisiert[27]. Obwohl die BTh demnach zweifellos als Verlustbetriebe zu qualifizieren sind, kommt ihnen diese Praxis entgegen: In den Entgelten für BTh-Eintrittskarten sind 10% USt enthalten[28]; sie

23 Vgl dazu *Mache/Kinscher* Anm 10 — 16 zu § 1. Der Betrieb von Theatern etc ist gem § 2 Abs 1 Z 17 ausdrücklich von der GewO ausgenommen (*Mache/Kinscher* Anm 113 ff zu § 2). Vgl zur historischen Entwicklung unter Hinweis auf die GewO 1859 VfSlg 2670.

24 *Doralt/Ruppe* I[4] 23; umfassend *Stoll*, Verluste, insb 21 ff.

25 *Doralt/Ruppe* I[4] 23 f, unter Hinweis auf VwGH 27.11.1984, 83/14/0046.

26 Vgl näher *Doralt/Ruppe* I[4] 221 ff. S zur Sonderregelung des § 2 Abs 5 KStG für „Hoheitsbetriebe“ B.IV.4.

27 *Doralt/Ruppe* I[4] 279 f mNd Jud des VwGH.

28 § 10 Abs 2 Z 13 lit a UStG: „Leistungen, die regelmäßig mit dem Betrieb eines Theaters verbunden sind“. S auch § 10 Abs 2 Z 12 UStG.

dürften somit — von der Praxis — auch als vorsteuerabzugsberechtigt angesehen werden. Dies setzt eine Qualifikation als BgA iSd § 2 KStG voraus; das ist, obwohl weder die BTh noch der ÖBThV über eigene Rechtspersönlichkeit verfügen, im Rahmen des KStG[29] möglich, da die Steuerpflicht hier auf das Vorliegen einer eigenen Rechtspersönlichkeit abstellt[30]. Die Frage, ob die BTh nicht als „Hoheitsbetriebe“ iSd § 2 Abs 5 KStG zu qualifizieren sind, wird in Kapitel B.V.4. untersucht.

Hier bleibt festzuhalten, daß die **BTh[31] nach der Praxis grundsätzlich KSt-pflichtig wären; für sie dürfte jedoch die „persönliche Steuerbefreiung“ des § 5 Z 6 KStG** gelten, da sie wohl unstreitig „der Förderung gemeinnütziger Zwecke dienen“, da als „gemeinnützig“ Einrichtungen zur Förderung auf kulturellem Gebiet gelten[32]. Die USt-Pflichtigkeit ihrer Leistungen und ihre Vorsteuerabzugsberechtigung ist jedoch nicht unerheblichen Bedenken ausgesetzt.

b) Zuschußbetrieb und öffentliche Unternehmung

(1) Das Kriterium der „Ausgabendeckung“

Der deutschen Verwaltungsrechtslehre ist die Unterscheidung öffentlicher Anstalten ua nach dem Kriterium der „Ausgabendeckung“ geläufig: So werden unter **„Zuschuß-Anstalten“** jene „gemeinnützigen Einrichtungen“ verstanden, „die um ihres gemeinnützigen Zwecks willen unterhalten werden, auch wenn sie ihre Kosten nicht aus eigenen Einnahmen zu decken vermögen“; diesen werden **„gewinnmitnehmende Anstalten“** und **„gewinnerstrebende Anstalten“** gegenübergestellt[33]:

„Zuschuß-Anstalten“ sind zwar **wirtschaftlich, dh sparsam zu verwalten,** gelten aber **nicht als „wirtschaftliche Unternehmungen“** iSd deutschen Kommunalrechts, sie sind meist „einfache Regieanstalten oder einfache Einrichtungen“. Weiters gelten sie **nicht als „‚wirtschaftliche Unternehmungen‘ iS erwerbswirtschaftlicher Gewinnerzielung,** müssen aber insofern ‚wirtschaftlich‘ betrieben werden, als ihr vorgegebener Zweck mit geringstmöglichem Mitteleinsatz zu erreichen, bzw die eingesetzten Mittel sparsam, dh möglichst ergiebig einzusetzen sind.“ **„Gewinnmitnehmende Anstalten“** werden auch als „gemeinschaftliche

---

29 Und somit auch im Rahmen des auf das KStG verweisenden UStG.

30 BgA gehören nur dann zum Unternehmensbereich der Körperschaft, wenn sie Einnahmen erzielen; jedoch ist Gewinnerzielung nach der (umstrittenen) Verwaltungspraxis nicht erforderlich (vgl *Doralt/Ruppe* I[4] 282 mwN).

31 Der Frage, ob die einzelnen BTh oder der gesamte ÖBThV einen BgA darstellen, braucht hier — nicht zuletzt wegen der praktischen Unmöglichkeit, Gewinne zu erzielen — nicht nachgegangen werden. § 2 Abs 3 KStG (einheitlicher BgA bei organisatorischer Zusammenfassung) scheint jedoch anwendbar zu sein.

32 Vgl näher *Doralt/Ruppe* I[4] 224, II[2] 185, jeweils mwN.

33 Die Einteilung folgt *Wolff/Bachof/Stober* § 98 II Rz 31 ff.

Unternehmungen zur Daseinsvorsorge" bezeichnet; sie werden zwar auch „um ihres gemeinnützigen Zweckes willen erhalten, wirtschaften aber nicht nur sparsam, sondern mit der Absicht, mindestens ihre Kosten zu decken oder soviel Ertrag abzuwerfen, als mit der Befriedigung der sozialen Bedürfnisse der Leistungsempfänger, der Bildung von Rücklagen und mit der Marktlage vereinbar ist." „**Gewinnerstrebende Anstalten**" sind hingegen „erwerbswirtschaftliche Unternehmungen zur Befriedigung öffentlicher Interessen einschließlich der Erzielung von Überschüssen für den Haushalt ihres Trägers ..."

Für „Zuschußunternehmen" ist im allgemeinen die Führung als Kapitalgesellschaft in Deutschland eher unüblich; Regelfall ist die Form des verselbständigten Regiebetriebs oder des Eigenbetriebs[34]. Die Rechtsform des öffentlichen Theaters[35] variiert im einzelnen: Von den Kommunen dürfte der reine Regiebetrieb bevorzugt werden, wobei die Bühne unmittelbarer Teil der Verwaltung bleibt und das ihr gewidmete Vermögen nicht verselbständigt ist. Kulturpolitisch wird — infolge der Unzulänglichkeit der engen Bindung an den Gemeindehaushalt — zumindest die Form des „**befreiten Regiebetriebs**" als erstrebenswert angesehen. In Hamburg und Nordrhein-Westfalen wird anstelle „unmittelbarer" STh die „indirekte Form" der staatlichen Mehrheits- oder ausschließlichen Beteiligung an Theaterunternehmen bevorzugt, die in den Gesellschaftsformen des Privatrechts (AG oder GmbH) betrieben werden[36].

(2) Die Bundestheater als „öffentliche Unternehmungen"?

Im Laufe der geschichtlichen Entwicklung übernahm der Staat immer weitergehende leistende und gesellschaftsgestaltende Aufgaben, während jene des liberalen Ordnungsstaates quantitativ in den Hintergrund traten[37]. Die vielfältigen Tätigkeitsbereiche der leistenden (gesellschaftsgestaltenden) Verwaltung, die sich seit dem Ersten Weltkrieg quantitativ enorm vermehrten, werden von der modernen Verwaltungsrechtslehre nach den verschiedensten Kriterien eingeteilt; so nach der in Österreich vorherrschenden Meinung in: a) Daseinsvorsorge, b) Sozialverwaltung, c) Förderungsverwaltung und d) Wirtschaftsverwaltung[38].

Die **Bereitstellung von Bildungs- und Kultureinrichtungen** wird idR der **Vorsorgeverwaltung (Daseinsvorsorge)** zugezählt, wobei darun-

34 *Wolff/Bachof/Stober* § 98 II Rz 31.

35 Aus verschiedenen Gründen verfügt Deutschland über kein „Nationaltheater"; vom Bund wird kein „öffentliches Theater" betrieben, seine überregionalen Aktivitäten beschränken sich auf die Förderung des Theaterwesens, insb bei Auslandstourneen (vgl dazu näher *Oppermann* 450 mwN). S auch *Hewig* 37.

36 So zB die Hamburger Staatsoper als AG, das Deutsche Schauspielhaus Hamburg als GmbH; vgl dazu *Oppermann* 450 und die dort zit Lit.

37 Vgl bloß *Antoniolli/Koja* 109 ff.

38 *Antoniolli/Koja* 112 ff.

ter die „Bereitstellung und Erhaltung von Einrichtungen ..., die zum Leben und Wirtschaften unter den Bedingungen der technisch-industriellen Zivilisation erforderlich sind“, verstanden wird[39]. Zu diesen Bildungs- und Kultureinrichtungen werden von der Lehre einhellig Universitäten, Schulen, Museen und **Theater** gezählt, aber auch Kindergärten, Kulturzentren und Sportanlagen sowie Bibliotheken[40]. Bei zahlreichen dieser „öffentlichen Einrichtungen“ ist fraglich, ob sie als „wirtschaftliche Unternehmungen“ bzw als „Betriebe“ im Rahmen einer solchen anzusehen sind; denn eine solche Qualifikation würde eine Organisation als „nach kaufmännischen Grundsätzen geführte Erwerbs- und Wirtschaftsgelegenheit“ voraussetzen[41]. Unternehmensführung nach kaufmännischen Grundsätzen bedeutet zwar nicht unbedingt Gewinnorientierung, aber doch unternehmerische Disposition im Rahmen der Unternehmenszwecke nach Gesichtspunkten betriebswirtschaftlicher Kalkulation[42].

Fraglich ist, ob ein auf die Erfüllung öffentlicher Aufgaben gerichteter Unternehmenszweck zulässig ist, der eine **strukturbedingte defizitäre Gebarung** in Kauf nimmt: Denn nach Art 126 b Abs 5 B-VG hat die Gebarung des Bundes nicht nur **sparsam** und **zweckmäßig,** sondern auch **wirtschaftlich** zu sein. Entscheidende Bedeutung kommt somit der Auslegung des Verfassungsbegriffs „Wirtschaftlichkeit“ zu: Dieser wurde in das B-VG anläßlich der Nov 1925 aufgenommen, jedoch läßt sich weder dem B-VG noch den Mat oder der unterverfassungsgesetzlichen Rechtslage Genaueres über seinen Inhalt entnehmen[43]. Nach *Wenger* muß der Begriffsinhalt somit „durch einen Rückgriff auf das wirtschaftswissenschaftliche Sinnverständnis des Wirtschaftlichkeitsbegriffs ermittelt werden. Diesem zufolge ist unter Wirtschaftlichkeit das wertmäßig erfaßbare Verhältnis zwischen Aufwand und Nutzen zu verstehen. In ihrer Wirkung ist Wirtschaftlichkeit die ‚Erzielung einer Leistung mit dem vergleichsweise geringsten Aufwand‘“[44].

Vielfach wird unter **„Wirtschaftlichkeit“** auch das **„bestmögliche Verhältnis von Aufwand und Erfolg“** verstanden; es könnte somit davon ausgegangen werden, „daß der rechtsstaatlichen Verwaltung die Ziele, welche sie zu verwirklichen hat, vorgegeben seien und daß es bei der Wirtschaftlichkeit vor allem darauf ankomme, die gesteckten Ziele mit möglichst geringem Aufwand zu erfüllen.“[45] Ein solches Verständnis der „Wirtschaftlichkeit“ stieße jedoch sofort auf das **Problem der Quantifi-**

39 Die Definition folgt *Adamovich/Funk,* AVR³ 3. Vgl *Antoniolli/Koja* 113.
40 *Antoniolli/Koja* 113. *Adamovich/Funk,* AVR³ 3.
41 Vgl bloß *Adamovich/Funk,* AVR³ 204.
42 *Adamovich/Funk,* AVR³ 204.
43 Vgl bloß *Wenger*, Unternehmung 600. Zur B-VGN 1925 A.III.
44 *Wenger*, Unternehmung 600 mwN.
45 *Hengstschläger* 314 f mwN.

zierbarkeit staatlichen Handelns; dessen Erfolg läßt sich jedoch — im Gegensatz zum eingesetzten Aufwand — kaum in Geld beziffern, darüber hinaus sind die Neben- und Fernwirkungen staatlicher Maßnahmen nur schwer abschätzbar[46]. Für die Beurteilung der „Wirtschaftlichkeit" staatlichen Handelns dürfte somit ein anderer Maßstab als für die private Wirtschaft gelten: **Grundsätzlich ist staatliches Handeln — im Gegensatz zur privaten Wirtschaft — nicht am Gewinnprinzip ausgerichtet:** „Nur ausnahmsweise, in eng begrenzten Bereichen, werden staatliche Handlungserfolge als gewinnähnlich gedeutet werden können, was die Anwendung eines Rentabilitätskalküls erlaubt."[47] Es kann somit wohl von der Geltung folgender **Zweifelsregel** ausgegangen werden: **Grundsätzlich ist staatliches Handeln gemeinwohl- und nicht gewinnorientiert; Ausnahmen von dieser Regel bedürfen einer stichhältigen — insb gesetzlichen — Begründung**[48]. Demnach wären die **BTh als gemeinwohlorientierte staatliche Einrichtungen** anzusehen, da kein wie immer gearteter Anhaltspunkt zu ersehen war oder ist, der für ihre gewinnorientierte (Betriebs)Führung gesprochen hätte. **Die „Wirtschaftlichkeit" der BTh läßt sich somit nicht aus dem Verhältnis von Aufwand und Ertrag ermitteln, sondern lediglich im Erreichen des gesteckten Zieles bei möglichst geringem Aufwand**[49]. Das zit Erk VwSlgAF 13407 A/1923 hat diese Standortbestimmung der BTh bereits frühzeitig durch ihre Einordnung unter die „unmittelbar der Geisteskultur dienenden, des Unternehmenscharakters entbehrenden Hofanstalten, wie zB Museen, Bibliotheken" getroffen. Die moderne Lehre greift diese Abgrenzung zu Unternehmungen, die nach dem Erwerbs- und Kostendeckungsprinzip vorgehen, auf, indem sie den letzteren „**Anstalten mit außerwirtschaftlicher Zielsetzung** wie Schulen, **Theater** oder Museen" gegenüberstellt, die **keine öffentlichen Unternehmungen** sind[50]. Derartigen „öffentlich-rechtlichen Anstalten, die der Verwirklichung kulturpolitischer Zielsetzungen dienen (Museen, Schulen, Bibliotheken ua)", geht die — für die Qualifikation als wirtschaftliche Unternehmung als entscheidend erachtete — **kaufmännische Orien-**

46 *Hengstschläger* 316.

47 *Hengstschläger* 316.

48 So kann zB nicht ohne weiters jedes **Staatsmonopol** als — ausschließlich auf Erzielung von Finanzeinnahmen gerichtetes — **Finanzmonopol** verstanden werden; vgl *Wenger*, Unternehmung 48; *Mayer,* Staatsmonopole 10 ff. Auch zu ursprünglich einnahmenorientierten Monopolen traten im Laufe der Entwicklung „spezifische öffentliche Aufgaben und Zwecke hinzu" (so *Raschauer*, Monopolunternehmen 2 f).

49 Bedenklich ist freilich, daß — entgegen Art 18 Abs 1 B-VG — das „Ziel" des Betriebs der BTh nicht **gesetzlich** festgelegt ist, sondern allenfalls in politischen Absichtserklärungen zum Ausdruck kommt (vgl zB den Bericht des Finanz- und Budgetausschusses 1428 BlgNR I. GP, Gruppe XX „Betriebe", 29, Titel 12, BTh, 1).

50 *Wenger*, Unternehmung 117, mit Hinweis auf *Lohmann*, Die Morphologie der Organisationsformen der öffentlichen Unternehmung, in: Schriften des Vereins für Socialpolitik, 176. Band, 1. Teil (1931/32) 81 ff.

tierung ab, sodaß auch bei den **BTh** zwar von **„öffentlichen Anstalten“, nicht jedoch von „öffentlichen Unternehmungen“** gesprochen werden kann[51].

Die vom VwGH 1923 in inhaltlicher Übereinstimmung mit der zeitgenössischen Volkswirtschaftlehre[52] getroffene **Qualifikation der BTh als nicht erwerbsorientierte öffentliche Anstalten findet** — zT implizit — keine deutliche Entsprechung in der modernen Lehre des öffentlichen Rechts, die es meistens bei der — uneinheitlichen — Einordnung der BTh (der BThVw, des ÖBThV) als „(Regie)Betriebe“ bewenden läßt: So wird „die BThVw ... als eine Art Regiebetrieb“[53], werden die „ÖBTh“ als „unselbständiges Eigenunternehmen, Regieunternehmen, Regiebetrieb“[54] bezeichnet, andere Autoren nehmen zur Unternehmungsqualität der BTh überhaupt nicht Stellung[55]. Diese (typologischen) Einordnungsprobleme sind wohl auch durch die traditionelle budgetrechtliche Behandlung der BTh als „Betriebe“ bedingt[56].

4. Die BTh als „Hoheitsbetriebe“?

Das eingangs zit Erk des VwGH aus 1923 hat nicht ausdrücklich zu der in der Beschwerdeschrift vorgebrachten Behauptung — „Die Erfüllung kultureller Aufgaben bildet aber eine hoheitliche Funktion des Staates“[57] — Stellung genommen. Diese Behauptung wurde prima facie durch das 1923 geltende positive Recht gestützt: Das WiederaufbauG enthielt in seiner angeschlossenen Blg das

„Reform- und Finanzprogramm aufgrund der am 4.10.1922 in Genf unterzeichneten Konvention“[58]. Abschnitt I des „Reform- und Finanzprogramms“ beinhaltete Maßnahmen zur „Reform der **Bundesbetriebe**“, während Abschnitt II „Reformen und Ersparungsmaßnahmen auf dem Gebiete der **Hoheitsverwaltung**“ anführte. Lit C des Abschnitts II enthielt eine „Übersicht über die vor allem in den einzelnen Ressorts geplanten Reformen, ... im Bereiche des BMIU: ... b) UA: ... 7. **Reform**

51 *Wenger,* Unternehmung 295 ff. Diese Unterscheidung war der Volkswirtschaftslehre bereits im 19. und frühen 20. Jahrhundert geläufig; so wurde versucht, die „‚öffentlichen Unternehmungen‘ sowohl gegenüber den Privatunternehmungen als auch gegenüber den **öffentlichen Anstalten** abzugrenzen, ... die als ‚technisches Mittel der Staatswirksamkeit‘ primär außerökonomischen Zwecken“ zu dienen hätten; **öffentliche Anstalten** würden — im Gegensatz zu nach dem wirtschaftlichen Prinzip betriebenen öffentlichen Wirtschaften — ihrer allgemeinen kulturellen Zwecke wegen ohne primäre Rücksicht auf Kosten und Geldertrag betrieben (Nachweise bei *Wenger*, Unternehmung 100 f).

52 Nachweise bei *Wenger*, Unternehmung 100 ff.

53 *Raschauer/Kazda* 179.

54 *Adamovich/Funk*, AVR³ 206.

55 *Wenger*, Unternehmung; *Laurer* 317 ff.

56 S *Wenger*, Haushaltswesen 17 ff mwN.

57 FinProk 17997/Präs/1923 (= VwGH A 142/1/1923).

58 BGBl 1922/843. S zum WiederaufbauG A.II.9.b).

der Verwaltung der BTh im Sinne der Selbsterhaltung dieser Institute aus eigenen Einnahmen, jedoch unter Wahrung ihres künstlerischen Ranges; insofern dieses Ziel trotz aller möglichen Ersparungen in der Verwaltung nicht zu erreichen wäre, Festsetzung einer Höchstgrenze eines jährlichen Zuschusses aus Bundesmitteln.“

Damit kommt klar zum Ausdruck, daß der **historische Gesetzgeber** von **keiner formellen Betrachtungsweise** ausging, um „hoheitliche“ von „fiskalischer“ Verwaltung zu unterscheiden. *Wenger* vertritt dazu folgende Auffassung:

„Der Ausdruck ‚Hoheitsverwaltung‘ bezeichnete in diesem Zusammenhang nicht die Summe der zu öffentlich-rechtlichen Handlungsformen ermächtigten Verwaltungsorgane, sondern die Organisationseinheiten der allgemeinen Ministerialverwaltung einschließlich der dort in nichthoheitlichen Handlungsformen handelnden Organe. Umgekehrt schloß die Zuordnung zur Betriebsverwaltung ... nicht aus, daß auch dort in Vollziehung der Gesetze öffentlich-rechtliche Verwaltungshandlungen gesetzt werden konnten. Im Rahmen des Haushaltsrechts waren daher sowohl **‚Hoheitsverwaltung‘ als auch ‚Betriebsverwaltung‘ im organisatorischen Sinne** zu verstehen. Daran hat sich seither nichts geändert. ...“[59]

Kritisch ist dazu anzumerken, daß das WiederaufbauG bzw das „Reform- und Finanzprogramm“ wohl nicht schlechthin als haushaltsrechtliche Vorschriften mit bloßer Innenwirkung deutbar sind; immerhin enthielt das WiederaufbauG zahlreiche Vorschriften hinsichtlich der Reform der Verwaltung, der Gerichtsbarkeit, der Steuern etc. Entscheidend für die Qualifikation als „Betriebsverwaltungszweig des Bundes“ schien vielmehr zu sein, ob bei dem „Verwaltungszweig ... der wirtschaftliche Charakter vorherrscht“[60]; offensichtlich wurde dies für die BTh ebensowenig als zutreffend erachtet wie für (Hoch)Schulen oder Museen[61]. Zutreffend ist *Wenger*s Feststellung, daß die **Zuordnung zur Hoheitsverwaltung nicht gleichbedeutend ist mit der Ermächtigung zum Gebrauch öffentlich-rechtlicher Handlungsformen;** eine Reduzierung der vom WiederaufbauG vorgenommenen Einordnung auf bloß (inner)organisatorische Bedeutung ist jedoch unzutreffend, da diese vom historischen Gesetzgeber getroffene Zuordnung der BTh zum nicht-betrieblichen Bereich zumindest als Absage an einen etwa in Erwägung gezogenen wirtschaftlichen Charakter sowie an ihre Erwerbs- bzw Gewinnorientierung zu deuten ist.

---

59 *Wenger*, Ansätze 18; Hervorhebung von mir.

60 Anlage zu Abschnitt A, § 2 WiederaufbauG: „Als Betriebsverwaltungszweige des Bundes gelten: ..., endlich unter Umständen auch noch andere Verwaltungszweige, bei denen der wirtschaftliche Charakter vorherrscht.“

61 Der „Hoheitsverwaltung“ wurden aber zB auch die „land- und forstwirtschaftlichen Versuchsanstalten“, die „staatlichen Pferdezuchtanstalten“, die „Heilanstalten für Kriegsgeschädigte“, „Invalidenheime“ uä zugeordnet.

Hier sind zwei Probleme zu unterscheiden: Einerseits geht es um die Zuordnung der „**Erfüllung kultureller Aufgaben**" zur „Hoheitsverwaltung", andererseits um die **Ausgestaltung des Rechtsverhältnisses zwischen dem „Kulturbetrieb" und dem einzelnen.** Bedeutung und Reichweite der Begriffe „Hoheits- und Privatwirtschaftsverwaltung" sind umstritten[62]. Jedoch kann zB aus dem derzeit unstreitig auf vertraglicher Basis beruhenden Besuch der Vorstellungen der BTh durch Einzelpersonen[63] noch nicht abgeleitet werden, daß die gesamte Tätigkeit der BTh **ausschließlich** dem Bereich der Privatwirtschaftsverwaltung zuzuordnen wäre: So wäre es insb eine verkürzte Betrachtungsweise, die Erstellung des Spielplanes durch den Dir eines BTh ausschließlich als privatrechtlichen Akt (zB als bloße Aufforderung zur Stellung eines Anbots für eine nunmehr bestimmte Vorstellung) zu qualifizieren[64]. Theaterbesuch aufgrund eines privatrechtlichen Theaterbesuchsvertrages bedeutet zB nicht zwangsläufig, daß in BTh Amtsdelikte oder Amtshaftung von vornherein auszuschließen sind[65]; denn in diesen Bereichen wird von Lit und Jud zu Recht

---

62 Vgl bloß *Antoniolli/Koja* 19 ff mwN.

63 Vgl dazu auch die E des BayerVfGH 27.5.1971, Vf 24-VI-70 (*Gross/Wehrl* 23 [1972] Nr 3): „**Die Bayer Staatsoper ist eine unselbständige Anstalt** des Freistaates Bayern. Das Benutzungsverhältnis für diese Anstalt ist, da es nicht durch eine Rechtsnorm öffentlichrechtlich gestaltet wurde, privatrechtlicher Natur. **Die Rechtsbeziehungen der Benutzer dieser Anstalt sind daher nach den Normen des Privatrechts zu beurteilen.** Der Freistaat Bayern wird sonach beim Festlegen der Eintrittspreise gegenüber den Theaterbesuchern im privatrechtlichen Bereich tätig. Gegen die Zulässigkeit der privatrechtlichen Regelung des Benutzungsverhältnisses bestehen keine Bedenken, auch wenn der **Betrieb eines STh zu dem Bereich der öffentlich-rechtlichen Daseinsvorsorge iwS** gehören mag und dem Staat hierbei ein faktisches — wenn auch kein rechtliches — Monopol zukommen mag. ..." Vgl auch *Hewig*.

64 Vgl zur Frage der Zuordnung der Tätigkeit der Organe des ÖBThV auch Art 1 der VO der BReg BGBl 1979/572 idF BGBl 1982/175 aufgrund § 4 Abs 2 DSG. § 3 lautet: „**Folgende Tätigkeitsbereiche von Rechtsträgern iSd § 4 DSG werden, soweit sie in den Formen des Privatrechts besorgt werden,** von der Anwendung des zweiten Abschnittes des Art 2 des DSG ausgenommen: 1. **Die Abonnentenverwaltung des BThV**; ..." Der Begriff „Rechtsträger" iSd DSG bezeichnet „alle Rechtssubjekte, also Träger von Rechten und Pflichten, sohin natürliche oder juristische Personen sowie handelsrechtliche Personengesellschaften" (*Dohr/Weiss/Pollirer* 85); gem § 4 Abs 2 DSG ist Voraussetzung für die Ausnahme von der Anwendung des 2. Abschnittes des DSG, daß die Tätigkeit des Rechtsträgers „in den Formen des Privatrechts" ausgeübt wird. § 1 der zit VO nimmt „Rechtsträger" als solche aus (zB den ORF, den Salzburger Festspielfonds), § 2 „Organisationseinheiten von Rechtsträgern" (zB die ÖBB), § 3 Z 2 — 4 schließlich zB „Angelegenheiten des Bibliothekswesens, der Information, des Kanzleiwesens" etc. Der „(Ö)BThV" selbst wird von der VO zu Recht nicht ausgenommen. Unklar ist aber, ob eine Aufzählung in § 2 der zit VO (als „Organisationseinheit" des Bundes) unterblieb, weil eine eindeutige Zuordnung zur „Tätigkeit in den Formen des Privatrechts" vom VO-Emittenten nicht vorgenommen werden konnte; „Tätigkeit in den Formen des Privatrechts" ist jedenfalls ein deutlich engerer und präziserer Begriff als die — zudem zu weit interpretierte — Formulierung „Träger von Privatrechten" iSd Art 17 B-VG.

65 §§ 302 ff StGB; Art 23 B-VG. Vgl näher *Schragel*.

weitgehend die **materielle Abgrenzungsmethode**[66] bevorzugt. Während somit die privatrechtliche Natur des einzelnen BTh-Theaterbesuchsvertrages nicht ernsthaft bezweifelt werden kann, scheint bei einer Gesamtbetrachtung des Anstaltszwecks der BTh eine eindeutige Zuordnung nicht möglich zu sein; dies soll nunmehr untersucht werden.

Gem § 1 Abs 1 AHG haften die Rechtsträger nur für den Schaden, den die als ihre Organe handelnden Personen „**in Vollziehung der G**" zugefügt haben. Vernachlässigt man das Problem, daß in BTh durch das Handeln der Organe der BTh nicht Gesetze im formellen, sondern im materiellen Sinn vollzogen werden[67], ist zu fragen, ob die Tätigkeit der Organe der BTh außerhalb des Abschlusses von privatrechtlichen Verträgen stets als Akte der „Privatwirtschaftsverwaltung" — hier somit: als keine Amtshaftungsansprüche auslösende Handlungen — zu qualifizieren sind. Zu Verdeutlichung sei folgendes Beispiel angeführt: **Ein am Burgtheater uraufgeführtes Auftragswerk untergräbt nachhaltig den „guten Ruf" und die Kreditwürdigkeit eines Privaten**[68]. Somit ist zu prüfen, ob etwaige Ersatzansprüche ihre Grundlage in Art 23 B-VG bzw § 1 Abs 1 AHG finden könnten. Nach *Schragel* findet „die Abgrenzung der Hoheits- von der Privatwirtschaftsverwaltung allein unter Bedachtnahme auf die eingesetzten rechtstechnischen Mittel ... ihre Grenzen, wenn die von Organen der Rechtsträger gesetzten oder unterlassenen Realakte ganz indifferent oder ambivalent sind."[69]

---

66 Dieser „materielle Ansatz" erfreut sich heute gegenüber den „bloß formalen Gesichtspunkten" lediglich in der Lehre einer gewissen — steigenden — Beliebtheit (vgl die bei *Antoniolli/Koja* 24 ff zit Lit). Die Jud der Gerichtshöfe des öffentlichen Rechts bekennt sich in Übereinstimmung mit der überwiegenden Lehre nach wie vor zur formellen Abgrenzung zwischen Hoheits- und Privatwirtschaftsverwaltung (*Antoniolli/Koja* 27 f; anders aber zB VwSlg 4804 A: Tätigkeit der BTh als Erfüllung hoheitlicher Aufgaben). Vgl zur Abgrenzungsproblematik auf dem Gebiet des Amtshaftungsrechts näher *Schragel* Rz 72 ff.

67 Die DI 1976 — in der die Aufgaben und Ziele der BTh enthalten sind — ist eine RVO, da sie subjektive Rechte von Adressaten (Art 17 a StGG) gestaltet (s B.III.3.e)(2)). Der nicht mehr in Geltung stehenden VASTh könnte bloß implizit entnommen werden, daß der Staat die ehemaligen HTh offenbar im wesentlichen in der bisherigen Tradition fortzuführen gedachte (vgl A.II.4. und A.V.3.).

68 §§ 1330 ABGB; vgl *Schragel* Rz 160. Vgl zur Problematik auch die vom Intendanten der städtischen Bühnen Frankfurt für 1985 geplante Aufführung des — als antisemitisch qualifizierten — Stücks „Der Müll, die Stadt und der Tod" von *R. W. Fassbinder* (dazu *Emmerich/Würkner*). Sowohl gegen den Intendanten als auch gegen den Rechtsträger wurden von Mitgliedern der jüdischen Gemeinschaft im ordentlichen Rechtsweg Verfügungsklagen eingebracht, die jedoch mit einem Vergleich endeten. Der Zivilrechtsweg wird auch von *Emmerich/Würkner* 1196 unter Hinweis auf die Jud des BGH befürwortet, obwohl sie zugleich ausführen: „Für die Bestimmung der Zulässigkeit des Rechtsweges ist einerseits zu beachten, daß **die Städtischen Bühnen und mit ihr der Intendant als Angestellter der Stadt, Aufgaben der Daseinsvorsorge wahrnehmen, wenn Theaterstücke zur Aufführung gelangen. Diese Tätigkeit ist sicherlich nicht weniger öffentlichrechtlicher Art als die Verbreitung von Nachrichten im Rundfunk,** die in ständiger Rechtsprechung des BVerfG der öffentlichen Verwaltung zugeordnet werden. ..."

Welche **Rechtsnatur** kommt **der Festsetzung des Spielplans eines BTh** durch dessen Dir zu? Bei inhaltlicher Betrachtung kann eine Verwandtschaft mit der Erlassung von Lehrplänen nach § 6 SchOG oder der Erlassung von StudienOen und -plänen nach §§ 15 ff AHStG[70] festgestellt werden; diese Normen konkretisieren den gesetzlich festgelegten Zweck bzw die Aufgaben der Anstalten „Schule" bzw „Universität"[71]. Die zit (hoch)schulrechtlichen Konkretisierungsnormen sind aufgrund klarer gesetzlicher Ermächtigungen unstreitig als VO zu qualifizieren[72]. Die **Zuständigkeitsnorm für die Festlegung der Spielpläne der BTh** ist § 7 Abs 2 lit b DI 1976 — sohin eine RVO; eine gesetzliche Grundlage ist nicht ersichtlich. Eine Deutung der Spielplanfestlegung als VO kommt angesichts dieser Rechtslage nicht in Betracht, da kein G den (zudem nicht durch G „eingerichteten") BThDir behördliche Aufgaben zuweist; eine direkte Zurechnung an den BMUK — dh Deutung als VO-„Intimierung" durch das „Hilfsorgan" BThDir — dürfte angesichts der klaren Weisungsfreistellung durch die DI 1976 iVm Art 17 a StGG nicht in Betracht gezogen werden können[73]. **Die Spielpläne der BTh sind somit keine VO.**

Im **Amtshaftungsrecht** werden zur Abgrenzung von indifferenten oder ambivalenten Akten materielle Kriterien herangezogen: So gehört insb die gesamte Tätigkeit des Bundesheeres, soweit sie sich auf die Erfüllung seiner verfassungsgemäßen Aufgaben bezieht, in den Bereich der Vollziehung der Gesetze[74], ebenso die Verwahrung (Haltung) eines Gendarmeriehundes und die Erteilung des Unterrichts an Schulen einschließlich der Vorlesungen an Universitäten[75]. Es scheint im Lichte dieser Jud nur konsequent zu sein, die **Spielplanfestlegung der BTh** — bzw die Festlegung (Inauftraggabe) eines einzelnen Stückes — als **„an sich hoheit-**

69 *Schragel* Rz 84.

70 Ob auch die einzelnen Lehrveranstaltungsankündigungen gem AHStG selbst als VO angesehen werden können, ist unklar und bedürfte näherer Untersuchung: Einerseits konkretisieren sie die Studienvorschriften, andererseits sind sie Voraussetzung für die Erfüllung professoraler Dienstpflichten (§ 165 BDG), schließlich wird ausschließlich durch Ankündigung und Abhaltung von konkreten Lehrveranstaltungen eine der beiden wesentlichen Universitätsaufgaben erfüllt. Nach der Jud des OGH stellen Vorlesungen an Universitäten **„an sich hoheitliche Tätigkeiten"** dar (SZ 51/2 mwN).

71 § 2 SchOG (Mitwirkung an der „Entwicklung der Anlagen der Jugend nach den sittlichen, religiösen und sozialen Werten sowie nach den Werten des Wahren, Schönen und Guten ..."). § 1 Abs 1 UOG (Berufung der Universitäten, „der wissenschaftlichen Forschung und Lehre zu dienen und hiedurch auch verantwortlich zur Lösung der Probleme der menschlichen Gesellschaft sowie zu deren gedeihlicher Weiterentwicklung beizutragen"). Vgl zum Anstaltscharakter der Universitäten *Pauger*, Ordnungsrecht 1 ff.

72 ZB §§ 3 Abs 2, 15 und 17 AHStG.

73 Eine Deutung als VO des BMUK hätte zudem ihre Gesetzlosigkeit zur Folge (Art 18 Abs 2 B-VG); abgesehen davon wäre für die „Intimierung" einer VO jedenfalls eine gesetzliche Grundlage nötig (vgl näher *Aichlreiter* 558 ff).

74 Offenbar somit auch militärische Veranstaltungen (Paraden) und **Militärmusik.**

75 S die bei *Schragel* Rz 84 zit OGH-Jud; kritisch *Adamovich/Funk*, AVR[3] 440.

liche Tätigkeit" zu qualifizieren. Davon streng zu unterscheiden ist, wie erwähnt, der Abschluß der — unstreitig privatrechtlichen — Theaterbesuchsverträge (maW: die Rechtsnatur der Anstaltsnutzung) bzw der Verträge über Aufführungsrechte etc[76]. Diese Überlegung ist grundsätzlich für die gesamte Tätigkeit der Organe der BTh, die nicht eindeutig als privatrechtliche Akte deutbar sind, von Bedeutung: Nicht eindeutig einzuordnende „staatstypische" Akte sind im Zweifel als „in Vollziehung der Gesetze" ergangen anzusehen[77]. Zahlreiche „verdächtige" Akte im Bereich der BTh sowie die Frage allfälliger Konsequenzen in anderen Rechtsgebieten bedürften einer näheren Untersuchung[78].

Hier ist noch kurz auf die bereits angedeutete Relevanz dieser Qualifikation für den Bereich des **Steuerrechts** einzugehen: Gem § 2 Abs 5 KStG gehören Betriebe, deren „Tätigkeit überwiegend der öffentlichen Gewalt dient (Hoheitsbetrieb)", nicht zu den BgA. Eine Ausübung öffentlicher Gewalt ist „insb anzunehmen, wenn es sich um Leistungen handelt, zu deren Annahme der Leistungsempfänger ... verpflichtet ist". Dazu zählen „insb Wasserwerke, ... Forschungsanstalten, Wetterwarten, Schlachthöfe, Friedhöfe, ...". Da Körperschaften öffentlichen Rechts grundsätzlich nur im Rahmen ihrer BgA „gewerblich oder beruflich" tätig sind, unterliegen sie auch nur insofern der USt — § 2 Abs 3 UStG zählt jedoch gerade jene in § 2 Abs 5 KStG ausdrücklich als **Hoheitsbetriebe** definierten Einrichtungen (für den Bereich der USt) wieder zu den BgA. Als „klassischer" Hoheitsbetrieb wird — heute weitgehend nur noch historisch begründbar — die Post angesehen[79]; die von der Post verrechneten Gebühren unterliegen daher nicht der USt.

Der steuerrechtliche Begriff der **„öffentlichen Gewalt"** ist mit ähnlichen Unschärfen belastet wie „in Vollziehung der Gesetze". Hier ist zu fragen, **ob die BTh „öffentliche Gewalt" ausüben.** Der Begriff stammt aus dem deutschen Steuerrecht und umfaßt neben der „obrigkeitlichen Verwaltung" auch die **„schlichte Hoheitsverwaltung"** iS der deutschen

---

76 Der BayerVfGH (27.5.1971, Vf 24-VI-70; *Gross/Wehrl* 23 [1972] Nr 3) hat in diesem Zusammenhang ausgesprochen: „Der moderne Staat betrachtet es als seine Aufgabe, zur kulturellen Entwicklung der Gemeinschaft in verstärktem Maße beizutragen. Er erfüllt damit eine **kulturelle Verwaltungsaufgabe. Das gilt vornehmlich für die Errichtung und Unterhaltung von Theatern.** Diese Art Verwaltungstätigkeit entbehrt weitgehend einer gesetzlichen Regelung. Der Staat ist jedoch nicht **gehindert,** auch wenn er als Vergeber solcher Leistungen auftritt, diese mit Mitteln und in den Formen des Privatrechts zu gewähren."

77 Vgl zu den umstrittenen Zweifelsregeln *Schragel* Rz 82 mwN.

78 Insb die Frage, welche Tätigkeiten unter § 302 StGB subsumierbar sind.

79 Im Bereich des Steuerrechts (USt, KSt); Amtshaftungsrecht (vgl *Schragel* Rz 108: „problematisch") sowie des Strafrechts (§ 302 StGB).

Verwaltungsdogmatik[80], dh sie umfaßt alle staatlichen Funktionen mit Ausnahme der fiskalischen (vom Erwerbswillen getragenen) Verwaltung[81]. Die Übernahme dieser deutschen Terminologie bereitet Schwierigkeiten; systematisch wäre die Begünstigung der „schlichten Hoheitsverwaltung" im obzit Sinn unter die Steuerbefreiungen einzureihen[82].

Der VwGH hat in Slg 2764 F ausgesprochen, daß „nicht jede im öffentlichen Interesse liegende Tätigkeit einer öffentlich-rechtlichen Körperschaft, sondern nur eine hoheitliche Tätigkeit als Ausübung öffentlicher Gewalt ... anerkannt werden kann". In jüngerer Zeit führte der VwGH aus: „Unter Ausübung öffentlicher Gewalt ist eine Tätigkeit zu verstehen, durch die eine öffentlich-rechtliche Körperschaft Aufgaben erfüllt, die ihr in ihrer Eigenschaft als Träger der öffentlichen Gewalt eigentümlich und vorbehalten sind, sei es, daß sie ihr ausdrücklich durch die Rechtsordnung zugewiesen sind oder daß sie sich aus ihrem allgemeinen Aufgabenkreis ergeben. ..."[83]

Festzuhalten ist, daß der Begriff „öffentliche Gewalt" einen Fremdkörper in der österreichischen Rechtsordnung darstellt; die steuerrechtlichen Folgen wären systematisch wohl richtiger als Steuerbefreiungen einzuordnen[84]. Die Uneinheitlichkeit und Kasuistik der Qualifikationen des VwGH und der Praxis[85] lassen eine **eindeutige steuerrechtliche Zuordnung der**

---

80 Der Begriff „schlichte Hoheitsverwaltung" wurde in unterschiedlicher Bedeutung gebraucht: IS der Terminologie von *Antoniolli* 11 bzw *Antoniolli/Koja* 23 f, soll darunter hoheitliches Verwaltungshandeln, das dennoch nicht im Setzen eines Hoheitsaktes besteht (zB Empfehlungen, Mahnungen etc), zu verstehen sein. Die deutsche Verwaltungsrechtswissenschaft, auf die sich *Antoniolli* 11 beruft, verwendet diesen — mittlerweile seltener gebrauchten — Begriff allerdings (zT: auch) als Synonym für (nicht fiskalische) „Daseinsvorsorge" (so auch *Melichar*, Steuerrecht 565; *Forsthoff* 340, unter Hinweis auf *Jellinek*, Verwaltungsrecht^3 [1931] 21 ff; *Wallerath* 27 f). Es ist somit jeweils klarzustellen, in welcher Bedeutung der Begriff „schlichte Hoheitsverwaltung" verwendet wird.

81 Nachweise bei *Melichar*, Steuerrecht 565.

82 *Melichar*, Steuerrecht 566; vgl auch *Doralt/Ruppe* I^4 222 f.

83 VwGH 28.11.1980, 1709/77. So wurde das „Amtsblatt der Stadtgemeinde Salzburg", das nur mit einem geringfügigen Teil seines Umfanges hoheitlichen Zwecken diente, zur Gänze als BgA qualifiziert; **die Stadtbücherei, die ihre Leistungen unentgeltlich erbrachte, hingegen weder als BgA noch als Hoheitsbetrieb, da sie nicht der Erzielung von Einnahmen diene.** Die Bedürfnisanstalten, die nur einen geringen Teil der Selbstkosten deckten, wurden mit der Begründung, es fehle an einer „Tätigkeit von einigem wirtschaftlichen Gewicht", nicht als BgA qualifiziert; ausdrücklich betont wurde, daß die Preiserstellung aus sozial- und wirtschaftspolitischen Erwägungen für eine Qualifikation als BgA irrelevant sei.

84 „Hoheitsbetriebe" stellen zudem aus Wettbewerbsgründen ein juristisches „Auslaufmodell" dar; so werden bereits bestimmte Tätigkeiten der Postverwaltung nicht im Rahmen des „Hoheitsbetriebes" erbracht (§ 2 Abs 4 Z 2 UStG: „Als gewerbliche oder berufliche Tätigkeit gilt auch ... die Tätigkeit des Bundes, soweit sie in der Beförderung von Personen im Linien...verkehr sowie in der Lieferung von Fernsprech-Nebenstellenanlagen durch die Post ... besteht."). Auch das BTX-Erk VfSlg 11924, wonach der Betrieb von BTX im Rahmen der Privatwirtschaftsverwaltung erfolge, dürfte für die steuerrechtliche Bewertung dieser Tätigkeit von Bedeutung sein.

BTh nicht möglich erscheinen. Für eine Qualifikation als „Hoheitsbetrieb" sprechen zwar einige Argumente — insb die historische Zuordnung, die einschlägige administrativrechtliche Jud des VwGH, die Einordnung unter die „schlichte Hoheitsverwaltung" iSd deutschen Terminologie und die Qualifikation anderer Einrichtungen der Daseinsvorsorge als „Hoheitsbetrieb" —, doch sind diese nicht zwingend. Eine eindeutige Zuordnung muß der Gesetzgebung und der Rechtsprechung vorbehalten bleiben.

85 Vgl bloß die bei *Perkounigg* 40 f angeführten Beispiele.

VI. Probleme des Bundestheatersicherheitsgesetzes

An anderer Stelle wurde bereits ausführlich die Verfassungswidrigkeit des 1989 erlassenen BThSG nachgewiesen[1]. Als Ergebnis ist festzuhalten: Das **Bewilligungssystem des BThSG für (Neu)Inszenierungen der BTh verstößt gegen Art 17 a StGG** (verfassungskonform wäre die Normierung eines Untersagungssystems gewesen). **Verfassungswidrig ist weiters die völlige Ausschaltung des LH als Organ der mBV** durch die Normierung der ausschließlichen Zuständigkeit des BMwA. Die Normierung der **Vollzugszuständigkeit erfolgte zudem entgegen der Systematik des BMG.** Weiters dürften die Reichweite des BTh-Kompetenztatbestandes und der Geltungsbereich des BThSG nicht immer kongruent sein; eine präzisere Abgrenzung des Geltungsbereiches des BThSG wäre geboten gewesen. Im Rahmen dieser Arbeit ist daher lediglich auf einige weitere Probleme des BThSG hinzuweisen, die in der in der ZfV publizierten Arbeit nicht erörtert werden konnten; zudem soll anhand des historischen Aktenmaterials gezeigt werden, daß die **Verfassungswidrigkeit der Ausschaltung des LH in den Jahren nach 1925/26 von den zuständigen Bundesorganen sehr wohl zugestanden wurde.**

Die zit „Vereinbarung“ zwischen dem Bund und dem Land Wien, die zur Erlassung der B-VGN 1926 führte, enthielt folgenden Pkt 6:

> „Die Vertreter des Bundes stellen die Veranlassung einer bundesgesetzlichen Regelung in Aussicht, wodurch die gem der künftigen Fassung des Art 10 Z 13 B-VG in den WB des Bundes fallenden **Angelegenheiten der Vollziehung — die nach Art 102 B.V.G. erforderliche Zustimmung des Landes Wien vorausgesetzt — in die unmittelbare Bundesverwaltung übernommen werden sollen. ...**“[2]

Die Verwaltungspraxis ging zu Unrecht davon aus, daß durch die erstmalige Normierung des BTh-Kompetenztatbestandes nicht etwa die gem § 2 ÜG 1920 zu partikulärem Bundesrecht gewordenen LG anwendbar geworden wären, sondern hielt vielmehr an den bis 1925 erlassenen internen Normen fest[3]. Die **Verfassungswidrigkeit der Vollziehung der thpol Angelegenheiten der BTh durch das BMHV** wurde bereits anläßlich

1 *Bammer*, BThSG.

2 Vgl näher die Wiedergabe des Prot in A.IV.1.b) (= BKA 152127-26); es enthält zudem eine (als solche normativ belanglose) „Vereinbarung“, wonach der Wr Magistrat die dem Bund vorbehaltenen Angelegenheiten der BauPol in mBV zu besorgen hatte, die F- und ThPol in den BTh jedoch weiterhin durch Organe des Bundes zu besorgen war.

3 S näher A.IV.2.e). S zum bis zur Erlassung des BThSG (Art I § 7) gesetzlos eingerichteten „Sicherheitsbeirat“ *Bammer*, Theater 496 f; vgl zur VO über seine Geschäftsführung (BGBl 1989/280) *Bammer*, BThSG 450 bei FN 2.

einer „Besprechung der Neuregelung der hoheitlichen Bundesvollziehung in den Angelegenheiten der BTh vom 20.1.1932" klar erkannt[4]:

„MinRat Dr *Allgayer* [BKA-GD 2] leitet als Vorsitzender die Beratung wie folgt ein: ... dadurch kommt zu Ausdruck, daß alle sonstigen Angelegenheiten der BTh, daher insb die gesamte Bau- und FPol in den BTh, durch die Gesetzgebung des Bundes geregelt werden und vom Bund zu vollziehen sind. **Nach den Verfassungsübergangsgesetzen finden in dieser Beziehung auf die BTh diejenigen Vorschriften Anwendung, die in Wien bei Inkrafttreten der Bundesverfassung vom Jahre 1925 in Geltung standen.** Die sinngemäße Abänderung liegt darin, daß die Vollziehung in 1. Instanz in mBV besorgt wird. **An der Zuständigkeit des Bgm von Wien als LH bzw des Magistrates, die sich aus dem im Jahre 1925 in Wien in Geltung gestanden [Nö TheaterbauG] ergibt, hat sich durch die Verfassung nichts geändert. Eine unmittelbare Bundesverwaltung in den Angelegenheiten der BTh ist nicht möglich, weil im Art 102, Abs 2 B.V.G dafür keine Vorsorge getroffen ist.** Es besteht daher der im Art 102 Abs 1 festgelegte Anspruch des Landes auch für diesen Zweig der mBV. Eine Zuständigkeit der BM besteht nur für Entscheidungen in zweiter Instanz. ... führt aber die **Notwendigkeit vor Augen, die Frage der hoheitlichen Aufsicht über den Betrieb der BTh in bau- und fpol Hinsicht, die derzeit von den Organen des BMHV ohne rechtliche Grundlage ausgeübt wird, zu regeln.** ... Der Vertreter der Verfassungsabteilung des BKA ... bestätigt die Ausführungen des Vorsitzenden über die verfassungsrechtliche Lage unter Hinweis darauf, daß **auch hinsichtlich der FPolO für Wien die gleiche Rechtslage gegeben ist und diese Vorschrift daher als Bundesvorschrift in den BTh gilt, somit auch nach dieser Richtung die Zuständigkeit des Magistrates außer Zweifel steht.** ... Die Frage der Oberinstanz in den Angelegenheiten der BTh bedürfte erst näherer Untersuchung. Bestimmend hiefür sei die sachliche Zugehörigkeit der einzelnen Angelegenheiten. Nach dem Jahre 1925 erlassene landesgesetzliche Regelungen (zB das Wr ThG) sind für die BTh nicht wirksam. ... MinRat Dr *Eckmann* [GI der BTh] erklärt, daß die Gebäudeverwaltung in den BTh ebenso wie die Wahrnehmung der bau- und fpol Vorschriften nach dem Umsturz von den Organen des Hofbaudienstes durch Organe des BMHV übernommen und bisher immer ohne Heranziehung des Magistrates geführt wurde. Er verweist auf das ungetrübte, alle bürokratischen Weiterungen ausschaltende Einvernehmen zwischen BThVw und Handelsressort. Jede Änderung dieses Zustandes wäre unerwünscht. ... MinRat *Wutschnig* des BMHV verweist auf das im Jahre 1926 beim BKA getroffene Übereinkommen ... in dessen Pkt 6 festgelegt wird, daß in den BTh die gesamte Vollziehung durch Bundesorgane zu besorgen ist. [Die Vertreter des BKA] verweisen darauf, daß diese Vereinbarung naturgemäß nicht die Kraft eines G hat. Eine Anfechtung des bestehenden gesetzlich nicht gedeckten Zustandes durch die Gemeinde Wien beim VfGH wäre daher ungeachtet dessen jederzeit denkbar. **In der allgemeinen Frage wird empfohlen, aus Anlaß einer künftigen Verfassungsänderung darauf Bedacht zu nehmen, daß die Besorgung der Angelegenheiten der BTh durch eigene Bundesbehörden im Art 102 Abs 2**

---

4 BKA 110589-GD 2/1932; es nahmen Vertrter der GI der BTh, des BMHV, des BMF und des BKA teil. Hervorhebungen von mir.

B.V.G Aufnahme finde. Dann wäre auch durch BG dafür Vorsorge zu treffen, daß bau- und fpol Bestimmungen für die BTh im VO-Weg erlassen werden können ..."

Zu einer Sanierung dieses verfassungswidrigen Zustandes sollte es in den nächsten Jahrzehnten nicht kommen; auch die B-VGN 1984 wurde nicht zum Anlaß genommen, Art 102 Abs 2 B-VG entsprechend abzuändern. Das mißglückte Vollzugssystem des BThSG dürfte somit nicht aus sachlichen Gründen normiert worden sein, sondern vielmehr aufgrund der mangelnden Bereitschaft der Verwaltung, einerseits „schon immer" bestandene „Kompetenzen" abzugeben und andererseits eine weitere Aufgabenreduzierung (B-VGN 1983 [Art 15 Abs 5] und 1984 [Art 10 Abs 1 Z 13]) hinzunehmen[5]. Dieses Phänomen kann einer **„Zweckkritik"** — einer Facette der **„Aufgabenkritik"** — unterzogen werden[6]: **Zu prüfen ist, ob und in welchem Maß Aufgaben im Hinblick auf die gesellschaftlichen Bedürfnisse und deren Dringlichkeit notwendig bzw entbehrlich sind.** Intendiert wird, unwichtigere Aufgaben festzustellen und in der Folge zu reduzieren, damit wichtigere Aufgaben nicht eingeschränkt werden müssen bzw übernommen werden können. Ein übereinstimmend angestrebter Schwerpunkt der Diskussion um die Reduzierung öffentlicher Aufgaben ist die sog **„Deregulierung"**, die darauf abzielt, die regulierende Staatstätigkeit einzuschränken, was idR durch einen Abbau von Regeln (Rechtsvorschriften) bzw durch eine Verringerung der Reglementierungsintensität zu bewerkstelligen ist. Es ist offensichtlich, daß bei Erlassung des BThSG weder in der Verwaltung noch im Gesetzgebungsprozeß „Zweckkritik" geübt wurde. Eine Diskussion über die Notwendigkeit einer verstärkten „Regulierung" dürfte ebensowenig stattgefunden haben.

Ein weiteres verfassungsrechtliches Problem liegt in der Frage, ob das BThSG den Gemeinden (insb der Gemeinde Wien) „behördliche Aufgaben im eigenen WB" in den Angelegenheiten der öSiPol, öVPol oder öFPol vorenthält. Die EB zur RV bezeichnen die **„sipol Überwachung" der BTh** als „Aufgabe der aSiPol gem Art 10 Abs 1 Z 7 B-VG", die „daher nicht der Landeskompetenz in Gesetzgebung und Vollziehung gem Art 15 B-VG (vgl VfSlg 7697 betreffend die ‚Störung der Ordnung an öffentlichen Orten')" unterliege[7]. Da durch Art III Abs 1 Z 4 BThSG die **ThO 1850 als BG aufgehoben** wurde, deren § 6 die Kompetenz der „Sicherheitsbehörde" begründet hatte, „für die Aufrechterhaltung der Ruhe, Ordnung und des

---

5 Vgl die Reduzierung der Aufgaben (nicht so sehr des Personalstandes) der BMBT-Abteilung seit 1970: Abt I/1 („bautechnische Betreuung der BTh; Bau- und FPol für die BTh"; Amtskalender 1970, 101). Abt II/3 („Bau- und FPol der BTh"; Amtskalender 1975/76, 59*). Abt II/4 („BauPol der BTh", Amtskalender 1983/84, 67); Abt V/4 des BMwA: „Behördliche Angelegenheiten der sicherheitstechnischen Überwachung der BTh einschließlich der Leitung des sicherheitstechnischen Aufsichtsdienstes" (Amtskalender 1991/92, 79*).

6 Vgl dazu und zum Folgenden *Brünner* 126, 128, 134.

7 EB 841 BlgNR XVII. GP, 8. S nunmehr § 27 SPG.

Anstandes während der Darstellung zu wachen, und alle Störungen des öffentlichen Vergnügens fernzuhalten", stellen die Bestimmungen des BThSG nunmehr die primären gesetzlichen Grundlagen für das Tätigwerden der Organe der BPolDion Wien als „sipol Aufsichtsorgane" dar; ein regelmäßiges Tätigwerden in den BTh (permanente Überwachung der Vorstellungen) könnte wohl kaum auf das SPG gestützt werden (etwa auf die §§ 21, 22, 27 oder 41). § 10 Abs 1 BThSG bestimmt, daß im Fall der Feststellung der „Gefährdung der Sicherheit" durch den sicherheitstechnischen Aufsichtsbeamten dieser „im Einvernehmen mit dem sipol Aufsichtsbeamten nötigenfalls den Beginn der Veranstaltung zu verhindern oder diese abzubrechen" hat. Ob mit dieser Bestimmung ein **zustimmungsbedürftiger Akt unmittelbarer verwaltungsbehörderlicher Befehls- und Zwangsgewalt** normiert werden sollte, ist unklar. § 10 Abs 4 BThSG bestimmt:

„... Dem sipol Aufsichtsbeamten und den ihm beigegebenen Organen des öffentlichen Sicherheitsdienstes obliegt die sipol Überwachung der Veranstaltungen. Ihnen kommt es zu, **die Bediensteten der BTh bei der Sicherung des ordnungsgemäßen Verlaufes der Veranstaltung, wie etwa bei der Durchsetzung eines Hausverbotes,** und den sicherheitstechnischen Aufsichtsbeamten bei der Durchsetzung einer Amtshandlung gem [§ 10] Abs 2 **zu unterstützen, sofern deren Bemühungen erfolglos bleiben. Sie haben die ohne vorausgegangenes Verfahren zu treffenden Maßnahmen zu setzen, insb Amtshandlungen gem Abs 1 durchzusetzen, Ruhestörer zu entfernen** und, wenn dies nicht möglich ist, den Beginn der Veranstaltung zu verhindern oder diese zu unterbrechen."[8]

Auf die Problematik eines **„Hausverbotes"** und der Frage der „Ruhestörung" im Lichte der HOen wird in Kapitel B.VII. ausführlich eingegangen. Hier soll untersucht werden, ob die **Kompetenz zur Entfernung von Ruhestörern aus Veranstaltungen der BTh als Angelegenheit der aSiPol** qualifiziert werden kann. Denn Art 15 Abs 2 B-VG nennt als „Angelegenheit der öSiPol" ausdrücklich „die Wahrung des öffentlichen Anstandes und die Abwehr ungebührlicherweise hervorgerufenen störenden Lärmes"; öSiPol ist — im Gegensatz zur aSiPol — Landessache in Gesetzgebung und Vollziehung. Diese Regelung wurde durch die B-VGN 1974 eingeführt; die diese Angelegenheiten betreffende Bestimmung des Art VIII EGVG 1950, BGBl 172[9], wurde gem Art IX Abs 1 B-VGN 1974 zu Landesrecht transformiert. Hingegen stellt der Tatbestand des Art IX Abs 1 Z 1 EGVG nach der Jud des VfGH eine Angelegenheit der aSiPol dar[10]. Es ist nicht recht einsichtig, wieso eine Person, die in einem BTh nicht durch

8 Hervorhebungen von mir.

9 „Wer den öffentlichen Anstand verletzt oder ungebührlicherweise störenden Lärm erregt ..."

10 „Wer durch ein Verhalten, das Ärgernis zu erregen geeignet ist, die Ordnung an öffentlichen Orten stört, ..." Vgl dazu und zur Neufassung der Art VIII und IX EGVG durch BGBl 1977/232 *Ringhofer* I 132 f, 142 f mwN. Vgl auch § 81 SPG.

Kunstverstand, sondern durch deplazierte laute **Buhrufe** auffällt, ausschließlich den Tatbestand des Art IX Abs 1 Z 1 EGVG erfüllen soll: Denn nach der Jud des VwGH ist einerseits fraglich, ob der **Publikumsbereich der BTh als „öffentlicher Ort"** gelten kann, da als solche nur jene qualifiziert werden, die „jederzeit von einem nicht von vornherein beschränkten Personenkreis betreten werden können"[11]. Andererseits schließen einander die Tatbestände der „Ordnungsstörung" und der „Lärmerregung" nicht aus[12], sodaß Lärmerregung, die ordnungsstörend ist, unter zwei Straftatbestände zu subsumieren ist (Idealkonkurrenz). Da die **behördliche** „Entfernung eines Ruhestörers" trotz gültigen Theaterbesuchsvertrages hier nur die Konsequenz einer strafbaren Handlung — der Ruhestörung — sein kann, kommt ein Tätigwerden der sipol Aufsichtsorgane im Rahmen der aSiPol (auch aufgrund des SPG) nicht in Betracht; **die von den Mat zum BThSG angeführte Kompetenzgrundlage ist somit unzutreffend.** Vielmehr dürfte wohl davon auszugehen sein, daß die **Bekämpfung der Lärmerregung in den BTh** aufgrund des BTh-Kompetenztatbestandes **nach wie vor als Bundessache in Gesetzgebung und Vollziehung** zu qualifizieren ist. Mit anderen Worten: **Lärmbekämpfung in Theatern stellt kompetenzrechtlich keine sipol, sondern eine thpol Maßnahme dar**[13]. Art 10 Abs 1 Z 13 B-VG stellt kompetenzrechtlich eine lex specialis zu Art 10 Abs 1 Z 7 B-VG ebenso wie zu Art 15 Abs 2 B-VG dar; ein eigener WB der Gemeinde käme somit nicht im Rahmen der öSiPol, sondern nur im Rahmen der öVPol in Betracht. Dies hat zur Konsequenz, daß **Art VIII EGVG im Bereich der BTh** bis zum Inkrafttreten der Wiederverlautbarung des EGVG durch Kundmachung BGBl 1991/50 als **bundesrechtliche Vorschrift** anzusehen war. Art IV Abs 2 der zit Kundmachung, wodurch Art VIII EGVG 1950 als nicht mehr geltend festgestellt wurde, ist daher insoweit verfassungswidrig (Art 139 a B-VG). Derartige (bundes)thpol Maßnahmen sind infolge der Unanwendbarkeit von § 15 BehÜG (Art 102 Abs 2 B-VG idF der B-VGN 1991) gem Art 102 Abs 1 B-VG in mBV zu vollziehen, dh in Unterordnung unter den LH[14]. Ein **lärmbekämpfender Aufsichtsbeamter** in einem Theater kann somit auch nicht widerspruchsfrei mit dem Prädikat **„sipol"** versehen werden; diese

---

11 ZB ein jedermann zugängliches Geschäft, ein Hausflur oder Haushof etc; vgl die bei *Ringhofer* I 154 zit Jud des VwGH (E 14 — 16). Vgl auch § 27 Abs 2 SPG.

12 Vgl die bei *Ringhofer* I 154 zit Jud des VwGH (E 17, 18).

13 Dies erhellt auch aus der Überlegung, daß **Ruhestörungen im Theater** regelmäßig theatertypisch sind und somit einen „besonderen" **Annexlärm** darstellen (Claqueure, [iwS] [kultur]politische Agitation gegen Stück oder Dir; Schnarchen bei Bühnenweihfestspiel, etc); ihre Bekämpfung ressortiert sohin zur Hauptmaterie (Angelegenheiten der BTh).

14 Die Bekämpfung der Erregung ungebührlichen Lärms in BTh fällt nicht in den sachlichen WB der SD. Strafbehörde II. Instanz sind seit 1.1.1991 die UVS, die nunmehr auch zur Behandlung von Beschwerden über faktische Amtshandlungen zuständig sind (Art 129 a Abs 1 Z 1 und Z 2 B-VG).

Bezeichnung ist grundsätzlich verfehlt, da die Kompetenzen dieser Behörden und Aufsichtsorgane **thpol** — somit **verwaltungspol** — Natur sind[15].

Zu kritisieren ist weiters die narrativ-beiläufige Formulierung der Kompetenzen der sipol Überwachungsbehörden bzw Aufsichtsbeamten[16]: Denn wem soll die **„Durchsetzung eines Hausverbotes“** gem § 10 Abs 4 BThSG zuzurechnen sein — dem Rechtsträger der BTh als (privatrechtlich handelndem[17]) Emittenten oder der sipol Überwachungsbehörde? Ist die **„Unterstützung** des sicherheitstechnischen Aufsichtsbeamten“ gegebenenfalls der sicherheitstechnischen oder der sipol Überwachungsbehörde zuzurechnen? Welche sind die **„ohne vorausgegangenes Verfahren zu treffenden Maßnahmen“** iSd § 10 Abs 4 BThSG — Veranstaltungsabbruch bzw -verhinderung setzen ja gerade ein vorangegangenes Ermittlungsverfahren voraus! In welchem Verhältnis steht die (unklare) **Ermächtigung, „Ruhestörer zu entfernen“**[18], zu den Festnahmegründen gem § 35 VStG: muß ein strafbarer Tatbestand erfüllt sein und Wiederholungsgefahr vorliegen, ist der „Täter“ nach der „Entfernung“ „freizulassen“? Ist eine Veranstaltung, „wenn dies [die Entfernung von Ruhestörern] nicht möglich ist“, tatsächlich — nach dem klaren Wortlaut des § 10 Abs 4 1S — **zwingend** zu unterbrechen[19]? Diese — infolge der Aufhebung der ThO — konstitutiven „Zuständigkeitsvorschriften“ bringen somit zahlreiche Unklarheiten mit sich, die bei Beachtung grundlegender legistischer Regeln durchaus vermeidbar gewesen wären.

Die kompetenzrechtliche Situation auf dem Gebiet der **„ThFPol“** ist problematisch: Zu beantworten ist die Frage, ob die **Bekämpfung von Theaterbränden eine Angelegenheit der allgemeinen oder der speziellen FPol** ist[20]. Aus der in dieser Arbeit ausführlich dargestellten historischen Entwicklung ergibt sich klar, daß die Feuer- bzw Brandbekämpfung in Theatern keine Annex-, sondern eine zentrale Materie des Theaterrechts — neben Konzession und Zensur — darstellte. Die **präventive „ThFPol“ wird traditionell regelmäßig dem Veranstaltungsrecht zugeordnet,** die repressive (dh Brandbekämpfung) jedoch der aFPol[21]. Im

15 Die Qualifikation der (Bundes)Theaterlärmbekämpfung als Materie der aSiPol dürfte wohl auch hier erfolgt sein, um jede Zuständigkeit des LH zu verhindern.

16 S insb Art I § 3 Abs 4, § 10 Abs 1 und 4 BThSG.

17 Vgl zur Problematik ausführlich B.VII.

18 Ähnlich § 25 Abs 2 Wr VeranstaltungsG, wonach dem „Überwachungsorgan der BPolDion Wien ... insb die Entfernung von Ruhestörern“ obliegt, **ohne** daß zuvor von einer „Unterstützung der Theaterbediensteten“ und der „Durchsetzung von Hausverboten“ die Rede ist.

19 Demnach wären sowohl die *Stellvertreter*-Aufführung am 24.6.1988 (anläßlich des Papstbesuches) als auch die *Heldenplatz*-Uraufführung am 4.11.1988 — jeweils im Burgtheater vor Inkrafttreten des BThSG — zwingend und von amtswegen (ohne Einflußmöglichkeit der Minderheit des nichtlärmenden Publikums, der Dion des Burgtheaters oder des ÖBThV) zu verhindern bzw etwa 1000 Ruhestörer zu entfernen gewesen.

20 S dazu die hinsichtlich der BTh problematische Arbeit *Bernárd*s (s A.V.1.c)).

21 Vgl A.I.1.c)(2) und (3), A.III.4.e)(1) und (2)).

Ergebnis ist die Zuordnung hier jedoch irrelevant, da öFPol und öVPol gleichermaßen in den eigenen WB der Gemeinden verwiesen werden. Zentrale Frage ist vielmehr, ob der Gemeinde auch in fpol und vpol **Bundes**angelegenheiten grundsätzlich ein eigener WB zukommt. Entscheidendes Kriterium für die „Örtlichkeit" gem Art 118 Abs 2 B-VG ist, ob die Angelegenheit 1. „im ausschließlichen oder überwiegenden **Interesse** der in der Gemeinde verkörperten örtlichen Gemeinschaft gelegen" ist und 2., „geeignet (ist), durch die Gemeinschaft innerhalb ihrer örtlichen Grenzen besorgt zu werden."[22] Bei der Prüfung dieser Kriterien ist grundsätzlich auf das Interesse und die **Eignung** der **„abstrakten" Gemeinde** abzustellen[23]. Eine **indizielle** Bedeutung kommt der Zuordnung dieser Angelegenheiten durch die einschlägigen Wr LG zu, die lediglich solche Kompetenzen bei Veranstaltungen in den eigenen WB der Gemeinde verweisen, die „keine Theaterveranstaltungen" bzw „keine Veranstaltungen von überörtlicher Bedeutung" sind[24]. Da sich das BThSG insb auf Theaterspielstätten bezieht und der Opernball wohl unstreitig von überörtlichem Interesse ist, dürfte die **Nichtzuweisung dieser Angelegenheiten in den eigenen WB der Gemeinde** — im Lichte vergleichbarer Zuordnungen — **verfassungsrechtlich unbedenklich** sein. Die Problematik wurde aber offenbar von den Gesetzesredaktoren gar nicht erkannt.

Zu kritisieren ist in diesem Zusammenhang die Verwendung des Tarnbegriffes **„Sicherheitstechnik"**, der offensichtlich auch gewählt worden sein dürfte, um eine **klare kompetenzrechtliche Zuordnung dieser Tätigkeit der Überwachungsbehörden zu verhindern**[25]. Zwar sind G kompetenzrechtlich grundsätzlich nach ihrem Inhalt zu beurteilen und sohin Ettikettenschwindel sogar bei Falschbezeichnung unbeachtlich; eine eindeutige Definition des Begriffes und insb seine **Abgrenzung zu BauPol, FPol und V(Th)Pol** hätte wohl erwartet werden dürfen.

Zu bemängeln ist schließlich, daß selbst die Aufhebung **früherer „thpol Rechtsvorschriften" zT mißglückt** ist: Die bloße Aufhebung disziplinarrechtlicher Vorschriften hat zur Folge, daß die (partielle) Derogation von Bestimmungen des SchauspielerG aufrecht bleibt[26]; die Aufhebung von § 6 2. Satz ThO ohne Normierung einer entsprechenden Nachfolgebestimmung in Art I BThSG kann — wie gezeigt wurde — im Einzelfall zu empfindlichen Rechtslücken führen. Das HKD-Schauausstellungen

---

22 Vgl zur „öFPol" in Bundesangelegenheiten *Bernárd*, der jedoch gerade hinsichtlich der FPol der BTh von falschen Voraussetzungen ausgeht, unabhängig davon aber auch zT bedenkliche Schlußfolgerungen zieht (dazu A.V.1.c)).

23 Vgl zur Problematik *Walter/Mayer*, BVR[6] Rz 879 f mwN.

24 § 106 Abs 2 LGBl 1978/4; § 35 Abs 2 LGBl 1971/12 idgF.

25 Vgl zur Begriffsbestimmung näher *Bammer*, BThSG 452 mwN.

26 Vgl näher A.V.5.

aus 1836 war nach seinem klaren Wortlaut nur auf Veranstaltungen „herumziehender Personen" anwendbar, sohin noch nie auf die BTh; die Aufhebung einer für die BTh ohnehin unanwendbaren Norm erscheint in diesem Zusammenhang nicht besonders sinnvoll. Hingegen wurde die zentrale thpol Norm, das seit 1925 in Geltung stehende **NöThBG, nicht aufgehoben;** ihm dürfte jedoch weitgehend materiell derogiert worden sein. Nicht beseitigt wurde schließlich die verfassungswidrige Praxis, das Wr JugendschutzG im Bereich der BTh anzuwenden[27] (etwa durch Normierung entsprechender jugendschutzpol Bestimmungen).

Zusammenfassend ist festzustellen: Das BThSG ist in zentralen Bestimmungen verfassungswidrig (Bewilligungspflicht, Zuständigkeit des BMwA); zahlreiche Detailbestimmungen sind legistisch und dogmatisch unzureichend und mißglückt; die deutliche Tendenz zur Überregulierung einer an sich weitgehend deregulierungsfähigen Materie qualifiziert es darüberhinaus als zumindest unzeitgemäße Norm. Positiv hervorzuheben ist, daß nach beinahe siebzig Jahren arrogierter behördlicher Tätigkeit für diese eine gesetzliche — und somit einer Aufhebung zugängliche — Grundlage geschaffen wurde.

27 So zutreffend der TB des RH/Verwaltungsjahr 1976, Pkt 74.2.1.2.

VII. Die Hausordnungen der Bundestheater

1. Der Normenbestand

Die 1924 für das Opern-, Burg-, Schönbrunner Schloß- und Redoutensaaltheater von der BThVw erlassenen und 1931 abgeänderten HOen erfuhren keine weitere Abänderung[1]. In allen BTh — auch in Volksoper und Akademietheater, für die keine eigenen HOen publiziert wurden — ist jeweils (ohne weitere Präzisierung hinsichtlich des Gebäudes) eine „HO" unter Hinweis auf die Genehmigung aus 1924 und die Abänderung aus 1931 auszugsweise ausgehängt. Volksoper und Akademietheater verfügen somit — nach der durch Aushang kundgemachten Fasssung der HOen — über keine für diese Theatergebäude erlassenen oder „genehmigten" HOen; **der bloße Aushang eines Textes, der mit „HO" überschrieben ist, kann die Willensbildung des zur Erlassung der HO berufenen Organs nicht ersetzen.** Bei der Volksoper kommt hinzu, daß der Bund (noch) nicht Eigentümer, sondern lediglich Mieter des Gebäudes ist[2].

Im folgenden soll die Rechtsnatur der HOen untersucht werden; auf die in Kapitel A.V.7. wiedergegebenen instruktiven Überlegungen des BKA zu dieser Frage wird verwiesen.

2. Die Hausordnungen im Rechtsquellensystem

a) Die Hausordnungen als Verordnungen?

Der Rechtsbegriff „HO" findet sich in zahlreichen Rechtsvorschriften[3]. Mit HOen vergleichbare Phänomene stellen die zahlreichen sonstigen „-Oen" dar, zB **Anstalts-, Benützungs-, Bibliotheks-, Bade-, Hafen-** oder **MarktOen**[4]. Von Interesse sind hier insb die „-Oen" von Anstalten bzw Einrichtungen, die mit den BTh vergleichbar sind:

So ist gem § 32 FOG „für jedes **Bundesmuseum** ... vom zuständigen BM eine **MuseumsO** zu erlassen", die „insb nähere Bestimmungen ... über: 1. die organisatorische Gliederung des Museums, 2. die nähere Regelung für den Dienstbetrieb sowie für die Inanspruchnahme der Leistungen der Anstalt ..." etc zu enthalten hat[5].

---

1 S dazu A.II.11. und A.V.7. Eine (allerdings so nicht publizierte) „HO der BTh" wurde offenbar mit Erlaß der BThVw 31.10.1956, 9296/56, bzw 16.3.1957, 2422/57, erlassen.

2 Vgl zur Frage der HOen in von § 73 Abs 3 lit f UOG umfaßten privaten Lokalitäten (HO gem UOG und/oder „private" HO) *Aichlreiter* 331 bei FN 471. Vgl zum „Ordnungsrecht an Universitäten" *Pauger*, Ordnungsrecht.

3 ZB § 14 Abs 1 Z 6 WEG; § 73 Abs 2 lit f UOG; § 44 Abs 1 SchUG.

4 Vgl zu diesen *Aichlreiter* 326 ff.

5 Die MuseumsOen stellen nach der Verwaltungspraxis **bloße Erlässe** dar (zB die „MuseumsO für das Kunsthistorische Museum", Erlaß des BMWF 29.1.1990, 31769/1-32/90, VOBl 25).

Gem § 29 Abs 1 FOG hat „der BMWF ... für die **ÖNB** eine **„BibliotheksO“**[6] zu erlassen. Diese hat insb nähere Bestimmungen über die folgenden Angelegenheiten zu enthalten: ... 2. Richtlinien für die Benützung ... und für die Öffnungszeiten sowie für die Bereitstellung von Beständen für Ausstellungs- und Reproduktionszwecke, 3. Ordnung und Sicherheit in der ÖNB und ihre Sicherstellung durch Androhung bzw Verhängung von angemessenen Benützungsbeschränkungen bzw Benützungsverboten unter Beachtung des Grundsatzes der Verhältnismäßigkeit der Mittel, ...“ Gem § 29 Abs 2 FOG hat der „Leiter der ÖNB ... nähere Regelungen über die Benützung und über die Öffnungszeiten der ÖNB **(BenützungsO)** ... festzulegen.“

Mit der Bezeichnung als „HO“ ist jedoch nichts für die Einordnung von Enuntiationen gewonnen; denn eine HO kann von Privaten, Selbstverwaltungskörpern oder Behörden „erlassen“ werden, sie kann sich zB an Vertragspartner, Dienstnehmer oder nur faktisch Anwesende richten. Diese allgemeinen Probleme stellen sich auch bei einer Untersuchung der Rechtsqualität der HOen der BTh. Zuerst soll geprüft werden, ob die **HOen als VO** qualifiziert werden können; denn grundsätzlich spricht nichts gegen die Annahme, daß eine VO zusammenfassend das Verhalten aller im Haus Anwesenden — ohne Rücksicht auf die Art der Nutzungsberechtigung — regelt. Unter VO werden nach hM generelle Rechtsvorschriften verstanden, die von Verwaltungsbehörden erlassen werden und sich ihrem Inhalt nach an die „Rechtsunterworfenen“ (dh nach außen) richten[7]. Umstritten ist die Frage, ob auch nicht-behördliche Institutionen und Organe zur Erlassung von derartigen heteronom erzeugten Allgemeinregelungen berechtigt sind, bzw ob diese Allgemeinregelungen nur als VO gedeutet werden können[8]. Einigkeit besteht darüber, daß zur Erlassung einer VO zumindest eine einfachgesetzliche Grundlage notwendig ist[9]. Bei einer

---

6 Vgl auch die gem § 88 Abs 1 UOG vom BMWF zu erlassende „BibliotheksO“, die als VO zu qualifizieren ist (VO BGBl 1979/410 idgF); so auch *Ermacora/Langeder/Strasser* 311; aA *Ermacora*, UOG[4] 200: „Anstaltsinterne Satzung“. Gem § 3 Abs 9 der zit BibliotheksO kann vom BibliotheksDir mit **Bescheid** eine „Benützungsbeschränkung“ oder ein „dauernder Entzug der Benützungsberechtigung“ (somit eine hausverbotsähnliche Maßnahme) erlassen werden.

7 *Walter/Mayer*, BVR[6] Rz 590.

8 Hier wird davon ausgegangen, daß Emittent einer VO ausschließlich eine Verwaltungsbehörde sein kann. Ob sonstige Befugnisse zu heteronomer Normsetzung verfassungsrechtlich zulässig sind, ist eine Frage der „Geschlossenheit des verfassungsrechtlichen Rechtsquellensystems“. Aufgrund heteronomer Normsetzungsbefugnisse erlassene Enuntiationen sind aber jedenfalls unzulässig, sofern sie nicht vom Rechtsschutzsystem des B-VG (insb Art 139) umfaßt sind, mit anderen Worten: Der weite VO-Begriff des Art 139 B-VG hat stets sämtliche heteronom erzeugte Normen zu umfassen (vgl in diesem Zusammenhang zB die vom „Kontrollbegriff“ VO iSd Art 139 B-VG umfaßten VwVO; vgl auch den weiten VO-Begriff bei *Aichlreiter* 250 ff, 1266 f)

9 *Adamovich/Funk*, Verfassungsrecht[3] 252 ff; *Mayer*, Verordnung 11, 33 ff; *Aichlreiter* 263.

„Verwaltungsbehörde" muß es sich stets um ein Organ der Hoheitsverwaltung handeln, deren Imperium durch G begründet sein muß[10]. Daher ist zunächst zu untersuchen, ob 1924 für den Bereich der BTh ein G galt, das zur Erlassung von HOen für die BTh ermächtigte bzw verpflichtete.

Erlassen wurden die HOen offenbar aufgrund Pkt VI der am 9.11.1920 erlassenen PBest[11], die jedoch — mangels Geltung — keine taugliche gesetzliche Grundlage abgeben konnten. 1924 galt das **NöThBG als LG für die BTh;** es bestimmte unter der Überschrift „HO" in § 61:

> „Für jedes Theater ist eine HO zu verfassen, in welcher insb auch die Bestimmungen über die täglich vor und nach der Vorstellung vorzunehmende Untersuchung aller Räume des Theatergebäudes, dann im Bezug auf das Umgehen mit Feuer und Licht sowie im Bezug auf die ersten Maßregeln bei Ausbruch eines Feuers aufzunehmen sind. Die Genehmigung der HO erfolgt in Wien von der PolDion einverständlich mit dem Magistrat ... Die behördlich genehmigte HO ist sämtlichen Mitgliedern, Angestellten und Bediensteten des Theaters behufs Darnachachtung zur Kenntnis zu bringen und überdies in der Eintrittshalle des Theaters an einem leicht sichtbaren und zugänglichen Orte stets angeschlagen zu halten."

Es ist daher zu prüfen, ob dieses LG 1924 eine taugliche Grundlage zur Erlassung der HOen bot und welche Bedeutung die vorgesehene Genehmigung der HOen auf deren Rechtsqualität hatte[12]. Das **NöThBG stand 1924 bloß als Wiener LG in Geltung,** dessen § 61 die zwingende Erlassung einer HO „für jedes Theater" anordnete — die „BTh" waren demnach verpflichtet, solche HOen zu erlassen. Von § 61 leg cit wird jedoch lediglich die Erlassung fpol Vorschriften zwingend vorgeschrieben; darüberhinausgehende Bestimmungen scheinen offenbar zulässig zu sein (arg „insb"). Bei einer Deutung von § 61 leg cit als Grundlage zur Erlassung von VO bestünde somit nur für die angeführten fpol Bestimmungen der HOen eine gesetzliche Deckung; darüberhinausgehende Regelungen wären entweder gesetzlos oder aufgrund einer formalgesetzlichen Delegation („insb") erlassen. § 61 leg cit ordnet auch eine **Genehmigungspflicht für HOen** an. **Genehmigungsbehörde** war nach dem Normtext die **„PolDion einverständlich mit dem Magistrate"**[13]. Die Genehmigungskompetenz der PolDion blieb gem § 10 Abs 1 ÜG 1920 bis zu anderslautenden gesetzlichen

---

10 *Mayer,* Verordnung 17.

11 Vgl A.II.11. und A.II.12.b).

12 Die „Beleihung" zur Erlassung von VO hat zur Folge, daß die Beliehenen (beschränkte) verwaltungsbehördliche Funktionen haben, sohin Verwaltungsbehörden im funktionellen Sinn werden.

13 Die Bedeutung von Einvernehmensklauseln ist strittig, wobei die Notwendigkeit des „Einvernehmens" vielfach als Notwendigkeit einer „Zustimmung" gedeutet wird. Vgl *Mayer,* Verordnung 19 (insb die bei FN 58 zit Lit).

Bestimmungen bestehen; ebenso die Zuständigkeit des Magistrats[14]. **Die HOen wurden daher nicht von den gem § 61 leg cit zuständigen Behörden genehmigt**[15]. Keinem der drei die HOen genehmigenden BM kam nach dem zit LG eine hoheitliche Kompetenz zu; es läßt sich darüberhinaus aber auch kein Indiz dafür finden, daß die BThVw die HOen erließ, um der zwingenden Vorschrift des § 61 leg cit Genüge zu tun[16]. Vielmehr wurden sie ganz offensichtlich aufgrund der — von der Praxis verfehlterweise als geltend erachteten PBest (Pkt VI) — erlassen.

§ 61 leg cit läßt die Frage offen, wer zur Erlassung der HO zuständig war[17]. Offenbar richtete sich diese Verpflichtung an den Theaterunternehmer (uU -eigentümer); sohin wäre der Bund — als BTh-Eigentümer oder BTh-Unternehmer (iSd Art 17 B-VG[18]) — verpflichtet gewesen, die HOen zu erlassen[19]. Mit dem **Betrieb** der BTh war 1924 die in das BMU eingegliederte BThVw betraut, mit der Wahrnehmung der **Eigentümerrechte** des Bundes an den Gebäuden das BMHV (Gebäudeverwaltung). Die HOen wären somit von einem der zit BM (uU von beiden „einvernehmlich") zu erlassen gewesen, wobei eine derartige HO noch durch die gesetzlich zuständigen Behörden zu genehmigen gewesen wäre. **Eine Qualifikation der HOen als VO ist im Lichte des § 61 leg cit sohin nicht möglich, da hoheitliche Akte oberster Verwaltungsorgane nicht an das Erfordernis einer Zustimmung, des Einvernehmens oder einer Geneh-**

---

14 Vgl VfSlg 720, 1208. Die Genehmigung einer fpol Bestimmungen enthaltenden HO stellte nach hM seit 1.10.1925 in Angelegenheiten fpol **Bundes**zuständigkeiten keine Angelegenheit des „WB in erster Instanz" gem Art 120 Abs 3 Z 8 B-VG 1920 dar (s *Walter*, System 626 bei FN 64).

15 S A.II.11. Dies verwundert auch nicht weiter, da sich die mit der Verwaltung der BTh befaßten Organe bis zur Erlassung des Kompetenztatbestandes „alle Angelegenheiten der BTh" durch die B-VGN 1925 mehr oder weniger eindeutig weigerten, die Zuständigkeit des Landes im allgemeinen, bzw die Zuständigkeit des Magistrats im besonderen anzuerkennen (vgl A.II.13.).

16 Die aktenmäßig feststellbaren „Einflußnahmeversuche" des Wr Magistrats betrafen stets die grundsätzliche Frage, ob der Bund **überhaupt** in BThFPol-Angelegenheiten zuständig sei (vgl A.II.13.).

17 Auch die nahezu inhaltsgleiche Vorläuferbestimmung des § 97 der VO LGVOBl 1882/54 regelt dies nicht näher (s *Bammer,* Theater 23 f).

18 Vgl zur Abänderung des Art 14 des „Linzer Entwurfs" im Zuge der Beratungen des UAVerfA *Ermacora*, Quellen 385, 511, sowie B.V.2.

19 Nicht eindeutig beantwortbar ist, ob § 61 NöThBG nicht als Ermächtigung (Verpflichtung) Privater zur Erlassung von VO, sohin als **Beleihung** verstanden werden könnte. Dies hätte die **Behördenqualität privater Theaterunternehmer bzw -eigentümer** zur Folge (vgl zum Problem eingehend *Aichlreiter* 310 ff). Dagegen spricht jedoch, daß seit 1.10.1925 eine Beleihung der nichtbehördlich handelnden Gebietskörperschaft Bund (vertreten durch das UA, BThVw) mit behördlichen Vollziehungsaufgaben des Bundes schon infolge der Genehmigungspflicht der HOen durch Unterbehörden nicht möglich ist. Zudem ist fraglich, ob in einem solchen (hier: Regel)Fall überhaupt noch von Beleihung gesprochen werden kann (s zum — vielfach ungelösten — Problem „Private als Verordnungsgeber" *Aichlreiter* 649).

migung durch andere als oberste Verwaltungsorgane (hier: „PolDion einverständlich mit dem Magistrate") gebunden werden dürfen[20]. Zu betonen ist in diesem Zusammenhang, daß **für die Rechtsnatur des zu Genehmigenden jedenfalls nur die Enuntiation selbst maßgeblich sein kann, nicht jedoch die Rechtsnatur der Genehmigung**[21].

Problematisch ist weiters die „Genehmigung" eines Aktes der BThVw — einer Abteilung des BMU — durch das BMU selbst. Grundsätzlich wird es zwar als zulässig angesehen, daß ein Organ **als Behörde** „sich selbst" in seiner Eigenschaft als zuständiges Organ einer Gebietskörperschaft als Träger von Privatrechten behördliche Bewilligungen erteilt[22]. **Ein behördlicher Akt kann jedoch keinesfalls Gegenstand einer behördlichen „Genehmigung" durch ebendiese Behörde sein;** denkbar sind lediglich innerbehördliche Genehmigungen, Weisungen etc. Die HOen wurden jedoch offensichtlich nicht bloß durch einen innerbehördlichen Akt sanktioniert: Dies erhellt einerseits aus der „Genehmigung" durch das BMHV und des BKA, andererseits durch die ausdrückliche Berufung auf die „Genehmigung" des BMU in allen publizierten Fassungen der HOen. Somit wurden die **HOen von der BThVw offenkundig als nicht-behördlicher, einer behördlichen Genehmigung bedürftiger Akt erlassen**[23]. Nicht weiter untersuchungsbedürftig ist hier die Normqualität der Genehmigungsakte, die offensichtlich als behördliche Akte intendiert worden waren[24].

---

20 Vgl *Mayer,* Verordnung 20 mwN. S zur (notwendigerweise verfassungsrechtlich angeordneten) Bindung der emittierenden Verwaltungsbehörden an die „Zustimmung" von Organen anderer Gewalten (zB NR) *Walter*, System 335 f mwN.

21 Überzeugend *Aichlreiter* 272 mit Hinweis auf Genehmigungspflichten aufgrund devisen- und grundverkehrsrechtlicher Vorschriften, wobei an der privatrechtlichen Natur des Gegenstandes der Genehmigungspflichten kein Zweifel besteht. Vgl auch *Aichlreiter* 368 ff.

22 So erteilt zB der LH als Forst- oder Wasserrechtsbehörde dem LH als Bundesstraßenplaner eine Bewilligung.

23 Verfehlt wäre es aber, der **emittierenden Stelle „BThVw" abstrakte Behördenqualität abzusprechen: Die BThVw als solche** (ebenso heute das GS des ÖBThV) war ein Teil der Zentralstelle des BMU(K); alle Akte dieser Organisationseinheit ergingen für den bzw im Namen des BMU(K). Diesem kommt **aber jedenfalls abstrakte Behördenqualität zu. Das GS wäre heute aber jedenfalls verfassungswidrig eingerichtet, sofern ihm die Besorgung von hoheitlichen Verwaltungsaufgaben zugewiesen wäre,** da es als abweichende Organisationseinheit gem § 7 Abs 5 BMG nur Aufgaben der Privatwirtschaftsverwaltung besorgen darf (s zum Problem der „abstrakten Behörde" *Winkler*, Bescheid 73 ff; *Aichlreiter* 265 ff). Hier ist somit nicht die Frage zu untersuchen, ob Enuntiationen trotz absoluter Gesetzlosigkeit **und** fehlender abstrakter Behördenqualität wegen „Anmaßung" heteronomer Normsetzung trotzdem als VO verstanden werden könnten (vgl *Aichlreiter* 369).

24 Mangels jedweder gesetzlichen Grundlage für die Erlassung von Genehmigungsbescheiden oder VO wären derartige Akte jedenfalls gesetzlos und somit verfassungswidrig; dieser Befund gilt — infolge der unveränderten Behördenzuständigkeit — auch für die Zeit nach dem 1.10.1925. Es bedarf somit auch keiner Auseinandersetzung mit einer etwaigen „Konvalidierungsproblematik".

Könnte eine HO auch ohne ausdrückliche gesetzliche Grundlage als VO gedeutet werden, indem eine **heteronome hausrechtliche Normsetzungsbefugnis etwa als „Annexkompetenz" zum ordnungsgemäßen Theaterbetrieb mitgedacht** oder als aus dem Eigentumsrecht erfließende Anordnungsbefugnis (Gebäudeverwaltung) gedeutet würde[25]? In der deutschen Lehre wird die keineswegs unumstrittene Auffassung vertreten, daß das **Hausrecht von Verwaltungsbehörden an Verwaltungsgebäuden öffentlich-rechtlichen Charakter** habe. Nach dieser Auffassung[26] ist die **Hausgewalt**

„nichts anderes als eine Erscheinungsform der allgemein jedem Hoheitsträger für seine Kompetenzsphäre zustehenden hoheitsrechtlichen Ordnungsgewalt, ein **Annex zur Sachkompetenz"**. Jedoch scheiden auch nach dieser Auffassung „von vornherein die Gegenstände des Finanzvermögens und die Sachen im Gemeingebrauch als Objekte des Hausrechts aus ... Damit soll selbstverständlich nicht gesagt werden, daß etwa in Räumen des Finanzvermögens kein Hausrecht ausgeübt werden kann; dieses wird jedoch nicht zu dem Behördenhausrecht ieS gezählt. **Handelt es sich um Störungen in Räumen des Gemeingebrauchs, die jedermann zum bestimmungsgemäßen Gebrauch zur Verfügung stehen, so richtet sich die Störungsabwehr nach den pol Vorschriften."**

Nach der deutschen Dogmatik scheidet somit in dieser ausgesprochen umstrittenen Frage[27] zumindest eine Einordnung der BTh-HOen als Normen des Behördenhausrechtes ieS aus; abgesehen davon dürfte eine klare Zuordnung im Lichte der bunten Vielzahl von Begriffen und allgemeinen Lehren kaum möglich sein[28]. Terminologisch ist allerdings der Begriff „AnstaltsO" von der sog „BenützungsO" abgrenzbar; nach *Wallerath* ist

25 Vgl dazu und zu den sog „hausrechtlichen Funktionen" *Aichlreiter* 327 ff.

26 *Zeiler* 1004.

27 Vgl bloß *Aichlreiter* 337 bei FN 520. S für die deutsche Lehre zB *Wallerath* 66 ff.

28 Nach *Antoniolli/Koja* 300 steht „der Anstalt ... Anstaltsgewalt zu, eine Hausgewalt, die sich gegen jeden Benützer richtet, gleichgültig, ob er die Anstalt aufgrund gesetzlichen Zwanges oder aufgrund freiwilliger Unterwerfung benützt. **Die Anstaltsgewalt reicht aber nur so weit, als sie durch das G eingeräumt ist.** Die näheren Bestimmungen können in einer AnstaltsO getroffen werden, die ... als VO zu qualifizieren ist." Ein näheres Eingehen auf die Richtigkeit dieser nicht weiter begründeten Auffassung erübrigt sich hier, da die BTh unselbständige Anstalten ohne — für die Ausübung von Anstaltsgewalt jedenfalls notwendige — gesetzliche Grundlage darstellen. Eine klare Abgrenzungsmöglichkeit zwischen der nach *Aichlreiter* 376 und dem OGH „nicht unter die Kategorie des Privatrechts einzuordnenden Besuch von Lehrveranstaltungen einer Universität" und dem Besuch von Vorstellungen der BTh dürfte bei **inhaltlicher** Betrachtung nicht zutage treten; letztlich kann die Frage nur formal aufgrund der postivrechtlichen Ausgestaltung des konkreten Benützungsverhältnisses beurteilt werden (hoheitlich nach dem UOG, privatrechtlich [dh sondergesetzlos] bei den BTh). Schwierigkeiten treten freilich bei besonders gelagerten Benützungsverhältnissen auf: Man denke nur an einen Ruhestörer, der vom BMUK (im Rahmen seiner Repräsentationspflichten) eingeladen wurde.

die vom Anstaltsträger zu erlassende **„AnstaltsO“**[29], die Zweck und Organisation der Anstalt regelt, von der — von selbständigen Anstalten selbst zu erlassenden — **„BenützungsO“**[30], die das Verhältnis Anstalt — Benützer regelt, zu unterscheiden. Nach der zweckmäßigen Terminologie *Walleraths* sind die **HOen der BTh BenützungsOen,** die **DI 1976** stellt hingegen die **AnstaltsO der BTh** dar.

Zu untersuchen ist weiters, ob es **aus dem Eigentumsrecht als solchem erfließende heteronome Normsetzungsbefugnisse** gibt[31]. Eine solche aus dem Privatrecht erfließende heteronome Normsetzungsbefugnis wird nach hL[32] nicht als VO-Kompetenz gedeutet, da ja gerade dem behördlichen Tätigwerden (VO) die privatrechtliche „Sonderform der Normsetzung“ aufgrund „hausrechtlicher Funktionen“[33] gegenübergestellt wird. Die **Frage, ob das Privatrecht heteronome Normsetzungsbefugnisse kennt,** führt sich jedoch schon begrifflich ad absurdum, da das **grundlegende Abgrenzungsmerkmal des Privatrechts vom öffentlichen Recht ja gerade im Fehlen heteronom erzeugter Normen liegt**[34].

Irreführend ist es daher, wenn *Adamovich/Funk*[35] davon sprechen, „daß es Befehls- und Zwangsbefugnisse auch im Bereich des Privatrechts gibt (Beispiele: einseitige Anordnungen in Ausübung hausrechtlicher Befugnisse, etwa in Form eines ‚Hausverbotes‘; Selbsthilfe; Pfändungrecht der Gastwirte und Spediteure)“, oder wenn *Rill* meint, daß es „auch im Privatrecht generelle Rechtsetzung gibt“, wobei er die Befugnis zu einer derartigen Rechtsetzung auch „aufgrund eines Privatrechtstitels ohne rechtsgeschäftliche Unterwerfung (zB die an die Besucher gerichteten Bestimmungen einer vom Anstaltseigner in Ausübung seiner Eigentümerposition erlassenen KrankenanstaltsO)“ bejaht[36].

Dem Privatrecht ist eine heteronome Rechtsetzungsbefugnis jedoch fremd. § 354 ABGB normiert Eigentum als „Befugnis, mit der Substanz und den Nutzungen einer Sache nach Willkür zu schalten und jeden anderen davon auszuschließen“. Sofern der Eigentümer auch Besitzer ist, hat er gem § 344 ABGB „auch das Recht, sich in seinem Besitze zu schützen, und in dem Falle, daß die richterliche Hilfe zu spät kommen würde, Gewalt mit

---

29 *Wallerath* 66 ff setzt aber ausdrücklich eine auf G rückführbare Organisationsgewalt des Anstaltsträgers voraus. Eine „AnstaltsO“ ist zB die vom BMWF zu erlassende BibliotheksO für die ÖNB (§ 29 Abs 1 FOG), die allerdings auch zT das Verhältnis Anstalt — Benützer regelt.

30 Vgl zB die vom Leiter der ÖNB zu erlassende BenützungsO (§ 29 Abs 2 FOG).

31 Zu beachten ist, daß der Bund nicht Eigentümer der Gebäude sein muß, in denen er ein Theaterunternehmen betreibt; so ist insb die Volksoper von der Gemeinde Wien bislang nur angemietet.

32 *Adamovich/Funk,* AVR[1] 110; *Rill,* Verwaltungsbegriff 53; *Aichlreiter* 328.

33 *Aichlreiter* 328.

34 Sog **Subjektionstheorie** (Subordinationstheorie); vgl dazu zB *Koziol/Welser* 6; *Adamovich/Funk,* AVR[3] 41 f.

35 AVR[3] 146.

36 *Rill,* Verwaltungsbegriff 53.

angemessener Gewalt abzutreiben (§ 19)". Der Eigentümer kann zwar einen anderen von der Benützung einer Sache ausschließen[37] oder mit diesem eine (uU konkludente) Benützungsvereinbarung abschließen; Gegenstand dieser Vereinbarung sind regelmäßig auch (uU konkludente) Benützungsmodalitäten. § 344 ABGB stellt lediglich einen **Rechtfertigungsgrund für an sich verbotene Selbsthilfehandlungen** dar, der der Notwehr gem § 3 StGB ähnelt[38]. In einer solchen Norm kann aber nicht die Befugnis zu heteronomer Normsetzung erblickt werden, da sie lediglich in bestimmten Situationen **an sich verbotene Handlungen in gewissen Grenzen rechtfertigt.** Der Ausschluß eines anderen von der Benützung einer Sache ist somit ausschließlich durch die entsprechende Bestimmung des ABGB begründet, die an das Vorliegen des Eigentums bestimmte Rechtsfolgen knüpft. **Grundsätzlich hat sich der Eigentümer bei Mißachtung seiner Rechtsposition behördlicher Hilfe zu bedienen**[39], in gewissen Situationen ist aber (an sich unerlaubte) Selbsthilfe gerechtfertigt.

Die in Kapitel A.V.7. zit Äußerung des BKA stimmt somit mit dem bislang erzielten Zwischenergebis überein; die **HOen konnten weder zum Zeitpunkt ihrer Erlassung noch zu jenem ihrer Novellierung (1931) als VO gedeutet werden.** Auf Überleitungsfragen (insb 1938/1945) soll hier nicht weiter eingegangen werden, da Lehre und Jud in der Überleitung von ursprünglich österreichischen Akten, die nicht als G oder VO zu qualifizieren sind, keine nennenswerten Probleme sehen[40].

Zu untersuchen ist allerdings die **neue Rechtslage nach dem BThSG:** Dieses normiert in § 10 Abs 4 die Kompetenz des „sipol Aufsichtsbeamten" zur **Unterstützung der „Bediensteten der BTh bei der Sicherung des ordnungsgemäßen Verlaufes der Veranstaltung, wie etwa bei der Durchsetzung eines Hausverbotes"**[41]; gem § 11 Abs 2 lit j BThSG hat der BMwA durch VO ua **„die Anforderungen an eine HO für jedes BTh"** zu regeln[42]. Das BThSG enthält somit weder eine Ermächtigung noch eine

---

37 Ob den Bund im Bereich der BTh ein Kontrahierungszwang trifft, ist im Rahmen dieser Arbeit nicht zu untersuchen.

38 Vgl bloß *Triffterer* 225.

39 Unklar ist, aufgrund welcher Rechtsgrundlage die „behördliche Hilfe" beruhen soll, sofern keine strafbaren Handlungen begangen werden (zB **bloße** Benützung eines fremden Fahrrades mit Rückgabeabsicht [straflos nach StGB] vor den Augen des nicht zustimmenden Eigentümers).

40 Vgl *Walter*, System 34; *Bydlinski* 574. Problematisch sind allenfalls als „VwVO" (Weisungen) an BTh-Organe zu qualifizierende Bestimmungen.

41 Zur legistischen und dogmatischen Bedenklichkeit dieser Bestimmung B.VI.

42 Gem Art IV Abs 4 Z 7 BThSG ist mit der Vollziehung des Art I § 11 Abs 2 lit j der **BMwA im Einvernehmen mit dem BMI** betraut. Diese Vollzugsklausel ist unklar: Gem Art I § 11 Abs 1 BThSG ist in den VO des BMwA „festzulegen, welche Sicherheitsvorkehrungen für den Betrieb der BTh **in sicherheitstechnischer Hinsicht nach Maßgabe des jeweiligen Standes der technischen Wissenschaften** erforderlich sind". **Sipol** „Anforderungen an eine HO" in einer derartigen VO wären somit gesetzlos.

Verpflichtung zur Erlassung von HOen, vielmehr setzt es deren Zulässigkeit (Existenz) offenbar voraus. Da das BThSG dem NöThBG nicht formell, sondern lediglich materiell derogierte, wurde § 61 NöThBG nur insoweit aufgehoben, als nicht das BThSG eine nähere Determinierung des Inhalts der HOen enthält bzw diese Determinierung ausdrücklich den VO gem § 11 BThSG vorbehält. Insb blieben die Verpflichtung zur Erlassung von HOen sowie die Genehmigungskompetenzen unberührt[43]. **Im Lichte des Art I § 11 Abs 2 lit j BThSG kommt gem § 61 NöThBG eine Deutung von HOen als VO somit nicht in Betracht,** da diesfalls eine einvernehmliche Erlassung der HOen durch BMUK und BMwA, allenfalls deren „zustimmungsbedürftige" Erlassung durch den erstzit BM zu normieren gewesen wäre. Die zit Bestimmung des BThSG kann hingegen **nicht als gesetzliche Ermächtigung zur Erlassung von verordnungsförmlichen verbindlichen „Anforderungen" an VO eines anderen obersten Organs gedeutet werden;** dies wäre im Lichte des Art 18 Abs 2 B-VG bedenklich[44].

„Hausverbote" können gem § 5, 3. Satz, der HOen von der „GI auf Antrag der BPolDion Wien" befristet oder „für immer" ausgesprochen werden; zu ihrer Durchsetzung sind gem § 10 Abs 4 BThSG die „Bediensteten der BTh" berufen[45]. Eine Deutung des Hausverbots als Verwaltungsakt ieS[46] — sohin als Bescheid — scheint nicht in Betracht zu kommen:

---

43 Bislang ist noch keine VO gem § 11 BThSG ergangen.

44 Es handelt sich hier um eine Facette des Problems des Stufenbaus von VO, bzw um die Frage, inwieweit der Inhalt von VO nicht durch G, sondern durch VO vorherbestimmt werden kann; eine Deutung der HOen als (gegenüber der VO des BMwA niederrangigere) VO des BMUK hätte eine Hierarchie von DVO oberster Organe sowie die Anfechtbarkeit dieser VO des BMUK wegen VO-Widrigkeit zur Folge (vgl *Aichlreiter* 1051 ff).

45 Hier ist auf die Rechtsauffassung des BMWF „nach Befassung der BMJ und BMI" im **„Bibliothekserlaß"** vom 22.4.1980, VOBl 52 (abgedruckt bei *Ermacora/Langeder/Strasser* 597 ff [Pkt 3.4]), hinzuweisen, die die „dem BibliotheksDir und dem Bibliothekspersonal sonst zur Aufrechterhaltung der Ordnung und Sicherheit in der Universitätsbibliothek zustehenden rechtlichen Hilfsmittel" erörtert. **Gem § 86 Abs 2 StPO könne gegen bloße Ordnungs- und Ruhestörer nicht eingeschritten werden,** da es sich um keine gerichtlich strafbare Handlung handle, **ebensowenig gegen Personen, die sich bloß weigerten, die Bibliothek zu verlassen.** Die bloße Weigerung eines Benützers, die Bibliothek zu verlassen, rechtfertige (mangels jedweden Straftatbestandes) keine Inanspruchnahme der Organe des öffentlichen Sicherheitsdienstes. Jedoch könne Gewaltanwendung von Bibliotheksbediensteten im Einzelfall gem § 344 ABGB gerechtfertigt oder gem § 10 StGB entschuldigt sein. Die Bestimmung des § 10 Abs 4 BThSG bleibt somit unklar, da dieser Bestimmung nicht eindeutig entnommen werden kann, ob die „Durchsetzung" eines Hausverbotes gegen eine Person, die keine (verwaltungs)strafrechtlichen Tatbestände verwirklicht, den BTh als privatrechtlicher Akt oder der sipol Aufsichtsbehörde als behördlicher Akt zuzurechnen ist (vgl auch B.VI.).

46 Vgl *Antoniolli* 196: „Verwaltungsakt ist die hoheitliche Willensäußerung einer Verwaltungsbehörde für den Einzelfall". Zur Problematik der Abgrenzung behördlicher (hoheitlicher, obrigkeitlicher) Willensäußerungen von nichtbehördlichen (hoheitlichen, obrigkeitlichen) *Winkler*, Bescheid 73 ff.

Seine Wirkung dürfte sich iS der in Kapitel A.V.7. zit Äußerung des BKA auf den Ausspruch einer **privatrechtlichen Willenserklärung** beschränken, mit einer bestimmten Person in Hinkunft keinen Theaterbesuchsvertrag mehr abschließen zu wollen. Ein vom GS — als Nachfolgeeinrichtung der GI — ausgesprochenes Hausverbot kann zudem nicht als Hoheitsakt gedeutet werden, da der GS infolge § 7 Abs 5 BMG **gar nicht zuständig sein kann, eigene Hoheitsakte (oder Hoheitsakte für den BMUK) zu setzen.** Die zivilrechtlichen Folgen eines „Hausverbotes" können hier nicht untersucht werden[47]. Unklar ist allerdings die gem § 5 der HOen zwingend notwendige „Antragstellung" durch die BPolDion: Da die HOen keine Kompetenzgrundlage für **behördliches** Tätigwerden der BPolDion darstellen können, ist die Antragsbedürftigkeit des Hausverbots als „Selbstbindung" des GI im nichthoheitlichen Bereich zu deuten; die Gültigkeit eines ohne Antrag der BPolDion ausgesprochenen Hausverbots wäre vor den ordentlichen Gerichten zu klären. Eine **Deutung der HOen als VO kommt somit auch nach der geltenden Rechtslage nicht in Betracht**[48].

b) Die Hausordnungen als Allgemeine Geschäftsbedingungen

„Die Unternehmer haben nicht die Möglichkeit, für ihre Vertragspartner einseitig objektives Recht zu schaffen. Die AGB haben daher denselben Geltungsgrund wie sonstige Vertragsbestimmungen: Sie gelten nur Kraft beiderseitiger Vereinbarung durch die Parteien: Ein Teil stellt sie auf und der andere ‚unterwirft' sich."[49]

Es ist somit der Frage nachzugehen, ob HOen — bzw Teile derselben — als AGB gedeutet werden können, denen sich der Vertragspartner der „BTh" durch Abschluß eines Vertrages unterwirft. Die **an Bedienstete der BTh gerichteten Bestimmungen** der HOen können nicht als AGB gedeutet werden, da sie deren Aufgabenbereich bzw Verhalten im Dienst

47 So zB die Frage der Vereinbarkeit mit einem allfälligen Kontrahierungszwang, der „Betretung" nach Abriß einer gültigen Eintrittskarte etc. Vgl auch die — allerdings zur Erlassung von Hoheitsakten ermächtigende — Bestimmung des § 88 Abs 1 lit b UOG (**„Benützungsbeschränkungen bzw -verbote unter Beachtung des Grundsatzes der Verhältnismäßigkeit der Mittel"**) sowie § 3 Abs 9 der BibliotheksO für die Universitäten, BGBl 1979/410 idgF.

48 Das Fehlen heteronomer Normsetzungsbefugnisse führt insb im **vortheaterbesuchsvertraglichen** Bereich — zB beim „Anstellen" — zu empfindlichen Regelungsdefiziten: Verstöße gegen private „AnstellOen" sind außerhalb von BTh-Liegenschaften bzw -gebäuden (bei Annahme eines Kontrahierungszwanges) nicht durch Verweigerung von Eintrittskarten sanktionierbar, da sie nicht als vorvertragliche Modalitäten deutbar sein dürften (anders wohl vorvertragliche AnstellOen des ÖBThV selbst). Den Redaktoren des BThSG ist somit der Vorwurf zu machen, daß verabsäumt wurde, dieses in der Praxis für den einzelnen Theaterbesucher bedeutsame Problem — durch Erlassung veranstaltungspol Bestimmungen oder VO-Ermächtigungen — hoheitlich zu regeln, obwohl Unzulänglichkeiten bei „gefragten" Vorstellungen immer augenfälliger wurde.

49 *Koziol/Welser* 106.

regeln. Sie sind daher uU als generelle Weisungen des Dienstherrn zu interpretieren, idR aber als Bestimmungen, die heute in „allgemeinen Ordnungsvorschriften" gem § 97 Abs 1 Z 1 ArbVG zu regeln wären[50]; im Falle des Bestehens von Betriebsvereinbarungen käme ihre Geltung als „HO" nicht mehr in Betracht.

Voraussetzung für die Geltung der HOen als AGB gegenüber dem Theaterbesucher ist dessen vertragliche „Unterwerfung". Als vertragliche Grundlage kommen insb Theaterbesuchsverträge in Betracht[51]. Es ist hier nicht der Ort, die vielfältigen Probleme des Theaterbesuchsvertrages zu untersuchen. Darzustellen ist lediglich die derzeitige Praxis der „Unterwerfungsmodalitäten": Auf der Vorderseite der zum Besuch der BTh berechtigenden Theaterkarten findet sich ua der Aufdruck der Worte „Bitte Rückseite beachten!"; dort sind mehrere AGB-ähnliche Bestimmungen vermerkt, so ua: **„Der Besucher anerkennt die HO."** Die Unterwerfung des Theaterbesuchers unter die jeweilige HO könnte daher insb aus zwei Gründen fraglich sein: Erst **nach Abschluß** des Theaterbesuchsvertrages wird der Vertragspartner bei Übernahme der Theaterkarte darauf hingewiesen, daß er sich der HO zu unterwerfen habe; nach hM muß die ausdrückliche oder stillschweigende Unterwerfung des „Kunden" jedoch **vor** Vertragsabschluß erklärt werden — dies kann aber nur dann angenommen werden, wenn der „Unternehmer" vor dem Abschluß des Theaterbesuchsvertrages erklärt hat, daß er nur zu seinen AGB kontrahiert und sich der Partner daraufhin mit ihm einläßt. **Es reicht für die Wirksamkeit der AGB somit nicht aus, daß der Unternehmer nach Vertragsabschluß auf sie verweist; der Vertrag ist dann schon ohne Zugrundelegung der AGB perfekt geworden**[52]. Hinzuweisen ist aber auch auf § 864 a ABGB, der anwendbar zu sein scheint, da der Hinweis auf die HO nur eine von mehreren AGB-Bestimmungen auf der Kartenrückseite ist; **für den Vertragspartner des Aufstellers dieser AGB dürften daher nachteilige**

---

50 Die Deutung als AGB kommt bei den Beamten des BMwA, die den fpol Aufsichtsdienst besorgen, nicht in Betracht, da ihr Dienstverhältnis öffentlich-rechtlicher Natur ist. TheaterbetriebsOen gem § 26 SchauspielerG kommen mangels Geltung dieser Bestimmung für die BTh nicht in Betracht (s dazu A.V.5). Die Anwendbarkeit des II. Teils des ArbVG setzt freilich eine Qualifikation der einzelnen „BTh" als „Betriebe" iSd § 33 Abs 1 ArbVG sowie eine Nichtsubsumtion unter die Ausnahmeanordnung des § 33 Abs 2 Z 2 ArbVG („... Verwaltungsstellen des Bundes ...") voraus; dies wird von der Praxis offenbar nicht weiter problematisiert. Das **GS des ÖBThV** stellt hingegen als von der GE vorgesehener Teil der Zentralstelle des BMUK **keinen Betrieb iSd ArbVG dar** (so auch der Bescheid des EA Wien 26.9.1985, Arb 10422); die Interessenvertretung der dort verwendeten Bediensteten hat somit nach den Bestimmungen des PVG zu erfolgen (vgl B.IV.5.).

51 Aber auch zB Verträge über Theaterführungen. Problematisch ist freilich der rechtmäßige außervertragliche Theaterbesuch (zB im Rahmen staatlicher Repräsentation). S dazu *Hodik* 228 ff.

52 Vgl *Koziol/Welser* 107.

Bestimmungen, mit denen er nicht zu rechnen brauchte, als nicht vereinbart gelten. Unklar ist auch die Bedeutung der Formulierung auf der Kartenrückseite: „Der Besucher anerkennt die HO" — denn **Geltungsgrund einer als AGB qualifizierten HO kann nicht die Tatsache des Theaterbesuches, sondern ausschließlich der Abschluß eines Vertrages sein**[53]. Die Frage der Geltung der HOen im Rahmen von Theatervorstellungen muß somit — je nach Art des Nutzungs- bzw Dienstverhältnisses — im Einzelfall geprüft werden.

53 In Betracht kommt somit insb vollinhaltliche Vertragsübernahme oder Zession (s näher *Koziol/Welser* 275 ff, 287 f.). Vgl zu weiteren zivilrechtlichen Problemen *Hodik* 228 ff; *Erbel*, Kunstfreiheitsgarantie 186, 190.

Literaturverzeichnis

Abele/Bauer, Die Bundestheater in der österreichischen Wirtschaft (1984)
Adamovich, Die Bundesverfassungsgesetze samt Ausführungs- und Nebengesetzen (1947)
Adamovich, Die Bundesverfassungsgesetze samt Ausführungs- und Nebengesetzen[8] (1953)
Adamovich, Die Reform der österreichischen Bundesverfassung, ZÖR 1926, 228
Adamovich, Grundriß des österreichischen Staatsrechtes[3] (1935)
Adamovich, Grundriß des österreichischen Verfassungsrechts[4] (1947)
Adamovich, Grundriß des österreichischen Verwaltungsrechts[4] (1948)
Adamovich, Handbuch des österreichischen Verfassungsrechts[6] (1971)
Adamovich, Handbuch des österreichischen Verwaltungsrechts II[5] (1953)
Adamovich, Österreichisches Verfassungsrecht (1923)
Adamovich, Österreichisches Verwaltungsrecht (1924)
Adamovich, Zur Judikatur des österreichischen Verfassungsgerichtshofes, ZÖR 1927, 128
Adamovich/Froehlich, Die Novellen zur Bundesverfassung (1926)
Adamovich/Froehlich, Die österreichischen Verfassungsgesetze des Bundes samt Ausführungs- und Nebengesetzen[2] (1930)
Adamovich/Funk, Allgemeines Verwaltungsrecht[1] (1980) (= *Adamovich/Funk*, AVR[1])
Adamovich/Funk, Allgemeines Verwaltungsrecht[3] (1987) (= *Adamovich/Funk*, AVR[3])
Adamovich/Funk, Österreichisches Verfassungsrecht[3] (1985)
Aichlreiter, Österreichisches Verordnungsrecht (1988)
Alexy, Theorie der Grundrechte (1985)
Amort, Die Geschichte des Balletts der Wiener Staatsoper 1918 — 1942 (Wr theaterwissenschaftliche Dissertation 1981)
Anderle, Österreichisches Versammlungsrecht (Innsbrucker rechtswissenschaftliche Dissertation 1987)
Antoniolli, Allgemeines Verwaltungsrecht (1954)
Antoniolli/Koja, Allgemeines Verwaltungsrecht[2] (1986)
Anzböck, Die Kunstfreiheitsgarantie des Artikel 17a StGG (Wr rechtswissenschaftliche Dissertation 1989)
Auer, Die Auflösung des Wiener „K. u. k. Hof-Marstalls" im Rahmen der Obersten Verwaltung des Hofärars, in: Jahrbuch des Vereins für Geschichte der Stadt Wien 37 (1981) 177.
Badura et al, Allgemeines Verwaltungsrecht[4] (1979)
Bammer, Sittenwidrige Herabsetzung und Freiheit der Meinungsäußerung, ecolex 1990, 253
Bammer, Theater und Verfassung (Wr rechtswissenschaftliche Dissertation 1990)
Bammer, Verfassungs- und verwaltungsrechtliche Probleme des Bundestheatersicherheitsgesetzes, ZfV 1989, 450 (= *Bammer,* BThSG)
Barfuß, Die Weisung (1967)
Barfuß, Neue Entwicklungen in der Rechtsprechung des Verfassungsgerichtshofs, ÖJZ 1989, 673.
Barfuß, Ressortzuständigkeit und Vollzugsklausel (1968)
Berchtold, Die Verfassungsreform von 1929 (Bände I und II, 1979)
Berchtold, Die Verhandlungen zum Forderungsprogramm der Bundesländer seit 1956 (1988)
Berka, Die Freiheit der Kunst (Art 17 a StGG) und ihre Grenzen im System der Grundrechte, JBl 1983, 281
Berka, Die Gesetzesvorbehalte der Europäischen Menschenrechtskonvention, ZÖR 37 (1986) 71
Berka, Die pädagogische Freiheit des Lehrers als Rechtsproblem, JBl 1978, 571
Berka, Kunst im Konflikt mit dem Recht — Mit rechtsdogmatischen Anmerkungen versehene Notizen zu einem spannungsreichen Verhältnis, in: FS Ermacora (1988) 361
Berka, Medienfreiheit und Persönlichkeitsschutz (1982)
Bernárd, Die Feuerpolizei in verfassungsrechtlicher Sicht, ÖJZ 1972, 225

Bernhardt, Zur Auslegung des europäischen Gemeinschaftsrechts, in: FS Kutscher (1981) 17.
Bethge, Zur Problematik von Grundrechtskollisionen (1977)
Bleckmann, Der „mittelbare" Grundrechtseingriff, DVBl 1988, 373
Bleckmann, Staatsrecht II — Allgemeine Grundrechtslehren[2] (1984)
Blum, Die Sicherheitspolizei und ihre Handlungsformen (1987)
BMHV, BMU und BKA (Hrsg), Vorschriften für den Sicherheitsdienst in den Bundestheatern (1925)
Böckenförde, Grundrechtstheorie und Grundrechtsinterpretation, NJW 1974, 1529
Bofinger, Die Kunstfreiheit des Intendanten bei der Herausgabe von Programmheften und Theaterzeitschriften, AfP 3/84, 131
Bogler, Der verfassungsrechtliche Schutz von Satire und Karikatur, UFITA 107 (1987) 83
Bogs, Die verfassungskonforme Auslegung von Gesetzen unter besonderer Berücksichtigung der Rechtsprechung des Bundesverfassungsgerichts (1966)
Brande, Verfassungs- und Rechtsüberleitung und einige Bemerkungen zu ihrer Bedeutung für das Wirtschaftsrecht, in: FS Wenger (1983) 181
Brauneck, Theater im 20. Jahrhundert — Programmschriften, Stilformen, Reformmodelle [1982]
Brauneder, Die historische Entwicklung der modernen Grundrechte in Österreich (1987)
Brauneder/Lachmayer, Österreichische Verfassungsgeschichte[5] (1989)
Breuer, Direkte und indirekte Rezeption technischer Regeln durch die Rechtsordnung, AöR 101 (1976) 46
Brosche (Hrsg), Richard Strauss — Franz Schalk: Ein Briefwechsel (1983)
Brünner, Aufgaben der Verwaltung, in: *Wenger/Brünner/Oberndorfer* (Hrsg), Grundriß der Verwaltungslehre (1983) 89
Bundestheaterverwaltung (Hrsg), FS zur Eröffnung des wiederaufgebauten Opernhauses (1955)
Burgtheater Wien (Hrsg), Heldenplatz — Eine Dokumentation (1989)
Bydlinski, Juristische Methodenlehre und Rechtsbegriff[2] (1991)
Davy B., Gefahrenabwehr im Anlagenrecht (1990)
Dehmal, Die österreichische Polizeigesetzgebung (1926)
Dehmal/Dressler, Handbuch des Polizei- und Verwaltungsrechtes, II. Band — Verwaltungsrecht, 1.Teil (1926)
Demmelbauer, Die Rechtsgrundlagen des Brandschutzes, ÖGZ 1975, 500, 535
Denninger, Freiheit der Kunst, in: *Isensee/Kirchhof*, Handbuch des Staatsrechts der Bundesrepublik Deutschland, Band VI, Freiheitsrechte (1989) 847
Dietrich/Greisenegger (Hrsg), Pro und Kontra Jesu Hochzeit, Dokumentation eines Opernskandals (1980)
Dirnberger, Burgtheater in Dokumenten, Katalog der Theaterausstellung Sept. 1976 — März 1977 (1976)
Dirnberger, Paul Kornfelds „Himmel und Hölle" als Opfer der Zensur, in: MdÖStA 25, 418
Dirnberger, Theaterzensur im Zwielicht der Gesetze (1918 — 1926), in: MdÖStA 36, 237
Dirnberger, Von den Hoftheatern zu den Bundestheatern — Besitz- und Rechtskonflikte 1918 — 1926, in: MdÖStA 35 (1982) 238
Dohr/Weiss/Pollirer, Datenschutzgesetz (1988)
Dolp, Die Verwaltungsgerichtsbarkeit[3] (1987)
Doralt/Ruppe, Grundriß des österreichischen Steuerrechts I[4] (1989), II[2] (1988)
Dreier, Zur Grundrechtssubjektivität juristischer Personen des öffentlichen Rechts, in: FS Scupin (1973) 81
Drews/Wacke/Vogel/Martens, Gefahrenabwehr — Allgemeines Polizeirecht (Ordnungsrecht) des Bundes und der Länder[9] (1986)
Dünnwald, Die Rechtsstellung des Theaterintendanten (Kölner Dissertation 1964)
Emmerich/Würkner, Kunstfreiheit oder Antisemitismus, NJW 1986, 1195

Endmayr, Das Schönbrunner Schloßtheater — Forschungen anläßlich des Umbaues in den Jahren 1979/1980 (Wr technische Dissertation 1984)
Erbel, Ein „Definitionsverbot" für den verfassungsrechtlichen Begriff „Kunst" (Art 5 Abs 3 GG)?, DVBl 1969, 863
Erbel, Inhalt und Auswirkungen der verfassungsrechtlichen Kunstfreiheitsgarantie (1966)
Erhardt, Kunstfreiheit und Strafrecht — Zur Problematik satirischer Ehrverletzungen (1989)
Erichsen, Feststellungsklage und Innenrecht, Grundrechte und Amtswaltung, VerwArch 71 (1980) 429
Erichsen, Höchstrichterliche Rechtsprechung zum Vefassungsrecht: Stellung und Begriff des Hochschullehrers im Verfassungsrecht, VerwArch 68 (1977) 371
Ermacora, Der Verfassungsgerichtshof (1956) (= *Ermacora*, VfGH)
Ermacora, Die Entstehung der Bundesverfassung 1920 — Materialien und Erläuterungen (Bände I — IV, 1986 ff) (= *Ermacora* I — IV)
Ermacora, Die Organisationsgewalt, VVdStRL 16 (1958) 191
Ermacora, Grundriß der Menschenrechte in Österreich (1988)
Ermacora, Handbuch der Grundfreiheiten und der Menschenrechte (1963)
Ermacora, Quellen zum Österreichischen Verfassungsrecht (1920), MdÖStA — Ergänzungsband VIII (1967)
Ermacora, Universitäts-Organisationsgesetz^{4} (1990)
Ermacora, Verfassungsnovelle 1981 und Staatsgrundgesetznovelle 1982, JBl 1982, 577
Ermacora, Grundriß einer allgemeinen Staatslehre (1979)
Ermacora/Klecatsky/Ringhofer, Die Rechtsprechung des Verfassungsgerichtshofes im Jahre 1956 — Eine kritische Würdigung (Schluß), ÖJZ 1959, 29
Ermacora/Langeder/Strasser, Österreichisches Hochschulrecht (Loseblattausgabe, 1986 ff)
Farga, Die Wiener Oper (1947)
Finke, Die Bundestheater als wirtschaftliche Unternehmen, SUMMA 1972, 36
Floretta/Spielbüchler/Strasser, Arbeitsrecht I^{3} (1988), II^{3} (1990)
Floretta/Strasser, Kommentar zum Arbeitsverfassungsgesetz (1975)
Forsthoff, Lehrbuch des Verwaltungsrechts, I^{9} — Allgemeiner Teil (1966)
Fritz, Die Oper in Zahlen, in: *Pirchan/Witeschnik/Fritz*, 300 Jahre Wiener Operntheater (1953) 245
Fritz, Die Verwaltung der Österreichischen Bundestheater, in: *Pirchan/Witeschnik/Fritz*, 300 Jahre Wiener Operntheater (1953) 245
Froehlich, Die Verfassungsreform vom 30.7.1925, in: *Adamovich/Froehlich*, Die Novellen zur Bundesverfassung (1926)
Funk, Das System der bundesstaatlichen Kompetenzverteilung im Lichte der Verfassungsrechtssprechung (1980)
Funk, Der verfahrensfreie Verwaltungsakt (1975)
Funk, Die Zuständigkeit des Bundes zur Abwehr von gefährlichen Umweltbelastungen — Verfassungsrechtliche Konstruktionsschwächen im Umweltschutzrecht, ZfV 1986, 525
Funk, Verwaltungshandeln, in: FS Antoniolli (1979) 157
Fürst, Das Schauspielergesetz, ZBl 1923, 157, 349, 467, 582
Fuß, Grundrechtsgeltung für Hoheitsträger, DVBl 1958, 739
Gassner, Die Burgtheaterdirektion Franz Herterich (Wr philosophische Dissertation 1948)
Geuder/Hauer/Krzizek, Das Wiener Baurecht^{3} (1988)
Graf, Die Wiener Oper (1955)
Grasberger, Richard Strauss und die Wiener Oper (1969)
Grasberger/Hadamowsky (Bearb), Katalog zur Richard-Strauss-Ausstellung zum 100. Geburtstag (1964)
Griller, Drittwirkung und Fiskalgeltung von Grundrechten, ZfV 1983, 1, 109
Gross/Wehrl (Hrsg), Verfassungsrechtsprechung in Deutschland (Band, Jahr)
Häberle, Die Freiheit der Kunst im Verfassungsstaat, AöR 110 (1985) 577

Häberle, Kulturverfassungsrecht im Bundesstaat (1980)
Hadamowsky, Wien — Theatergeschichte — Von den Anfängen bis zum Ende des Ersten Weltkrieges (1988)
Hadamowsky/Witeschnik, Katalog zur Jubiläumsausstellung 100 Jahre Wiener Oper am Ring (1969)
Hagen, Kommentar zu OGH Arb 9623, DRdA 1978, 140
Hamann, Zur rechtsgeschichtlichen Entwicklung des Verhältnisses von staatlicher Zensur und Kunstfreiheit, VwArch 75 (1984) 15
Held, Der Grundrechtsbezug des Verwaltungsverfahrens (1984)
Hengstschläger, Der Rechnungshof (1982)
Hennings, Heimat Burgtheater (Band 1: Wie ich ans Burgtheater kam 1906 — 1923; Band 2: Das republikanische Hoftheater 1919 — 1938; Band 3: Des Hauses und meine Wandlungen 1938 — 1971)
Herrnritt, Österreichisches Verwaltungsrecht (1925)
Hess, Die Fürsorgegesetze und die öffentliche Wohlfahrtspflege im Dritten Reich mit bayer. Ausführungsrecht[3] (1937 ff)
Hewig, Künstlerische Regiebetriebe der öffentlichen Hand und die verfassungsrechtliche Kunstfreiheitsgarantie, BayVwBl 1977, 37
Heyde, Der Regelungsspielraum des Gesetzgebers bei vorbehaltslos gewährleisteten Grundrechten, in: FS Zeidler (1987) 1429
Hilbert, Die österreichischen Bundestheater, in: 100 Jahre Unterrichtsministerium 1848 — 1948, FS des Bundesministeriums für Unterricht in Wien (1948) 310
Hinker, Eine Kammerspielbühne für das Burgtheater, in: *Mayerhöfer* (Hrsg), 50 Jahre Akademietheater 1922 — 1972 (1972) 9
Hodik, Die Rechtsstellung der österreichischen Bundestheater und ihrer Mitglieder von 1918 bis heute (Wr theaterwissenschaftliche Dissertation 1981)
Hofeneder, Die Verwaltung der österreichischen Bundestheater im Spiegel der Ministerverantwortlichkeit und der parlamentarischen Kontrolle in den Jahren 1945 — 1979. Eine kommentierte Chronologie (Wr grundwissenschaftliche Dissertation 1981)
Hoffmann, Theaterrecht — Bühne und Artistik (1936)
Höfling, Offene Grundrechtsinterpretation (1987)
Holoubek, Das neue Haushaltsrecht des Bundes — Ein Überblick, ÖHW 1989, 173
Holoubek, Die Freiheit der Kunst aus grundrechtsdogmatischer Sicht und die Rechtsprechung des VfGH zu Art 17a StGG, ZfV 1989, 1, 116
Hufen, Die Freiheit der Kunst in staatlichen Institutionen — Dargestellt am Beispiel der Kunst- und Musikhochschulen (1982)
Ipsen, Mitbestimmung im Museum, DVBl 1982, 112
Isensee, Handbuch des Verfassungsrechts (1983)
Jabloner, Verfassungsrechtliche Fragen des Dienstvertragsrechtes, in: FS Schnorr (1988) 489
Jabloner, Der öffentliche Dienst als besonderes Pflichtverhältnis und der Grundrechtsschutz des Beamten (Vortragsmanuskript)
Jabloner, Der öffentliche Dienst und die Grundrechte, Allgemeiner Teil (Manuskript)
Jabloner, Zur Verfassungskonformität des § 9 des Bundesministeriengesetzes 1986 — eine Replik!, JBl 1988, 402
Jellinek, Gesetz und Verordnung — Staatsrechtliche Untersuchungen auf rechtsgeschichtlicher und rechtsvergleichender Grundlage (1887)
Jellinek, System der subjektiven öffentlichen Rechte[2] (1905)
Kaessler, Die Rechtsstellung des Intendanten, Kulturarbeit 1953, 170
Kapfer/Bündsdorf, Schauspielergesetz (1974)
Kelsen, Die Verfassungsgesetze der Republik Deutschösterreich, Erster Teil (1919) (= *Kelsen*, VG I)
Kelsen, Die Verfassungsgesetze der Republik Deutschösterreich, Dritter Teil (1919) (= *Kelsen*, VG III)

Kelsen, Die Vollendung der Bundesverfassung, NFP 17.3.1925
Kelsen, Für die Vollendung der Verfassung, NFP 6.7.1924
Kelsen, Österreichisches Staatsrecht (1923)
Kelsen/Froehlich/Merkl, Die Bundesverfassung vom 1. Oktober 1920 (1922)
Klecatsky/Morscher, Das österreichische Bundesverfassungsrecht[3] (1982)
Knemeyer, Öffentlich-rechtliches Hausrecht und Ordnungsgewalt, DÖV 1970, 596
Kneucker, Die Freiheit der Kunst — verfassungsrechtliche und verfassungspolitische Fragen in Österreich, in: *Dietrich/Greisenegger* (Hrsg), Pro und Kontra Jesu Hochzeit, Dokumentation eines Opernskandals (1980) 129.
Knies, Schranken der Kunstfreiheit als verfassungsrechtliches Problem (1967)
Knoke, Betriebliche Ordnungsgewalt in Räumlichkeiten des Verwaltungsvermögens — Zugleich ein Beitrag zum „öffentlichen Hausrecht", AöR 94 (1969) 388
Korinek, Beiräte in der Verwaltung, in: FS Antoniolli (1979) 463
Korinek, Gedanken zur Lehre vom Gesetzesvorbehalt bei Grundrechten, in: FS Merkl (1970) 171
Korinek, Ministerverantwortlichkeit (1986)
Koziol/Welser, Grundriß des bürgerlichen Rechts I[8] (1987)
Kralik, Die Wiener Oper (1962)
Kraus (?), Die Generaldirektion der a.h. (kaiserlichen) Privat- und Familienfonde, in: Gesamtinventar des Wr HHStA, Zweiter Band (1937) 379
Kraus, Die Generalintendanz der Hoftheater, in: Gesamtinventar des Wr HHStA, Zweiter Band (1937) 342
Kraus, Registratur der Generaldirektion des Kriegsgeschädigtenfonds, in: Gesamtinventar des Wr HHStA, Fünfter Band des Gesamtinventars (1940) 12*
Kriegner, Kann die Verwaltungsbehörde Gesetze aufheben?, ÖJZ 1987, 481
Krzizek, System des österreichischen Baurechts (Bände I — III, 1972 ff) (= *Krzizek* I — III)
Kucsko-Stadlmayer, Das Disziplinarrecht der Beamten (1985)
Kunig, Bühnenleiter und Kunstfreiheitsgarantie, DÖV 1982, 765
Ladeur, Art 5 Abs 3 GG, in: *Denninger* ua (Red), Kommentar zum Grundgesetz für die Bundesrepublik Deutschland, Band 1, Art 1 — 20 (1984)
Laube, Das Burgtheater — Ein Beitrag zur Deutschen Theater-Geschichte[2] (1891)
Laurer, Die öffentliche Unternehmung, in: FS Antoniolli (1979) 317
Lebitsch, Probleme präventiver Veranstaltungspolizei im Lichte der Kunstfreiheit, ÖJZ 1984, 477
Leiss, Kunst im Konflikt (1971)
Lengheimer, Die Gehorsamspflicht der Verwaltungsorgane (1975)
Lengheimer, Die Weisung, in: FS Antoniolli (1979) 213
Lerche, Schranken der Kunstfreiheit — Insbesondere zu offenen Fragen der Mephisto-Entscheidung, BayrVerwBl 1974, 177
Lerche, Verfassungsrechtliche Aspekte der inneren Pressefreiheit (1974)
Lerche, Werbung und Verfassung (1967)
Lichem, Österreichische Verwaltungsgesetze, 3. Band (1927)
Liehr/Markovics, Das österreichische Polizeirecht, II Teil: Materielles Polizeirecht, Erster Band (1951)
Loschelder, Vom besonderen Gewaltverhältnis zur öffentlich-rechtlichen Sonderbindung (1982)
Lothar, Das Wiener Burgtheater (1934)
Mache/Kinscher, Die Gewerbeordnung[5] (1982)
Mandler, Probleme der Kunstfreiheitsgarantie des Art 17 a StGG, JBl 1986, 21, 84
Mangoldt/Klein/Starck, Das Bonner Grundgesetz — Kommentar[3] (1985)
Märkle, Die Verwaltung von Staatstheatern, dargestellt an der österreichischen Bundestheaterverwaltung (Wr staatswissenschaftliche Dissertation 1970)
Mathes, Bundesbeamte: „Beamte auf Zeit" oder ernannte berufsmäßige Organe?, JBl 1987, 703
Mauz/Dürig, KommGG Art 5 (Loseblattsammlung, Stand 1987)

Mayer, Der Begriff des Anstaltsgutachtens im Verwaltungsrecht, ÖZW 1982, 2
Mayer, Die Rechtsnatur der Festsetzung von Bezügen der Bediensteten der Österreichischen Bundesbahnen, ZAS 1972, 123
Mayer, Die Verordnung — Eine dogmatische Untersuchung auf Grundlage des österreichischen Verfassungsrechts (1977)
Mayer, Staatsmonopole (1977)
Mayer, Zur Frage der Weisungsgebundenheit von Amtssachverständigen — Eine Antwort, ÖZW 1983, 97
Mayer, Der „Rechtserzeugungszusammenhang" und die sogenannte „Drittwirkung" der Grundrechte, JBl 1990, 768
Mayer O., Deutsches Verwaltungsrecht[3], 2. Band (1924)
Mayerhofer, Die Freiheit der Kunst und die Schranken des Strafrechts, ÖJZ 1986, 577
Mayerhofer, Handbuch für den politischen Verwaltungsdienst in den im Reichsrathe vertretenen Königreichen und Ländern mit besonderer Berücksichtigung der diesen Ländern gemeinsamen Gesetze und Verordnungen, Zweiter, materieller Theil, Zweite Abtheilung (Schluß)[3] (1876); Zweiter Band[4] (1880)
Mayerhofer/Pace, Handbuch für den politischen Verwaltungsdienst in den im Reichsrathe vertretenen Königreichen und Ländern mit besonderer Berücksichtigung der diesen Ländern gemeinsamen Gesetze und Verordnungen, Dritter Band[5] (1897); Vierter Band[5] (1898)
Melichar, Die „öffentliche Gewalt" im Steuerrecht, JBl 1954, 563
Melichar, Die Entwicklung der Grundrechte in Österreich, Gutachten für den Zweiten Österreichischen Juristentag (1964) 5
Meyn, Anmerkung zum Urteil des VG Bremen 15.6.1977 — I A 39/77 (Verletzung des Fernmeldegeheimnisses durch Registrierung von Telephongesprächen), NJW 1987, 657
Mischler/Ulbrich, Österreichisches Staatswörterbuch[2] (1905 ff)
Morscher, Grenzen der Privatwirtschaftsverwaltung, FS Klecatsky (1980) 641
Müller, Freiheit der Kunst als Problem der Grundrechtsdogmatik (1969)
von Münch, Anmerkung zum Urteil des VG Bremen 15.6.1977 — I A 39/77 (Verletzung des Fernmeldegeheimnisses durch Registrierung von Telephongesprächen), NJW 1987, 67
von Münch, Freiheit der Kunst — Verfassungsrechtliche Probleme in der Bundesrepublik Deutschland, in: *Dietrich/Greisenegger* (Hrsg), Pro und Kontra Jesu Hochzeit, Dokumentation eines Opernskandals (1980)
von Münch, Grundgesetz-Kommentar[3] (1985) (zu Art 5)
von Münch, Verwaltung und Verwaltungsrecht im demokratischen und sozialen Rechtsstaat, in: *Badura* et al (Hrsg), Allgemeines Verwaltungsrecht[4] (1979)
Neisser, Die verfassungsrechtliche Garantie der Kunstfreiheit, ÖJZ 1983, 1
Neisser, Rechtsprobleme der Forschungsorganisation des Bundes, in: FS Wenger (1983) 931
NN, Ballettfestival — 100 Jahre Staatsoper — Wiener Schule (Almanach der Wiener Festwochen 1969)
Novak, Die Problematik der Abgrenzung der Hoheitsverwaltung von der sogenannten Privatwirtschaftsverwaltung, in: FS Antoniolli (1979) 61
Novak, Verhältnismäßigkeitsgebot und Grundrechtsschutz, in: FS Winkler (1989) 39
Novak, Weisungsprinzip und Verwaltungsbegriff, in: FS Melichar (1983) 359
Novak, Zur Drittwirkung der Grundrechte, EuGRZ 1984, 133
Ogris, Der Beamte in der Habsburgermonarchie, in: Die Verwaltung — Zeitschrift für Verwaltungswissenschaft 18 (1985) 201
Öhlinger, „Das Gespenst" und die Freiheit der Kunst in Österreich, ZUM 4/85, 190
Öhlinger, Anmerkung zu VfSlg 11567 — „Konzertpianistin", MUR 2/88, 51
Öhlinger, Das Problem des verwaltungsrechtlichen Vertrages (1974)
Öhlinger, Die Grundrechte in Österreich, EuGRZ 1982, 216
Opet, Deutsches Theaterrecht (1897)
Oppermann, Kulturverwaltungsrecht (1969)

Ossenbühl, Mitbestimmung in der Kunst, DÖV 1983, 785
Pauger, Ordnungsrecht an Hochschulen, in: *Strasser* (Hrsg), Grundfragen der Universitätsorganisation IX (1990) 1
Pauger, Zur Funktionalität der privaten Gesellschaftsformen AG und GmbH für Wirtschaftstätigkeiten der öffentlichen Hand, in: FS Wenger (1983) 999
Perkounigg, Die Besteuerung der Körperschaften des öffentlichen Rechts im österreichischen Steuerrecht (1980)
Pernthaler, Föderalistische Kulturpolitik (1988)
Pernthaler, Über Begriff und Standort der Leistenden Verwaltung in der österreichischen Rechtsordnung, JBl 1965, 57
Pernthaler, Raumordnung und Verfassung, 2. Band: Raumordnung, demokratischer Prozeß und Rechtschutz (1978)
Pernthaler/Purtscheller, Die Gemeinde im Spannungsfeld von privatrechtlicher Vertragsbindung und öffentlichrechtlicher Aufgabenerfüllung, JBl 1979, 281
Pesendorfer, Zur Weisungsgebundenheit des sachverständigen und wissenschaftlichen Dienstes einer Gebietskörperschaft, ZfV 1983, 230
Peters, Lehrbuch der Verwaltung (1949)
Pfersmann, Kann der Verfassungsgerichtshof auch Rechtsnormen aus der Zeit der Monarchie prüfen?, ÖJZ 1954, 269
Pirchan/Witeschnik/Fritz, 300 Jahre Wiener Operntheater (1953)
Plischka, Technisches Sicherheitsrecht — Die Probleme des deutschen Sicherheitsrechts dargestellt am Recht der überwachungsbedürftigen Anlagen (§ 24 GewO) (1969)
Potacs, Wissenschaftsfreiheit und Grundrecht auf Datenschutz, ZfV 1986, 6
Puck, Nichthoheitliche Verwaltung — Typen und Formen, in: FS Antoniolli (1979) 275
Raschauer, Besonderes Verwaltungsrecht (1990)
Raschauer, Daseinsvorsorge als Rechtsbegriff?, ÖZW 1980, 72
Raschauer, Die obersten Organe der Bundesverwaltung, in: FS Antoniolli (1979) 363
Raschauer, Grenzen der Wahlfreiheit zwischen den Handlungsformen der Verwaltung im Wirtschaftsrecht, ÖZW 1977, 1
Raschauer, Monopolunternehmen — Zugleich ein Beitrag zum Recht der öffentlichen Unternehmung, ZfV 1987, 1
Raschauer, Sind die Gesetzesvorbehalte für die Vollziehung unmittelbar anwendbares Recht?, ZfV 1988, 30
Raschauer, Umweltschutzrecht (1986)
Raschauer/Kazda, Organisation der Verwaltung, in: *Wenger/Brünner/Oberndorfer* (Hrsg), Grundriß der Verwaltungslehre (1983) 141
Rasl, Auswirkungen der Bundestheater-Tourneen auf den österreichischen Außenhandel — Am Beispiel der Gastspiele in Japan (Wr wirtschaftswissenschaftliche Diplomarbeit 1983)
Rebhahn, Weisungen im Universitätsbereich (1982)
Ridder, Die Freiheit der Kunst nach dem Grundgesetz (1962)
Rill, Der „Immissionsgrenzwerte"-Kompetenztatbestand in Art 10 Abs 1 Z 12 B-VG idF der B-VGN 1983 BGBl 175, ZfV 1984, 225
Rill, Gliedstaatsverträge (1972)
Rill, Zum Verwaltungsbegriff, in: FS Antoniolli (1979) 35
Ringhofer, Die österreichischen Verwaltungsverfahrensgesetze, I. Band (1987) (= *Ringhofer* I)
Ringhofer, Legalitätsprinzip und Grenzen der Weisungsgebundenheit, JBl 1951, 409
Ringhofer, Zur Rechtsüberleitung reichsdeutscher Erlässe, JBl 1953, 558, 591
Ropertz, Die Freiheit der Kunst nach dem Grundgesetz (1966)
Rothenbücher, Das Recht der freien Meinungsäußerung, VVdStRL 4 (1928) 6
Rudolf, Meinungs- und Pressefreiheit in der „verwaltungsrechtlichen Sonderbindung" der Soldaten, Beamten und Richter, in: GedS Martens (1987) 199
Rüfner, Drittwirkung der Grundrechte, in: GedS Martens (1987) 215

Ruppe, Das Abgabenrecht als Lenkungsinstrument der Gesellschaft und Wirtschaft und seine Schranken in den Grundrechten, Gutachten für den achten Österreichischen Juristentag Graz 1982 I — 1. Teil A (1982)
Salzwedel, Anstaltsnutzung und Nutzung öffentlicher Sachen, in: *Badura* et al (Hrsg), Allgemeines Verwaltungsrecht[4] (1979) 339
Saxer, Die Grundrechte und die Benutzung öffentlicher Straßen — Eine Untersuchung der Bundesgerichtspraxis, unter Berücksichtigung deutscher Entscheidungen (1988)
Schäffer, Die Interpretation, in: *Schambeck* (Hrsg), Das österreichische Bundes-Verfassungsgesetz und seine Entwicklung (1980) 57
Schäffer, Die sogenannte Privatwirtschaftsverwaltung und das Gesetz, in: FS Antoniolli (1979) 253
Schäffer, Verfassungsinterpretation in Österreich (1971)
Schaginger, Das Vertragsbedienstetengesetz (1949)
Schlink, Freiheit durch Eingriffsabwehr — Rekonstruktion einer klassischen Grundrechtsfunktion, EuGRZ 1984, 457
Schmidt, Verfassungswidrigkeiten im Strafrechtsänderungsgesetz 1987, JBl 1989, 137
Schmieder, Kunst als Störung privater Rechte, NJW 1982, 628
Schneider, Die Güterabwägung des Bundesverfassungsgerichts bei Grundrechtskonflikten (1979)
Schönegger, Die baurechtliche Behandlung öffentlicher Zweckbauten des Bundes, ÖGZ 1968, 428
Schotthöfer, Kunst und Recht um die Jahrhundertwende, NJW 1987, 1385
Schragel (Loebenstein/Kaniak), Kommentar zum Amtshaftungsgesetz[2] (1985)
Schrammel, Handeln gegen die Interessen des Dienstgebers — dargestellt am Beispiel des Wiener Operndirektors, RdW 1984, 20
Schrammel, Kommentar zu OGH 10.6.1975, 4 Ob 23/75, ZAS 1977, 59
Schrammel, Kommentar zu OGH 14.4.1970, 4 Ob 26/70, ZAS 1971, 135
Schrammel, Das Sonderarbeitsrecht der Gebietskörperschaften auf dem Prüfstand, ZAS 1988, 187
Schrödter, Die Wissenschaftsfreiheit des Beamten — Dargestellt am Recht der wissenschaftlichen Nebentätigkeit (1974)
Schubert/Skolaut, Die Bauordnung für Wien samt Verordnungen und Nebengesetzen, I. Teil[2] (1958)
Schuh (Hrsg), Richard Strauss — Hugo von Hofmannsthal: Briefwechsel (Gesamtausgabe)[4] (1970)
Schwab, Kontrollen in der Verwaltung, in: *Wenger/Brünner/Oberndorfer* (Hrsg), Grundriß der Verwaltungslehre (1983) 359
Schwabe, Die sogenannte Drittwirkung der Grundrechte (1971)
Schwabe, Probleme der Grundrechtsdogmatik (1977)
Schwark, Der Begriff der „Allgemeinen Gesetze" in Artikel 5 Absatz 2 des Grundgesetzes (1970)
Seidl, Grundrechtsschutz juristischer Personen des öffentlichen Rechts in der Rechtssprechung des Bundesverfassungsgerichts, in: FS Zeidler (1987) 1459
Seidl-Hohenfeldern, Die Überleitung von Herrschaftsverhältnissen am Beispiel Österreichs, ÖZÖR 1982, Supplementum 5
Smend, Das Recht der freien Meinungsäußerung, VVdStRL 4 (1928) 44
Sozialwissenschaftliche Arbeitsgemeinschaft — Rechtsgutachten Nr. 46, Freie Meinungsäußerung und Dienstpragmatik (oJ)
Spielbüchler, Grundrecht und Grundrechtsformel, Anmerkungen zur Praxis des Verfassungsgerichtshofes, in: FS Floretta (1983) 289
Spielbüchler, Grundrechte und ihre Folgen — Am Beispiel der Freiheit der Kunst, in: FS Rosenzweig (1988) 525
Starck, Art 5 GG, in: *Mangoldt/Klein*, KommGG[3] (1985)
Starck, Herkunft und Entwicklung der Klausel „allgemeine Gesetze" als Schranke der Kommunikationsfreiheiten in Artikel 5 Abs. 2 des Grundgesetzes, in: FS Weber (1974)

Starck, Meinungs- und Wissenschaftsfreiheit, in: FS Zeidler (1987) 1539
Stern, Das Staatsrecht der Bundesrepublik Deutschland, Band III/1 (1988)
Stiefel, Fürsorgepflicht nach dem Stand vom 1. Juni 1939[7] (1939)
Stierschneider/Zach, Vertragsbedienstetengesetz 1948 (1969 ff)
Stoll, Umsatzbesteuerung gewinnloser Betriebe der öffentlichen Hand, in: FS Wenger (1983) 479
Stoll, Verluste und Verlustquellen im Steuerrecht (1989)
Stolzlechner, Öffentliche Fonds — Eine Untersuchung ihrer verfassungs- und verwaltungsrechtlichen Hauptprobleme (1982)
Stolzlechner, Republik — Bund — Land. Fragen der Vermögensaufteilung in einem Bundesstaat (1982)
Strejcek, Verfassungsrechtliche Probleme des österreichischen Schischulrechts (Wr rechtswissenschaftliche Dissertation 1989)
Taubes, Geschichte der Bundestheaterverwaltung. Ein Überblick mit besonderer Berücksichtigung der ersten Republik (Wr historische Hausarbeit 1976)
Tezner, Das österreichische Administrativverfahren (1922)
Tezner, Der Kaiser (1909)
Thienel, Die Aufgaben der Bundesgendarmerie (1986)
Thienel, Öffentlicher Dienst und Kompetenzverteilung (1990)
Traxler, Zur Abgrenzung von fachlichen und dienstlichen Weisungen, dargestellt am Beispiel der Bundesgendarmerie, ÖJZ 1973, 542
Tretter, Anmerkung zu VfSlg 10737 (Verfassungswidrigkeit des § 3 FrPolG), EuGRZ 1986, 193
Triffterer, Österreichisches Strafrecht — Allgemeiner Teil (1985)
Turba, Neues über lothringisches und habsburgisches Privateigentum (1925)
Ulbrich, Handbuch der österreichischen, politischen Verwaltung für die im Reichsrathe vertretenen Königreiche und Länder (Bände I und II, 1888, 1890)
Ulbrich, Das österreichische Staatsrecht (1909)
Vervier, Meinungsäußerungsfreiheit und Beamtenrecht, AöR 6 (1924) 1
Vogel, Grundrechtsverständnis und Normenkontolle (1979)
Waas, Objektive Rechtsverfolgungsmöglichkeiten für öffentlich Bedienstete, in: FS Strasser (1983) 715
Wagner, Die Zensur am Burgtheater zur Zeit Direktor Schlenthers 1898-1910, MdÖStA 14 (1961) 394
Wagner, Zur Gehorsamspflicht in der staatlichen Verwaltung, ZfV 1987, 116
Wahsianovics, Zum Problem der Rechtsüberleitung, JBl 1946, 206
Wallerath, Allgemeines Verwaltungsrecht[3] (1985)
Walter, ABGB und Verfassung, ÖJZ 1966, 1
Walter, Die Entstehung des Bundes-Verfassungsgesetzes 1920 in der Konstituierenden Nationalversammlung (1984)
Walter, Können Verordnungen Gesetzen derogieren?, ÖJZ 1961, 2
Walter, Die Verwaltungsverordnung, ÖJZ 1965, 29 (= *Walter*, VwVO)
Walter, Österreichisches Bundesverfassungsrecht (1972)
Walter, Über den Widerspruch von Rechtsvorschriften (Wr staatswissenschaftliche Dissertation 1955)
Walter, Verwaltungsverordnung und generelle Weisung, JBl 1956, 434
Walter/Mayer, Grundriß des Besonderen Verwaltungsrechts[2] (1987)
Walter/Mayer, Grundriß des österreichischen Bundesverfassungsrechts[6] (1988) (= *Walter/Mayer*, BVR[6])
Walter/Mayer, Grundriß des österreichischen Verwaltungsverfahrensrechts[5] (1991)
Waneck, Die Auswirkung sozialpolitischer Maßnahmen auf die Theater, mit besonderer Berücksichtigung der österreichischen Bundestheater (Wr wirtschaftswissenschaftliche Diplomarbeit 1980)

Weber, Die Betriebsfeuerwehr — Ein Verwaltungsinstitut im Spannungsfeld von Bundes- und Landesrecht, ZfV 1982, 453
Weber, Die mittelbare Bundesverwaltung (1987)
Weber, Innere Pressefreiheit als Verfassungsproblem (1973)
Weichselbaum-Dangl, Max Paulsen: Der Schauspieler, der Regisseur, der Burgtheaterdirektor (Wr philosophische Dissertation 1962)
Wenger, Ansätze zur inhaltlichen Determinierung nichthoheitlicher Verwaltungshandlungen im neuen Bundeshaushaltsrecht, ÖHW 1987, 1
Wenger, Die betriebsähnliche öffentliche Einrichtung als Institution der Leistungsverwaltung, in: FS Klecatsky (1980) 1047
Wenger, Die öffentliche Unternehmung (1969)
Wenger, Grundriß des österreichischen Wirtschaftsrechts I (1989)
Wenger (Hrsg), Grundriß des österreichischen Wirtschaftsrechts II (1990)
Wenger-Oehn, Die Wiener Oper unter Richard Strauß und Franz Schalk (Wr theaterwissenschaftliche Dissertation 1962)
Wenger/Brünner/Oberndorfer (Hrsg), Grundriß der Verwaltungslehre (1983)
Werndl, Die Kompetenzverteilung zwischen Bund und Ländern — Ihre Ausgangslage, Entwicklung und Bedeutungsverschiebung auf der Grundlage des Bundes-Verfassungsgesetzes von 1920 (1984)
Werner, Aktuelle Baurechtsprobleme, JBl 1952, 355, 403, 427
Wieser, Das Rechtsphänomen Bundeshymne, JBl 1989, 496
Wildgans, Anton Wildgans und das Burgtheater (1960)
Wilhelm, Die Vertretung der Gebietskörperschaften im Privatrecht (1981)
Wimmer, Rechts- und Organisationsformen in der österreichischen Gemeinwirtschaft, in: Arbeitsgemeinschaft der österreichischen Gemeinwirtschaft (Hrsg), Die österreichische Gemeinwirtschaft (1982) 57
Winkler, Der Bescheid (1956)
Winkler, Die Rechtspersönlichkeit der Universitäten (1988)
Winkler, Überleitung und Rezeption des deutschen Elektrizitätsrechtes, JBl 1956, 573
Wolff, Verwaltungsrecht I^5 (1963)
Wolff/Bachof/Stober, Verwaltungsrecht II^5, Besonderes Organisations- und Dienstrecht (1987)
Würkner, Die Freiheit der Kunst in der Bundesrepublik Deutschland, ÖJZ 1989, 225, 259
Würkner, Die Spruchpraxis des PrOVG zur Theaterzensur vor Inkrafttreten der Kunstfreiheitsgarantie des Art. 142 WRV, VerwArch 1989, 206
Würtenberger, Kunst, Kunstfreiheit und Staatsverunglimpfung (§ 90a StGB), JR 1979, 310
Zeiler, Das Hausrecht an Verwaltungsgebäuden, DVBl 1981, 1000
Zeissl, AKH-Skandal und Legalitätsprinzip, JBl 1982, 131
Zeissl, Historisierende Fassaden an Bauten von heute in rechtlicher Sicht, ÖGZ 1981, 115
Zeissl, Nachbarschutzbezogene Einflüsse des Art. 6 Menschenrechtskonvention auf Baurecht und verwandte Rechtsbereiche in vergleichender Betrachtung, ÖGZ 1979, 170
Zeissl, Probleme mit baurechtlichen Fragmenten in feuerpolizeilichen Gesetzen, ÖGZ 1983, 551
Zeissl, Überlegungen zum Verhältnis zwischen Baurecht und baubezogenem Wehrrecht im Lichte der Versteinerungstheorie, ÖGZ 1974, 323
Zolger, Der Hofstaat des Hauses Österreich (1917)
Zolger, Österreichisches Verordnungsrecht — verwaltungsrechtlich dargestellt (1898)

Stichwortverzeichnis

(Die Zahlen verweisen auf die Seiten)